현대중국정치

当代中国政治：基础与发展

中国大百科全书出版社有限公司

2017, 林尚立

本书按照中国大百科全书出版社与韩国社会评论出版社的合同协议书出版。

# 현대중국정치

린상리(林尚立) 지음

이희옥, 양갑용, 고영희, 김현주, 황태연, 양철, 성균중국연구소 옮김

사회평론아카데미

# 현대중국정치

2020년 1월 29일 초판 1쇄 인쇄
2020년 2월 7일 초판 1쇄 발행

지은이 린상리(林尚立)
옮긴이 이희옥, 양갑용, 고영희, 김현주, 황태연, 양철, 성균중국연구소

편집 김천회
마케팅 최민규
디자인 김진운

펴낸이 윤철호
펴낸곳 ㈜사회평론아카데미
등록번호 2013-000247(2013년 8월 23일)
전화 02-2191-1133
팩스 02-326-1626
주소 03978 서울특별시 마포구 월드컵북로12길 17(1층)

이메일 editor@sapyoung.com
홈페이지 www.sapyoung.com
ISBN 979-11-89946-45-6 93340

# 옮긴이 서문

중국정치는 기본적으로 당이 국가를 운영하는 시스템이다. 이것은 중국현대사의 독특한 경험에서 출발할 뿐 아니라 거슬러 가면 오랜 중국역사에 연유하고 있다. 이런 점에서 중국정치를 이해하는 데 있어 역사복합체(historical bloc)의 맥락을 잃게 되면 중국정치의 면모를 정확히 보는 데 어려움을 겪는다. 삼권분립에 기초한 견제와 균형, 선거-의회-정당을 근간으로 하는 서구의 정치체제와 정치과정의 틀에서 보면 중국정치는 이례(deviant case)이다. 따라서 중국의 당국가 체제도 결국 시간의 문제일 뿐, 밑으로부터의 압력을 견디지 못하고 권위주의 체제에서 민주주의 체제로 이행하는 경로를 이탈하지 않을 것이라고 본다. 이는 민주주의 역사가 스스로의 체제와 이념을 교정하고 진화하면서 발전해 왔다는 '현대화(modernization)'라는 점에서 설득력이 있고 익숙한 문법이다.

그러나 이러한 외재적 시각(external approach)만으로 중국정치체제를 온전히 이해하는 것은 한계가 있다. 즉 중국정치체제의 비자유주의적 속성을 드러내고, 민주주의 없는 거버넌스만으로 문제를 해결할 수 없다는 규범적 비판의 차원에서는 유용하지만, 중국정치를 있는 그대로(as it is) 이해하고 '중국특색'의 특성과 그것이 담고 있는 지속가능성을 과소평가하고 있다. 무엇보다 현대중국정치, 국가의 형성이 역사(전통), 사회주의, 근대화, 국제적 충격을 결합한 체제라는 점에서 그 복잡성을 단번에 이해하는 것은 생각보다 간단치 않다. 이러한 문제를 해결하기 위해서는 무엇보다 중국정치 그 자체의 이해에서 출발할 필요가 있다. 이것은 중국정치체제를 옹호하거나 지속가능성을 확인하기 위한 것이 아니라, 중국정치의 작동원리를 이해하고 그 위에서 이론적 비판이 가능하다고 보기 때문이다. 예컨대 '중국정치가 민주와 독재[專政]'라는 이분법은 사회주의 국가론의 명제인 민주가 곧 독재[專政]인 중국적 맥락을 읽기 어렵고 종종 과도한 일반화에 빠질 수밖에 없다. 나아가 이 책의 주장대로 민주의 목표는 독재를 이기는 것이지만, 독재를 이긴 민주주의가 모두 민주주의로 포장될 수 없다. 실제로 많은 국가들은 민주화 이후의 민주주의의 문제를 겪고 있고, 미국을 비롯한 민주주의 선진국들도 대중영합주의(populism)에 빠져 있으며, 민주주의의 후퇴에 직면하고 있다.

중국경제가 성장하면서 중국정치도 새로운 도전에 직면해 있다. 실제로 중국정치는 일정한 제도화에 성공하면서 예측가능성을 높였고, 정치적 민주화보다는 거버넌스 능력을 강화하면서 시대적 과제를 돌파해왔다. 특히 중국의 부상 이후 체제에 대한 자신감이 높아지면서 중국의 길을 모색해왔고 정치체제의 중국화에 대한 논의도 확대되었으며, 심지어 이데올로기, 제도, 체제경쟁을 마다하지 않고 있다. 과거 '민주주의는 좋은 것이다(Democracy is good thing)'는 논의는 '민주주의는 나쁘지 않은 것'으로 발전했고 결국 민주주의도 중국의 것이 좋다는 것으로 변형되었다. 실제로 중국정치체제도 시간이 갈수록 해체와 붕괴의 경로에 빠지기보다는 집단지도체제, 당내민주주의와 협상민주주의의 도입, 국민의 삶의 질을 개선하기 위한 이념적 조정을 통해 동태적 변화를 시도했다. 왜냐하면 과거에 없었던 새로운 요소들이 등장하면서 정치체제도 새로운 변화에 적응하고 조정해야 했기 때문이었다.

　이 책의 저자는 전 푸단대학 부총장이었고 중국정치, 특히 당을 통한 국가통치[以黨治國]의 일가를 이룬 린상리 교수이다. 그는 중국의 맥락에서 중국정치를 재건하기 위해 고민했던 학자였고, 그의 정치학 교과서는 중국정치를 공부하는 대학생들에게는 필독서였다. 그는 현재 중국공산당 싱크탱크의 핵심인 중국공산당 중앙정책실의 비서장이다. 아마 푸단대학 교수 출신으로 중국정치에 관한 탁월한 연구성과를 현실정치에 접맥해 당 중앙으로 발탁된 왕후닝(정치국 상무위원회 위원)과 긴밀한 관계를 맺고 있는 것으로 추론할 수 있다. 실제로 중국 국가지도자들의 언술이나 정책에는 그의 학문적 그림자가 나타난다. 그만큼 이 책의 요지는 적어도 중국 내에서는 권위를 인정받고 있다. 서구와 다른 중국정치의 속살을 중국에 대한 서구의 인식을 염두에 두면서 서술하고 있다는 점에서 중국 자체의 이해에 대한 길잡이가 될 것으로 보인다.

　이 책을 출판하면서 많은 고민이 있었다. 우선 권력의 핵심으로 진입한 린상리 교수와 연락할 방법이 없어 간접적 소통을 통해 출판할 수밖에 없었다. 출판권, 저작권을 확보하는 논의는 크게 어렵지 않았지만, 린상리 교수의 한국어판 서문은 직접 받지 못했다. "중국으로부터 중국정치 이해하기"라는 그의 긴 서론으로 가름하고자 한다. 이 책의 번역에 함께 참여한 양갑용 교수(현 국가안보전략연구원 연구위원), 양철 교수, 그리고 방대한 교정작업을 도맡아 온 장영태 연구원의 섬세함과 특유의 부지런함도 이 책을 세상에 선보일 수 있게 해 주었다. 이 책의 출판을 제의 받고 선뜻 그 취지를 이해해준 사회평론의 윤철호 사장과 책을 만든 분들의 숨은 노고도 가볍게 평가할 수 없다. 또한 이 출판을 위해 중국 출판사와 섭외하고 원저자와 다양한 소통채널을 통해 발 벗고 나서준 오랜 벗 푸단대학 싱뤄지 교수에게도 감사의 인사를 전한다.

이 책을 번역하면서 동서를 종횡하고 고금을 넘나드는 논리 전개 때문에 중국어 원문을 옮기는 데 많은 어려움이 있었다. 가급적 원문의 취지를 정확히 살리고자 했으나, 여전히 아쉬움이 많이 남아 있다. 그 책임은 번역작업을 총괄한 필자의 책임이 크다. 독자 여러분의 아낌없는 질정을 바란다.

2019년 세모
옮긴이를 대표해 성균중국연구소 이희옥 씀

# 차례

# 제2부 영도

# 제3부 거버넌스

# 제4부 발전

서론

# 중국으로부터 중국정치 이해하기

중국은 장구한 정치문명사를 가진 국가이다. 지금에 이르기까지 중국이
만들어낸 정치형태는 두 가지이다. 하나는 고전적 정치형태이며, 또 다
른 하나는 현대적 정치형태이다. 고전적 정치형태로서의 중국정치는 자
생적인 대일통(大一統)의 중앙집권국가를 만들어냈고 2천여 년을 이어
왔다. 동시에 화이질서(華夷秩序)를 구축하였고, 동아시아 문명권(東亞
文明圈)을 만들어냈다. 현대적 정치형태는 서구에서 발원하였다. 중국
은 실험과 탐색을 거친 이후에 사회주의 제도를 선택하였다. 중국은 서
구의 현대적 정치문명과 사회주의 제도 그리고 현대국가의 형태를 종
합한 기반 위에 현대정치형태를 세웠다. 이것은 가치 취향이 완전히 다
른 두 종류의 정치형태이다. 이들 사이에는 직접적인 역사적 계승관계
가 없다. 유일한 관계라면 고대에서부터 지금까지 해체되지 않은 중국
사회이다. 이에 현대중국정치와 관련해 다음과 같은 의문이 나타나기도
한다. 현대중국정치는 서구의 것인가 아니면 중국의 것인가. 혹은 서구
의 논리에 따라야 하는가 아니면 중국의 논리에 따라야 하는가. 이로부

터 사람들은 현대중국정치의 미래와 방향을 전면적이며 깊이 있게 파악하는 데 어려움을 갖기도 한다. 이 책이 내놓고자 하는 답은 중국정치를 이해하기 위해서는 중국에서 출발해야 한다는 것이다.


## I. 현대정치문명의 출발점

인류의 정치문명사에 대해 사람들은 민주와 독재라는 이분법적 시각에서 관찰하며, 이를 바탕으로 고대정치와 현대정치, 동방정치와 서구정치의 차이를 구분한다. 미국의 저명한 정치학자 새뮤얼 헌팅턴(Samuel Huntington)의 『제3의 물결』을 보면, 서구의 민주화는 현대정치문명의 흐름이다. 1970년대에 일어나기 시작한 제3의 물결인 민주화에 대해 헌팅턴은 다음과 같이 언급한다. "오늘날, 독재자로부터 고통받던 수천 수백만 사람들의 생활이 자유 안으로 들어왔다. 역사적으로 민주국가 간에는 전쟁이 발생하지 않았으며, 평화 지대가 넓게 확대되었고, 국가 간의 충돌 가능성 또한 크게 줄어들었다. 민주제도는 이렇게 짧은 시간 속에 급속히 성장하였다. 이는 의심할 여지 없는 인류 역사의 가장 큰 성취이자 중요한 정치 변화이다."[1]

　　이러한 정치문명에 대해 헌팅턴은 자신 있게 말한다. "제3의 물결의 성과는 민주가 보편성을 얻은 것이며 민주가 다른 문명 안으로 전파되는 것을 촉진하였다는 점이다. 만약 제3의 물결이 미래를 갖고 있다면 그 미래는 민주가 비서구사회로 확대되는 데 있다."[2] "지금 막 일어

---

1　塞繆爾·亨廷頓, 劉軍寧譯, 『第三波: 20世紀後期民主化浪潮』(上海: 上海三聯書店, 1998), 서언 p.3.
2　상동, 서언 p.5.

서기 시작한 경제발전의 물결 아래 모든 물결의 파도는 이전에 비해서 더 나아가고 더 적게 후퇴한다. 역사는 직선으로 전진하는 것이 아니다. 단, 지혜와 결심을 가진 지도자가 역사를 추동하는 경우에 역사는 분명히 전진할 수 있다."[3]

여기에서 헌팅턴은 자신의 굳건한 신념을 표현한다. 그것은 민주는 결국 독재를 이기고, 서구의 민주는 반드시 세계의 보편적인 정치형태가 된다는 점이다. 그렇지만 이론적으로나 실질적으로 민주의 발전과정을 보면 헌팅턴의 신념은 반은 맞고 반은 틀리다. 민주의 종착점은 독재를 이기는 것이지만 독재를 이긴 모든 민주가 '서구의 민주'는 아니기 때문이다. 실질적으로 서구국가는 2차 세계대전 이후에 민주를 수출하고 실천하였다. 상당히 오랜 시간 동안 서구의 민주이념과 제도가 전파되었다. 그러나 한편으로 이 과정에서 분열과 충돌 그리고 전쟁의 씨앗이 이식되기도 하였다. 이론적으로 봤을 때, 민주는 서구에서 발원하였다. 그러나 그 본질은 인류 자아해방의 역사적 필연이었으며, 서구의 민주는 단지 이러한 역사적 필연의 첫 번째 표출 형식일 뿐이었다. 서구의 민주는 유일한 형식이 아니며, 민주는 서로 다른 국가에서 반드시 서로 다른 표현 형식을 가진다. 그리고 그것이 내포하고 있는 보편성은 서구의 민주형식이 아니라 민주가 체현하는 인류의 자아해방이다.

민주가 현대문명의 기본적인 상징이며 현대정치문명의 근본적인 구현이라는 점은 누구도 부정할 수 없는 사실이다. 이 사실에 대한 이론과 답은 다양한 차원에서 제시되어왔다. 그리고 마르크스는 이에 대해 보다 심층적이며 과학적인 답을 제시한다. 마르크스는 인간과 동물의 차이를 의식의 존재 여부에서 찾았다. 동물적 욕망이 내재되어 있는

3    상동, p.380.

인간은 의식을 통해 자유를 추구하는 생명의지를 지닌 인간으로 변화하고, 이러한 생명의지는 역사의 과정을 거치며 속박을 결정해왔다. 그리고 인간은 속박에서 벗어나기 위한 충분한 능력을 갖고 있지 못할 때 생존을 위해 일정한 공동체에 의지해왔으며, 이로부터 국가라는 공동체의 구성원으로서 존재하게 되었다.

이러한 사람들의 존재는 인류의 고대역사를 만들었다. 그러나 경제와 사회의 발전에 따른 개체의 독립과 생존능력의 끊임없는 증대는 사람들이 특정 공동체에 대한 의존에서 벗어나게 만들었다. 그 결과 독립적이고 자주적으로 존재하는 경제와 사회의 기초를 만들어냈다. 이것은 인류 자아해방의 발전이자 인류의 중대한 변화였다. 이러한 변화는 현대역사를 개척하였고, 현대사회를 형성하였으며, 서로 적응하는 현대국가의 건설을 추동하였다. 현대국가와 고대국가의 가장 큰 차이는 개체독립이 가져오는 개인의 추상성에 따라 국가도 사회 속에서 추상적으로 나타나고 사회와 이원적인 관계를 형성한다는 점에서 찾을 수 있다. 현대정치제도는 이원적으로 존재하는 국가와 사회가 상호작용하며 만들어낸 결과물이다. 그리고 개체를 단위로 만들어진 현대사회에서 현대정치제도는 필연적으로 민주를 선택하도록 결정하였다.[4]

서구의 사상가들은 개체독립과 그것이 결정한 시민사회의 개념으로부터 현대민주의 유래와 필연성을 설명한다. 그러나 비교의 측면에서 보면 마르크스 이론이 더 세밀하다고 볼 수 있다. 이는 마르크스가 "개체독립과 현대사회는 현대민주의 기초라는 것"에 긍정하지 않았기 때문이다. 마르크스는 인류가 자신의 모순과 충돌을 해결하기 위해 제3의 역량을 빌리고자 국가를 건설한 것으로 인식한다. 인류는 근본적으로

---

4    塞繆爾·亨廷頓, 劉軍寧譯, 『第三波: 20世紀後期民主化浪潮』(上海: 上海三聯書店, 1998), 서언 p.3.

스스로 세운 국가가 오히려 자신을 노역시키는 역량이 되기를 희망하지 않았다. 이는 인류가 국가를 세울 때 국가에 대한 인간의 지배와 통제를 자연적으로 해결하기를 희망하였기 때문이다. 국가는 진정으로 창립자, 즉 인민의 수중에 장악되는 것이다. 이를 위해서 마르크스는 국가제도가 사람들의 자유의 산물이고 이것이 국가제도의 본질이라고 인식하였다. 이처럼 사람들의 자유를 체현하고 보장하는 민주제도는 일종의 국가제도 형식으로 존재하지 않는다. 모든 국가제도는 본질적인 속성으로서 존재한다. 마르크스 이론 중에 "민주제는 유개념(類概念)으로서의 국가제도이다."[5]라는 말이 있다. 각국에 존재하는 국가제도는 본질적으로 민주제도의 구체적인 체현에 지나지 않는다. 군주제도 역시 그 본질에서는 민주제도의 결점이 만들어낸 일종의 변종에 지나지 않는다. "민주제는 군주제의 진리(眞理)이다. 그러나 군주제는 민주제의 진리가 아니다. 군주제는 그 자체로 철저하지 않은 민주제이며, 군주제의 각 부분은 민주제가 철저하지 못하기 때문에 존재하는 것은 아니다. 그리고 군주 부분은 오히려 민주제로서 철저하지 않으며 따라서 존재하는 것이 아니다."[6] 이에 기초해 마르크스는 "모든 국가형식은 민주제 중에서 자신의 진리를 가진다. 때문에 그것은 몇 가지 서로 다른 민주제를 가지지만 그것이 곧 진리는 아니다. 이것이 바로 일목요연한 것"[7]이라는 결론을 내렸다.

　　이와 같은 분석을 통해 우리들은 다음과 같은 사실을 알 수 있다. 현대정치문명의 출현은 인류의 자아해방과 발전의 내재적 필연이다. 바꾸어 말하면, 인류의 자아해방이 일정한 정도에 이르게 되면 필연적으

---

5　　馬克思, "黑格爾法哲學批判", 『馬克思恩格斯全集(第一卷)』(北京: 人民出版社, 1956), p.280.
6　　상동.
7　　상동. p.282.

로 국가제도로서 민주제도가 현실적인 제도형태로 나타난다. 따라서 현대민주제도는 서구문명이 세운 것이 아니다. 서구사회가 상대적으로 앞선 변화와 발전을 겪었기 때문에 서구사회에서 먼저 출현했을 뿐이다.

서구에서 시작된 민주는 민주제와 인류문명 간에 왜곡을 불러오기도 하였다. 서구의 사상가와 정치가는 민주의 역사성을 활용하면서 서구가 만들어낸 민주제도를 인류정치생활의 보편적 모델로 바꾸어놓았다. 그리고 그 구체적인 수단이 서구 민주제도 내에 함유되어 있는 가치와 원칙 추상을 인류의 보편성으로 만들었고, 이는 전 세계에 통용되는 정신과 원칙이 되었다. 이러한 추상으로부터 구체적인 인간이 추상적인 인간이 되었고, 국가와 사회 그리고 문화 또한 구체적인 존재로부터 추상적인 존재로 변하게 되었다. 현실적인 정치실천은 현실로부터 출발하는 것이 아닌 서구정치의 정신과 원칙을 어떻게 표준화하여 국가에 주입할 수 있는가에 달려 있다. 엥겔스의 말을 빌리자면, 다수의 서구 사상가 및 정치가는 서구의 민주를 "절대 진리, 이성과 정의의 발현이다. 오직 그것을 발현한다면 자신의 역량을 이용하여 세계를 정복할 수 있다. 왜냐하면 절대 진리는 시간, 공간과 인류의 역사발전에 의존하지 않기 때문이다. 따라서 어떤 시기, 어떤 곳에서도 발현된다. 그 순수함은 우연적인 상황이다."[8]라고 인식한다. 따라서 인류의 본질적인 속성에 기반하고 발전해온 현대정치문명은 철저하게 서구의 정치모델로 모형화되었다. 그 가운데 국가와 사회는 자연스럽게 능동성과 창조성, 발언권을 상실하고 오직 서구 민주의 물결만을 기다리게 되었다. 헌팅턴의 '제3의 물결' 개념이 이러한 심층적인 의미를 포함하고 있다.

민주는 현대문명 발전의 필연적인 요구이다. 그러나 이것은 현대문

---

8　恩格斯, "社會主義從空想到科學的發展", 『馬克思恩格斯選集(第三卷)』(北京: 人民出版社, 1995), p.732.

명의 발전과 일종의 모델화의 발전이 같다는 점을 의미하는 것은 아니다. 그 이치는 매우 간단하다. 국가는 여전히 현대문명의 구축과 발전의 기본 단위이다. 국가 및 사회는 구체적인 자신의 역사와 문화를 가지고 발전 방향과 어젠다를 갖는다. 그러나 이러한 간단한 이치는 현대정치문명의 건설과 발전 중에서 충분히 존중받거나 준수되지 못했다. 이로부터 단지 서구사회뿐만 아니라 수많은 국가들 또한 발전과정에서 자각적 혹은 비자각적으로 자아를 잃게 되고 서구의 모델에 의존하게 되었다. 서구의 민주 모형은 현대정치문명의 직접적인 표현일 뿐만 아니라 각국의 현대정치 건설과 운용이 합법성을 갖추고 있는지의 기본 척도가 된다. 그리고 서구사회는 이를 당연시하며 자랑스럽게 느끼기도 한다. 그렇지만 현대정치문명의 위기가 이러한 이유로부터 끊임없이 발생하기도 한다. 왜냐하면 민주의 모델화가 민주의 확산을 가속화했지만 한편으로는 직접적으로 국가를 파괴하거나 사회의 내재적인 구조 혹은 변혁 과정의 역량을 파괴해왔기 때문이다.

이를 통해 현대정치문명의 발전이 서구에 근원을 둔 민주발전의 제4물결, 제5물결에 의지해서는 안 된다는 것을 알게 되었다. 이에 각종 비서구적 모델을 만들어낸 민주실천에 의존해야 할 필요가 있다. 민주의 생성방식, 조직방식 그리고 운행방식의 다양성이 현대정치문명의 생명력과 창조력의 근본적인 소재이다. 이러한 관점에서 중국 현대민주정치의 구축과 실천 그리고 그것이 만들어낸 중국특색 사회주의의 민주정치는 인류의 현대정치문명의 발전에 중대한 역사적 공헌을 하였다. 그 이론적 의의와 현실적 가치는 세계인이 관심을 갖고 연구할 만한 가치가 있다.

## II. 중국 현대정치의 생성

현대정치문명은 자아해방을 탐구하는 실천 과정에서 탄생하고 형성되었다. 인류의 자아해방은 경제와 사회의 발전 외에도 또 다른 하나의 매우 중요한 과정을 필요로 한다. 그것은 기존에 존재하던 구조체계를 파괴하고 전면적으로 새로운 구조체계를 창조하는 것이다. 이는 역사적 혁명과정이다. 서구문명 가운데 현대민주는 이러한 혁명과정 중에 탄생하였다. 마찬가지로 중국의 현대정치도 중국의 민주혁명 중에 탄생하였다. 따라서 서구든 중국이든 혁명과 현대정치 간에 자연적인 연계를 가지고 있다. 이와 같은 이유로 많은 사람들이 중국과 서구가 같다고 인식한다. 따라서 모든 현대정치체계를 혁명의 산물로 볼 수 있다. 하지만 이러한 판단은 반은 맞고 반은 틀리다. 중국의 현대정치는 분명히 서구의 현대정치문명과 닮았다. 그 형성과 확립 모두 혁명의 과정을 겪었다. 그러나 서구의 현대정치문명은 전체 혁명의 직접적인 산물이다. 반면에 중국은 그렇지 않다. 정확하게 말하면, 중국의 현대정치 구조는 모든 국가변혁의 산물이다. 구체적으로 말하면, 국가가 변혁하는 과정에 필요한 정치혁명이 중국의 현대정치가 성장하는 데 시동을 걸었다. 그리고 성장 중인 중국의 현대정치가 사회혁명 이후에 진정으로 확립되고 발전하는 데 효과적으로 추동하고 완성하였다. 이러한 의미에서 이 책에서는 중국의 현대정치가 국가변혁의 산물이라고 인식한다. 왜냐하면 국가변혁의 마지막은 사회혁명을 통해 완성되기 때문이다.

인류문명의 발전사에서 혁명은 현대적 개념이다. 혁명은 현대문명을 위해서 탄생하고 창조된 것과 같다. 왜냐하면 서구의 정치철학 중에서 혁명은 본질적으로 인류가 자아해방을 실현하기 위해서 형성한 사회역사운동이기 때문이다. 한나 아렌트(Hannah Arendt)는 자신의 저서

『혁명론』에서 다음과 같이 기록하고 있다. "혁명, 이 현대적인 개념과 이러한 관념은 상관관계가 있다. 이러한 관념은 역사 과정이 돌연 다시 시작되고, 하나의 완전히 새로운 이야기, 이전에는 사람들이 전혀 알지 못했던, 따라서 사람들이 알고 싶어 했던 이야기를 위해서 전개되어야 한다고 인식한다. 18세기 말에 두 차례의 위대한 대혁명이 일어나기 이전에는 사람들이 혁명이라는 현대적인 개념을 그렇게 알지 못하였다."[9] 여기서 말하고 있는 '두 차례의 위대한 혁명'은 영국의 산업혁명과 프랑스 혁명이다. 이 두 차례의 혁명 모두 각자의 사회와 역사 안에서 만들어졌다. 비록 형태와 과정이 다를지라도 그 사명은 같다. 그것은 현대사회를 건립하고 현대국가를 세운 것이었다. 따라서 아렌트는 혁명자의 시각에서 혁명에 대해 "더욱 중요한 것은 사회의 구조를 바꾸는 것이지 정치영역의 구조를 바꾸는 것은 아니다."[10]라고 말한다. 그리고 그 사명은 인류가 노역자라는 신분으로부터 해방을 쟁취하여 자유와 평등을 향유하는 것이었다. 이러한 의미에서 아렌트는 "이론적 측면에서 프랑스 대혁명의 의미는 가장 심원하다. 이는 헤겔 철학 중에서 현대 역사 개념의 탄생이기 때문이다."[11]라고 인식한다.

　　이를 통해 다음을 알 수 있다. 인류문명의 측면에서 혁명이 의미하는 것은 절대군주의 통치를 뒤집는 것만이 아닌 인류의 자아해방을 실현하고 이를 추진하는 전면적인 사회구조의 변화이다. 영국의 저명한 역사학자 에릭 홉스봄(Eric Hobsbawm)은 1789년부터 1848년 사이에 벌어진 프랑스 혁명과 영국의 산업혁명을 '이중혁명'으로 명명하고 이 시대를 '혁명의 시대'로 부른다. 이에 대해 홉스봄은 "1789~1848년

---

9　　漢娜·阿倫特, 陳周旺譯, 『論革命』(北京: 譯林出版社, 2007), p.17.
10　　상동. p.14.
11　　상동. p.40.

의 위대한 혁명은 '공업 자체'의 승리가 아니라 '자본주의적' 공업의 승리였으며, '중산계급' 또는 '자산계급 자유사회의 승리'였다. 또한 '근대경제' 또는 '근대국가'의 승리가 아니라 영국과 프랑스를 중심으로 하는 특정지역(유럽과 북미의 일부지역)에 속한 여러 경제체와 국가들의 승리였던 것이다."라고 인식한다. "이러한 이중혁명은 세계를 바꿨으며 게다가 세계에 계속 변혁을 발생시키고 있다."[12]

중국의 근대혁명은 이러한 혁명의 충격과 정세 아래에서 출현하였다. 그것은 근대 이래 나타난 세계혁명의 물결의 일부분에 속한다. 그러나 중국에서의 현대정치의 출현이 서구국가와 마찬가지로 혁명의 산물이라는 것을 의미하지는 않는다.

혁명은 행동의 측면에서 새로운 구조를 이용하여 기존의 구체제를 대체하는 것으로 체현된다. 나아가 혁명의 대상은 혁명적인 변화를 발생시킨다. 그러나 혁명은 본질적으로 사람들이 자아해방을 실현하는 행동의 실천이다. 이 과정에서 나타나는 신·구체제의 변화는 단지 혁명적 행동 자체에 반드시 포함되는 내용과 임무에 지나지 않는다. 이로써 현대문명을 혁신하는 혁명은 반드시 다음의 세 가지 기본 요건을 포함해야 한다. 첫째는 자아해방을 탐구하는 주체 역량을 갖추는 것이다. 둘째는 새로운 사회와 정치 구조가 효과적으로 성장하는 것이다. 셋째는 신·구사회와 정치구조의 철저한 대체를 촉진하는 역사적 행동을 만들어내는 것이다. 이러한 세 가지 기본 요건을 활용하여 중국의 근대혁명을 평가하면 중국 근대혁명이 만들어낸 중국의 현대정치는 서구국가와 같이 전체 혁명의 직접적인 산물이 아닌, 국가변혁의 산물이라는 사실을 알 수 있다. 여기에서 관건은 혁명주체가 지니고 있는 역량의 폭발

---

12    艾瑞克·霍布斯鮑姆, 王章輝等譯, 『革命的年代』(南京: 江蘇人民出版社, 1999), p.2.

로부터 자아해방을 이룩한 것이 아닌 현대화의 충격으로부터 나타난 국가와 정권의 폭발로부터 중국의 혁명이 나타났다는 것이다. 그리고 이로부터 중국 현대정치의 건립과 구성이 결정되었다. 이는 현대성의 해방역량에서 출발한 것이 아닌, 현대화의 충격으로부터 국가가 어떻게 유지되고 재생되어왔는지를 의미한다. 따라서 그것이 혁명과정 중에 탄생했을지라도, 그 본질은 전체 혁명의 산물이 아닌 인류 자아해방의 산물이자 국가 현대화의 산물이라고 볼 수 있다.

　　국가변혁의 측면에서 마르크스 이론 중 두 개의 혁명, 즉 정치혁명과 사회혁명은 유기적인 통일을 통해 완성된다. 근대 서구에서 발생하여 현대역사를 추동한 혁명은 내적으로 사회의 새로운 역량과 관념 그리고 제도의 성장으로부터 만들어졌다. 그리고 폭발 이후에 정치혁명과 사회혁명은 매우 빠르게 상호 격동을 형성하게 되었다. 이것이 이중혁명의 프레임이다. 중국의 혁명은 세계혁명의 물결로부터 나타난 국가의 위기로부터 야기되었다. 이에 한편으로는 내재성이 부족하였으며, 다른 한편으로는 주로 정치혁명에 국한되어 있었다. 그리고 이것은 중국혁명에서 정치혁명이 우선이고 사회혁명이 그다음이라는 것을 결정하였다. 중국의 현대정치는 이러한 논리를 기반으로 만들어지고 확립되어왔다. 이는 정치혁명의 규정성에 부합하기 위해서 그리고 사회혁명을 추동하는 역사적 요구에 부합하기 위해서였다. 이를 근거로 마오쩌둥(毛澤東)은 새로운 사회의 건립과 새로운 국가의 정치제도를 고려하여 중국 현대정치의 최종적인 형태가 아닌 일종의 과도기적 형태로 혁명을 설계하였다. 마오쩌둥은 1940년에 발표한 「신민주주의론」에서 다음과 같이 언급하고 있다.[13]

---

13　　毛澤東, "新民主主義論", 『毛澤東選集(第二卷)』(北京: 人民出版社, 1991), pp.666-677.

"중국혁명의 역사적인 특징은 민주주의와 사회주의의 순서로 나뉘었다
는 것이다. 그 첫걸음은 현재 이미 일반적인 민주주의가 아닌, 중국식의
특수하고 새로운 형식의 민주주의, 즉 신민주주의이다."

"현 시기의 중국 사회는 식민지, 반식민지, 반봉건의 성격을 지니고
있다. 그리고 그것이 중국혁명이 두 단계로 나뉘는 것을 결정하였다. 첫
번째 단계는 식민지, 반식민지, 반봉건의 사회 형태를 독립적인 민주주
의사회로 변화시키는 것이다. 두 번째 단계는 혁명을 통해 사회주의 사
회를 건립하는 것이다. 중국의 혁명은 첫 번째 단계이다."

"이 혁명의 제1단계는 결코 중국이 자산계급 독재의 자본주의 사회
를 건립하는 것이 아니다. 중국의 무산계급을 대표로 하는 중국 내 각각
의 혁명 계급이 연합해 독재의 신민주주의 사회를 건립하는 것이다. 이
것이 첫 번째 단계를 완결하는 것이다. 그리고 이후에 제2단계로 나아가
중국 사회주의 사회를 건립한다."

"중국의 상황은 매우 명백하다. 누가 인민을 영도하여 제국주의와
봉건세력을 뒤집을 것인지, 누가 인민의 신념을 획득할 것인지이다. 왜
냐하면 인민의 적은 제국주의와 봉건세력, 특히 제국주의이기 때문이다.
오늘 누가 인민을 영도하여 일본제국주의를 물리칠 것인가? 그리고 누
가 민주정치를 실현할 것인가? 그 누군가가 인민의 구원의 신이다. 역사
는 이미 중국 자산계급이 이러한 책임을 다하지 않고 있고 이러한 책임
이 부득이하게 무산계급의 어깨 위에 놓여 있다는 것을 증명하고 있다."

"현재 건립하려는 중화민주공화국은 단지 무산계급 영도하의 모든
반제국주의, 반봉건 세력이 연합 독재하는 민주공화국이다. 이것이 신
민주주의 공화국이며 진정한 혁명의 3대 정책의 신(新)삼민주의 공화국
이다."

"이러한 종류의 신민주주의 공화국은 한편으로는 구형식의, 유럽과

미국식의, 자산계급 독재의 자본주의 공화국과 서로 구별된다. 그것은 구민주주의 공화국이다. 이러한 공화국은 이미 시대에 뒤떨어졌다. 다른 한편 소련식의, 무산계급 독재의 사회주의 공화국과도 서로 구별된다. 이러한 사회주의 공화국은 소련이 번성하면서 각 자본주의 국가에 건립되었고 의심할 여지 없이 모든 선진적인 산업국가의 구성과 정권 구성의 통치 형식이 되었다. 그러나 이러한 종류의 공화국은 일정한 역사 시기에서 식민지, 반식민지 국가의 혁명에 적용되지 못하였다. 따라서 모든 식민지, 반식민지 국가의 혁명은 제3의 형식으로 국가 형식에 채택되었다. 이것이 신민주주의 공화국으로 불리는 것이다. 이것은 일정한 역사 시기의 형식, 즉 과도기의 형식이다. 그러나 이것은 흔들리거나 변할 수 없는 필요한 형식이다."

"국가의 형태(國體)는 각 혁명 계급의 연합 독재이며 정치 체제(政體)는 민주집중제이다. 이것이 바로 신민주주의의 정치이고 신민주주의 공화국이며 항일통일전선의 공화국이다. 이것이 3대 정책의 신삼민주의 공화국이다. 이것이 명실상부한 중화민국이다. 우리는 현재 비록 중화민국이라는 이름을 갖고 있지만 아직 중화민족의 내실을 다지지 못하고 있다. 이를 명실상부하게 하는 것이 오늘의 업무이다."

"이것이 혁명의 중국, 항일의 중국이 반드시 건립하고 건립하지 않으면 안 되는 내부 정치관계이다. 이것이 오늘의 '건국' 업무의 유일하며 정확한 방향이다."

이를 통해 볼 때, 다음과 같은 사실을 알 수 있다. 중국의 현대정치는 중국혁명의 과정에서 탄생했지만 전체 혁명의 최종적인 성과는 아니다. 왜냐하면 스스로가 사회혁명이 전개하는 임무와 사명으로서 제2차 혁명을 추동하는 것을 맡고 있기 때문이다. 게다가 중국혁명이 만들어내는 현실의 논리로 보면, 이러한 정치혁명으로부터 나타나는 현대정치체계는 이에 상응하는 사회혁명을 효과적으로 추동한 이후에 그에 상응하는 경제와 사회의 기반을 다지게 된다.[14]

　엄격한 의미에서 중국의 현대정치체계는 국가가 전체적으로 현대로의 이행을 실현하는 수요에 기초해서 확립된 것으로 볼 수 있다. 폭력적인 방식으로 전개되는 정치혁명은 이러한 이행의 수단과 방식이다. 이것이 중국의 현대정치체계를 탄생시켰고 자신의 낙인을 찍었다. 그러나 이것은 중국 현대정치의 내재적 속성을 조금도 변화시키지 못하였다. 만약에 중국의 현대정치체계를 간단하게 정치혁명의 산물로 간주한다면 중국의 현대정치체계는 단지 일종의 새로운 정치와 통치를 실현하고 수호하는 정치체계일 뿐이다. 마오쩌둥은 중국의 현대정치가 새로운 사회를 건립해야 하는 새로운 국가의 현대정치라고 재차 강조하고 있다.

　현대적인 변혁의 산물로서 중국의 현대정치는 국가변혁 과정에서 일련의 혁명 행동에 대한 이익을 얻게 된다. 거기에는 중국공산당 영도의 신민주주의 혁명 행동이 포함되어 있다. 또한 근대 이후에 민족을 위기에서 구하기 위한 각종 정치혁명 행동을 포함한다. 따라서 그 선택과 구축은 중국 인민과 중화민족의 공동 행동에 의해 이루어진다. 공동 행동은 시작되자마자 세계혁명과 발전 행동의 조성 부분으로서 진행된다. 따라서 그 역사 방향은 자연스럽게 세계혁명과 발전의 조류로 결정된다. 다음으로 중국 현대정치의 구축이 둘러싸고 있는 축은 국가의 전체적인 변화이자 새로운 사회와 국가를 건립하면서 전개된다는 것을 의미한다. 따라서 그것이 현대정치의 가치와 목표를 추구할지라도 그 형태 및 구조와 기능의 배치와 설계는 최종적으로 반드시 중국 특유의 국가

---

14　林尚立, 『當代中國政治形態硏究』(天津: 天津人民出版社, 2000), pp.109-165.

변혁과 발전의 현실적인 임무와 내재적인 요구로 실행된다. 그리고 이로부터 중국 현대정치의 구축 논리와 구조 모델이 형성되었다. 마지막으로 중국과 같은 후발 현대화 국가의 국가변혁은 장기적인 과정이다. 그리고 이것은 중국 현대정치의 끊임없는 발전 과정을 결정하였다. 즉 국가변혁의 발전을 결정했을 뿐만 아니라 발전을 실현하기 위해 뒷받침했다. 이로써 국가의 변혁은 절대 진리는 물론 이성과 정의의 선험적 규정에서 벗어날 수 있었다. 또한 효과적인 자아 발전 과정에서 인류의 발전, 사회의 진보와 국가 거버넌스를 동시에 고려해 중국 현대정치문명을 추진할 수 있었다.


## III. 중국 국가변혁의 논리

국가변혁은 현대화 과정에서 중요한 요소이다. 국가는 과거부터 존재해 오고 있었다. 다만 이 과정을 마르크스의 관점에서 보면, 개인은 인류의 발전에 따라 정치조직을 만들어왔으며, 자연과 사회에 대한 자주성의 끊임없는 제고는 공동체에 대한 의존에서 점차 탈피하는 독립적인 개인을 출현시키기도 하였다. 국가는 현대국가와 고대국가로 구분되는데, 정치철학의 측면에서 국가변혁은 고대국가에서 현대국가로의 변혁이다. 마르크스의 시각에서 고대국가와 현대국가의 주요한 차이는 다음과 같다. 고대국가에서 국가와 사회는 하나이며, 국가가 모든 것을 의미한다. 국가가 인간의 현실적 존재를 결정하고 공민권의 귀착점을 결정한다. 반면에 현대국가에서는 개체의 독립과 자주에 기초하여 국가와 사회가 구분된다. 사회는 국가를 결정하고 인간의 현실 존재가 국가의 현실 존재를 결정한다. 인권은 공민권의 기초이다. 고대국가와 현대국가의 차이는 현대화로 나아가는 모든 국가가 필연적으로 국가변혁을 경험한다는 것을 보여준다.

현대민주의 기원이 서구인 것과 마찬가지로 국가변혁도 서구에서 출현하였다. 서구의 현대민주는 국가변혁의 과정 중에 현대국가의 성장에 따라 출현하였다. 즉, 서구에서 현대국가로의 변혁은 민주로부터 추동된 것이 아니었다. 서구는 역사적으로 절대적인 전제주의 국가의 형태를 갖고 있었으며, 기독교라는 단일 종교하에 영지와 도시가 고도로 분산되어 있었다. 이러한 딜레마에서 벗어나기 위해서 유럽사회는 '민족'을 단위로 지역과 국민을 통합하였다. 그리고 이 과정에서 신성성(神聖性)과 지고지상성(至高至上性)을 전제로 하는 주권을 만들어냈다. 주권의 출현은 분산되었던 것을 하나의 전체로 통합하였으며 세속국가를 기독교국가로부터 독립시켜 충분한 현실적인 자유를 획득하게 만들었다. 서구의 현대적인 민족주권국가는 이러한 과정을 거쳐 출현하게 되었다. 이러한 민족주권국가의 구축을 배합한 제도는 자연스럽게 절대군주제였다.[15]

이와 관련하여 영국의 학자들은 각 방면의 연구를 종합하여 서구 민족주권국가의 형성과 헌법 수립 과정에 대해 다음과 같은 인식에 도달하였다. "여섯 가지 방면에서 서구 민족주권국가는 다음과 같은 분명한 진보를 이루었다. (1) 통일된 정치체계와 합치된 국가 경계의 확정, (2) 새로운 입법과 법집행 기구의 탄생, (3) 행정 권력의 집중, (4) 재정 관리 활동의 변화와 확대, (5) 외교와 외교 기구를 통한 국가 간 관계의 규범화, (6) 상비군의 도입."[16] 이처럼 서구의 국가변혁과 현대국

---

15    절대군주제에 대한 성격과 구조 연구는 영국 학자 패리 앤더슨의 『절대주의 국가의 계보』를 참고. 劉北成, 龔曉莊譯, 『絶對主義國家的系譜』(上海: 上海人民出版社, 2001).
16    赫爾德, 胡偉等譯, 『民主與全球秩序, 從現代國家到世界主義治理』(上海: 上海人民出版社,

가의 구축은 자신의 역사 궤도를 가질뿐만 아니라 인권과 주권을 둘러싸고 형성된 일종의 계약론적 국가관을 가지고 있었고, 이를 기반으로 현대국가의 구조형태를 갖추게 되었다. 그리고 이후에 현대민주 모델을 갖추게 되었다. "이러한 국가의 발전은 그것에 의존하여 질서, 안보, 법률과 재산권의 능력을 제공했기 때문에 현대 경제세계의 맹아적 기초를 구축하였다."[17] 따라서 이러한 과정을 거쳐 만들어진 모델에 기초한 국가변혁과 현대국가의 구축은 서구의 현대민주정치와 마찬가지로 매우 빠르게 비서구국가의 현대화 과정에서 국가건설과 정치발전의 중요한 근거와 표준이 되었다. 즉, 서구 현대민주에 대한 신성화는 서구 국가의 현대 변혁 모델의 귀감적 지위와 역할을 보다 강화시켰다. 그러나 서구의 현대국가는 식민지 체계의 해체와 냉전 종식 이후에 본격적으로 진행된 민주 독립운동에 기반한 각종 국가건설과 실천의 과정에서 보편적인 의의를 갖추지 못하였다. 그리고 이를 위해서 노력한 여러 국가들에서 비록 형식은 다르지만 그 결과가 대체적으로 유사하게 나타났다는 점은 모두 실패하였음을 보여주고 있다.[18] 그럼에도 불구하고 서구의 비서구국가에 대한 인지와 고찰 그리고 평판은 여전히 서구 중심의 관념과 경험 그리고 모델로부터 출발한다. 그리고 이로부터 서구의 국가변혁과 국가건설은 현대정치문명의 중요한 본보기가 되었으며, 이는 비서구국가가 국가변혁을 추진하고 현대국가건설을 추진하는 데 부득이하게 직면하게 되는 외재적 논리가 되었다.

중국은 매우 장대한 문명사를 지닌 세계적인 대국이다. 중국의 국

---

2003), p.38.

17    弗朗西斯·福山, 黃勝強, 許銘原譯, 『國家構建, 21世紀的國家治理與世界秩序』(北京: 中國社會科學出版社, 2007), p.1.

18    상동, p.2.

가변혁과 현대국가건설은 한편으로는 중국의 현상이기도 하고 다른 한 편으로는 세계적인 현상이기도 하다. 중국의 실천에 대한 서구학자의 관념과 심리적 태도에는 일부 모순이 있다. 그들은 중국의 역사와 사 회가 특이한 사례라고 생각[19]하는 한편, 중국이 충분히 서구의 논리를 따라가고 서구의 모델을 실천할 것이라고 기대한다. 뿐만 아니라 중국 의 국가변혁과 현대국가건설이 이미 비교적 성공했다고 인식[20]하는 한 편 중국이 아직 표준화된 현대국가가 되지 못하였으며 향후 무수히 많 은 변수가 존재한다고 인식한다. 미국의 저명한 사회학자인 찰스 틸리 (Charles Tilly)는 다음과 같이 인식한다. "역사적으로 중국은 약 3천여 년간 지속된 민족국가의 경험을 가지고 있다. 그러나 매우 많은 언어와 민족을 고려하면 민족국가라고 볼 수 있는 시간이 1년도 되지 않는다 고 볼 수 있다."[21] 이러한 모순적인 심리 상태는 중국인의 자아 인식과 판단에 어느 정도 영향을 주었다. 중국인 스스로가 중국의 국가변혁과 현대화 건설이라는 실천 노선과 발전 모델에 대해 충분한 믿음과 판단 이 모자라도록 만들었다. 이에 오늘날 중국의 성공을 위한 실천과 발전 에 필요한 합법성과 합리성을 이론상 효과적으로 지탱할 수 없게 만들 었다.

중국이 진정으로 스스로를 돌아보고 인류 사회발전의 기본적인 규

---

19 　이 방면의 사상 관점은 매우 많다. 예를 들어 영국의 역사학자 에릭 홉스봄은 중국 사상, 관념 그리고 세계를 사고하는 개념 체계의 독특성과 예외성을 강조하였다(艾瑞克·霍布斯 鮑姆, 王章輝等譯, 『革命的年代』(南京: 江蘇人民出版社, 1999), p.291). 미국의 저명한 사회 학자 찰스 틸리도 "중국은 하나의 특별한 예외를 만들었다."고 보았다(査爾斯·蒂利, 魏洪 鍾譯, 『強制, 資本和歐洲國家(公元990-1992年)』(上海: 上海世紀出版集團, 2007), p.2).

20 　弗朗西斯·福山, 黃勝強, 許銘原譯, 『國家構建, 21世紀的國家治理與世界秩序』(北京: 中國社 會科學出版社, 2007), p.2.

21 　査爾斯·蒂利, 魏洪鍾譯, 『強制, 資本和歐洲國家(公元990-1992年)』(上海: 上海世紀出版集 團, 2007), p.2.

율을 과학적으로 판단해 중국과 서구의 차이를 객관적으로 비교해 보면, 모든 사람들이 국가변혁과 현대화 국가건설에서 중국은 서구의 논리와 어젠다에 따라 발전할 수 없다는 사실을 발견할 수 있다. 왜냐하면 중국의 고대국가와 서구의 고대국가는 완전히 다른 두 종류의 국가이기 때문이다. 중국의 고대국가는 중앙의 정합력(整合力)과 제도의 완비성(完備性), 그리고 국가의 규모와 질적 측면에서 서구의 고대국가보다 대단히 우수하였다. 뿐만 아니라 국가변혁 그 자체도 하나는 외부의 충격으로부터 시작되었으며 다른 하나는 내생적이었다는 차이를 보이고 있다. 그리고 이러한 차이는 중국이 국가변혁 과정에서 자신의 임무, 경로, 절차, 방식과 최종 목표를 가져야 함을 결정했으며, 국가건설 과정에서의 제도 선택과 발전 방식에도 영향을 미쳤다. 국가변혁과 현대국가건설이 직면하는 기반과 임무의 차원에서 오직 서구가 직면하고 있던 문제는 고도의 분산성을 어떻게 통합하여 내재적으로 일체화시키느냐였다. 반면에 중국이 직면하고 있던 문제는 어떻게 전통의 대일통을 국가변혁 과정에 연속해서 현대국가를 위해 일체화시키느냐였다. 그리고 이러한 역사적 과정과 논리는 중국의 국가변혁과 현대국가건설의 논리를 결정하게 되었다. 나아가 중국은 서구로부터 온 외부 논리에 기반을 두지 못한다 하더라도 반드시 스스로의 논리를 충분히 장악해야 할 필요가 있다.

　이러한 측면에서 중국이 직면하고 있는 도전은 다음과 같다. 국가변혁과 현대국가건설은 내생적이지 않기 때문에 반드시 인위적으로 현대문명의 발전이 요구하는 현대국가건설의 방향과 중국의 실제를 유기적으로 결합하는 것이 필요하다. 즉, 내재논리를 창조적으로 탐색하여 중국의 길로 나아가야 한다. 객관적으로 봤을 때, 중국은 이 과정에서 최소한 두 차례의 모델화를 경험하였다. 하나는 서구를 표준으로 하는

모델화의 실천이고 다른 하나는 소련을 표준으로 하는 모델화의 실천이
다 그러나 이 두 차례 실천은 모두 성공하지 못하였다 남겨진 유일한
자산은 중국인들이 진정으로 자신으로 돌아가서 자신의 길을 찾는 것을
촉구하는 것뿐이었다. 그러나 이 과정에서 반드시 고려되어야 하는 것
은 중국이 자신의 역사와 문화 그리고 지혜를 가진 국가라는 것이다. 중
국은 역사와 문화에 대한 비교적 강한 자각성을 갖고 있고, 국가에 대한
강한 자존심과 자주성을 갖고 있다. 이에 중국은 모델화의 실천 과정에
서 반모델화의 사유와 탐색을 항상 수반하고 있었으며, 모델화의 실천
과정에서 좌절을 겪었을 때에도 자신이 반드시 가야 하는 방향과 경로
를 적시에 찾을 수 있었다.

따라서 중국의 국가변혁에서는 내재적인 논리를 고려하는 한편 외
재적인 논리 또한 고려해야 한다. 중국은 모델화의 좌절을 겪은 이후에
국가변혁의 내적 논리를 전면적이고 깊이 있게 파악하면서 모델화의 모
방을 뛰어넘을 수 있었다. 그리고 이로부터 인류사회의 법칙에 기반하
여 더 좋은 방향으로 자신을 파악할 수 있었고 중국의 내적 논리와 인
류발전의 기본 논리를 유기적으로 결합해서 실현할 수 있다는 것을 충
분히 인식하였다. 중국은 마르크스주의 세계관과 천인합일(天人合一)의
대세에 순응하는 문화신념에 기초하여 줄곧 법칙을 탐색하고 발전시켰
으며 발전 법칙을 장악하였다. 법칙에 따라 발전을 추동하는 것은 국가
변혁을 촉진하는 것으로, 현대국가건설을 추진하는 기본적인 철학사상
이다. 따라서 각국은 반드시 모든 인류발전의 기본 법칙으로부터 세계
를 인식 및 파악하고 자신의 발전을 이룩하는 데 노력하는 한편, 각자
효과적인 혁신과 발전을 추진해야 한다. 타국의 경험을 적극적으로 학
습하고 거울로 삼는 이유는 타국의 착오를 다시 되풀이하지 않기 위해
서이다. 이것이 중국이 지난 100여 년의 국가변혁과 국가건설의 실천

과정에서 형성한 기본적인 전략이념과 행동 방식이다.

중국은 인류발전의 법칙을 존중한다는 전제하에 매우 개방적으로 자신의 발전 논리를 파악함으로써 스스로의 내적 논리에 대한 존중을 결정하였다. 이것은 중국에도 가치 있을 뿐만 아니라 세계적으로도 의의가 있다. 이는 풍부하고 다채로운 현 세계에 일종의 새로운 문명 발전의 모습으로 공헌한 것이다. 즉, 독특한 문명의 성취는 독특한 발전의 모형을 만들어냈고 특별히 강대한 국가인 중국을 건설하였다. 이를 통해 현대화 역사 운동에서 총체적인 변화와 발전을 실현했고, 자신만의 독특한 방식으로 새로운 문명의 다채로움을 만들었으며, 이를 새로운 발전 형태와 제도 형태 그리고 이론 형태로 공헌하였다.


## IV. 중국 정치발전의 지속성

현대국가건설에서 정치발전은 국가변혁과 현대국가건설의 내재적인 동력기제이자 외재적인 표현형식이다. 현대의 정치논리 가운데 정치발전은 민주화 방향의 국가성장, 제도완비 그리고 민권실천의 정치건설 과정이다. 따라서 자신의 논리가 없다면 독립적으로 나아갈 수 없다. 왜냐하면 정치발전은 시시각각 변화하는 현실경제와 사회발전의 현실 규정성 그리고 발전의 기초와 떼어놓을 수 없기 때문이다. 따라서 당연히 현실경제와 사회발전도 국가라는 정치공간과 분리될 수 없다. 정치는 경제와 사회발전에 중요한 역할을 한다. 정치와 경제 그리고 사회발전은 실제로 국가건설과 발전의 주체를 구성한다. 이들 간의 상호 결정관계가 어떠한 발전 문제를 낳더라도 모두 국가건설과 발전에 직접 영향을 줄 수 있다. 오늘날 경제발전이 갈수록 시장화, 글로벌화, 네트워크화되는 배경하에서 국가의 경제발전을 주도하는 능력을 보장해주는 정치건설과 정치발전은 총체저이고 근본저인 가치와 의의를 가진다. 이는 중국 개혁개방 이후의 실천이 증명한다. 중국의 정치와 경제 그리고 사회의 개혁과 발전이 중국의 발전이라는 성과와 기적을 만든 것이다.

바꾸어 말하면, 중국의 정치건설과 정치발전이 중국의 현대화 발전의 순조로운 전개를 보장하였다. 따라서 중국의 정치가 효율적으로 발전하는 과정에 있을지라도 중국의 특수한 국정과 독특한 발전 경로 그리고 국가제도 형태는 여전히 많은 사람들이 일반적인 경험과 일상적이고 당연한 이치로만 중국의 정치발전에 대한 전망과 가능성을 파악할 수 없게 한다. 중국의 발전이라는 측면에서 사람들은 중국이 공고한 현실적 기초 위에서 지속적으로 발전해나간다면 틀림없이 견줄 바 없는 아름다운 미래를 가질 것이라는 공통된 인식을 가지고 있다. 그러나 중국이 과연 지속적인 발전을 실현할 것인가라는 문제에 대해서는 서로 다른 의구심을 가지고 있다. 그 가운데 하나가 중국의 정치발전이 지속성을 가지고 있는가 하는 점이다. 사실, 중국의 정치발전이 지속 가능한지 여부에 관한 문제는, 사람들이 중국의 미래를 파악할 수 있는 기본적인 문제일 뿐만 아니라 중국의 국가변혁과 발전이 직면한 핵심적인 문제이기도 하다. 한 국가의 정치발전이 지속성을 가지고 있는가는 선험적인 문제가 아니라 지극히 현실적인 문제이다. 즉, 현실적인 조건뿐만 아니라 국가의 정확하고 과학적인 이해에 달려 있다. 따라서 이 문제에 대해서는 확정적이며 의심할 바 없는 답안을 내놓는 것이 아니라 중국 정치가 현실적으로 지속적인 발전을 해나가기 위한 각종 자원과 전략을 탐색하는 것이 중요하다.

긍정적인 사실은 중국의 발전이 이미 정치의 지속적인 발전을 실현하기 위한 기초와 가능성을 구비해왔다는 것이다. 그 근거는 다음과 같다.

첫째, 중국경제는 이미 전면적인 시장화, 글로벌화, 네트워크화 시대에 진입하였다. 중국경제와 글로벌경제는 실제적인 공간에서 서로 융합되고 있다. 글로벌 시장경제 기제와 법칙은 중국경제의 생활 영역으로 진입하였다. 인터넷 경제는 사이버 공간에서도 이미 전면적으로 펼쳐지고 있고 거세게 출렁이고 있다. 이는 중국 국민에게 완전히 새로운 자유 공간을 부여하는 동시에 중국의 경제와 사회, 문화생활을 심각하게 바꿔가고 있다.

둘째, 시장경제가 가져온 경제생활, 사회생활, 정치생활의 변화는 이미 중국사회의 기본적인 권력구조와 권력관계를 심각하게 바꿨다. 개인과 개인이 구성하는 사회는 이미 기본적으로 권력주체가 되었고 국가와 정부를 공동으로 결정하고 있으며 정당의 정책과 방침 그리고 거버넌스 전략에 영향을 미치고 있다. 이러한 권력구조는 민주와 법치가 권력 합법성의 근원이 되게 하였다.

셋째, 중국의 민주와 법치, 특히 법치가 국가건설에 부단히 깊이 파고들고 있기 때문에 법률이 전면적으로 국가거버넌스와 권력 운용의 근거와 기준이 되었다. 제도는 이미 국가거버넌스와 권력 운용의 중심이 되었으며 그 권위도 갈수록 높아지고 있다.

넷째, 엄격한 은퇴제도와 임기제도는 중국의 국가권력을 개방적일 뿐만 아니라 제도적으로 정기적인 교체를 실현하게 하였다. 권력의 개방성 그리고 권력 교체의 전면적인 제도화는 사회 내부의 질서 있는 유동과 정치참여를 보장하였다. 또한 통치 권력의 합리적인 분배, 그리고 통치자의 직업화, 전문화, 임기화를 보장하였다.

다섯째, 사상해방, 개혁개방 등 국가건설의 질적 제고 과정에서 중국은 자신의 이론, 노선과 제도를 견지해왔지만, 그렇다고 해서 제자리에 머물지만은 않았다. 개방과 학습 그리고 혁신의 강조는 중국 성장의 내재적인 동력이다. 이러한 중국의 사회사상, 전략계획, 체제창조, 정책 안배 등 일체의 유익한 경험을 적극적으로 학습하도록 하고 귀감으로 만들었다. 그 결과 사상과 이론, 그리고 전략관념이 시대의 변화에 따라 끊임없이 발전하게 되었다.

위의 분석은 중국이 이미 정치의 지속적인 발전을 보장하는 기초와 가능성을 갖고 있고 이것이 지속가능한 정치발전으로 변화하여 중국정 치 그 자체를 결정했다는 것을 보여주고 있다. 그 가운데 가장 핵심적인 것은 세 가지이다. 하나는 국가권력의 속성이고 다른 하나는 국가권력 의 제도 안배이며 마지막은 국가거버넌스의 체계와 능력이다. 국가권력 의 속성은 미래의 국가가 누구의 손에 장악되는지와 관련된다. 중국은 인민민주를 실현하는 국가이다. 국가권력은 전체 인민의 수중에 장악되 어 있다. 인민이 주인이다. 그 조직적 보장은 중국공산당의 영도이고 그 제도 보장은 곧 인민대표대회 제도이다. 이러한 국가권력 속성의 최대 특징은 국가권력이 시시각각 전체 인민의 수중에 장악될 수 있도록 경 제와 사회 분화가 가져오는 국가권력의 귀착점인 집단화와 사유화를 효 과적으로 피할 수 있는가이다. 전체 인민을 영도하고 모든 민족을 결집 시키며 국가의 모든 일에 복무하는 공산당은 효과적인 조직형식, 간부 제도, 영도체제 그리고 대중노선 등을 통해 국가권력 속성의 장기적인 불변을 충분히 그리고 효과적으로 보장하고 있다. 이러한 차원에서 중 국공산당의 자체적인 건설과 발전이 특히 중요했다. 덩샤오핑은 "중국 공산당의 자체적인 건설과 발전 과정에서 진리를 찾아야 하고, 그 핵심 은 당에 있다."고 말했다.[22]

국가권력을 안배하는 정치제도는 선명한 중국특색을 가지고 있지

---

22    鄧小平, "在武昌, 深圳, 珠海, 上海等地方談話要點(1992年1月18日-2月21日)", 『鄧小平文選 (第三卷)』(北京: 人民出版社, 1994), p.380, 381.

만 그 본질은 현대적이고 중국의 국정에 부합하며 효과적이다. 설사 중국이 2천여 년에 이르는 고전적인 정치문명을 가지고 있다 할지라도 그 제도는 당시 최고 수준의 제도였다. 그러나 오늘날의 중국제도는 근본적으로 중국의 전통적인 제도에 현대성을 부여한 것이 아니라 서구의 현대적인 제도에 중국적인 요소를 조합해 생성된 것이고, 더욱 중요한 점은 이러한 제도의 가치가 민주공화를 추구한다는 점이다. 따라서 중국의 현대정치제도는 현대성과 민주성을 갖춘 제도체계이다. 중국이 현대적인 정치제도를 조합할 때, 국가의 전환, 새로운 국가의 조직 및 운영, 사회주의 사회 건설이라는 시대적 요구로부터 출발했기 때문에 일정 부분 서구의 고전적인 원칙과 형태를 초월한, 선명한 중국의 특색을 가지게 되었다. 실천이 이를 증명하고 있다. 중국 현대정치제도의 건설이 중국의 국정을 충분히 고려했기 때문에 30여 년의 개혁과 개방 중에서 고도의 효과를 보였고 나아가 제도의 현대성과 적응력, 효율성을 보여주었다. 그리고 이는 필연적으로 정치의 지속적인 발전을 위한 강대한 제도적 지탱과 제도적 보장을 유지해주었다.

　　그러나 객관적인 측면에서 말하면, 중국 정치제도의 현대성, 적응력 그리고 효율성은 중국 정치제도의 규범성과 완결성을 의미하지는 않는다. 국가를 보장하고 통합하며 발전시킨다는 시각에서 보면, 중국의 현 정치제도체계는 적합하고 효과적이다. 그렇지만 국가거버넌스, 국가와 사회의 균형, 국가조직과 운용의 질적 제고라는 시각에서 보면, 중국의 정치제도는 더욱 체계적이고 규범적이며 더욱 정교한 로드맵과 청사진을 필요로 한다. 이러한 이유 때문에 중국은 2013년에 시작된 새로운 개혁과 개방에서 '국가거버넌스체계와 거버넌스 능력의 현대화'를 발전목표로 제시하였다. 만약 이 목표가 충분히 달성된다면 중국의 정치 또한 공고한 국가 정권을 갖게 되며, 국가제도의 공고화와 함께 국가를 효

과적으로 통치하는 능력을 갖게 된다. 그리고 이러한 능력이 중국정치
가 장기저이고 지속저인 발전이 실현을 유지하고 보장하는 핵심저인 소
재이다.

# 제1부 토대

제1장

# 대일통과 중국정치

중국의 현대정치와 전통정치 간에는 구조적 차원에서 직접적인 관계가 없다. 이를 구성하는 요소들이 서구가 만든 현대정치문명체계에서 왔기 때문이다. 그러나 중국 현대정치의 역사적 형성과정을 보면, 중국인들은 중국의 현대정치를 스스로 구축해왔다. 중국 전통정치의 가치와 제도시스템을 초월하려 했지만, 중국의 현대정치는 수천 년간 지속된 중국사회를 기반으로 만들어졌다. 중국의 현대정치는 서구의 시각에서 보면 서구 정통모델이 아닌 대안적 모델이고, 중국의 시각에서 보면 중국문명 속에서 자생한 것이 아닌 학습한 것이다. 이로 인해 중국의 현대정치는 무엇이고 어디에서 기원하며 어떻게 형성되었는지를 명확하게 설명할 수 있는 자기정체성이 부족하게 되었다.

그러나 중국의 고대정치에서 현대정치로 전환되는 역사적 과정에서 여러 전후 사정과 인과관계를 살펴보면, 중국의 현대정치가 결코 '무(無)'에서 생겨난 것은 아니다. 중국의 현대정치는 실패를 거듭하면서 탐색과 실천을 통해 천천히 모색한 결과이다. 이 과정에서 결정적 작용을 일으킨 역사적 추세가 있다. 첫째는 인민이 국가의 주인이 되는 인민민주이고, 둘째는 고대 문명국가가 전반적으로 현대적 민주를 실현할 수 있도록 현대로의 전환과정에서 통일성과 전체성을 유지한 것이다. 사람들은 오랫동안 첫 번째 역사적 추세가 끼친 영향으로만 중국 현대정치를 이해하고자 했으며, 이로부터 중국 현대정치는 혁명이나 민주운동과 긴밀하게 연관될 수밖에 없었다. 이러한 역사적 추세가 낳은 것은 중국 현대정치의 가치선택이었고, 중국 현대정치의 구체적인 제도선택과 이에 따른 국가조직형태가 낳은 것은 두 번째 역사적 추세, 즉 통일성이다. "신해혁명으로 인해 민주공화국이라는 개념이 민심에 깊이 파고들었다. 이후에 사람들은 이 개념에 위배된 언론과 행동이 모두 불법이라고 인정하게 되었다."[1]는 역사적 흐름에서 중국인에게 내재된 강력한 문화적 신념과 정치적 사명이 중국 현대정치의 구축에 구체적이고 결정적으로 작용하였다. 이로 인해 현대화로의 전환에서 하나로 통일된 중국이 유지되었고 전통국가가 온전하게 현대국가로 전환되었다. 대일통은 중국의 중심축이므로 대일통을 잃게 되면 중국은 온전하게 존속할 수 있는 기초와 가치를 잃어버리게 된다.

## I. 대일통과 중화민족의 생존과 발전 형태

마르크스와 엥겔스는 인간 사회가 갖고 있는 모든 문제의 근본과 기초를 사유하는 하나의 판단을 제시한다. 즉, "모든 인류 역사의 첫 번째 전제는 두말할 것 없이 살아 있는 인간 개개인들의 존재이다."[2] 살아 있

---

1　劉少奇, "關於中華人民共和國憲法草案的報告", 『劉少奇選集(下)』(北京: 人民出版社, 1985).

2　馬克思·恩格斯, "德意志意識形態(節選)", 『馬克思恩格斯選集(第一卷)』(北京: 人民出版社,

는 인간 개개인의 존재는 사회를 만들고 역사를 만들었으며 지극히 풍부한 인류 문명을 만들었다. 문명시대에 들어서자 개개인의 존재는 세 가지 형식으로 존재하게 되었다. 즉, 유적(類的) 존재, 민족적(Ethnic) 존재, 사회 구성원적 존재이다. 유적 존재는 자연에 의해, 민족적 존재는 역사문화에 의해, 사회 구성원적 존재는 사회발전의 수준에 의해 규정된다. 인간의 생존과 발전에 관한 모든 문명의 산물은 이 세 가지 존재 형식의 규정성에 근거해 형성되기 때문에 인간의 자연관과 세계관, 인간이 받드는 민족성과 역사문화 전통에 의해 결정되고 영향을 받는다. 이로 인해 어떠한 역사·현실적 행동도 이러한 내재적 규정성을 뛰어넘을 수 없다. 따라서 마르크스는 "인간은 스스로 역사를 만들지만 자신이 마음대로 선택한 상황에서 만드는 것은 아니다. 직접 마주하고 이미 존재하는, 과거에서 물려받은 상황에서 만든다."[3] 이렇게 볼 때, 현실에서의 모든 활동과 발전은 역사가 만들어낸 현실적 기초와 그것에 내재된 규정성에 직면해야 한다. 이 점은 중국 현대정치의 형성을 이해하고 사고하는 데에 매우 중요하다. 현대화와 민주화라는 시대적 조류에서 사람들은 민주와 현대화에 대한 가치 추구와 미래에 대한 기대로서 중국 현대정치를 설계·기획·구축하기 때문이다. 이를 위해 급진적 관념과 극단적 방식으로 역사와 전통을 부정하기도 하는데, 심한 경우에는 전통과의 철저한 단절과 전면적인 부정에 이르기도 한다. 그러나 역사와 사회의 발전은 인간의 의지에 따라 바뀌지 않는다. 현실에서의 운동과 인간의 주관적 의지가 역사운동 자체의 내재적 논리와 발전 추세에 충격을 가한다 하더라도 그것은 "칼로 물 베기"일 뿐이다 .

---

1995), p.67.
3    馬克思, "路易·波拿巴的霧月十八日", 『馬克思恩格斯選集(第一卷)』(北京: 人民出版社, 1995), p.585.

중국 현대정치의 구축으로 말하자면, 사람들은 현대화 발전이 가져온 사회적 존재방식의 변화에 근거해 이를 구축할 수 있지만 중국인이 수천 년 동안 역사·사회·문화 발전에서 형성한 민족적 존재방식을 뛰어넘을 수는 없다. 사람들은 이 점을 간과했는데, 가장 명확한 사례는 중국 대일통(大一統)에 대한 전면적인 부정이다. 이러한 부정의 이면을 가장 강력하게 뒷받침해주는 가치가 민주이다. 이로 인해 사람들은 민주로 중국 전통사회의 정치에서의 대일통 군주전제와, 중국인이 민족적 존재와 발전으로 형성한 대일통을 부정하게 되었다. 그러나 중국은 근대 이후에 현대국가의 역사를 구축하면서 다음과 같은 사실을 나타냈다. 즉, 중국의 현대국가 구축은 대일통의 군주전제와 작별하는 동시에 중화민족의 생존과 발전 형태인 대일통을 중심으로 전개되었다.

내재적 통일을 유지하고 확고히 하는 것은 현대 중국정치의 역사적 대세를 만드는 것이다. 그러나 중국 현대정치의 형성과정을 보면, 가치와 행동에서 중국 전통사회를 부정함으로써 내재적 통일의 대일통 정치 전통을 유지하였다. 이로 인해 민주공화에 기초해 형성된 역사적 대세는 국가통일과 중화민족 대일통의 역사적 대세가 현대정치의 구축에 끼치는 결정적 작용을 거의 대부분 차단하였다. 통일과 대일통을 유지하는 것은 분명히 별개의 일이다. 통일을 유지하는 것은 국가 구축의 차원이고, 대일통을 유지하는 것은 중화민족의 유지 차원이다. 2천여 년 동안 대일통의 정치전통을 가진 중국에 있어서 현대국가의 구축 과정 중 국가통일을 유지하는 행동과 중화민족의 대일통을 유지하는 행동은 밀접한 관련이 있다. 전통국가의 통일과 중화민족의 대일통 구조는 상호 형성·결정되기 때문이다. 이 때문에 전통국가가 현대국가로의 이행에서 반드시 직면해야 했던 현실적 기초와 내재적 요구가 중화민족의 대일통 구조였다. 중국 전통사회에서 '대일통'은 일종의 정치형태이자 중화민족이 생존·발전할 수 있는 조직형태였다. 영국의 철학자 버트런드 러셀(Bertrand Russell)은 이 점을 매우 명확하게 인식한다. 그는 "중국의 통일성은 정치에 있지 않고 문명에 있다. 중국문명은 고대로부터 현재까지 보존된 유일한 문명이다. 공자시대부터 고대 이집트, 바빌론, 페르시아, 마케도니아, 그리고 로마제국은 모두 쇠망하였다. 그러나 중국문명은 현재까지도 면면히 이어져 왔다."[4]고 말한다. 이러한 대일통으로 인해 중국문명은 인류역사의 다른 문명과 달라졌으며 지금까지 지속되고 있다. 중국이 어떤 방식으로 현대에 진입하든 간에 중화문명이 연속되고 중국으로서 존재하려면 중화민족의 대일통을 지켜야 한다. 대일통은 중국 전통 시기의 대일통 정치를 형성하였고, 이는 역으로 중화민족이 다원일체(多元一體)의 대일통 구조에서 지속적으로 성장·발전할 수 있도록 보장해주었다. 중국이 현대화와 민주화로 가기 위해 전통의 대일통 정치를 파괴할 수 있지만, 중화민족의 생존과 발전 형태로서의 대일통을 파괴할 수는 없다. 이러한 대일통을 중화민족의 존재적 기초와 발전으로 삼는다는 논리를 유지해야 할 것이다. 이는 중국의 현대화와 민주화 발전의 역사·사회·문화의 뿌리이며 중국이 내재적 통일성을 갖춘 일체화 현대국가를 구축하는 사회적 기초이기 때문이다.

중국 전통의 대일통 정치는 중국을 통일하고 확립한 진나라의 중앙집권 통치 이후에 확립되었다. 한나라는 진나라의 제도를 계승했는데, 유학을 존숭하는 이데올로기 정책 가운데 대일통 정치에 상응하는 이데올로기적 기초를 확립하였다. "『춘추』의 대일통이라고 하는 것은 천지의 변함없는 법이요 고금을 관통하는 올바름이다[春秋大一統者, 天地之常經, 古今之通誼也]."[5]를 명확히 하였다. 마오쩌둥이 "백대(百代)에 걸쳐

---

4　羅素·秦悅譯, 『中國問題』(北京: 學林出版社, 1996), p.164.
5　『漢書·董仲舒傳』.

진시황의 제도를 행한다."라고 말한 것처럼, 이후 대일통 정치는 중국 전통 시기의 근본적인 정치형태가 되었다. 이러한 사실에 기초해서 사람들은 흔히 중국 전통의 대일통 정치가 진나라 제도의 산물이라고 생각하고, 이것을 진나라의 제도와 함께 중국이 장기간 봉건전제 통치를 하게 된 근본적인 원인이라고 여긴다. 이로 인해 현대 중국인들은 전통 전제정치와 작별하고 현대 민주정치로 나아갈 때 진나라의 제도와 그것이 만들어낸 대일통 정치를 일종의 전제 정치의 상징으로 삼고 이것을 철저히 파괴하여 현대 민주공화제로 향하고자 하였다.

주지하듯이 중국은 다양성이 내재된 사회이다. 민족 간 차이뿐만 아니라 지역 간의 차이도 있다. 진나라의 제도는 중원을 중심으로 문자와 수레의 궤도가 같도록 만들었다. 그러나 방언의 차이 때문에 한족을 주체로 하는 여러 지역에서 여전히 지역 정체성과 문화적 습관과 풍속을 형성하였다. 또한 중화민족은 2천여 년 동안 민족교류와 융합 속에서 형성되었기 때문에 진나라의 제도가 뒷받침한 (전통)국가는 곧 다민족이 하나로 구성된 (전통)국가였다. 따라서 어찌되었든 현대 이전 시기의 중국은 기본적으로 페이샤오퉁(費孝通)이 말한 '다원일체'의 구조였다. 중국 전통 시기의 대일통 정치는 이러한 다원공존일체(多元共存一體)의 구도를 유지해왔다. 그 이후에 신해혁명은 전통 시기의 대일통 군주전제를 무너뜨리고 대일통의 신념체계마저도 흔들었다. 역사발전의 논리에 따르면, 신해혁명이 열어놓은 민주공화는 전통 시기의 국가가 무너지고 형성된 작은 정치단위 혹은 집단(族群)을 기초로 형성되었어야 했다. 그러나 사실은 정반대였다. 신해혁명이 일어났지만 중국은 외부 제국에 의해 분할되었고 내부 군벌에 의해 분열되었다. 하지만 이 '다원일체'의 구조는 기존의 '일체'가 소실된 후에도 철저히 와해되지 않았다. 반대로 전 민족은 새로운 '일체'를 구축하여 중화민족의 혈맥과 국가 통일을 유지하고자 노력하였다. 이러한 노력은 결국 성공했고 21세기의 세계에 전면적으로 부상한 중화인민공화국을 만들었다. 이에 따라 우리는 이러한 질문을 하지 않을 수 없다. "중국 혹은 중화민족에게 있어서 대일통은 외재적인 것인가? 아니면 내재적인 것인가?" 이에 대한 대답은 다음과 같다. "대일통 정치는 외재적인 것이다. 그러나 중화민족의 생존과 발전 형태로서의 대일통은 내재적인 것이며 중화민족의 생명의 근원이다."

대일통 정치가 직접적으로 체현된 것은 진나라의 제도이다. 진나라의 제도는 진시황의 중국 통일로 확립되기는 했지만 중국 통일 이후의 성과는 아니다. 반대로 통일의 기능이 있는 진나라의 제도가 진나라의 중국 통일의 기초를 마련해주었다. 흥미로운 점은 진나라가 전국을 통일하도록 만든 그 제도가 당시 진나라뿐만 아니라 다른 제후국에도 존재했으며 각국의 통일을 이루어냈다는 사실이다. 따라서 진나라의 제도는 진나라만이 아니라 당시의 제후국들도 천하를 통일하기 위해 추진했던 제도 혁신이었다. 다만 진나라의 제도 혁신이 보다 높은 정치·군사적 효력을 갖춘 덕분에 결국 진나라가 중국을 통일하고 당시에 제정한 여러 제도를 통일 이후에 전면적으로 실시할 수 있었다. 진나라가 통일을 위해 활용했던 제도 혁신과 변혁은 그 시대 각국의 공통적인 제도적 선택이었는데, 그 가장 중요한 원인은 각국 모두가 천하를 통일하고 패업(霸業)을 이루려고 했다는 것이다. 이처럼 강렬한 정치·군사적 동기는 각국의 제도 변혁을 유도했고, 그 제도 변혁의 근본적인 지향점은 동일하였다. 즉, 봉건제인 주나라의 제도를 타파하고 관료를 중심으로 하는 새로운 중앙집권 제도를 세워 "유동적인 관료제로 세습적인 귀족제를 대체하고 봉국(封國)은 모두 중앙이 임명한 군현(郡縣)의 직관이 다스리는 것"을 지향하였다. 이러한 지향점으로 인해 "각국은 정도의 차이는 있지만 모두 권력이 군주에게 집중되는 군주집권제로 발전하게 되었다." 이와 함께 군현의 "관원은 모두 군주가 직접 임명하고 세습하지 않게 되었다."[6] 주나라의 제도와 비교해보면, 이러한 제도 변혁은 혁명과 다름이 없었다. 혁명의 내재적 동력은 천하 통일에 있었다. 따라서 진나라가 거둔 최후의 승리는 중국통일의 위업을 달성한 것뿐만 아니라 제도 혁명을 완성시켜 진나라의 제도를 전면적으로 형성하고 확립시킨 것이다.

천하통일에 대한 염원이 제도 변혁의 직접적인 동인이었다는 것은 분명하다. 그러나 보다 큰 내재적 동인은 부국강병이었다. 천하통일을 위한 가장 직접적인 행위는 군사정복인데, 이 능력은 국가의 강성함에 기인한다. 따라서 제도 변혁은 통일의 대업을 위한 것이지만, 현실에서는 부국강병을 추구하게 되었다. 부국강병을 이루기 위해서는 권력을 집중하기 마련이다. 그런데 문제는 각국이 권력집중을 위해 추진한 제도 변혁의 방향이 같았다는 점이다. 즉, 봉건제의 타파와 군주권력의 강화이다. 그 주된 원인은 국가마다 추구하는 이익이 다르겠지만 그 사회적 기초, 정치체제의 구조, 문화의 핵심은 같았다는 것이다. 이 점에서 중화문명과 서구문명의 근본적인 차이가 나타난다. 구체적으로 말하면, 원시사회가 끝난 후에 서구의 토지사유는 원시 공산주의의 토지공유를 파괴했다. 이로써 부락사회의 구조가 해체되었고 사회는 재산과 자원의 보유 상황에 따라 재구성되었다. 각 사회마다 다른 사회구조가 생겼고 다른 국가 정권의 조직 형식이 형성되었다. 반대로 중국을 포함한 동양 사회에서는 토지사유가 부락사회 기존의 토지공유를 직접적으로 넘어서지 못했고, 해체되지 못한 부락사회는 곧바로 농촌공동체 사회로 전

6    王家範, 『中國歷史通論』(上海: 華東師範大學出版社, 2000), pp.73-74.

환되었다. 이에 따라 각 지역의 사회구조가 같아졌다. 이처럼 각 지역
이 세운 국가정권과 국가조직 형태가 같았던 것은 농촌공동체가 채택한
가부장제에 기반한 군주정권 때문이었다. 이 점은 곧 중국의 축심시대
(The Axial age)인 춘추전국시대에 고대 그리스와 같은 여러 정치체제
가 존재하지 못했던 근본적 원인이다.

　이처럼 진나라의 대일통 정치는 비록 진나라의 중국 통일 이후에
확립되었지만, 그 맹아와 성장은 중국 통일 이전이라고 한다. 또한 우리
가 주목해야 할 점은 진나라에서 싹을 틔운 대일통의 정치형식이 진나
라뿐만 아니라 당시 여러 제후국의 공통된 정치개혁 경향이었다는 사실
이다. 따라서 우리는 대일통 정치가 당시 통일패업을 추구하기 위해 형
성된 각국의 공통된 선택이었다는 사실과 더불어 각국의 대일통 정치와
통일패업에 대한 인식·이해가 같았다는 사실을 알아야 한다. 이 지점에
서 우리는 춘추전국시대에 각국이 가졌던 공통의 정치이념과 세계관으
로 거슬러 올라가야 한다.

　고대 중국인의 지식과 사상체계가 구체적으로 언제 형성되었는지
는 답할 수 없다. 그러나 문명시대에 중국의 생존방식과 사회구조는 고
대중국의 지식·사상·신앙체계가 천지·자아에 대한 사고와 대답에 기
초해 형성되도록 만들었다. 이는 중국인이 처음부터 하늘과 땅에 의존해
생활한 농경사회와 직접적인 관계가 있다. 거자오광(葛兆光)은 전통 문
헌, 현대 이론, 고고학 자료를 토대로 다음과 같이 말했다. "고대중국의
사상세계는 시작부터 '천(天)'과 관계가 있었다. 천지의 형태를 관찰·체
험·인식하는 가운데 우주 천지에 중심과 주변이 있다는 사상을 포함시
켰다. 또한 고대 중국인 스스로 천지의 중심에 거한다는 생각을 은연중
에 내포하였다. 이는 중국이라는 명칭의 함의와 일정한 관계가 있다. 천
지에 대한 느낌과 상상은 이후에 생겨난 중국인의 여러 추상적 관념과

깊은 관계가 있다." "천지 사방(四方)에 대한 신비한 느낌과 사상에서
출발한 사고와 상상은 고대 중국사상의 기점 중 하나이다." "그것이 일
련의 은유를 통해 사상 속에서 확장되면서, 사람들은 공간적으로 중앙
이 사방을 통괄하고, 시간적으로 중앙이 사방보다 빠르며, 가치 등급에
서 중앙이 사방보다 우선이라는 생각을 가지게 된다." "이러한 관념은
사회영역으로 확대되는데, 이는 곧 사방의 번신(藩臣)이 중앙의 제왕에
게 종속되는 정치구조의 신성하고 합법적인 근거가 된다."[7] 이러한 사
상과 정신은 진나라가 중국을 통일한 결과물이 아니다. 오히려 진나라가
중국을 통일한 사상과 문화적 기초는 춘추전국 시기의 여러 제후국이 공
유하고 있었다.

　　고대인들은 이러한 사상에 기초해 현실의 정치생활을 구축하였다.
이로써 천지와 대응되는 왕권을 핵심으로 하는 왕조체제를 형성하였다.
중국 전통의 정치지식 체계에서 왕조란 정치시대의 관념이며 정치 공동
체의 개념이다. 역사학자는 중국의 첫 왕조를 하(夏)라고 부른다. 비록
하나라와 진나라가 전개한 정치형태는 전혀 다르지만, 중국에서 자생한
대일통 관념에서 형성된 이들 왕조는 본질적으로 대일통 구조이다. 진
나라 이전의 대일통 구조는 종법제도에 기초해 형성되었고, 진나라의
대일통 구조는 군현제도에 기초해 형성되었다. 양자는 중앙집권을 실시
했다는 점에서는 같지만 중앙집권의 토대와 뒷받침에서는 차이를 보인
다. 전자는 종법제와 분봉제에 기초했으며, 후자는 관료제와 군현제에
기초하였다. 후자는 전자를 넘어선 상태에서 형성되었기 때문에 사회·
정치영역에서 전자의 존재를 완전히 근절시키지 못하였다. 다만 정치권
력의 구축에서 전자가 근본적 근거와 핵심원칙이 되지 않도록 했을 뿐

---

7　　葛兆光, 『中國思想史(第一卷)』(上海: 復旦大學出版社, 1998), p.88.

이다. 이러한 측면에서 볼 때, 춘추전국 시기의 제후들의 할거(割據)는 기존의 대일통 구조체제가 해체된 결과이며, 여러 제후가 태생적으로 가졌던 구성적(constitutive) 대일통 구조체제에 대한 갈망은 춘추전국 시기가 결국 역사적 필연으로 새로운 대일통의 국면으로 나아가도록 만들었다. 이스라엘의 중국문제 연구자 유리 파인스(Yuri Pines)는 청동기 시대에 관한 연구 중 서주(西周) 시기의 여러 상황을 통해 중국인들에게 통일에 대한 갈망이 생겨났다고 주장한다. "서주 시기에 국가 통일에 대한 관점이 형성되기 시작하였다. 예컨대 주나라의 역대 군왕은 예악(禮樂)을 제정하는 특권을 가지고 있었다. 주나라의 왕은 전체 국가 범위가 아니더라도 자신의 통치 지역 내에서는 절대적인 권력을 가지고 있었다. 또한 영토 확장과 천하 권력의 집중 관점도 이미 초보적으로 형성되었다."[8] 그는 서주 시기 이전의 상나라와 하나라가 통일 왕조였는지에 대해도 회의적이다. 이 문제에 대해서는 유력한 증거가 부족하기 때문에 중국 내에서도 의문을 제기하는 학자가 있다.[9] 하지만 관련 자료로 유추해볼 때, 중국 학자들은 하·상·주 모두 중앙집권을 기반으로 왕조를 세웠으며 이러한 중앙집권의 지향점은 필연적으로 대일통이었다고 생각한다. 시에웨이양(謝維揚)은 이 문제에 대해 긍정적인 태도를 보이지만 왕권을 통해 중앙집권을 바라본다. 그는 "주나라에서 국가의 중앙권력이 하나라와 같은 왕권이라는 점은 의심의 여지가 없다."라고 주장한다. 이러한 왕권은 '만방(萬邦)'에 대한 통제권으로 체현된다. '만방'과 '천하'가 당시 모든 부족을 포함할 수는 없지만, 주왕(周王)은 자신이 통제하는 지역을 '천하'라고 말한다. 또한 왕권에 의한 통제는 실

---

8    尤裏·潘斯, 『想象中的帝國, 先秦史學傳統中"原始統一"觀念』; 穆啟樂·閔道安 主編, 『構想帝國, 古代中國與古羅馬比較研究』(上海: 復旦大學出版社, 2013), pp.60-61 참고.

9    葛劍雄, 『統一與分裂, 中國曆史的啟示』(北京: 生活·讀書·新知三聯書店, 1994), p.41.

제 왕조의 중앙과 부족 간의 관계를 변화시키고, 왕권의 통제하에 들어가지 못한 '융적만이(戎狄蠻夷)' 부족은 왕조-부족 간에 자연저으로 존재하는 동등한 지위를 잃게 된다. 이에 따라 왕권으로 통합된 천하는 자연스럽게 하나의 대일통 구조가 된다. "상나라의 중앙, 즉 상나라 왕실과 지방세력의 관계는 결코 일반적인 국가 간의 관계가 아니라 하나의 국가 안에서 중앙과 지방의 관계였다. 중앙과 지방의 관계가 평등하지 않았다는 점은 매우 명확하다. 또한 중앙은 지방세력을 통제하였다."[10]

　앞서의 분석처럼, 중국과 서구의 고전 정치문명은 문명시대의 문턱을 넘어서면서 다르게 발전하였다. 서구는 부락이 해체되고 정치 공동체가 재구성되어 문명시대로 들어섰다. 한편, 중국은 완전히 해체되지 못한 부락이 왕권하에 정치공동체로 모여 문명시대로 들어섰다. 이로 인해 중국 고전의 정치체제는 선형적으로 발전했고, 왕권 정치체제, 군권 정치체제, 황권 정치체제를 차례로 거쳤다. 이는 고대 그리스의 도시국가 정치체제의 다원적인 실선 모델, 다면적인 발전 모델과는 전혀 다르다. 이러한 발전은 우선적으로 부락이 공주(共主)를 통해 하나의 공동체로 모이는 왕권 정치체제 시대를 가져왔다. 이러한 시대의 맹아는 하나라이며, 지속과 발전은 상나라이다. 왕권 정치체제의 가장 큰 특징은 다음과 같다. 즉, 중앙집권에서는 다른 부족이 왕의 부족으로 집결하며, 천자의 도성 지역[王畿]을 중심으로 사방에 공주(共主)가 형성되는 구도로 확립되었다. 왕권 정치체제에서도 왕실이 다른 구성원에게 분봉하지만, 진정한 분봉제와는 다르다. 천명지아(陳夢家)는 상나라의 경우에 왕기 주변에 모여 상나라 왕을 공주로 하는 각 지방 부족은 "자신의 토지와 백성을 가지고 있는데, 이는 상나라 왕국에서 하사한 것이 아

10　謝維揚, 『中國早期國家』(杭州: 浙江人民出版社, 1995), pp.413-414.

닌 듯하며 후대의 봉토(封土)식 상황과는 다르다."[11]고 언급하면서 이를 통해 다음과 같이 단언한다. 하나라와 상나라의 정치시스템은 본격적으로 일어난 분봉제를 토대로 형성된 주나라의 정치시스템과는 전혀 다르다. 분봉제는 혈연종법제를 토대로 확립되며 귀족제도가 뒷받침하기 때문이다.[12] 따라서 분봉제의 전면적인 확립에 따라 왕권 정치체제 시대도 군권 정치체제 시대로 접어들게 된다. 군주 정치체제가 왕권 정치체제를 대신하면서 공주 체제의 대일통은 종법제 체제의 대일통으로 변화한다. 중국 역사에 나타난 제후들의 할거는 대일통에 대한 반동이 아니라 군주 정치체제의 산물이다. 주나라의 천자든, 각 지역의 제후든 모두 천하통일에 대한 추구와 대일통 구도의 재건을 가장 기본적인 정치적 이상으로 삼았기 때문이다. 이러한 보편적인 정신과 사상적 지향은『여씨춘추(呂氏春秋)』속 군주의 도(道)에 어느 정도 나타나 있다.『여씨춘추』에서는 "국가에 반드시 군주가 있는 것은 하나로 통일되는 이유이다 [國必有君, 所以一之也]."[13]라고 하였다. 즉, 군주는 폐할 수 있지만 군주의 도는 폐할 수 없는데, 그 이유는 군주가 있어야 나라가 있고 일통을 만들어낼 수 있기 때문이다. 따라서 군주의 현실적 존재 의미는 치국(治國)에 있고, 내재적 사명은 일통을 만들어내는 것이다. 군주의 합법성이 대일통을 만들고 유지하는 데에 있기 때문에 여러 제후국의 군주는 통일의 패업(霸業)을 달성하기 위해 노력한다. 이러한 노력으로 제도적 혁신과 전환을 추진하게 되었다. 진나라는 군현을 일으키고 분봉을 약화시키며 관료를 일으키고 귀족을 약화시키는 제도적 전환 속에서 점차

---

11    陳夢家,『殷墟蔔辭綜述』(北京: 中華書局, 1988), p.332.

12    쉬줘윈(許倬雲)은 이러한 변화의 단면을 분석하였다.『西周史』(北京: 生活·讀書·新知三聯
      書店, 1994), p.231, 315.

13    『呂氏春秋·執一』.

강력해졌다. 또한 중국을 통일한 이후에 군현제와 관료제의 토대 위에서 중앙집권을 확립하였다. 중국 정치는 규권 정치체제 시대에서 황권 정치체제가 되었고, 이로써 대일통 구도로 통일된 천하와 제도화된 중앙집권 체계가 마련되었다. 중국의 초기문명과 전통국가 형성의 역사에 주목하는 리쉐친(李學勤)은 "어떤 이는 진시황이 처음 중국을 통일했다고 주장하는데, 이는 확실하지 않다. 하·상·서주 시대에 이미 통일 국면이 있었다. 진나라는 다만 춘추오패(春秋五霸), 전국칠웅(戰國七雄)의 대치와 분립 이후에 다시 통일을 완성했을 뿐이다."[14] 이러한 통일의 차이는 주로 권력의 힘과 정치체제의 형태에 따라 나타난다.

이렇게 볼 때, 중국이 문명의 문턱에서 역사를 발전시키기 시작했을 때부터 대일통의 구도를 세워 국가의 이상과 사명으로 삼았다는 사실을 알 수 있다. 이러한 정치적 기질의 뿌리는 천지·자연이 중국인에게 부여한 특유의 자연관과 세계관이며 중화민족의 생존과 발전의 기본 형태인 대일통이다. 이로써 중국의 역사·사회·문화에 내재된 유전자를 형성하였다. 중국이 왕조시대 이후에 거쳐온 왕권 정치체제, 군권 정치체제, 황권 정치체제는 모두 대일통 구도의 구축을 출발점과 근본으로 삼았다. 뿐만 아니라 전통사회에서 인간의 존재는 '개인'적 존재가 아닌 공동체의 일원으로서의 '공동체 구성원'적 존재였다. 이러한 사회에서 개인의 존재는 전체 민족집단(族群)과 마찬가지로 대일통을 그 생존과 발전의 기본 형태로 삼았다. 이 점은 정치적 대일통이 민족집단과 개인의 생존과 발전 행태로서의 대일통과 내면적으로 일치하도록 만들었다. 이러한 일치성은 중국 전통사회에서 신봉하는 "수신, 제가, 치국, 평천하"의 정치적 논리에서 발현된다. 이 논리는 개인, 가족, 민족

---

14　李學勤, 『失落的文明』(上海: 上海文藝出版社, 1997), p.107.

및 국가를 하나로 관통한다. 평천하는 개인적 삶의 추구이지만, 그 이면의 심리적·문화적 기초는 대일통의 생존 상태에서 형성된 '천하에 대한 마음[天下情懷]'이다. 이처럼 중국 전통사회에서 '대일통'은 인간의 사회적 존재, 중화민족의 생존과 발전 형태, 전통 정치시스템의 세 가지를 융합한 것으로 나타난다. 즉, 그것은 정치의 대일통이고 중화민족의 대일통이며 개인의 가정·사회·국가와의 대일통이다. 이러한 의미에서 볼때, 중국 사회와 중화민족에 있어서 대일통은 중국인이 만든 생존·발전의 문명 형태이다. 전통국가의 대일통 정치는 이러한 문명 형태의 시대적 결과물이며 대일통의 정치적 발현이다. 이러한 정치적 발현은 시대적 변화와 인간의 사회적 존재방식의 변화에 따라 현실적 의미와 가치를 잃게 되었다. 그러나 중화민족의 생존·발전 형태로서의 대일통은 여전히 역사의 긴 흐름 속에서 중국의 발전과 운명을 결정하였다.

## II. 대일통과 중국 현대국가 구축의 기초

중국을 인류문명의 계보에서 고찰해보면, 사람들은 다음과 같은 기본 인식을 형성하게 된다. 즉, 독립적으로 생성되고 발전한 중화민족과 그 사회 및 정치공동체는 내재적 연속성을 유지해서 지금까지 수천 년 동안 이어져왔다는 것이다. 대략 100년 전에 영국의 철학자 버트런드 러셀은 그 속에 담긴 통일성을 찬탄했으며, 유명한 정치가 헨리 키신저(Henry Kissinger)는 그 속에 담긴 연속성을 찬탄하였다. 키신저는 중화민족에 있어서 통일성은 연속성의 기초이며 연속성은 통일성의 강화라고 하면서 이 두 가지가 중화민족의 대일통의 특성과 형태를 만들어낸다고 말하였다.

저명한 역사학자인 뤼스미옌(呂思勉)은 중국이 세계 민족의 숲 가운데 오랫동안 우뚝 서서 인류문명의 찬란한 발전에 기여할 수 있었던 뿌리는 대일통 정치에 기초해 형성된 전통국가가 아니라 중국의 역사·문화가 빚어낸 대일통의 중화민족이라고 생각하였다. 또한 중화민족이 가진 이러한 문명의 특성 때문에 과거에 성공을 이루었으며 미래에도 성공을 이룰 것이라고 말하였다. 그는 "세계 역사에서 중국과 비교할 수 있는 국가는 로마뿐이다. 하지만 로마는 이미 멸망하였다. 그 이유가 무엇일까? 국가만 세우고 민족을 세우지 못하였기 때문이다. 로마의 군사력은 얼마나 강하였는가? 영토는 얼마나 넓었는가? 법제는 얼마나 잘 갖추어졌는가? 왕실, 도로 … 물질문명은 얼마나 화려했는가? 하지만 단추를 풀자 바람결에 흩어진 구름처럼 수습이 불가능하였다. 이후에 유럽에서 이와 같은 대제국은 나타나지 않았다. 각기 발전한 민족은 더 많은 민족으로 나뉘어 더욱 확고해졌으며, 오늘날 유럽의 국면을 이루었다. 왜 로마가 민족을 만들지 못하였는가? 로마인의 정책에 따라 주변을 착취해 로마를 거대하게 만들었다. 즉, 다른 민족을 착취해 자신을 살찌웠다. '남을 사랑하는 자는 남이 항상 그를 사랑하고, 남을 공경하는 자는 남이 항상 그를 공경한다[愛人者人恒愛之, 敬人者人恒敬之]'. 다른 사람을 차별하지 않는 자는 '다른 사람도 그와 다른 입장에 설 수 없다[人亦不能與之立異]'. 민족-민족은 개인-개인과 마찬가지다. 이것으로 인해 우리 민족이 세계 민족의 모범이 될 수 있었고 예전에 성공할 수 있었다. 예전에 이미 성공했기 때문에 앞으로도 이처럼 행해야 한다."[15] 뤼스미옌은 역사를 비교하면서 역사적 사실을 말하였는데, 이는 곧 우리가 중국의 현대화 전환 및 현대국가 구축을 인식하고 파악하는 가장

---

15    呂思勉, 『中華民族源流史』(北京: 九州出版社, 2009), p.76.

기본적이며 중요한 사실적 근거이다.

　우선 지적할 점은 이른바 서구의 현대 민족국가가 뤼스미엔이 말한 로마 해체 이후에 '여러 민족이 각기 발전해' '오늘날 유럽의 국면'에 기초해 형성되었다는 것이다. 이러한 '민족국가'의 관점에서 출발해서 그동안 해체 없이 더욱 일체화된 중화민족에 기초한 중국 현대국가를 보면, 중국은 유럽의 전형적 의미의 '현대 민족국가'가 아니다. 이 때문에 중국이 전형적 의미의 '현대 민족국가'에 부합하는 현대민주정치를 이룰 수 없다고 단언한다. 일부 학자는 이러한 시각에 근거해 중국의 대일통을 부정한다. 이는 정치적으로 중국의 대일통을 부정하는 것보다 더욱더 심각하다. 하지만 이러한 부정은 아무 의미가 없다. 로마의 해체가 서구의 역사·사회·문화 발전의 필연적인 결과인 것처럼, 중국이 장기간 대일통을 유지한 중화민족을 보유한 것은 중국의 역사·사회·문화 발전의 필연적인 결과이다. 로마 해체의 역사와 영향이 부정될 수 없는 것처럼, 중화민족의 생존·발전 형태로서의 대일통과 그 역사적 영향도 부정될 수 없다. 이는 우리가 서구의 현대 민족국가의 성장·구축 논리를 존중하고 수용하는 것처럼 중국이 중화민족의 대일통에 기초해 이룬 중국 현대 민족국가의 성장·구축 논리를 존중하고 수용해야 한다는 의미이다.

　뤼스미엔의 분석을 통해 우리는 적어도 두 가지 기본 관점을 얻을 수 있다. 첫째, 중국이 왕조가 교체되는 가운데 근대까지 유지됐던 이유는 중화문명이 대일통의 전통국가를 세웠을 뿐만 아니라 대일통의 민족을 세웠기 때문이다. 둘째, 중국이 대일통의 중화민족을 세울 수 있었던 이유는 중화민족이 이민족에 대해 큰 포용성을 가졌고 중화민족의 내부에 서로 존경하고 공존하는 전통이 두터웠기 때문이다. 중국의 역사를 비추어보면, 이 두 가지 관점이 성립된다. 이를 통해 중화민족의 대일통

은 전통국가가 대일통 정치를 구축하는 전제라는 것을 알 수 있다. 근본
적으로 말하면, 중화민족의 대일통은 외부의 힘이 아닌 중국 민족이 받
든 가장 기본적인 생존·발전의 원칙에 기초한다. 즉, "하늘의 운행은
건실하니 군자가 이를 본받아 스스로 힘쓰고 쉬지 않으며, 땅의 형세는
흙이 쌓여 있으니 군자가 이를 본받아 덕을 두텁게 하고 만물을 실어준
다[天行健, 君子以自强不息 ; 地勢坤, 君子以厚德載物]."이다. "자강불식"은
중화민족 대일통의 근본이다. 이는 중화민족의 왕성한 생명력과 발전
력을 담보한다. "후덕재물"은 중화민족 대일통의 관건이다. 이는 중화
민족의 강한 응집력과 흡인력을 담보한다. 이처럼 중화민족의 대일통은
중화문화와 문명의 근본이다. 전통사회가 구축한 대일통 정치는 중화민
족의 생존 및 발전 방식이 국가와 정치에 요청한 결과물이다. 객관적으
로 말하면, 중화민족의 성취로 말하든 전통국가 및 그 정치체계의 구축
으로 말하든, 중국 인민의 실천과 창조는 매우 성공적이었다. 이로써 독
특한 중화문명체계를 만들어낸 것이다.

　　인류문명 발전사에서 민족과 국가는 매우 밀접한 관련이 있다. 국
가는 정치 공동체이며, 민족은 역사와 문화의 공동체다. 각 문명마다 민
족과 국가의 관계는 전혀 다른데, 이는 각 민족이 세운 국가의 기반이
다른 것과 밀접한 관련이 있다. 중국과 서구국가를 예로 들어보자. 아리
스토텔레스는 서구의 도시국가가 가족, 촌락을 거쳐 도시국가로 발전
했다고 말한다. 그러나 마르크스는 그리스로 대표되는 고전국가의 구축
형식이 동방국가와 전혀 다르다고 보았다. 서구의 고전국가는 부락사회
의 해체 후에 형성된 계급사회를 기반으로 세워졌기 때문에 사실 기존
의 계급구조와 계급질서의 유지 과정의 산물이다. 반대로 중국을 포함
한 동방국가는 불완전하게 해체된 부락조직이 농촌가족공동체(코뮌)로
전환된 상태에서 세워졌다. 즉, 아시아적 사회의 기반 위에 세워졌는데,

사실은 가족공동체가 모여 형성된 것이다. 따라서 중국에는 "가족이 모여 나라를 이룬다"는 말이 있다. 이러한 의미에서 볼 때, 동방사회는 민족집단이 모여 형성되었으며 서구국가는 민족집단의 계급이 분화된 상태에서 형성되었다. 이로 인해 동방사회에서는 흔히 민족집단의 공동체와 국가 정치 공동체를 하나로 본다. 그러나 서구사회의 사람들은 민족집단의 속성이 없고 계급 속성이 분명하기 때문에 국가는 주로 사람들의 계급 속성에서 출발해 구축되었다. 결국 사람들은 국가를 민족집단에서 발전된 결과물이라고 생각하지 않고 오히려 계급이 분화된 사회를 유지해 형성된 결과물이라고 생각한다. 영국학자 베네딕트 앤더슨(Benedict Anderson)은 이러한 의미에서 서구의 현대 민족국가를 '상상의 공동체(Imagined Communities)'라고 보았다. 구체적인 예로 중국을 보면, 동방의 다른 나라에 비해 외부에 대한 강한 흡인과 융합을 기반으로 민족이 형성되었다. 따라서 중국은 서구의 '현대 민족국가'에 근거해 현대국가를 구축할 수 없다. 이는 중국과 서구의 역사가 크게 다를 뿐만 아니라 더욱 중요하게는 중국과 서구에서 민족의 내재적 구조와 존속 형태가 크게 다르기 때문이다. 이 부분에 관련한 거자오광의 견해는 정확하다. 그는 "문화적인 의미에서 볼 때, 중국은 매우 안정된 '문화공동체'이다. 이것은 '중국'이라는 '국가'의 기초이다. 특히 한족에게 중국의 중심지역은 상대적으로 명확하고 안정적이었다. '문자, 수레 궤도, 행동 윤리가 같도록 한' 문명을 추진한 후에 중국은 문화적 동질감과 상대적으로 분명한 동일성을 갖게 되었다. 지나치게 '중국(이라는 민족국가)을 해체'하는 것은 불합리하다. 한족 중심의 문명공간과 관념 세계는 역사적으로 문명 추진과 정치 관리를 통해 상식화·제도화·풍속화를 거쳐 점차 중심에서 주변으로, 도시에서 향촌으로, 상층에서 하층으로 확산되었다. 적어도 송(宋)대부터는 이미 하나의 '공동체'가 형성되고 있었다. 이 공동체는 상상의 것이 아니라 실질적인 것이었는데, 척수한 이 부분에서 이른바 '상상이 공동체'라는 새로운 이론의 효력은 약화된다."[16]라고 말하였다.

중국어에서 '중화민족'의 '중(中)'은 방위 개념이다. 하지만 역사적으로는 정치·문화적 함의가 강하다. 또한 상나라 시대에 당시의 정치 단위를 나타낸 '국(國)'이라는 개념이 '중'과 합쳐져 '중국'이라는 개념을 구성하게 되었는데, 이는 부락 공주시대에 '공주'가 사는 나라를 가리킨다. 이 나라는 정치적 중심이며 지리적 중심이었다. 서주 시기에 중국은 '공주'인 천자가 천하를 통제하는 버팀목이 되었다.[17] 중국 전통사회의 왕조와 제국, 그리고 이를 지탱하는 민족 역량은 '중'이 형성한 정치 질서, 지리 질서, 문화 질서를 기반으로 구축되었다. '중'이 하나의 국가, 민족, 문화 구축의 중심점이 될 수 있었던 것은 중국인들이 항상 '중'과 '사방'을 하나로 묶어왔기 때문이다. "'사방'은 '나를 중심으로 하는' 방위 개념이다. 자신의 위치를 '중'으로 삼고 이른바 '오방'으로 합하는 것이다." 이처럼 '중'은 '사방'을 모으는 것을 전제로 하고 기초로 한다. '사방'을 잃으면 '중'의 존재 가치가 없어진다. 이로써 "나를 중심으로 하는 '통일'의식이 여기에서 생겨났다."[18] 이러한 '통일'은 정치적으로 중앙집권의 전통국가를 구성했고, 민족적으로 한족 중심, 다민족 일체의 '중화민족'을 구성했다.

중화민족은 다원일체 구조를 기초로 민족의 대일통을 구축하였다. 그동안의 역사와 현실은 이러한 민족의 대일통이 민족적 차이의 제거를 전제로 하지 않으며 반대로 민족적 차이의 인정·존중을 전제로 한

16    葛兆光, 『宅玆中國: 重建有關"中國"的歷史論述』(北京: 中華書局, 2011), p.32.

17    葛劍雄, 『統一與分裂, 中國歷史的啟示』(北京: 生活·讀書·新知三聯書店, 1994), pp.29-40.

18    王家範, 『中國歷史通論』(上海: 華東師範大學出版社, 2000), p.79.

다는 것을 보여주었다. 따라서 그 근본은 민족의 동화가 아니라 민족의
응집과 단결이다. 중국 역사발전의 내재적 논리로 볼 때, 이러한 응집·
단결 역량을 촉진한 것은 외재적 역량이 아니라 주로 내재적 역량이었
다. 이는 구체적으로 세 가지 측면에서 나타난다. 첫째, 중화문명과 역
사의 발전은 항상 한족과 다른 민족 간의 끊임없는 융합 속에서 전개되
었다. 먼저 한족으로 말하자면, 한족 역시 중원을 중심지역으로 한 다민
족집단의 연합체이다. 한족은 성장발전의 과정에서 다른 민족을 흡수하
는 동시에 그들이 파고든 소수민족지역의 민족과 융합하였다. 페이샤오
통은 "한나라는 진나라를 계승해 다원적인 기초에서 한족으로 통일시
켰다. 한족이란 명칭은 일반적으로 남북조시대에 널리 퍼졌다고 생각하
지만, (한족은) 2천여 년의 시간 동안 사방으로 확산되어 여러 다른 민
족들을 융합시켰다. 한족은 주로 농업지역에 거주했는데, 서북지역과
서남지역을 제외한 농사에 적합한 평원은 거의 한족의 거주지였으며 소
수민족지역의 교통 요지와 상업 거점에는 대개 한족이 오랫동안 거주하
였다. 이처럼 한족은 소수민족 거주지에 많이 파고들어 점과 선을 잇는
동밀서소(東密西疏, 동쪽은 조밀하고 서쪽은 분산됨)의 네트워크가 형성
되었다. 이 네트워크는 곧 다원일체 구도의 뼈대이다."[19]라고 말하였다.
또한 다른 민족으로 말하자면, 중국 역사에는 원(元)나라, 청(淸)나라처
럼 비(非)한족이 왕조를 통치하기도 했으며 국가가 분열되었을 때에는
비한족이 통치하는 여러 정권이 출현하였다. 예컨대 북위(北魏)의 선비
(鮮卑)족 정권 등이다. 이러한 비한족 출신의 왕조와 정권에는 한 가지
공통점이 있다. 즉, 한족의 문화를 수용하고 한족과 서로 융합한 사실을
받아들였다는 점이다. 이처럼 다민족이 하나로 결집된 것은 중국 특유

---

19    費孝通主編, 『中華民族多元一體格局』(北京: 中央民族大學出版社, 1999), pp.31-32.

의 중화민족의 형성·발전 과정과 관계가 있을 뿐만 아니라 중화문명의
발전 과정에서 형성된 역사 사회 문화의 종합적인 생대와 관계가 있
다. 둘째, 중화민족의 형성·발전 과정에는 응집의 중심점이 있는데 이
는 한족이다. 페이샤오퉁은 한족이 다민족 응집의 중심점이 될 수 있었
던 이유는 민족 규모가 아닌 경제적 생산방식의 비교우위 때문이라고
생각하였다. "한족이 가진 응집력의 뿌리를 찾는다면, 한족의 농업경제
가 중요한 요소이다. 어떤 유목민족도 일단 평원에 진입하면 정교하게
경작하는 농업사회에서 생활해야 하고 언젠가는 순순히 자발적으로 한
족과 섞이게 된다."[20] 셋째, 정치상의 중앙집권과 그것이 가져온 통일왕
조는 다민족의 대일통을 위해 정치적 뒷받침은 물론 강력한 문화적 뒷
받침도 제공해주었다. 이와 관련하여 리쉐친은 "장기적 통일은 중국 문
화에 매우 보편적인 공통성을 형성하였고, 중원에서부터 변경까지 많은
부분에 공통의 문화가 있었다. 이것은 정치·경제적 통일을 더욱 확고하
게 유지시켜 중국인이 응집하는 기반이 되었다."[21]고 언급한다.

　　이상의 분석을 종합하면, 대일통은 중화민족의 생존·발전의 결과
물이자 근본방식이다. 중화문명의 모든 창조는 이러한 대일통에서 기원
하고 이러한 대일통을 나타낸다. 이것이 통일된 국가, 통일된 문자, 통
일된 연대 표기법 등이다. 중화민족 대일통의 존재·발전 방식은 중화문
명을 만들었다고 한다. 이와 함께 중화문명은 중화민족 대일통의 존재·
발전 방식을 더욱 심화시켰다고 말한다. 따라서 장구한 역사발전 가운
데 비록 왕조 교체, 이민족의 중원 통치, 국가 분열이 있었지만 중화민
족에 내재된 대일통은 유지되고 더욱 공고해졌으며 '전 세계에서 유일

20　상동, p.34.
21　李學勤, 『失落的文明』(上海: 上海文藝出版社, 1997), p.107.

무이한 유산'을 만들었다.[22] 이는 중국이 현대국가로 나아가는 논리적 출발점과 역사적 사명을 서구국가와 정반대의 상태로 만들었다. 중국은 서구국가처럼 이민족 간의 독립된 단위체가 아닌 중화민족 대일통의 존재·발전의 유지를 전제로 하여 현대국가를 건설하였다. 또한 이러한 대일통이 민족 간의 평등을 기초로 확립하도록 하였다.

## III. 대일통 정치의 생명력과 유산

중국 근세사에서 중화민족의 생존과 발전 방식의 대일통, 그리고 전통국가의 황권 전제통치의 유지로서의 대일통 정치는 겉과 속의 관계이며 서로 결정되고 강화된다. 중국 전통국가에서 황권 전제통치의 대일통 정치는 서구의 군주 전제통치와 매우 다르다. 황권의 계승은 '만세일계(萬世一系)'로 구현되지 않는다. 이는 황권을 중심으로 한 구조형태의 전후 계승, 통치권력의 상하 관통, 가치체계의 광범위한 침투로 구현된 국가 통치시스템이다. 중국 전통국가의 대일통 정치는 특정 군주, 특정 통치계급 혹은 집단의 결과물이 아니라 근세시대의 중국인이 천지·자연·사회·생산·생활에 대한 이해를 토대로 하여 만들어낸 결과물이다. 그것은 정치적 통치의 산물인 동시에 역사·문화 발전의 결과물이다. 대일통 정치는 하루아침에 구축된 것이 아니라 역사의 발전 과정에서 지속적인 실천·탐색과 역사적 선택으로 형성된 것이다. 여기에는 통치자 개인의 의지뿐만 아니라 중국의 역사·문화에서 형성된 내재적 규정성도 포함된다. 그것은 전통 정치문명이며, 중화문명의 일부분으로서 중

---

22    葛劍雄, 『統一與分裂, 中國曆史的啟示』(北京: 生活·讀書·新知三聯書店, 1994), p.5.

국 전통 정치의 독특한 풍경을 만들었다. 즉, 황권의 계승은 '만세일계'가 아니지만 '천 년의 중국'은 "백대(百代)가 모두 진의 제도(고현제)를 실시하였다."

이처럼 중국 전통의 대일통 정치는 황권통치보다는 전통국가의 제도와 통치시스템을 보여준다. 이러한 제도와 통치시스템은 황권이 통치를 실현하는 전제와 기초이며, 황권통치의 모든 합법성의 근원이다. "국가에는 하루도 군주가 없어서는 안 된다."라고 하지만, 그 어떤 강력한 권력을 가진 황권도 자발적으로 이 제도와 통치시스템의 근간을 흔들지 않았다. 역대 최고의 황제도 내부의 일부분과 권력 구조를 조정할 수 있을 뿐이다. 황권이 이러한 제도와 통치시스템을 흔들 만한 힘을 가지고 있지 않다는 것이 아니다. 황권을 가진 황제가 더욱 우려하는 점은 근본을 흔들면 대일통 정치의 구도가 흔들려서 이러한 제도와 통치시스템 및 이에 따른 가치가 부여한 '정통'의 합법성을 잃어버리게 됨으로써 황권 통치 자체가 위험에 빠지는 것이다.

중국 전통국가의 황권 통치는 '가천하(家天下)'의 통치모형이며, 이는 두 가지 측면으로 나타난다. 첫째, 어떤 집안이 황권을 잡게 되면 천하는 그 집안의 것이 된다. 황권은 가족 안에서 종법원칙에 따라 전승된다. 둘째, 중국은 백가성(百家姓)의 사회이다. 누구든 황권을 잡을 수 있는 권리와 기회가 있기 때문에 "왕·제후·장수·재상의 씨가 따로 있겠는가"라며 도전을 시도하여 "다른 사람이 취하여 대신한다"는 포부를 밝힐 수 있다. 따라서 이러한 제도와 통치시스템에서 황권은 한 집안이 영원히 독점할 수 없고 백가백성(百家百姓)에 의해 전승될 수밖에 없어 왕조교체가 일어나게 된다. 황권이 어떤 집안의 수중에 들어갔다면 그것은 천하를 다툰 결과이다. 그러나 황권을 잡은 어떤 집안도 영토를 다스리려면 정권을 지켜야 한다. 정권을 지키는 열쇠는 권력 자체가 아니라 천하를 얻을 수 있는지 여부에 달렸으며, 천하를 얻는 근본은 민심 이외에도 황권이 기존 제도와 통치시스템이 내포한 '정통'의 합법성을 얻어낼 수 있는지 여부에 달려 있다. 이러한 합법성을 갖게 되면 제도 와 통치시스템을 효율적으로 운영할 수 있으며 폭넓은 민심을 얻을 수 있다. 이처럼 독특한 정치전통과 정치문화는 전통국가의 제도와 통치시 스템이 비록 군주에 의존해 운영되지만 군주를 초월해 존재할 수 있도 록 하였다. 이로써 중국의 대일통 구도를 유지하는 제도와 통치시스템 이 되도록 만들었다. 바이강(白鋼)은 정치학의 관점에서 구양수(歐陽修) 의 정통에 대한 논의를 정리하였는데, 이는 이와 관련된 중국 전통정치 문화의 가치지향을 잘 보여준다. 즉, 황권 지위의 정통성은 아래의 두 가지 상황에서는 논란이 없다. 첫째는 "천하의 바름에 의거하여 천하를 하나로 통일[居天下之正, 合天下於一]"하는 경우이다. 예컨대 요(堯), 순 (舜), 우(禹), 하(夏), 상(商), 주(周), 진(秦), 한(漢), 당(唐) 나라다. 둘째 는 "비록 그 바름을 얻지 못하더라도 마침내 천하를 하나로 통일[雖不得 其正, 卒能合天下於一]"하는 경우이다. 예컨대 진(晉), 수(隋) 나라다. 아 래의 두 가지 상황에서는 정통성에 논란이 있다. "천하가 크게 혼란하 여 위에는 군주가 없고 분수도 모르고 지위를 훔치는 자도 생기니 정통 이 속할 곳이 없을[天下大亂, 其上無君, 僭竊並興, 正統無屬]" 때, "크고 강 한 자"에게 정통성이 있다. 예컨대 동진(東晉), 후위(後魏) 시기이다. 둘 째는 "처음부터 끝까지 그 바름을 얻지 못하고 천하를 하나로 통일할 수도 없는[始終不得其正, 又不能合天下於一]." 경우이다. 예컨대 위(魏)와 오대(五代)이다.[23] 이처럼 황권이 정통성을 얻는 방법은 두 가지다. 첫 째는 "천하의 바름에 의거할 수" 있고, 둘째는 "천하를 하나로 통일할

---

23　白鋼, 『中國皇帝』(北京: 社會科學文獻出版社, 2008), p.522.

수" 있어야 한다. 만약 이 두 가지를 이루려면 대일통 구도의 제도와 통치시스템의 권위를 유지·발양해야 하며, 이를 통해 천하가 통일되고 대평하도록 해야 한다.

이러한 제도와 통치시스템이 중국 전통국가의 정치문명으로 자리잡을 수 있었던 것은 그것이 중국 역사·문화·사회에서 자생적으로 발전했기 때문이다. 그것은 정치적 실천의 산물인 동시에 중국인이 근세시대 사회를 유지하고 민족을 연속시키며 국가를 조직하고 생산을 발전시키며 민생을 유지하기 위해 추진한 일련의 탐색과 실천의 산물이다. 중국의 대일통 정치가 상징하는 것은 진나라가 중국을 통일한 후에 세운 진나라 제도다. 그러나 진나라 제도의 기원이나 이의 최종적인 완성은 진나라에 있지 않다. 이는 진나라의 짧은 집권기간, 그리고 진나라 제도가 생성된 역사적 규정성과 관계가 있다. 그 어떤 성숙한 정치제도라 하더라도 단번에 한 통치자의 머리에서 나오지 않기 때문이다. 이는 모두 장기적인 역사적 탐색과 실천의 산물이다. 여기에는 이러한 정치제도의 맹아와 발전의 역사는 물론 제도의 형태가 형성된 후의 보완·성숙의 역사도 포함되기 때문에 장기간의 시간과 여러 역사적 조우가 필요하다. 근세 시기에 이처럼 독자적으로 발전한 정치제도 시스템은 더욱 많은 시간을 필요로 한다. 이러한 측면에서 보면, 중국의 대일통 정치는 중국의 첫 왕조인 하(夏)나라에서 기원했고 중앙집권이 강력해지고 국가발전이 절정에 이른 당송(唐宋) 시기에 성숙하였는데, 그 사이에 약 3천 년의 시간이 경과하였다. 만약 제도가 비교적 완전한 주나라를 기점으로 삼는다면, 그 사이에는 약 2천 년의 역사가 있다. 요컨대 중국 전통의 대일통 정치는 1천 년간 다져지고 연마되어 형성된 것이다.

진나라의 황권 중심 중앙집권 정치가 출현하기 이전인 선진(先秦) 시기에는 '공주'를 특징으로 하는 왕권정치 시기와 혈연 종법제도를 토대로 확립된 군주 전제 시기가 차례로 나타났다. 이 두 시기의 가장 큰 성취는 다음 세 가지이다.[24] 첫째, 화하(華夏) 국가를 형성했고, 둘째, 봉토와 봉민(封民)을 세워 '족(族)'을 단위로 한 국가공동체의 분봉제를 구축하였다. 셋째, 종법사회에 부합하고 "국가를 다스리고 사직을 안정시키며 백성을 질서 있게 하고 후사를 이롭게 하는 것[經國家, 定社稷, 序民人, 利後嗣]"을 취지로 삼는 예제(禮制)를 확립하였다. 이 세 가지 성취가 주나라에서 집중적으로 구현되었기 때문에 사람들은 이것이 주나라 제도의 구체적 내용과 특징이라고 생각한다. 결국 '진나라 제도'가 '주나라 제도'를 대체했지만, '진나라 제도'는 '군현제'로 '분봉제'를 대체하고 '관료제'로 '귀족제'를 대체하며 "문자와 수레의 궤도를 같게 하는" 중앙집권으로 제후들의 할거를 종결시키고 구축되었다. 진나라 제도가 출현했지만 전통적인 중국 정치문명의 발전에서 '주나라 제도'가 수행한 역할과 영향력은 전혀 감소하지 않았다. 이는 하나라에서 기원하고 주나라에서 성숙한 예제가 중국 전통국가 시기의 제도를 지탱하고 국정을 운영하는 근본이었기 때문이다. 공자는 예(禮)를 말하면서 이점의 중요성을 명확하게 설명했다. 이를 통해 예는 역대 통치자가 반드시 준수하고 중시해야 하는 치국의 기초와 법칙이 되었다. 공자는 "대체로 예라는 것은 선대의 제왕이 하늘의 도를 받들어 사람의 심정을 다스린 것이다. 그러므로 예를 잃은 자는 죽고 예를 얻은 자는 산다. 『시경』에서 말하기를, '쥐를 봐도 몸이 있는데, 사람으로서 예가 없을소냐. 사람으로서 예가 없다면 어째서 일찌감치 죽지 않는고.'라고 하였다. 그러므로 예란 것은 반드시 하늘에 근본을 두고, 땅의 형세에 높고 낮은

---

24  쉬줘윈(許偉雲)은 『서주사(西周史)』에서 서주(西周) 시기의 세 가지 측면을 분석했는데, 이를 통해 선진 시기의 정치 창조자가 이룬 정치문명적 성취의 전후 관계를 체계적으로 밝혔다. 許偉雲, 『西周史』(北京: 生活·讀書·新知三聯書店, 1994).

위치를 드러내며, 귀신에 열하여 제사를 행하고, 궁술과 마술, 관혼상
제, 임금에 대한 알현에끼지 미친다. 그리므로 '성인이 예로써 백성에게
법칙을 보였다. 그런 까닭에 천하국가를 바로잡을 수 있었던 것이다."[25]
라고 말하였다. 예제가 중국 문화풍속·사회조직·국가통치에 완전하게
깊이 내재되어 인간과 인간, 인간과 자연, 인간과 사회, 인간과 국가, 인
간과 천지(天地)·귀신(鬼神) 간의 관계를 전체적으로 조율하였다. 따라
서 예제는 "중국 종법사회의 기본 윤리관념, 조직구조, 행위준칙을 구
성하였으며 중국 문화의 전통을 확립하였다."[26]

주나라 제도는 주나라의 천하를 만들었다. 주나라 제도가 형성한
주나라 정권은 종법제도의 기초 위에 확립되었으며, 그것은 정권이 혈
연·종법 관계를 기반으로 하는 족권(族權)과 결합되어 나온 결과물이
다. 종법제도 아래의 족권의 권력은 가족의 지위에서 일부 나오며, 나머
지 일부는 가족이 장악한 천하의 크기에서 나온다. 가족 내부의 역량은
봉토, 봉민의 방식을 통해 천하를 장악하는데, 가족 내부의 권력 질서
및 권력 관계의 균형을 유지하는 것은 주나라 정권과 족권이 결합하는
필연적인 제도적 선택이었다. 그러나 이는 가족이 천하를 장악하는 제
도였을 뿐만 아니라 가족 내부에서 천하를 할거하는 제도였다. 가족 내
부의 족권이 자연 분화·분립을 기초로 하기 때문에 족권 시스템의 합법
성을 토대로 하는 주나라 정권은 자체적인 힘으로 그 안의 모순을 해결
할 수 없었다. 유일한 해결 방법은 이처럼 천하를 장악하는 체제와 권력
분배 모델을 바꾸는 것이었다.[27] 따라서 제후가 주나라 천하를 할거하고
있을 때, 각 제후는 한편으로는 주나라 제도를 준수하여 자기 세력의 합

25    『禮記·禮運篇』.
26    葛兆光, 『中國思想史(第一卷)』(上海: 復旦大學出版社, 1998), p.108.
27    王健, 『西周政治地理結構硏究』(鄭州: 中州古籍出版社, 2004), pp.386-416.

법성을 보장받고 다른 한편으로는 주나라 제도의 천하를 장악하는 방식을 폐기하고 새로운 제도를 탐색하기 시작하였다. 즉, 분봉제를 군현제로 대체하고 관료를 파견해 새로운 영지에 주둔하게 하여 가족 내부의 역량이 점유한 봉토와 봉민이 점차 감소하도록 조치하였다. 이로써 혈연관계와 종법제도가 국가권력조직과 국가통치에서 차지하는 주도적인 역할이 점차 약화되도록 하였다. 이것은 이후에 천하를 통일한 진나라의 제도가 실천·발전될 수 있었던 중요한 역사적·사회적 기초였다. 진나라 제도는 당연히 진나라에서 발원하였지만 생성과 발전은 전국시대의 여러 제후국이 통일의 위업을 달성하기 위해 전개한 여러 정치개혁과 정권건설의 실천에서 구축되었다. 이 과정에서 진나라는 삼진(三晉)의 군현제 실천을 토대로 진나라의 제도적 핵심이 되는 군현제를 만들어냈다.[28] 따라서 진나라 제도는 중화문명의 발전에서 나타난 새로운 제도문명이라고 할 수 있다. 진나라가 이 제도를 통해 천하를 통일하고 전면적으로 심화하고 확고히 하였기 때문에 '진나라 제도'라고 이름 붙이게 된 것이다.

　진나라 제도와 주나라 제도의 사명은 같았다. 그것은 통일된 '가천하'를 만드는 것이었다. 그러나 진나라 제도와 주나라 제도의 지향은 전혀 달랐다. 주나라 제도는 족권의 논리에서 출발하였으나, 진나라 제도는 정권의 논리에서 출발하였다. 이와 상응하여 주나라 제도의 성장을 추동하는 배후 역량은 예법과 이를 추종하는 귀족세력이었던 반면, 진나라 제도의 성장을 추동하는 배후 역량은 법가 이론과 군왕을 위해 천하를 관리할 수 있는 관료였다. 따라서 주나라 제도와 비교할 때, 진나라 제도는 혁명적인 것이었다. 이 점은 진나라 제도의 확립과정을 결정

28　楊寬, 『戰國史』(上海: 上海人民出版社, 2003), p.228.

지었다. 그것은 제도가 대체되는 과정일 뿐만 아니라 군왕-귀족의 권력
구조를 군왕-관료의 권력구조로 대체하는 과정이기도 하였다. 이 과정
은 진나라가 중국을 통일하여 황권을 세워 통치하면서 최종적으로 완성
되었다. 예컨대 주나라 제도가 형성한 '가천하'에 내재적 모순이 있었던
것처럼 진나라 제도가 형성한 '가천하'에도 내재적 모순이 있었다. 주나
라 제도의 모순은 공간적인 제후들의 할거를 초래하였고, 진나라 제도
의 모순은 시간적인 왕조 교체를 초래하였다.

마르크스의 이론 가운데 '가천하'는 동양사회 발전의 내재적 필연
이었다. 왜냐하면 동양사회에서는 부락사회가 불완전하게 해체된 후에
농촌가족공동체로 전환된 토대에서 국가가 건립되었기 때문이다. 이렇
게 세워진 정권은 가족 통치를 기반으로 확립되었기 때문에 부락사회
가 완전히 해체된 후에 계급 통치를 기반으로 확립된 고대 그리스와는
다르다. 이에 따라 진나라 제도와 주나라 제도가 존재하게 된 사회적 성
격과 기초구조는 동일하였다. 즉, 종법제도였다. 다만 다른 점은 주나라
제도가 종법사회와 종법제를 국가정권 구축의 제도적 기초로 승격시켜
정권과 족권을 하나로 결합시켰다는 것이다. 종법사회와 종법제가 없다
면 '가천하'를 확립할 수 없기 때문에 진나라 제도도 종법사회와 종법제
를 부정하지는 않았지만, 진나라 제도의 정권 구축은 종법사회와 종법
제를 크게 초월하였다고 볼 수 있다. 가장 중요한 것은 군왕 이외에 국
가의 통치는 가족이 아닌 인재를 통해 이루어졌다는 점이다. 이로써 가
족의 사회지위는 국가통치에 있어서 권력지위로 전환될 수 없었다. 이
처럼 봉건제도에 기반해 필연적으로 형성되었던 귀족계급과 귀족통치
는 점차 인재통치의 국가가 형성한 관료제로 대체되었다. 진나라 제도
는 이에 의존하여 주나라 제도보다 더욱 통일성과 견고성을 구비한 '가
천하' 구도를 확립하게 되었다. 진나라 제도는 고도의 중앙집권과 이에

상응하는 강력한 황권을 만들었다. 그러나 이러한 황권은 탄생한 그날부터 진시황이 진나라 제도로 중국을 통일할 때 추구했던 '만세일계(萬世一系, 황실의 혈통이 끊어지지 않음)'를 헛된 꿈으로 만들어버렸다. 진나라 제도는 귀족제를 관료제로 대체하면서 '만세일계'가 의지하는 사회적 기초, 즉 귀족사회를 잃게 되었다. 이러한 '가천하'의 내재적 모순은 한 가족이 국가권력을 장악할 수 있지만 영원히 장악할 수는 없도록 만들었다. 국가권력의 귀속과 장악이 혈연과 가족의 신성성을 잃게 되면 국가권력은 자연스럽게 전체 사회의 공기(空器)가 된다. 이렇게 되면 가족을 단위로 하는 종법사회에서 그 어떤 성씨의 가족도 모두 국가권력을 넘볼 수 있게 된다. 다른 가족이 국가권력을 장악하면 다른 역사왕조를 형성하게 된다. 이에 따라 왕조의 교체는 진나라 제도의 '가천하'의 형식이 되었다. 이것은 제후 분봉과 할거를 내용으로 하는 주나라 제도의 '가천하'의 형성과 확연한 대비를 이룬다.

진시황은 중국을 통일한 후에 황권통치를 중심으로 하고 군현제와 관료제를 골간으로 삼는 중앙집권체제를 건립하였다. 또한 이러한 정권체제를 이용해 '만세일계'의 '가천하' 구도를 만들고자 하였다. 그러나 진나라는 2대 만에 멸망하였다. 한나라는 진나라의 제도를 계승했고, 이로써 진나라 제도는 중국에서 약 2천 년 동안 지속되었다. 가의(賈誼)는 진나라가 2대 만에 멸망한 역사적 교훈을 되새기면서 진나라가 일찍 멸망한 원인을 진나라 제도가 아닌 시정(施政)에서 찾았다. 가의의 말로 표현하면, "인의(仁義)를 베풀지 않은 데 있다. 천하를 공격해 취하는 것과 그것을 지키는 형세는 서로 다른 것이다." 천하를 통일하고 위풍당당했던 진나라가 일개 민초인 진섭(陳涉)의 손에 무너진 것을 보면, 진나라는 분명 제도 때문이 아니라 폭정에 의해 망한 것이다. 물론 진나라의 폭정은 제도와 관계가 있겠지만, 진시황이 '인의'를 베풀지 않은 것과 더욱 직접적인 관계가 있다. 그 원인 중 하나는 국가 통일 이후에 정권의 역량으로 중앙집권의 새로운 제도를 만들고 공고히 하며 정복한 6개국의 잔존세력의 저항을 소탕하고 몇 배나 되는 대국의 변경을 지키고 확장해야 했던 객관적인 정치정세와 관계가 있다. 다른 하나는 진나라의 제도로 중국을 통일하는 과정에서 계승했던 법가 통치철학과 관계가 있다. 법가는 정권을 확고히 하고 나라를 통치하는 데 '법(法)·술(術)·세(勢)'의 기능을 과도하게 강조하였다. 이러한 까닭에 멸망한 진나라를 이은 한나라는 진나라의 제도를 계승하면서도 법가를 따르지 않았다. 한나라는 '황로(黃老)철학'으로 나라를 다스리면서 또 다른 극단으로 치달아 예를 근본으로 하고 무위(無爲)로 다스리며 사회를 안정시키고 경제력을 회복시켜 초기에 '문경지치(文景之治)'를 이루어냈다. 이 과정에서 한나라가 계승한 진나라의 제도는 주나라 제도의 예치시스템과 그 배후의 사상과 원칙을 의식적으로 흡수한 것이었다.

중국에도 원시종교가 있지만, 중국은 천지자연의 법칙으로 세속권력을 다루기 때문에 종법윤리로 인륜관계와 세속생활을 처리한다. 따라서 군왕이 나라를 다스리기 위해 필요한 지혜는 종교에서 나오지 않고 천하 국가의 '도'를 장악한 지식인(士人)에게서 나온다. 군왕이 천하를 통치하려면 그가 가진 '세'와 지식인이 가진 '도'를 유기적으로 결합시켜야 한다. 이러한 치국형태는 춘추전국 시기부터 일어났다. 이후에 일종의 정치형태가 되어 중국 전통정치의 처음과 끝을 관통하였다. 그 배후의 메커니즘은 "제도 및 통치에는 이에 상응하는 이데올로기가 필요하다"는 마르크스의 주장과 동일하다. 또한 현대정치의 구축은 "도구적 이성"과 "가치적 이성"의 유기적 통일에 기반해야 한다는 막스 베버(Max Weber)의 주장에도 부합한다. 이러한 측면에서 볼 때 진나라의 제도가 확고해지려면 반드시 풀어야 할 과제가 있는데, 그것은 이데올로기의 기초를 구축하여 충분한 가치 합리성을 획득하는 것이다. 이를 위해 진시황은 법가철학을 선택하였고, 한나라는 초기에 황로철학을 선택하였다. 이 두 철학은 민정(民情)과 민심에 입각하지 않은 군왕의 치국전략이다. 따라서 진나라와 한나라의 선택은 모두 통치상의 필요와 정권의 공고화에서 출발한 것이다. 진나라의 제도는 어떻게 사회에 뿌리내리고 민심에 파고들며 전통에 융합할 수 있는지에 대한 고민에서 출발한 것이 아니었다. 이러한 사실은 객관적으로 한무제가 추진한 세 차례의 역사적 노력을 초래하였다. 즉, 동중서(董仲舒)의 '유가독존(獨尊儒術)'에 동의하고 진나라의 제도에 유학을 핵심으로 하는 이데올로기 체계를 덧붙인 것이다. 이러한 이데올로기 체계는 법가, 황로철학과 비교할 때 윤리 중심의 종법사회에 입각한다. 또한 종법사회의 윤리원칙과 '가천하'의 황권통치에 필요한 치국원칙을 유기적으로 통일시켰는데, 윤리원칙과 치국원칙은 서로 맞물리고 조율되면서 인성(人性)에서 기원하고 민심을 세우며 사회에 뿌리내리고 국가를 관통하는 이데올로기 운영시스템이 되어 수신·제가·치국·평천하의 대일통 정치를 만들어냈다. 이러한 대일통 정치 가운데 황권의 진정한 '세(勢)'는 황권 자체가 아닌 황권을 지탱하는 '제도'와 그 내면의 '도(道)'에서 나온다. 진나라 제도의 실제 운영자는 관료였으며, 천하태평이 '세', '제도', '도'의 순서대로 맞물려 결정되는 대일통 정치 구도에서 관료의 선발과 관리는 왕조의 흥망성쇠가 달린 관건이었다. 따라서 한나라는 진나라 제도를 계승한 이후에 한편으로는 진나라 제도에 맞는 이데올로기 체계를 선택하고 다른 한편으로는 그 제도의 운영에 필요한 관료선발 시스템을 구축하여 진나라 제도와 관료선발 시스템이 유기적으로 조율될 수 있도록 노력하였다.

　　주나라 제도이든 진나라 제도이든 간에, 이 둘은 모두 관료제 시스템을 만들었다. 주나라 제도 형태를 직접 반영한 것이 『주례(周禮)』인데, 이는 관료제를 통해 치국방안을 표현하고 관료제로 제도시스템, 국가조직 및 통치형태를 표현하는 중국 정치의 전통을 확립하였다. 이러한 전통에서 "국가에는 하루도 군주가 없어서는 안 되지만", 마찬가지로 군주 역시 "하루도 신하가 없어서는 안 된다." 군주와 신하가 일체되는 것은 정치를 세우고 국가를 안정시키는 근본이다. 두 제도의 다른 점은 주나라 제도에서 천자와 제후 아래의 관료들이 모두 세습되어 세경(世卿, 대대로 세습되는 벼슬)이라고 불렸다는 것이다. 춘추전국 시기에 이르러 사(士)의 부상으로 세경제도가 흔들리기 시작하였다. 현명한 자와 능력 있는 자를 천거하고 임용하는 것이 점차 공인된 치국의 도가 되었다. 진나라가 중국을 통일하는 과정에서 확립한 전공(戰功)에 따라 작위를 수여한 원칙은 주나라의 세경제를 근본적으로 파괴하고 관료선발제도의 서막을 열었다. 한나라가 진나라 제도를 계승한 후에 한무제는 원광(元光) 1년(B.C.134)부터 해마다 효행이 있는 자와 청렴한 자를 선발하여 관료선발을 제도적인 장치로 만들었다. 따라서 일부 학자들은 한무제의 이러한 조치가 중국에서 천 년간의 관료선발제도의 기초를 다졌다고 말한다.[29] 이후에 관료선발제도의 보완과 발전은 진나라 제도의 보완과 발전의 중요한 내용이 되었으며, 진나라 제도의 완전성과 유효성의 핵심이 되었다. 중국 전통국가가 성숙단계에 이른 징표는 황권이 제도적으로 확고해지는 정도가 아니라 관료선발제도가 체계화·제도화·규범화되는 정도에 의한 것이었다. 이러한 측면에서 보면, 수당(隋唐) 시기 과거제도의 확립은 관료선발제도가 한나라의 찰거제(察擧制), 위진남북조의 구품중정제(九品中正制)를 거쳐 규범적이고 체계적인 과

---

29    何懷宏, 『選擧社會及其終結』(北京: 生活·讀書·新知三聯書店, 1998), p.90.

거제로 정착했음을 보여준다. 또한 전통의 대일통 정치가 운영하는 '진나라 제도'가 가장 성숙하고 완벽한 형태에 이르렀음을 보여준다. 당나라의 빛나는 성세는 이처럼 완벽한 제도형태를 기반으로 이루어졌다.

이처럼 중국 전통의 대일통 정치형태는 하룻밤 사이에 만들어진 것이 아니라 천 년간의 성장과 변천의 결과이다. 그것은 중국 전통사회에 뿌리를 두고 중국의 문화적 지혜의 양분을 섭취해 중국 역사의 변화무쌍함 속에서 성장하였다. 이로 인해 대일통 정치형태는 형태적으로 중화민족 대일통의 생존·발전의 형태에 부합하며 기능적으로 중국 전통의 '가천하' 황권국가에 부합한다. 이에 따라 사회와 국가를 하나의 유기체로 긴밀하게 연결하면서 효율적으로 팽창한 전통적 대형 국가시스템의 조직과 운행을 지탱하였다. 이에 대해 자세히 고찰하면 다음과 같은 다섯 가지 특징을 발견할 수 있다.

첫째, 제도성이다. 과거 중국의 왕조들이 "백대가 모두 진나라의 제도(군현제)를 실시했다."고 할 수 있었던 이유 중 하나는 진나라 제도가 황권통치의 제도형식이었을 뿐만 아니라 전통 국가조직과 통치의 제도형식이었기 때문이다. 따라서 황권은 여러 가족 사이에서 계승될 수 있었다. 그러나 누가 황제가 되었든 간에 모두 진나라 제도를 치국의 정통으로 삼고 이러한 제도시스템을 운영해야 했다.

둘째, 깊은 제도성이다. 진나라 제도는 중국 전통사회에 뿌리내려 종법사회와 내재적으로 부합한다. 가장 기본적인 구현은 '가족과 국가는 같은 구조[家國同構]'이며, '가족과 국가는 일체로 조화됨[家國協調一體]'이다. 이 점 때문에 진나라 제도는 점차 모든 사람의 삶과 마음속에 뿌리내렸으며, 이로 인해 전체 국가시스템은 모든 사람이 삶을 실천하고 성취하는 기본 플랫폼과 공간이 되었다. 그 표현의 방식은 수신·제가·치국·평천하였다.

셋째, 개방성이다. 이 점은 진나라 제도의 모든 권력에 독점의 속성이 없다는 사실에서 나타난다. 진나라 제도에는 전면적인 개방의 속성이 있다. 황권이 어느 가족에게 독점되지 않고 관료 역시 어느 계층에만 속하지 않는다. 다만 이러한 개방성은 권력의 제도적 조치가 아닌 비(非)귀족제 사회구조에 의해 형성되었다. 다시 말해, 개방성은 사회형태의 내재적 요구에 따른 것이지 제도 설계의 결과가 아니다.

넷째, 정밀성이다. 인류가 만든 각종 정치체제와 이에 상응하는 제도형식을 보면, 제도가 정착되고 성숙해질 수 있는 관건은 다음의 두 가지이다. 첫째, 그 제도가 외부와 지속적인 상호관계를 유지한다. 둘째, 제도 자체가 강한 자기복구 및 보완 능력을 갖추고 있다. 이러한 측면에서 진나라 제도를 보면, 위의 두 가지를 모두 충족하고 있다. 먼저 진나라 제도는 관료선발제도를 통해 사람들의 지식체계와 일상생활에 이데올로기를 효율적으로 주입할 수 있었다. 또한 이데올로기에 동조하고 국정운영의 지식을 갖춘 인재를 사회에서 지속적으로 선발할 수 있었다. 그 다음으로 진나라 제도는 관료선발제도를 통해 국가체제 지탱의 3대 시스템을 유기적으로 하나의 상호 지원·형성이 가능한 폐쇄적 순환시스템으로 만들었다. 3대 시스템이란 관료 시스템, 이데올로기 시스템, 종법사회 시스템이다. 마지막으로, 진나라 제도는 황권을 핵심으로 하지만 황권의 합법성과 합리성은 국가의 기본 제도체제에 저촉되지 않는 것을 전제로 한다. 이에 따라 황권은 자체 형성이 가능하지만 반드시 진나라 제도의 내재적 메커니즘과 기본구조를 존중해야 한다. 이처럼 역사적 보편성을 가진 진나라 제도는 다른 시기 다른 왕조의 황권과 비교해 보면 상대적으로 자주성을 가졌다. 따라서 밖에서 안을 바라보든 안에서 밖을 바라보든 진나라 제도의 구조와 운행은 내재적 정밀성을 가지고 있으며 부분 간에 서로 긴밀히 연결되어 어떤 한 부분의 변화도 그 전체와 근본에 영향을 줄 수 있다.

　다섯째, 자급성이다. 진나라 제도의 전체 조직과 운행이든 황권의 확립과 실행이든 간에 모두 관료선발제도를 빼놓을 수 없다. 관료선발 제도는 전통의 대일통 정치시스템의 중심축이며 대일통 정치시스템에 독특한 자급성을 부여한다. 이러한 자급성은 다음과 같이 나타난다. 즉, 관료선발제도가 배출한 관료들은 진나라 제도가 운행될 수 있는 관건이 며 관료들이 배출될 수 있는 관건은 진나라 제도의 관료선발제도이다. 이에 따라 관료들, 관료선발제도, 전체 진나라 제도 사이에 상호 생성의 자급성이 형성되었다. 이러한 자급성과 개방성은 서로 전제가 되어 진 나라 제도가 천 년 동안 존재하고 발전할 수 있는 동력과 자원을 제공해 주었다.

　이상의 다섯 가지 특징은 진나라 제도가 자기발전과 보완의 과정에 서 지속적으로 상대적인 자주성을 획득하도록 하여 역사적 단계와 통치 역량을 갖춘 전통국가 제도를 초월해 고도의 역사·문화적 정통성을 갖 게 하였다. 그러나 이러한 특징, 특히 자급성 때문에 진나라 제도가 성 숙해질수록 내재적 유연성을 잃게 되어 결국 변혁될 수 없는 시스템이 되고 말았다. 진나라 제도의 자급성은 그 제도의 기본구조의 변혁을 결 정했는데, 내재적 상호 생성의 관계를 중단하고 전체 시스템의 정상적 인 운행을 불가능하게 하여 전체 시스템과 외부 사회 사이의 상호 관계 가 정상적으로 이루어질 수 없도록 하였다.

　1911년, 2천 년 동안 운행되었던 진나라 제도가 수도인 베이징에 서 천 리나 떨어진 우창(武昌)에서 일어난 봉기에 의해 무너졌던 이유는 봉기 자체가 지닌 파괴력 때문이 아니라 청말에 실시된 신정(新政)이 이 미 진나라 제도의 핵심부분을 바꾸어버렸기 때문이다. 그것이 1905년 에 실시된 과거제도의 폐지이다. 따라서 우창봉기는 다만 천 년간 시행된 진나라 제도의 마지막 풀 한 포기를 짓밟았을 뿐이다. 이는 천 년간의 진나라 제도가 결국에는 안팎의 힘으로 인해 지체적으로 와해되었으며 복원의 기초와 가능성을 모두 잃었다는 것을 의미한다. 진나라 제도의 오랜 역사와 철저한 와해는 인류 정치문명의 발전에서 하나의 기이한 현상을 만들었다. 그러나 이후에 더욱 기이한 현상이 출현했는데, 그것은 진나라 제도와 2천 년간 함께한 중화민족이 진나라 제도의 철저한 와해에도 불구하고 분열되지 않았다는 사실이다. 오히려 중화민족으로서 여전히 나라를 지키고 역사적 대전환에서 다시 빛나는 역사를 만들고 있다. 이처럼 더욱 기이한 현상을 만들어낸 힘은 다음 두 가지에서 기인한다. 즉, 중화민족이 수천 년간의 역사발전에서 형성한 대일통의 생존과 발전방식, 그리고 진나라 제도의 해체 이후에 중국이 공화민주를 만들어 형성한 메커니즘과 역량이다.

제2장

# 공화제와 국가 전환

중국의 역사와 문화는 분명히 현대민주의 기초와 능력을 갖추지 못하였다. 그러나 그 어떤 나라보다 오랜 전제정치의 역사를 가진 중국은 가장 철저한 방식으로 시행기간이 가장 길고 구조가 가장 완전한 전통의 전제제도를 무너뜨려 현대 민주공화제를 구축하였다. 이 과정은 개량적 요소 없이 가장 혁명적인 방식으로 진행되었다. 따라서 사람들은 현대 중국정치에 대해 "전제정치의 역사가 이토록 긴 중국이 왜 입헌군주제의 길로 가지 않았는가? 왜 군주제 역사가 한정된 유럽의 일부 국가에서는 철저한 민주혁명을 하는 가운데서 군주전제적 요소를 보존하고 입헌군주의 길로 나갔는가?"라는 질문을 하게 마련이다. 이 질문의 대답은 오로지 각국의 현대화 전환과정의 독특한 역사논리에서 찾을 수 있을 것이다.

어떤 의미에서 보면, 이 문제를 직시하는 것은 대답하는 것보다 더욱 중요하다. 이는 이 문제의 참된 의미가 다음과 같은 역사적 발전의 현실을 드러내기 때문이다. 즉, 민주화는 각국 현대화의 필연적 요구이

지만, 민주화 건설의 열쇠는 순수한 민주제도 모델을 구축하는 것이 아
니라 민주가 성장할 수 있는 현대국가 발전시스템을 만드는 것이다. 이
에 따라 어떤 국가든 민주 구축을 결정하는 것은 일반적인 민주원칙이
아니라 특정 사회·역사·문화가 결정한 국가 발전·전환의 내재적 논리
이다. 이 때문에 영국의 민주화는 군주를 보존하였다. 이와 마찬가지로
중국의 민주화는 전통적 제도와 단절하고 공화민주를 선택하였으며 서
구의 현대정치 요소를 자주적으로 구성해 중국특색의 현대정치시스템
을 만들었다.

## I. 대일통 중국과 민주공화

중국에 있어서 민주정치는 분명 외래의 정치형태이다. 그러나 근대중국
이 민주공화의 길로 향한 것은 중국의 국가 전환을 위한 내재적 요구였
다. 이러한 사실은 흡사 모순인 듯하지만 오히려 중국의 실정에 완전히
부합하였다. 중요한 것은 2천 년의 대일통 정치가 철저히 붕괴된 후의
역사적 유산이 민주공화정치를 강력하게 요구했다는 점이다.

　　1850년대 말~1860년대 초, 중국에서는 천여 년간 이어져온 진나
라 제도와 전제정치를 서구의 민주정치로 대체하자는 관념이 나타나기
시작하였다.[1] 그 직접적인 동인은 아편전쟁 직후에 벌어진 서구 열강의
침략으로 인해 중화제국이 전면적인 위기에 놓였기 때문이다. 중국인
들은 새로운 시대와 세계를 마주하면서 처음으로 2천 년간의 진나라 제
도가 국가 쇠망의 근원이며 옛 제도에 대한 변혁 또는 혁명이 가능하다

---

1　　熊月之, 『中國近代民主思想史』(上海: 上海人民出版社, 1986), p.99.

고 생각하기 시작하였다. 이로써 개량파와 혁명파라는 전혀 다른 입장
과 방안이 만들어졌다. 개량파는 기존의 제도를 개량할 것을 주장했는
데, 즉 천 년간의 왕조체제에서 입헌군주의 길로 가는 것이었다. 혁명파
는 천 년간의 군주제를 무너뜨리고 민주공화를 실행하자고 주장하였다.
이 두 갈래의 논쟁에서 결국 혁명파가 승리하였다. 혁명파의 승리는 그
주장이 가치상으로 볼 때 시대적 조류에 부합하고 직접적인 혁명적 행
동이 있었기 때문에 가능했다고 볼 수 있다. 그러나 사실 이러한 승리는
혁명의 철저함과 이론의 구성을 토대로 달성된 것이 아니라 개량파의
입헌군주 이론과 그 실천이 철저히 실패했기 때문에 이루어졌다. 이러
한 실패는 근본적으로 개량 이론과 실천 자체의 문제가 아니라 2천 년
간 이어져온 진나라 제도 자체가 변혁이 불가능했기 때문이었다. 앞서
이미 지적한 바와 같이, 2천 년간 이어져온 진나라 제도는 신해혁명을
촉발한 우창봉기의 총성에 무너졌다기보다는 청말에 입헌군주제로 선
회하면서 시작된 신정에 의해 무너졌다. 하지만 고도로 제도화되고 정
밀화된 천 년간의 진나라 제도에 대한 신정의 어떠한 개혁도 무력하였
다. 혁명파가 개량파를 압도한 것은 혁명 행동의 성과라기보다는 개량
파의 실천이 실패한 결과였다.

　사실 2천 년간 이어져온 진나라 제도와 이와 함께 형성된 전통제국
의 개량적 실천은 아편전쟁 이후에 시작되었다. 양무(洋務)운동, 태평천
국운동, 무술변법, 청말 신정이 차례로 일어났다. 이에 참여한 사회·정
치적 역량에는 전통적 관료계열, 공명을 추구하는 전통 지식인, 자작농,
지방 향신(鄕紳) 및 마지막 조정의 역량이 있었다. 전통제국이 보유했던
다양한 사회·정치적 역량은 자신의 입장과 역할에서 출발하여 서로 다
른 방식으로 개선을 시도했지만 모두 실패하고 말았다. 개선 자체로 보
든 개선의 대상인 진나라 제도로 보든 간에, 개선 과정에서의 각종 좌절

과 개선의 실패는 역사적 필연일 뿐만 아니라 제도적 필연이었다. 다시 말해, 진나라 제도 자체의 개선이 불가능했기 때문에 개선 여시 필연쩍으로 실패할 수밖에 없었다. 따라서 개선이 실패했던 것은 개선의 목표가 실현되지 않은 것이 아니라 개선해야 하는 시스템이 철저히 붕괴했기 때문이다. 개선의 철저한 실패가 부각시킨 혁명의 성공은 혁명이 철저하지 못했음을 의미한다. 따라서 개선의 실패 이후에 중국은 필연적으로 철저한 혁명으로 나아가 마지막 성공을 이룰 수밖에 없었다. 중국을 이러한 역사적 궤도에 올린 역량과 메커니즘은 2천여 년간의 군주제 붕괴가 가져온 중요한 역사적 유산인 민주공화였다.

공화민주는 중국에서 자생한 것은 아니지만 중국이 현대로 향하기 위한 유일한 정치적 선택이었다. 이러한 선택은 중국의 근대발전이 처한 시대적 조류에 의해 결정되었을 뿐만 아니라 군주제가 철저히 붕괴된 이후에 남겨진 역사적 유산에 의해 결정되었다. 구체적으로 말하면, 당시 중국에는 세 가지 역사적 유산이 있었다.

첫째, 군주제의 붕괴는 한나라와 한 제도의 종결만을 의미하지 않는다. 더 나아가 중화민족 대일통의 생존·발전을 존속시킨 전통의 대일통 정치가 철저히 붕괴되었음을 의미한다. 대일통 정치는 정치생활과 사회생활을 하나로 묶은 정치이기 때문에 이의 철저한 붕괴는 사회·국가·민족의 가치체계, 제도체계, 조직체계의 붕괴를 의미한다. 이러한 붕괴는 국가·사회의 와해 위험과 중국의 군주제 재건 능력 및 기반이 상실되었음을 보여준다. 이 당시에 중국은 전통 군주제를 재건하여 중화민족 대일통의 생존·발전방식을 유지하며 거대한 국가의 내재적 통합을 이룰 수는 없었다. 이러한 객관적 현실은 전환 과정에 있던 중국에 앞의 사명을 완성할 수 있는 현대 제도체계의 신속한 구축을 자연스럽게 요구하게 되었다. 따라서 군주제의 붕괴는 중국의 현대 전환 과정에서 두 가지 명확한 역사적 규정성을 형성하게 되었다. 하나는 중국이 어떤 상황에서도 군주제로 되돌아갈 수 없다는 것이고, 다른 하나는 중국이 현대 전환 과정에서 반드시 중화민족의 대일통 생존·발전에서 출발해 현대 제도체계를 선택·구축해야 한다는 것이다.

둘째, 현대정치의 계보에서 이러한 새로운 현대 제도체계는 민주공화제일 수 있으며, 현대 전제통치, 예컨대 군인 전제일 수도 있다. 중국이 최종적으로 민주공화를 선택한 이유는 표면적으로 보면 위안스카이(袁世凱)가 세운 군사정권의 실패와 관련이 있다. 그러나 근본적으로 보면, 전통 군주제가 형성한 중국 전통사회의 구조형태와 관계가 있다. 여기에는 두 가지 내용이 포함되어 있다. 하나는 중국의 전통 군주제가 문인정권이라는 점이다. 이러한 정권에도 군사는 있게 마련이지만, 군인이 정치의 중심에 있지 않으며 그 발전 역시 기존의 제도 틀과 운영방식을 넘어설 수 없다. 위안스카이가 이끄는 '신군(新軍)'은 옛 제도에서 조성되었고 중국 전통 군대에 상대되는 개념일 뿐 진정한 현대군대는 아니었다. 다른 하나는 중국의 전통 군주제는 "백성이 나라의 근본[民爲邦本]"이라는 대원칙 아래 정치관계를 확립하고 정치질서를 구성하였다는 점이다. 이에 따라 국가의 핵심적인 정치관계와 정치질서의 기본은 모두 '백성'을 주축으로 세워졌다. 예컨대, 군주와 백성의 관계, 관료와 백성의 관계, 국가와 백성의 관계이다. 이런 관계에서 군주제가 붕괴하게 되면 그동안 확립된 군주, 관료, 국가는 사라지고 '백성'이 현실 속의 주체 역량으로 부각되게 마련이다. 이러한 변화는 마침 현대민주의 내재적 경향에 부합하였다. 이처럼 군주제의 붕괴 이후에 중국이 현대 전환 과정에서 민주공화로 향한 데에는 일정한 자연적인 사회 기반이 있었는데, 이는 전통 군주제가 형성한 것이다.

셋째, 중국 전통의 사회구조는 천 년간의 군주제가 붕괴되면서 노동자 주축의 인민들이 중국 사회의 주체적 역량이 되도록 하였으며, 중국이 민주공화를 선택하고 확립하는 데에 내부적으로 결정적 역할을 하도록 하였다. 마르크스의 분석체계에서 보면, 중국 전통사회는 아시아 사회발전의 산물이다. 국가는 계급으로 완전히 갈라진 사회구조의 기반이 아니라 농촌공동체가 결집한 기반 위에서 확립된다. 즉, 중국에서 전통적으로 말하는 "가족들이 모여 국가를 이루는 것"이다. 이러한 특성은 중국 전통사회를 전형적인 의미의 계급구조 사회가 아니라 량수밍(梁漱溟)이 말한 "직업 차이[職業分途]"의 사회에 더욱 가깝도록 만들었다. 즉, 정치화된 직업 배분에 따라 기본구조와 질서를 형성하는 사회로, 이는 "사농공상(士農工商)"의 직업질서로 나타난다.[2] 이 네 가지 직업의 엘리트는 과거급제 후에 관료가 되어 국가의 정치권력을 장악한다. 이로 인해 전체 사회는 상하 양대 진영을 구성한다. 즉, 관료 진영과 사농공상 직업 진영이다. 이 두 진영 간에는 상하 이동과 좌우 소통이 가능하다. 이에 저명한 근대사학자 천쉬루(陳旭麓)는 상등사회, 중등사회, 하등사회라는 개념으로 근대 중국을 파악하여 그 안의 복잡성과 유동성을 분석하였다.[3] 그가 말한 상등사회, 하등사회란 곧 관료와 사농공상이 구성한 상하 양대 진영이다. 중등사회는 사농공상 진영에서 관료 진영으로 상승하는 과정에서 형성된 집단이다. 그 핵심 구성원은 수시로 변동하는 사(士) 집단이다. 따라서 군주제 시스템과 함께 철저히 붕괴된 것은 전통적 관료 진영이며, 동시에 사농공상 진영은 신속하게 사회와 국가의 결정적인 주체가 될 수밖에 없었다. 이때 국가는 이론적으로 직업집단을 구조로 하는 인민들의 손으로 되돌아와야 한다. 이러한 사회구조의 전환과 권력의 이동에서 새로운 정치시스템은 반드시 인민

---

2    梁漱溟, 『中國文化要義』(上海: 上海人民出版社, 2005), pp.124-140.
3    陳旭麓, 『近代中國社會的新陳代謝』(上海: 上海人民出版社, 1992), pp.257-276.

을 주체로 하는 민주정치시스템이어야 한다.

이 세 가지 역사적 유산은 중국이 현대국가이행에서 국가조직과 운행체계를 재구축하도록 만들었다. 여기서 가장 중요한 점은 정치제도 시스템을 전면적으로 재구축하는 것이다. 과거로 되돌아갈 수 없는 상황에서 재구축의 지향점은 현대일 수밖에 없다. 그러나 앞서 언급한 현대 지향적 제도의 재구축에는 두 가지 기본 선택이 있다. 첫째, 전제를 지향하는 제도 선택이다. 예컨대 각종 유형의 군인 전제와 특권계급 전제이다. 독일, 일본, 한국, 남미 국가 등이 이에 속한다. 둘째, 민주를 지향하는 제도 선택이다. 천 년간 형성된 중국 대일통사회에서 이 두 가지 선택은 모두 실행 가능하며 현실적인 필요를 충족시킬 수 있다. 객관적으로 말하면, 신해혁명 이후에 현대제도의 선택과 실천은 처음부터 군인 전제와 민주공화 사이에서 갈팡질팡하였다.[4] 위안스카이는 군인 전제를 대표한다. 이와 같은 군인 전제는 복고를 지향하는 전제로, 끝내 실패하여 국가를 군벌 할거의 혼란스러운 상황으로 몰고 갔다. 이러한 역사적 배경은 중국이 결국 민주공화를 선택한 역사적 필연성과 긴박성을 부각시켰다. 이러한 역사적 배경에서 위안스카이의 실패와 이후에 나타난 군벌계통의 단명은 모두 전통의 대일통 정치와 그것이 남긴 역사적 유산과 직접적인 관계가 있다. 위안스카이는 군사와 정치적 세력에서 실패한 것이 아니라 전통의 대일통 정치의 해체 이후에 남겨진 현실 규정성에서 실패하였다. 즉, 중국은 군주제로 되돌아갈 수 없었다. 리젠눙(李劍農)은 군주제 운동이 위안스카이가 실패한 중요한 원인이라고 주장한다.[5] 군벌계열의 단명에 대해 치시성(齊錫生)은 "가장 중요한

---

4    1911~1924년에 적어도 네 가지 다른 헌법이 존재하였고 정치시스템도 지속적으로 변화하였다. 중국은 군주제, 공화제, 섭정제 등을 차례로 거쳤다. 齊錫生, 楊雲若·蕭延中譯, 『中國的軍閥政治(1916-1928)』(北京: 中國人民大學出版社, 2010), p.3.

것은 국가가 반드시 통일되어야 한다는 공통의 신념이었다. 이러한 신념은 군인 자신들도 그 통치가 일시적인 것이라고 의식하게 만들었고 일종의 불안감이 생기도록 만들었다. 그들 중 영원히 현상을 유지한다는 환상을 가진 자는 없었다."[6]라고 말하였다. 이 대목에서 전통의 대일통 정치와 그 역사적 유산은 중국이 현대국가로 전환되는 과정에서 형성된 역사적 규정성을 분명히 보여준다. 그것은 민주와 통일의 유기적인 결합이다.

　이처럼 중국이 현대국가로 전환되는 과정에서 선택한 민주공화는 세계적 추세에 따른 것이었지만, 오히려 자체적인 역사적 규정성과 현실발전의 요구에 따른 측면이 강하다. 이에 따라 중국은 처음부터 민주의 궁극적인 가치와 전형적인 모델이 아니라 국가의 내재적 통일과 전체 국가이행이라는 측면에서 출발하였다. 구체적으로 말하면, 천 년의 고대 왕국이 내재적 통일을 유지한다는 전제하에 국가 전체가 현대로 이행하여 민주적 현대국가 시스템을 구축하고 현대화를 발전시키는 것이다. 이는 전무후무한 현대국가건설이다. 이 과정에서 중국은 처음부터 민주의 건설과 다원일체인 대형 국가의 내재적 통일, 그리고 대다수

---

5　"진보당 인사들은 위안스카이에게 적개심을 가졌지만, 만약 그가 황제를 꿈꾸지 않고 때마침 북양군벌 내부에 균열이 생기지 않았더라면 국민당 인사들의 위안스카이 타도에 동참하지 않았을 것이다. 진보당 인사들은 위안스카이가 약법(約法)을 개조하는 과정에서 그를 거스르지 않았고 그가 이 기회에 개명전제를 실시해 중국을 구원하기를 기대하였다. 진보당 인사들의 예상과 달리 위안스카이는 '개명(開明)'을 위한 '전제'를 원하지 않았고 '전제'에서 '군주제[帝制]'로 바꾸고자 하였다. '전제'만 있고 '개명'은 없었으며 '군주제'가 등장하였다. 이에 따라 평소 위안스카이를 온건파로 부르던 진보당 지도자들은 부득불 위안스카이 타도의 길로 가게 되었고, 북양군벌 내부에도 균열이 생겼다. 따라서 군주제 운동은 중화민국의 큰 위기였을 뿐만 아니라 북양군벌의 성패를 결정짓는 중요 사건이었다." 李劍農, 『中國近代百年政治史』(上海: 復旦大學出版社, 2002), p.365.

6　齊錫生, 楊雲若·蕭延中 譯, 『中國的軍閥政治(1916-1928)』(北京: 中國人民大學出版社, 2010), p.192.

사람들이 정권을 갖는 '인민의 주인화(主人化)'의 실현을 결합하도록 노력하였다. 따라서 중국은 민주공화를 선택하고 공화를 중국의 현대민주 건설의 근본원칙으로 삼았다.

'민주'와 '공화'는 중국어와 영어에서 모두 뜻이 다르다. 미국의 정치학자 로버트 달(Robert Dahl)은 이 두 단어가 표현하는 정치체제가 모두 선거제도를 가진 정치체제로 같은 것이라고 보았다. 민주는 고대 그리스에서 기원하여 고대 그리스의 민주적 실천에 기초하며, 공화는 로마에서 기원하여 로마공화국의 민주적 실천에 기초한다는 것이다.[7] 사실 중국공산당은 국호를 선택할 때 '민주'와 '공화'를 같은 의미로 간주하였다. 이에 '인민민주공화국'이 아닌 '인민공화국'이라고 하였다. 문제는 '공화'와 '민주'가 동의어 반복이라면 왜 '민주'가 아닌 '공화'만 사용하였느냐는 것이다. 이에 대해 저우언라이(周恩來)는 다음과 같은 해석을 내놓았다. 첫째, 여기에서 '인민'은 인민민주를 말하며 '민주'의 직접적인 체현이다. 둘째, "국호로 '공화'라는 두 글자를 사용하는 편이 낫다. 신해혁명 이후에 중국의 국명은 '중화민국'으로 공화의 뜻을 가지고 있다. 그러나 이는 불완전하며 두 가지 뜻으로 해석할 수 있어 이해하기 어렵다."[8] 저우언라이의 분석은 중국이 현대민주를 건설하면서 시종 두 가지 측면을 견지하고 있음을 다시 한 번 입증해주었다. 하나는 인민 통치이고, 다른 하나는 국가 통일이다. 그리고 국가 통일과 가장 근접한 정치담론과 제도형태의 표현은 '공화'인 것이다.

달은 '민주'와 '공화'가 모두 민선정부의 표현이며 그 현실적 기초는 공민이 국가의 공공사무에 평등하게 참여하고 대표를 선출하며 정부를 조직하는 것이라고 주장하였다. 그러나 이 두 단어의 역사적 기원

---

7    羅伯特·達爾, 李柏光·林猛譯, 『論民主』(北京: 商務印書館, 1999), pp.9-29.
8    周恩來, "關於人民政協的幾個問題", 『周恩來統一戰線文選』(北京: 人民出版社, 1984), p.138.

과 각기 지향하는 구체적인 민주적 실천으로 볼 때, 그 중심점이나 강조점이 서로 다르다. '민주'는 인민의 자유 권리와 정치참여적 실천을 강조하지만, '공화'는 국가권력의 인민성과 공공성을 강조한다. 양자의 중심점이나 강조점은 민주의 원칙과 실천에서 빼놓을 수 없는 두 가지 요소이다. 그러나 '민주'는 공민이 가진 자유 권리의 신성성을 중요시하며, '공화'는 국가권력의 공공성을 중요시한다. 민주건설과 발전의 실천면에서 보면, 민주적 전통과 기초가 없는 국가―오늘날 서구의 이론으로 말하면 시민(공민)사회가 발달하지 못한 국가―가 국가권력의 공공성에서 출발한다는 것은 국가권력을 '사적인 도구'에서 '공적인 도구'로 바꾸어 공화원칙을 확립하고 민주정치를 발전시킨다는 것으로 이는 오히려 보다 실행 가능한 민주발전을 선택한 것이다. '공화'에서 출발한다는 것은 그 민주건설의 중심점과 강조점이 국가권력의 공공성에 있다는 것을 말한다. 따라서 쑨원(孫文)은 약 2천여 년 전에 공자가 말한 "천하는 만민의 것이 된다[天下爲公]"를 중국 민주건설의 핵심원칙으로 삼았다.[9] 그는 국가권력이 "천하만민의 것"이라는 기준에 부합해야 중화민족의 공화국을 실현할 수 있고, 평민이 권력을 잡는 민권정부를 세울 수 있으며, 만민이 다스리고 향유하는 사회를 만들 수 있다고 강조하였다. 중국이 현대국가로 전환하는 궤적을 보면, 이러한 "천하는 만민의 것"이라는 공화적 실천이 중화민주의 대일통과 천 년 고대 왕국의 현대적 통일을 유지하고 인민이 주인 되는 민주정치형태를 이룰 수 있음을 알 수 있다.

---

9    쑨원은 공자의 "큰 도가 행해지면, 천하는 만민의 것이 된다[大道之行也, 天下爲公]"는 말을 통해 중국 현대국가는 "천하를 개인의 것으로 함"에서 "천하를 공적인 것으로 함[公天下]"으로 발전해야 한다고 말하였다. 구체적으로 말하면, "천하만민의 천하"를 건설하고자 하였다. "三民主義", 『孫中山文粹』(廣州: 廣東人民出版社, 1996), pp.807-927.

## II. 국가 전환과 민주공화

전환(Transformation)은 각국의 현대화 운동에서 나타나는 필연적인 현상으로서, 현대화 운동과 함께 사회적 측면이나 국가적 측면에서 나타난다. 현대화가 가져온 전환의 발단이 사회적 차원이든 국가적 차원이든 상관없이 모두 자체의 범위를 넘어서 다른 방면에 영향을 준다. 이에 따라 사람들은 이 두 가지 차원의 전환을 하나로 묶어 '사회 전환' 혹은 '국가 전환'으로 개괄한다. 칼 폴라니(Karl Polanyi)는 사회적 차원의 전환을 연구하였다. 그는 비록 사회 전환과 국가 전환을 모두 다루고 있지만, 인류문명의 발전이라는 거대한 시공간 속에서 현대화가 가져온 전환과 변천을 파악하고자 하였다. 이에 따라 구체적인 국가와 사회를 초월해 한 시대의 변천과 하나의 사회제도 시스템의 전환에 접근하였고, 이를 위해 '거대한 전환(Great Transformation)'이라는 거시적인 개념을 사용하였다.[10] 만약 폴라니가 구체적인 국가에 초점을 두었다면, '거대한 전환'에서 다만 특정국가의 전환을 둘러싼 배경 요인만을 고찰하였을 것이다. 만약 그가 배경 요인에 국한하여 분석했다면, 전환의 추세와 정도만을 파악할 수 있을 뿐 특정국가의 전환에 내재된 논리와 전략목표, 전략적 선택을 이해할 수 없었을 것이다. 따라서 특정국가의 현대화가 가져온 전환은 사회 전환과 국가 전환이라는 두 가지 차원의 내재적 관계에서 접근해야 한다.

전환의 문제에 있어서는 경제적 토대와 상부구조의 관계에 관한 마르크스의 이론이 가장 심도 있고 논리적이다. 마르크스는 상부구조가 되는 국가 전환과 경제적 토대가 주축이 되는 사회 전환을 분리하였고

---

10    卡爾·波蘭尼, 馮鋼, 劉陽譯, 『大轉型, 我們時代的政治與經濟起源』(杭州: 浙江人民出版社, 2007).

사회 전환의 내재적 동력이 생산력의 발전에서 나온다고 생각하였다. 그는 "물질생활이 생산방식은 전체 사회생활, 정치생활, 정신생활의 과정을 제약한다." "사회의 물질적 생산력이 일정 단계까지 발전하게 되면 그동안 함께 참여했던 기존의 생산관계 혹은 재산관계(다만 생산관계의 법률적 용어)에서 모순이 발생한다. 이에 따라 이러한 관계는 생산력의 발전 형태에서 생산력의 속박으로 바뀐다. 이때 사회혁명의 시대가 도래한다. 경제적 토대가 변화하면서 거대한 상부구조 역시 천천히 혹은 빠르게 변혁된다. 이러한 변혁을 고찰할 때 반드시 다음의 두 가지를 구분해야 한다. 하나는 생산의 경제적 조건 측면에서 발생한 물질적이고 자연과학의 정확성으로 가리킬 수 있는 변혁이다. 다른 하나는 이러한 충돌을 의식하고 극복하기 위한 법률적·정치적·종교적·예술적·철학적인 변혁으로, 쉽게 말하면 이데올로기적 형식이다."[11]라고 주장하였다. 그의 이론에 따르면, 국가 전환은 사실 생산력의 발전에서 촉발된 사회혁명·정치혁명·문화혁명의 상호작용 과정에서 진행된다. 생산력의 발전은 근본이며, 사회혁명·정치혁명·문화혁명은 국가 전환의 경로와 실현방식이다. 구체적인 전환에서 사회혁명·정치혁명·문화혁명은 어떤 방식으로 전개되는가? 마르크스는 이를 두 가지 변혁으로 구분하면서 세 가지 혁명의 쌍방향적 상호관계를 제시하였다. 첫째는 생산의 경제적 조건에서 촉발된 변혁이다. 이러한 변혁은 물질적이며 자연과학의 정확성으로 명확하게 나타낼 수 있다. 이에 따라 사람들은 생산력 발전의 양과 질을 파악해 그것이 촉발할 수 있는 경제·사회·정치적 변혁을 예측한다. 둘째, 현실 속의 충돌에 대한 주관적 반응에 따라 사람들이 자각적으로 활성화한 정치·정신·관념이다. 즉, 상부구조의 자

---

11 馬克思, "〈政治經濟學批判〉 序言", 『馬克思恩格斯選集(第二卷)』(北京: 人民出版社, 1995), pp.32-33.

발적인 변혁이다. 마르크스는 두 번째 변혁을 '이데올로기적 형식'이라고 간주하였다. 우리는 이 점을 근거로 하여 첫 번째 변혁을 '생산형태적 형식'이라고 말한다. 이를 통해 우리는 마르크스의 이론에서 연역한 국가 전환 이론의 논리를 '세 가지 혁명, 두 가지 형식'이라고 개괄한다. 이러한 이론적 논리로 각국의 현대적 전환을 보면, 우리는 각국의 상황이 다르고 세 가지 혁명과 두 가지 형식 간의 관계 및 내재적 논리도 전혀 다르다는 사실을 알 수 있다. 이에 따라 각국은 서로 다른 국가 전환의 경로와 형식을 형성하며, 국가 전환 이후에도 서로 다른 발전전략과 발전형태를 형성한다는 것을 발견할 수 있다. 이러한 '세 가지 혁명, 두 가지 형식'은 대체적으로 서구의 현대국가 전환에 혼재되어 있다. 즉, 사회혁명, 정치혁명, 문화혁명이 서로 작용하고 촉진한다. 이와 함께 변혁의 두 가지 형식은 서로 마주하고 호응한다. 하지만 중국의 경우에는 이와 전혀 다르다.

오래된 국가인 중국의 경우, 현대국가로의 전환을 추동하는 근본적인 동력은 역시 생산력의 발전이었다. 그러나 그 발전은 자체적인 생산력의 발전이 아닌 서구사회의 생산력 발전이었다. 따라서 이러한 생산력의 발전은 내부가 아닌 외부에서 국가 전환을 추동하는 것이었다. 이는 새로운 경제역량과 시장역량, 배후의 새로운 정치역량이 옛 군주체제에 강한 충격을 가하는 것으로 나타났고, 이러한 충격이 외부역량의 요구에 부합되도록 하였다. 따라서 이러한 충격은 강제적이며 심지어 파괴적이었다. 이러한 상황에서 중국의 국가 전환은 서구 국가들처럼 자체 내부의 경제와 생산력의 발전을 기다릴 수 없었고, 반드시 "이러한 충돌을 의식하고 극복하기 위한 법률적·정치적·종교적·예술적·철학적인" 변혁을 통해 진행될 수밖에 없었다. 따라서 이러한 변혁은 생산력의 발전이 만든 정확한 운동 에너지와 명확한 변혁 논리에 기초해 전개

된 것이 아니다. 이것은 이러한 충돌의 성격에 대한 주체역량의 이해와
충돌을 극복하기 위한 국가와 사회의 의지 설정에 기초해 추동된 것이
다. 강력한 외부의 충돌에 직면할 때 공동체의 생존과 자기 보호 본능이
발생하며, 이때 국가 전환에 필요한 변혁은 기존의 정치시스템과 대일
통의 공동체 유지를 출발점으로 삼게 마련이다. 아편전쟁 이후에 중국
이 경험한 변혁은 모두 이 두 가지 출발점에서 전개되었다. 기존의 전통
정치시스템의 유지가 철저히 불가능해지자 대일통의 민족과 국가 공동
체의 존재가 국가 전환의 중심점이 되었다. 이와 더불어 변혁으로 해결
해야 할 문제는 '기존의 정치시스템을 유지해 대일통 공동체를 유지하
는 것'에서 '새로운 정치시스템을 구축해 대일통 공동체를 유지하는 것'
으로 바뀌었다.

　이처럼 중국의 국가 전환은 처음부터 상부구조에서 시작되었다. 자
생적인 생산력이 공동체의 내부 구조에 가해진 충격이 아니라 외부 역
량이 전체 공동체에 가한 압박과 충격으로 인한 것이었기 때문에 중국
의 국가 전환은 시종 다음과 같은 입장을 취하였다. 즉, 대일통 공동체
가 외부 역량에 의해 파괴되는 것을 막아 현대화 과정에서 존속할 수 있
도록 하는 것이다. 이 점은 무술변법을 추진한 캉유웨이(康有爲)와 량
치차오(梁啓超)의 '중국을 보전하자[保全中國]'는 사상과 주장에 충분히
나타난다. 이들은 '중국 보전'과 '황제 보위[保皇]' 사이에서 갈등했지
만, 그 중심점은 여전히 '중국 보전'에 있었고 '황제 보위'는 결국 중국
을 보전하는 전략과 수단이 되었다.[12] 량치차오보다 더욱 보수적인 캉유
웨이도 이 점에 있어서는 '중국 보전'을 우선순위에 놓았다. "그의 저작

---

12　1899년, 량치차오는 중국이 국내외의 문제로 수시로 분열되고 와해될 총체적 난국에 직
　면하자 중국이 무너지지 않고 분열되지 않도록 하기 위해 「중국 보전을 위해 황제에 기대
　지 않으면 안 됨을 논함[論保全中國非賴皇帝不可]」을 발표하였다.

을 검토하면 알 수 있듯이, 그의 주된 관심사는 변법을 통해 중국을 구하는 것이다. 그가 청 왕조의 보존을 주장한 것은 변법에 필요하였기 때문이다. 그는 중국이 보전되기 위해 청 왕조가 보전되는 것을 반대하지 않았다. 그러나 만약 청 왕조의 보존이 현대화의 걸림돌—즉, 평화롭고 질서 있게 군주전제에서 군주헌법제로 전환되지 못함—이 된다면, 그는 기꺼이 청 왕조의 보존을 포기하였을 것이다."[13] 이처럼 중국에는 국가 전환을 추진하는 과정에서 관념의 혁신이나 정치체제의 선택에서 변법의 실천이나 혁명의 동원에 관한 서로 다른 의견·주장·행동이 있었다. 그러나 그 이면의 빗나간 민족 의지와 그것이 지향하는 핵심적인 사명은 '중국 보전'이었다. 따라서 중국의 국가 전환의 목적은 '중국 보전'이었고, 그 밖의 것들은 모두 수단이었다.

근대 이후의 중국 역사와 사회발전을 보면, '중국 보전'의 내재적 욕구는 세 가지이다. 즉, 국가가 멸망하지 않도록 보전하고, 민족이 흩어지지 않도록 보전하며, 천하[14]가 폐기되지 않도록 보전하는 것이다. 이 세 가지는 '중국 보전'을 중심으로 국가 전환의 내용을 결정지었다. 따라서 중국은 단순히 현대화를 위한 현대화, 민주화를 위한 민주화를 지향하는 국가 전환이 아니라 국가의 내재적 전체성의 보전과 현대성의 발전을 유기적으로 통일시킨 국가 전환을 원하였다. 그렇지 않으면 중국은 현대화라는 조류에서 도태되고 전 세계와 천하에 외면당하게 될 것이기 때문이다. "도도히 흐르는 세계적 조류를 따르는 자는 흥성할 것이고 거역하는 자는 망할 것이다."라는 쑨원의 말처럼, 중국은 국가 전환의 제도선택에 있어서 현대성뿐만 아니라 통합성도 고려해야 했다.

13    蕭公權·汪榮祖譯, 『近代中國與新世界, 康有爲變法與大同思想硏究』(南京: 江蘇人民出版社, 1997), p.193.
14    역자주: 유교적 세계관.

즉, 정치혁명의 가능성을 고려하면서 사회혁명의 가능성도 고려해야 했다. 이 점은 중국의 근대 변혁과 혁명이 장시간 동안 입헌군주제와 민주공화제 사이에서 흔들렸던 현실적인 이유이다. 입헌군주제가 실패한 주요 원인은 현대화 전환이 불가능했기 때문인데, 이는 천 년 동안 이어져 온 중국 군주제에 내포된 특징과 깊은 관련이 있다. 군주입헌제의 실패는 반대로 민주공화의 성공 요건을 부각시켜주었다. 즉, 중국의 현대화 정치시스템에 기여하는 동시에 중국이라는 대일통 공동체의 현대적 통합을 보전하여 천 년 고국(古國)이 온전하게 현대국가로 전환되도록 한 것이다.

## III. 정당과 민주공화국가의 상생

중국의 현대적 전환에서 추진된 변혁은 '이데올로기적 형식'이었다. 구체적으로 말하면, 정치 상부구조에서 출발해 정치혁명·문화혁명을 통해 사회혁명을 이루어 국가의 전반적인 전환을 추진하였다. 그러나 옛 체제에 의존해 수행한 변혁이었기 때문에 혁명적 행동은 모두 실패하였다. 따라서 결국 신구(新舊) 정치시스템이 완전히 교체되는 정치혁명이 추진되었으며, 민주공화가 전면적으로 천 년 고국의 중국에 이식되어 사회에 뿌리내리고 성장하게 되었다. 민주공화는 국가의 현대적 전환 과정에서 자주적으로 선택된 것이다. 민주공화는 전제체제에 반대한 정치적 성과이기도 했지만, 민족적·국가적 위기에서 '중국 보전'을 위한 필연적인 정치 선택이었다. 사람들은 중국이 민주공화를 선택한 목적은 전제를 반대하기 위한 것이었다고 말한다. 이 말이 틀리지는 않지만, 또 다른 중요한 목적을 간과해서는 안 된다. 그것은 중국의 국가 전환 과정에서 전체적·구조적 전환의 일체성을 보전하는 것이다. 이에 따라 중국은 국가 전환 이후의 정치시스템을 설계할 때부터 체계적으로 모방하려는 대상을 더 이상 영국 혹은 일본이 아닌 미국으로 설정하였다. 주요 원인 중 하나는 미국이 중국처럼 대형 국가이기 때문이다. 따라서 신해혁명 이후에 「중화민국 임시 약법」에서 구상한 정치조직 형식에 대해 미국식 대통령제와 프랑스식 내각제 사이에서 갈등하기도 했지만 실제 무게중심은 미국식 대통령제에 있었다. 또한 미국식 연방제를 중국이 배워야 할 국가구조의 조직형식으로 보았다.

사실 근대중국이 민주공화를 최종적으로 선택하고 미국을 본보기로 삼기까지는 많은 복잡한 심적 변화과정을 거쳤다. 역사학자 천쉬루(陳旭麓)는 이에 대해 "난징(南京) 임시정부의 설립과 「중화민국 임시 약법」의 반포는 '미국에 절하고 유럽을 추구[揖美追歐]'한 결과였다. 또한 5·4운동이 일어나기 80년 전부터 선진적인 중국인이 몇 세대의 분투로 얻은 가장 심오한 의미가 있는 결과였다. 과거에 혼연일체로 '태서(泰西)'[15]를 인식하다가 '일본에 절하고 러시아를 추구[揖日追俄]'하다가 다시 '미국에 절하고 유럽을 추구'하게 되었다. 표트르 대제, 메이지 천황부터 나폴레옹, 조지 워싱턴에 이르기까지 차례로 계승하면서도 차례로 부정하여 마치 파도가 겹겹이 서로 뒤섞여 나타나는 것과 같았다. 이를 통해 서구에 대한 중국인의 인식이 점차 심화되고 근대중국사회가 진화한 것을 알 수 있다. 난징 임시정부가 최초의 중화민국 국가를 공포했을 때는 이미 '미국에 절하고 유럽을 추구하며 옛 나라를 새롭게 만들자'는 의지가 혁명파로부터 중화민족 공통의 의지로 바뀌었다."[16] 이러한 변화과정을 볼 때, 중국인은 서구의 실천 속에서 중국 문제의 해결방

---

15 　역자주: 서구.
16 　陳旭麓, 『近代中國社會的新陳代謝』(上海: 上海人民出版社, 1992), p.314.

안을 선택했으며 그 중심은 '옛 나라를 새롭게 만드는[舊邦新造]' 것이었
다. 중화민국의 국가(國歌) 가사의 전체적인 의미를 보면, 이러한 '옛 나
라를 새롭게 만드는' 핵심은 새로운 제도로 '중국을 보전'하여 신세계·
신시대에 여전히 통일된 국가, 여전히 천하의 화평을 이루는 것이었다.
가사를 보면 다음과 같다. "아시아 동쪽에서 중화는 일찍 개발되었네.
미국에 절하고 유럽을 추구하여 옛 나라를 새롭게 만든다. 오색기 펄럭
이며 중화민국의 영광은 금수강산을 널리 비추네. 우리 동포들이 문명
을 북돋아 세계평화가 영원히 보전되리."

　따라서 중국에서 민주공화는 비록 외래의 것이지만 그 선택은 주체
적이며 자각적이었다. 또한 여기에 강한 현실적 사명을 부여하였는데,
그것은 중국이라는 '옛 나라를 새롭게 만드는 것'이었다. 이러한 주체성
으로 인해 중국의 민주공화 건설 과정은 서구의 민주공화를 학습·수용
하는 한편 중국의 민주공화를 새롭게 재구성하는 과정이었다. 쑨원의
'삼민주의(역자주: 삼민은 민족·민권·민생)', '오권헌법[五權憲法, 역자
주: 오권은 입법권·사법권·행정권·고시권(考試權)·감찰권]', '권능(權能)
분리 이론'이나 중국공산당의 '인민민주'·'민주집중제'·'민족구역자치'
는 모두 현대 공화민주의 요건을 중국의 국가 전환과 발전에 맞는 민주
공화로 재구성하기 위해 만든 것이다. 이 과정에서 모든 공화민주제도
를 설계·구성할 때 민주공화의 원칙적 요구와 '중국 보전', '옛 나라를
새롭게 만드는' 현실적 요구 간의 균형을 맞추도록 노력하였다. 이러한
균형에 대한 가장 전형적인 사례를 꼽자면, 중국이 오랜 고민 끝에 민
주공화를 시행하는 대형 국가들이 보편적으로 선택하는 연방제를 채택
하지 않은 것이다. 이 점에 대해 말하자면, 쑨원은 현대국가건설 논리와
중국의 국가 전환의 역사적 기초를 결합한 뒤에 그 속의 진리를 깨닫게
되었다. 즉, "중국의 일반 지식인들은 10여 년 동안 중국의 현재 문제를

해결하려 할 때 중국과 미국의 상황을 근본적으로 비교하지 않고 미국이 부강하다는 결과만 보았다. 그들은 중국이 바라는 것이 단지 국가의 부강이라고 생각한다. 그들은 미국이 부강한 이유가 연방제에 있으며 중국이 미국처럼 부강해지려면 연성(聯省)해야 한다고 생각한다. 미국 연방제의 근본적인 장점은 각 주가 자체 헌법을 정하고 자치하는 것이다. 그들의 주장은 우리가 미국의 연방제를 모방한 연성을 실시해 각 성이 자체 헌법을 정하고 자치하도록 해야 한다는 것이다. 각 성의 헌법이 시행되면 그것을 연합해 국가 헌법을 정한다는 것인데, 요컨대 100년 전의 미국에 10여 개의 독립 주정부가 있었던 것처럼 원래 통일된 중국을 20여 개의 독립된 단위로 만들고 하나로 연합하자는 것이다. 이러한 견해와 사상은 매우 잘못된 것이다. 남들이 말하는 것을 그대로 말하고 학습하지만 살피지는 않은 견해이다. 그들은 미국이 연방제를 실시해 세계에서 가장 부강한 나라가 된 것만을 보고 중국이 부강해지려면 미국의 연방제를 배워야 한다고 주장한다. 내가 지난번에 말한 것처럼 유럽인들과 미국인들은 민권 쟁취가 아니라 자유평등 쟁취라고 말한다. 이에 따라 중국인들은 이번에 혁명을 하더라도 유럽인들과 미국인들의 구호를 배워 자유평등을 쟁취한다고 말할 것이다. 이는 모두 유럽과 미국을 맹종하는 것이며, 모두 이상한 일이다." 쑨원이 이상하다고 한 점은, 미국이 기존의 주정부 연맹에서 연방제로 바꾸어 국가 권력을 분산형에서 집중형으로 바꾸었는데 그 사실을 사람들이 전혀 고려하지 않는다는 것이다. 중국이 중앙집권 단일제에서 연방제로 바꾼다면 국가권력을 집중형에서 분산형으로 바꾸는 것이다. 중국이 천 년간 형성한 대일통 사회구조의 특성이나 현대국가의 내재적 요구에 비춰보면 중앙집권이 필요하다. 권력집중의 구조 없이 현대국가가 존재할 수는 없다. 마찬가지로 중화민족의 대일통을 유지하는 진정한 현대중국의 건설도 불가능한 것이다.

그러나 인구가 4억 명이나 되지만 단결이 되지 않는 중국사회에서는 주체적인 자각뿐만 아니라 자각적인 주체가 더욱 시급하다. 주체적 자각은 일종의 사상과 관념으로 나타나지만, 자각적인 주체야말로 이러한 사상과 관념을 실천하고 중국의 발전에 맞는 공화민주를 시행한다. 중국의 국가 전환의 바탕이 되는 변혁은 '생산형태적 형식'이 아닌 '이데올로기적 형식'이며 정치변혁과 정치혁명에서부터 시작해야 한다. 따라서 이러한 자각적 주체는 현실 속 경제생산발전의 결과가 될 수 없다. 반대로 정치혁명운동을 바탕으로 자라난 역량이어야 한다. 정치혁명운동은 두 가지 역량을 만들 수 있다. 첫째, 정치혁명 동원과 조직에 힘쓰는 정치역량이다. 그 현대적인 형식은 정당이다. 둘째, 정치혁명이 결국 의존해야 하는 무장역량, 즉 군대이다. 근대 시기 중국의 국가 전환에서 이 두 가지 역량은 모두 출현한 바 있다. 중국의 사회·역사발전은 결국 정당─인민을 동원·조직해 혁명을 추진한 혁명당─이라는 역량을 선택하였다. 최종적으로 정당을 선택한 이유는 구체제에서 현대화가 완전히 되지 않은 군대를 '신군'이라고 명명했는데, 군대의 조직과 장비는 새로웠지만 사상과 정신은 여전히 낡았기 때문이다. 따라서 결국 군대라는 역량은 현대 민주공화 건설의 사명을 감당할 수 없었다. 또한 위안스카이로 대표되는 '신군'은 제정(帝政)과 복벽(復辟)을 위해 민주공화를 반대하는 역량이 되었다. 다른 한편으로 중국의 현대 정당은 정치혁명 속에서 점차 민중 역량을 동원·결집시키는 혁명당으로 변화하였다. 중국의 국가 전환에서 최초의 정당은 완전히 서구식 정당이었다. 즉, 의회선거를 바탕으로 탄생한 선거형 정당이었다. 이러한 정당은 단지 의석을 차지하거나 최종 정권의 계층·집단의 대표가 되는 것을 목표로 노력하였다. 이런 이유로 전체 사회 역량이 혁명에 참여하도록 하는 사명을 감당할 수 없었다. 중국이 군벌혼전(軍閥混戰)에 빠지고 민주공화의 생존과 발전이 위기에 직면하여 멸망의 위기로부터 국가를 구하고 생존을 도모할 때, 쑨원을 대표로 하는 혁명가들은 국가를 구하고 민주공화를 실현하기 위해 사회역량을 결집시키고 군사무장역량을 보유할 수 있는 혁명당의 창당을 주장하였다. 쑨원은 "오늘날 중국의 정치가 공명하지 않고 경제가 파산하니 나라가 무너질 조짐이 보이고 빈곤과 착취의 병폐가 심각하다. 고질병을 고치려면 반드시 주의(主義)와 조직을 갖추고 훈련된 정치단체가 역사적 사명에 근거해 민중의 열망에 따라 분투하면서 그 지향하는 정치적 목적을 이루어야 한다."라고 하였다. 쑨원은 이러한 정치단체의 역량이 민심 획득과 결집에서 시작된다고 생각하였다. "이른바 우리 당의 자체 역량은 인민의 마음과 힘이다. 우리 당은 오늘부터 인민의 마음과 힘을 우리 당의 역량으로 삼고 인민의 마음과 힘으로 분투해야 한다. 인민의 마음과 병력(兵力)은 양자를 동시에 실행해도 서로 상충되지 않는다. 그러나 양자 중 어떤 것을 기초로 삼아야 하는가? 어떤 것이 가장 믿을 만한가? 당연히 인민의 마음과 힘을 기초로 삼아야 하며 그것이 가장 믿을 만하다. 병력만을 믿을 수는 없다. 병력은 수시로 성패가 바뀌기 때문이다. 우리 당은 우선 기본역량을 기초로 삼은 후에 병력에 기대야 한다. 만약 기본역량을 기초로 삼지 않는다면 설령 병력이 있더라도 믿을 만하지 못하다." 이러한 정당의 출현으로 인해 중국에서 민주공화는 자각적인 주체뿐만 아니라 자각적인 주체가 폭넓게 동원된 민중 역량을 가지게 되었다.

이상의 분석을 보면 중국의 국가 전환의 독특한 논리와 요구는 공화민주에 대해 특수한 사명과 명확한 지향성을 부여했다는 사실을 알 수 있다. 이러한 민주공화를 실천하려는 노력이 중국에서의 실천 주체—민심, 민력을 결집시키고 정치혁명과 국가 전환을 주도하는 혁명당—를 잉태하고 발전시켰다. 더욱 중요한 점은 이러한 혁명당이 있었기 때문에 중국에서의 민주공화가 가치선택과 제도구성에서 내재적 일체화를 위한 국가 전체의 전환을 할 수 있었고 그것이 생성한 조직역량과 사회기반을 통해 국가 전환 과정에서의 일체화 기조를 유지·보장할 수 있었다는 것이다.

예로부터 지금까지 민주는 공동체를 해체하는 것이 아니라 반대로 특정한 공동체에서 인간이 효율적으로 발전하고 인간과 공동체의 관계를 효율적으로 조정하는 문제를 해결하는 것이었다. 따라서 일정한 의미에서 보면, 공동체의 필요에서 출발해 민주제도를 구축하든 아니면 인간의 자유발전에서 출발해 민주제도를 구축하든 간에 결국에는 인간의 발전과 공동체의 유지를 고려해야 한다. 이를 비교해보면, 자유주의 민주는 인간의 자유 권리를 중심으로 전개되며 민주공화는 국가권력의 공공성을 중심으로 전개된다. 그러나 어떤 경향의 민주를 구축하든 간에 모두 국가공동체의 유지에 충격을 가하지 않을 것이다. 반대로 국가라는 정치 공동체를 만들고 유지한다는 내재적 사명과 현실을 전제로 할 것이다. 이에 따라 공동원칙의 실천을 기반으로 하는 민주는 각국에서 상이한 현대민주제도 시스템과 현대국가형태를 만들어냈다. 예컨대 영국의 입헌군주제, 프랑스의 공화제, 미국의 대통령제 등이다. 현대국가가 민주를 구축하는 동시에 민주 역시 현대 국가제도를 구축한다. 다시 말해, 국가의 현대적 전환에는 반드시 현대민주제도가 구축되어야 하지만 현대민주제도는 특정한 국가에서 구축될 수 있다. 왜냐하면 현대민주제도가 구축되는 과정에서 국가건설 자체에 반작용을 일으켜 민주 구축과 국가건설을 유기적으로 통일시키기 때문이다. 이러한 측면에서 보면, 중국의 민주공화 구축의 사명을 감당한 혁명당은 국가 전환과 정치혁명의 산물이라고 말할 수 있으며 민주공화가 중국의 국가 전환을 충족시킨 역사적 사건의 구체적인 산물이라고 볼 수 있다. 이처럼 민중의 역량을 결집시켜 국가건설을 추진한 혁명당은 사실 중국에서 민주공화를 실천하는 데 상생하였다고 말할 수 있다. 만약 중국이 국가 전환에서 민주공화를 선택하지 않았다면, 중국에서는 쑨원을 중심으로 하는 중국국민당과 이후에 국가건설의 핵심역량이 된 중국공산당이 출현하지 못했을 것이다. 반대로 만약 쑨원이 만들고 혁명당의 역량으로 건설하는 중국의 국가건설 모델이 없었다면, 그리고 만약 중국공산당이 사회·민족을 결집시키지 않았다면, 민주공화 역시 중국에서 확립될 수 없었을 것이다. 또한 천 년 고국인 중국이 민주와 현대화로 향하여 인류의 경제·사회·정치 발전의 새로운 기적을 만들지도 못하였을 것이다.

　　민주공화는 국가권력에 대해 공공성을 강조하는데, 이는 두 가지 지향성을 가진다. 첫째, 국가라는 공동체는 일부 국민이 아닌 전체 국민에게 속하며 국가는 인민 전체의 보호를 강조한다. 둘째, 개인의 자유가 국가권력의 임의적 간섭을 받지 않으며 개인이 국가의 공공사무에 참여하여 그 자유로운 권리를 보장받음을 강조한다. 이를 위해 민주공화는 어떻게 모든 개인의 권리를 평등하게 존중·보호하고 권리를 가진 자가 어떻게 국가의 주인이 되어 국가권력이 자신의 자유를 침해하는 것을 막을 수 있을지 고려해야 한다. 이것은 민주공화의 기본정신과 원칙이다. 이는 구체적인 민주공화의 실천이 개인과 국가의 관계를 조정하고 국가라는 정치 공동체의 내재적 안정과 조율을 유지하는 과정에서 상이한 제도 구축을 형성하며 상이한 국가형태를 만드는 것을 의미한다. 그러나 그 기본적인 입장은 인간의 자유와 발전에 대한 보장에서 벗어날 수 없으며, 인민이 국가의 주인이라는 기본 원칙에서도 벗어날 수 없다.

　　중국의 공화민주 실천은 전체 인민을 결집시켜 국가를 건설하는 정당과 같은 정치역량을 잉태하였다. 이로써 정당과 민주공화국가와 상생하는 정치형태를 형성하였다. 이는 비록 서구의 민주공화제도와 큰 차이가 있지만 중국 민주공화의 현대성과 민주성에는 전혀 영향을 주지 않는다. 왜냐하면 자각적인 주체로서의 정당은 민주공화를 추동·발전시키는 과정에서 시종 민주공화의 기본 입장과 기본 원칙을 견지하였으며 그 핵심은 인민이 국가정권을 장악하고 그것을 통해 인민의 자유와 평등을 보장하는 것이기 때문이다. 1949년에 신중국을 건국하기 직전에 마오쩌둥은 자신이 세우려는 신정권·신국가의 형태를 기술하면서 공산당과 쑨원을 대표로 하는 국민당은 민주가 준수해야 할 기본입장에 대해 의견이 일치한다고 말하였다. 마오쩌둥은 다음과 같이 서술하였다. "1924년에 쑨원이 직접 이끌고 공산당원이 참여한 국민당 제1차 전국대표대회에서 유명한 선언이 통과되었다. 이 선언에서는 근세 각국에서 이른바 민권제도는 종종 자산계급의 전유물이 되어 평민을 억압하는 도구가 되었지만 국민당의 민권주의는 일반 평민들이 공유하되 소수가 독점할 수 없다고 하였다." 누가 누구를 영도하는 문제를 제외하고 일반적인 정치강령으로 말하자면, 여기에서 말한 민권주의는 우리가 말하는 인민민주주의 혹은 신민주주의에 부합한다. 이는 일반 평민이 공유하고 자산계급이 독점할 수 없는 국가제도이다. 여기에 노동자계급의 영도를 추가한다면, 곧 인민민주독재의 국가제도가 된다.[17] 이처럼 정당이 공화민주 구축의 자각적 주체와 지지역량이 될 수 있었던 주된 조건은 정당조직의 체계화나 통합력의 정도가 아니었다. 정당이 단순한 부분으로 존재하지 않고 전체 인민의 역량을 결집시키는 핵심으로서 인민의 주인 됨을 보장하는 역량으로 존재했기 때문이다. 따라서 이러한 정당이 존재하는 가장 큰 의미는 정당 자체에 있지 않고 인민이 하나로서

---

17　毛澤東, "論人民民主專政", 『毛澤東選集(第四卷)』(北京: 人民出版社, 1991), pp.1477-1478.

국가의 주인이 되도록 하고 국가가 인민의 손안에 있도록 하며, 인민의 평등과 자유를 보장하는 데 있다.

중국의 국가 전환을 추동하는 변혁은 '이데올로기적 형식'으로 정치 상부구조에서부터 시작된다. 구체적으로 말하면, 민중 속에서 변혁 혹은 혁명의 공감대를 형성해 민중의 마음과 힘을 응집시키고 기존 제도를 바꾸는 정치변혁 혹은 정치혁명을 추동하면서 전개된다. 여기에서 민중의 마음과 힘을 응집시키는 것이 관건이다. 이 점은 원생적(primary)이며 자생적(endogenous)인 현대화 국가와는 다르다. 이들 국가의 경우, 국가 전환을 추동하는 변혁의 역량은 현대 생산력의 발전과 그것이 잉태한―국가에 대해 상대적으로 독립적인―신생계급과 사회 역량에서 나온다. 이러한 역량이 생산력의 발전과 자아실현을 추구하면서 직·간접적으로 상부구조를 변혁하는 정치변혁 혹은 정치혁명 운동을 시작하였고, 이로써 국가의 현대적 전환을 추동하였다. 여기에서 경제와 사회의 발전은 국가 전환의 동력이며, 국가가 경제와 사회의 발전에 부응하는 것은 국가 전환의 사명이다. 이에 따라 국가와 사회의 상대적인 분리와 상호작용은 자연스럽게 이들 국가가 국가 전환과 현대국가건설을 실현하는 기본행동의 논리가 된다. 반대로 중국처럼 후발적이며 외생적(exogenous)인 현대화 국가에서는 자생적인 현대화의 발전 역량이 결여되어 있기 때문에 반드시 기존의 계급 혹은 사회 역량의 자각을 통해 추동될 수 있다. 이러한 역량은 혁명의 국면을 만들어 국가 전환을 추동할 수 있는데, 기존 사회의 주도적 계급이나 아니면 전체적 역량이어야 한다. 소수 역량의 자각과 제창만으로는 아무 소용이 없다. 중국 전통사회의 조직방식과 계급구조로 인해 중국의 현대국가로의 전환 과정에는 기존의 주도적 계급 역량이 존재하지 않는다. 오로지 자각적·진보적 역량이 전체 민중을 동원하고 환기시킬 때 정치혁명과 국가 전환의 일치성을 추동하는 사회역량을 형성할 수 있다. 쑨원에게 이러한 진보적인 역량은 선각자인 혁명당과 혁명당원이었으며, 마오쩌둥에게 는 진보적인 노동자계급과 그들을 대표하는 공산당원이었다. 이에 따라 진보역량의 조직과 민중동원 간의 상호 협력은 자연스럽게 중국과 같은 국가가 국가 전환을 추동하는 기본 행동논리가 되었다. 이러한 차원의 행동과 이로 인해 추동되는 국가 전환이 없었다면, 현대화 성장에 필요 한 경제·사회 기초의 건전한 발육은 불가능했을 것이다. 또한 현대국가 의 건설·발전에 필요한 국가와 사회 간의 상대적 분리와 상호작용의 행 동 구조와 논리를 형성하지 못했을 것이다. 이 때문에 중국의 현대국가 전환과 민주공화의 건설은 단순히 국가와 사회의 이원적인 상호관계 구 조에서 전개될 수 없었다. 그래서 정당과 민중, 국가와 사회라는 두 가 지 차원의 4개 요소의 구조를 바탕으로 전개되었다. 정당과 민중은 현 대국가건설의 필수불가결한 하나의 차원으로 존재하며 국가 전환과 현 대국가건설의 기초와 주축을 결정한다. 이러한 차원의 관계가 존재하 지 않으면 국가의 기본 조직관계, 제도 시스템, 가치체계는 확립·유지 될 수 없다. 그리고 국가와 사회는 현대화 발전에 필수불가결한 또 하나 의 차원으로 존재해 국가의 현대화 발전과 국가 제도 시스템의 풍부함 과 완전함을 결정한다. 중국과 같은 후발 현대화 국가의 국가-사회관계 는 단순히 정당과 민중의 관계로 추상화되어 고립적으로 국가건설과 현 대화 발전을 결정할 수 없다. 그 이유는 이와 같은 국가에서 국가 전환 과 현대국가건설을 추동하는 핵심역량이 자생적으로 발생하기 어렵기 때문이다. 이에 따라 자연스럽게 자체적·유기적으로 상호 작용하는 국 가-사회관계와 이에 필요한 경제·사회 기초를 형성하기도 어렵다. 요 컨대 국가 전환, 현대국가건설, 국가의 현대화 발전으로 말하자면, 정당 과 민중이라는 차원의 가장 근본적인 가치와 의미는 다음과 같다. 즉,

민중을 유기적인 전체로 결집시켜 현대국가의 진정한 주체역량이 되도록 하며 현대국가가 전체 인민의 손안에 있어 전체 인민에게 복무하는 민주공화국가가 되도록 하는 것이다.

이처럼 정당과 민중이라는 차원의 관계에서 정당의 지향성과 기능은 매우 중요하다. 중국의 민주공화에 있어서 정당은 오직 인민을 결집시키고 인민이 국가의 주체역량이 되도록 해야만 실제 가치와 의미를 가지게 된다. 그렇지 않으면 민주공화의 건강한 발전을 구속한다. 왜냐하면 여기에서 정당의 기능은 민주공화에 강한 사회·정치적 기초(즉 인민이 국가에서 차지하는 주도적 위치, 그리고 국가 사무에 대한 인민의 폭넓은 참여)를 만들어주는 것뿐만 아니라 민주공화가 국가 전체의 전환과 국가의 내재적 일체성을 추동하는 데에 의지할 수 있는 정치·사회 역량을 제공하는 것이기 때문이다. 구체적으로 말하면, 정당의 조직망과 결집된 인민을 통해 국가의 전체성과 일체화를 뒷받침하는 것이다. 과거의 실천에 비추어보면, 혁명의 시대나 건설의 시대에 정당과 민중이라는 차원의 관계 구축·확립·발전은 모두 강한 '이데올로기적 형식'을 취한다. 정당과 민중의 관계는 단순히 물질과 생산의 관계로 구축·유지되지 않으며, 당의 주의·조직·실제 행동에 의해 구축·유지된다. 쑨원은 당시에 "건국의 방법은 두 가지이다. 첫째는 군대의 역량, 둘째는 주의의 역량이다." "당이 자신의 주의를 전국에 선전해 전 국민이 모두 찬성하고 환영하게 된다면, 이러한 주의로 전 국민의 마음을 통일시켜야 한다. 전 국민의 마음이 우리 당에 의해 통일되었다면, 우리 당은 자연스럽게 전국을 통일할 수 있고 삼민주의를 실행해 유럽과 미국을 능가하는 진정한 민국을 건설할 수 있다. 따라서 이른바 이당치국(以黨治國, 당으로써 국가를 통치함)은 결코 당원이 모두 관원이 되어야 중국을 다스릴 수 있다는 뜻이 아니다. 우리 당의 주의가 실행되어 전 국민이 우리 당의 주의를 준수해야만 중국을 다스릴 수 있다는 뜻이다."
라고 지적하였다. 사실 쑨원만이 이러한 사상과 주장을 펼친 것은 아니
다. 중국공산당도 항상 주의로써 인민을 동원하고 인민에게 복무하여
인민을 결집시켰다. 마오쩌둥은 "마르크스-레닌주의의 기본 원칙은 대
중이 자신의 이익을 인식할 수 있도록 하고 그들을 단결시켜 자신의 이
익을 위해 투쟁하게 만드는 것이다."[18] "그리고 공산당의 기본 원칙은
광대한 혁명인민 대중에게 직접 기대는 것이다."[19]라고 말하였다. 따라
서 덩샤오핑(鄧小平)은 건국 이후에 곧 "노동자계급과 노동인민 중 진
보세력의 집합체인 공산당이 인민 대중에게 주는 위대한 지도 효과는
의심의 여지가 없다. 그러나 공산당이 진보부대가 되어 인민 대중을 영
도할 수 있는 이유는 단지 그들이 전심으로 인민 대중을 위해 봉사하고
인민 대중의 이익과 의지를 반영하며 인민 대중이 조직하도록 도와서
자신의 이익과 의지를 위해 투쟁하도록 노력하기 때문이다."[20]라고 말
하였다. 이처럼 중국의 민주공화에서 정당과 인민은 항상 공존하는 한
몸이어야 하였다. 정당이 인민을 결집시키지 못했다면, 민주공화의 건
설과 발전의 역량이 될 수 없었을 것이다. 반대로 인민이 정당의 힘을
빌려 국가에 대한 주체적 지위를 획득하고 국가권력을 자신의 손에 넣
지 못했다면, 민주공화 역시 생존과 발전의 가장 중요한 기반을 잃었을
것이다.

　　요컨대 중국의 경우, 민주공화가 요구하는 국가권력의 공공성은 주

---

18　毛澤東, "對晉綏日報編輯人員的談話(1948年4月2日)", 『毛澤東選集(第四卷)』(北京: 人民出
　　版社, 1991), p.1318.

19　毛澤東, "共產黨基本的一條就是直接依靠廣大人民群眾(1968年)", 『建國以來毛澤東文稿(第
　　12冊)』(北京: 中央文獻出版社, 1998), p.581.

20　鄧小平, "關於修改黨的章程的報告(1956年9月16日)", 『鄧小平文選(第一卷)』(北京: 人民出版
　　社, 1994), p.218.

로 국가권력이 전체 인민의 손안에 있고 인민이 주인 되는 것으로 발현
되었다. 정당 리더십이 모든 합법성과 그 실제적 중요성의 기초는 모두
여기에서 출발한다. 따라서 인민민주의 실천과 기본적인 보장이 있어야
당의 지도와 인민민주가 중국의 민주공화의 실천 속에서 유기적으로 통
일된다. 또한 국가 전체의 전환과 내재적 일체를 보장하는 현대국가의
형태가 만들어질 수 있다. 당의 지도와 인민민주의 유기적 통일은 중국
이 민주공화의 방식으로 천 년 고국의 현대적 전환을 만드는 필연적 정
치형태로서 그 내재적 현실성과 합리성이 있다. 사회주의 법치국가 건
설의 목표와 임무가 추진되면서 민주공화는 중국에서 전면적으로 성장
할 수 있는 모든 기초와 실질적이면서 실행 가능한 행동논리를 마련하
게 되었다.

# 제3장

# 사회주의 국가와 공산당

중국의 현대국가로의 전환은 정치적으로 중요한 지표이다. 즉, 중국공산당이 인민을 지도해 천 년 고국이 사회주의 정권을 수립하도록 하고 사회주의 신중국이라는 현대국가를 건설하는 길을 열어놓은 것이다. 중국이 사회주의를 선택하고 사회주의 국가를 건설한 것은 한편으로는 중국의 역사·사회·문화가 결정한 현대적 전환의 내재적 규정성, 그리고 시대적 사명과 밀접한 관계가 있다. 다른 한편으로는 민주혁명 시기의 인류사회가 자유자본주의의 위기에서 벗어나고자 전반적으로 사회주의를 지향한 것과 관련이 있다. 따라서 국가의 현대적 전환을 추동하고 신사회·신국가를 건설하는 과정에서 쑨원이 지도하는 국민당과 중국공산당은 모두 중국 인민이 자유자본주의가 가져올 각종 고난에서 벗어나고 자유자본주의를 초월해 사회주의를 건설하는 것이 당의 투쟁 사명임을 명확히 하였다. 다만 국민당과 공산당이 말하는 사회주의에는 차이가 있다. 쑨원이 강조한 사회주의는 자산계급이 강조한 민주사회주의에 중점을 두고 있으며, 중국공산당의 지도자들이 강조한 것은 과학사회주

로, 그 이론적 기초는 마르크스주의이고 그 핵심사명은 노동인민의 해
방이다. 중국공산당의 승리로 인해 중국은 과학사회주의를 지향하는 사
회주의 현대화 국가건설을 통해 전면적으로 중국 사회주의의 길을 열게
되었다.

중국의 사회·역사·문화는 중국이 공화민주를 실행하든 사회주의
국가를 건설하든 간에 반드시 인민을 본위로 삼고 인민이 주인이 되도
록 만들었다. 이것은 중국 현대정치의 근본이며 관건이다. 사회주의 국
가에 있어서 인민을 본위로 삼고 인민이 주인이 되는 것은 단순한 가치
추구가 아닌 사회주의 국가의 근본이다. 마르크스의 이론에서 '인민'은
단순한 사회 구성원의 집합체가 아니라 사람들이 공동으로 생산력의 총
합을 점유하는 가운데 형성된 나누기 어려운 '전체 개인'이다. 인민을
본위로 하고 인민의 주인 됨을 실천하기 때문에 사회주의 국가건설 논
리의 출발점, 행동 의제, 목표 추구는 모두 자본주의가 대표하는 현대국
가와 전혀 다르다. 이러한 차이의 핵심은 국가의 제도구조 형태에 있지
않고 국가의 역사발전 형태에 있다. 즉, 현대화 발전의 역사단계에 있는
사회주의 국가는 본래적 의미의 국가가 아니며 국가에서 비국가로 나아
가는 과도기적 형태이다. 이 점은 인민을 본위로 삼는 것이 사회주의 국
가의 가치원칙이며 사회주의 국가 틀의 기초라는 점을 결정해준다. 공
산당의 영도는 이러한 기초에서 구축되며, 그 역사적 사명은 인민이 나
누기 어려운 '전체 개인'이 되는 동시에 전면적인 발전의 가능성을 얻어
개성 있는 개인이 되도록 보장해주는 것이다. 요컨대 인민을 본위로 삼
는 것은 사회주의 국가의 근본과 기초이며 공산당이 영도하는 사회주의
국가건설에 합법성을 제공해준다.

## I. 인민 본위의 국가관

인류의 정치문명 발전사에서 국가는 고전국가와 현대국가의 두 가지 형태를 거쳤다. 마르크스가 볼 때, 국가의 탄생이나 국가 형태의 업그레이드는 모두 인류의 사회역사운동의 결과이다. 고전국가의 탄생은 인류가 야만시대에서 문명시대로 진입한 것을 나타내는데, 그 이면의 동력은 인류가 점차 자연의 힘에 의한 '집단적 존재'에서 공동인식·공동의지·공공권력을 기반으로 한 '공동체적 존재'로 발전하기 시작한 데에 있다. 이는 인류가 공동체 조직과 메커니즘에 기반해 자연의 힘에 대해 상대적인 자주권을 갖게 되었음을 명시해준다. 그러나 강력한 자유의지를 가진 인류는 여기서 그치지 않았다. 인류의 발전에 대한 추구는 점차 그 생존을 보장하는 공동체에서 인간이 상대적인 자주권을 가지도록 만들었다. 이로써 인류는 사회에서 자주적인 개체가 되었으며, 사회적 존재인 인간은 '공동체적 존재'에서 '독립 개체적 존재'로 발전하였다. 이는 인간의 '유(類)적 본질'의 중대한 변화이다. 이는 인류 문명의 새로운 발전운동을 일으켰는데, 그것이 곧 현대화이다. 현대사회의 성장과 현대국가의 구축은 이러한 역사발전의 운동 속에서 탄생·발전하였다. 그러나 인간의 개체적 독립은 인간의 완전한 자유와 등치되지 않는다. 왜냐하면 이러한 개체적 독립은 다만 공동체에 대한 의존에서 벗어나는 것일 뿐 '물(物)'에 대한 의존에서 벗어나는 것이 아니기 때문이다. '물'에 대한 의존은 오히려 독립적인 개체가 시장경제에 의해 형성된 '고용노동'에서의 직업체계와 노동관계의 조정을 수용하여 생계 문제를 해결할 수밖에 없게 만든다. 마르크스는 오직 물질이 극도로 풍부해 '결핍'의 문제가 해결될 때에만 인간의 독립이 완전한 자유로 전환될 수 있으며 독립된 개체가 진정한 '자유인'으로 승격될 수 있다고 생각하였다.

이는 인간의 '유적 본질'의 또 다른 중대한 발전이다. 이로써 '자유인'을 주체로 하는 인류의 발전운동이 시작되었다. 즉, 마르크스가 말한 '공산주의'의 '현실적 운동'이다.[1] 또한 '자유인'으로 구성된 연합체는 공산주의 사회이다. 과학사회주의는 인류의 현대화 발전운동을 공산주의의 발전운동으로 이끄는 것을 사명으로 삼는다. 과학사회주의는 현대사회와 현대국가에서 어떻게 하면 자본주의보다 높은 형태의 사회주의혁명·건설을 실행하여 공산주의 역사운동의 인류문명 신시대를 배태하고 만들 수 있는지를 탐색한다. 이처럼 과학사회주의는 비록 공산주의를 지향하지만 그 이론과 실천은 현대화라는 역사범주에 있다. 이에 따라 현대화라는 역사범주 속에서 자본주의보다 높은 역사형태의 사회와 국가를 만드는 데에 주목한다. 따라서 과학사회주의가 자본주의를 비판하는 목적은 사회주의가 자본주의를 현대화 발전운동에서 축출하게 하여 사회주의가 공중누각이 되도록 하는 것이 아니다. 오히려 자본주의가 만든 현대문명의 기초에서 더욱 합리적이고 발전 능력을 갖춘 사회·국가를 만들어 현대문명이 더욱 전면적이고 심도 있게 발전하도록 하는 것이다.

이처럼 과학사회주의의 역사좌표는 과학사회주의의 현실적 실천이 여전히 중요한 현실적 임무임을 나타낸다. 즉, 자본주의를 초월하는 사회주의 현대국가를 건설하는 것이다. 다시 말해 과학사회주의가 이끄는 사회주의혁명과 실천과정은 사실 사회주의를 지향하는 현대국가건설의 과정이다. 만약 현대국가건설이 자본주의의 전유물이며 사회주의의 임무라고 생각하지 않는다면, 과학사회주의는 이론적 과학에서 정확한 현실운동으로 바뀌지 않을 것이다. 1883년, 엥겔스는 무정부주의를 비판하면서 "무정부주의자들은 일을 뒤집어놓았다. 그들은 무산계급혁

---

1    馬克思, 恩格斯, "費爾巴哈", 『馬克思恩格斯選集(第一卷)』(北京: 人民出版社, 1995), p.87.

명이 국가라는 정치조직을 제거하는 것에서부터 시작된다고 주장한다. 그러나 무산계급이 승리한 후에 만나는 유일한 기존의 조직이 국가이다. 이 국가는 크게 변해야 자신의 새로운 직능을 완성한다."[2]라고 말하였다. 이는 무산계급혁명이 성공한 이후에 국가를 파괴하는 것이 아니라 낡은 국가장치를 부수어 사회주의 국가로 바꾸는 것을 의미한다. 그러나 주의할 점은 무산계급혁명 이후에 직면해야 하는 국가는 추상적인 국가가 아니라 자산계급이 실제로 세운 현대국가라는 것이다. 마르크스가 비록 『고타강령비판』에서 '현대국가'는 허구라고 말했지만, '현대국가'들은 구체적이며 서로 다르다. 또한 이들 국가는 현대의 자산계급 사회를 기반으로 세워졌기 때문에 '어떤 근본적인 공통의 특징'을 가지고 있다. 이러한 의미에서 '현대 국가제도'를 논한다. "자본주의 사회와 공산주의 사회 간에는 전자가 후자로 바뀌는 혁명적 전환의 시기가 있다. 이 시기에 상응하는 것이 정치적인 과도기이다. 이 시기의 국가에서는 무산계급의 혁명독재만 가능하다."[3] 마르크스의 논리에 따르면, 이러한 무산계급의 혁명독재제도 형태는 여전히 '현대 국가제도'의 형태이다. 왜냐하면 '현대 국가제도'의 근본이 되는 자본주의 사회는 '모든 문명국가의' 현대사회에 존재하며 공산주의 사회의 출현으로 소멸할 것이기 때문이다. 따라서 현대 국가제도는 자본주의 사회에서 공산주의 사회로 이행되는 과정—실천과정의 사회주의 사회—에 반드시 존재한다. 엥겔스와 마르크스의 사상과 이론을 결합하면 우리는 다음과 같은 결론을 얻을 수 있다. 즉, 과학사회주의의 실천이 직면한 중요한 임무는

---

2　鄧小平, "關於修改黨的章程的報告(1956年9月16日)", 『鄧小平文選(第一卷)』(北京: 人民出版社, 1994), p.218.

3　馬克思, "哥達綱領批判", 『馬克思恩格斯選集(第三卷)』(北京: 人民出版社, 1995), pp.313-314.

자산계급 사회에 기반한 현대 국가제도를 무산계급 사회에 기반한 사회주의 현대 국가제도로 비끄는 것이다.

"노동자계급은 단순히 기존의 국가장치만을 가지고 자신의 목적을 이룰 수 없다."[4]라는 마르크스의 말처럼, 현대화 역사범주에 있는 과학사회주의 역시 단순히 자본주의가 사용하는 현대화 이론과 논리만으로 자신의 이론체계를 구축할 수 없고 사회주의 실천을 이끌 수도 없다. 엥겔스에 따르면, 이 점이 과학사회주의와 공상사회주의의 근본적인 차이다. 엥겔스는 공상사회주의가 자본주의 제도를 비판하면서 자본주의 현실사회의 모순과 투쟁에 주목하지만 그 비판이론과 사유방식은 자본주의 계몽시대의 유물을 계승했다고 생각하였다. 엥겔스는 "그 이론 형식으로 말하자면, 처음에는 18세기 프랑스의 위대한 계몽주의 학자들의 각종 원칙을 더욱 철저하게 발전시킨 것으로 표현되었다."라고 말하였다. 이러한 이성적 형식에서 "종교·자연관·사회·국가제도 모두 가장 신랄한 비판을 받았다. 또한 모든 것들이 이성의 법정에서 자신의 존재를 위해 변호하거나 존재의 권리를 포기해야 하였다. 사유하는 지성은 모든 것을 측량하는 유일한 잣대가 되었다." 이로 인해 생시몽(Saint-Simon), 푸리에(Fourier), 오웬(Owen) 세 사람에게는 "하나의 공통점이 있다. 그들은 당시 역사적으로 생성된 무산계급의 이익을 대변하기 위해 나타난 것이 아니다. 그들은 계몽주의 학자들처럼 먼저 어떤 계급을 해방하려고 하지 않고 전체 인류를 해방하고자 하였다. 그들은 계몽주의 학자들처럼 이성적이며 영원히 정의로운 왕국을 만들고자 하였다." 다만 "그들의 왕국은 계몽주의 학자들의 왕국과 천양지차였다." 따라서 "이들에게는 사회주의가 절대 진리, 이성, 정의의 표현이었다. 그들

---

4    馬克思, "法蘭西內戰", 『馬克思恩格斯選集(第三卷)』(北京: 人民出版社, 1995), p.52.

은 사회주의를 발견해내기만 하면 사회주의가 자체 역량으로 세계를 정복한다고 생각하였다. 절대 진리는 시공간과 인류의 역사발전에 의존하지 않기 때문에 언제 어디서 발견되든 순전히 우연한 일이다." 이처럼 자본주의가 영원함과 절대적 이성에서 출발해 자본주의 국가를 건립한 것과 마찬가지로 공상사회주의는 절대 진리, 이성, 정의에서 출발해 사회주의 사회와 국가를 건립하였다. 그러나 자본주의의 실천에서는 다음과 같은 사실이 입증되었다. 즉, "프랑스 혁명이 이러한 이성적 사회와 국가를 실현했을 때, 신제도는 구제도에 비해 합리적이었지만 결코 절대적으로 이성에 부합한 것은 아니었다. 이성적 국가는 완전히 파산하였다." 동일한 사유와 이론적 논리를 기반으로 형성된 공상사회주의 역시 파산의 운명을 피할 수 없었다.[5]

　이러한 사실은 과학사회주의가 공상사회주의, 전체 자본주의와 전혀 다른 이론 형식으로 사회주의 사회와 국가를 구축해야 한다는 점을 나타내준다. 첫째, 과학사회주의는 절대적인 이성이 아닌 객관적인 현실에서 출발해 사회주의를 구축한다. 이에 따라 과학사회주의가 건립할 제도·사회·국가는 현실사회운동의 요구와 인민의 공동의지에서 출발한다. 헤겔이 이해한 프랑스혁명처럼 사상으로 일어나 사상에 따라 현실을 축조해 모든 것의 근거가 되는 헌법이 이른바 정의사상의 토대에서 건립되도록 하는 것이 아니다.[6] 둘째, 과학사회주의는 "어떤 천재의 두뇌에서 우연히 발견되어" 출현한 것이 아니다. 그것은 "역사적으로 생성된 두 계급, 즉 무산계급과 자본주의 간의 투쟁의 필연적인 산물"로 출현하였다.[7] 관념운동의 우연이 아닌 현실운동의 필연인 것이

---

5　　恩格斯, "社會主義從空想到科學的發展", 『馬克思恩格斯選集(第三卷)』(北京: 人民出版社, 1995), p.719, p.721, p.732, p.722.

6　　상동, pp.719-720. 주석 참고.

다. 셋째, 과학사회주의가 건립하려는 제도·사회·국가는 현실의 역사
운동과 역사관계를 초월하는 영원한 '성물(聖物)'이 아니라, 현실의 역
사운동과 역사관계에서 나와 역사발전에 따라 변화하는 객관적 존재이
다. 이에 따라 그것은 역사적이고 현실적이며 끊임없이 발전·변화한다.
엥겔스는 과학사회주의가 지닌 이러한 과학성을 모두 마르크스의 두 가
지 위대한 발견의 공로로 여긴다. 즉, 그는 "유물주의 역사관과 잉여가
치를 통해 자본주의 생산의 비밀을 파헤쳤다."[8]고 말하였다.

　　과학사회주의의 과학성은 현대화 역사범주에 함께 있는 사회주의
국가와 자본주의 국가가 전혀 다른 논리로 건립되도록 만들었다. 일정
한 의미에서 말하자면, 이러한 논리의 차이는 양자 간의 제도 차이보다
더욱 근본적이다. 이는 각기 구축한 제도·사회·국가가 근거한 현대화
원칙에 전혀 다른 가치 지향과 실천경로가 발생하게 만들었다. 자본주
의가 추상적인 자유를, 공상사회주의가 추상적인 정의를 출발점으로 삼
아 현실적 제도·사회·국가를 구성한다면, 과학사회주의는 인간의 현실
적 발전을 출발점으로 삼아 현실적 제도·사회·국가를 구성한다. 이로
써 현대화의 원칙으로 삼는 자유와 정의가 인간의 진보와 발전에서 실
현되도록 하며, 인민이 주인이 되는 사회발전의 실천에서 실현되도록
한다. 이러한 의미에서 볼 때, 과학사회주의는 전혀 새로운 현대국가건
설의 개념, 즉 인민을 본위로 삼는 사회주의 현대국가건설의 개념을 나
타낸다고 할 수 있다.

7　　상동, p.739.
8　　恩格斯, "社會主義從空想到科學的發展", 『馬克思恩格斯選集(第三卷)』(北京: 人民出版社,
　　　1995), p.740.

## II. 사회주의 공화국

인류문명 발전의 역사운동 논리로 보면, 사회주의 사회는 여전히 현대화의 발전운동 시기에 놓여 있다. 사회주의 사회가 자본주의 사회와 다른 점은 공산주의 발전운동을 최종 지향점으로 삼는다는 것이다. 이 때문에 사회주의 사회는 자연스럽게 인류문명 발전의 하나의 운동형태에서 또 다른 운동형태로 변화하는 '과도기'가 되었다. 레닌은 마르크스주의 국가이론의 기초를 종합하면서 이처럼 인류문명 전환의 거대 과도기에 놓인 국가형태에 대해 다음과 같이 개괄적인 설명을 내놓았다. "무산계급 독재는 '정치적인 과도기'다. 이 시기의 국가는 국가에서 비국가로 바뀌는 것으로 '더 이상 본래적 의미의 국가가 아니다.'"[9] 이러한 설명을 통해 레닌은 마르크스와 엥겔스가 추출한 사상과 이론을 사용하여 실천 과정에 있는 사회주의 국가에 대해 명확한 위상을 제시하였다. 즉, 과도기의 국가로서 사회주의 국가는 '국가에서 비국가'의 형식에 처한다. 여기에서 말하는 '국가'는 현대화 발전운동에서 형성된 '현대국가'이다. 이에 따라 사회주의 국가는 현대국가의 현실적 규정성을 가지고 있지만 현대국가 자체는 아니다. 본래적 의미의 국가, 나아가 고전적 의미의 '현대국가'와 다른 사회주의 국가다. 이러한 차이는 한편으로는 '본래적 의미의 국가'와의 차이 ― 하나의 계급이 다른 계급을 통치하는 국가가 아님 ― 로 나타나며, 다른 한편으로는 고전적인 '현대국가'와의 차이 ― 인간의 자유 권리에서 출발해 국가를 구성할 뿐만 아니라 인민 전체가 국가권력을 잡는, 즉 인민통치에서 출발해 국가를 구성함 ― 로 나타난다. 마르크스와 엥겔스는 파리 코뮌에서부터 이러한 국가의 가능성

---

9    列寧, 『馬克思主義論國家』(北京: 人民出版社, 1964), p.29.

을 발견하였다. 레닌은 10월 혁명 이후에 러시아에서 이러한 가능성을 실천하였고, 중국은 중국특색 사회주의의 탐색과 실천으로 이러한 가능성이 확실한 현실로 바뀌도록 노력하고 있다.

　　마르크스주의와 사회주의 국가의 역사적 좌표와 성격은 적어도 사회주의 국가건설·발전의 실천에서 나타난 세 가지 기본적인 의문을 해결한다. 첫째, 사회주의 사회는 공산주의를 지향하는 사회이지만 국가소멸이라는 역사운동의 추진을 사명으로 삼는다. 그러나 그 현실적 존재는 여전히 국가와 국가정권을 필요로 한다. 둘째, 사회주의 국가와 국가정권은 자본주의 국가와 국가정권을 계승한 것이 아니라 자본주의 국가와 국가정권을 무너뜨린 토대에서 재건립된 것이다. 즉, 사회주의 국가장치로써 자본주의 국가장치를 바꾼 것이다. 셋째, 인류문명 발전형태의 규정성은 여전히 현대화 발전운동을 하는 사회주의 국가와 국가정권의 형태를 결정하기 때문에 사회주의 국가와 국가정권은 형식적으로 현대국가의 요구에 부응해야 한다. 마르크스와 엥겔스의 사상과 이론을 관통하는 확실한 관점은 다음과 같다. "우리 당과 노동자계급은 민주공화국이라는 정치형식에서 통치한다. 민주공화국은 심지어 무산계급 독재의 특수한 형식으로, 프랑스 대혁명이 이미 이 점을 증명하였다."[10] 따라서 사회주의 국가와 국가정권의 조직은 여전히 현대국가적 요소로 조직되고, 그 조직형식과 관련 원칙은 여전히 현대국가의 규정성에서 벗어날 수 없다. 그러나 그 출발점과 이에 따른 국가 및 국가정권의 실재는 고전적 '현대국가', 즉 자산계급이 세운 현대국가와 전혀 다르다. 가장 근본적인 차이는 사회주의 국가는 인민을 본위로 삼는다는 것이다. 이러한 사실은 사회주의 국가와 국가정권의 현실적 존재와 미래발

---

10　恩格斯, "1891年社會民主黨綱領草案批判", 『馬克思恩格斯全集(第二十二卷)』(北京: 人民出版社, 1965), p.274.

전의 내재적 규정성을 결정한다. 그 구체적인 체현은 다음 세 가지로 정리된다.

　첫째, 사회주의 공화국은 노동과 사회가 동시에 해방되는 '사회주의'이다. 마르크스는 파리 코뮌에 대해 "프랑스와 유럽에서 공화국은 '사회주의'가 될 때 존재한다. 이러한 공화국은 자본가와 지주계급이 소유한 국가장치를 빼앗아 코뮌으로 대체해야 한다. 공화국의 위대한 목표는 코뮌이 '사회해방'을 공개적으로 선포하는 것으로, 코뮌 조직을 통해 이러한 사회개조를 담보한다."[11]라고 말하였다. 이러한 사회개조가 추구하는 '사회해방'은 '노동이 경제적으로 해방된'[12] 토대에서 가능하다. 마르크스는 만약 노동이 경제적으로 해방되지 못한다면 "코뮌 체제는 실현될 가능성이 없으며 거짓말이 된다. 생산자의 정치 통치는 그들의 영원불변한 사회적 노예 상태와 공존할 수 없다. 따라서 코뮌은 계급의 존재를 근절하고 계급통치가 의존하는 경제 기반을 근절하기 위한 수단이 되어야 한다. 노동이 해방되면 모든 사람은 노동자가 되어 생산노동이 더 이상 계급의 속성을 가지지 않는다."라고 말하였다. 이를 위해 코뮌은 '수탈자를 수탈해야' 하고 "노동의 노예화와 착취의 수단인 토지와 자본이라는 생산수단을 자유로운 연합된 노동의 도구로 전화시킴으로써 개인적 소유를 사실로 만들려고 하였다."[13] 마르크스와 엥겔스의『독일 이데올로기』를 보면, '개인소유제'는 '기존 생산력의 총합'을 개인이 점유하는 것으로 체현되는데, 이는 사실 자본주의 사회의 생산수단과 생산자의 분리가 초래한 인간의 두 가지 난제를 제거하였다. (1) 인간이 실제로 생산수단을 점유할 수 없어서 "개인은 모든 현실적

---

11　馬克思, "法蘭西內戰",『馬克思恩格斯選集(第三卷)』(北京: 人民出版社, 1995), pp.104-105.
12　상동, p.59.
13　상동, p.59.

생활 내용을 잃고 추상적인 개인이 된다." 이로 인해 개인과 관계된 모든 자유와 평등도 추상적인 자유와 평등일 수밖에 없다.[14] (2) 노동자가 오직 생산수단과 결합할 때에만 생존할 수 있어서 분업과 자기가 소유한 생산도구에 굴종할 수밖에 없다. 생산노동에 종사하는 많은 사람들은 사회적으로 제한된 존재이며, 그들의 사회적 교류는 속박으로 제한된 교제이다. 이로 인해 그들은 자주적 존재와 활동을 상실하게 되었다. 따라서 '개인소유제'가 가져온 노동해방의 본질은 추상적, 우연적, 제한적 개인에서 자주적, 개성적, 완전한 개인으로 변화하는 것이다. 이러한 개인이 마르크스가 말한 '자유인'이며, 그들의 연합이 인류문명의 새로운 발전운동, 즉 공산주의 사회운동을 만든다.

그러나 마르크스와 엥겔스는 이러한 '개인소유제'가 '기존 생산력의 총합'을 개인이 점유하는 것으로 체현되지만 이는 "오직 연합을 통해 실현될 수 있다."고 생각하였다. 이 점은 '개인소유제'의 배후가 실제로는 연합된 개인으로 구성된 사회소유제가 되도록 하였다. 이러한 사회소유제는 필연적으로 사회해방을 가져온다. 즉, "사회는 국가정권을 다시 회수해 사회통치, 사회억압의 역량을 사회 자체의 생명력으로 바꾼다."[15] 이에 따라 노동과 함께 생산수단의 주인이 된 사회는 다시 그것이 만든 국가의 주인이 된다. 이러한 의미에서 볼 때, '사회해방'은 사실 '노동해방'의 정치적 형식이며 '노동해방'은 '사회해방'의 경제적 기초이다. 사회주의는 '노동해방'과 '사회해방'의 변증법적 통일을 기반으로 확립되며 이러한 변증법적 통일을 발전시키는 것을 사명으로 삼는다.

둘째, 사회주의 공화국은 전체 인민이 국가권력을 장악하는 공화국

---

14    馬克思·恩格斯, "德意志意識形態(節選)", 『馬克思恩格斯選集(第一卷)』(北京: 人民出版社, 1995), p.128.

15    馬克思, "法蘭西內戰", 『馬克思恩格斯選集(第三卷)』(北京: 人民出版社, 1995), p.95.

이다. '노동해방'과 '사회해방'을 기반으로 형성된 공화국은 노동을 생산수단의 주인으로 삼고 사회를 국가의 주인으로 삼는 공화국이다. 이는 인민이 주인이 되는 공화국으로 체현된다. 마르크스는 국가정권을 다시 자기의 손안으로 회수하는 실천 주체가 인민 대중이라고 생각하였다. 이에 따라 마르크스는 "인민 대중이 국가정권을 다시 회수해 자신의 역량으로 만들어 그들을 억압한 조직적인 역량을 대체한다. 이는 인민 대중이 해방을 얻는 정치적 형식이며, 이러한 정치적 형식은 인민 대중의 적이 그들을 억압할 때 사칭한 사회 역량(인민 대중의 억압자에게 빼앗긴 역량, 원래는 인민 대중 자신의 역량이었지만 억압자에 의해 조직되어 그들을 반대하고 공격함)을 대체하였다."[16]고 생각하였다. 이 때문에 사회주의 공화국은 본래적 의미의 국가가 아닌 것이 되었다. 왜냐하면 이러한 국가에는 여전히 독재의 측면이 있지만 독재가 더 이상 계급통치의 도구가 아니라 전체 인민이 함께 국가정권을 장악해 공동으로 사회를 다스리고 사회발전을 촉진하는 정치 플랫폼이기 때문이다. 이와 더불어 이러한 플랫폼에서의 정부는 어떤 계급의 이익을 대표하지 않기 때문에 "모든 건전한 출신성분의 진정한 대표이며 이로 인해 진정한 국민정부이다."[17] "그것이 채택한 각종 구체적인 정책은 인민에 속하는, 인민이 정권을 장악한 정부로 나아가는 추세를 보여줄 수밖에 없다."[18] 이처럼 전체 인민이 권력을 장악하고 공동으로 다스리는 국가는 자연스럽게 인민을 본위로 하는 국가로서 다음의 두 가지 방면에서 구체적으로 체현된다. (1) 국가는 인민의 의지로 구축되고 다스려진다. 이에 따라 인민은 자신의 의지를 구현하는 헌법과 제도에 복종하며 자아의지에

---

16　馬克思, "法蘭西內戰", 『馬克思恩格斯選集(第三卷)』(北京: 人民出版社, 1995), p.95.
17　상동, p.63, p.64.
18　상동, p.63, p.64.

복종한다. 인민은 주권자이면서 주권의 복종자이다. (2) 국가와 국가정권은 인민의 이익을 근본이익으로 삼는다. 중국특색 사회주의 이론으로 말하자면, 국가의 모든 일을 할 때 반드시 "권력은 인민을 위해 사용하고, 감정은 인민을 위해 쏟으며, 이익은 인민을 위해 도모"[19]해야 한다.

마르크스주의의 이론체계에서 인민을 본위로 삼는 사회주의 국가는 사회가 정치적으로 양대 저항계급으로 분화되지 않는 것을 전제로 한다. 다시 말해 이러한 사회주의 국가에서는 정치적으로 어떤 계급 혹은 집단이 국가권력을 장악해 일부 사람들이 다른 사람들을 통치하지 않는다. 마르크스는 파리 코뮌을 분석하면서 "코뮌은 단번에 모든 공직—군사·행정·정치적 직무—을 진정한 노동자의 직무로 바꾸어 더 이상 훈련을 받은 특수계층에 의해 독점되지 않도록 하였다."[20]라고 지적하였다. 이 점은 사회주의 국가가 더 이상 본래적 의미의 국가가 되지 않도록 만들었다. 또한 사회주의 국가정권의 조직 방식과 논리가 현대 국가와 일치할 수 없도록 만들었다. 실천과정에 있는 사회주의 국가는 모두 자신의 내재적 논리에 근거해 현대국가와 국가장치의 여러 요소를 조합한다. 결과적으로 보면, 사회주의 국가 중에는 현대국가 정권의 요소와 이러한 요소가 운행되는 데 준수해야 할 원칙들을 보유한 국가가 종종 있다. 그러나 그 권력의 조직, 구조, 운행은 전형적인 '현대국가'와 큰 차이가 있다. 여기에는 사회주의 국가가 삼권분립과 다당제를 실행하지 않는 것 등을 포함한다.

국가정권의 운영으로 보면, 인민을 본위로 삼는 사회주의 국가에는 모두 인민 전체가 국가권력을 장악하고 전반적 운영을 결정하도록 하는 제도적 장치가 있다. 예컨대 구소련과 동유럽 국가가 운영한 소비

---

19    『中國共産黨第十七次全國代表大會報告』(北京: 人民出版社, 2007).
20    馬克思, "法蘭西內戰", 『馬克思恩格斯選集(第三卷)』(北京: 人民出版社, 1995), p.97.

에트 제도와 중화인민공화국이 운영하는 인민대표대회 제도다. 이 제도
는 두 가지 기본 특징을 지닌다. (1) 전체 인민의 국가권력 장악을 실현
하기 위해 대표기구는 그 구조를 대표한다. 따라서 전체 사회의 인민구
조와 전반적인 호응성을 가진다. 즉, 축소된 '인민집단[人民群體]'이라
고 한다. 이에 따라 대표의 선출방식은 서구의 의원 선거방식과 전혀 다
르며, 대표기구가 선출한 인원구조는 반드시 전체적으로 조정하고 균형
을 맞추어야 한다. 서구에서 선출된 의원들은 지역구에서 선출된 의원
의 집합체이다. 그 구조는 사전에 설정되지 않았기 때문에 서구의 의원
들은 지역구 유권자들의 의향을 담은 집합체이지 인민 전체의 의향을
담은 종합체가 아니다. (2) 대표기구가 국가 최고권력을 장악하며 이로
써 정부와 법 집행기관을 구성하고 감독한다. 이러한 제도적 조치는 인
민 전체가 국가권력을 보유하도록 보장하지만, 사회주의 국가에서 삼권
분립이 불가능하도록 만들었다. 그러나 이는 결코 사회주의 국가에 제
약과 견제, 균형이 없다는 것을 의미하지 않는다. 차이점은 이러한 제약
이 수평적이 아니라 수직적이라는 것이다. 즉, 인민이 대표기구를 제약
하고 대표기구가 그들에 의해 생성된 정부와 법 집행기구를 제약한다.

　셋째, 사회주의 공화국은 심도 있는 현대화의 발전을 추구하는 공
화국이다. 사회주의는 현대화 발전운동의 성과이면서 현대화 발전운동
을 공산주의 발전운동으로 추동하는 플랫폼이다. 이는 사회주의 국가가
현대화의 요소를 충분히 갖추어야 할뿐만 아니라 현대화 요소가 더욱
충분하고 전면적이며 심도 있게 발전할 수 있는 기반과 능력을 갖추어
야 한다는 것을 의미한다. 이에 대해 마르크스는 사회주의가 심도 있는
현대화의 발전을 위해 두 가지 요소를 제공해야 한다고 주장하였다. 하
나는 연합된 사회 역량의 생산수단을 공동으로 점유하는 것을 기반으로
형성된 신형 생산관계이고, 다른 하나는 노동자와 생산수단의 재점유를

기반으로 형성된 진정한 자주적인 개인이다. 전자는 경제와 사회가 크게 발전할 수 있는 새로운 가능성을 제공하며, 후자는 개인의 자주적 발전에 공간과 가능성을 제공한다. 사회주의 공화국이 만든 이 두 가지 가능성은 곧 현대화가 심도 있게 발전할 수 있는 내재적 동력이다. 이에 따라 현대화 발전운동 중에 있는 사회주의 공화국의 모든 가치와 의미는 인간과 사회의 전면적인 발전을 촉진시켜 인류의 현대화 발전운동이 심화되도록 하는 데 있다. 또한 지속적으로 심화되는 현대화 발전을 통해 인간과 사회의 발전이 새로운 경지로 도약해 곧바로 공산주의 현실운동에 진입하도록 하는 데 있다. 이로 인해 인간과 사회의 전면적인 발전을 만드는 것은 사회주의 공화국의 모든 합법성과 합리성의 핵심이 되었다. 사회주의 국가를 건설할 때 이러한 핵심을 중심으로 반드시 다음의 세 가지 방면에서 노력해야 한다.

첫째, 더욱 참되고 전면적인 민주를 만들어야 한다. 더욱 참된 민주는 두 가지로 체현된다. 민주 주체로서의 인민이 더욱 자주적인 경제·사회적 지위와 권리를 보유하고 더욱 직접적인 경로를 통해 국가 사무의 관리에 참여하는 것이다. 또한 국가의 조직방식과 운영방식에 있어서 더욱 성숙한 제도적 조치와 운영방식을 갖추어 인민 대중이 국가 사무에 참여하고 국가 사무를 관리하도록 보장하는 것이다. 한편, 더욱 전면적인 민주는 민주가 정치 분야뿐만 아니라 경제·사회·문화 분야에서 전면적인 발전을 거두어 점차 제도적 형식에서부터 생존방식과 생활방식으로 발전하는 것이다. 이처럼 사회주의 민주의 발전은 자본주의가 만든 현대민주가 아니라 사회주의의 내재적 사명과 발전단계가 결정한 민주형태를 목표로 삼아야 한다.

둘째, 반드시 더욱 선진적인 생산력을 만들어야 한다. 현대화의 큰 논리 속에서 더욱 선진적인 생산력은 인간의 전면적인 발전과 과학기술의 빠른 진보와 도약에 의해 결정된다. 이는 사회주의 제도의 우월성의 중요한 체현 중 하나가 인간의 창조력—과학기술의 창조력 포함—을 극대화하는 것임을 의미한다. 이를 위해 사회주의 국가는 반드시 가장 선진적인 제도를 마련해 과학기술 혁신을 추동하고 가장 선진적인 대학을 보유해 지식의 생산과 창조를 진행하며 가장 건전한 법률과 정책으로 모든 혁신과 창조를 보호·장려해야 한다. 이러한 방면에서 사회주의가 자본주의보다 더욱 높은 형태를 갖추지 못한다면, 그 현실적 존재와 미래발전의 합법성·합리성은 진정한 제고와 보장을 얻을 수 없다.

셋째, 반드시 더욱 숭고한 가치신념을 만들어야 한다. 인간에게는 정신이 있다. 정신적 수준은 종종 인간의 능력과 공헌도를 결정하고 나아가 사회발전의 상태와 수준을 결정한다. 따라서 사회주의 사회는 선진적인 제도를 향상시키고 이를 지속적으로 보완해야 한다. 또한 더욱 숭고한 가치신념을 만들어서 인간의 정신세계와 사상 수준을 제고하고 나아가 전체 사회의 정신 수준과 문화적 경지를 전반적으로 향상시켜야 한다. 인간의 정신이 건전하지 않다면 건전한 사회는 불가능하다. 마찬가지로 인간의 숭고한 사상이 없다면 질 높은 사회는 불가능하다.

이 세 가지 규정성은 사회주의 국가건설의 실천과 발전의 가치 기반이며 목표 지향이다. 이로써 사회주의 국가건설의 실천이 현실적인 기능과 의미를 가질 뿐만 아니라 전반적인 효과와 장기적인 의미를 갖는다. 사회주의 국가는 본래적 의미의 국가가 아니기 때문에 사회주의 국가건설의 가치 선택, 목표 설정, 임무 조정, 경로 계획이 자본주의 국가건설의 단순한 복제품일 수 없다. 사회주의 국가가 감당해야 하는 시대적 임무와 역사적 사명은 사회주의 국가건설과 발전이 반드시 수준 높고 장기적이야 할 것을 규정하고 있다. 이에 따라 그 건설과 발전과정에는 국가의 적극적인 행위와 함께 사회의 효율적인 참여와 협조가 필

요하다. 여기에는 현대화 발전의 중요한 메커니즘이 되는 시장의 역량
도 포함된다. 마르크스는 유럽사회의 경우 노동자계급 혁명 이후 노동
자계급이 자신들의 연합과 국가정권을 통해 국가의 수준 높은 건설과
발전을 추동하는 주체와 제도 메커니즘을 형성한다고 생각하였다. 그러
나 실천과정 중의 사회주의는 종종 저개발 국가가 건설하는 사회주의이
다. 이러한 사회주의에는 노동자계급의 전체 역량과 진보적 기반이 부
족할 뿐만 아니라 사회주의 국가건설·발전에 필요한 제도자원과 제도
의 질적 수준이 부족하다. 이러한 조건에서 사회주의 국가건설·발전을
신속하게 추진하려면 반드시 노동자계급을 기반으로 형성된 강력한 조
직역량이 노동자계급을 영도·조직·발전시키는 임무와 사명을 감당해
야 한다. 이와 함께 사회주의 국가의 제도와 시스템을 구축·보완하는
임무와 사명을 감당해야 한다. 이러한 역량이 공산당이다. 따라서 엄격
한 의미에서 말하자면, 공산당은 민주정치의 산물이 아니라 사회주의혁
명과 국가건설의 산물이다. 공산당의 태생적인 사명은 선진적인 생산력
을 대표하여 그것의 조직을 통해 사회주의 국가를 조직·구축하고 발전
시키며 그 역사적 사명을 이행하는 것이다. 중국특색 사회주의의 성공
적인 실천으로 볼 때, 공산당이 사명을 감당하고 역할을 수행하는 것이
사회주의 국가의 발전 가능성과 발전 효과를 직접적으로 좌우한다고 할
수 있다.


## III. 공산당의 합법성과 사회주의 국가

정당은 현대국가의 조직과 운영의 기본적인 요소다. 현대국가 발전의
역사를 보면, 정당이 현대국가에서 차지하는 중요성은 현대민주의 발

전과 함께 지속적으로 높아지고 있다. 따라서 정당과 정당제도는 자연스럽게 현대국가의 성격과 민주발전의 수준을 평가하는 중요한 풍향계가 된다. 현재까지 정당·국가·사회의 관계와 이로부터 형성된 정당제도는 각국에서 모두 다르게 나타난다. 이러한 차이 중에서 가장 극명한 것은 사회주의 국가의 정당제도와 자본주의 국가의 정당제도이다. 왜냐하면 사회주의 국가는 항상 공산당을 유일한 집권당으로 삼는 반면 자본주의 국가는 이 점을 현대민주원칙에 대한 위배라고 생각하기 때문이다. 이에 따라 공산당의 영도는 자본주의 국가가 사회주의 국가를 공격하는 가장 큰 구실이 된다. 사회주의 국가의 경우, 만약 공산당의 영도를 포기하게 되면 사회주의 국가와 정권이 성립되지 못한다. 이는 사회주의 국가의 합법성과 관련된 근본적인 문제이기 때문이다. 이를 통해 우리는 다시 한번 사회주의 국가가 처한 '국가에서부터 비국가로'라는 역사적 상태가 가져온 현실적 긴장감을 깊이 느낄 수 있다. 물론 이러한 긴장감은 사회주의에서 생긴 것이 아니다. 그것은 현재의 세계구도, 현대 인류사회 발전의 역사적 프로세스와 사회주의 간에 존재하는 비대칭에서 기인하는 한편, 사회주의 국가의 조직·건설·발전에 대한 공산당의 제도적 조치와 영도 방식이 불완전한 데에서 기인한다.

만약 현대국가건설의 틀로 공산당을 이해한다면, 사람들은 현대국가의 민주 논리에서 출발해 공산당이 사회주의 국가에서 차지하는 지위와 역할을 파악하고 이해할 것이다. 이 가운데 가장 큰 공감대를 형성한 것은 공산당이 사회주의 국가의 집정(執政)당이라는 사실이며, 가장 논란이 되는 것은 공산당이 사회주의 국가의 유일한 집정당이라는 점이다.[21] 그러나 만약 과학사회주의로 공산당을 이해한다면, 사람들은 자연

---

21 레닌은 러시아의 10월 혁명 이후에 건립된 소비에트 정권의 국가를 "유일한 집정당이 관리하는" 국가라고 생각하였다. 列寧, "俄共(布)中央委員會的政治報告", 『列寧選集(第四卷)』

스럽게 계급혁명으로서 공산당을 이해할 것이며 공산당에 대해 무산계급 혁명을 이끌고 결국 국가정권을 장악해 사회주의 국가를 건립한 영도세력이라고 생각할 것이다. 이에 따라 우리는 동일한 공산당에 대해 두 가지 다른 차원에서 이해한다. 하나는 집정이고, 다른 하나는 혁명이다. 사회주의 사회의 성격과 역사적 사명으로 보면, 사회주의는 인류의 역사발전이 공산주의의 발전상태로 완전히 이행할 수 있도록 끊임없이 현실구조의 혁명적 개조를 추진해야 한다. 즉, 낡은 국가장치를 파괴하는 것에서 시작해 현대화 발전의 내재적 구조에 대한 지속적인 혁신을 추구해야 한다. 이에 따라 혁명의 차원은 무산계급이 정치혁명에서 승리해 정권을 장악했다고 해서 그 존재 가치와 의미를 상실하지는 않는다. 동일한 공산당은 두 가지의 다른 차원에서 상이한 정치적 역할을 형성한다. 하나는 영도 역량이며, 다른 하나는 집정 역량이다. 현재까지 보면, 실천과정에 있는 사회주의 국가는 이론이나 제도적 조치에서 공산당의 이중적인 역할을 제대로 조정하지 못하였다. 이것은 사회주의 국가가 직면한 현실적 존재의 긴장감을 구성하는 주된 요인이다.

사회주의 국가건설과 발전은 오랫동안 다음과 같은 문제에 직면해 왔다. 즉, 사회주의 국가건설과 발전의 측면에서 공산당은 필수불가결한 핵심역량이다. 그러나 사회주의 국가의 실제 존재와 운영에 있어서 공산당은 종종 현대국가의 요소로 건설하려는 국가제도와 원칙 간에 긴장관계를 형성한다. 뿐만 아니라 그 집권의 합법성과 합리성이 도전받고 있다. 이를 위해 과거의 정치적 실천과 이론적 탐색을 보면, "이론과 실천에서 긴장을 완화·해소하려면 단순히 현대국가의 이론과 실천에 끼워 맞춰서는 안 되고, 단순히 사회주의 국가건설과 실천의 현실적 논

(北京: 人民出版社, 1995), p.653.

리를 강조해서도 안 된다."는 것을 알 수 있다. 왜냐하면 이러한 노력은 단지 부분적으로 문제를 설명하고 긴장을 완화할 뿐 이론상으로 근본적인 해결을 얻을 수 없기 때문이다. 이론상으로 이 문제를 해결할 수 있는 유일한 경로는 과학사회주의 자체로 돌아가고 과학사회주의의 창립자인 마르크스가 제시한 이론의 논리로 돌아가는 것이다.

마르크스주의에서는 역사와 현실에 대한 모든 관심이 인류사회 발전의 대추세와 인류사회의 현실구조에서 출발한다. 이 점이 마르크스주의의 과학성과 위대함이다. 마르크스는 "낡은 유물주의는 시민사회에 중심을 두지만 새로운 유물주의는 인류사회 혹은 사회적 인류에 중점을 둔다."[22]라고 명확하게 지적하였다. 마르크스는 사회주의 사회를 이해하는 데에 있어서 일반적인 보편가치나 역사운동의 현재적 논리에 기초하지 않고 전체 인류 발전의 총체적 규칙에 기초한다. 마르크스의 역사유물주의에서는 "전체 인류 역사의 첫 번째 전제는 생명 있는 개인의 존재"라고 강조한다. 이러한 개인은 인류 역사의 첫 번째 전제인 동시에 인류사회의 첫 번째 요소이다. 인간이 역사를 만들 수 있었던 것은 자신의 생활자료를 생산하는 능력을 보유했기 때문이다. 인간의 생산노동은 "개인 간의 교류(Verkehr)를 전제로 한다."[23] 인간의 생산과 교류는 사회를 조성하게 마련이다. 그러나 생산력의 발전이 초래한 사회이익의 충돌은 국가를 형성해 사회를 유지하고, 나아가 인간의 생존과 발전을 유지하게 마련이다. 이처럼 개인, 사회, 국가는 인류사회의 조직과 발전의 세 가지 기본 요소이다. 세 가지 요소는 서로 순환하며 영향을 주어

---

22   馬克思, "關於費爾巴哈的提綱", 『馬克思恩格斯選集(第一卷)』(北京: 人民出版社, 1995), p.57.

23   馬克思·恩格斯, "德意志意識形態(節選)", 『馬克思恩格斯選集(第一卷)』(北京: 人民出版社, 1995), p.68.

함께 인류문명 발전의 프로세스를 좌우한다. 이 세 가지 요소 중 개인은
결정직인 역할을 하며, 국가는 역사적 산물로 개인이 충분히 자유를 얻
고 자신의 존재를 완전히 주재할 수 있을 때 소멸한다.

　　마르크스는 이러한 논리의 틀에서 역사를 사고하고 현실을 관찰하
였다. 그러나 그 논리의 출발점은 항상 개인이었다. 이에 따라 전체 인
류사회의 형태와 발전은 개인의 생산과 생활에 의해 결정된다. 마르크
스는 "우리는 역사를 거슬러 올라갈수록 개인, 생산을 진행하는 개인이
독립적이지 못하고 전체에 종속되어 있다는 것을 알 수 있다. 처음에는
자연스럽게 가정과 씨족으로 확대된 가정에 속하지만, 이후에는 씨족
간의 충돌과 융합으로 인해 각종 형식의 코뮌[公社]에 속한다. 18세기에
이르러서야 '시민사회'에서 사회연계의 각종 형식이 단지 개인의 목적
을 이루는 수단과 외재적 필연성으로 표현되었다."[24]라고 말하였다. 여
기에서 마르크스는 18세기를 경계로 개인의 사회적 존재를 두 가지로
구분하였다. 하나는 독립되지 않은 개인적 존재로, 공동체에 종속된 것
으로 나타난다. 다른 하나는 독립적 존재로, 공동체를 포함한 여러 사회
와 연계하는 것이 더 이상 인간의 목적이 아니라 수단이 된다. 마르크스
는 인간이 18세기부터 독립적이지 못한 존재에서 독립적인 존재로 발
전했기 때문에 이때 인류문명의 발전이 현대화의 발전 시기로 진입했다
고 생각하였다. 이와 함께 개인·사회·국가의 내재적 논리 관계에도 자
연스럽게 혁명적인 변화가 생겼다. 이에 따라 마르크스는 인간의 이 두
가지 존재상태가 가져온 전방위적인 차이를 다음과 같이 상세하게 비교
하였다.

　　"전자의 상황에서 각 개인은 반드시 하나로 결합해야 한다. 후자의

---

24　馬克思, "〈政治經濟學批判〉導言", 『馬克思恩格斯選集(第二卷)』(北京: 人民出版社, 1995),
　　p.2.

상황에서는 그들 자체가 이미 생산도구로서 기존의 생산도구와 함께 나란히 하고 있다. 따라서 자연적으로 형성된 생산도구와 문명으로 창조된 생산도구 사이에 차이가 나타난다. 땅(물 등)을 경작하는 것은 자연적으로 형성된 생산도구로 볼 수 있다. 전자의 상황, 즉 자연적으로 형성된 생산도구의 상황에서 각 개인은 자연계의 지배를 받는다. 후자의 상황에서 각 개인은 노동생산물의 지배를 받는다. 이에 따라 전자의 상황에서 재산(부동산)은 직접적이며 자연적으로 형성된 통치로 표현된다. 그리고 후자의 상황에서는 노동의 통치, 특히 축적된 노동인 자본의 통치로 표현된다. 전자의 상황에서 전제는 각 개인이 어떤 연계, 예컨대 가정, 부락 혹은 심지어 토지 자체 등을 통해 하나로 결합하는 것이다. 후자의 상황에서 전제는 각 개인이 서로 의존하지 않고 교환을 통해 한 곳에 결집하는 것이다. 전자의 상황에서 교환은 주로 인간과 자연 간에 이루어진다. 즉, 인간의 노동으로 자연의 생산물을 얻는 것이다. 후자의 상황에서는 인간과 인간 사이에서 진행된다. 전자의 상황에서는 일반상식만 구비하면 충분하다. 육체활동과 지식활동은 아직 완전히 분리되지 않았다. 후자의 상황에서는 지식노동과 육체활동 사이에 실제로 이미 분업이 이루어졌다. 전자의 상황에서는 비소유자에 대한 소유자의 통치가 개인관계에 의존할 수 있으며 다양한 형식의 공동체(Gemein-wesen)에 의존한다. 후자의 상황에서 이러한 통치는 반드시 물적 형식을 취해야 하고 제3자, 즉 화폐를 통해야 한다. 전자의 상황에서는 소(小)공업이 존재한다. 그러나 이러한 공업은 자연적으로 형성된 생산도구의 사용에 의해 결정된다. 따라서 여기에는 서로 다른 개인 간의 분업이 존재하지 않는다. 후자의 상황에서는 공업이 분업에 기반을 두고 분업에 의거할 때 비로소 존재할 수 있다."[25]

이처럼 심도 있고 상세한 비교는 현대와 근세 사이의 근본적인 차

이를 보여준다. 이러한 차이는 필연적으로 개인과 자연, 개인과 생산과
정, 개인과 개인의 관계에서 나타나지만, 이 밖에도 개인·사회·국가의
관계에서도 나타난다. 사실 마르크스는 여기에서 이미 개인·사회·국
가의 관계에 존재하는 전자와 후자의 차이를 어느 정도 지적하였다. 즉,
전자의 상황에서는 인간이 공동체에 종속되므로 개인관계 혹은 공동체
를 통해 통치가 가능하다. 그러나 후자의 상황에서는 개인의 상호 의존
관계가 없기 때문에 통치자는 반드시 제3자를 통해야 한다. 즉, 화폐라
는 물적 형식으로 이루어지는 것이다. 마르크스는 "사회구조와 국가는
항상 일정한 개인의 생활과정에서 생겨난다."라고 말하였다. '개인의
생활과정'에 혁명적인 변화가 생기면서 현대화운동에서 형성된 개인·
사회·국가의 관계는 필연적으로 근세의 개인·사회·국가의 관계와 전
혀 다르다. 가장 큰 차이는 개인의 사회공동체에의 종속과 국가-사회의
일원화에서 개인의 독립과 국가-사회의 이원화로 발전한 것이다. 마르
크스는 "고대국가 중에서 정치국가는 국가의 내용이었으며, 다른 영역
은 여기에 포함되지 않았다. 그러나 현대의 국가는 정치국가와 비(非)
정치국가의 상호 적응이다."[26]라고 말하였다. 이에 따라 "중세 인민의
생활과 국가의 생활은 동일하였다. 여기에서 인간은 국가의 진정한 원
칙이다. 그러나 당은 자유롭지 못한 인간이다. 따라서 이는 자유롭지 못
한 민주제이며 완전한 소외[異化]이다." 현대에 이르러 개인이 독립적
으로 존재하면서 개인의 생활 역시 자연스럽게 국가로부터 추출되었다.
이와 함께 정치국가도 사회로부터 추출되어 사회와 더불어 이원적 구
조관계를 형성하게 되었다.[27] 마르크스는 이처럼 개인의 생활이 추출된

---

25    馬克思·恩格斯, "德意志意識形態(節選)", 『馬克思恩格斯選集(第一卷)』(北京: 人民出版社,
      1995), pp.103-104.
26    馬克思, "黑格爾法哲學批評", 『馬克思恩格斯全集(第一卷)』(北京: 人民出版社, 1956), p.283.

것은 경제와 사회 발전의 결과라고 생각하였다. 그는 "자유경쟁 사회에
서 혼자인 개인은 자연과의 관계 등에서 벗어난 것으로 표현된다. 과거
의 역사시대에서 자연과의 관계 등은 개인을 일정하게 협소한 무리집단
의 부속물이 되도록 만들었다. 이와 같은 18세기의 개인은 봉건사회 해
체의 산물인 동시에 16세기 이후의 신흥 생산력의 산물이다."라고 말하
였다. 이러한 독립적인 개인의 출현은 당시 이론가와 예언가들에 의해
현대역사운동의 논리적 시발점으로 추상화되었다. 그들은 이로써 현대
국가건설의 이론을 구축하고자 하였다. 마르크스는 "18세기의 예언가
들(애덤 스미스와 데이비드 리카도는 전적으로 이 예언가들을 근거로 삼는
다)이 볼 때, 이러한 개인은 일찍이 과거에 존재했던 이상적 존재였다.
당시 이론가와 예언가들은 이러한 개인은 역사적 결과가 아니라 역사
적 기점이라고 생각하였다. 인성에 대한 그들의 관념에 따르면, 자연에
부합한 개인은 역사적으로 생기는 것이 아니라 자연에 의해 만들어지
는 것이다. 이러한 착각은 현재까지도 모든 새로운 시대에 존재한다."[28]
라고 지적하였다. 이에 따라 현대화에서 개인·사회·국가는 이론적으로
다음과 같은 관계로 규정된다. 현대사회는 개인의 계약을 통해 연합·구
성된다. 현대국가는 이러한 현대사회와 상호 적응하여 만들어진 산물
이다. 그 권력은 인민의 이양과 위임에서 나온다. 이러한 이론적 논리에
서 인민을 현대사회·현대국가와 비교하면, 인민은 상대적으로 자유로
운 주체이다. 이러한 자유가 있기 때문에 이론적으로 인민이 계약을 통
해 사회를 구성하고 국가를 건설한다는 이성적인 지향이 생기게 되었
다. 현대국가건설의 이론·조직 원칙·운영방식은 모두 이러한 개인·사

---

27  상동, p.284.
28  馬克思, "〈政治經濟學批判〉導言", 『馬克思恩格斯選集(第二卷)』(北京: 人民出版社, 1995),
     p.2.

회·국가의 관계에서 기원한다. 사람들이 사회주의 국가의 공산당의 영도에 대해 혼란을 느끼고 의문을 제기하는 것은 모두 이러한 이론적 논리와 그 이면의 역사적 착각에 기인한다.

그러나 마르크스는 '이러한 18세기의 개인'이 사실 자유로운 개인에서 완전히 독립하지 않았다고 생각하였다. 현대의 생산시스템과 사회조직에서 이들 독립된 개인은 더 이상 구체적인 공동체에 종속되지 않지만 분업이 형성한 규정성을 피할 수 없기 때문이다. 이와 함께 사회가 계급 간의 대립에서 벗어나지 못했기 때문에 모든 개인적 존재는 계급을 구성할 수밖에 없다. 그러나 이렇게 구성된 계급은 개인에게 있어서는 독립되어 있다. 이에 따라 독립된 사람들은 "자신의 생활조건이 이미 확정된 것을 발견할 수 있었다. 각 개인의 사회적 지위에 따라 그들 개인의 발전은 계급에 의해 결정되고 계급에 예속된다. 이는 개인이 분업에 예속된 것과 같은 현상이다. 이러한 현상은 오직 사유제와 노동 자체를 제거해야 없앨 수 있다."[29] 따라서 마르크스는 이러한 개인의 자유가 "그들에게 있어서 생활조건은 우연이다."라는 점에서 기원한다고 생각하였다. 이로 인해 사실 "그들은 더욱 자유롭지 못하다. 그들은 물적 역량에 더욱 굴종해야 하기 때문이다."[30] 마르크스는 이러한 개인을 '우연적인 개인'이라고 불렀다. 이러한 개인 자유의 피규정성(被規定性)·우연성·취약성은 실천과정에 있는 자본주의 국가가 그 논리의 기점과 제약의 역량으로 삼는 사회를 재빨리 자신의 품 안에서 바짝 얽히게 만들고 "어디든 존재하는 복잡한 군사·관료·종교·사법기구가 큰 뱀처럼 살아 있는 시민사회를 사방에서 휘감게"[31] 만든다. 이로 인해 국가는 거

---

29    馬克思·恩格斯, "德意志意識形態(節選)", 『馬克思恩格斯選集(第一卷)』(北京: 人民出版社, 1995), p.118.

30    상동, p.120.

의 전제군주시대의 중앙집권 국가로 돌아갈 처지에 놓이고 현대화 운동
을 구축하는 개인·사회·국가의 관계 역시 점차 전면적인 소외로 치닫
게 되었다. 사회주의의 출현은 이러한 소외를 초월하고 인류사회에 공
산주의 발전운동의 사명을 부여하였다.

　이러한 사실은 사회주의 국가가 비록 자본주의 국가와 함께 현대화
발전의 역사적 단계에 놓여 있지만 그 구축의 현실적 전제와 가치의 기
반 그리고 역사적 사명이 전혀 다르도록 만들었다. 사회주의 국가는 본
래적 의미의 국가가 아니기 때문에 국가의 기능을 갖추어야 하는 동시
에 비국가적 틀을 갖추어야 한다. 국가의 기능이라는 측면에서 보면, 사
회주의 국가는 현대국가의 운영에 필요한 기본적 요소와 능력을 갖추어
야 한다. 비국가적 틀이라는 측면에서 보면, 새로운 논리로 이러한 기본
적 요소를 조합해 강력한 발전능력을 갖추는 동시에 인간과 사회의 전
면적인 발전을 위해 최고의 가능성과 공간을 제공해야 한다.

　마르크스의 이론에 따르면, 개인이 진정한 자유를 얻고 사회가 진
정한 해방을 얻으려면 생산수단과 노동력의 분리를 없애고 이러한 분리
가 초래한 인간에 대한 물질의 통치를 없애는 것이 가장 중요하다. 이렇
게 되려면 반드시 "개인이 점유한 기존 생산력의 총화"를 현실로 만들
어야 한다. 점유하기 위해 채택한 방식의 측면에서 보면, 이러한 점유는
"연합을 통해서만 실현될 수 있다. 무산계급 고유의 본성으로 인해 이러
한 연합은 보편적일 수밖에 없으며, 점유는 혁명을 통해서만 실현될 수
있다." "공동체 안에서만 개인이 그 재능을 전면적으로 발전시킬 수 있
는 수단을 얻을 수 있고" "개인의 자유를 가질 수 있다."[32]는 것과 마찬

---

31　馬克思, "法蘭西內戰", 『馬克思恩格斯選集(第三卷)』(北京: 人民出版社, 1995), p.91.

32　馬克思·恩格斯, "德意志意識形態(節選)", 『馬克思恩格斯選集(第一卷)』(北京: 人民出版社,
　　1995), p.119.

가지로, 개인은 이러한 연합 속에서 진정한 '자주적 활동'을 실현할 수 있고 진정한 자유를 얻을 수 있다. 이로써 기존의 '우연적인 개인'에서 '자주적 활동'이 가능한 '개성 있는 개인'으로 발전한다.[33] 따라서 국가 구축의 현실적 프로세스에서 사회주의 국가와 자본주의 국가는 완전히 반대다. 사회주의 국가는 개인을 해방하고 시민사회를 세워 민주국가를 세우는 것이 아니라 우선 개인을 연합하고 생산력의 총화를 점유하여 개인의 자유를 실현하고 사회의 해방을 만들며 나아가 본래적 의미가 아닌 국가가 되도록 한다. 국가건설의 구체적 실천으로 보면, 이러한 개인의 연합은 사회주의혁명의 필요조건인 동시에 사회주의 국가가 유지·발전될 수 있는 전제조건이다. 무산계급만이 이러한 개인 연합의 역량과 메커니즘을 실현할 수 있기 때문에, 공산당이 이러한 시대적 요구에 따라 나타났다.

이처럼 공산당은 무산계급 혁명의 요구이면서 본래적 의미가 아닌 국가를 건설하려는 사회주의 국가의 요구이기도 하다. 개인의 연합은 사회주의 국가건설의 논리적 기점이며 사회주의 국가 틀의 기초이다. 이로 인해 '사회해방'이 실현되고 실천과정에서 국가에 대한 사회의 주도성을 유지하기 위해서는 개인의 연합을 전제로 해야 한다. 지적해야 할 점은 이러한 연합이 개인을 토대로 하여 구성된 '개인의 전체'를 만드는 것이 아니라 모든 사람이 생산수단과 국가재산의 주인이 되는 '전체의 개인'을 만들어야 한다는 사실이다. 마르크스는 "현재까지의 모든 점유제 아래에서 많은 개인은 그 어떤 유일한 생산도구에 굴종한다. 무산계급의 점유제 아래에서 많은 생산도구는 반드시 모든 개개인에게 귀속되며 재산은 전체 개인에게 귀속된다. 현대의 보편적인 교류는 전체

---

33    상동, pp.122-123.

개인의 지배를 제외하면 각 개인의 지배로 귀속될 수 없다."[34] 이러한
의미에서 보면, 전체 개인이 기존의 생산력 총화를 점유한 것은 국가권
력의 영향이나 사회조직의 산물이 아니며 생산력 총화를 점유하려 힘쓴
개체 연합의 결과물이다. 이러한 연합은 오히려 사회주의 국가와 사회
가 존재하고 운영되는 전제가 되었다.

　이처럼 '국가에서 비국가로' 이행하는 사회주의 국가는 본래적 의
미의 국가와 다른 틀을 형성하게 되었다. 즉, 연합된 개인(전체 개인),
자주적인 사회와 인민이 주인 되는 국가이다. 이러한 틀에서 연합된 개
인은 독립의 전제와 기초이다. 이를 현실적으로 체현한 것이 생산수단
을 사회가 점유함으로써 형성된 인민의 역량이다. 그리고 이러한 나누
기 어려운 역량이 국가권력을 장악해야만 사회주의 사회와 국가를 구성
한다. 나누기 어려운 인민의 역량을 유지하는 것은, 마르크스의 말을 빌
리면 곧 '전체 개인'이며 이는 당연히 중국공산당이다. 중국공산당과 나
누기 어려운 인민의 역량은 한 몸이기 때문에 공산당을 잃으면 나누기
어려운 인민의 역량 역시 존재할 수 없다. 이와 함께 전체 개인은 생산
력 총화를 점유할 수 없게 되어 사회주의 국가 역시 존재·발전의 모든
기초를 잃어버리게 된다. 이처럼 공산당의 영도와 유일한 집정당으로서
의 존재적 합법성은 사회주의 국가의 구성형태 자체이다. 그것은 사회
주의 국가의 역사적 사명과 사회주의 국가가 처한 '국가에서 비국가로
의 이행'의 과도기적 형식에 좌우된다.

---

34　馬克思·恩格斯, "德意志意識形態(節選)", 『馬克思恩格斯選集(第一卷)』(北京: 人民出版社,
　　1995), p.129.

## IV. 중국의 행동논리와 실천경로

마르크스주의의 이론적 논리에 따르면, 사회주의 현대국가는 자본주의
에서 공산주의로 이행하기 때문에 "이미 본래적 의미의 국가가 아닌 것"
이 되었다.[35] 레닌은 이에 대해 "본래적 의미의 국가는 인민의 무장세력
에서 벗어나 대중을 통제한다."[36]고 설명하였다. 다시 말해, 본래적 의
미의 국가는 소수의 사람이 국가장치를 통해 다수의 사람을 통치하는
국가이다. 이로 인해 사회주의 현대국가건설의 역사적 행동의 논리적
기점은 '어떻게 많은 인민을 사회주의 현대국가건설의 주체가 되도록
하는가'이다. 마르크스와 엥겔스는 이 논리적 기점이 절대이성의 산물
이 아니라 일정한 현실적 역사운동의 결과라고 생각하였다. 구체적으로
말하면, 자본주의 생산력과 생산관계의 모순운동이 초래한 무산계급과
자산계급 간 대립의 결과이다. 따라서 사회주의 현대국가건설의 역사적
행동은 자본주의 현대국가건설처럼 절대이성을 신성화하는 것에서 시
작해 혁명의 물결을 일으키는 것이 아니다. 오히려 무산계급의 현실적
근본이익을 파악하는 것에서 출발해 그들이 모든 계급의 통치를 무너뜨
리고 사회주의 국가건설의 역사적 동력과 실천적 주체가 되도록 하는
것이다. 이 때문에 엥겔스는 "이 사업의 역사적 조건과 성격 자체를 심
도 있게 검토하여 현재 억압받고 이 사업을 완수해야 하는 계급들이 자
신의 행동조건과 행동성격을 인식하도록 하는 것이다. 이것이 곧 무산
계급운동의 이론적 표현, 즉 과학사회주의의 임무이다."[37]

---

35    恩格斯, "給奧·倍倍爾的信", 『馬克思恩格斯選集(第三卷)』(北京: 人民出版社, 1995), p.324.

36    列寧, "無產階級在我國革命中的任務", 『列寧選集(第三卷)』(北京: 人民出版社, 1964), p.63.

37    恩格斯, "社會主義從空想到科學的發展", 『馬克思恩格斯選集(第三卷)』(北京: 人民出版社, 1995), p.760.

마르크스와 엥겔스의 관념에서 무산계급의 역사운동은 세계적인 성격을 갖는다. 이에 따라 마르크스와 엥겔스는 인류발전의 역사운동, 구체적으로 전체 자본주의 세계의 역사운동에서 무산계급의 사회주의 현대국가건설의 역사적 실천을 이해한다. 그러나 실제로 전개된 사회주의 현대국가건설은 비록 국제공산주의운동이라는 시대적 배경을 가지고 있지만, 그 실천은 개별 지역이나 국가에서 일어난다. 레닌은 "자본주의는 각국에서 매우 불균형적으로 발전하고 있다. 뿐만 아니라 상품의 생산조건하에 있기 때문에 어쩔 수 없다. 이를 통해 우리는 확고 불변한 결론을 얻을 수 있다. 즉, 사회주의는 모든 국가에서 동시에 승리할 수 없다. 사회주의는 우선 하나 혹은 몇 개의 국가에서 승리한다. 나머지 국가는 일정기간 동안 여전히 자산계급 혹은 자산계급 이전 시기의 국가이다." 여기에서 레닌은 "사회주의는 하나의 국가에서 먼저 승리한다."는 유명한 견해를 제시하였다. 또한 그는 실천과정에 있는 사회주의 현대국가건설에 공통된 역사적 지향이 있을 수 있지만 완전히 동일한 역사적·사회적 기초는 있을 수 없다고 말하였다. 따라서 사회주의 현대국가건설은 노동자계급의 현실적 이익과 그 나라의 특정한 역사적·사회적 조건에서 출발해야 한다. 사회주의 국가건설 및 발전사에 나타난 도식화된 사회주의 국가건설의 실천은 모두 실패하였다. 이로써 과학사회주의가 견지한 역사적 유물주의와 변증법적 과학성이 다시 한번 입증되었다. 또한 과학사회주의의 실천은 반드시 사회·역사·문화적 현실에서 출발해야 한다는 것을 다시 한번 보여주었다. 이 진리는 중국 특색 사회주의의 성공적인 실천 속에서 충분히 입증되었다.

따라서 사회주의는 비록 공산주의가 인류 역사의 필연이라고 강조하지만, 그 국가건설의 구체적 실천은 자본주의 국가처럼 자본주의가 추구하는 절대이성과 그것이 포함한 절대가치에서 출발하지 않는다. 오히려 인류 발전의 기본 규칙과 자국 발전의 실제 상황에서 출발한다. 따라서 세계에서 사회주의의 발전은 절대가치를 수출해 그 제도와 사회에 확산시키는 것을 목표로 하지 않는다. 또한 이데올로기의 전파와 정복으로 그 세력범위와 국제적 공간을 개척하지 않는다. 오히려 인류의 경제 및 사회 발전에서 형성된 내재적 역사의 역량과 각국 인민의 자각적 선택을 기초로 한다. 다시 말해, 세계적으로 과학사회주의의 발전과 자본주의의 발전이 다른 점은, 절대적 이념이 아닌 인류사회 발전의 규칙에서 출발하고 보편적인 가치가 아닌 객관적인 현실에서 출발하며, 신성한 모델이 아닌 자주적인 탐색에서 출발한다는 것이다. 이처럼 양자는 전혀 다른 이론과 행동논리를 가지고 전혀 다른 사회제도를 구축하고 국가건설 모델을 형성하였다. 비록 인류의 역사발전 단계와 경제·사회의 세계운동 구조의 한계로 인해 과학사회주의의 현실적 실천이 아직 세계적 조류로 발전하지 못했지만, 중국에서의 효과적인 실천은 다음과 같은 사실을 증명하였다. 즉, 구소련과 동유럽 사회주의 정권이 붕괴된 이유는 과학사회주의 자체의 문제가 아니라 과학사회주의의 잘못된 실천으로 형성된 '소련모델' 때문이었다. 또한 중국특색 사회주의의 성공적인 실천은 다음과 같은 사실을 입증하였다. 즉, 과학사회주의가 마르크스주의의 과학 발전과 실천을 준수한다면, 그것에 내재된 생명력과 활력은 강할 것이며 여전히 자본주의보다 더욱 합리적이고 효과적이며 전면적인 현대화 발전을 만들 것이다.

1917년의 10월 혁명 이후에 과학사회주의의 발전운동과 현실적 실천이 약 1세기 동안 지속되고 있다. 과학사회주의의 발전운동과 현실적 실천은 과거의 소련과 현재의 중국을 부상하게 만들었고 '구소련과 동유럽의 격변'이 초래한 '소련모델'의 실패를 경험하기도 하였다. 성공의 경험도 있고 실패의 교훈도 얻었다. 실패와 성공을 거듭하였기 때문에 과학사회주의는 현대 인류문명의 발전에서 점차 구축·운영·발전·신앙이 가능한 사회제도 시스템과 사회발전의 형태로 성숙되고 있다. 이로써 자본주의가 주도하는 세계에서 인류의 미래발전을 위한 새로운 경로와 전망 그리고 미래를 개척하고 있다. 과학사회주의의 현실적 실천에서 도출한 경험과 교훈, 그리고 과학사회주의 이론이 보여준 인류사회 발전의 내재적 규칙은 다음과 같이 사회주의 현대국가건설의 행동논리와 실천경로를 제시한다.

첫째, 국가의 상황에 입각한다. 마르크스는 항상 사회주의가 관념의 산물이 아닌 인류사회 발전의 결과라고 생각하였다. 이에 따라 사회주의의 구체적 실천은 이념이나 교조에서 출발하지 않고 실천의 근거가 되는 국가의 상황과 국민의 형편에서 출발한다. 사회주의가 한 사회에 얼마나 원대한 목표와 숭고한 이상이 되든 간에 그 발전은 모두 역사·사회·문화가 규정한 현실에서 출발한다. 국가의 현실적 상황은 발전의 역사적 단계, 발전의 전략·경로 선택을 결정짓는다. 이로써 발전의 모델과 길을 결정한다. 모든 경험과 교훈을 통해 국가의 상황에서 벗어난 사회주의 국가건설과 발전은 결국 좌절되고 심지어 실패한다는 사실을 보여준다.

둘째, 규칙을 준수한다. 발전의 규칙을 준수하는 것은 국가발전을 실현하는 필연적 요구이다. 자본주의를 초월하는 사회주의 이상에서 출발하든, 아니면 낙후된 국가가 실천하는 사회주의 초급단계에서 출발하든 모두 인류사회 발전의 기본규칙으로서 사회주의를 파악하고, 나아가 사회주의의 내재적 규칙으로서 사회주의를 파악해야 한다. 인류문명의 발전규칙으로 볼 때, 사회주의는 자본주의 이후에 출현하였다. 자본주의의 효과적인 발전 없이는 사회주의의 발전 가능성도 없다. 이 때문에 자본주의에 대한 사회주의의 초월은 사회주의와 자본주의의 관계 단절을 전제로 하지 않는다. 오히려 자본주의의 발전성과를 사회주의 발전의 동력과 사원으로 효과적으로 전환하는 것을 선세로 한다. 사회주의의 발전은 사회주의가 자본주의를 어떻게 초월하든 그것이 처한 시대가 이미 전(前) 공산주의의 현대화 시대라는 것을 의미한다. 이에 따라 그 소유제의 핵심이 공유제일지라도 결코 현실의 발전이 현대화 역사운동의 현실적 규정성을 초월할 수 없다. 예컨대 현대화의 논리, 시장경제의 논리, 민주화 발전의 논리, 오늘날 강력해지고 있는 글로벌화의 논리와 네트워크화의 논리이다. 따라서 규칙을 준수해서 국가를 발전시키는 것은 그 발전의 역사적 좌표를 결정할 수 있게 할 뿐만 아니라 사회주의의 발전에 도움이 될 시대적 조류, 제도적 자원, 발전공간을 잘 파악할 수 있게 한다. 이러한 발전만이 진정한 이성적 사회주의의 현대화 발전과 현대국가건설이며, 사회주의 사회의 실질적인 진보와 발전을 만든다.

셋째, 인간을 근본으로 삼는다. 현대화는 정치와 법률에서 인간의 자주독립을 인정하고 이를 촉진할 것을 전제로 한다. 또한 정치와 법률에서 이러한 자주독립을 인간의 전면적인 발전으로 전환시키도록 보장한다. 즉, (1) 노동의 소외를 점차 해소하고 노동자를 국가의 주인이 되도록 하면서 노동자가 전체 국가의 진보와 발전을 향유할 수 있도록 한다. (2) 개인의 자유는 인민이 국가정권을 장악한 기초에서 확립된다. 이로써 계급저항과 통치가 초래한 각종 한계에서 최대한 벗어나서 더욱 큰 자유와 평등의 공간과 발전의 가능성을 얻는다. 이에 따라 사회주의 사회가 강조하는 '인간 본위'는 자본주의와 다르다. 즉, 사회주의에서 말하는 인간은 추상적이지 않고 구체적이며 개인 존재로서의 인간인 동시에 국가의 주인이 되는 인민으로서의 인간이다. 또한 자유 상태에 국한된 인간일 뿐만 아니라, 더욱 중요하게는 자신의 전면적 발전을 추구하는 인간이다.

넷째, 지속적으로 발전한다. 생산력을 해방하고 발전하여 더욱 전면적이며 대규모적인 발전을 실현하는 것은 사회주의 사회의 본질적인 사명이며 사회주의가 자본주의를 대체하는 가장 기본적인 합법성의 근거이다. 생산력의 효과적인 발전이 없다면 사회주의도 없다. 사회주의가 생산력의 지속적이며 효과적인 발전을 만들 수 없다면 사회주의 제도의 우월성은 없는 것이다. 자본주의의 발전과 비교해보면, 사회주의가 만든 발전은 주기적인 경제위기를 극복할 수 있는 지속 가능한 발전이어야 한다. 이는 사회주의가 경제·사회 발전의 제도형태와 조직형태, 운영형태, 관리형태를 구성할 때 인류문명 발전의 성과를 충분히 흡수하여 자신의 특색과 비교우위를 형성하도록 만들었다. 중국의 발전은 다음과 같은 사실을 증명하였다. 즉, 사회주의 국가가 전체 인민의 이익에서 출발하고 경제·사회 발전의 역사적 단계·발전규칙을 충분히 존중한다면 출현할 수 있는 경제위기를 예방 및 극복할 수 있으며 지속 가능한 발전을 만들 수 있을 것이다. 이는 사회주의 국가건설이 추구해야 할 경지이다.

다섯째, 법에 의거해 국가를 다스린다[依法治國]. 법치는 현대사회와 현대국가건설의 기본적인 요구이다. 현대화 발전시대에서의 사회주의 건설에는 국가의 효율적인 역할과 규범적 행위가 필요하다. 이를 통해 진정으로 인민이 권력을 장악하고 인민이 다스리는 국가가 될 수 있다. 이에 따라 '인민이 국가를 다스리는 것'은 '법에 의거해 국가를 다스리는 것'을 토대로 확립되어야 한다. 그 본질은 다음의 두 가지이다. (1) 인민의 의지를 체현하는 헌법과 법률을 국가 통치의 근본 근거로 삼아야 한다. 이를 통해 국가권력에 대한 인민의 복종과 인정이 인민 자신의 의지에 대한 복종 및 인정과 등치되도록 한다. 이로써 인민이 국가의 주인이 되도록 한다. (2) 제도로써 국가의 운영시스템을 전면적으로 규범화한다. 이를 통해 민주의 진정한 제도화, 법치의 진정한 규범화, 통치의 진정한 법률화를 실현한다. 이를 위해 사회주의 국가건설은 사회주의의 법률시스템과 법치시스템을 건립하며 제도가 국가통치에 근본적인 역할을 수행하도록 한다. 또한 법치가 보편적인 원칙이 되도록 하며 권력과 권리의 제도화 균형을 국가안정과 발전의 기초가 되도록 한다.

여섯째, 협력과 공동 향유[共享]이다. 자본주의 사회에서는 노동자가 생산수단과 분리되면서 부를 창조해도 소유할 수 없는 노동소외가 발생한다. 이에 비해 사회주의 사회가 우월한 점은 노동자가 부를 창조하고 소유할 수 있도록 최대한 보장해준다는 것이다. 그 방법은 생산수단의 공유제를 통해 노동자와 생산수단의 분리를 단계적으로 해소하는 것이다. 시장경제가 이러한 분리를 해소할 수 없음은 이미 현실에서 나타났다. 그러나 사회적 부와 자원의 분배를 조정하는 사회주의 국가는 공평과 정의의 가치원칙에서 출발해 노동이 사회 전체의 부를 만들 수 있도록 최대한 사회의 공동 향유를 실현한다. 이를 중국특색 사회주의 이론으로 말하자면, 노동인민이 국가경제와 사회발전의 성과를 공동으로 향유하는 것이다. 그러나 이러한 공동 향유는 권력이 주도해 사회적 부를 재분배하는 것으로 나타나서는 안 된다. 오히려 각종 부의 창조 주체가 경제·사회 현장에서 창조 및 협력하여 상생을 이루는 것으로 나타나야 한다. 협력과 공생의 기초가 없다면, 공동 향유는 내재적 메커니즘과 현실적 합법성 그리고 합리성을 가질 수 없다. 공동 향유는 자원이 제한된 상황에서 공동 향유 주체들이 상호 협력하고 함께 부를 만들며 발전을 촉진하는 형태여야 한다. 따라서 사회주의 국가의 제도와 거버넌스는 협력의 제도와 거버넌스를 창조·확립해야 한다. 또한 모든 사람이 국가발전의 전체 제도와 거버넌스를 공동 향유할 수 있도록 해야 한다.

일곱째, 평화 공존이다. 모든 국가의 생존과 성장은 내부의 조정과 성장 동력, 외부의 환경과 자원을 필요로 한다. 사회주의는 인류의 진보와 발전에 대한 추구를 사명으로 삼는다. 이에 따라 사회주의에 내재된 본질은 국제주의와 평화주의이다. 그 구체적인 체현은 국가발전을 추구하고 건설하는 외부환경에서 사회주의가 견지한 원칙과 전략이 평화 공존이라는 사실이다. 평화 공존은 국가 간의 관계를 처리해 합리적인 국가 정치와 경제 그리고 사회질서의 기본 원칙을 구축 및 발전시킨다. 또한 각국이 국제무대에서 존엄을 지키고 기회와 공간을 창조 및 발전시켜 인류와 세계에 기여하는 기본전략이다. 이로 인해 실천과정에 있는 평화 공존은 풍부한 내용과 실천 형태를 내포한다. 인류문명의 발전에 대한 사회주의의 근본적인 공헌은 인류사회의 평화 공존 및 공동 발전을 창조한 것이다. 따라서 실천과정에 있는 사회주의가 이러한 원칙과 전략에서 조금이라도 벗어난다면, 그것은 모두 과학사회주의를 훼손하고 침해하는 것이 될 것이다.

이상에서 검토한 내용은 중국특색 사회주의의 길과 중국발전모델을 현실적 근거로 삼고 있으며, 여기에서 추출된 사회주의 국가건설의 행동논리와 실천경로는 일정한 가치가 있을 것이다. 나아가 이를 참고하여 사회주의 건설의 탐색과 실천을 전개할 수 있으며, 이를 참고할 만한 시스템으로 삼고 관련 국가의 사회주의 실천을 평가할 수 있을 것이다. 그러나 이러한 모든 노력의 목적은 어떠한 국가가 사회주의이고 어떠한 국가가 비(非)사회주의인지를 명확하게 판단하는 데에 있지 않다. 오히려 세계 각국이 추진하는 사회주의 건설의 탐색과 실천에 원칙 및 전략 그리고 경로를 제공하는 데에 있다.

제2부  영도

제4장

# 당의 영도와 중국

"물은 배를 띄울 수도 있고 뒤집을 수도 있다."는 표현과 같이, 중국의 사상가들은 배와 물의 관계처럼 치국(治國)도 민심에 따라야 함을 강조한다. 고대 그리스의 사상가들은 배를 운전하는 원리에 기반하여 배가 파도를 헤치고 나아가려면 배에 타고 있는 모든 사람들이 각자 그 임무를 다하고 진심으로 단합하여 조타수가 배의 방향을 잡아나가도록 해야 한다는 점을 강조한다. 비록 중국과 서구의 사상가들이 강조하는 각도는 다르지만 하나의 생각은 같다. 그것은 곧 국가 혹은 정권은 마치 물 위에 배를 띄우는 것과 같아서 풍랑의 위험 속에서 배를 잘 몰지 않으면 배가 뒤집힐 수 있고 침몰하여 사망할 수도 있다는 것이다. 따라서 국가의 흥망은 대부분 '배를 부리는 자', 즉 지도자에 의해 결정된다. 지도자가 없거나 지도 능력이 부족한 경우에 국가의 위험은 커지고 국가와 집안이 망하는 위기 또한 커질 수밖에 없다. 이것이 누가 국가를 통치[治理]하느냐가 정치의 가장 중요한 문제가 되는 이유이다.

　　현대정치에서 정책결정과 리더십은 질서유지의 과정과 사회이익의 보장 그리고 사회발전의 수요를 촉진하는 과정으로부터 나온다. 이 때문에 누가 지도하는가는 반드시 사회의 선택 혹은 동의를 거쳐야 한다. 이것이 민주의 본질이다. 중국은 매우 거대한 나라이다. 면적이 넓고 민족 구조가 다원적인 국가에서 내재적 일체화를 유지하기 위해서는 리더십[領導]이 필요하다. 뿐만 아니라 13억 인구의 국가가 생존의 위기를 해소하고 풍요와 평화를 실현하기 위해서도 리더십이 필요하다. 경제와 사회 발전을 빠르게 실현하고 현대화로 나아가기 위해서도 리더십이 필요하다. 자원이 제한적인 국가가 세계 대국이 되어 민족 부흥을 실현하는 데도 리더십이 필요하다. 중국이 세계의 위험과 압력을 두려워하지 않고 확고한 입장을 취하며 세계 국가의 일원이 되기 위해서도 리더십이 필요하다. 중국이 국가건설을 완수하고 경제번영과 사회조화, 정치민주, 풍족한 문화 국가를 건설하기 위해서도 리더십이 필요하다. 그래서 중국인은 역사적인 선택과 현실적인 경험을 통해 중국공산당을 선택하였다.


## I. 공산당과 현대중국

후발 현대화 국가가 직면하는 첫 번째 도전은 전통 정치체계의 현대화이다. 이러한 도전하에서 전통정치체계의 생존과 발전에는 두 가지 결과만 있을 뿐이다. 하나는 스스로의 변화를 실현하는 것이고, 다른 하나는 스스로를 붕괴의 길로 가게 만드는 것이다. 변화에 실패하면 전통정치체계는 현대화의 물결에 의해 철저하게 파괴된다. 중화제국의 정치체계는 붕괴되기 이전에 몇 차례의 전환과정을 겪었다. 전통정치의 각종 역량과 관료, 사대부, 향신(鄕紳) 그리고 최후의 황실 모두 이러한 이행

과정에서 각자 역할을 수행하려고 노력했지만 최종적으로는 변화에 실패하였다. 중화제국의 정치체계는 신해혁명 과정에서 철저하게 파괴되었다. 당시의 다른 아시아 국가들 또한 현대화의 충격에 직면하고 있었다. 그러나 이러한 충격의 배후에 있는 제국 열강의 압력하에서 일본은 오히려 전통정치체계의 전환을 성공적으로 실현하였다. 1868년의 메이지유신은 일본사회를 신속하게 전통에서 현대로 변화시켰고 그 결과 신속한 발전을 이뤄냈으며 갑오전쟁 이후에 세계 열강이 되었다. 그렇다면 일본 전통정치체계 변화의 성공과 중국 전통정치체계 변화의 실패를 결정한 관건적인 요인은 무엇인가? 이와 관련하여 후스(胡適)는 1930년대에 분명한 답을 내놓았다.

일본은 전형적인 귀족사회이고 천황은 귀족의 대표로 만세일계이다. 메이지유신은 개명한 귀족과 천황의 결합으로부터 이뤄졌으며, 이를 기반으로 일본은 정치체계의 이행을 이뤄낼 수 있었다. 반면에 중국의 전통정치체계는 사회구조를 파괴한 후 확립되어 오랜 기간 동안 유지되어왔고 이후에 스스로의 변화 능력이 약화되면서 붕괴라는 운명을 맞이하게 되었다.

정치체제를 지탱하는 핵심역량의 존재 여부가 전통정치체계의 전환 여부를 결정한다. 정치체계의 전환에 실패한 후발 현대국가의 문제는 전통정치체계의 붕괴가 아닌 전통정치체계의 소멸 이후에 현대정치체계를 구축하는 문제였다. 전통정치체계에서 현대정치체계로의 전환은 국가와 사회의 재통합을 기반으로 하는 전면적인 현대화이다. 그리고 이 과정에서 현대화 국가들은 변화를 이끌어내기 위한 사회 역량과 역사적 사명 그리고 새로운 정치체계를 유지해나갈 수 있는가와 관련한 문제에 직면하게 된다.

분명한 점은 이러한 역량이 전환 이전에 존재하지 않았다면 전환 이후에도 존재할 수 없다는 것이다. 문제의 관건은 정치체제를 지탱하는 핵심역량이 부재하고 새로운 정치체계가 확립되지 않는다면 현대화 발전은 시작될 수도, 그리고 발전해나갈 수도 없다는 것이다. 사회의 구조가 이러한 내구력을 갖춘 주체를 만들어내지 못한다면 사람이 노력하여 이러한 역량을 조직하고 만들어나가야만 한다. 그렇지 않으면 현대화는 이루어지지 못할 것이다. 중국혁명의 선각자인 쑨원은 스스로 실천하여 이 점을 증명하였다.

쑨원은 제국 열강에서 벗어나고 민족과 국가의 부흥을 실현하기 위해서는 반드시 군주제도를 뒤집고 공화민주를 실현해야 한다고 주장하였다. 그는 신해혁명 이후에 전면적으로 중국의 공화민주 건설을 추동하였다. 그의 시각에 따르면, 공화민주는 중국에서 군주제도 자체를 뒤집는 것이며 중국사회에 민주적인 현대국가체계를 건립하는 것이다. 이를 위해 그는 '삼민주의'를 제창하고 『건국방략(建國方略)』을 집필하였다. 쑨원의 사상과 주장은 이론적으로 자산계급 민주혁명의 논리에 부합한다. 뿐만 아니라 국가건설의 임무도 현대화 발전의 법칙과 중국 발전의 요구에 부합한다. 그러나 쑨원은 신해혁명 이후에 13년 동안 국가가 진보하지 못하고 오히려 퇴보하는 한편 군벌 혼란에 빠져든 현실을 한탄하였다. 그가 주창한 '건국방략'과 '삼민주의'조차도 효과적으로 실현될 수 없었다.

그는 그 원인으로 강대한 정당과 군대가 없었다는 점을 들었다. 강대한 정당이 없다는 것은 주의나 방략을 실행할 주체를 잃어버렸다는 것을 의미한다. 강대한 군대가 없다는 것은 혼란스러운 국면을 해소할 수 없다는 것을 의미한다. 이를 위해 그가 제안한 '신(新)삼민주의'에서는 국민당이 반드시 '레닌주의식 정당'으로 발전해야 한다고 명확히 요구하였다. 즉, 조직과 기율을 갖추고 대중과 연계되며 국가를 장악하는 조직화된 정당으로 변해야 한다는 것이다. 그는 이러한 정당이 있다면 당의 조직과 광대한 당원들을 통해 '삼민주의'를 사회와 민중 속으로 전파하며 효과적으로 국가건설을 추동할 수 있다고 생각하였다. 쑨원은 당치(黨治) 국가를 연 훈정(訓政) 시기인 1924년에 소집된 국민당 1차대회부터 최후의 실천까지 실제로 그 모든 희망을 이러한 정당에 기탁하였다. 따라서 그는 1925년의 임종 전에 국민당 당원들에게 "혁명은 아직 성공하지 못했고 동지들은 여전히 노력할 필요가 있다"고 말하고 다른 한편으로는 러시아 공산당에 편지를 보내 국민당의 건설을 도와줄 것을 요청하였다.

객관적으로 말하면, 쑨원의 최종 선택은 정확하였다. 그는 중국이 공화를 건설하기 위한 관건은 내구력을 갖춘 주체 역량에 있고, 국민당이 만약 이러한 역량이 되지 못한다면 자신이 제안한 주의와 방안이 아무리 좋아도 탁상공론에 지나지 않는다는 것을 분명하게 인식하고 있었다. 그러나 이러한 인식의 발전 속도는 매우 더뎠으며, 국민당이 이러한 내구력을 확보하는 과정에도 처음부터 끝까지 철저한 개조가 따라야 하였다. 결국 모든 조건에 대한 쑨원의 최후의 노력과 호소가 필요하였다. 그러나 국민당은 현대화 과정에서 민족과 국가의 중심이 될 수 없었으며 중국 현대정치체계의 건설과 현대화 발전 또한 추동할 수 없었다. 그리고 역사는 이러한 역할과 책임을 자연스럽게 중국공산당에 맡겼다.

중국의 발전은 일반적이지 않은 현대 정당을 필요로 한다. 즉, 의회선거에 기반한 정당이 아니라 흩어진 모래알과 같은 중국사회를 다시 응집시키는 유기체가 되어 중국사회의 발전을 주도하는 핵심역량과 내구력을 갖춘 정당이 필요하다. 이것은 중국 역사발전의 논리가 결정한 것이며 중국 현대화의 조류 속에 생존할 수 있고 연속할 수 있으며 부흥할 수 있는 내재적 요구이다. 그리고 이러한 현실적인 요구는 중국공산당의 탄생에 기본적인 사회적 토대를 제공하였다. 중국공산당이 중국사회의 발전을 이끄는 역량을 갖게 된 데에는 다섯 가지 인인이 있다. (1) 중국공산당은 노동대중을 해방하고 사회주의 건설의 목표와 이상을 치켜세웠다. 이는 중국사회 발전의 내재적 요구에 부합한다. (2) 중국공산당은 중국 자산계급 민주혁명의 영도를 떠맡아 세계혁명의 발전 조류에 부합하는 길을 열었으며 이는 중국혁명의 역사적 임무인 신민주주의 혁명에도 부합한다. (3) 중국공산당은 '레닌주의 정당', 즉 민주집중제(民主集中制)의 조직 원칙에 기반하고 있으며 강대한 조직성과 기율성을 갖추고 혁명의 실천과정에서 시종일관 당의 사상건설과 조직건설, 작풍건설(作風建設)을 강화하였다. (4) 중국공산당은 대혁명 실패 이후에 신속하게 당과 군대의 건설을 사회동원과 유기적으로 결합해서 현존하는 무장력과 사회기반을 갖춘 강대한 정당조직의 틀을 형성하였다. (5) 중국공산당은 발전의 잠재력을 지닌 적을 제거하고 중국을 강하게 할 수 있는 혁명전쟁전략을 찾아냈다. 즉, 농촌이 도시를 포위하는 혁명의 길로 나아갔으며 유격전을 통한 지구전을 실현하였다. 그리고 이를 기반으로 중국공산당은 최대한도로 통일전선을 발전시켰다. 이러한 다원적이며 종합적인 요인으로부터 중국공산당은 약소한 '코민테른 극동지부'에서 점차 중국혁명의 길과 발전 방향을 주도하는 영도핵심과 내구력을 갖춰나갔다. 3년여 동안 지속되어온 해방전쟁은 중국공산당과 국민당 양당의 조직역량과 전투력을 전면적으로 검증해냈다. 중국공산당은 정권자원과 경제자원 그리고 우수한 군비자원을 가진 국민당 군대에 맞서 전면적인 승리를 얻어냈다. 중국공산당이 가지고 있는 조직력과 전투력 그리고 혁명성은 그 자체로 능력이자 자격이며, 민족과 국가의 중심으로서 중국 현대화의 발전을 지탱하고 추동하는 영도핵심의 역할을 맡기에 충분하였다.

중국공산당의 영도하에 중국 인민은 장기간의 노력을 통해 결국 일본제국주의를 물리치고 서구 열강의 압박에서 탈피하여 국가의 독립을 실현하였다. 동시에 군벌세력의 할거와 통치를 종식시키고 국가의 통일과 인민의 해방을 실현하였다. 신중국, 즉 중화인민공화국은 정당의 발전과 함께 확대 발전된 조직 네트워킹을 통해 모든 사회를 하나의 정체(整體)로 통합하였다. 또한 이로써 현대화된 사회주의 국가건설의 역사 과정이 시작되었다.

중국공산당의 성장과 성숙은 군주제도의 붕괴 후에 중국의 현대국가건설이 마침내 내구력을 갖춘 주체역량을 가졌다는 것을 의미한다. 그리고 이러한 주체역량은 오래된 중국 대지에 현대적인 정치문명이 솟아나도록 만들었다. 그리고 그 구체적인 체현으로서의 사회주의 현대국가 또한 중국공산당의 영도와 내구력하에 건설되었다. 이처럼 중국공산당이 중국의 사회주의 국가건설을 주도하는 동시에, 중국의 사회주의 국가건설 또한 중국공산당의 주도를 필요로 하였다. 그리고 이것이 중국의 현대화 발전의 기본적인 정치 논리가 되었다.


## II. 공산당의 건설과 현대국가

마르크스의 사상에서 보면, 인간의 정치해방은 현대사회가 출현하는 중요한 역사적 전제이다. 동시에 현대화는 빠른 발전을 이루는 근본적인 동력이다. 현대화의 최종적인 사명은 인간과 사회의 전면적인 진보와 발전을 실현하는 것이다. 마르크스는 현대화 발전이 만들어낸 생산방식과 물질적인 부(富)가 인류를 위한 정치해방의 기초 위에서 경제와 사회의 해방을 실현하는 데 가능성을 제공한 것으로 보고 있다. 인류사회가 공산주의로 나아가는 과도기의 사회 형태로서 사회주의 사회는 현대화 발전의 기초 위에서 건립된다. 따라서 그 어떤 낙후된 국가도 사회주의를 건설하기 위해서는 반드시 현대화 발전을 먼저 경험해야 한다. 현대화 발전이 없으면 사회주의는 결국 공수표에 불과하다.

그러나 후발 현대화 국가를 보면 현대화 발전은 내생적이 아니라 외부의 현대화 조류가 추동한 결과이다. 현대화 발전의 기본적인 논리는 전환 혹은 재건을 통해 현대적인 권위를 갖춘 국가 역량을 형성하고 이를 통해 현대적인 경제생산요소를 끌어들여 구시대적인 경제와 사회의 구조를 변화시킴으로써 시장경제 기반의 현대적인 경제와 사회를 육성하는 것이다. 나아가 이를 기반으로 현대국가체계를 육성하여 건설하는 한편 정치건설과 경제건설 그리고 사회건설의 협조와 통일을 유지하는 것이다. 이는 서구국가의 현대화 경로와 완전히 다르다. 서구국가의 현대화는 내생적인 현대적 경제와 사회의 육성을 역사적 출발점으로 삼는다. 그러나 후발 현대화 국가는 현대국가의 권위 역량을 구축하는 것을 역사적 출발점으로 삼는다. 서구의 현대국가는 현대사회 발전의 결과물이다. 하지만 후발 현대화 국가는 이와 완전히 다르다. 그리고 그것이 구축한 현대국가는 현대사회 육성의 전제이다. 즉, 후발 현대화 국가에서는 권위를 갖춘 현대국가체계의 구축이 현대화의 중요한 전제이다.

현대국가는 영토, 주권, 인민이라는 3대 요소로 구성된다. 그리고 권력은 인민으로부터 나온다. 또한 인민의 의지로 제정한 헌법에 기초해서 권력체계를 구성하고 법에 따라 권력을 집행하며 국가와 사회의 사무를 관리하는 한편, 인민에 대해 책임을 지고 인민의 법에 의거한 선택과 감독을 받는다. 따라서 현대국가체계는 먼저 주권이 독립된 현대 민족국가여야 한다. 다음은 민주공화여야 한다. 현대국가체계는 서구 사회에서 탄생하였다. 그것은 비록 매우 복잡한 과정을 거쳤지만 모두 자신의 역사적 논리에 기초해서 추진되어온 것이다. 하지만 후발 현대화 국가가 이러한 현대국가체계를 건립하려면 반드시 자신의 역사 논리와 전 세계의 현대화 역사운동의 논리를 맞물리게 하는 방법과 관련된 문제에 직면하게 된다. 그리고 이것이 만들어낸 새로운 역사 과정이 새로운 국가체계를 만든다. 위의 분석을 통해 알 수 있듯이, 이러한 역사적 발전을 실현하기 위해서는 국가전환을 지탱하고 국가 재건을 주도할 수 있는 강력한 주도 역량이 필요하다. 그리고 중국의 발전은 분명 이러한 유형에 속한다. 따라서 중국 현대화 발전의 영도역량과 관련된 문제는 자연스럽게 전통정치체계에서 현대정치체계로 이행하는 문제에 직면하게 된다.

현대화 발전의 측면에서 보면, 후발 현대화 국가의 건설과 발전 과정은 다음과 같다. 먼저, 현대적인 주권 국가를 건설하고 국가의 권위를 기반으로 경제와 사회의 현대화를 진행한다. 나아가 현대적인 경제와 사회를 육성하고, 이를 통해 민주공화적인 현대정치체계를 성장시킨다. 그러나 현실적으로 발전 형태뿐만 아니라 발전 단계에서 이러한 과정들이 순차적으로 진행될 수만은 없다. 이는 근본적으로 경제와 사회의 발전이 복잡성을 가질 뿐만 아니라 이러한 국가들 대부분이 건너뛰기식 발전모델을 추구하기 때문이다. 건너뛰기식 발전모델은 그 특성상 시공간의 제약을 극복하는 한편 최상의 경로와 조합을 찾는 데 최적화되었다. 이에 후발 현대화 국가의 현대국가건설에 대한 내적 요구는 다음과 같다. 강력한 영도 권위를 지님으로써 경제와 사회의 변화와 발전을 보장한다. 동시에 반드시 민주공화적인 정치체계가 효과적인 발전을 성취할 수 있도록 한다. 그리고 경제와 사회의 발전에 제기되는 민주적 요구에 적응하고 만족한다. 이는 후발 현대화 국가가 현대국가체계를 건설할 때 두 가지 요구를 만족시켜야 한다는 것을 의미한다. 하나는 경제와 사회의 국가 권위에 대한 요구를 만족시키는 것이며, 다른 하나는 경제와 사회의 발전 이후에 국가 민주에 대한 요구를 만족시키는 것이다. 서구국가에서 이러한 두 가지 요구는 동시에 출현한 것이 아니다. 따라서 이는 충분한 시간과 공간을 기반으로 하여 순차적으로 해결될 수 있다. 그러나 후발 현대화 국가는 그렇지 않다. 왜냐하면 첫째, 그것이 직면하고 있는 두 가지 요구가 대부분 동시에 출현하기 때문이며, 둘째, 이러한 두 가지 요구가 비록 본국의 경제와 사회 발전에서 오는 것이기는 하지만 글로벌 시대의 압력하에 이러한 요구가 일단 형성되면 세계적인 현대화와 민주화의 조류에 급속히 확대되기 때문이다. 그리고 이러한 이중적인 요구는 국가 발전이 어쩔 수 없이 직면하게 되는 정치적 압력으로 전환된다.

후발 현대화 국가에서 나타나는 경제와 사회 발전으로부터의 두 가지 요구는 필연적이며 합리적이고 정상적이다. 이러한 두 가지 요구를 모두 충족시키는 것은 쉬운 일이 아니다. 먼저, 이러한 두 가지 요구의 균형을 유지하기 위해서는 경제와 사회 발전을 질서 있게 유지하고 지속 가능한 상태로 만들어야 한다. 만약 두 가지 요구 간에 괴리가 발생하게 된다면, 경제와 사회 발전의 위기를 포함하여 정치적 긴장감이 유발될 수 있으며 결국 경제와 사회의 정상적인 발전에도 상당한 영향을 미칠 수밖에 없게 된다. 권위의 이탈에 대한 요구는 경제와 사회의 무질서를 불러올 것이고 이는 결국 현대화의 안정과 지속에도 영향을 줄 것이다.[1] 다음으로, 이러한 이중적인 요구는 지속성을 갖고 있다. 따라서 이러한 지속적인 요구를 효과적으로 만족시키기 위해서는 반드시 성숙한 현대제도체계를 구축하고 있어야 한다. 그러나 건설 중인 국가에서

---

1    塞繆爾·P·亨廷頓, 王冠華等譯, 『變化社會中的政治秩序』(北京: 生活·讀書·新知三聯書店出版社, 1989), pp.7-9.

이는 불가능하다. 후발 현대화 국가에서는 먼저 경제와 사회 발전에 대한 이중적인 요구가 형성된다. 이는 현대 국가제도체계 그 자체는 아니고 강대한 조직을 갖춘 군대 혹은 정당과 같은 권위의 역량이다. 이러한 역량은 한편으로는 권위와 정책 균형의 이중 수요를 통해, 다른 한편으로는 꾸준한 제도 건설을 통해 이중 수요를 흡수하여 이들 간의 긴장을 점차 완화시키고 이중 수요의 제도에 대한 압력을 줄여나간다. 쑨원은 그 안에 존재하는 법칙을 충분히 인식하고 헌정(憲政)을 중국 내에 전면적으로 확립하기 위해서 먼저 군정(軍政)을 실시하고 다음으로 훈정(訓政)을 실시하며 마지막으로 헌정을 실시하는 3단계[三步走] 발전 전략을 제안하였다. 군정의 주체는 군대이고 그 사명은 질서를 세우고 생산을 회복하며 발전시키는 것이다. 훈정의 주체는 정당이며 그 사명은 제도를 건설하고 현대 공민(公民)을 양성하며 정치, 경제와 사회 발전의 제도화를 추진하는 동시에 제도 규범에 적응하고 제도 능력을 갖춘 현대 공민을 양성하는 것이다. 헌정의 주체는 민중이며 그 사명은 헌정제도를 운영하고 민주생활을 만들어 전면적인 현대국가체계를 건설하고 현대화를 실현하는 것이다.[2] 쑨원의 정치 주장인 '당치국가(黨治國家)'는 이러한 배경하에서 나온 것으로 중국의 국가건설에 깊은 영향을 주었다.

'당치국가'의 본질은 당이 인민을 영도하여 현대국가를 건설하는 것이며 그 사명은 두 가지이다. 하나는 전면적으로 현대 국가제도를 건립하는 것이며, 다른 하나는 현대국가의 공민을 전면적으로 양성하는 것이다. 제도가 있고 공민이 있으면 현대국가체계는 확립된 기초와 운용 조건을 갖추게 된다. 후발 현대화 국가에서 현대국가의 건설이 정치

---

2    孫中山, "國民政府建國大綱(1924年1月23日)", 『孫中山選集』(北京: 人民出版社, 2011), pp.624-627.

영역에만 국한되는 것은 아니며 반드시 경제와 사회 그리고 문화 영역
으로 충분히 확대되어야 한다. 왜냐하면 이러한 국가들은 안정적인 제
도 건설을 이룩하고 공민 양성을 위한 환경이 좋더라도 건실한 기초가
없이는 견고하지 못해서 오래 지속될 수 없기 때문이다. 이러한 측면에
서 후발 현대화 국가에서 정당은 다원적인 사명을 지니게 된다. 현실적
차원에서 정당은 경제와 사회 발전의 전략적 수요를 균형 있게 만들고
경제와 사회 발전의 안정성과 지속성을 유지해야 한다. 또한 현대화 전
략 차원에서 현대화의 빠른 성장을 전면적으로 추진하고 아울러 현대국
가체계의 건설을 완성해야 한다. 그러나 정당의 사명이 많더라도 그것
이 정당이 국가 자체를 대체한다는 것을 의미하지는 않는다. 정당이 국
가건설에 갖고 있는 결정적인 역할이 아무리 크다고 해도 그것은 정당
의 역할이 항구적이라는 의미는 아니다. 정당이 국가를 대체하게 되면
현대화는 최종적으로 실현될 수 없다. 국가건설은 정당에 의해 결정될
뿐이다. 즉, 정당은 현대국가를 건설할 수 없고 현대화를 실현시킬 수
없다.

하지만 후발 현대화 국가에서 정당이 현대국가를 건설하는 것은 실
행 가능한 경로이며 국가건설을 주도하는 것은 합리적 선택이다. 일단
정당이 현대국가건설의 발전 경로로 나아가는 데 있어서 현대국가체계
가 아직 형성되지 않았다면, 표면적으로 정당이 방기하는 것처럼 보이
지만 실제로 방기하는 것은 현대화 과정과 현대국가건설의 전체 국면이
다. 그리고 그 결과는 국가의 사분오열(四分五裂)로 나타나게 된다. 그
러나 우리가 반드시 인지해야만 하는 것은 정당 주도 그 자체가 목적이
아니며 정당 주도의 목적은 단지 현대국가체계를 건설하여 경제, 사회,
정치의 제도화 발전을 전면적으로 실현하는 것이라는 점이다. 덩샤오핑
은 개혁개방 초기에 당이 민주법치건설을 추진하기 위해서 "민주는 반

드시 제도화, 법률화를 실현해야 하며, 이러한 제도는 지도자가 바뀌어 바뀌는 게 아닐 뿐만 아니라 지도자의 견해나 주의력이 바뀌어 바뀌는 것이 아니다."[3]라는 기본 목표를 확립하였다. 중국공산당은 이러한 지도사상에 따라 치국방략(治國方略)을 바꾸고 의법치국(依法治國)을 제안하였으며 사회주의 법치국가건설을 국가 목표로 제시하였다. 중국공산당이 중국의 사회주의 국가건설의 방향을 영도한 것은 정확하였으며, 그 가운데서 당의 주도적인 역할이 효과적이었다는 것은 실천이 증명하고 있다.

후발 현대화 국가에서 정당의 국가건설 발전 논리는 한편으로는 정당의 국가건설에서의 주도적인 역할을 결정하였고 다른 한편으로는 오직 정당만이 진정으로 현대국가체계의 성장을 추진한다는 점을 결정하였다. 그리고 그 주도성이 가치와 의의를 지녔다. 중국에서 현대국가체계 건설의 완성은 중국공산당이 신민주주의혁명을 지도한 이래 명확한 역사적 사명이다. 마오쩌둥은 일찍이 『신민주주의론』에서 이에 대해 깊이 있게 주장하였으며 신민주주의 정치건설, 경제건설, 문화건설을 제안하였다. 그러나 사회주의 현대화 국가건설의 역사적 사명은 현재까지 완성되지 못하였다. 중국공산당의 제16기 전국대표대회에서는 사회주의 정치문명 건설의 전략과 임무를 제안하고 중국공산당의 이러한 역사적 사명을 완성하는 결의를 제출하였다. 2005년에 사회건설의 목표를 제출함에 따라 국가건설의 틀도 종전의 정치, 경제, 문화 건설의 삼위일체(三位一體)로부터 정치, 경제, 사회, 문화 건설의 사위일체(四位一體)로 발전하였으며 상당히 완성도가 높은 국가건설의 새로운 프레임을 형성하였다.

---

3　　鄧小平, "解放思想, 實事求是, 團結一致向前看", 『鄧小平文選(第二卷)』(北京: 人民出版社, 1994), p.146.

중국공산당 제18대는 중국의 국가건설의 총체적인 구도를 기존의 4내 긴실의 기초 위에 생태문명긴실을 추가한 오위일제(五位一體)로 세시하였다. 이러한 국가건설의 구도와 프레임 속에서 당의 건설과 발전 그리고 당의 영도 수준과 집권 능력의 제고는 시종일관 결정적이었다. 나아가 중국공산당의 주요 문건에서는 위의 5대 건설을 주장함과 동시에 당 건설의 전체 국면에서 중요한 역할을 함을 강조하였다. 이에 일반적으로 당 건설을 중국 국가건설의 프레임 안에 넣어 '5＋1' 체제, 즉 오위일체에 '당 건설'을 추가하였다.[4]

이론적 논리와 중국의 실천을 통해 볼 때, 중국공산당은 국가건설의 역사적 사명을 완성하기 위해서 반드시 당의 주도적 지위를 견지하고 당의 영도와 현대화 발전에 대한 추진 능력을 높여야 한다. 동시에 이 역사적 사명을 완성하기 위해서 당은 반드시 정치문명건설을 전면적으로 추진해서 현대국가체계가 중국 현대화 과정 가운데 성장하고 이를 통해 당의 영도와 인민민주 그리고 법치국가라는 3개의 요소가 유기적으로 통일되는 사회주의 민주정치가 진정으로 확립되고 발전하도록 해야 한다.


## III. 거대 정당과 거대 국가


중국공산당은 탄생한 날부터 사회적인 면모를 일신하고 신중국을 만들기 위한 사명을 명확히 하였다. 중국공산당은 자체 건설로부터 탐색을 시작하여 이상을 갖고 강령을 갖춘, 그리고 조직적이고 지도력을 갖

---

4    胡錦濤, "在省部級主要領導幹部提高構建社會主義和諧社會能力專題研討班上的講話", 『人民日報』, 2005年06月27日, 第1版.

춘 현대 정당이 되려고 노력하였다. 중국공산당은 무장투쟁을 진행하기 위해서 군대 내에 당 조직을 건립했으며, 이를 통해 군벌식 군대 조직을 바꿔나갔고 강대한 인민무장과 새로운 혁명 군대를 확립해나갔다. 중국공산당은 혁명을 영도하는 과정에서 당과 군대의 건설 간에 유기적인 통일을 견지했으며 당의 건설을 통해 군대의 전투력을 높였다. 즉, 군대의 끊임없는 승리를 통해 군대 내 당의 영도 지위를 공고히 했고 그 결과 혁명 군대가 당이 영도하는 군대로 완전히 변하였다. 이 과정에서 당 조직은 전면적으로 군 조직 안으로 침투해 들어갔으며, 동시에 군대의 기율과 작풍 또한 당 조직 안으로 침투해 들어왔다. 당과 군의 통일은 중국공산당이 강대한 정치역량과 조직역량 그리고 군사역량을 구비하게 만들었다. 이러한 역량에 기대어 '갖은 고난을 무릅쓰고 분투하는' 혁명 군대를 영도하였고, 강대한 적들과 싸워 승리하여 정권을 탈취하였으며, 혁명의 승리를 얻어내고 마침내 중화인민공화국을 건립하게 되었다.

전통정치체제의 붕괴 이후에 장기간 혼란 상태에 놓여 있던 중국사회는 중화인민공화국의 건립을 계기로 다시 조직되었다. 이를 통해 중국은 사회주의 제도를 안정시켰고, 중국공산당은 기층 사회에 광범위하게 당 조직을 건립하였다. 당원을 발전시켰고, 당 조직을 통해 모든 국가 관계망을 갖춘 총체적인 조직이 되었다. 당 조직은 모든 사회에 침투하여 중국 전통의 사회구조를 전면적으로 바꾸었다. 동시에 중국 사회에 장기간 존재해오던 흩어진 모래와 같은 무질서한 상태를 돌려놓았다. 새로운 형태의 사회조직 구조, 즉 모든 개체는 조직 안으로 들어가고 모든 조직 안에 당 조직이 건설되는 등 새로운 형태의 사회조직 구조가 만들어진 것이다. 모든 당 조직은 민주집중제(民主集中制)를 기반으로 하여 관료제 스타일의 조직 네트워크 체계를 형성하였다. 중화인민공화국은 이러한 기초 위에 전면적으로 확립되었으며 사회주의의 건설과 실천을 시작하였다. 이러한 조직망을 통해 당은 전면적인 국가 영도를 형성하였으며 사회를 영도하는 조직과 제도 체계를 형성하였다. 당의 영도체계는 헌법이 규정하고 있는 국가제도체계에 상대적으로 독립적이었다. 단, 그 영도와 실천은 헌법의 틀 내에서 진행되었다. 그렇다면 당과 국가의 관계는 어떻게 조정되었는가. 중국공산당의 원칙은 당이 반드시 법에 의거하여 국가제도를 영도해야 한다는 것이다. 이를 위해서 당은 반드시 당규(黨規)와 당법(黨法)을 갖추어야 한다. 개혁개방 초기에 덩샤오핑은 '문화혁명'에 대한 심각한 반성을 통해 중국의 민주는 반드시 제도화, 법률화를 실현해야 한다고 명확하게 제안하였다. 그리고 그 관건은 정당에 있다고 하였다. 만약 정당이 규범과 제약을 받지 않는다면 국법(國法) 또한 보장받을 수 없다. 덩샤오핑은 "나라에는 반드시 국법이 있어야 하고 당에는 당규와 당법이 있어야 한다. 당장(黨章)은 가장 근본적인 당규와 당법이다. 당규와 당법이 없다면 국법도 보장받기가 매우 어려워진다. 각급의 기율검사위원회와 조직 부문의 임무는 단지 사건의 처리에만 있는 것이 아니다. 더욱 중요한 것은 당규와 당법을 수호하는 것이고 당풍(黨風)을 좋게 하는 것이다. 당의 기율 위반에 대해 그 어떤 사람이라도 기율을 모두 적용해야 하며, 공과와 상벌을 분명하게 하고 바른 기운을 널리 알리며 나쁜 기운을 단죄해야 한다."[5]라고 말하였다. 이러한 정치 논리하에 장기 혁명과 건설 과정에서 형성된 치당(治黨), 치국(治國), 치군(治軍)의 삼위일체 구조에서 치당은 치국과 치군의 중요한 전제이다. 이는 또한 중국공산당의 효과적이고 장기적인 집권의 관건이다. 이러한 전제가 없다면 중국사회의 발전도

---

5    鄧小平, "解放思想, 實事求是, 團結一致向前看", 『鄧小平文選(第二卷)』(北京: 人民出版社, 1994), pp.146-147.

논할 수 없다.

중국은 대국이고 13억 이상의 인구를 갖고 있는 세계에서 인구가 가장 많은 국가이다. 중국공산당은 사회와 국가거버넌스의 조직체계와 제도체계를 조직해서 세계에서 가장 큰 정당이 되기로 결정하였다. 현재 중국공산당은 8,000여만 명의 당원을 보유하고 있다.[6] 이는 중등 규모 이상의 국가 인구수에 상응한다. 중국공산당은 효과적이고 장기적인 집권에 중요한 인력자원과 조직자원 그리고 사회자원을 구축하고 있다. 그러나 지속적으로 변화하고 발전하는 중국 사회에서 중국공산당이 이러한 자원을 잘 조직하여 개발하고 이를 활용하는 것은 당의 영도에 부여된 요구이자 의심할 바 없는 중대한 도전이다. 빠른 속도로 변화하는 사회에서 조직을 잘 관리하는 것은 당이 장차 거대한 영도와 집권의 자원을 획득하는 것이다. 하지만 관리를 잘하지 못하면 조직이 어지럽게 됨으로써 중국공산당이 나라를 안정되게 통치하는 데[治國理政] 거대한 짐이 될 수도 있다. 중국공산당은 이러한 이해관계를 분명하게 하는 한편 소련과 동유럽의 변화 과정에서 유의미한 교훈을 얻어야 한다. 따라서 당 건설은 정권 장악과 정권 공고화의 관건으로, 이를 반드시 견지해야만 한다. 이는 덩샤오핑이 "중국 문제의 관건은 당에 있다."고 지적한 이유이기도 하다.

당의 통치(治黨)는 중국공산당의 집권의 전제이며 기초이다. 대국은 거대 정당을 잉태하고 키워내며, 거대 정당은 대국의 굴기(崛起)를 결정한다. 중국공산당이 인식하고 있는 진리는 중국공산당이 안정적으로 그 역할을 발휘하게 되면 누구도 중국이 앞으로 나아가는 길을 막아

---

6    역자주: 중공중앙 조직부 2017년 6월 30일 중국공산당 당내 통계 발표에 의하면, 2016년 말 현재 중국공산당 당원은 8,944만 명이며 당 기층조직은 451만 개가 존재한다. 당내 통계는 당 창당 기념일인 매년 7월 1일 전날 발표되고 전년도 말 기준이다.

설 수 없다는 것이다. 중국은 전면적인 사회주의 시장경제의 발전 시대로 진입하였다. 시장은 이미 자원 배분에서 결정적인 역량이 되었다. 이와 상응하게 사회의 구성원과 각종 사회역량은 시장 메커니즘과 법률 보장을 통해 훨씬 거대한 상대적 자율성을 얻었다. 이것이 중국공산당이 매우 빠르게 변화하고 발전하는 중국 사회에서 안정되게 자리를 잡아야 하는 이유이다. 이는 국가권력에 대한 집중과 독점으로만 실현될 수 있는 것이 아니다. 이와 반대로 반드시 선진적인 집권 능력에 기초해야만 사회의 지지를 받고 민중의 지원을 받을 수 있다. 그래야 안정되게 자리를 잡고 설 수 있으며 그 역할을 제대로 수행할 수 있다. 21세기에 들어서 중국공산당은 21세기에 부합하는 당 건설 프로젝트를 제안하였다. "우리는 반드시 계속해서 새로운 역사 조건하에서 어떠한 당을 건설하고 어떻게 건설할 것인지에 대한 기본 문제를 둘러싸고 당의 집권 능력과 영도 수준을 높이고, 부패 방지 능력과 리스크를 낮추는 능력의 제고라는 두 가지 역사적 과제를 진일보하게 해결해야 하며, 당 건설이라는 새로운 위대한 프로젝트를 전면적으로 추진해야 한다." 비록 21세기에 중국공산당을 어떤 정당으로 만들고 어떻게 건설할 것인지의 문제에 대해 여전히 시간과 실천을 통해 답을 내야 하지만, 당 건설의 핵심 전략은 이미 명확하다. 즉, 전면적으로 당의 사회 기초를 공고히 하고 당의 영도 수준과 집권 능력을 제고하는 것이다. 이를 통해 거대 정당의 건설과 대국의 발전이 유기적으로 통일되어야 한다. 즉, 대국 거버넌스와 대국의 발전에 대한 요구에 기초하여 중국공산당을 건설하는 동시에 거대 정당의 효과적인 건설을 통해 대국 거버넌스와 대국의 발전을 위한 강대한 영도 역량을 제공해야 한다. 이러한 영도 역량을 갖춘다면 거대 국가의 전환과 건설 그리고 발전도 기본적인 정치적 보장을 갖추게 된다.

대국의 국가거버넌스에 대해 말하면, '거대 정당'의 관건은 당의 규모에 있지 않고 강대한 영도력에 있으며 구체적인 체현은 전략 영도 능력이고 국가 통합 능력이자 사회 협조 능력이다. 이러한 능력을 갖는 거대 정당은 거대 국가의 변화와 발전을 추동하는 과정에서 아래와 같은 역할을 한다. 즉, (1) 조직의 장점을 발휘하여 대국의 안정적 변화를 장악한다, (2) 빠르게 분화하는 사회를 효과적으로 통합하고 협력을 조정하여 사회의 안정을 유지한다, (3) 유한 자원을 효과적으로 통제하여 전체적으로 빠른 발전을 보장한다, (4) 사회의 공동 이상을 효과적으로 통일하여 전체 역량을 집중하는 발전을 실현한다, (5) 집중통일영도의 장점을 발휘하여 국가전환과 현대화가 전면적으로 추진되면서 나타날 비용과 손실을 낮추고 발전의 안정성과 지속성 그리고 전면성을 실현한다. 대국에서 거대 정당의 적극적인 역할은 중국공산당이 국가건설의 추진 과정에서 경시하거나 방기할 수 없는 장기간 동안 형성된 거시적인 전략이다. 그러나 중국공산당은 원래부터 자신을 '전 국민의 정당[全民黨]'으로 바꾸려는 생각을 하지 않았다. 다만 집권 능력 건설의 전략 임무 차원에서 보면, 중국공산당이 노력하여 실천하고 강화하려고 한 것은 영도와 집권 능력이었다. 이를 위해서 중국공산당은 스스로에게 충고를 던지고 있다. 즉, "기회와 도전이 병존하는 국내외의 조건하에서 우리 당은 전국의 각 민족과 인민을 이끌고 전면소강사회의 건설, 현대화 건설, 조국통일의 완성을 계속 추진하고 있다. 세계평화의 수호와 공동발전의 촉진이라는 임무도 반드시 집권 능력 건설을 힘있게 강화하는 데 이바지해야 한다. 이것은 중국사회주의 사업의 흥망, 성공, 실패와 관계되어 있고, 중화민족의 앞길 그리고 명운과 관계되어 있으며, 당의 생사존망과 국가의 장기적이고 안정된 중대한 전략 과제와 관계되어 있다. 이들 과제를 끊임없이 해결해야만 우리 당이 세계 정세가 심각하게 변화하는 와중의 역사적 발전 과정에서 시종일관 시대에 앞서 나갈 수 있고, 국내외의 각종 위험과 시련에 대응하는 역사적 발전 과정에서 시종일관 전국 인민의 믿을 만한 주체가 되며, 중국특색 사회주의 건설의 역사적 발전 과정에서 시종일관 굳건한 영도의 핵심이 될 수 있다."

## IV. 혁명당과 집권당

혁명당과 집권당은 중국정치담론에서 오랜 역사를 가진 개념으로, 근대 이후에 중국이 민주공화국을 탐색하고 실천하는 과정에서 중요한 개념적 도구로 활용되어왔다. 중국공산당은 등장했을 당시에는 혁명당이었으나 정권을 장악한 이후에는 집권당이 되었고, 1949년에 중국 정치무대에 본격적으로 등장한 이후에 농촌을 영도하는 정당에서 도시를 영도하는 정당으로, 그리고 혁명전쟁을 주도한 정당에서 국가 관리에 유능한 정당으로 변화하기 시작하였다. 중국공산당 제7기 2중전회에서 마오쩌둥은 이러한 변화의 필요성을 체계적으로 언급하였다. "1927년부터 지금까지 우리 업무의 중심은 농촌에 있었다. 농촌에서 역량을 모으고 농촌이 도시를 포위하여 마침내 도시를 얻어냈다. 하지만 이러한 업무 방식을 채택하던 시기는 이미 끝났다. 이제 도시가 농촌을 영도하는 시기가 시작되었다. 당의 업무 중심도 농촌에서 도시로 이전하였다. 인민해방군은 남방 각지에서 도시를 먼저 점령하고 그 후에 농촌을 점령하였다. 도시와 농촌은 반드시 함께 고려해야 한다. 도시 업무와 농촌 업무, 노동자와 농민, 공업과 농업은 반드시 긴밀하게 연계되어야 한다. 절대로 농촌을 내버려서는 안 된다. 오직 도시만 생각한다면, 그것은 완전히 잘못된 것이다. 당과 군대의 업무 중심을 반드시 도시에 두어야 할 뿐만 아니라 적극적인 노력을 통해 도시 관리와 도시 건설을 배워야 한다. 도시에서 제국주의자들, 국민당, 자산계급이 했던 정치투쟁, 경제투쟁, 문화투쟁에서 반드시 배워야 한다. 또한 제국주의자들에 대한 외교투쟁을 해야 한다. 그들과의 공개적인 투쟁과 숨은 투쟁을 배워야 한다. 만약 우리가 이러한 문제들에 주의하지 않으면, 그리고 이러한 사람들과의 여러 투쟁에서 배우지 못하면, 또한 그들과의 투쟁에서 승리하지 못하면, 우리는 정권을 유지할 수 없고 제대로 설 수 없으며 실패할 것이다. 총을 들었던 적들이 사라진 이후에도 총을 들지 않았던 적들은 여전히 존재한다. 그들은 필연적으로 우리와 목숨을 건 투쟁을 벌일 것이다. 우리는 결코 이러한 적들을 경시할 수 없다. 만약 우리가 현재 이러한 문제를 제기하지 못하거나 인식하지 못한다면, 우리는 매우 큰 잘못을 저지르는 것이다."[7] 혁명의 승리 이후에 마오쩌둥을 대표로 하는 중국공산당의 전략과 사명에 대한 인식은 정권장악에 부합하고 과학적이며 특히 정권을 공고히 하는 기본 법칙이었다. 이러한 과학적 인식은 신중국의 성립과 새로운 정권의 공고화의 중요한 기초를 다졌다.

마오쩌둥은 이러한 방침 가운데서 두 가지를 강조하였다. 하나는 전환, 즉 정당의 영도 대상과 업무 중점 그리고 업무 방략의 전환이며, 다른 하나는 투쟁, 즉 정권을 공고히 하기 위해서 전개된 투쟁이다. 개국 시기의 중국공산당에는 두 가지가 모두 매우 중요한 것이었다. 변화를 이루지 못했다면 정권은 진정한 의미의 효력을 만들어낼 수 없었을 것이다. 즉, 변화가 없었다면 투쟁이 힘을 받지 못하고 정권은 효과적으로 공고화될 수 없었을 것이다. 그러나 이 양자는 통일성을 갖춘 반면 차이도 보였다. 통일성은 정권의 공고화보다 우선이었으며 게다가 임시

---

7　毛澤東, "在中國共産黨第七屆中央委員會第二次全體會議上的報告", 『毛澤東選集(第四卷)』 (北京: 人民出版社, 1991), pp.1426-1427.

적이었다는 것이다. 차이는 국가의 건설보다 위에 있었으며 게다가 항구적이었다는 것이다. 국가건설의 차원에서 투쟁은 국가건설과 정권의 공고화를 위해 반드시 필요한 요소 중 하나였지만, 국가건설이 완성되면서 부차적인 지위로 변해갔다. 반대로 정당의 변화와 국가관리 능력의 제고는 근본적이고 전체적이며 전략성을 갖는다. 이는 국가건설의 성패를 결정하는 동시에 국가정권의 공고화를 직접적으로 결정한다. 만약 혁명의 시대라면 투쟁은 정권 공고화의 주체적인 수단일 것이다. 그러나 건설의 시대에서는 건설이 정권 공고화의 주체적인 수단이다. 그러나 실천의 차원에서 보면, 중국공산당은 건국 이후에 상당 기간 동안 양자의 통일성을 그대로 두었다. 즉, 정권이 기본적으로 공고화된 조건 하에서도 여전히 계급투쟁이 당 업무의 핵심적인 지위를 차지하고 있었으며 당 영도와 당 업무의 전체 논리 가운데로 침투해 들어갔다. 이러한 현상이 야기한 결과는 중국공산당이 혁명 후에 반드시 실현해야 했던 진정한 변화를 막아버렸다는 것이다. 즉, 인민을 영도하여 혁명의 길로 나선 혁명당이 인민을 주인 됨으로 영도하는 방향으로 변화하는 것과 국가 건설의 집권당으로 변화하는 것을 막아버렸다. 당은 변화하지 못하였고 자연스럽게 혁명의 논리로 중국 현대화 건설을 영도하였다. 그 결과 당의 영도와 국가건설을 왜곡하였다.

개혁개방 초기에 덩샤오핑은 30여 년 전의 마오쩌둥과 마찬가지로 당 영도의 변화에 대한 문제를 제기하였다. 만약 이전의 첫 번째 변화가 혁명의 논리 위에서 전개된 것이라면, 이번 첫 번째의 변화는 건설에 집중된 논리 위에서 시작되었다. 그 목적은 중국공산당이 경제건설과 사회발전을 영도하는 능력을 전면적으로 제고하는 것이다. 1979년에 덩샤오핑은 중국의 개혁개방을 전면적으로 시작하기 위해 제11기 3중전회에서 제기한 주제 보고에서 전 당에게 이러한 구호를 내보냈다. "우

리는 경제 방법으로 경제를 관리하는 것을 배워야 한다. 자신이 알지 못
하면 잘 아는 사람들에게 배워야 하고 외국의 선진적인 관리 방법도 배
워야 한다. 새로 들어온 기업은 그들의 선진적인 방법에 따라 일을 해야
하고, 원래 있던 기업의 개조 또한 선진적인 방법을 차용해야 한다. 전
국적으로 통일된 방안이 나오기 이전이라도 먼저 부분적으로 해야 한
다. 한 지역이나 부문에서 먼저 시작하고 점차 확대해야 한다. 중앙의
각 부문은 그들이 진행하는 각종 시험적인 조치를 허가하고 격려해야
한다. 시험 과정에서 여러 가지 모순이 나올 수 있다. 우리는 이를 즉시
발견하고 여러 모순을 극복해야 한다. 이렇게 해야만 우리는 보다 빨리
앞으로 나아갈 수 있다. 향후의 정치노선도 이미 해결되었다. 특정 경제
부문의 당위원회가 영도를 잘하는지 그렇지 않은지를 보려면 반드시 이
경제부문이 선진적인 관리 방법을 시행하고 있는지, 기술혁신의 진행이
어떠한지, 노동생산성은 얼마나 높아졌는지, 이윤은 얼마만큼 늘었는
지, 노동자의 개인 수입과 복지는 얼마나 증가했는지를 봐야 한다. 일선
의 각급 당위원회의 영도도 모두 이와 유사한 기준을 가지고 평가해야
한다. 이것이 향후의 주요한 정치이다. 이러한 주요한 내용과 유리된다
면 정치 또한 '공허한 정치'가 될 것이다. 그렇게 되면 당과 인민의 최대
이익과 유리되는 것이다."[8] 이러한 요구하에 중국공산당도 혁명을 영도
하는 당에서 경제건설과 사회발전을 영도하는 당으로 변화해갔다. 혁명
당으로부터 집권당으로의 변화는 이러한 과정에서 전개된 것이다.

　여기에서 중국공산당의 양대 영도자가 정당 변화의 추진 과정에서
선택한 전략과 목표를 비교하는 것은 무의미하다. 왜냐하면 시기는 물
론 당이 처한 외부환경과 당의 각도와 출발점도 각기 다르기 때문이다.

---

8　鄧小平, "解放思想, 實事求是, 團結一致向前看", 『鄧小平文選(第二卷)』(北京: 人民出版社,
　1994), p.150.

따라서 비교 가능성을 갖추지 못하고 있다. 그러나 그들 간에 공통점도 존재한다. 그것은 당이 새로운 국면을 열어나가고 새로운 시대를 만들어야 한다는 점을 강조한 것이다. 그리고 이를 위해 학습을 통해 자아 변화를 실현하고 당 영도의 사명과 임무, 방략과 방식을 다시 자리매김 한 것이다. 이러한 노력으로부터 중국공산당은 점차 혁명당에서 집권당으로 변해갔다. 비록 그 과정에서 우여곡절이 있었지만, 다른 측면에서 보면 중국공산당이 변화하는 중요한 자산을 만들어냈다. 중국공산당 창당 80주년 무렵에 중국공산당은 인민을 영도하여 혁명을 이끈 정당에서 인민을 이끌고 이들을 주인 되게 하는 정당으로 그리고 국가를 건설하는 집권당으로 변화하였다는 점을 명확히 제기하였다. 아울러 중국공산당의 집권 능력 건설의 제고라는 당 건설의 새로운 전략을 제기하였다. 이러한 당 건설 전략의 변화는 중국공산당에 세기의 변화를 만들어 냈다. 즉, 20세기의 중국혁명을 영도하던 정당으로부터 21세기의 중국 건설과 발전 그리고 굴기를 영도하는 정당으로 변화시켰다.

　　이론적인 측면에서, 혁명당과 집권당은 서로 다른 점이 매우 많다. 생존, 발전, 사명, 임무와 방략 모두에서 분명한 차이를 보인다. 그러나 정당 자체를 비교하면 그들 간의 차이에는 본질적인 의미가 없다. 왜냐하면 이러한 차이는 단지 발전이 가져온 것이기 때문이다. 이는 청년과 청소년 간의 신체적 차이를 기계적으로 비교하는 것과 같다. 그러나 바꿀 수 없는 부분은 개인적 현실이다. 개인적인 차원에서, 청년 시기에 고려하는 문제는 자신이 성장하는 과정에서 형성한 특징을 어떻게 결합시키느냐이다. 즉, 자신의 잠재 능력을 개발하고 사회적으로 자리를 차지하며 자신의 인생을 만드는 문제들이다. 이러한 이치에서 보면 정당 역시 같다고 볼 수 있다. 혁명당에서 집권당으로 표면적으로는 변화하였지만 본질적으로는 일종의 발전이다. 즉, 당 자신의 발전의 결과인 동시에 당이 영도한 사업의 발전의 결과이기도 하다. 따라서 중국공산당 자체에서 보면, 집권당의 역할과 혁명당의 역할은 대립적인 것이 아니라 당 자신을 통일시키는 것이다. 집권당은 혁명당으로부터 발전되어 나왔다. 청년기가 청소년기로부터 발전되어 나온 것과 같다. 이것이 중국공산당의 집권 능력의 제고와 발전을 둘러싼 집권당의 건설을 결정하였다. 물론 이것이 지금 현대화 발전의 새로운 요구에 적응하는 것이지만 말이다. 그러나 이러한 건설과 발전은 자신의 역사를 단절할 수 없으며, 혁명 시대에 형성된 전통과 완전히 대립할 수 없다. 이와 반대로, 반드시 역사와 발전의 연속성을 유지해야 하고 중국공산당의 자원으로서 그 전통을 새로운 시대에 널리 알리는 한편 새로운 기능과 역할을 만들어내야 한다.

100여 년의 역사를 가지고 있는 중국공산당이 건립하고자 했던 집권체계는 중국공산당의 역사, 전통, 조직, 사상, 제도 안에 있다. 그 어떠한 요소도 모두 역사와 현실, 경험과 교훈, 이상과 현실, 지혜와 창조로 단련되고 형성된 것이다. 당이 서로 다른 시기에 진행하였던 노력은 원래 지니고 있던 기초 위에서 진행되고 첨가되며 조합된 것이다. 이를 통해 시대의 발전 요구와 집권 임무에 매우 적합한 집권체계를 만들어냈다.

현대정치에서 집권체계는 정당을 둘러싸고 전개된다. 정당은 합법적으로 국가정권을 장악한다. 또한 국가정권이 형성한 일련의 종합 업무체계를 효과적으로 운용한다. 그 중에는 조직체계, 제도체계, 가치체계, 전략체계, 간부체계도 포함된다. 집권 논리 가운데 정당은 국가와 사회의 핵심에 위치하고 일정한 사회 이익의 대표자로서 정권을 장악하고 국가 관리와 사회 발전에 책임을 진다. 민주정치의 조건하에 정당은 오직 사회에서 지지를 받아야만 국가정권을 장악한다. 즉, 정당은 사회의 지지를 받아야 하고 반드시 사회를 대표해야 하며 사회와 긴밀한 관계를 형성해야 한다. 정권을 장악한 정당은 국가정권을 효과적으로 운용하기 위해 반드시 객을 갖춘 간부대오, 협력적인 국제관계, 우수한 전략체계와 호소력이 있는 가치관념을 갖춰야 한다. 정당협조와 사회관계는 기초이며 합법이고, 효과적인 국가정권의 장악은 목적이며 강대하고 실력을 갖춘 정당의 건설은 관건이다. 정당은 집권체제의 본체이다. 본체에 문제가 발생하면 나머지 부분에도 반드시 문제가 발생된다. 집권을 목표로 하는 정치조직으로서 정당이라는 본체의 건설은 그것이 처해 있는 사회와 국가의 내재적 규정성을 뛰어넘을 수 없다. 따라서 본체의 건설과 건강은 추상적이지 않고 오히려 구체적이다. 일정한 사회와 국가에서 생존하고 발전하기 위한 기초와 실력을 체현하고 사회를 통합하며 국가를 관리하는 것을 체현하는 것이 발전의 능력과 수준을 촉진한다. 바꿔 말하면, 모든 집권체계가 성장하는 주된 근간은 정당이다. 그리고 그 성장의 토양은 사회와 국가이다. 어떠한 나뭇가지와 잎으로 성장할 것인가 그리고 어떠한 결실을 맺을 것인가는 이 사회 혹은 국가의 역사, 사회, 문화의 공동 요소가 결정한다.

모든 집권당의 집권체계는 그것과 사회, 국가와의 긴밀한 상호과정 속에서 목적을 가진 정당건설과 사회건설 그리고 국가건설을 통해 확립되고 발전한다. 서로 다른 정당의 집권체계의 차이는 정당, 사회, 국가의 성격과 관련이 있다. 또한 정당건설과 사회건설 그리고 국가건설의 전략 선택과 행동방식의 차이와도 관련이 있다. 서로 다른 국가와 정당의 집권체계 간의 차이는 종합적인 제도의 차이이다. 같은 국가 내에 있는 서로 다른 정당의 집권체계 간의 차이는 더 많은 조직과 책략 방향의 차이로 나타난다. 현대 정당의 집권체계는 모두 현대민주정치의 배경하에 형성된 것이기 때문이다. 따라서 인류정치문명의 귀감이라는 차원에서 한 국가의 정당은 다른 나라 정당의 집권체계의 장점을 대담하게 거울로 삼고 흡수하기도 한다. 그 목적은 자신을 강화하고 완성하는 것이며 근원적인 정책을 튼튼히 하는 것이지 근원적인 움직임을 훼손하려는 것이 아니다. 즉, 이것을 참고하려는 데에 목적이 있는 것이다. 또한 자아 발전과 완성의 필요로부터 출발한다. 그렇지 않으면 맹목적인 것이 되고 그 결과는 근본을 위협하기까지 한다.

집권체계는 마치 한 그루의 나무가 성장하는 것과 같으며 사람이 만들어내는 것이 아니다. 사실상 만들려고 해도 그럴 수 없다. 어떠한 국가의 정당도 외부에서 들어오는 것은 불가능하다. 따라서 이 나무가 진정으로 크게 자라고 국가를 지탱하며 대지를 보듬기 위해서는 이식이 아니라 반드시 자신에게 기대서 성장해야 한다. 물론 그 나무는 외부로부터 햇빛과 비, 이슬 등을 받을 수 있다. 그러나 뿌리를 내리게 하는 것은 본토의 국가와 사회이고, 흡수해야 하는 것은 인민의 자양이며 민족의 빛줄기와 시대의 봄바람이다. 중국공산당이 미래 중국의 건설과 발전을 효과적으로 영도하려면 반드시 그 집권체계의 유효성을 견지해야 한다. 집권체계의 내재적 구조가 이러한 유효성의 획득을 결정한다. 반드시 그 내재적 구조 요인의 유기적인 통일의 기초 위에서 건설해야 한다. 그것은 다섯 가지 체계의 내재적이며 유기적인 통일의 기초 위에서 만들어진다.

첫째, 조직체계이다. 정당 자체는 하나의 특수한 정치조직이다. 따라서 집권의 조직체계에는 먼저 정당 자체의 조직체계의 완비와 효과성이 필요하다. 중국공산당은 중국사회를 영도하는 핵심 정당이다. 그 조직역량으로 중국 사회와 국가를 직접 장악하고 있다. 따라서 조직체계의 완비와 효과성은 집권당의 가장 중요한 전제이다. 다음으로, 당과 대중의 연계 그리고 사회통합의 조직체계이다. 현대사회는 조직화된 사회이다. 정당은 직접적으로 자신의 조직에 의지하여 대중과 연계하고 사회를 통합한다. 하지만 사회는 다양하고 다원적이다. 이는 정당이 자신

의 조직체계에 기대는 것 외에 자신의 조직체계로부터 출발하여 각종
사회조직과 연계하고 이를 통해 구심력을 형성하여 영향력을 넓게 퍼뜨
리고 핵심적인 역할을 하는 것을 필요로 한다. 이는 또한 외곽과 주변을
아우르는 방대한 조직체계를 말하며, 대중과 광범위하게 연계하고 사회
를 통합하는 것을 의미한다. 마지막으로, 당의 조직업무체계이다. 이것
은 당의 구체적인 조직 중 활력과 전투력과 관련된 업무체계와 연계되
어 있다.

둘째, 제도체계이다. 이는 중국공산당 집권의 제도체계를 말한다.
여기서는 그것이 운용하는 국가제도체계가 아니라 집권이 기대고 있는
확립되고 발전한 영도체계를 가리킨다. 국가와 사회생활에 대한 당의
영도는 집권의 정치적 전제이다. 그 본질은 인민을 응집시키고 국가를
통합하며 발전을 영도하고 집권을 보장하는 것이다. 중국공산당의 중국
사회에 대한 영도는 제도성에 기반을 둔다. 즉, 자신의 일련의 제도체계
를 통해 자신을 영도하고 국가를 영도하며 사회를 영도하고 군대를 영
도하는 것이다. 이를 통해 자신, 국가, 사회, 군대의 건설과 발전을 효
과적으로 추진한다. 국가제도와 사회제도가 갈수록 건전해지고 완전해
짐에 따라 국가와 사회에 대한 당의 영도제도는 점점 국가제도와 사회
제도의 상호 융합으로 나타나고 있다. 그러나 세계 최대의 집권당으로
서 당 자신을 수호하는 사업으로부터 출발하든, 아니면 당의 집권 능력
을 높이는 데서 출발하든, 당은 반드시 상대적으로 독립적인 제도체계
를 갖춰야 당의 전체 국면에 대한 영도를 유지할 수 있다. 중국공산당이
15대에서 제안한 "전체 국면을 장악하고 각 방면과 협조한다[總攬全局,
協調各方]."는 원칙은 신시기 당의 영도제도체계 건설에 원칙과 방향을
제시하였다. 중국공산당의 영도제도체제는 세 가지 측면을 포괄하고 있
다. 첫 번째 측면은 당위원회 제도, 당내 기율검사제도와 같은 당내 제

도체계이다. 두 번째 측면은 당이 인민대표대회와 정부를 영도하는 제도안배, 당이 간부를 관리하는 제도, 당이 군대를 영도하는 제도, 당 영도의 다당합작(多黨合作)과 협상제도 등과 같은 당내 제도체계이다. 세 번째 측면은 당이 경제를 영도하는 제도화 영도체제, 당의 노동조합 영도, 당의 기업·대학·커뮤니티에 대한 영도 그리고 당의 인민단체와 사회조직에 대한 영도 등 당이 경제와 사회발전을 영도하는 제도이다.

셋째, 가치체계이다. 모든 정당은 자신의 특정한 가치와 목표 그리고 이상을 갖고 있고, 이를 통해 집권 과정을 지도하고 가치체계를 구축한다. 중국공산당은 마르크스주의를 사상과 이론 지도로 하는 정당이고 마르크스주의의 기본원리와 중국혁명 및 건설의 실제를 결합하기 위해 노력하여 마르크스주의의 중국화로 불리는 중국공산당 자신의 이론체계를 형성하였다. 이론이 실천을 지도하고 실천하는 중에 이론을 혁신하는 것은 중국공산당이 중국의 마르크스주의를 실천하고 발전시키는 기본 원칙이다. 따라서 중국공산당의 실천 속에서 이론 혁신은 제도이고 정책과 실천 사상의 전제이다. 또한 마르크스주의의 세계관, 방법론, 중국화에 기초해서 마르크스주의의 발전이 만들어낸 일련의 이론과 가치체계로, 중국공산당의 집권에 대해 근본적이고 전체적인 지도 의의를 가지고 있다. 가치체계 중의 이론 혁신은 일정한 조건하에 당 집권의 합법성, 유효성과 직접 관련되어 있다. 이것은 또한 중국공산당이 혁명과 건설을 영도하던 각각의 시기에 이론 건설과 이데올로기 업무를 강조한 이유이기도 하다. 중국공산당 집권에 대해, 집권의 가치체계는 다음의 몇 가지를 포함한다. 첫째는 마르크스주의의 세계관과 방법론이고, 둘째는 마르크스주의의 중국화이며 셋째는 인민을 응집시키는 공동 이상과 핵심 가치이고, 넷째는 공민 교육에 사용되고 기본적인 사회질서를 유지하는 기본적인 도덕과 신념이다.

넷째, 전략체계이다. 집권 정당은 정세가 급격하고 복잡하게 변하는 세계에서 국가건설을 확보하고 끊임없이 발전하고 변화하는 사회에서 정당건설을 장악하기 위해, 반드시 세계, 국가, 사회, 정당에 대한 시스템을 갖춘 전략 장악으로 전술과 전략을 세우고 신중하게 논의하며 전체 국면을 통제하고 미래를 틀어쥐어야 한다. 중국공산당은 근대 중국사회의 틈새를 뚫고 성장하는 것으로 약소한 단계에서 강대한 단계로의 발전을 실현하였으며 중국공산당원들이 매우 높은 수준의 전략 능력을 갖췄다는 것을 보여주었다. 전략 능력을 갖춘다는 것은 일체의 기회를 잡아 자신을 발전시킨다는 것이고 전체 국면에서 주도적이라는 것을 의미한다. 그 결과 중국공산당은 줄곧 전체 국면을 장악해왔고, 기회를 잡아 당과 국가의 생존과 발전의 관건으로서 각급 영도자들이 이 방면의 본령을 장악하도록 요구하였다. 이것은 중국공산당 집권이 형성한 전략체계를 결정하였다. 이 전략체계는 장기, 중기, 단기의 발전 전략을 갖추는 것뿐만 아니라 국가와 지방의 발전 전략을 갖추는 것이다. 또한 사회와 문화의 발전 전략을 갖추어서 전략체계의 넓은 투사 범위를 만들어냈다. 형태적으로, 전략체계가 포괄하고 있는 전략규획 형태는 국가경제사회발전 5개년 계획, 정치·경제·사회·문화·군사의 구체적인 발전 전략과 규획, 여러 지역의 건설과 각 영역 발전의 전략과 규획 등 기본 노선, 방침, 정책을 포함하고 있다.

다섯째, 간부체계이다. 중국공산당의 영도와 실천 과정에서 다음과 같은 말이 나왔다. 노선과 방침이 확정된 이후에 간부는 결정적 변수이다. 이는 당이 일단 과학적 노선과 방침 그리고 정책을 확립하기 시작하면 간부는 집권 능력의 결정적 변수가 되어서 당의 전략규획의 실천과 추진을 직접 결정한다는 것을 말한다. 이를 위해 중국공산당은 시종일관 당이 간부를 관리한다는 원칙을 견지한다. 간부는 집권당의 핵심 주체로 당 영도의 수준과 집권 능력을 결정하고 있다. 우수한 간부대오의 육성은 줄곧 당 영도와 집권의 중요한 임무였다. 비록 공무원제도의 확립에 따라 국가사무의 관리가 직업화되어 가고 있지만, 당은 여전히 일정 행정에서 영도급별의 공무원을 관리하고 있다. 동시에 이들을 당의 간부관리 범주에 넣어서 간부제도와 공무원제도의 상호교차를 형성하였다. 간부제도는 간부의 준비, 훈련, 선발, 임용, 관리, 감독 등 일련의 단계를 거치는 것으로, 이에 참여하는 당의 조직부문을 갖추고 있다. 예를 들어 당의 기율검사부문과 정부의 인사부문 그리고 중앙에서부터 지방에 이르는 당교(黨校), 행정학원 그리고 여러 관련된 고등교육기관 등이 여기에 해당한다.

이러한 다섯 가지 체계가 통일적으로 중국공산당의 집권체계를 구성한다. 이 다섯 가지 체계 사이의 구조관계가 당이 국가를 영도하는 데 직면하게 되는 현실적인 조건과 전략적인 임무를 결정하게 된다. 따라서 집권체계의 내재적 요소를 유기적으로 통일하는 것의 기본 체현은 당의 집권 능력을 보장하여 경제와 사회 발전이 끊임없이 가져오는 새로운 임무와 도전에 충분히 효과적으로 대응하기 위해 그 구조관계의 동태적인 발전을 유지하는 것이다.


## V. 집권당과 정당제도

마오쩌둥은 중국공산당이 혁명전쟁을 영도하여 최후의 승리를 얻기 위해서는 당 영도와 무장투쟁 그리고 통일전선 등 세 가지 법보[三大法寶]에 기초해야 한다는 점을 언급하였다. 이 세 가지 법보는 하나라도 없어서는 안 된다. 혁명전쟁이 끝난 이후에 무장투쟁은 역사가 되었으며, 당 영도와 통일전선만이 현재까지 활용되어오고 있다. 즉, 중국공산당은 효과적인 통일전선 영도를 기반으로 중화인민공화국 정권의 기초와 국가의 틀을 짠 것이다.

마오쩌둥이 통일전선을 강조한 이유는 통일전선이 당을 건설하고 당이 중국의 혁명 및 건설을 영도하는 과정에서 중요한 문제를 해결했기 때문이다. 즉, 중국공산당은 통일전선을 기반으로 노동자와 농민이라는 대중들 이외의 여러 사회역량까지 끌어모음으로써 중국사회의 핵심 지위에 중국공산당을 올려놓을 수 있었던 것이다. 통일전선의 목표는 단결할 수 있는 모든 것을 단결시키는 것이다. 즉, 자신을 강하게 하고 적을 약하게 하고, 모든 단결에 긍정적인 변수를 동원하여 부정적인 변수를 약화시켜 시시각각 당의 영도력, 전투력, 통합력을 유지하며, 전 사회의 역량을 응집하여 당이 설정한 분투목표를 실현하기 위해서 노력하는 것이다. 중국공산당은 혁명 시기의 통일전선을 기반으로 정세의 변화와 관계없이 영도의 지위를 항상 유지하였으며 민족의 앞선 지위를 이끌기도 하였다. 중국공산당은 항일전쟁 시기에 항일민족 통일전선을 구축하여 중국 인민을 영도하여 항일투쟁을 전개하는 핵심역량이었다. 그리고 중국공산당은 해방전쟁 시기에 인민민주 통일전선을 구축하고 모든 민주 역량들과 연합하여 반국민당 일당통치라는 정치투쟁의 전장을 열어나갔으며 신중국의 탄생과 발전을 위해서 중요한 사회기초와 정치기초를 다졌다. 1949년 6월 15일, 마오쩌둥은 신(新)정치협상회의 준비회의에서 통일전선이 만들어낸 정치기초가 신중국 건립의 기초이며 보장임을 명확하게 천명하였다. "신정치협상회의는 중국공산당이 1948년 5월 1일에 전국 인민이 제안해서 소집되었다. 이 제안은 각 민주당파, 각 인민단체, 각계 민주인사, 국내 소수민족과 해외 화교의 신속한 호응을 받았다. 중국공산당, 각 민주당파, 각 인민단체, 각계 민주

인사, 국내 소수민족과 해외 화교는 반드시 제국주의, 봉건주의, 관료자
본주의와 국민당 반대파의 통치를 타도하고, 각 민주당파, 각 인민단체,
각계 민주인사, 국내 소수민족과 해외 화교의 대표 인물을 포함하는 정
치협상회의를 소집하며 중화인민공화국의 성립을 선포하고, 이 공화국
을 대표하는 연합정부를 만들어냈다. 이로써 우리의 위대한 조국이 식
민지와 반봉건의 운명에서 벗어나 독립과 자유, 평화와 통일의 강성한
길로 나아가게 되었다. 이것은 공동의 정치기초이다. 이것은 중국공산
당, 각 민주당파, 각 인민단체, 각계 민주인사, 국내 소수민족과 해외 화
교가 단결하고 분투한 공동의 정치기초이다. 이는 또한 전국 인민이 단
결하고 분투한 공동의 정치기초이다. 이 정치기초는 이처럼 공고하다.
민주당파, 인민단체, 민주인사가 서로 다른 의견을 제출하더라도, 모두
가 생각하기에 오직 하나의 길만이 있고 그 길로 가는 것이 중국이 모든
문제를 해결하는 정확한 방향이다."[9]

이를 통해 볼 때, 통일전선은 중국공산당 스스로의 발전경로를 개
척하였고, 중국공산당이 중국의 혁명과 건설을 영도하는 전략과 책략
을 냈으며, 중화인민공화국 성립의 정치기초와 정치형식을 다졌다고 할
수 있다. 뿐만 아니라 통일전선은 신중국의 건립 이후에 당 영도와 집권
을 위한 기본 제도의 기초를 놓았다. 이는 중국공산당이 영도하는 다당
합작(多黨合作)과 정치협상제도, 즉 중국특색을 갖춘 정당제도를 의미한
다. 이 제도는 중국공산당이 장기적인 통일전선을 펼쳐서 나온 정치적
성과이자 중국공산당이 건국을 위해 다당파 협력을 실행한 데서 나온
정치적 성과이다. 이는 중국 인민민주의 내재적 요구와 중국공산당의
영도와 집권의 내재적 요구에 부합한다. 그리고 이로부터 중국공산당은

9    毛澤東, "在新政治協商會議籌備會議上的講話", 『毛澤東選集(第四卷)』(北京: 人民出版社,
1991), pp.1463-1464.

1993년에 헌법을 수정할 당시에 이 제도를 중국의 기본 정치제도로 헌법에 기재하였다

만약 통일전선, 다당협상과 건국, 정당제도 등의 관련성을 순서에 따라 결정된 정치 요건의 차원에서 관찰한다면 보다 분명하게 알 수 있다. 당의 영도와 국가건설 그리고 당의 집권은 당의 영도 방식을 중심으로 상호 간에 깊은 관련성을 내재하고 있다. 그리고 이는 국가의 구성 방식과 당의 집권방식을 결정하였다. 다만 이를 기반으로 한 중국공산당의 집권체계는 단기적으로 형성된 것이 아니라 당 건설과 국가건설의 장기적 발전이자 누적의 결과였다. 그리고 이에는 현행 당의 집권체계에 대한 인식이 뒤따른다. 즉, 중국 경제와 사회 발전에 대한 요구를 포함하여 당 영도의 전통과 국가 형태를 포괄하는 중국공산당의 집권체계에 대한 인식이 그 기저에 깔려 있는 것이다. 다만 이는 연구와 실천의 차원에서 당의 집권이 중국 경제와 사회 발전의 요구에 어떻게 부합하는가에 천착하는 것으로, 경제와 사회 발전의 새로운 논리로서 중국공산당의 집권체계가 새로운 제도 설계를 어떻게 계획하고 운영하는지를 강조하는 것이라고 할 수 있다. 물론 이러한 관점과 인식도 의의가 있다. 그러나 한편으로 당의 역사와 사회주의 제도 그리고 중국 사회 및 역사와 문화가 당의 집권체계에 건설과 발전에 대해 갖고 있는 내재적 규정성을 경시할 수는 없다.

이는 중국공산당이 인민혁명을 영도하는 당에서 인민집권을 영도하는 당으로의 발전을 추동하는 과정에서 추상적인 집권 원리를 기반으로 하여 중국공산당의 집권체계를 설계할 수 없다는 것을 의미한다. 만약 그렇다면 어떠한 원리와 방법을 써서 고안해낸 집권체계라 할지라도 모두 그리고 반드시 역사와 유리되고 당의 상황과 유리되는 집권체계이며 그 어떠한 시련도 견뎌내지 못할 것이다.

통일전선의 건설과 발전 과정에서 중국공산당은 당의 통일전선에 대한 영도를 강조하고 그의 영도 지위를 견지하였다. 통일전선을 실천하는 제도 형식으로서의 중국 정당제도와 일반 국가의 정당제도는 완전히 다르다. 그 근본은 당 영도의 실현과 인민민주의 유기적인 통일에 있으며 동시에 이중의 정치 기능을 담당해야 하는 데 있다. 하나는 인민민주의 발전을 위해서 제공하는 효과적인 실천 노선과 제도 플랫폼이고, 다른 하나는 당 영도를 공고히 하고 완성하는 데 효과적인 정치 기초와 제도 보장이다. 이 제도를 자세히 보면, '1-2-3' 구조의 형식을 갖고 있다. 즉, 하나의 축으로 당 영도가 지탱하고, 다당합작과 정치협상이라는 두 측면이 연계되어 당 영도, 다당합작, 정치협상이라는 세 가지의 요소가 유기적인 통일을 이루는 것이다. 이러한 구조에서 다당합작과 정치협상은 직접 혹은 간접으로 당의 영도 행위와 집권 행위를 결정하고 규범화한다. 다당합작은 중국공산당의 집권과 다당파 참정(參政)의 집권 방식을 형성할 뿐만 아니라 다당파가 공산당을 감독하는 권력감독체계를 형성한다. 정치협상은 공산당 집권이 반드시 다당파와 여러 사회역량의 협상과 협력의 기초 위에 있어야 함을 요구할 뿐만 아니라 다층차 그리고 다영역 간의 정치협상이 국가 중대 정책의 제정 과정에도 투사되어야 함을 요구한다. 그리고 이는 인민이 주인 되는 실천 과정에 필요한 경로와 플랫폼을 제공한다.

다만 다당합작과 정치협상이 중국공산당이 영도하고 집권하는 과정에서 형성된 감독과 규범 그리고 중국공산당의 영도 수준과 집권 능력을 제고하는 데 대해 소극적이며 제한적인 역할만을 하는 것은 아니다. 이와 반대로 적극적이며 보조적인 추동 역할도 한다. 먼저, 다당합작과 정치협상은 중국공산당의 통일전선이 국가거버넌스를 구축하는 과정에서 제도적인 구현을 이뤄냈다. 그리고 이는 당 영도의 통일전선의 원천이 되었고, 당 영도와 당의 업무에서 중요한 기제와 법보가 되었으며, 국가건설과 발전에 없어서는 안 될 필수적인 메커니즘으로 점차 확대되었다. 구체적으로 통일전선은 정당제도의 협조 기제로서 당파관계, 민족관계, 계층관계, 종교관계 그리고 해외 동포관계 등 중국의 국가건설 과정에서 반드시 직면하게 되는 기본관계에 도움을 주었다. 다음으로, 다당합작과 정치협상은 중국공산당의 영도와 집권에서 갈수록 다양화되고 다원화되는 사회에 적극적으로 순응하고 균형을 이루는 정치공간과 제도공간을 갖게 하였다. 또한 다원화된 요구와 다양화된 역량을 흡수하고 안배하게 만들었다. 이로써 당의 영도와 집권은 사회의 지지와 공동체의식을 보장하였으며 합법성의 기초가 충실하게 만들었다. 그다음으로, 다당합작과 정치협상은 중국공산당과 인민민주 간에 다차원적인 제도적 일치성[契合性]을 갖게 하였다. 이는 다당합작과 정치협상의 제도설계가 각 계급의 연합통치를 실현하는 인민민주를 중요한 토대이자 지향점으로 여겼기 때문이다. 마지막으로, 다당합작과 정치협상은 중국공산당의 영도와 집권에 자연스러운 제약과 감독 역량을 갖게 하였다. 이는 중국공산당의 영도와 집권을 보장하는 민주성과 과학성, 선진성에 대해 매우 적극적인 정치 의의와 제도 가치를 갖게 만든다.

정당제도가 포함하고 있는 이러한 기능과 가치는 중국공산당의 중요한 정치자원이다. 중국공산당이 집권을 공고히 하고 효과적인 정치체계를 구축하기 위해서는 반드시 이러한 정치자원을 적극적으로 개발하고 잘 이용해야 한다. 갈수록 제도화되어 가는 중국에서 미래 중국의 정당과 국가 관계가 어떻게 합리적으로 구축되고 발전할 것인가는 중국 정당제도의 개발과 건설에 달려 있다. 중국 정당제도의 내재적 논리로부터 중국공산당의 집권체계를 어떻게 발전시킬 것인지는 중국공산당이 직면하고 있는 중요한 전략적 문제이기도 하다. 이를 위해서 중국공산당의 집권 능력 건설과 집권체계는 안정성을 가져야 할 필요가 있으며, 이로부터 중국특색의 정당제도의 건설과 발전이 중요한 전략적 지위를 갖게 될 것이다.

제5장

# 당과 사회

당은 여러 방식을 통해 만들어진다. 그러나 그 생명의 근원은 모두 사회에 있다. 당은 여러 강령과 목표를 갖고 있다. 그러나 그 최종적인 호소력은 사회로부터 나오는 동의와 정체성이다. 뿌리와 마음을 사회에 두고 사회의 동의와 옹호를 받는 정당이 역량을 갖춘 당이다. 당의 강대함은 조직과 규모의 크고 작음에 있지 않고 사회적 토대의 깊고 두터움에 있다. 최대한 사회를 대표하고 사회를 동원하며 사회를 통합하는 것이 당이 생존하고 발전하는 근본적인 길이다. 그리고 중국공산당의 성공이 이를 증명하고 있다.

## I. 중국과 선봉대

쑨원은 말년에 다음의 기본문제를 탐색하고 되돌아봤다. "왜 러시아혁명이 중국혁명 후에 일어났는가, 그리고 그 성공이 어떻게 중국 이전에 일어났는가?"[1] "왜 신해혁명 이후에 혁명의 노력이 최종적으로 모두 성괴를 내지 못했는가, 게다가 수십 년 동안의 성과를 종합하고 그 효과를 가늠하여 결과로 봤을 때 부득불 실패하였다고 자인할 수밖에 없는가?"[2] 쑨원이 마지막에 내놓은 답은 다음과 같다. 첫째, 정당이 힘을 갖지 못하였다. 신해혁명 이후에 정당의 혁명에 대한 열정은 점점 식어 갔다. 왜냐하면 혁명의 임무가 완성되었다고 생각하였기 때문이다. 이에 혁명 사업을 계속하려고 하지 않았다.[3] 게다가 조직은 뿔뿔이 흩어지고 위축되었으며 민중과 멀어지고 당원들은 주의에 신경 쓰기보다는 전적으로 사적 이익에 관심을 가졌다. 둘째, 사고의 방향이 잘못되었으며, 혁명은 단지 군사력에만 의존하였다. 마음의 힘을 모으지 못하였고, 그저 군대에만 의존하였을 뿐 정당에 의존하지 않았다. 혁명의 진정한 성공은 군대를 통한 혁명이 아니라 당원들을 통한 혁명이다.[4] 당원 혁명의 사명은 주의를 위해서 분투하는 것이다. 즉, 주의에 힘을 쓰고 주의를 선전하며 민중을 동원하는 것이다. 선지자들과 선각자들의 이런 생각이 보통 사람들의 생각을 부지불식 간에 바꿔놓아서 결국 민중을 동원할 수 없었고, 자연스럽게 사회를 통합하고 국가를 조직하며 혁명을 심화할 수 없었다. 셋째, 지향이 높지 않았다. 쑨원은 지향하는 바가 높고 긴 계획이라야 혁명의 정확한 경로나 방법을 찾을 수 있을 것이라고 생각하였다. 그는 러시아혁명과 중국혁명을 비교한 이후에 "러시아 사람들

---

1    孫中山, "關於列寧逝世的演說(1924年1月25日)", 『孫中山選集』(北京: 人民出版社, 2011), p.629.

2    孫中山, "中國國民黨改組宣言(1923年11月25日)", 『孫中山選集』(北京: 人民出版社, 2011), p.558.

3    孫中山, "人民心力爲革命成功的基礎(1923年11月25日)", 『孫中山選集』(北京: 人民出版社, 2011), p.562.

4    孫中山, "黨義戰勝與黨員奮鬥(1923年12月9日)", 『孫中山選集』(北京: 人民出版社, 2011), p.572.

은 혁명에 뜻을 세우고 100년 성공을 희망하였다. 현재 겨우 20여 년도 채 되지 않아 완전히 성공에 도달하였다. 우리는 수년 내의 성공을 희망하였다. 그러나 현재 이미 30년이 지났다. 그러나 아직 큰 성공을 거두지 못하였다. 이것은 중국인들이 갖고 있는 혁명의 방법과 기백이 러시아 사람들에게 미치지 못하였기 때문이다. 러시아 사람들은 이러한 기백과 방법을 갖고 있기 때문에 혁명이 시작되자 기회를 잡아 큰 성공을 이뤘다. 러시아혁명은 왜 이렇게 거대하고 게다가 빨랐을까? 러시아 사람들은 뜻을 세우고 굳건하게 밀고 나갔다. 또한 눈높이를 높고 멀리 해서 국가의 큰일을 100년을 내다보고 계획하였으며, 그 어떤 것도 이 계획에 맞춰 진행하였다. 이것이 성공이 빨랐던 이유이다."라고 하였다.[5] 그는 이러한 세 가지 원인을 고려하여 국민당을 개조하여 국민당 제1차 전국대표대회를 소집하고 최종적인 성공으로 향하는 새로운 혁명의 길을 열어나가는 데 힘을 기울이기 시작하였다.

　　쑨원은 자신의 경험과 러시아의 성공을 통해 볼 때 중국에서 성공적인 혁명을 실현하기 위해서는 군대뿐만 아니라 사회를 동원하고 이를 통합하여 중국의 전 혁명 과정을 파악하며 국정을 통해 민심을 모을 수 있는 당이 필요하다고 인식하였다. 이를 위해서 그는 소련을 표준으로 삼고 레닌을 모범으로 삼았다. 이와 관련하여 쑨원은 "소련을 모범으로 삼아 우리 당을 개조하여 근본적인 혁명의 성공을 기도하려고 한다. 러시아가 당원과 군대의 협조를 통해 분투하고, 이를 통해 열강의 침략에 저항하며 이로써 그 당시 러시아혁명의 초기 성공을 이끌고, 결국 전쟁에서 승리한 것은 당원을 위주로 하는 주의의 분투 때문이다."[6]라고 언

---

5　　孫中山, "歡宴國民黨各省代表及蒙古代表的演說(1924年1月20日)", 『孫中山選集』(北京: 人民出版社, 2011), p.607.

6　　孫中山, "黨義戰勝與黨員奮鬪(1923年12月9日)", 『孫中山選集』(北京: 人民出版社, 2011),

급하였다. 쑨원은 국민당의 개조와 그 근거를 찾는 한편 새로운 혁명을
위한 노선을 구축하고 혁명이 자절로부터 교훈을 얻고자 하였다. 실제
로 쑨원은 고의든 고의가 아니든 중국의 혁명과 건설의 근본적인 논리
를 피력하기도 하였다. 중국과 같은 낙후된 국가가 최종적으로 혁명에
서 승리하려면 현대적인 군대도 매우 중요하지만 전 사회의 혁명 역량
과 전통에서 현대로 이행하는 과정에서 경험하였던 혁명 과정과의 완전
한 통합과 함께하는 강대한 혁명 정당이 더 중요하다는 것이다. 정당이
없다면 군대의 승리가 혁명의 승리로 바뀔 수 없고, 혁명의 승리가 없다
면 혁명의 최종적인 성공도 없다. 그리고 이러한 당은 일반적인 당이 아
니라 반드시 민중을 응집하고 군대를 이끌며 혁명 과정을 결정하는 당
이어야 한다. 쑨원의 시각에서 레닌이 영도한 소련 공산당은 이러한 정
당이다. "내가 생각하기로 중국에서 혁명당은 매우 큰 교훈을 갖고 있
다. 무슨 교훈인가? 여러분들이 당의 기초를 튼튼히 하고 조직을 갖추
며 역량을 가진 기관으로서 러시아혁명당과 같아야 한다는 것이다."[7]
레닌의 건당(建黨) 사상에서 이러한 정당은 일반적인 당이 아니라 혁명
을 인도할 수 있고 계급과 국가 발전의 방향을 인도할 수 있는 당이다.
이는 마르크스와 엥겔스가 『공산당 선언』에 "공산당과 기타 무산계급
정당이 서로 다른 점은 서로 다른 민족과의 투쟁에서 공산당은 모든 무
산계급 공동의, 민족으로 나뉘지 않는 이익을 강조하고 견지하였다는
것이다. 다른 한편으로, 무산계급과 자산계급의 투쟁이 경험한 여러 발
전 단계에서 공산당은 항상 모든 운동의 이익을 대표한다."[8]라고 썼던

　　p.571.
7　孫中山, "關於列寧逝世的演說(1924年1月25日)", 『孫中山選集』(北京: 人民出版社, 2011),
　　p.629.
8　馬克思, 恩格斯, "共產黨宣言", 『馬克思恩格斯選集(第一卷)』(北京: 人民出版社, 1995),
　　p.285.

것과 같다.

쑨원이 말년에 돌이켜 생각해보고 터득하면서 얻어낸 결론은 정확했다. 즉, 강대하고 현대적인 혁명 정당이 필요하다는 것이다. 그는 러시아 공산당에서 이러한 정당의 형태는 봤지만 신(神)은 보지 못하였다. 따라서 쑨원은 국민당의 조직형태만 개조하였을 뿐 근본적인 조직의 성향을 개조할 수 없었다. 이에 그가 기탁했던 모든 희망이 필연적으로 수포로 돌아갈 운명이었다. 즉, 혁명 과정에서의 지속적인 현대화 노력은 필연적으로 이러한 정당의 출현으로 나타나야 한다. 국민당의 개조 과정에서 국민당과 협력한 중국공산당은 이러한 혁명의 과정에서 중국의 무대로 나아갔다. 중국의 혁명 역사의 논리는 매우 분명하게 이 점을 드러내었다. 중국공산당의 굴기는 중국혁명의 내재적 필요의 결과였고, 중국공산당은 성공적으로 이를 장악하였다. 이로부터 중국공산당은 중국혁명의 영도역량과 중화민족의 핵심역량을 갖게 되었다. 이를 통해 중국공산당은 시간적·공간적으로 중국의 혁명과 건설 그리고 발전을 통합하였다.

중국공산당은 성립 초기에 중국혁명과 국가건설 과정에서 이러한 정당에 대한 강력한 요구를 보았다. 따라서 성립 초기부터 주의뿐만 아니라 조직 그리고 사회 기초 위에서도 자신을 선봉대 기질을 지닌 정당으로 위치 지웠다. 1921년 3월 초에 리다자오(李大釗)는 "혁명세력을 영도하기 위해서 혁명 운동에 종사하였다. 중국의 철저한 대개혁을 실현하기 위해서 중국 C파(즉 공산주의자들)의 친구들이 현재 계속 강고하고 긴밀한 단체를 조직하고 있다. 이 단체는 정객(政客) 조직의 정당이 아니며, 중산계급의 민주당도 아니다. 평등한 노동자 정당, 즉 사회주의 단체이다. 만약 이러한 단체가 있고 단체를 통해 구성원을 훈련시킨다면 중국의 철저한 대개혁도 함께할 수 있을 것"이라고 말하였다.[9]

중국혁명으로부터의 요구 그리고 중국공산당의 성향과 사명이 중국공산당이 탄생한 시기부터 중국사회의 중심축으로 그리고 중국혁명의 선봉으로 자리매김할 수 있도록 하였다. 따라서 중국공산당의 탄생이 최종적인 성패의 운명과 직결되어 있었던 것이다. 즉, 중국공산당이 집중적으로 체현한 것은 정권 획득이 아닌 국가의 독립과 인민의 해방 그리고 민족의 부흥을 실현한 것이다.

쑨원은 소비에트 러시아 공산당을 본따 국민당을 개조해서 중국혁명을 완성하고자 하는 바람을 갖고 있었지만 성공할 수 없었다. 하지만 중국공산당은 거대한 성공을 거두었다. 마오쩌둥은 "중국공산당은 소련 공산당의 기준에 따라 창당되고 발전되어온 정당이다. 중국공산당이 있어서 중국혁명의 면목이 새롭게 일신되었다."라고 말하였다.[10] 중국공산당이 이와 같은 정당이 되고 혁명의 성공을 얻을 수 있었던 핵심요인은 선봉대적 성격과 역량을 기반으로 모든 사회와 중화민족을 쟁취해내고 국가의 현재와 미래를 얻어냈기 때문이다. 바꾸어 말하면, 이 정당이 역량을 가지고 있다는 것은 그것을 위해 민족 속으로 깊이 파고들었다는 것이고 보통 사람들 속으로 뿌리를 내렸다는 것이다. 아울러 민족과 국가의 미래를 이끌고 조직하며 복무하는 역할을 담당하고 민족과 국가의 미래의 사명을 확정했다는 것이다. 미국 기자 건서 스타인(Gunther Stein)은 『붉은 중국의 도전』에서 마오쩌둥과의 대화를 기록하였다. 대화 가운데 두 단락이 중국공산당과 중국사회, 중화민족의 내재적 관계를 비교적 선명하게 말해주고 있다.

---

9    李大釗, "團體的訓練與革新的事業(1921年3月)", 『李大釗文集(下)』(北京: 人民出版社, 1984), p.444.
10   毛澤東, "全世界革命力量團結起來, 反對帝國主義的侵略", 『毛澤東選集(第四卷)』(北京: 人民出版社, 1991), p.1357.

충칭의 중국 친구들은 내게 공산당이 '중국 제일'인지 아니면 '공산당 제일'인지를 찾아내라고 하였다. 따라서 나는 마오쩌둥에게 이러한 문제를 제기하였다. 마오쩌둥은 미소를 지으면서 말했다. "중국민족이 없다면 중국공산당도 있을 수 없다. 당신도 마찬가지로 물을 수 있다. 아이들이 먼저인가 아니면 부모가 먼저인가? 이는 이론의 문제가 아닌 실제의 문제이다. 국민당 지역에 있는 사람들이 당신에게 다른 문제를 제안했던 것과 같이 우리는 우리의 당을 위한 업무와 인민을 위한 업무를 하고 있다. 당신이 가고 싶은 어떤 곳이라도 가서 우리 인민들에게 물어보라. 그들은 모두 충분히 답할 것이다. 중국공산당은 그들을 위해 복무한다는 것을. 그들은 일찍이 가장 어려웠던 시기의 경험을 우리와 함께 가지고 있다."

나는 다시 전쟁 이후에 중국공산당이 어떠한 정치적 역할을 준비하고 있느냐고 물었다. 그가 말하였다. "우리 당의 전체 당원은 당연히 우리 중국의 전체 인민 가운데 일부분이다. 단지 그 일부분이 대다수 인민의 의견을 반영하고 대다수 인민의 이익을 위해서 일해야 중국공산당의 업무가 인민과 당의 관계를 건전화한다. 오늘날 공산당은 농민과 노동자의 의견뿐만 아니라 수많은 항일 지주, 상인, 지식분자 등의 의견도 반영한다. 또한 우리 지역 내의 모든 항일 인민의 의견도 반영한다. 공산당은 장래에 모든 중국 인민과의 긴밀한 협력을 희망하고 준비해오고 있다."[11]

---

11    馬連儒, 柏裕江 편, 『毛澤東自述』(北京: 人民出版社, 1996), p.284, pp.289-290.

## II. 선봉대의 속성

현대에 들어서 중국문제의 해결은 정당을 필요로 한다. 반대로 정당은
중국의 실제 요구를 충분히 만족시켜야 민족과 국가를 획득한다. 따라
서 중국을 인식하고 중국의 역사와 현실 그리고 미래를 장악하는 것은
정당이 사회의 시기별 특징과 현실적 요구를 파악하여 이를 사회에 자
리 잡게 만드는 관건이자 국가를 영도하여 앞으로 나아가게 하는 관건
이다. 이를 위해서 쑨원을 대표로 하는 중국국민당은 삼민주의를 주장
하고 체계적인 건국 방략을 제기하였다. 반면에 중국공산당은 중국에
대해 근본적으로 사고하고자 하였다. 즉, 중국이 현대국가를 건설하고
현대화로 나아가려면 먼저 민족의 독립과 인민의 해방 문제를 해결해야
한다고 생각하였다. 이것은 중국에 가장 절실한 문제였다. 이 문제를 해
결하지 못하면 중국의 모든 발전도 이야기할 수 없게 된다. 따라서 이것
은 중국혁명의 가장 중요한 첫 번째 문제이다. 중국공산당은 중국의 현
대 세계혁명으로부터 부상했기 때문에 세계혁명의 일부분이라고 생각
한다. 따라서 현대 세계혁명의 논리에 따라 중국혁명은 현대 세계혁명
발전의 조류에 기초하여 반드시 자산계급 민주혁명을 선결적으로 수행
하고 이후에 "일체의 모든 조건이 구비되는 시기를 준비하여 그것을 사
회주의혁명 단계로 전환시켜나감으로써 중국공산당의 광영인 위대한
전체 혁명의 임무"[12]를 수행해야 하였다.

　　중국공산당은 중국의 현실적 필요에서 출발하여 자신의 혁명 임무
를 확립하였다. 이러한 현실적 요구는 대외적으로 제국주의의 압박에
맞서는 민족혁명을 통해 민족의 독립을 실현하는 것이고 대내적으로는

---

12　　毛澤東, "中國革命和中國共産黨", 『毛澤東選集(第二卷)』(北京: 人民出版社, 1991), p.651.

봉건지주의 압박에 맞서는 민주혁명을 통해 인민의 해방을 실현하는 것
이다. 그러나 중국공산당은 인류가 필연적으로 사회주의와 공산주의로
나아가는 혁명의 논리에 중국민족의 독립과 인민의 해방이라는 새로운
목표와 사명을 부여하였다. 민족의 독립은 제국주의의 압박으로부터 벗
어나기 위해서 국가의 독립을 실현하는 것뿐만 아니라 중국민족의 위대
한 부흥을 체현하는 것이다. 그리고 인민의 해방은 봉건지주의 압박을
뒤집는 것을 체현하는 것뿐만 아니라 노동인민이 자유와 평등을 획득하
여 진정으로 주인 됨의 권리를 향유하는 것을 체현하는 것이다. 따라서
중국공산당의 이론체계에서 그 추동의 혁명은 계급해방의 혁명이자 민
족부흥의 혁명이다. 나아가 이 두 혁명을 밀접하게 연계하여 서로 다른
역사 시기와 시대 조건하에서도 구체적인 내용과 사명을 부여하였다.[13]

　　마오쩌둥은 이 점에 대해 1940년 1월에 발표한 『신민주주의론』에
서 보다 분명하게 밝히고 있다. "우리 공산당원들은 수년 동안 중국의
정치혁명과 경제혁명을 위해서 분투하였을 뿐만 아니라 중국의 문화혁
명을 위해서도 분투하였다. 이러한 분투의 목적은 중화민족의 새로운
사회와 국가 건설이었다. 새로운 사회와 국가에는 새로운 정치와 경제
가 있을 뿐만 아니라 새로운 문화도 있다. 이는 정치적으로 압박을 당하
고 경제적으로 착취를 당하는 중국을 자유롭고 경제적으로 번영된 중국
으로 바꾸는 것뿐만 아니라 구시대적 문화통치로 낙후된 중국을 새로운
문화통치에 의해 문명적이고 선진적인 중국으로 바꾸는 것이다."[14]

　　혁명적 임무를 실현하려면 반드시 혁명적 행동이 있어야 한다. 혁

---

13　마오쩌둥은 1939년에 연안의 몇몇 사람들과 함께 『중국혁명과 중국공산당』을 집필하였
　　다. 그 가운데 제2장 제3절의 중국혁명의 임무에 대한 진술에서 두 혁명이 상호 연계되
　　고 상호 통일되어 있다고 설명하고 있다. 『毛澤東選集(第二卷)』(北京: 人民出版社, 2008),
　　pp.636-637 참고.

14　毛澤東, "新民主主義論", 『毛澤東選集(第二卷)』(北京: 人民出版社, 1991), p.663.

명의 주요 행위자로서 당은 혁명의 최종 목적을 위해서 반드시 첫째, 혁
명의 합법성, 둘째, 혁명의 대상, 셋째, 혁명이 돈력 등 세 가지 기본 문
제를 해결해야 한다. 이 세 가지 문제는 연계되어 있다. 그 가운데 혁명
의 합법성 문제는 혁명의 대상과 혁명의 동력 문제를 포함하고 있다. 왜
냐하면 혁명의 합법성은 반드시 '왜 혁명인가' 그리고 '누구의 명을 바
꾸는가'에 대한 정확한 파악에 달려 있기 때문이다. 이는 혁명의 대상을
명확히 하는 것이며 자연스럽게 혁명의 동력 자원을 찾아내는 것이다.
이 세 가지 문제를 해결하는 과정에서 중국공산당이 계승해온 이른바
역사유물주의의 세계관과 방법론은 정확한 사고의 방향과 과학적 논리
를 제공하였다. 중국공산당은 중국혁명이 비록 세계혁명의 충격으로 일
어났지만 그 동력이 중국사회에 있었다고 생각한다. 따라서 반드시 중
국사회의 성격으로부터 출발하여 중국혁명의 모든 문제를 파악하고 중
국공산당이 그 가운데서 자리를 잡아야 한다고 인식하였다. "중국사회
의 성격을 분명히 이해해야만 중국혁명의 대상, 임무, 동력, 성격, 방향
성과 변화를 분명히 이해할 수 있다. 따라서 중국사회의 성격을 분명히
이해하는 것은 중국의 국정(國情) 내지는 모든 혁명 문제를 분명히 이
해하는 기본적인 근거라고 할 수 있다."[15] 혁명은 혁명의 합법성으로부
터 출발하여 모든 혁명의 문제를 사고한다. 그러나 혁명의 최종적인 성
패를 결정하는 것은 혁명의 내재 동력이 강대하고 견실하느냐이다. 중
국공산당은 중국의 사회성격, 계급구조, 역량 그리고 혁명의 사명이 중
국혁명의 관건이라고 생각하였다. 그리고 이것이 민중에 대한 호소력을
갖췄는지, 중국 민중의 절대적인 주체 역량으로서의 노동자 농민 계급
이 혁명의 주력군이 되었는지를 결정한다고 생각하였다. 따라서 "만약

---

15   毛澤東, "中國革命和中國共産黨", 『毛澤東選集(第二卷)』(北京: 人民出版社, 1991), p.633.

누군가 중국의 무산계급, 농민계급과 기타 소자본가 계급을 포기하려고 생각하였다면 중화민족의 운명을 해결할 수 없었으며 중국의 어떠한 문제도 해결할 수 없었을 것이다."[16] 이는 중국공산당이 혁명의 목표를 실현하기 위해서는 노동자와 농민 대중과 유리되어서는 안 된다는 것을 의미하며 노동자와 농민 대중의 계급해방 실현이 모든 중국혁명을 추동하기 위한 근본적인 동력의 원천이라는 것을 의미한다. 이를 위해서 중국공산당은 시종일관 노동자와 농민 대중, 특히 노동자계급의 선봉대라는 성격을 유지해야 한다. 즉, 중국공산당은 노동자와 농민 대중을 효과적으로 동원하고 조직하며 영도함으로써 국가의 독립과 민족의 부흥을 위해서 노력해야 한다.

중국공산당은 창당 당시부터 계급의 선봉대로 존재하였다.[17] 혁명운동의 발전에 따라 중국공산당은 중국혁명의 최종적인 성공을 실현하려면 노동자와 농민의 이익을 대표해야 할 뿐만 아니라 전 민족의 이익을 대표해야 한다고 인식하였다. "우리 당의 제6차 전국대표대회가 규정한 10대 강령은 노동자와 농민의 이익을 대표하였을 뿐만 아니라 민족의 이익을 대표하였다."[18] 이러한 인식의 고양은 한편으로 중국공산당의 자아 인식의 깊이에 도움이 되었으며 다른 한편으로는 중국공산당의 중국혁명에 대한 인식의 깊이에도 도움이 되었다. 중국공산당은 당이 대표하는 노동자와 농민 대중 그 자체가 중국사회의 주체라고 분명

---

16    상동, p.649.

17    장쩌민(江澤民)은 「중국공산당 창당 80주년대회 기념 연설」에서 "우리 당은 창당 당일부터 자신을 중국 노동자계급과 농민계급의 정당으로 정하고 시종일관 노동자계급의 선봉대의 성격을 견지하였다. 자신의 선진성을 유지하기 위해서 견실한 계급 기초를 다졌다." 江澤民, 『論"三個代表"』(北京: 中央文獻出版社, 2001), p.167 참고.

18    毛澤東, "論反對日本帝國主義的策略", 『毛澤東選集(第一卷)』(北京: 人民出版社, 1991), p.158.

하게 인식한다. 이들은 사회에서 80~90% 정도를 차지하고 있다. 그럼에도 불구하고 중국혁명이 최후의 승리를 얻기 위해서는 노동자와 농민 대중에 의지할 뿐만 아니라 동원할 수 있는 모든 자원을 동원하고 단결할 수 있는 모든 역량을 모아서 광범위한 통일전선을 확립해야 한다. 이를 통해 중국공산당은 진정으로 중국사회의 핵심역량이 되고 전체적으로 중국인민과 중화민족을 이끌고 진보와 발전의 길로 나아갈 수 있다. 일본 제국주의의 침략과 함께 분출된 민족의 위기의식은 중국공산당이 중화민족의 생존과 발전에 대해 반드시 책임을 떠안고 역할을 해야 한다는 것을 명확하게 제시하였다. 1935년 말에 개최된 와야보(瓦窯堡) 회의는 중국공산당이 발전하는 중대한 전환점이었다. 먼저, 이 회의에서는 중국공산당이 노동자와 농민의 선봉대뿐만 아니라 중화민족의 선봉대임을 명확히 하였다. "중국공산당은 무산계급의 선봉대이다. 당은 반드시 선진적인 노동자와 농민들을 당으로 대량 흡수하고 당내 노동자와 농민의 골간으로 만들어야 한다. 동시에 중국공산당은 전 민족의 선봉대이다. 따라서 공산당의 주장을 위해서 싸울 용의가 있는 모든 사람들은 그들의 출신 계급과 상관없이 모두 공산당에 가입할 수 있도록 해야 한다. 민족혁명과 토지혁명을 하는 과정에서 모든 영웅 전사들을 반드시 당으로 흡수해야 하고 당의 여러 방면의 업무를 부담하도록 해야 한다." "당이 제안한 주장에 따라 견결히 분투하는지의 여부가 당이 새로운 당원을 흡수하는 주요 표준이다."[19] 다음으로, 와야보 회의에서 중국공산당의 국가건설의 이상이 공농공화국(工農共和國) 건립에서 인민공화국(人民共和國) 건립으로 바뀌었다. 이러한 '각 혁명 계급의 연

---

19 1935년 12월 25일 중공중앙은 와야보(瓦窯堡) 회의에서 폐쇄주의(關門主義) 비판과 공산당 공고화의 확대를 위해서 논점을 제시하였다. "中央關於目前政治形勢與黨的任務決議", 『中央文件選集(第十集)』(北京: 中共中央黨校出版社, 1982).

합 독재'에 기반을 둔 인민공화국은 노동계급의 해방을 실현하는 공화국이며 중화민족의 근본 이익을 실현하는 공화국이다. 마오쩌둥은 "노동자와 농민 그리고 그 밖의 인민의 전체 이익이 중화민족의 이익을 구성한다."[20]라고 말하였다. 이를 기반으로 중국공산당은 영도를 필요로 하는 혁명의 최종 실현을 위해서 적합한 정치형식을 제공하였다. 이후의 혁명 과정을 보면, 와야보 회의가 형성하였던 두 가지의 정치 도약은 전면적인 발전과 최종 성숙이든 중화민족의 항일전쟁 승리와 최후의 독립 해방의 실현이든 모두 중국공산당에 결정적인 의미를 갖고 있다. 이러한 도약의 관건은 중국공산당이 자신을 계급의 선봉대로 간주하였을 뿐만 아니라 중화민족의 선봉대로 인식하였다는 데에 있다. 이를 통해 중국공산당은 보다 더 견실하고 전면적으로 민족과 국가가 정당에 제기한 역사적인 책임을 담당하기 시작하였다.

21세기 이후에 국가와 민족의 전면적인 부흥을 위해서 중국공산당은 재차 자신의 두 가지 선봉대의 역할과 사명을 명확히 하였다. 2002년 16대 보고에서 중국공산당은 "시종일관 중국 노동자계급과 중국 인민 그리고 중화민족의 선봉대이며, 중국특색 사회주의 사업의 핵심역량이고, 중국 선진생산력의 발전 요구와 중국 선진문화의 발전방향 그리고 중국의 광범위한 인민의 근본 이익을 대표한다."고 재차 명시하였다. 앞선 성공이 이러한 진리를 분명하게 나타내고 있다. 중국공산당이 이러한 선봉대의 역할을 유지한다면 확고한 위치를 차지할 것이며 자연스럽게 중화민족의 위대한 부흥을 만들 것이다.

---

20    毛澤東, "論反對日本帝國主義的策略", 『毛澤東選集(第一卷)』(北京: 人民出版社, 1991), p.159.

## III. 당의 사명과 능력

정당은 모두 일정한 사명을 갖고 탄생하며, 정당의 사명은 목표와 관련이 있다. 그리고 정당의 목표는 대부분 생존의 현실 및 이에 대한 장악과 연결되어 있다. 따라서 정당의 사명은 객관화된 규정과 주관적인 선택의 결과이다. 정당은 일단 사명을 갖게 되면 이에 상응하는 국가 혹은 사회와 긴밀한 관계를 형성한다. 그리고 이로부터 사명을 맡게 되고 국가 혹은 사회의 중심이 된다. 마찬가지로 국가 혹은 사회 또한 정당의 사명으로부터 발전하게 된다. 정당은 사명을 위해서 탄생하고 이러한 사명은 또한 정당이 위대한 업적을 성취하게 한다. 원대하고 거대한 사명은 정당의 품격을 담금질하고 사명에 충실함으로써 정당 불패의 근본이 된다.

후발 현대화 국가의 정당은 대부분 변혁 및 혁명의 수요와 함께 성장해간다. '혁명당'은 보편적으로 최초의 발전 형태이다. 독립, 민주 그리고 현대화의 창조는 혁명의 기본 사명이 되었다. 국민당과 공산당의 탄생도 이러한 논리를 뛰어넘지 못하였다. 중국공산당은 쑨원이 열어놓은 구(舊)민주주의혁명의 기초 위에서 신(新)민주주의혁명의 길을 만들어냈다. 아울러 그 사명은 중국혁명의 두 가지 임무를 완성하는 것을 명확히 하였다. 그것은 "자산계급 민주주의 성격의 혁명(신민주주의혁명)과 무산계급 사회주의 성격의 혁명"[21]이다. 이러한 사명은 중국을 현대화 사회로 이끌었고 현대 사회보다 더 높은 형태의 신형 사회, 즉 사회주의 사회로 만들었다. 높은 이상과 현실적인 발전 간의 유기적인 결합을 위해 중국공산당은 강령을 최고 강령과 최저 강령의 유기적인 통일

---

21    毛澤東, "中國革命和中國共産黨", 『毛澤東選集(第二卷)』(北京: 人民出版社, 1991), p.651.

로 설정하였다. 즉, 중국공산당은 자신의 사명이 현실에서 잘 발휘될 수 있도록 항구적인 노력과 분투를 유지했으며 선봉대의 본성을 유지하고 역할을 수행하기 위해서도 노력하였다.

중화민족과 중국사회가 중국공산당을 만들어냈다. 그리고 신념과 연구, 분투를 통해 민족과 국가, 사회의 현대성을 빚어냈다. 이로부터 중국공산당은 자연스럽게 국가와 사회의 중추가 되었다. 국가와 사회 또한 이러한 중추를 통해 꾸준히 상승하고 성장하였다. 즉, 정당과 국가 그리고 사회가 서로 성장하는 구조에서 정당이 담당하는 사명은 정당의 명운뿐만 아니라 국가와 민족의 명운을 결정한다. 중국사회에서 중국 공산당의 존재는 먼저 영도 역량과 핵심 역량으로서의 존재이다. 그리 고 혁명 역량과 집권 역량으로서의 존재이다. 이것은 중국공산당과 기 타 국가 정당의 근본적인 차이점의 근원이다. 또한 계급과 민족의 선봉 대로서의 중국공산당은 정치 의미와 현실 가치가 집중적으로 구현된 것 이다. 정당의 실제 역량과 가치는 도의상의 사명과 책임을 구현하는 것 뿐만 아니라 전략과 정책 그리고 행동이 표현되는 사명과 책임을 구현 하는 것이다. 중국공산당이 중국혁명을 영도한 이후에 실천해온 사명은 다음의 네 가지이다.

첫째, 민족부흥이다. 민족부흥은 수천 년의 문명사를 가진 민족이 현대화의 충격 이후, 즉 서구 제국과 열강에 능욕을 당한 이후에 표현한 진심 어린 외침에 근거한다. 실질적인 내용은 낙후된 상황에서 탈출하 여 자립자강하고 민족 독립과 국가의 부강을 실현하는 것이다. 그리고 이러한 외침이 중국공산당을 불러왔다. 중국공산당 또한 이러한 진심을 활용하여 전체 중화민족을 동원했고 중국 인민혁명 건설의 결심과 역량 을 모았다.

둘째, 국가건설이다. 전통적인 황제 국가체제의 붕괴 이후에 중국은 현대적 원칙에 기반하여 국가체계를 재구성하는 역사적 임무에 직면하였다. 쑨원의 '건국방략'이 이에 응답하였다. 그리고 중국공산당도 인민혁명을 영도하는 과정에서 새로운 중국의 국가체계를 사고하고 실천하였다. 마오쩌둥은 『신민주주의론』에서 이 역사적 임무에 대해 체계적으로 제시하고 국가건설의 방향을 제안하였다. 중국공산당은 옌안(延安)에서 마오쩌둥이 설계한 국가정권체계를 실천하였다. 국가건설에 대한 사고와 설계 그리고 실천은 중국공산당의 성장의 전 과정에 따른 당의 기본 사명이다. 21세기에 들어서, 혁명 시기 당시의 '삼위일체'의 국가건설 전략구도는 점차 '사위일체'와 '오위일체'의 전략구도로 발전해 나갔다. 이는 국가건설의 전략구도에 사회건설과 생태문명건설을 포함하는 것이며, 정치건설과 경제건설 그리고 문화건설과 함께 '오위일체'의 국가건설 전략구도를 구축하는 것이다. 이로부터 30여 년동안의 개혁개방을 만들어냈다. 그리고 거대한 발전을 통해 중국은 세계적 영향력을 갖춘 제2경제체가 되었다. 그러나 중국공산당은 여전히 전면적이며 깊이 있는 국가건설을 추진하고 있다. 즉, '오위일체'의 국가건설을 추동하는 동시에 국가거버넌스체계와 거버넌스 능력의 현대화를 추진하는 새로운 사명을 제안하였다.

셋째, 현대화 발전이다. 현대화 발전은 민족부흥의 기초이며 국가건설의 기본 목표이다. 현대화 발전은 사람과 사회, 국가의 전면적인 진보로 나타날 뿐만 아니라 기술과 물질, 정신의 전면적인 발전으로도 나타난다. 또한 현대성의 전면적인 구축으로 체현될 뿐만 아니라 문화전통의 재건과 부흥으로도 나타난다. 중국에서 현대화는 발전의 문제일 뿐만 아니라 재건과 부흥, 통합의 문제이다. 따라서 현대화는 동력을 필요로 할 뿐만 아니라 영도도 필요로 한다. 그리고 속도와 효율도 필요로 한다. 성취와 최종적인 성공도 필요로 한다. 중국공산당은 이를 위해서 노력하고 있다.

넷째, 노동해방이다. 노동해방의 추구는 중국공산당이 계급과 민족
의 선봉대가 되는 가치의 기초이다. 노동해방의 정치 방향은 노동인민
이 주인 되는 권리를 갖게 하는 데 있고, 경제 방향은 노동을 통해 재부
를 만들어내는 사람들이 재부를 향유하는 데 있으며, 사회 방향은 빈곤
을 없애고 부유, 공평, 조화로운 생활을 만드는 데 있다. 노동해방을 둘
러싸고 중국공산당은 신민주주의혁명을 통해 노동계급이 정치에서 해
방을 획득하고 주인 역할을 하며 국가의 주인이 되도록 하여 계급해방
을 실현하였다. 개혁개방을 통해 노동계급의 모든 사람들이 정치, 경제,
사회의 독립과 자주를 획득하는 것을 실현하였고 개체 해방을 실현하였
다. 사회주의 사회의 기본 요구에 기초한 중국공산당의 미래 사명은 경
제와 사회 영역의 공동 건설과 공동 향유가 고도로 통일되는 공평성을
만드는 것이다.

이러한 네 가지 사명을 실천하는 데는 신념과 노력뿐만 아니라 능
력과 지혜도 요구된다. 역사적으로 발전의 과정을 거치면서 당은 신념
과 사명감을 단련하는 동시에 영도 혁명과 조직건설, 발전 창조의 능력
을 높이는 데 노력하고 있다. 당의 거대한 역사를 보면, 당의 3대 능력
은 혁명 시기와 계획시대 그리고 개혁개방 시기에 각각 구체적으로 발
현되고 이에 상응하는 성공을 이뤘다. 일반 정당과 달리 중국공산당은
사명감과 영도 능력의 배후에 있는 정신 역량을 매우 강조한다. 이러한
정신 역량은 당이 혁명 과정을 영도하면서 겪었던 온갖 위험과 어려움
을 이겨내고 기적을 만들어내는 과정에서 형성된 것으로, 마치 장정(長
征) 정신, '양탄일성(兩彈一星, 원자·수소폭탄과 인공위성)' 정신과 같다.
따라서 중국공산당은 당의 사명에 대한 실천에서 사회주의에 대한 신념
과 인민에게 봉사하는 능력 그리고 난관을 두려워하지 않는 분투 정신

의 삼자 통일을 확립하였다. 신중국이 성립되기 전날 밤, 마오쩌둥은 다가옴 전국 승리를 앞두고 중국인민해방군 건립 22주년을 기념해서 쓴 사회 원고를 교열하면서 사설의 제목을 "우리는 난관을 충분히 극복할 수 있을 것[我們是能夠克服困難的]"으로 바꿨다. 이는 중국공산당이 최종적으로 승리를 얻어낸 역량이 모든 어려움을 극복하고 끊임없이 전진의 동력을 만든 것에 있다는 것을 표현한 것이다. 또한 그는 사설에서 "우리들은 어려움을 충분히 극복할 것이고 어떠한 어려움도 두려워하지 않는다. 인민해방군 22년의 투쟁사는 우리에게 이러한 경험과 신념을 가져다주었다. 오직 공산당, 인민해방군과 전국 인민만이 자신이 처한 어려움의 성격을 밝혔고 어려움을 극복하기 위한 각종 근본적인 정책을 견결하게 집행하여 결국 목적에 도달하였다."[22]라고 언급하였다. 중국 공산당의 사명 이행 과정은 자아 단련의 과정과 같다. 정당이 어려움에 처해서 동원이 필요하다면 사람들은 상상하기 어려운 용기와 역량을 분출할 것이다. 이는 중국공산당이 선봉대의 진정한 역량을 갖고 있기 때문이다. 이러한 역량은 중국과 같은 국가의 건설과 발전에 가장 중요한 것이다. 그리고 당은 이러한 역량에 기반하여 끊임없이 공훈을 세우고 업적을 쌓았으며, 국가와 민족 또한 이러한 역량에 기대어 끊임없이 발전하여 세계 속에 우뚝 서게 되었다.

## IV. 정당의 행동 원칙

선봉대는 가시덤불을 제거하여 부대의 전진을 영도하는 선봉 역량이다.

---

22  "我們是能夠克服苦難的: 紀念中國人民解放軍的二十二周年", 『新華社』, 1949年7月31日.

중국공산당의 조직문화와 중국 정치문화에서 선봉대는 깊숙이 침투하여 함락시키기 위해 앞장서 나가는 역량이자 솔선수범하는 모범 역량이다. 선봉대는 전체 국면을 영도하는 굳건한 핵심이며 발전 방향을 이끄는 선진 대표이다. 어느 조직이나 공동체에서도 이러한 역량은 의심할바 없이 중요한 동력자원이다. 그리고 이러한 역량은 조직에 생기와 활력을 불어넣을 뿐만 아니라 조직 발전의 무한한 공간을 만든다. 선봉대의 선봉성과 선진성을 유지하는 것은 선봉대가 효과적인 역할을 발휘하기 위한 가장 중요한 전제이다. 이러한 선봉성과 선진성을 유지하고 확대 발전시키는 것은 반드시 이론의 혁신과 조직의 발전에 의존해야 하며 신념에 대한 지지와 행동의 규범에 근거해야 한다. 선봉대는 먼저 일종의 이상과 용기, 정신으로 나타나고 나아가 행동과 작풍(作風), 능력으로 나타난다. 전자는 반드시 후자를 통해 나타나고, 후자는 반드시 전자를 통해 추동된다. 계급과 민족, 국가의 핵심역량으로서 선봉대의 역할은 최종적으로 현재의 영도 역할 위에서 집중적으로 나타난다. 그리고 중국공산당은 선봉대의 입장과 원칙에서 출발하여 당의 효과적인 영도를 유지하는 기본 원칙을 형성하였다.

첫째, 역사의 과정을 장악하고 정확한 목표를 확정하였다. 정당의 위대함은 정당이 지니고 있는 도의적인 목표와 조직의 능력 위에서 나타나지만, 가장 중요한 것은 역사의 발전과 시대의 특징을 장악하였는지, 그리고 전체 인민을 단결시켜 분투하게 하는 목표를 적시에 제기하였는지의 여부이다. 중국공산당은 이것이 당이 효과적으로 영도하고 선봉대의 역할을 수행하는 가장 중요한 원칙이라고 생각하였다. 1937년에 마오쩌둥은 『중국공산당의 항일 시기 임무』에서 다음과 같은 원칙을 언급하였다. "무산계급은 어떻게 전국의 각 혁명 계급에 대한 정치 영도를 실현하였는가? 먼저 역사발전에 근거하여 제기된 기본적인 정치

구호와 이를 실현하기 위해 발전단계와 중대한 변혁의 순간마다 동원 구호를 제기하였다. 예컨대, 우리는 '항일민족 통일전선'과 '통일된 민주공화국'이라는 기본 구호를 제기하였고 '내전 중지', '민주 쟁취', '항전 실현'이라는 구호를 제기하였다. 이러한 구호는 전국 인민의 일치된 행동의 구체적인 목표로, 이러한 목표가 없다면 정치 영도를 말할 수 없다."[23]

둘째, 온 힘을 대중에게 의지하고 온 마음을 다해 인민의 이익을 도모하였다. 전 미국 대통령 리처드 닉슨(Richard Nixon)이 세계 지도자들을 고찰하면서 "지도자는 대중 앞에 과감히 나서야 한다. 나라가 어떤 방향으로 나아가는지, 왜 이렇게 나아가는지, 어떻게 목적지에 도달하는지에 관한 문제에 대해 국민보다 더 분명한 인식을 가져야 한다. 지도자는 반드시 민중을 이끌고 나가야 한다. 큰 소리로 돌격해 들어간 후에 뒤를 돌아보니 아무도 따라오지 않는다면 의미가 없지 않은가"[24]라고 말하였다. 지도자는 이와 같다. 선봉대로서의 정당도 이와 같다. 따라서 중국공산당은 진정으로 대중의 영도자가 되어야 하고 대중과 유리되어서는 안 되며 반드시 대중과 함께 결합해야 한다. 다음으로, 반드시 온 힘을 대중에게 의지해야 하고 대중을 신뢰하는 지혜와 열정에 의지해야 한다. 그리고 대중의 역량을 적극적으로 단결하고 동원해야 하고 대중의 적극성과 창조성을 수호해야 한다. 마지막으로, 반드시 온 힘을 다해서 인민을 위해 봉사하고 인민을 위한 이익을 강구하며 인민에게 행복을 주어야 한다. 이 중 가장 근본적인 것은 온 힘을 다해 인민을 위해 봉사하는 것이다. 이를 제대로 수행하지 못하면 나머지 두 가지는

23    毛澤東, "中國共産黨在抗日時期的任務", 『毛澤東選集(第一卷)』(北京: 人民出版社, 1991), pp.262-263.

24    理査德·尼克松, 尤韞等譯, 『領導者』(北京: 世界知識出版社, 1983), p.386.

의미가 없다. 중국공산당에 있어 인민에게 봉사하는 것은 단순한 도의적인 원칙이 아니라 중국공산당이 생존하고 발전하는 근본적인 길이다. 이를 제대로 수행한다면 정당은 불패의 대지에 발을 딛고 서게 된다. 중국공산당의 전쟁에서의 성공은 이를 증명하고 있다. 그리고 집권 시기에 이러한 원칙은 불멸의 진리이다.

셋째, 내외 종파를 제거하고 단결과 통일을 유지하였다. 현대정치문명 발전사의 초기에 적지 않은 서구학자들은 정당에 반대하였다. 그들은 정당이 다음과 같은 두 가지의 큰 좋지 못한 결과를 가져올 것이라고 생각하였다. 하나는 사회 영역에 생겨날 종파의 다툼이 사회단절 혹은 분열을 야기할 것이라는 점이다. 둘째는 이익 때문에 정당 내부의 원칙과 감정이 종파로 분열될 것이며, 이로부터 정당이 파벌투쟁의 무대가 될 것이라는 점이다.[25] 미국 초대 대통령 조지 워싱턴(George Washington)은 1796년의 고별 연설에서 다음과 같이 종파의 위험성을 경고하였다. "당파성은 언제나 국민을 와해시키는 의회에 있다. 그리고 이는 정부의 행정기구를 약화시킨다. 그것은 아무 이유 없이 질투와 허위의 경보(警報)로 사회를 출렁이게 하고 불안하게 만든다. 일방의 원한에 불을 붙여 다른 쪽을 반대하며, 심지어 소요와 폭동을 조장하기도 한다. 그리고 결국에는 부패의 심화와 함께 외부세력으로 향하는 국가의 문을 열게 된다. 이로부터 한 국가의 정책과 의지는 오히려 다른 국가의 정책과 의지에 따르게 된다."[26] 중국공산당의 이에 대한 인식이 정당정치의 위험성이 아닌 당과 국가를 수호하는 전체 사업으로부터 나온다고 할지라도, 이러한 현상이 만들어내는 위험에 대한 인식은 매우 비슷하게 나타나기도 한다. 1942년 2월에 마오쩌둥은 중앙당교 개학 기념 연설에

---

25　　G. 薩托利, 王明進譯, 『政黨與政黨體制』(北京: 商務印書館, 2006).

26　　喬治·華盛頓, 『華盛頓選集』(北京: 商務印書館, 1983), p.319.

서 종파주의에 분명히 반대하고 그 어떤 종파주의의 흔적도 철저하게 제거할 것을 요구하였다. 그는 "20여 년의 단련을 통해 현재 당내에는 통치 지위를 점유하고 있는 종파주의가 없다. 그러나 종파주의의 흔적은 여전히 존재한다. 그것은 당내 종파주의에도 남아 있고 당외 종파주의에도 남아 있다. 당내 종파주의는 대내적인 배타성을 만들어내는 경향이 있다. 이는 당내의 단결에 위배된다. 당외 종파주의는 대외적인 배타성을 만들어내는 경향이 있고 전국 인민과 당의 단결된 사업을 방해한다. 따라서 이의 근원을 확실하게 제거해야 당이 전 당원과 전국 인민을 단결시키는 위대한 사업에서 아무런 지장 없이 순조롭게 나아갈 수 있다."[27]라고 말하였다. 중국공산당은 당의 고도의 단결과 통일을 추구하기 위해서 종파주의에 반대한다. 즉, 당과 전체 인민의 단결을 추구하기 위해서 종파주의에 반대하는 것이다. 중국공산당은 선봉대로서 단결의 역량뿐만 아니라 단결을 만들어낼 수 있는 역량을 지녀야 한다고 인식한다. 1980년대에 덩샤오핑도 이를 이유로 새로운 영도 간부들에게 만약 우리 당과 우리 영도가 안정되고 단결한다면 "어느 누구도 중국을 어찌할 수 없다."[28]라고 말하였다.

넷째, 끊임없이 자아건설을 하고 선진적인 색채를 유지하였다. 중국공산당은 자신과 국가의 관계를 매우 분명하게 하였다. 중국공산당이 없었다면 이 국가는 사분오열되었을 것이다. 반대로 이 국가의 관건은 중국공산당에 있다. 따라서 중국공산당과 국가 간의 논리적 관계는 당이 강해야 국가도 강하고 당이 약하면 국가도 약하고 실패한다는 것이다. 중국공산당의 성격과 사명은 조직의 규모나 보유한 자원으로 나타

---

27   毛澤東, "整頓黨的作風", 『毛澤東選集(第三卷)』(北京: 人民出版社, 1991), p.821.
28   鄧小平, "改革開放政策穩定, 中國大有希望", 『鄧小平文選(第三卷)』(北京: 人民出版社, 1994), p.318.

나는 강대함에 따라 확정된 것이 아니라 내재적 소질과 능력의 수준에 따라 확정된 것이다. 조직의 규모와 물질적 자원은 각종 경로를 통해 누적될 수 있지만 당의 소질과 능력은 오직 자아건설과 자아발전을 통해서만 달성될 수 있다. 이를 위해서 중국공산당은 스스로의 강화를 당이 생존하고 발전하는 근본적인 길로 간주하였다. 그리고 이러한 자아건설의 가치 취향이 당의 선진성을 유지하고 발전시키며, 당의 건설을 결정하였다. 이는 극복하려고 하지만 늘 부족한 건설이고, 결함을 해소하고 근본을 공고히 하는 건설이며, 변화에 적응하고 시대와 더불어 함께 나아가며 혁신과 발전을 도모하는 건설이다. 중국공산당이 만들어낸 사상건설과 조직건설 그리고 작풍건설이라는 삼위일체의 당 건설 체계는 당의 전투력을 발전시키는 과정에서 그리고 당의 선진성을 널리 알리는 데에 적극적인 역할을 하였음을 그간의 실천이 증명하고 있다.

다섯째, 광범위하게 동맹을 건립하고 핵심지위를 공고히 하였다. 중국공산당의 역사에 문을 열고 당을 건설할 것인지 아니면 문을 닫고 당을 건설할 것인지에 관한 논쟁이 있었다. 논쟁의 결과는 문을 걸어 잠그는 것은 당의 발전과 강대함에 도움이 되지 않을 뿐만 아니라 당의 영도 능력과 영도 지위의 제고에도 도움이 되지 않는다는 것이었다. 마오쩌둥은 문을 닫는 것에 대해 비판하면서 다음과 같이 언급하였다. "사람들 중에 세 살짜리 어린아이가 있다. 이 아이가 가지고 있는 수많은 이치는 모두 맞다. 그러나 이 아이가 천하 국가의 대사를 관리할 수는 없다. 왜냐하면 어린아이는 아직 천하 국가의 이치를 알지 못하기 때문이다."[29] 마오쩌둥이 보기에 당 건설은 당의 성격과 특징, 논리에서 출발해야 할 뿐만 아니라 반드시 치국평천하라는 '천하 국가의 이치[天下

---

29    毛澤東, "論反對日本帝國主義的策略", 『毛澤東選集(第一卷)』(北京: 人民出版社, 1991), p.155.

國家的道理]'에서 출발해야 한다. 당은 후자에 기초해서 반드시 핵심 지위를 가져야 하고 그 핵심 지위를 공고히 해야 한다. 이는 대중을 당으로 결집시키는 것뿐만 아니라 여러 조직과 단체, 계층을 모두 당을 중심으로 단결시키는 것이다. 이러한 단결은 당의 역량을 강화시킬 뿐만 아니라 당의 사회적 기초를 공고히 한다. 더욱 중요한 것은 '적을 약화시키고 심지어 적이 없게 만드는' 생존과 발전의 공간을 만드는 것이다. 이러한 공간은 당의 영도 핵심 지위를 공고히 하는 데 유리하고, 당의 단결과 당의 전 사회 역량의 통합에도 유리하다.

# 제6장

# 당과 국가

중국공산당의 영도 지위는 한편으로 선봉대의 조직 성격에 기초하고 다른 한편으로는 그것이 가지고 있는 영도권에 기초한다. 영도권은 당의 선봉대 역할이 효과적으로 발휘되도록 하는 정치적 기반이다. 영도권의 이면은 정치학적 의미에서 국가의 형태와 관련된다. 국가의 형태는 국가의 계급적 속성과 사회역사적 형태로 나타나고 최종적으로 특정한 국가정치체계로 구체화된다. 중국공산당의 영도권은 중국의 국가 형태를 결정한다. 중국 헌법에서는 다음과 같이 규정하고 있다. 중화인민공화국은 프롤레타리아계급이 영도하는 노동자 농민의 연맹에 기초한 인민민주독재의 사회주의 국가이다. 중화인민공화국의 국가 형태는 노동자계급의 선봉대 조직인 중국공산당이 영도 지위를 갖고 국가와 사회의 전면적인 발전을 영도하고 추동하는 사명을 맡는다고 결정하였다. 중국의 혁명과 건설의 역사에서 보면 당의 영도 지위와 영도권은 중국이 사회주의 혁명과 건설을 추진하는 역사 과정에서 이미 결정되었으며 혁명 후에 확립되기 시작한 사회주의 국가의 형태가 이미 결정된 것이다. 이론과 실천 면에서도 중국공산당이 오직 진정으로 영도 작용을 발휘하여 접심 전력을 다해 인민에게 봉사하고 민족과 국가의 선봉 역량이 되어 영도 지위와 영도권을 가져야만 실질적인 의미와 역할을 가진다는 것을 모든 것이 증명하고 있다.


## I. 영도국가의 길

현대화 이후의 인류 역사발전에 대해 마르크스는 『자본론』 제1권 제1판 서문에서 다음과 같이 언급하고 있다. "문제 자체는 자본주의가 만들어 낸 자연법칙이 야기하는 사회 대항의 발전 정도가 높고 낮음에 있지 않다. 문제는 이러한 법칙 자체에 있으며, 이러한 철(鐵)의 필연성 때문에 발생하는 역할과 지금 실현되고 있는 추세에 있다. 산업이 비교적 발달한 국가가 그렇지 않은 국가에 보여주는 것은 단지 미래의 광경일 뿐이다." 후대의 역사는 마르크스가 현대화 발전의 진실한 현실을 털어놓았다고 증명하고 있다. 이러한 철의 법칙도 마찬가지로 중국사회에 적용되고 있으며 그것이 천 년 고대국가의 현대적 위기와 저항을 야기하였고 동시에 중국의 현대화와 경로 선택의 문제를 제기하였다.

중국은 거스를 수 없는 세계적 조류에 맞서서 반드시 전통에서 나와 현대로 나아가야 한다. 이를 위해서는 반드시 혁명을 진행해야 한다. 자강부흥을 이루고 세계 민족의 숲에 서기 위해서 중국은 반드시 빠른 발전을 해야 하고 끊임없이 추월해가야 한다. '혁명'과 '추월'은 일단 맞닿기 시작하면 신속하게 상호 간에 큰 효과를 만들어낸다. 추월은 혁명을 더욱 증폭하고 마찬가지로 혁명도 추월을 증폭한다. 과거 중국은 혁명의 기초를 갖추지 못하였고 추월의 실력도 갖추지 못하였다. 전자에 대해 말하면, 중국은 혁명의 필요성을 가지고 있었으나 혁명의 현실적인 역량은 가지고 있지 않았다. 왜냐하면 혁명은 열강의 침입과 현대화의 충격이 가져온 것으로 내생적이지 않고 자극에 의해 형성되었기 때문이다. 따라서 자율적인 혁명 주체가 부족하였다. 만약 진정한 혁명 주체가 있다면 왜 약소하다고 두려워하겠는가? 마오쩌둥은 1928년에 중앙에 보낸 편지에서 이러한 생각을 드러내지 않았다. "우리는 1년 동안 전쟁 지역을 돌아다니면서 혁명의 흐름이 저하되고 있음을 깊이 느끼고 있다."[1] 중국은 전통적인 농업사회로 소농경제가 주도적인 지위를 점하고 있다. 근본적으로 현대화 발전에 필요한 경제적 기초와 생산요소가 부족하다. 그러나 역사의 발전은 무정한 것으로, 따르는 자는 번성하고 [順之者昌] 거스르는 자는 망한다[逆之者亡]. 중화민족이 생존해나가려면 오직 흐름에 따라 움직여야 한다. 무에서 유가 생기는 것이기 때문에 사회를 완전히 바꿀 혁명이 필요하다. 이러한 혁명은 내생적인 것이 아닌 시대적 요구이다. 그리고 그 방향은 현대화이며 그 목적은 중국이 세계의 흐름에 녹아들어가서 세계 발전의 최전방을 쫓아가는 것이다. 이렇게 하여 아주 오래된 중국은 '소년 중국(少年中國)'의 꿈을 꾸기 시작하였다. 량치차오(梁啓超)는 "오늘날 낙후된 중국을 만든 것은 중국의 낡은 관료들의 죄악이며 미래에 새롭고 강성한 소년 중국을 창건하는 것은 중국 젊은이들의 책임이다. 이러한 낡고 쇠약한 사람들이 어떤 말을 할 수 있겠는가. 그들과 이 세계가 작별할 날도 멀지 않았으니 우리 소년들이 새로이 세계와 연을 맺을 것이다."라고 강조하였다. 그러나 누가 소년 중국의 책임을 떠맡을 것이며 이를 어떻게 최종적으로 실현할 수 있을까에 대해 량치차오는 답을 하지 못하였다. 왜냐하면 이것은 섭

---

1    毛澤東, "井岡山的鬥爭", 『毛澤東選集(第一卷)』(北京: 人民出版社, 1991), p.77.

게 답할 수 있는 문제가 아니기 때문이다. 그것은 두 가지 중요한 문제 와 연결되어 있다. 하나는 중국혁명과 현대화 추월 발전의 경로와 관련 된 문제이며, 다른 하나는 중국혁명과 현대화 발전의 핵심 주체 문제이 다. 이 두 가지 문제는 상호 결정되는 것이다. 다만 중국에서 서로 상응 하는 현실적 기초를 가지지 못하였고 인위적으로 조직, 규획, 설계되지 못하였다.

중국인들은 마르크스가 말한 것처럼 발전 국가에서 자신의 미래를 찾는 데 노력하였다. 그들은 미래의 이상적인 청사진과 목표를 찾았을 뿐만 아니라 미래의 지름길을 찾아 나서는 데에 매진하였다. 영국과 미 국을 목표로 탐색한 적이 있고, 일본을 목표로 하는 마음을 가진 적도 있다. 그러나 결국 국민당과 공산당은 최종적으로 러시아를 목표로 하 는 것을 선택하였다. 왜냐하면 무엇을 목표로 하든 자신의 실제에서부 터 출발하여 자신의 길을 가야 하기 때문이다. 따라서 미래의 발전을 찾 아가는 과정에서 필연적인 추세상 자신의 상황을 경시하고 자아를 상 실할 수 없었다. 그렇다면 당시 중국의 상황은 어떠했는가? 1920년대 후반부터 1930년대 초반까지 중국사회의 성격에 대한 논쟁은 이 문제 에 대한 답을 찾는 데 집중되어 있었다. 그것은 중국혁명과 건설의 방 향, 임무와 경로를 제대로 자리매김하게 하는 것이었다. 그리고 사람들 은 이 과정에서 당시의 시대적 상황이 자본주의의 경제위기로부터 세계 도처에 위험이 만연해 있던 상태였고, 중국이 이러한 길을 선택한다면 반드시 이에 상응하는 딜레마와 고통을 맞이하게 될 것이며, 이에 자본 주의의 해악을 극복할 수 있는 사회주의가 일종의 합리적인 선택이 될 수 있다는 점을 인식하기 시작하였다. 따라서 당시 러시아가 발전시켜 온 이러한 선택에, 그리고 이러한 선택의 기저에 있는 혁명논리에 당시 의 상황이 매우 좋은 근거를 제공해주었다는 점 또한 강력하게 인식하기 시작하였다. 중국의 운명에 대한 사고가 이러한 궤도로 진입하면서, 쑨원은 국민당의 개조 과정에서 소련과의 연대, 공산당과의 연대, 노동자 농민의 도움 등 3대 정책을 제안해서 삼민주의를 매우 훌륭하게 실행하였다. 동시에 중국공산당도 중국혁명과 발전의 무대로 올라서기 시작하였고, '소년 중국의 책임'을 지닌 자가 되려고 노력하는 한편, 중국의 혁명과 건설 그리고 발전을 영도하는 역사적 책임을 담당하기 시작하였다.

혁명의 시대에 모든 혁명 정당은 반드시 자신의 명운과 국가와 민족의 명운을 단단히 연계시킨다. 오직 이렇게 해야만 앞길이 있고 생명력이 있을 수 있기 때문이다. 비록 중국공산당 최초의 강령이 얼마나 많은 공상적인 색채를 가졌는지는 모르겠지만, 중국공산당은 '새로운 사회를 만든다'는 이상을 갖고 인민과 국가에 대한 사명감을 충분히 드러냈다. 한편으로 이러한 사명감이 당이 혁명을 영도하는 합법성의 기초로 전환되기 위한 관건은 중국혁명의 내재 논리와 중국공산당의 지위와 역할을 순조롭게 장악하는 것이다. 왜냐하면 이는 중국혁명의 시작과 과정 그리고 수단과 목적을 결정하기 때문이다. 중국공산당의 이에 대한 인식은 여러 과정을 거쳤다. 그 과정에는 마르크스주의에 대한 계몽과 교육, 중국사회에 대한 연구와 반성, 대혁명 실패 이후의 느낌과 각성이 있다.

1927년의 대혁명 실패 이후 중국사회와 중국혁명의 방향에 관한 문제는 국제공산주의 운동의 쟁점이 되었으며, 두 가지의 대립적인 견해를 만들어냈다. 레온 트로츠키(Leon Trotsky) 등은 중국이 이미 자본주의 국가이며, 중국혁명은 국가의 자주를 쟁취하는 혁명이라고 인식하였다. 반면에 이오시프 스탈린(Joseph Staliln), 니콜라이 부하린(Nikolai Bukharin) 등은 봉건세력이 중국 정치생활에서의 기본 역량이며 제국주의는 봉건세력을 이용하여 중국을 통치한다고 인식하였다.

따라서 중국이 당면한 혁명의 관건은 반제국주의, 반봉건주의 혁명이었다. 이것은 사회선거에 관한 이론적인 논쟁처럼 보인다. 그러나 실제로 중국혁명의 필요성, 즉 중국혁명에서 중국공산당의 미래와 관련되어 있다. 논쟁은 중국공산당에 매우 빠르게 영향을 미쳤다. 1928년 7월에 중국공산당 제6차 전국대표대회에서 결의가 통과되었다. 중국사회의 반식민지 반봉건(半殖民地半封建)의 성격이 초보적으로 인정되었고, 중국혁명의 성격이 자산계급 민주혁명임을 명확히 하였다. 같은 해 11월에 마오쩌둥은 중앙에 보낸 보고에 다음과 같이 명확히 적었다. "우리는 중국문제에 관한 코민테른의 결의에 완전히 동의한다. 중국은 현재 여전히 자산계급 민권혁명의 단계에 처해 있다. 중국의 철저한 민권주의 혁명의 강령은 대외적으로 제국주의에 대한 전복을 포함하여 철저한 민족해방을 추구하고 있다. 대내적으로 도시에서 매판계급 세력을 일소하고 토지혁명을 완성하며 향촌의 봉건관계를 없애고 군벌정부를 전복시킨다. 반드시 이러한 민권주의 혁명을 통해 바야흐로 과도기 사회주의의 진정한 기초를 조성한다." "중앙이 소자산계급의 이익을 포괄하는 정강(政綱)을 반포하면, 우리는 중앙과 전 지역에 골고루 적용될 수 있도록 노동자 이익, 토지혁명, 민족해방을 포함하여 농업을 주요 경제로 하는 중국의 혁명, 군사적으로 폭동을 발전시켜나가는 특징을 지닌 모든 민권혁명에 대한 정강의 제정을 요청할 것이다. 또한 우리는 중앙에 큰 힘을 활용하여 군사운동을 전개할 것을 건의한다."[2] 여기에서 마오쩌둥은 비교적 명확하게 중국혁명의 역사적 출발점과 역사적 과정, 역사적 목표 그리고 무장혁명의 방식을 밝혔다. 10년 후에 마오쩌둥을 핵심으로 하는 중국공산당은『중국혁명과 중국공산당』을 통해 중국혁명

---

2   毛澤東, "井岡山的鬥爭", 『毛澤東選集(第一卷)』(北京: 人民出版社, 1991, pp.77-79.

에 대해 자산계급 민주주의혁명이든 사회주의혁명이든 '중국공산당의 영도를 벗어나면 어떠한 혁명도 성공할 수 없다'는 것을 체계적으로 진술하고 명확히 지적하였다.[3] 실제로 중국공산당은 제1차 국공합작(國共合作)이 만들어짐에 따라 중국 역사의 무대에 전면적으로 등장하였고 중국혁명의 역사적 임무를 짊어지기 시작하였다. 이에 대해 마오쩌둥은 제2차 국내혁명전쟁의 경험을 총괄하면서 쓴『중국혁명전쟁과 전략문제』에서 다음과 같이 언급하였다. "1924년부터 시작된 중국혁명전쟁은 이미 두 단계를 거쳤다. 그것은 1924년부터 1927년까지의 단계와 1927년부터 1936년까지의 단계이다. 그러므로 지금부터는 항일민족혁명전쟁의 단계이다. 이 세 단계의 혁명전쟁은 모두 중국의 무산계급과 그 정당인 중국공산당이 영도한 것이다." "무산계급이 이미 정치 무대로 올라선 시대에 중국혁명전쟁의 영도 책임은 부득불 중국공산당의 어깨 위에 놓이게 되었다."[4] 이것은 중국사회가 중국공산당이 열어놓은 혁명과 건설의 길로 나아감에 따라 중국공산당도 중국혁명과 건설의 영도 핵심이 되었으며, 이러한 혁명과 건설의 길이 중국의 앞날과 운명을 결정하였다는 것을 의미한다. 즉, 중국공산당은 혁명과 건설의 개척자와 영도자로서 자연스럽게 중국의 앞날과 운명을 결정하는 책임자가 되었다. 따라서 효과적으로 혁명과 건설을 영도하는 것이 그 근본적인 사명과 책임이 되었다.

이로부터 알 수 있듯이, 영도권을 장악하는 것과 정당이 국가와 인민에 대해 마땅히 짊어져야 하는 책임을 맡는 것은 완전히 한 몸이다. 마치 책임이 이 국가와 이 시대에 부여된 것과 마찬가지로 영도권도 이 국가와 이 시대에 부여된 것이다. 책임을 부여하든 영도권을 부여하든

---

3  毛澤東, "中國革命和中國共産黨",『毛澤東選集(第二卷)』(北京: 人民出版社, 1991), p.651.
4  毛澤東, "中國革命戰爭的戰略問題",『毛澤東選集(第一卷)』(北京: 人民出版社, 1991), p.183.

그 내재적 목적은 오직 하나로, 선진적인 정당을 통해 새로운 사회와 국가를 민들이 중국 민족의 위대한 부흥을 실현하는 것이다.

중국근대사를 살펴보면 선진적인 정당의 영도를 통해 현대국가를 건설하는 중국혁명과 건설의 길이 완전히 구체적인 학설 또는 이론으로부터 나온 것이 아니며 특정 당파의 주장으로부터 나온 것도 아니라는 점을 확인할 수 있다. 그것은 근대 중국혁명의 탐색과 실천의 산물이다. 쑨원이 국민당을 개조하려고 하였던 목적은 이러한 길로 가기 위해서였다. 쑨원이 노력한 방향은 맞았다. 이는 그가 여러 차례 혁명에 대한 좌절을 경험한 이후의 깨달음에서 나온 것이다. 물론 몇 가지 부분에서 한계를 가지고 있지만, 그가 영도한 국민당은 그 길을 가지 않았다. 반대로 중국공산당은 중국사회에 대한 깊은 이해와 파악을 통해 그리고 중국사회의 대중과의 긴밀한 단결과 협력을 통해 그 길로 나아갔고, 결국 중국의 앞날과 운명을 결정하는 책임자와 영도자가 되었다. 따라서 영도권을 잘 장악하는 것이 중국사회의 발전을 효과적으로 영도하는 것이며, 이는 곧 중국공산당의 책임이자 중국사회의 현대화 발전의 내재적 요구이다.

## II. 프롤레타리아계급의 영도

중국공산당은 마르크스주의를 지도 사상으로 하는 정당이다. 그 정당의 이상은 사회주의 사회의 건설이고 노동자의 정치 그리고 경제의 해방을 실현하는 것이다. 따라서 중국공산당은 중국의 역사 무대에 등장하자마자 자신의 이상과 목표가 어떠한 혁명 정당, 심지어 쑨원을 대표로 하는 국민당보다 멀고 높다고 말하였다. 중국공산당은 민주적인 현대화 국가를 건설하는 데 있어서 중국공산당과 쑨원의 삼민주의는 충돌하지 않으며 오히려 중국혁명은 반드시 자산계급 민주혁명을 거쳐야 한다고 생각하였다.[5] 그러나 중국공산당은 민주혁명에 대해 단지 모든 혁명의 하나의 과정이자 일부분이고 중국혁명이 건립하려고 하는 것은 독립된 현대민주국가일 뿐만 아니라 독립된 인민민주국가이며 이러한 국가는 민주적 형식을 가져야 하고 인민이 주인이라는 민주적 실질을 가져야 한다고 생각하였다.

　　중국공산당 당원의 시각에서 보면, 인민이 주인이라는 것은 단지 민주의 형식을 가지고 있는 것만으로는 충분하지 않고 노동계급이 계급획득으로 반드시 가져야 하는 해방을 실현하는 것이다. 노동계급 해방의 본질은 곧 노동계급이 정치적으로 통치계급이 되는 것뿐만 아니라 경제적으로 자본주의의 착취와 압박을 포함한 일체의 착취와 압박에서 벗어나는 것이다. 중국공산당 당원들은 쑨원의 삼민주의 중 평균지권(平均地權)과 절제자본(節制資本) 주장에 대해 다음과 같이 인식한다. "빈곤한 대중의 자본의 착취에 대한 원한 등 자본주의의 발전이 초래한 죄악과 고통으로부터 벗어난 이상적인 민주국가는 여전히 인민의 국가가 아니기 때문에 국가가 발전시켜온 사회는 여전히 자본주의 사회이며, 단지 착취와 압박만을 제약하였을 뿐 노동대중이 이러한 착취와 압박에서 근본적으로 벗어나지 못하고 있다." 중국공산당이 건립하려는 인민민주국가는 일반적인 의미의 현대민주국가가 아니다. 그것은 노동계급을 주체로 하는 민주국가이다. 이 국가 안에서 민주는 광대한 인민이 주인이 됨으로써 나타나고 선진 생산력을 대표하는 노동자계급의 영도로 나타난다. 마오쩌둥은 『인민민주독재를 논함』에서 쑨원이 제기한

---

5　　毛澤東, "中國共産黨在抗日時期的任務", 『毛澤東選集(第一卷)』(北京: 人民出版社, 1991), p.259.

민권주의와 공산당이 제기한 인민민주는 영도권 문제 외에는 기본적으로 서로 부합한다고 인식하였다. 마오쩌둥은 "1924년에 쑨원은 공산당 당원들이 참가한 국민당 제1차 전국대표대회에서 저명한 선언을 하였다. 이 선언에서 쑨원은 '근대의 각국이 말하는 민권제도는 종종 자산계급의 전유물로, 평민을 압박하는 도구로 적합하다.'라고 하였다. 국민당의 민권주의는 일반 평민의 공유이지 소수가 사적으로 얻는 것은 아닌 듯하다. 누가 누구를 영도하느냐는 문제 이외에도 일반적인 정치 강령의 차원에서 여기서 말하는 민권주의는 우리가 말하는 인민민주주의 혹은 신민주주의와 상호 부합한다. 일반 평민만 공유하고 자산계급의 사유를 허용하지 않는 국가제도에, 그리고 만약 여기에 노동자계급의 영도가 추가된다면, 이것은 인민민주독재의 국가제도이다."[6]라고 말하였다. 따라서 "중국공산당이 혁명을 영도하기 위해 건립한 국가는 프롤레타리아계급의 영도를 거친 인민공화국이다."[7]

혁명이 최종적으로 향하는 곳이 노동계급의 해방을 실현한 인민민주국가라면, 중국혁명은 노동계급이 주체가 되어 먼저 자산계급의 민주혁명을 경험하고 마지막으로 노동계급이 주도하는 사회주의혁명으로 나아가야 한다. 중국공산당이 지적한 중국혁명의 임무와 목표 그리고 역사 과정은 중국공산당의 영도를 불러옴과 동시에 중국의 노동자계급이 반드시 혁명의 주도적 계급이 되어야 함을 호소하고 있다. 또한 중국공산당이 반드시 노동자계급을 계급의 기반으로 삼아야 함을 요구하고 있다. 이와 상응하게 영도권 문제는 중국공산당이 중국혁명과 건설의 방향을 파악 및 결정하는 문제로 나타나는 동시에 중국공산당이 노동자계급을 효과적으로 동원하고 조직하여 혁명과 건설의 핵심역량으로 나

---

6    毛澤東, "論人民民主專政", 『毛澤東選集(第四卷)』(北京: 人民出版社, 1991), p.1477.
7    상동, p.1471.

타낼 수 있는지 여부의 문제와 관련되어 있으며, 혁명과 건설을 통해 국가의 주인이 되어 인민민주국가를 건설하는 것으로 나타나는 문제와도 관련되어 있다.

비록 중국공산당이 영도하는 혁명이 '농업을 주요 경제로 하는 혁명'[8]이거나 '농촌이 도시를 포위하는' 혁명의 길이라 할지라도, 중국혁명의 영도계급은 반드시 노동자계급이어야 하고, 중국공산당은 반드시 노동자계급의 선봉대로서 혁명과 건설을 영도해야 한다. 중국공산당은 농민이 중국혁명의 확실한 주력군이지만 농민을 주력군으로 하는 혁명은 오직 프롤레타리아계급의 영도하에서만 전통적인 농민혁명의 논리로 나아갈 수 있고 그러한 방향이 시대가 요구하는 현대민주혁명에 부합한다고 인식하였다.[9] 오직 프롤레타리아계급의 영도하에서만 중국혁명은 자산계급 민주혁명의 완성 이후에 사회주의혁명으로 전환된다. 그러나 중국에서 자본주의의 발전은 제한적이고 속도도 비교적 느리다. 이것이 노동자계급이 중국사회에서 가장 강대한 역량이 아니라는 것을 결정하였다. 이러한 이유로 노동자계급의 영도는 반드시 노동자와 농민의 연맹의 기초 위에서 건립되어야 한다. 그리고 이러한 영도는 반드시 그 선봉대인 중국공산당을 통해 실현된다.

모든 중국혁명의 논리에서 보면, 영도권은 실제로 노동자계급에 귀속된다. 이것과 노동자계급 자체의 역사 지위는 상호 간에 관련성이 있다. 동시에 중국혁명의 역사 방향과도 관련을 맺고 있다. 이 점에 대한 중국공산당의 기본 이론은 다음과 같다. "인류사회는 필연적으로 계급사회에서 계급이 없고 착취와 압박이 없는 사회로 나아간다. 이것은 사람의 의지에 의해서 변화해가는 것이 아니며 사회변혁의 역량을 영도하

---

8    毛澤東, "井岡山的鬪爭", 『毛澤東選集(第一卷)』(北京: 人民出版社, 1991), p.79.
9    瞿秋白, "國民革命中之農民問題", 『瞿秋白選集』(北京: 人民出版社, 1985), pp.304-305.

는 것으로부터 변화한다. 오직 노동자계급만이 현실 대공업과 매우 긴밀하게 연계하여 엄격한 조직성과 기율성을 가지고, 혁명의 확고화와 철저함을 풍부히 한다. 또한 전 인류의 해방을 자신의 책무로 하여 선진 생산력과 생산관계를 대표하며, 전체 인민의 근본적인 이익을 대표한다. 노동자계급의 이러한 역사적 지위와 역할은 다른 어떠한 계급으로도 대체할 수 없는 것이다."[10] 따라서 프롤레타리아계급의 영도는 중국이 사회주의혁명과 현대화 발전을 추진하는 필연적인 요구이다. 노동자계급의 영도는 중국혁명의 현대성을 부여하는 동시에 중국혁명의 인민성을 부여한다. 마찬가지로 혁명의 승리 이후 프롤레타리아계급의 영도는 국가발전의 현대성을 부여하는 동시에 중국 국가의 인민성을 부여한다. 그러나 중국처럼 농업과 농촌 그리고 농민이 상당히 큰 비중을 차지하는 국가에서는 프롤레타리아계급의 영도로 나타나는 노동계급의 해방과 주인 됨이 노동자와 농민의 연맹을 통해서도 나타난다. 노동자와 농민의 연맹이 없는 프롤레타리아계급의 영도는 노동이 최대한도로 해방될 수 있는 사회주의혁명의 본질적인 방향을 실현할 수 없다. 이는 또한 프롤레타리아계급의 영도가 중국의 현실에서 이러한 계급의 성장과 효과적인 노력에 기대어 실현될 뿐만 아니라 이러한 계급의 선봉대 조직에 필요한 중국공산당의 효과적인 영도로 실현된다는 것을 의미한다. 취치우바이(瞿秋白)는 당시에 "노동자계급이 혁명의 주도권을 획득하기 위해서는 반드시 노동자계급정당 자체적으로 정확한 전술을 확보해야 한다."[11]고 명확하게 지적하였다.

영도권은 노동자계급에 속하고 당은 영도권 운용의 주체이다.[12] 앞

10    中共中央文獻研究室 편,『毛澤東鄧小平江澤民論黨建設』(北京: 中央文獻出版社, 中共中央黨校出版社, 1998), p.544.
11    瞿秋白, "誰能領導革命",『瞿秋白選集』(北京: 人民出版社, 1985), p.323.

서 분석한 논리에 근거하여, 당은 영도권을 공고히 하기 위해 자신이 장악하고 있는 영도권을 통해 혁명과 건설의 목표에 도달해야 하고 당의 영도는 반드시 시종일관 다음 세 가지를 견지해야 한다. 첫째, 당은 시종일관 노동자계급의 선봉대 성격을 견지해야 한다. 즉, 중국공산당은 노동자계급의 정당이고, 선진 생산력의 발전 방향을 대표하는 정당이며, 광범위한 인민대중의 근본 이익을 대표하는 정당이다. 둘째, 정치적으로 시종일관 노동자계급의 영도 지위를 견결히 수호하고 인민의 주인됨을 지지하고 영도해야 한다. 프롤레타리아계급의 영도 지위가 흔들리면 당 영도의 계급 기초와 합법성 기초도 필연적으로 흔들릴 수밖에 없다. 셋째, 시종일관 노동자와 농민의 연맹을 수호하고 이를 발전시켜 노동자와 농민이 혁명과 건설의 주력군이 되도록 한다. 노동자와 농민의 연맹을 수호하고 발전시키는 관건은 혁명과 건설을 포함하여 중국공산당이 반드시 항상 농민문제에 관심을 가져야 한다는 것이다. 농민문제에 대한 관심이 충분하지 않고 해결이 힘을 받지 못하면 노동자와 농민의 연맹도 안정적이지 못하다. 노동자와 농민의 연맹이 안정적이지 못하면 노동자계급의 영도 지위도 공고화되지 못하고 당의 영도도 효과적으로 실현할 수 없다.

　노동자계급의 선진성은 생산과 발전에 기반한 현대산업과 긴밀히 서로 관련되어 있다. 따라서 상술한 세 가지 관점에 정치적인 노력과 조직적인 안배가 필요하다 하더라도 보다 더 중요한 것은 현대경제의 발전에 필요한 발전이다. 왜냐하면 오직 경제와 사회의 발전만 유지된다면 노동자계급이 현대산업과 함께 발전하며 그 선진성과 영도 지위도

---

12　마오쩌둥은『인민민주독재를 논함』에서 '인민민주독재'를 다음과 같이 진술하고 있다. "노동자계급이 (공산당을 통해) 영도하고 노동자와 농민의 연맹을 기초로 하는 인민민주독재",『毛澤東選集(第四卷)』(北京: 人民出版社, 1991), p.1480.

보다 안정적인 물질적 기초와 생산형태의 지지를 가질 수 있기 때문이다. 이와 동시에 노동자와 농민의 연맹이 필요로 하는 농민문제의 해결은 더 넓은 자원적·정책적 공간을 갖게 된다. 따라서 영도권을 행사하는 중국공산당은 중국혁명의 성공적인 경험을 총결해야 한다. 중국혁명을 전국적으로 끊임없이 추진하는 것과 같이 중국의 경제와 사회 발전을 끊임없이 추진해야 한다. 오직 중국공산당만이 혁명을 장악할 수 있고 그래야 노동자와 농민 대중을 동원하고 조직할 수 있다. 동시에 당도 오직 노동자와 농민 대중을 동원하고 조직해야만 최종적으로 혁명의 성공을 결정할 수 있다. 이것은 중국공산당이 중국혁명의 성공을 영도하는 기본 원리이다. 이러한 원리를 기반으로 당은 인민을 영도하여 현대화 건설을 추진한다. 현재까지의 나타난 개혁개방의 성과는 중국공산당이 발전을 장악하였을 때에만 대중의 적극성과 창조성을 고양시킬 수 있다는 것을 증명하고 있다. 마찬가지로 오직 당만이 대중의 적극성과 창조성을 끓어오르게 만들고, 게다가 그것이 발전하는 과정에서 진보와 발전을 얻어내야만 중국공산당은 개혁의 발전과 사회주의 현대화 사업을 영도하는 최종적인 성공을 이룰 수 있다.


## III. 통일전선

국가발전과 당 영도가 긴밀하게 연계되었다는 조건하에서 당이 영도권을 이용하여 형성한 영도는 전방위적인 것이다. 이러한 전방위적인 영도는 영도자에게 권력이 고도로 집중됨으로써 나타나는 것이 아니라 영도자가 전체 민중과 사회 그리고 국가를 장악하는 것으로 나타난다. 당은 탁월한 성과를 갖춘 영도 실천을 통해 진정으로 전체 국가와 사회발전의 중추적 역량이 된다. 혁명의 시기나 집권의 시대를 막론하고 중국 공산당이 취득한 일련의 성공은 모두 전방위적인 영도를 확립한 것과 긴밀한 관계를 갖고 있다. 중국공산당은 영도혁명 과정에서 점점 이러한 전방위적인 영도를 형성해나갔다. 당의 모든 혁명 과정과 국가의 앞길에 대한 영도는 시간에 따라 전개된 것이고, 당을 대표하는 노동자계급의 노동자와 농민의 연맹에 대한 영도는 시공간상에서 전개된 것이다. 실제로, 공간상에서 전개된 당의 영도는 노동자와 농민의 연맹 외에 당의 기타 정치와 사회 역량에 대한 영도이다. 중국공산당은 공간상에서 형성된 이 두 가지 영도를 통칭하여 '통일전선'에 대한 영도라고 부른다. 1953년에 마오쩌둥은 "현재 두 종류의 통일전선과 두 종류의 연맹이 있다. 하나는 노동자계급과 농민의 연맹이며 이것이 기초이다. 다른 하나는 노동자계급과 민족자산계급의 연맹이다."[13]라고 개괄하였다.

노동자와 농민의 연맹은 중국공산당의 생존과 발전의 기초이기 때문에 대부분의 경우 통일전선은 주로 이 연맹으로 지칭된다. 이러한 연맹은 중국공산당과 노동자와 농민 대중 외에 적극적이고 단결할 수 있는 각종 사회와 정치 역량의 연맹이다. 혁명 시기에 이러한 연맹은 '나를 강하게 하고 적을 약하게 하는[强我弱敵]' 역할을 하였으며 모든 정치력의 구조를 바꿔버렸다. 이러한 연맹은 집권 시기에 대중 단결과 사회 통합 그리고 이익 협조의 역할을 하였으며 국가의 내재적 통일과 단결을 촉진하였다.

통일전선의 구체적인 문제에 대해서는 이 책의 후반부에서 다시 분석하고자 한다. 여기서는 주로 당의 통일전선에 대한 영도문제를 분석

---

13    毛澤東, "反對黨內的資産階級思想", 『毛澤東選集(第五卷)』(北京: 人民出版社, 1977), p.93.

한다. 통일전선의 출발점은 중국공산당이 광범위한 계급과 당파 연맹의 건립을 통해 자신을 장대하게 하고 기초를 공고히 하여 확대하는 동시에 당의 전략 목표가 각 방면의 역량의 지지를 획득함으로써 효과적으로 전략이 실현되도록 보증하는 것이다. 따라서 이러한 연맹은 자연스럽게 중국공산당을 영도의 중심으로 하고, 이론적으로도 당이 영도권을 갖게 된다. 그러나 통일전선이 연합해온 여러 가지 사회 및 정치 역량은 공허한 것이 아니라 실질적으로 특정 계층과 조직, 단체의 이익을 대표하고 자신의 이익 방향과 가치 취향, 행동 방향을 가지고 있다. 따라서 당이 만들어낸 이러한 계급과 당파 연맹은 필연적으로 다른 관념과 이익, 주장의 협조 그리고 문제의 통합을 필요로 한다. 당의 통일전선에 대한 영도의 중요한 임무 가운데 하나는 연맹 내부에서 어떻게 이익과 주장을 효과적으로 통합하고 당의 영도를 유지하느냐이다. 중국공산당은 이러한 정치연맹이 공고하고 적극적인 역할을 하기 위해서는 반드시 핵심적인 역량을 가진 영도가 있어야 한다고 줄곧 굳게 믿고 있다. 만약 "우두머리가 망하면 따르는 사람들도 뿔뿔이 흩어지게 되는" 현상이 나타나게 된다면, 그리고 계급과 정당 연맹의 성격에 변화가 발생한다면, 기타 정당 혹은 정치역량의 정치연맹이 되는 것이다. 따라서 일단 당이 영도권을 방기하면, 어떠한 결과가 생기든지 간에 중국공산당은 중국혁명과 건설을 영도하는 데 중요한 정치적 기초를 잃게 된다. 그리고 이것은 중국공산당이 영도하는 사업에 직접적인 충격과 피해를 초래한다. 따라서 마오쩌둥은 "중국 신민주주의혁명이 승리하는 데 전 민족, 절대다수 인구의 가장 광범위한 통일전선이 없다면 불가능하다. 비단 이뿐만 아니라 이러한 통일전선은 반드시 중국공산당의 굳건한 영도 아래 있어야 한다. 중국공산당의 강력한 영도가 없다면 어떠한 혁명통일전선도 승리할 수 없다."[14]라고 말하였다.

통일전선의 성격과 사명에서 출발하여, 당의 굳센 영도는 당의 각
종 외부 역량에 대한 직접적인 통합과 통제로 발현되어 나타나는 것이
아니라 당이 적극적으로 각종 외부의 역량을 단결시키고 연합하는 것
으로 나타난다. 그리고 이러한 역량은 당의 혁명과 건설에 대한 영도에
서 중요한 버팀목이자 협력 역량이 된다. 따라서 통일전선 문제에서 당
의 영도권은 '권(權)'에서 체현되는 것이 아니라 '영(領)'과 '도(導)'에서
체현된다. '영'은 당이 혁명과 건설을 충분히 장악하는 대국적인 견지에
서 나타나는 것으로, 이론과 전략 그리고 제도 측면에서 끊임없이 새로
운 공간과 경지를 열었다. '도'는 당이 단결할 수 있는 모든 역량을 적극
적으로 연합하고 단결시키는 것으로부터 나타난다. 그리고 이것은 동원
할 수 있는 모든 긍정적인 요소를 동원하고 이러한 역량과 요소를 당과
국가사업의 안으로 끌어들여서 공동으로 사회의 진보와 국가의 발전 그
리고 민족의 부흥을 촉진한다. 따라서 당의 통일전선에 대한 영도는 영
도를 위한 영도가 아니라 통일전선을 발전시키고 이를 발휘하기 위한
영도이다. 마오쩌둥은 "영도권이라는 것은 하루 종일 큰 소리로 외치는
구호가 아니며 오만한 기세로 거만스럽게 다른 사람에게 내게 복종하라
고 하는 것도 아니다. 당의 정확한 정책과 자신의 모범적인 업무로 당외
인사를 설득하고 교육하여 그들이 원하게 만들어서 우리의 건의를 받아
들이게 하는 것이다."[15]라고 말하였다.

　　이와 같은 분석을 통해 볼 때, 당의 통일전선에 대한 영도는 통일
전선 영도 그 자체이지 국가의 혁명과 건설을 장악하고 영도하는 현대
화 과정 자체가 아니다. 왜냐하면 만약 당이 국가와 사회 발전의 큰 틀
에서 모든 사회가 분투해야 하는 목표와 공동의 이상을 확립하지 못한

---

14　毛澤東, "目前形勢和我們的任務", 『毛澤東選集(第四卷)』(北京: 人民出版社, 1991), p.1257.
15　毛澤東, "抗日根據地的政權問題", 『毛澤東選集(第二卷)』(北京: 人民出版社, 1991), p.742.

다면 사상적으로 당외의 각종 역량뿐만 아니라 당이 함께 분투하는 연합끼 단결을 이뤄낼 수 없다. 공동의 분투 목표아 이상이 없고 단지 조직관계상의 연합만 있다면 진정한 통일전선을 이뤄낼 수 없다. 따라서 당의 통일전선에 대한 영도와 당이 국가와 사회 발전의 서로 다른 역사 시기에 제기한 각각의 시대적 주제와 역사적 임무는 긴밀하게 연계되어 있다. 혁명과 건설의 서로 다른 역사 시기에 당은 각각의 시대적 주제와 역사적 임무에 근거하여 통일전선을 자리매김하고 발전시켜왔다. 순차적으로 노동자-농민민주통일전선, 항일민족통일전선, 인민민주통일전선, 애국통일전선 등 서로 다른 역사 시기를 경험하였다. 그리고 중국공산당이 시대의 발전과 정세의 변화 그리고 시대에 맞게 조정한 통일전선의 위상과 방향에 근거하여 당의 통일전선에 대한 영도가 혁명과 건설의 실천 과정에서 끊임없이 강대한 정치역량을 발산시켜왔다는 것을 역사가 증명하고 있다. 이러한 각도에서 보면 통일전선의 당 영도권에 대한 요구가 시험하고 있는 것은 주로 당의 당외 역량과의 단결과 연합 능력이 아니라 당이 국가와 사회 발전을 파악하는 변화 상황과 전진 방향의 능력이다. 중국공산당이 끊임없이 강해지고 하나의 승리에서 또 다른 승리를 만들어내는 혁명의 기적 그리고 모든 혁명의 역사 과정과 서로 다른 시대의 구체적인 임무에 대한 당의 정확한 파악은 서로 나눌 수 없는 것이다. 당이 혁명시대에 장악하였던 모든 깊이 있는 실천은 각각의 수준에서 통일전선을 심화하고 공고화하였으며 보다 거대한 범위와 공간에서 통일전선의 법보와 같은 역할을 하였다.

## IV. 영도제도

중국이 현대화에 매진한 역사의 논리를 보면, 노동자계급은 중국의 혁명과 건설의 영도계급이었다. 이는 시대적 요구이며 중국혁명에 대한 사명의 요구이자 중국 사회발전의 역사적 추세와 목표와 부합한다. 그러나 자본주의가 중국에서 덜 성숙하였기 때문에 노동자계급의 규모와 본질 모두 상당히 제한적이다. 중국공산당의 초기 지도자인 덩중샤(鄧中夏)는 1923년에 저술한 『노동자 운동을 논함』에서 "현재 중국은 산업이 아직 발달하지 못하였기 때문에 신형 공업에 종사하는 노동자는 63만여 명을 넘지 못하고 있고 통계에 잡히지 않는 수를 더해도 그 규모는 1백만여 명을 넘지 않는다. 규모 측면에서 이러한 수치는 실제 4억여 전체 인구에 비해 매우 적은 숫자이다."[16]라고 적고 있다. 이는 노동자계급을 영도로 하는 혁명이 혁명의 정세와 요구에 기초해서 만들어지는 것임을 결정하고, 파업 등과 같은 형식의 노동자 운동을 초월할 것을 요구하고 있다. 반드시 조직, 동원, 행동, 목표, 시스템이 있는 혁명을 형성해야 한다. 이는 노동자계급의 정당으로서 중국공산당이 혁명의 영도와 추동의 전 과정에서 점차 완전한 영도제도를 형성하였고 이를 통해 혁명에 대한 전면적인 영도를 실현하였다는 것을 의미한다. 중국공산당이 진정으로 완전한 영도제도의 건립을 생각한 것은 대혁명의 실패 이후이다. 1927년 5월에 취치우바이(瞿秋白)는 "우리들은 과거에 무산계급 영도권 문제에 대해 매우 깊이 천착하고 있었다. 이전의 영도권은 단지 대중운동을 지도하는 것이었다. 심지어 정권과 군권은 무산계급 영도의 바깥에 있었다. 현재 무산계급 영도권의 초기 형식은 충분하지

---

16    鄧中夏, "論工人運動", 『鄧中夏文集』(北京: 人民出版社, 1983), p.42.

않다. 현재의 무산계급은 반드시 혁명적 정권에 참가해야 하며 혁명 중의 무력을 지도해야 하고, 군대에서의 지휘는 계속해서 진정으로 혁명에 충성하는 것으로 대체되고 보충되어야 하다. 군대 자체는 직접적으로 노동자의 이익에 관심을 쏟아야 한다."라는 호소를 명확히 제기하였다.[17] 이러한 호소는 매우 빠르게 중국공산당의 구체적인 실천으로 변화되었다. 마오쩌둥은 1928년 11월에 중앙에 보낸 보고에서 당이 징강산(井岡山) 투쟁을 영도하는 과정에서 군대를 건립하고 정권을 건설한 상황을 보고하였다. 당의 핵심 영도 원칙 가운데 하나로서 '지부 건설'의 실천이 이로부터 시작되고 확립된 것이다.

당의 영도제도는 당이 전체 혁명과 건설을 영도한다는 논리에서 탄생하였다. 반대로 말하면, 이 논리는 당의 영도제도가 전방위적인 제도이고 당이 영도하는 모든 부분에 연결되어 있으며 당 자체의 조직에만 국한되는 것이 아니라 군대, 국가, 사회에도 연결되고 심지어 정치영역, 경제영역, 사회영역, 문화영역에까지도 연결되어 있다는 것을 의미한다. 이러한 전방위적인 제도체계를 통해 당은 혁명을 조직하였고 정권과 국가, 사회를 건설하였으며 이데올로기와 문화를 구성하였다. 그리하여 중국의 혁명과 건설의 전체 과정에서 그리고 그것이 미치는 각 방면에서 당의 영도제도의 역할이 전개되었다. 그리고 그 결과 당이 중국사회의 진보와 발전을 영도하는 데서 자주적인 제도체계를 구비하였다. 또한 당은 이러한 제도의 운영을 통해 이에 상응하는 영역 그리고 이 영역에 상응하는 제도적인 것을 움직였다.

당이 건립한 영도제도로부터 당의 영도권 실현에 필요한 제도 기반을 갖추게 되었다. 이와 동시에 당 영도권의 실현은 영도제도 자체의 건

---

17    瞿秋白, "論中國革命中之三大問題", 『瞿秋白選集』(北京: 人民出版社, 1985), p.364.

전화와 완성도를 결정하는 데 기여하였다. 그러나 문제는 당이 영도제도를 통해 모든 제도를 대체할 수 있다고 생각하지 않으며 이에 따라 당영도의 실천을 결정할 뿐만 아니라 기타 제도와의 상호작용의 상황을 결정한다는 데 있다. 이는 일부 기간 동안 당의 영도에서 영도제도가 필요하다는 것을 의미한다. 그러나 당이 영도제도를 통해 실현하고자 하는 영도는 권력이 영도 대상에 직접적인 역할을 하는 과정이 아니라 영도제도와 관련 제도 간의 상호 소통과 연동의 과정이다. 그러나 실천 과정에서 다음과 같은 문제가 나타날 수 있다. 영도의 관점에서 당의 영도제도가 상호 소통과 연동 과정에서 주도적인 지위를 차지하는 것은 어렵지 않으며, 이 과정에서 상호 관련된 제도는 당의 영도제도에 종속된다. 그러나 당의 영도가 해결하고자 하는 구체적인 문제의 관점에서 보면, 관련 영역의 구체적인 제도는 진정으로 문제를 해결하는 제도이다. 일단 이러한 제도적 논리가 당의 영도제도 논리에 의해 '수정' 혹은 '대체'되면, 관련 제도의 문제해결 능력과 그 효과 또한 낮아질 수 있다. 이러한 상황이 최종적으로 영향을 미치는 것은 당의 영도 자체이다. 이러한 두 가지 문제는 당이 영도제도를 건립하기 시작하면서 나타났으며 시시각각 당의 영도 능력을 시험하고 있다. 마오쩌둥은 징강산 투쟁을 영도하던 시기에 이러한 문제를 발견하였고 해결하기 위해 노력하였다. "대중들에게 당은 거대한 권위가 있지만 정부의 권위는 그렇지 못하다. 이는 수많은 일들이 편리함만을 도모하기 때문이다. 당은 일들을 직접 처리하는 반면, 정권기관은 그대로 방치한다. 이러한 상황은 매우 흔하다. 정권기관 내에 있는 당 단체와 조직이 어떤 곳에서는 없다. 그리고 어떤 곳에서는 있어도 완전무결하지 않다. 이후에 당이 정부를 영도하는 임무를 집행하려면 당의 주장 방식이 집행 과정에서 반드시 정부조직을 통해야 한다. 국민당이 직접 정부에 명령을 내리는 착오적인 방법을 피해야 한다."[18]

이를 통해 알 수 있듯이, 당이 효과적으로 영도권을 실현하려면 영도제도를 갖추는 것만으로는 충분하지 않다. 왜냐하면 영도제도는 그 본질상 한계가 있기 때문이다. 당의 영도 자체에 대해 말하자면, 당은 영도의 범위와 영역을 기반으로 영도제도를 건립한다. 그러나 당 영도의 사명 측면에서 보면, 혁명과 현대화의 근본적인 목적은 현대화된 국가와 사회의 건설이다. 현대화된 국가와 사회는 제도화, 즉 내재적 제도체계를 말한다. 따라서 당의 영도제도는 제도의 성장과 역할을 제한해서는 안 되고 오히려 적극적으로 이러한 제도를 양성하고 발전시켜야 한다. 이는 실제로 영도제도에 대해 특수한 역할의 필요성을 제기하였기 때문이다. 즉, 당의 영도를 실현하고 국가 내에서 사회의 제도화 발전을 촉진하는 것이다. 실제로 건설 시기가 이와 같았을 뿐만 아니라 혁명시기도 이와 같았다. 동비우(董必武)는 1940년에 당정관계에 대해 "당의 정부에 대한 영도는 형식적으로 보면 직접적인 관할이 아니다. 당과 정부는 두 종류의 서로 다른 조직 시스템이다." "당이 독단적으로 업무를 수행하는 것은 극단적으로 불리하다. 정부가 유명무실해지고 법령은 효력을 가질 수 없다. 정부가 반드시 진정한 권한을 가져야 한다."[19] 라고 지적하였다. 영도제도의 영도권 실현에 대한 유한성은 당 영도권의 실현 방식이 반드시 다원적이어야 함을 결정하였다. 영도제도 외에도 반드시 사상영도와 조직영도 그리고 정책영도 등이 갖춰져야 한다. 당이 효과적으로 영도하려면 반드시 서로 다른 조건하에서 서로 다른 상황과 대상에 견주어 이러한 영도 방식과 수단에 대해 서로 다른 효과적인 조합을 추진해야 한다. 즉, 어떻게 보더라도 영도제도는 당의 영도

---

18   毛澤東, "井岡山的鬪爭", 『毛澤東選集(第一卷)』(北京: 人民出版社, 1991), p.73.
19   董必武, "更好地領導政府工作", 『董必武選集』(北京: 人民出版社, 1985), pp.54-55.

에 대해 여전히 가장 근본적이다.

반드시 주의할 점은 당이 수립한 영도제도의 최초 원칙이다. 더욱 고려해야 할 점은 당의 영도를 어떻게 실현하는가에서 출발하여 그 중심이 당이 어떻게 자신, 군대, 정권, 대중, 생산, 생활 등을 영도하는가의 문제를 해결하는가이다. 영도 업무를 둘러싸고 만들어진 영도제도는 당이 상응하는 영역의 영도를 확보하는 동시에 실제적으로 당에 구체적인 영도권력을 부여했다. 게다가 영도제도는 당내 제도화를 보장하는 권력이다. 이는 당의 영도제도가 구비하고 있는 정치적 우위, 아마도 관련 영역의 제도 성장에 영향을 주는 동시에 당의 영도제도에 대해 생성되었던 권력의 남용으로 나타날 가능성으로 이어진다. 이러한 남용은 필연적으로 당 영도의 합법성과 권위성에 직접 영향을 줄 수 있다. 따라서 당의 영도제도 건설은 당이 어떻게 전체 국면에 대한 영도문제를 실현할 것인가를 해결하는 것뿐만 아니라 당의 영도제도 자체에 대한 제도화와 규범화 그리고 절차화의 문제를 해결하는 것이다. 이것은 당의 영도제도가 어떻게 당 자신의 영도, 조직, 운영 등 전면적인 제도화와 규범화 그리고 절차화를 실현하여 제도화된 정당이 되느냐의 문제이다. 만약 후자가 충분히 해결될 수 없다면 당이 영도를 실현하고 구축해온 영도제도는 실천하는 중에 변화할 것이다. 이로 인해 영도하는 영역의 제도와 상호 소통하는 관계를 형성할 수 없게 될 수 있고 결과적으로 당의 영도에 피해를 끼칠 수도 있다는 것을 그간의 실천이 증명하고 있다. 중국공산당의 다년간의 실천과 경험 그리고 교훈에서 덩샤오핑은 이 부분에 대한 중요성을 매우 분명하게 인식하였다. 덩샤오핑은 '문화혁명'의 종료 이후 개혁개방을 시작하는 시기에 다음과 같은 의견을 표명하였다. "우리들이 과거에 겪었던 여러 가지 착오, 물론 여러 지도자들의 사상이 사업 작풍과 관련이 있었지만, 조직제도와 업무제도 방면의 문제가 더욱 중요하였다. 이러한 여러 방면의 좋은 제도는 나쁜 사람들이 임의적으로 행동하지 못하게 한다. 그러나 제도가 좋지 않으면 좋은 사람들이 충분히 좋은 일을 할 수 없게 만들 수 있고 심지어 반대로 하게 할 수도 있다. 즉, 비록 마오쩌둥과 같은 위대한 인물도 여러 좋지 않은 제도의 엄중한 영향을 받아서 국가와 기타 사람들에게 매우 큰 불행을 만들어냈다."[20]

위에서 언급한 분석은 영도제도가 영도권의 실천으로 시작되지만 그 사명은 당의 영도 실현을 보장하는 동시에 당의 모든 영도 방면에서의 성장과 진보를 촉진하고 당 자신의 완성과 발전을 촉진한다는 점을 설명하고 있다. 영도제도는 표면적으로 당의 영도권 실천의 제도 안배로 나타나지만 실제로는 반드시 당의 완성 그 자체이며 국가와 사회의 진보와 발전을 추진하는 제도의 안배이다. 따라서 이것이 말하는 당의 영도제도는 일종의 권력제도이며 업무제도와 조직제도를 말하는 것은 아니다. 업무제도는 상대적으로 당이 그 조직 외의 사무를 영도한다는 말이며, 조직제도는 당의 영도 자체에 대한 말이다.


## V. 국가건설

오늘날의 중국은 혁명 중에 탄생하였고 건설 중에 성장한 국가이다. 그러나 이 국가는 자신의 발전 논리에 따른 내생적 성장이 아니라 현대화의 충격에 대응하여 국가와 민족이 위기에서 벗어나고 중화민족의 위대한 부흥을 실현하고 구축하는 과정에서 만들어졌다. 중국이 구축하려던

---

20    鄧小平, "黨和國家領導制度的改革", 『鄧小平文選(第二卷)』(北京: 人民出版社, 1994), p.333.

현실적 기초는 이 사회와 민족의 국가독립, 인민행복, 민족부흥에 대한 강렬한 기대이다. 따라서 중화인민공화국은 일종의 새로운 경제, 사회, 문화를 위해서 구축되었다. 이러한 '새로운' 것은 사회주의의 내재적 요구와 현대화 논리에 기초해서 형성되었다. 이것은 낙후한 국가가 현대화로 나아가는 통상적인 논리이다. 즉, 혁명적으로 새로운 국가를 건설하고, 새로운 국가가 현대화를 만들며 현대화 발전이 다시 새로운 국가의 현대화를 실현한다는 논리이다.

중국공산당 또한 이러한 논리하에 혁명과 건설을 영도하고 "중화민족의 새로운 사회와 국가를 건설하는 데" 노력하고 분투하였다. 따라서 당의 혁명 영도의 성공도 당이 진정으로 국가건설의 주체가 되었다는 것뿐만 아니라 국가건설의 사명을 짊어지게 되었다는 것을 의미한다. 이와 같이 당의 영도와 국가건설은 긴밀하게 연계되어 있다. 그리고 영도권을 잘 장악하는 것이 국가건설의 중요한 정치적 전제가 되었다. 당이 영도권을 잃으면 새로운 사회와 국가의 건설도 그것을 지탱하는 축과 건설의 주체를 잃는다. 따라서 영도권이라는 것은 정당의 측면에서 보면 국가건설의 사명을 독립적으로 짊어지는 것이라고 할 수 있다.

당은 영도권을 가지고 있기 때문에 국가건설의 축과 중심이 된다. 마찬가지로 영도권은 당 때문에 국가건설의 동력과 기제가 된다. 국가건설의 측면에서 영도권의 본질은 국가건설의 방향을 장악하는 데 있고, 국가건설의 기초를 다지는 데 있으며, 국가건설의 받침대를 세우는 데 있고, 국가건설의 자원을 개발하는 데 있으며, 국가건설의 성과를 공고히 하는 데 있다. 영도권은 이처럼 복잡하고 체계적인 영도 행위를 통해 실현되는 것으로, 정치영도, 사상영도, 조직영도, 정책영도, 제도영도 등으로 나타난다. 영도권이 내포하고 있는 내재적인 역사적 사명은 이러한 영도의 실천이 반드시 현대화의 역사 방향과 사회주의의 내재적 규정을 참고하도록 하였다. 이를 위해서 중국공산당은 시종일관 당의 영도를 강조하였다. 이는 주관주의적 영도여서는 안 된다. 반드시 객관적 법칙을 존중하는 것으로 중국사회의 발전을 영도해야 한다. 구체적으로 인류문명의 발전법칙과 사회주의 건설 그리고 중국사회 발전의 법칙을 존중해야 한다. 중국공산당은 이것을 마르크스주의 정당이 국가건설과 사회발전을 영도하는 데 반드시 순환되어야 하는 기본 원칙과 역사유물주의의 기본적인 구현으로 인식한다. 1987년에 덩샤오핑은 미국 기자와의 대담에서 다음과 같은 기본 정신을 언급하였다. "나는 마르크스주의자이다. 나는 줄곧 마르크스주의의 기본 원칙을 따르고 있다. 마르크스주의는 다른 말로 공산주의라고 부른다. 우리는 과거에 혁명에 참가하였고, 천하를 차지하고 중화인민공화국을 건립하였다. 이는 이러한 신념과 이상을 가지고 있었기 때문이다. 우리는 이상을 가지고 있다. 그것은 마르크스주의의 기본 원칙을 중국의 실제와 결합하는 것이다. 그래야 우리는 승리를 쟁취할 수 있다. 혁명의 승리 이후의 건설에 있어서도 우리는 마르크스주의의 기본 원칙을 중국의 실제와 결합하였다. 우리는 4개 현대화 건설을 추진하고 있다. 사람들이 늘 잊어버리는 것은 어떠한 현대화이냐이다. 그것은 사회주의 현대화이다. 이것이 우리가 지금 하려는 일이다." 이러한 언급으로부터 당이 영도권을 행사하는 데 있어서 반드시 따라야 하는 세 가지 원칙을 추출해낼 수 있다. 첫째는 사회주의의 요구에 부합하고 사회주의의 건설을 추진하는 것이다. 둘째는 현대화의 요구에 부합하고 현대화의 건설과 발전을 추진하는 것이다. 셋째는 중국의 국정(國情)에 부합하고 중국의 진보와 발전을 추진하는 것이다.

앞서 이미 언급하였듯이, 당의 국가건설과 사회발전의 영도 과정은 당이 국가와 사회 영역의 각종 제도의 성장을 육성하고 촉진하는 과정이다. 당이 자신을 영도하는 것은 강대한 제도 시스템을 갖추는 것이다. 그것은 육성되는 것이지 영도 영역을 대체하는 제도 시스템의 성장은 아니다. 관건은 영도제도를 운영하는 영도자가 영도의 사명의식, 책임의식과 끊임없이 혁신하는 영도방법을 갖는 것이다. 이를 위해서 중국공산당은 반드시 경제와 사회 발전의 영도 과정에서 끊임없이 영도체제와 영도방식을 개혁하고 조정해야 한다. 그렇게 해야 당의 영도가 현실적인 경제와 사회 발전의 변화에 적응할 수 있고 현실의 발전 과정에서 자신을 조정하는 데 적응할 수 있으며 자신을 조정하는 중에 새로운 성장 공간의 발전과 혁신의 양호한 발전 국면을 현실화할 수 있다. 따라서 당의 영도체제와 영도방식의 효과를 개선하는 것은 이중적이다. 첫째는 당이 변화 및 발전 중인 영도 지위와 영도영역을 보장하는 것이고, 둘째는 국가와 사회의 조직과 관리의 제도화를 끊임없이 추진하는 것이다.

　예컨대, 당의 영도권에 기초한 국가건설과 사회과정은 끊임없이 국가와 사회제도를 육성하는 것이며, 그것이 충분히 역할을 발휘되도록 하는 과정이다. 당의 영도제도와 영도방식은 반드시 이러한 과정 중에서 조정되고 변화해야 한다. 그 결과 당이 새로운 역사 조건하에서의 영도역할을 증강하는 동시에 국가와 사회제도 체계의 전면적인 성장을 추진하고, 국가와 사회가 진정으로 제도화, 법률화의 길로 나아가서 민주적인 법치사회주의 국가가 된다. 덩샤오핑은 개혁개방 초기에 이러한 원칙을 당과 국가영도제도의 개혁에 대한 자신의 주장과 생각에 충분히 담았다. 그 정신은 당의 중국 현대화 국가건설에 장구한 의의를 가지고 있다. 그 주요 내용은 다음과 같다.

　"준비를 갖추고 절차에 따라 당위원회 영도하의 공장장책임제, 경리책임제 등의 변화는 시범 지점을 거쳐 천천히 확대해야 한다. 각각 나누어 공장관리위원회를 추진하고 회사 이사회, 경제연합체의 연합위원회 영도와 감독하의 공장장책임제, 경리책임제를 추진한다. 그리고 당위원회 연도하이 교장, 원장, 수장 책임제 등에도 쥬비를 갖추고 절차에 따라 개혁을 추진해나가야 한다. 과거의 공장장관리제도는 장기간의 실천을 통해 보면 공장관리의 현대화에 도움이 되지 않으며 공업관리체제의 현대화에도 도움이 되지 않는다. 또한 공장 내부에서의 당 업무의 건전화에도 도움이 되지 않는다. 이러한 개혁을 실행하는 것은 당위원회가 일상 업무로부터 벗어나서 사상정치공작과 조직감독공작을 잘하는데 역량을 집중하려는 것이다. 이것은 당의 영도를 쇠약하게 하는 것이 아니며 오히려 당의 영도를 보다 개선하고 더욱 강화하는 것이다. 이들 단위의 행정 책임자들은 여러 관련 관리와 기술 방면의 전문지식 학습을 위해 노력해야 한다. 다시는 장기간 동안 각종 회의에 잠겨 있을 수 없고, 늘 문외한으로 머물러 있다면 우리는 영원히 현대화를 실현할 수 없다. 이들 동지 대부분은 당원들이며, 관리제도도 바뀌었다. 그들은 상급 행정부문의 행정영도를 받는 것 이외에도 상급 당 조직의 정치영도와 동급 당 조직의 감독을 받아야 한다. 동급 당 조직의 임무가 줄어들지 않은 상황에서 진정으로 당의 업무를 강화하였다. 공장, 회사, 학교, 연구소의 여러 당 조직은 모든 당원을 잘 관리해야 하고 대중사업을 잘해야 한다. 당원 각자가 자신의 직위에서 선봉적이고 모범적인 역할을 발휘해야 하고, 당의 조직이 진정으로 각 기업과 사업단위의 뼈대가 되어야 하며, 진정으로 모든 당원을 교육하고 감독해야 한다. 그리고 당의 정치노선의 집행과 각종 업무와 임무 완성을 보장해야 한다."[21]

위 분석을 종합하면, 중국공산당은 세 가지 방면에서 국가건설을 주도하고 있다. 첫째, 인류사회발전의 기본 법칙으로부터 국가의 사회

---

21    『鄧小平文選(第二卷)』1994年11月版, p.340.

역사형태를 확정하였고 중국 사회주의 건설의 길과 방향을 장악하였다. 둘째, 사회주의 국가건설로부터 출발하여 일련의 사회주의 국가제도체계를 구축하였으며 그 법률화와 제도화를 추진하였다. 셋째, 당 영도의 견지에서 출발하여 중국 발전을 추동하는 영도핵심역량을 구축하였으며 그 역할을 발휘할 수 있는 영도제도체계를 보장하였다. 후발 현대화 국가의 측면에서 말한다면, 국가발전의 방향을 잘 선택하고 국가운영의 제도를 완성하며 국가의 영도핵심을 공고히 하는 것은 국가건설의 기초이며 관건이다. 이러한 3대 관건을 장악하는 것이 국가 발전의 기본적인 보장이다. 이것이 중국공산당이 거대한 천 년 고국을 신속하게 현대화된 사회주의 국가로 발전시킨 성공적인 경험의 소재이기도 하다.

# 제7장

# 당과 군대

선봉대로서의 중국공산당은 중국혁명을 영도하는 역사적 사명을 짊어졌다. 혁명의 성패는 당의 사업과 국가의 앞날을 결정한다. 중국 사회주의의 성격과 중국공산당의 사명 그리고 중국혁명의 첫걸음이 무장투쟁을 통한 정권의 쟁취를 결정하였다. 마오쩌둥은 이에 대해 매우 이성적인 분석을 내놓았다. 그는 중국혁명이 유럽의 노동운동, 러시아의 혁명운동과 다르다고 생각하였다. "중국의 특징은 독립된 민주가 아니라 반식민지의 반봉건국가라는 것이다. 내부적으로 민주제도를 갖추지 못하였으며 봉건제도의 압력을 받았다. 외부적으로는 민족독립을 갖추지 못하였으며 제국주의의 압박을 받았다. 따라서 의회도 없었고 노동자의 파업을 조직할 합법적인 권리도 없었다. 여기에서 공산당의 임무는 기본적으로 장기적인 합법적 투쟁을 통해 봉기와 전쟁에 진입하는 것이 아니고 도시를 먼저 선점한 후에 농촌을 탈취하는 것도 아닌, 이와 상반된 길로 나아가는 것이다." "중국에서 주요한 투쟁 형식은 전쟁이며 주요한 형식은 군대이다."[1] 주요 경로는 농촌이 도시를 포위하고 최종적으로 도시

를 탈취하는 것이다. 이를 위해서 당이 중국혁명을 영도해야 하는데, 반
드시 무장투쟁으로 진행되어야 한다. 그리고 무장투쟁을 하기 위해서는
반드시 자신의 군대가 필요하였다. 이러한 혁명방식과 혁명논리는 중국
공산당의 확고부동한 신조, 즉 '총과 정권'을 단련시켰다. 동시에 중국
현대군대의 군혼(軍魂), 즉 '군대에 대한 당의 절대 영도'를 단련시켰다.
이러한 군혼이 중국 현대군대의 건설과 성장을 주재하고 있는 동시에
중국공산당의 혁명과 건설 영도의 성패를 결정하고 있다.

## I. 중심 기둥

근대 이래의 중국문제는 현대화와 밀접한 관계를 맺고 있다. 현대화는
인류사회발전이 만들어낸 보편적인 추구이다. 그러나 현대화 과정에서
모든 국가들에서는 각각의 상이한 정세를 기반으로 구체적인 실천논리
가 다르게 나타났다. 후발 외생형 현대화 발전국가의 경우, 이 국가들은
보편적으로 현대화 발전에 대해 '새로운 정치'의 추구를 목표로 하였다.
이는 현대화의 충격이 전통 정치체계의 실패를 가져오고 심지어 붕괴까
지 초래하였기 때문이다. 이러한 조건하에서 혁명의 필요성이든 새로운
정치체계를 통한 국가 통합의 필요성이든 간에 새로운 정치 중심의 구
축을 필요로 하였다. 만약 새로운 정치 중심이 전통 엘리트의 역량을 통
해 전환되거나 형성되지 못한다면, 필연적으로 새로운 정치 엘리트에
의해서 대체된다. 이 시기에 현대화를 위한 노력은 어떤 의미에서 새로
운 정치 엘리트가 구축한 정치 중심의 역량과 능력을 채택하게 된다. 저

---

1    毛澤東, "戰爭和戰略問題",『毛澤東選集(第二卷)』(北京: 人民出版社, 1991), pp.542-543.

명한 학자인 슈무엘 아이젠슈타트(Shmuel Noah Eisenstadt)는 이와 관련한 연구²를 진행하였는데, 그의 연구는 중국의 경험에도 매우 좋은 해석을 제공하고 있다.

쑨원이 영도한 혁명에 대해 앞서 여러 차례 언급하였다. 중국공산당 영도의 혁명과 쑨원 영도의 혁명은 혁명의 서열과 관련이 있고 혁명의 형태에서도 비슷한 점이 있다. 중요한 것은 두 혁명 모두 근대 중국을 멸망의 위기로부터 구하는 한편 생존의 도모와 현대화 발전이라는 덩굴 위에서 성장하였다는 것이다. 쑨원은 말년에 자신이 영도한 혁명이 신해혁명 이후에 계속 발전할 수 없었고 오히려 여러 번 좌절을 겪었다는 점을 인식하고 있었다. 주요 원인은 그가 영도한 정당이 민중을 일깨우지 못하였고 국가를 관리하지도 못하였다는 데 있다. 그는 혁명을 위해서 '러시아와의 연대, 공산당과의 연대, 노동자와 농민 원조'라는 3대 정책하에 레닌주의 정당을 모델로 하여 국민당을 개조하였다. 그리고 이 시기에 자신이 영도하는 혁명이 성공하기 위해서는 정당의 개조만으로 충분하지 않고 반드시 정당을 지탱할 수 있는 현대군대를 건립해야 한다는 것을 명확하게 인식하고 있었다. 쑨원은 최종적으로 러시아와 공산당과 연대하는 길로 나아갔다. 하지만 한편으로 그의 마음속에는 국민당을 개조하고 현대군대를 건립한다는 강렬한 기대가 서로 밀접하게 용솟음치고 있었고, 이로부터 국공합작(國共合作)이 이루어졌다. 국공합작은 국민당과 레닌주의 정당에 조직적 기초를 제공하였을 뿐만 아니라 양당 공동으로 현대군대를 건설하기 위한 조건을 제공하였다. 이런 이유로 유명한 황포군관학교(黃埔軍校)가 만들어졌다.

1929년 6월 16일 황포군관학교의 개학식에서 쑨원은 '혁명군'의

---

2    S.N. 艾森斯塔德, 張旅平等譯, 『現代化, 抗拒與變遷』(北京: 中國人民大學出版社, 1988) 참고.

혁명당에 대한 중요성과 그 관계에 대해 연설하였다. "둘은 같은 혁명
이다. 그러나 왜 우리들의 혁명이 러시아보다 오래 걸렸는가, 왜 직면한
장애가 러시아보다 컸는가, 혁명은 여전히 성공할 수 없는 것인가? 여
기서 얻을 수 있는 큰 교훈은 러시아혁명이 발생한 시기이다. 일반 혁명
에서는 당원이 선봉에 서서 러시아 황실과 투쟁을 진행하지만 일단 혁
명이 성공하고 나면 혁명군을 조직하게 된다. 그 후에 혁명군이 있기 때
문에 혁명당을 후원하게 되고 계속해서 투쟁을 한다. 따라서 이것이 수
많은 어려움을 만나도 충분히 단시간 내에 성공을 거두게 되는 이유이
다. 중국이 혁명을 추진하는 시기에 광둥(廣東)지역의 투쟁에서 활동
한 당원은 72명 정도의 열사들이었다. 각 성에서 헌신하고 분투한 당원
도 적지 않았다. 이러한 선열의 분투가 있었기 때문에 우창봉기가 일어
났고 각 성에 반향이 전파되었으며 결국 만주족의 청나라를 무너뜨리면
서 민국을 만들게 되었다. 즉, 혁명이 부분적으로 성공을 거두게 된 것
이다. 그러나 이후에 혁명군은 계속해서 혁명당을 지원하지 않았다. 따
라서 비록 일부분의 성공일지라도 오늘날에 이르러 생각해보면 일반 관
료 군벌은 감히 대담하게 중화민국의 첫날을 열수 없었다. 민국의 기초
를 하나도 갖추지 못한 것이다. 그 원인은 우리들의 혁명이 단지 혁명당
의 분투일 뿐 혁명군의 분투가 없었다는 것이다. 혁명군의 분투가 없었
기 때문에 일반 관료 군벌이 쉽게 민국을 농단할 수 있었고 우리의 혁명
은 완전한 성공을 이룰 수 없었던 것이다. 우리들은 오늘 이 학교를 열
려고 한다. 어떠한 희망이 있는가? 그 희망은 오늘부터 혁명 사업을 다
시 만드는 것이고 이 학교의 학생을 근본으로 삼아 혁명군을 만들어내
는 것이다. 좋은 혁명군이 있으면 우리들의 혁명 사업도 보다 더 성공할
수 있다. 만약 좋은 혁명군이 없다면 중국의 혁명은 영원히 실패할 것이
다. 그럼 어떠한 군대가 혁명군인가? 혁명당의 분투와 함께하는 군대가

혁명군이다. 중국혁명은 비록 13여 년을 지나왔지만 그 과정에서 함께
한 군대는 혁명당의 분투와 함께하였다고 볼 수 없다. 나는 이 자리에서
감히 말한다. 중국혁명의 13여 년의 과정에서 군대로서의 혁명군은 없
었다. 따라서 혁명당은 반드시 자신의 혁명군을 만들어야 한다. 신국가
건설에 뜻을 둔 혁명당은 혁명군을 조직해야 한다. 이것이 혁명의 성공
을 보증하는 동시에 신국가의 건설을 보증한다. 무릇 하나의 새로운 국
가를 건설하는 데 혁명군은 절대로 없어서는 안 된다."[3]

쑨원의 말을 정리하면 대략 다음의 세 가지로 정리할 수 있다. 첫
째, 정당의 발동(發動)과 혁명 영도에서 혁명의 최종 성패를 결정하는
것은 혁명군이다. 둘째, 혁명군이 혁명의 최종 승리를 결정하는 역량이
되려면 반드시 혁명당으로부터 조직되고 훈련되어야 한다. 그래야 조
직의 혁명성과 신념의 안정성이 보장된다. 그리고 혁명당과 함께 충분
히 분투한다. 셋째, 혁명군은 혁명의 성공을 보장하는 필수불가결한 것
이다. 동시에 새로운 국가건설에 있어서도 필수불가결한 것이다. 이 세
가지는 쑨원이 장기간의 혁명 실천 과정에서 인식한 것으로, 중국혁명
이 승리를 쟁취하기 위한 관건은 반드시 새로운 역량을 갖춘 정치 중심
을 만드는 것이라는 점을 설명하고 있다. 이러한 새로운 정치 중심은 분
명히 현대 정당과 그것이 만들어낸 군대로부터 구성된다. 당시에 이러
한 정치 중심의 역량을 보장하기 위해서 쑨원은 중국공산당과 결합하
였으며 황포군관학교를 공동으로 설립하였다. 분명한 것은 쑨원이 정치
중심을 장악하는 것이 국가의 앞길과 명운이 될 것이라고 생각하였다는
점이다. 그러나 쑨원의 사망 이후에 후임자들은 혁명과 현대화의 역사
논리에 따라 이러한 정치 중심을 육성하고 발전시키지 못하였다. 반대

---

3    孫中山, "在陸軍軍官學校開學典禮的演說(1924年6月16日)", 『孫中山選集』(北京: 人民出版
社, 1981), pp.915-926.

로 지엽적으로 그리고 사사로운 이익에 따라 정치 중심을 보았다. 그 결과 쑨원이 기대하였던 새로운 정치 중심은 파괴되었고 대혁명의 실패로 이어졌다.

그해에 쑨원이 자신이 영도하였던 혁명이 반드시 강대한 정당과 군대의 기초 위에 건립되어야 한다고 인식한 것처럼, 대혁명의 실패 이후에 중국공산당도 전면적인 중국혁명과 건설을 영도하는 역사적 사명을 담당하는 한편 강력한 정당의 영도 외에 반드시 혁명 무장이 필요하다는 것을 분명하게 인식하였다. 1935년에 마오쩌둥은 1927년 대혁명의 실패 원인을 반추하면서 "1927년 혁명 실패의 주요 원인은 공산당 내부의 기회주의 노선이며, 자신의 대오(노동자 농민 운동과 공산당 영도의 군대)를 확대하려고 노력하지 않고 단지 잠시 동맹을 맺었던 국민당에만 의존하였던 것이다. 그 결과 제국주의의 명령이 주구(走狗, 앞잡이), 지방토호, 매판계급으로 뻗어나가 장제스(蔣介石), 왕징웨이(汪精衛) 등의 준동으로 연결되어 결국 혁명은 실패의 나락으로 떨어지게 되었다. 당시 혁명적 통일전선에 중심 기둥은 없었으며 매우 강건한 혁명적 무장 대오도 없었다. 사방에서 모두 반기를 들고 일어났으나 공산당은 단지 고립무원의 전투만 하였을 뿐 제국주의와 중국 반혁명 세력의 공격을 제압하는 데 무기력하였다. 비록 당시 허룽(賀龍), 예팅(葉挺) 등의 군대가 활동하였으나 정치적으로 강력한 군대는 아니었으며 당도 해당 군대를 잘 지도하지 못해서 결국 실패하게 되었다. 이것은 혁명 중심 역량이 결핍되어 혁명의 실패를 불러온 피로 얻어낸 교훈이다."⁴라고 강조하였다. 여기에서 마오쩌둥이 쑨원과 비교하여 더욱 명확하게 정당과 군대를 보고자 한 부분은 중국혁명의 중심 기둥이었다. 이러한 중심 기

---

4 　毛澤東, "論反對日本帝國主義的策略", 『毛澤東選集(第一卷)』(北京: 人民出版社, 1991), pp.156-157.

둥은 정당과 군대라는 두 가지 요소의 단순한 중첩이 아니라 반드시 정당과 군대의 유기적인 통일이다. 정당은 영도 역량이고, 군대는 정당의 사명과 신념을 위해서 분투하는 정치 역량이다. 군대가 이러한 정치 역량이 되려면 스스로 건립하든 편제되든 간에 반드시 정당의 단련을 거쳐서 조직적으로 그리고 정신적으로 내재적 통일을 유지해야 한다.

중국의 현대화는 반드시 혁명 과정을 거치고 이것이 무장투쟁으로 진행되어야 함을 결정하였다. 혁명을 하기 위해서는 영도 역량을 갖추는 것이 필요하다. 무장투쟁을 하기 위해서는 군사 역량을 갖추는 것이 필요하다. 그리고 이 두 역량 간의 유기적 결합은 혁명의 승리를 이루는 관건이다. 그러나 중국혁명은 정권의 교체나 이동을 위해서만이 아니고 새로운 사회와 국가를 만들려는 것이다. 이것이 정당과 군대의 유기적인 결합을 결정하였다. 이는 두 조직 역량의 기계적인 결합이 아니다. 결합된 두 역량이 하나의 중심 기둥으로 전환되어 국가와 민족의 하늘과 땅, 역사와 미래, 제도와 정신, 용기와 이상을 지탱해준다. 분명한 것은 이러한 중심 기둥이 오직 정당에 기대서만 만들어지는 것이라는 점이며 정당의 군대에 대한 형상화와 군대의 정당에 대한 중요한 의의, 정당 영도의 정체성이 근본적인 전제이다. 따라서 중심 기둥에 대해 말하면, 당군일체(黨軍一體)가 본질이 아니라 당이 군대를 영도하고 군대가 정당을 인정하며 당의 사업을 위해서 분투하는 것이 본질이다.

강력한 힘을 가진 중심 기둥을 구축하고 유지하는 것은 중국혁명과 현대화 발전의 내재적 요구이다. 이러한 요구가 오직 객관적으로 존재한다면, 이러한 중심 기둥을 유지하는 필요성과 합법성도 자연스럽게 형성된다. 즉, 당의 영도와 당의 군대에 대한 영도는 당 자신이 결정하는 것이 아니라 중국혁명과 현대화의 역사논리와 현실적 요구가 결정하는 것이다. 우리들이 현재의 현대화 논리로부터 멀어지지 않고 국가발

전과 민족부흥을 획득한 것과 마찬가지로, 현재 당의 영도와 당의 군대
에 대한 영도를 방기할 수 없다. 집권하고 있는 중국공산당은 반드시 국
가와 민족의 앞길과 명운이라는 높이로부터 시시각각 이러한 정치논리
를 장악하고 역사적 사명을 실천해나가야 한다.


## II. 총과 정권

당과 군대의 유기적인 통일이 중국혁명과 건설의 중심 기둥을 구성한
다. 이러한 유기적인 통일에서 중국공산당의 기본 이념은 다음과 같다.
군대가 있어야 당이 행위할 수 있고 당의 행위는 반드시 군대에 대한 절
대영도에 기초해야 한다. 전자는 "총에서 정권이 나온다."는 진리를 내
포하고 있고, 후자는 "당이 총을 지휘한다. 절대로 총이 당을 지휘하는
것을 용납할 수 없다."는 원칙을 내포하고 있다.

　　마오쩌둥은 줄곧 스탈린의 『중국혁명의 앞길을 논함』 가운데 다음
의 구절을 좋아하였다. "중국에서 무장 혁명은 무장 반혁명을 반대하
는 것이다. 이것은 중국혁명의 특징 가운데 하나이며 장점 가운데 하나
이다."[5] 그는 이 문구를 수차례 인용하였으며 그것을 중국혁명을 분석
하고 파악하는 관건으로 보았다. 이 점을 인식하지 못하면 중국혁명을
이해할 수 없으며 중국혁명을 영도할 수 없다고 생각하였다. 그리고 중
국혁명의 이러한 특징이 어떠한 정당도 혁명을 위한 가장 기본적인 전
제조건으로 반드시 군대를 가져야 한다는 점을 결정하였다. 마오쩌둥
은 중국국민당의 전쟁사를 조사한 후에 다음과 같이 지적하였다. "역사

---

5　　斯大林, "論中國革命的前途", 『斯大林選集(上卷)』(北京: 人民出版社, 1979), p.487.

가 오래지 않은 몇 개의 작은 정당, 예를 들어 청년당 등은 군대를 갖지 못하였다. 따라서 어떠한 존재감도 드러내지 못하였다." 국민당은 이와 반대였다. "장제스는 쑨원을 대신하여 국민당 전성의 군사시대를 만들어냈다. 그는 군대를 생명과 같이 보았고 북벌과 내전 그리고 항일 등의 시기를 경험하였다. 과거 10여 년 동안 장제스는 반혁명적이었다. 그는 반혁명을 위해서 거대한 '중앙군대'를 만들어냈다. 군대가 있어서 권력을 가졌으며 전쟁이 모든 것을 해결하였다. 이를 출발점으로 그는 매우 단단히 상황을 잡아나갔다. 이 점으로부터 우리는 그에게 배워야 한다. 이 점에서 쑨원과 장제스는 모두 나의 스승이다."[6] 따라서 중국공산당은 반드시 자신의 군대를 가져야 한다.

마오쩌둥은 중국공산당이 반드시 자신의 군대를 가져야 한다는 사실 경험을 논증하기 위해서 실제로 당시 중국의 현실을 지적하였다. 즉, 중국혁명에서 버텨냈던 정당은 모두 자신의 군대를 가질 수 있었다는 사실이다. 마오쩌둥은 이것이 중국의 국정(國情)을 결정하는 것이고 정당이 자신의 군대를 가지는 것은 정당의 통칙이나 혁명의 통칙이 아니라고 자연스럽게 생각하였다. 그는 "외국의 자산계급 정당은 자신이 직접 관할하는 군대가 필요없다. 그러나 중국은 다르다. 봉건적 분할 때문에 지주 혹은 자산계급 집단 혹은 정당에서는 누가 총을 가지느냐가 누가 세력을 가지느냐이고 누가 총을 많이 가지느냐가 누가 세력을 크게 가지느냐이다. 이러한 환경에서 무산계급 정당은 반드시 문제의 중심을 명확히 봐야 한다."[7]라고 말하였다.

중국에서 당의 군대에 대한 요구와 기대를 보다 큰 차원에서 보자면, 당과 함께 추진하고 영도하였던 중국혁명은 반드시 무장투쟁의 기

---

6    毛澤東, "戰爭和戰略問題", 『毛澤東選集(第二卷)』(北京: 人民出版社, 1991), pp.545-546.
7    상동, p.546.

초 위에서 건립해야 하는 것과 관련되어 있다. 즉, 중국 군벌과 할거하고 있는 현실적 환경과 관련이 있는 것이다. 지금과 같이 군벌들이 할거하는 조건하에서 당에 군대가 없다면 발을 붙이는 데 문제가 있으며 발전을 말할 수도 없다.[8] 따라서 마오쩌둥은 모든 공산당원들이 반드시 '총과 정권'의 진리를 이해해야 한다고 요구하였다. 이러한 진리는 두 가지 함의를 포함하고 있다. 첫째, 총구에서 정당이 나온다는 것이다. 둘째, 총구에서 정권이 나온다는 것이다. 혁명의 실천 과정에서 전자가 없다면 후자도 성립할 수 없었다.

당이 영도하는 혁명의 생성과정 차원에서 보면, 당의 탄생이 먼저이고 당이 자신의 군대를 창건한다. 그러나 당이 혁명 과정에서 자리매김하고 성장하는 차원에서 말하면, 군대는 당의 생존과 발전을 보장한다. 군대가 없으면 무장투쟁을 할 수 없고 당은 혁명을 영도할 어떠한 가능성도 잃게 된다. 마오쩌둥은 매우 분명하게 다음과 같이 지적하였다. "중국에서 무장투쟁을 떠나서는 무산계급과 공산당의 지위는 있을 수 없고 어떠한 혁명 임무도 완성할 수 없다."[9] 이는 군대가 당의 생존과 발전의 근본이라는 것을 의미한다. 당이 군대를 만들었고 군대는 당

---

8    마오쩌둥은 정당이 자신의 군대를 가져야 하고 이것이 군벌들이 할거하는 조건하에서 정당이 생존하는 길이라고 말하였다. 그는 "신해혁명 이후에 모든 군벌들은 병사를 사랑하는 것을 생명처럼 여겼다. 그들은 모두 '군대가 있어야 권력이 있다'는 원칙을 중시하였다. 탄옌카이(譚延闓)는 총명한 관료였다. 그는 후난(湖南)에서 수차례 부침을 거듭하였어도 과두성장(寡頭省長)을 하지 않고 독군(督軍) 겸 성장을 하였다. 그는 후에 광둥과 우한(武漢)의 국민당 정부 주석을 역임하였고 제2군 군장(軍長)을 겸임하였다. 중국에는 이러한 군벌들이 많이 있다. 그들은 모두 중국의 특징을 알고 있었다. 중국에도 군대를 필요로 하지 않는 정당이 있었다. 그 가운데 하나가 진보당이다. 그러나 그들도 반드시 하나의 군벌에 기대야 관료가 된다는 것을 알았다. 위안스카이(袁世凱), 돤치루이(段祺瑞), 장제스 등이 그들이 기댈 산이었다."라고 말하였다. 『毛澤東選集(第二卷)』(北京: 人民出版社, 1991), p.546.

9    毛澤東, "戰爭和戰略問題", 『毛澤東選集(第二卷)』(北京: 人民出版社, 1991), p.544.

의 발전을 촉진하였으며 당의 지위를 공고히 하였고 당의 능력을 높였
다. 왜냐하면 당의 많은 사명은 그것이 혁명시대의 전쟁이든 아니면 건
설시대의 국가건설이든 모두 군대를 떠날 수 없기 때문이다. 마오쩌둥
이 보기에 당이 군대를 창건한 동시에 군대도 당을 만들었고 당의 발전
을 추동하였다. 그는 "총을 가지고 있으면 확실하게 당을 만들 수 있다.
팔로군도 화북지역에서 거대한 정당을 만들었다. 또한 총은 간부와 학
교, 문화와 민중운동을 만들어낼 수 있다. 옌안(延安)의 모든 것은 총이
만들어낸 것이다. 총구 안에서 모든 것이 나왔다."[10]라고 말하였다. 군
대의 역량이든 아니면 군대의 특수한 조직과 기능이든 모두 당의 건설
과 발전에 자원과 공간을 제공하였다는 것을 알 수 있다. 당은 군대 때
문에 혁명과정에서 끊임없이 강대해졌다.

　중국의 국정은 중국혁명이 반드시 무장투쟁으로 나가야 한다는 것
을 결정하였다. 당은 무장투쟁을 영도하고, 군대의 건립과 건설은 무장
투쟁을 진행하는 기반이다. 또한 당은 반드시 군대를 영도하여 무장투
쟁을 진행하는 전쟁기술을 장악해야 한다. 따라서 당의 군대에 대한 영
도는 반드시 당의 무장투쟁에 대한 영도와 유기적으로 결합해야 한다.
당은 반드시 전쟁을 영도하고 장악하는 능력을 갖춰야 한다. 항일전쟁
초기에 마오쩌둥은 "전 당은 모두 전쟁을 중시하고 군사(軍事)를 학습하
며 전투를 준비해야 한다."[11]라고 호소하였다. 1939년에 마오쩌둥은 중
국공산당의 18년 투쟁사를 총결(總結)하면서 다음과 같이 명확히 지적
하였다. 18년의 당 건설 과정은 당이 "한 걸음 한 걸음 무장투쟁을 학습
하고 견지하였던"과정이다.[12] 따라서 "총구에서 정권이 나온다."는 것을

---

10　상동, p.547.
11　毛澤東, "戰爭和戰略問題", 『毛澤東選集(第二卷)』(北京: 人民出版社, 1991), p.545.
12　毛澤東, "〈共産黨人〉發刊詞", 『毛澤東選集(第二卷)』(北京: 人民出版社, 1991), p.610.

실현하기 위해서 먼저 총구에서 군대에 대한 영도, 전쟁에 대한 영도, 정당에 대한 영도가 나오도록 해야 한다. 다음으로, "총구에서 정권이 나온다."는 진리를 견지하는 것은 무장투쟁으로 정권을 탈취한다는 혁명 진리를 견지하는 것이고 당이 반식민지 반봉건 사회에서 생존과 발전의 당 건설의 길을 견지하는 것이다.

따라서 당은 총을 들고 전쟁을 선택하였고 자신을 공고히 하고 발전시키는 생존과 발전의 길을 선택하였다. 그 진정한 목적은 전쟁 자체에 있지 않고 혁명의 승리를 쟁취하고 새로운 사회를 건설하며 새로운 국가에 필요한 정권을 획득한 것에 있다. 당은 군대와 전쟁을 통해 정권을 획득하였고 정권을 획득한 당은 군대에 기대어 정권을 공고히 하였다. "마르크스주의 국가이론의 관점에서 보면, 군대는 국가정권의 주요 구성요소이다. 누가 국가정권을 탈취하려고 하고 그것을 유지하려고 하는지와 관련하여 누가 되었든 강대한 군대를 가져야 한다."[13] 전쟁은 정권탈취를 위한 기본적인 수단이다. 따라서 "총구에서 정권이 나온다." 그러나 총구든 아니면 전쟁 자체이든 모두 "당이 총을 지휘하고, 총이 당을 지휘하는 일은 용납하지 않는다."는 원칙에서, 혁명 승리 이후의 정권은 총구 안에 있는 것이 아니라 당의 영도 아래에 있고 인민의 수중에 있다. 인민의 군대도 당의 영도하에 국가정권을 보호한다. 이것이 "총구에서 정권이 나온다."는 혁명과 건설의 논리이다.

이러한 논리는 전쟁시대에 정당, 군대와 전쟁 간의 관계를 명확히 하였고 건설시대에 정당, 군대와 국가정권 간의 관계를 명확히 하였다. 당이 혁명과 발전을 영도하는 역사 과정에서 보면, 앞의 관계가 뒤의 관계를 결정한다. 이 두 가지 관계는 동시에 당의 지위와 군대의 성격을

---

13   毛澤東, "戰爭和戰略問題", 『毛澤東選集(第二卷)』(北京: 人民出版社, 1991), p.547.

규정짓는다. 따라서 중국에서 당과 군대의 관계 그리고 군대 자체의 성격은 완전히 당 영도의 무장투쟁의 역사와 실천이 빚어낸 것이다. 이는 당이 중국혁명과 건설사업의 발전을 영도한다는 근본적인 요구에 부합한다. 아울러 당의 영도를 지탱하고 국가정권의 공고화와 유효성을 결정하고 있다. 따라서 쉽게 바뀔 수 없다. 1989년 11월에 덩샤오핑은 군대 영도 지위를 그만둘 때 고별연설을 통해 재차 중국 군대의 성격은 중국혁명의 역사가 단련시킨 것이고 군혼의 소재이기 때문에 흔들릴 수 없는 것이라고 말하였다. "나는 확신한다. 우리들의 군대는 시종일관 자신의 성격이 변하지 않게 견지해야 한다. 이 성격은 당의 군대이고 인민의 군대이며 사회주의 국가의 군대라는 것이다. 이 군대와 세계 각국의 군대는 다르다. 또한 다른 사회주의 국가의 군대와도 다르다. 왜냐하면 그들의 군대와 우리들의 군대는 경험이 다르기 때문이다. 우리들의 군대는 시종일관 당에 충성하고 인민에 충성하며 국가에 충성하고 사회주의에 충성해야 한다. 나는 확신한다. 우리들의 군대는 이 점을 명확히 해야 한다. 수십 년의 경험이 군대가 자신의 책임을 다하고 있다는 사실을 증명하고 있다."[14]

## III. 총을 지휘하는 당

모든 사회는 현대국가로 나아가는 과정에서 대변혁 혹은 대혁명의 과정을 경험한다. 이 과정에서 행동방식과 전략의 선택은 대변혁 혹은 대혁명의 성공과 실패를 결정하는 동시에 현대국가의 성장의 형식과 과정을

---

14    鄧小平, "會見參加中央軍委擴大會議全體同志時的講話", 『鄧小平文選(第三卷)』(北京: 人民出版社, 1993), p.334.

결정한다. 이것은 앤서니 기든스(Anthony Giddens)가 말한 "군사적 대항과 전쟁이 이도하지 않은 결과가 유럽 국가의 발전 과정에서의 각종 주요한 특징을 결정적으로 만들어냈다."[15]는 것과 같다. 유럽 이외의 국가에서도 이와 유사한 사실을 확인할 수 있다. 현대국가의 성장 과정에서 전쟁의 영향을 목격할 수 있는 동시에 전쟁과 군사 자체가 구체적인 역사와 사회 그리고 문화 조건의 결정적인 역할을 한다는 것을 주목해야 한다. 이는 전쟁과 군사 그리고 현대국가 간의 관련성을 추상적으로 간주할 수 없다는 것을 말한다. 왜냐하면 현대국가의 행동을 촉진하는 것으로서 전쟁과 군사는 일반성을 갖고 있기 때문이다. 다만 전쟁과 군사 자체는 구체성을 갖는다. 특정 역사와 사회 그리고 문화 규정에 영향을 받기 때문이다. 이 점이 기든스가 역사에서 얻어낸 설명이다. 즉, "유럽 국가의 무장력의 초기 발전은 '자본주의' 모델에 의존하여 조직된 것이다. 이 사실은 아마도 기업가가 만들어낸 기업조직의 확산과 무관하지 않다. 이 기업조직은 훗날 서구 사회제도의 매우 중요한 요소가 되었다. 후봉건시대에 유럽 왕후(王侯)들은 모두 은행가에게 의존하여 대출을 시작하였다. 이를 통해 은행가와 기업이 고용한 지도자들이 군주의 대립자와 폐위자가 되었다. 전통과 단절된 군사조직 모델의 차원에서 용병과 은행가들은 절대주의 국가의 조기 형성 과정에서 매우 중요하였다."[16] 이를 통해 다음과 같은 사실을 알 수 있다. 어떠한 사회가 현대국가로 나아가는 데 있어서 그 사회의 형태와 시대적 특징은 대변혁 혹은 대혁명의 행동, 조직, 과정을 결정하였다. 그리고 대변혁, 대혁명

15  安東尼·吉登斯, 胡宗·趙力濤譯, 『民族, 國家與暴力』(北京: 生活·讀書·新知三聯書店, 1998), p.136.
16  安東尼·吉登斯, 胡宗·趙力濤譯, 『民族, 國家與暴力』(北京: 生活·讀書·新知三聯書店, 1998), pp.139-140.

중의 군사와 전쟁은 일정한 정도에서 현대국가의 성장 과정의 특징을 결정한다. 따라서 우리들은 군대, 전쟁과 현대국가 간의 관계에 대한 고찰에서 국가가 가진 역사적 규정성과 혁명적 규정성을 초월할 수 없다.

　당은 인민을 영도하고 무장투쟁을 진행하여 신중국을 건립하였다. 이것은 중국의 군사와 국가건설 간의 가장 기본적인 논리 관계이다. 이 행동논리를 결정하는 성공과 실패의 관건은 다음의 두 가지이다. 첫째는 당이 자신의 무장력을 건립할 수 있는가이며, 둘째는 당이 자신이 건립한 무장력을 효과적으로 영도할 수 있느냐이다. 이 두 가지에 대해 중국공산당은 하나의 인식과 실천 과정을 갖고 있다. 여기에는 대혁명 실패의 충격이 중요한 역할을 하였다. 이로써 중국공산당은 자신의 무장력을 체계적으로 사고하고 실천적으로 조직하기 시작하였다. 이를 통해 무장투쟁의 길로 나섰으며 당의 군대에 대한 영도 등의 문제를 실천하였다. 군벌들이 할거하고 혼란이 난무하던 시대에 무장력을 조직하는 것이 어렵고, 조직력과 전투력을 갖춘 당의 이상을 실현하기 위해서 분투하는 무장 대오를 조직하는 것이 쉬운 일이 아니라는 것은 실천이 증명하고 있다. 새로운 국가 그리고 현실적인 사회는 오히려 반식민지, 반봉건의 농업사회였으며, 농업사회의 전통, 구군벌의 작풍 그리고 당이 가지고 있는 물질자원의 결핍 등은 당이 현대적인 무장력을 건립하는 데 대한 도전이었다. 1928년에 마오쩌둥은 중앙에 보낸 보고서에서 노동자와 농민의 무장 할거와 그 발전은 군벌들이 혼전하면서 만들어낸 생존 공간을 이용하는 것 외에 "(1) 매우 좋은 대중의 존재, (2) 매우 좋은 당의 존재, (3) 상당한 역량의 홍군(紅軍)의 존재, (4) 작전에 편리한 지형의 존재, (5) 충분한 공급이 가능한 경제력의 존재 등 몇 가지 조건을 구비해야 한다." "이러한 다섯 가지 조건의 형성은 최종적으로 당과 홍군의 노력에 의존해야 하지만 때로는 대중동원과 같은 노력

을 통해 극복해야 하고 부족함을 보충해야 한다."고 하였다. 한편 이때
의 "홍군 구성에서 일부는 노동자와 농민이고 다른 일부는 유민(遊民,
실업자 혹은 떠돌이) 무산자들이다. 유민들이 많았기 때문에 좋다고 할
수 없었다. 그러나 매일 전투가 진행되었고 사상자가 많은 상황에서 유
민도 전투력을 갖추었고 다른 유민을 찾아서 전투력을 보충하고자 하였
으나 쉽지 않았다." "홍군 사병은 대부분 고용 군대에서 왔다. 그러나
일단 홍군에 오자 성격이 바뀌었다. 먼저 홍군은 고용제를 폐지하였다.
사병들이 타인을 위해서 전쟁에 나서는 것이 아니라 자신과 인민을 위
해서 전쟁에 나서는 것으로 생각하게 하였다. 홍군은 당시에 특정한 정
규 봉급제를 실시하지 않고 오직 양식, 기름과 소금, 땔감과 채소 비용
그리고 적은 액수의 용돈만 지급하였다. 홍군 관병 가운데 변경 지역의
현지인들에게는 모두 토지를 분배하였으나 원적자들에 비해서 매우 미
비하였다." 이처럼 구군대의 성격이 남아 있고 뿔뿔이 흩어져 있는 군
대 그리고 빈곤한 농촌을 배후지로 하는 무장력을 당의 이상과 사업을
위해서 분투하는 현대적 무장력으로 만들기 위해서는 반드시 새로운 조
직 형식, 훈련 수단 그리고 군사 문화가 필요하였다.

마오쩌둥은 "이러한 정세하에서 오직 정치훈련을 강화하는 방법
만 있다."라고 생각하였다. 정치훈련의 기초는 당의 사상과 조직 그리
고 작풍을 군대 안으로 전면적으로 가져와서 당의 군대에 대한 영도를
형성하는 것이었다. 즉, 현대 정당의 조직 역량과 가치 관념을 이용하여
군대의 혁명화 발전을 이끄는 것이다. "당의 조직을 지부(支部), 영위(營
委), 단위(團委), 군위(軍委)의 사급(四級)으로 나누었다. 연대에 지부를
두고 반(班)에는 소조를 두었다. 홍군이 어려운 전투 속에서도 뿔뿔이
흩어지지 않은 것은 '연대에 지부를 건설한다'는 중요한 원인 때문이었
다. 2년 전에 국민당 군대 안의 조직은 사병을 완전히 장악하지 못하였

다. 예를 들어, 예팅의 부대에도 각 연대에 하나의 지부만 있었고 이로
인해 혹독한 검증을 이겨내지 못했다. 현재 홍군 내의 당원과 비당원은
약 1 대 3의 비율이다. 즉, 평균적으로 3명 가운데 1명의 당원이 있다.
최근에 전투병 가운데에서 당원을 늘리기로 결정하였다. 당원과 비당원
을 각각 반으로 만드는 게 목적이다."  "홍군의 물질생활은 이처럼 박하
고 전투는 이처럼 빈번하다. 그래도 여전히 낡지 않음을 유지하고 있다.
이는 당의 역할 외에 군대 내에서 민주주의가 실현되었기 때문이다."
"군대 내의 민주주의 제도는 봉건고용군대를 파괴하는 중요한 무기이
다."[17] 당의 군대에 대한 영도는 중국공산당의 전통성을 매우 강하게 하
는 것일 뿐만 아니라 군벌이 성행하던 사회에 현대군대를 건설하는 유
일하고 정확한 전략이며 당이 지극히 어렵고 힘든 조건에서 무장역량을
건설한 것이고 무장역량을 공고히 하고 발전시키는 유일하고 정확한 전
략이라는 것을 알 수 있다. 이러한 영도를 통해 당은 군대를 효과적으로
조직하였고 훈련시켰다. 이로써 이 무장역량이 정당성(政黨性)과 군사
성(軍事性)을 갖게 되었고 현대성과 인민성도 갖게 되었다.

엥겔스는 "나폴레옹의 불후의 성과는 그가 전술과 전략에서 유일하
게 상당수의 무장대중을 정확하게 사용하는 방법을 발견하였다는 데 있
다. 이러한 광대한 무장대중의 출현은 오직 혁명 때문에 가능하였다. 그
는 이러한 전략과 전술을 완성의 정도까지 발전시켰다. 이는 현대적인
장군들이 절대로 그를 이기지 못하게 하는 것이었다. 오직 가장 빛나고
성공적인 작전을 펼쳐 그를 공격하여 그만두게 하는 것을 시도할 뿐이
었다." 현대적인 군사수단과 군사기술작전의 발견은 혁명의 진전과 최
종적인 승리에 결정적인 의의를 갖추는 것이다. 나폴레옹의 성과는 이

---

17    毛澤東, "井岡山的鬪爭", 『毛澤東選集(第一卷)』(北京: 人民出版社, 1991), pp.57-68.

점을 설명하고 있다. 마찬가지로 중국공산당의 혁명 성공 또한 이 점을 설명하였다. 따라서 엥겔스는 "모든 전쟁의 역사에서 새로운 조합을 채용하였기 때문에 성공할 수 있었다. 신기원을 연 위대한 장군들은 새로운 물질적 역량을 만들어낸 발명가들이 아니라 정확한 방식을 통해 새로운 역량을 만들어낸 첫 번째 사람들이다."[18]라고 말하였다. 중국공산당이 성취한 혁명전쟁 승리의 측면에서 보면, '총을 지휘하는 당'은 의심할 것 없이 혁명 승리를 결정하는 '새로운 조합'이다. 이는 이러한 '새로운 조합'을 통해 중국공산당을 만들어냈다는 것을 의미한다. 중국 역사발전의 신기원은 신민주주의 혁명의 승리를 쟁취해냈고 사회주의혁명과 건설의 길을 만들었다.

총을 지휘하는 당은 일종의 이론의 요구로부터 오는 것이 아니며 대부분 혁명 실천의 요구로부터 온다. 그 배후는 자연스럽게 중국혁명의 역사와 조건이 규정한다. 총을 지휘하는 당은 중국혁명의 승리를 결정한 동시에 필연적으로 중국 현대국가건설의 과정과 특징을 만들어냈다. 그 가운데 중요한 특징 중 하나는 당이 인민을 영도하여 국가건설을 진행하는 과정에서 당의 군대에 대한 영도를 유지한 것이다. 당이 창설한 인민군대는 혁명전쟁의 승리를 쟁취하고 인민공화국을 건립한 이후에는 전체 인민과 인민공화국의 군대가 되었지만 여전히 당의 영도하에 발전되고 완성되었다. 이러한 점과 군대가 혁명전쟁의 역사에서 형성한 성격 그리고 전통과 조직방식은 직접적인 관계를 맺고 있다. 그리고 또 다른 점은 당이 견뎌내고 있는 중대한 역사적 사명과 발전 임무와 직접적인 관계를 맺고 있다는 것이다. 그것은 영도의 핵심으로, 국가와 사회 발전에 대한 당의 효과적인 영도는 반드시 강대한 영도 역량과 집권 능

---

18    恩格斯, 曹汀譯, "一八五二年神聖同盟對法戰爭的可能性與前提(1851年秋)", 『恩格斯軍事論文選集(第三分冊)』(北京: 人民出版社, 1955), p.28.

력을 갖추는 것이다. 당이 군대에 대한 영도를 유지하는 것은 당의 영도 역량의 중요한 기초이다.

당이 군대를 영도하는 과정은 당이 전면적으로 군대를 만들어내는 과정이다. 그리고 그 과정은 사상, 작풍, 조직, 제도 형상화를 포함하고 있다. 중국공산당의 건군전략 가운데 이러한 형상화는 '군혼(軍魂)'의 형상화로 간주된다. 현대의 군사적 조건하에서 군대의 현대화와 무장 장비의 발전은 군의 역량 문제를 해결한다. 그러나 '군혼' 문제는 해결할 수 없다. 그리고 '군혼'이 없는 군의 역량은 전투력이 없는 것과 같다. 무기 조건이 제한적인 혁명 시기에 이러한 '군혼'의 형상화는 인민의 군대를 만들어냈고 '갖은 고난을 무릅쓰고 노력하여' 전쟁 승리의 기적을 만들어냈다. 오늘날 현대적인 무기 장비는 '갖은 고난을 무릅쓰고 분투하는' 것을 대체하였다. 그러나 그 전투력의 최종적인 원천은 '군혼'으로부터 나온다. 이러한 '군혼'이 중국 군대와 함께 살아 내려오는 것이다. 중국의 현대화 발전이 여전히 당의 영도 아래 전개된다는 시대적 조건하에서 이러한 '군혼'은 이미 군대의 건설과 성장과 관련되어 있고 당의 영도 능력과 집권 기초와도 관련되어 있다.

당의 군대에 대한 절대영도는 당의 자아완성이 군대의 건설과 발전의 절대 조건임을 결정하였다. 그리고 중국과 같은 대국이 성장하는 가운데 군대의 건설과 발전은 직접적으로 국가의 안위와 발전과 관련되어 있다. 따라서 당이 군대를 만들어낼 때 실제로 군대 또한 정당을 만들어낸다. 군대의 특수성과 절대적인 중요성이 당의 군대에 대한 영도가 반드시 고도의 정치성과 기율성 그리고 규범성을 갖춰야 함을 결정하였다. 한마디로 말하면, 군대에 대한 영도를 요구하는 당은 반드시 높은 수준의 당이어야 한다. 당의 군대에 대한 영도는 당의 군대에 대한 형상화로 나타나는 동시에 군대의 당에 대한 형상화로 나타난다. 중국혁명과 발전의 동일한 중심 기둥으로서 당과 군대에 대해 말하자면, 당과 군대이 상호 형상하는 매우 긍정적인 가치와 의미를 가지고 있다. 중국에서 치당, 치군과 치국은 실제로 유기적으로 통일되어 있다는 것을 알 수 있다. 어떠한 방면의 거버넌스도 연대의 거버넌스 효과를 불러온다. 마찬가지로 특정한 거버넌스 단계에서 나타나는 문제도 거버넌스의 전체 국면에서 심각한 영향을 만들어낸다.


## IV. 인민의 군대와 국가의 군대

당은 군대를 만들었고 군대에 대한 절대영도권을 가지고 있다. 그러나 이것이 군대가 오직 당만의 군대라는 것을 의미하는 것은 아니다. 당의 성격 그리고 군대의 사명이 당이 군대를 만들어내는 것을 결정하였다. 근본적인 차원에서 말하면, 반드시 그리고 여전히 인민의 군대이다. 마오쩌둥은 "중국 인민과 단단히 함께하고 전심전력을 다해서 중국 인민에게 서비스하는 것이 이 군대의 유일한 목적"[19]이라고 말하였다. 당이 영도하는 군대가 인민의 군대가 되는 것은 당의 군대에 대한 절대영도의 필연이다. 즉, 군대가 인민군대로서 존재하는 것은 당의 군대에 대한 절대영도가 필요한 합법성을 갖게 한다. 군대의 인민성은 당이 조직하고 영도한 군대가 전체 인민의 군대가 되고 인민국가의 군대가 되는 것이다.

중국의 현대군대와 중국의 현대혁명은 긴밀하게 연계되어 있다. 군대가 중국 현대혁명의 성공과 실패를 결정하였다. 그리고 중국 현대혁명의 내재적 요구가 중국 군대의 특성을 결정하였다. 쑨원은 혁명당이

---

19    毛澤東, "論聯合政府", 『毛澤東選集(第三卷)』(北京: 人民出版社, 1991), p.1039.

반드시 혁명군을 건설해야 한다고 강조한 동시에 혁명군은 반드시 국민과 결합해야 진정한 혁명의 역량이 된다는 점을 강조하였다. 1924년의 북벌 선언에서 쑨원은 혁명당이 새롭게 건립한 군대는 군벌과 같은 제국주의 세력과 결합하는 것이 아니라 반드시 중국 국민과 결합해야 한다고 인식하였다. 그렇지 않으면 혁명은 성공할 수 없다. 그는 "무력과 제국주의의 결합은 실패하지 않는 것이 없다. 반대로 국민과의 결합은 국민혁명을 진행하는 과정에서 승리하지 않는 것이 없다. 오늘 이후로 국민혁명의 신시대를 열어가는 과정에서 무력과 제국주의의 결합과 같은 현상은 국내에서 영원히 없어져야 한다. 그것을 대체하는 새로운 현상을 추진하는 데 힘을 쏟아야 한다. 먼저 무력과 국민의 상호 결합을 추진하고 다음으로 무력을 국민을 위한 무력으로 만들어 국민혁명이 반드시 성공하도록 해야 한다."[20]라고 말하였다. 여기에서 쑨원은 하나의 기본 사상을 표명하였으며 전통의 군벌 군대와는 완전히 다른 현대군대를 건립하고자 하였다. 관건은 군대와 국민의 결합에 있고 국민의 군대라는 역량의 원천에 있다. 즉, 이러한 군대의 최후의 필연은 국민의 군대이다. 중국공산당원들이 받아들인 사상은 국민을 인민으로 바꾸는 것이 아니라 군대의 국가성 배후에는 여전히 계급성이 있다는 것과 어떠한 군대도 일정한 계급이 주도하는 국가에 서비스하는 것이었다.

마오쩌둥은 항전 승리 이후에 군대의 국가성 배후에 있는 계급성을 명확하게 언급하였다. "'군대는 국가'라는 것은 매우 정확하다. 세계적으로 군대가 국가에 속하지 않는 경우는 없다. 그러나 그 국가는 어떠한 국가인가? 대지주, 대은행가, 대매판계급의 봉건 파시스트 국가인가, 아니면 인민대중의 신민주주의 국가인가? 중국은 신민주주의 국가

---

20    孫中山, "時局宣言(1924年11月10日)", 『孫中山選集』(北京: 人民出版社, 1981), p.953.

를 건립했고 이 기초 위에 신민주주의 연합정부를 건립했다. 따라서 중
국의 모든 군대는 반드시 이 국가와 정부에 속해야 한다. 그래야 인민이
자유를 보장하고 외국의 침략자들에게 효과적으로 맞설 수 있다."[21] 중
국이 건립하고자 한 신민주주의 국가는 인민민주독재의 국가이고 인
민이 주인이 되는 국가이다. 따라서 중국공산당은 신민주주의 국가에
서 '군대는 국가'이고 '군대는 인민'이라는 내적인 일치성을 구비하게
되었다. 이 국가는 인민의 국가인 동시에 국가의 군대 또한 인민의 군
대이다.

현대군대의 측면에서 보면, 인민의 군대는 두 가지 특징을 가지고
있다. 첫째, 소수 사람들 혹은 협소한 집단의 사적 이익을 위해서가 아
니라 광범위한 인민대중의 이익을 위해서 그리고 전 민족의 이익을 위
해서 분투한다. 둘째, 인민의 군대는 내외 단결의 군대이다. "내부에서
는 간부와 병사 간, 상하 계급 간, 군사업무와 정치업무 그리고 보급업
무 간, 외부에서는 군대와 인민 간, 군대와 정부 간, 나와 친구 간에 모
두 일치단결한다."[22] 내부단결은 당의 영도가 만들어낸 효과적인 군대
정치업무에 의존한다. 외부단결은 전심전력을 다하는 인민에 봉사하는
것에 의존한다. 이러한 군대는 자연스럽게 사회에 뿌리내리며, 모든 사
회와 조화롭게 공존하고 상호 간의 발전을 촉진한다. 또한 이것은 당이
노력하고 추구하는 "군대와 인민은 물과 물고기와 같은 일가족"이라는
독특한 군대와 사회 그리고 국가 간의 관계이다. 당은 이러한 물고기와
물의 관계가 군대의 근본 역량이라고 생각한다. 마오쩌둥은 다음과 같
이 언급한 적이 있다. "군대와 인민이 단결하여 한 사람과 같다면 천하
에 누가 감히 적이 되려고 하겠는가."[23]

---

21    『毛澤東選集(第三卷)』(北京: 人民出版社, 1991), p.1037.
22    毛澤東, "論聯合政府", 『毛澤東選集(第三卷)』(北京: 人民出版社, 1991), p.1039.

당이 영도하는 군대는 인민의 군대이자 국가의 군대이며, 서로 유기적으로 통일된 것으로 볼 수 있다. 덩샤오핑은 중국 군대가 "당의 군대, 인민의 군대, 사회주의 국가의 군대"라고 명확하게 정의하였다. 이것은 군대에 대한 당의 절대영도가 반드시 인민군대의 인민성을 유지하는 것이고, 인민군대의 사회주의 국가 속성의 통일을 보장하는 것을 의미한다. 신중국의 건립 이후의 국가제도 건설에서 군사 영도에 대한 제도 안배는 이러한 원칙에 따라 확립된 것이다. 신중국의 건립과 통일된 군대의 건설에 대한 요구는 「공동강령」의 '군사제도'라는 장(章)을 특별히 만들게 하였다. 즉, 국가 차원에서 국가 군사제도가 규정된 것이다. 「공동강령」 제20조에서는 "중화인민공화국은 통일된 군대를 건립한다. 즉, 인민해방군과 인민공안부대를 건립하고 중앙인민정부 인민혁명군사위원회의 지휘를 받으며 통일된 지휘, 제도, 편제, 기율을 실행한다." 라고 규정한다. 동시에 같은 해에 반포된 「중화인민공화국 중앙정부 조직법」에서는 인민혁명군사위원회가 국가 군사의 최고통할기관이고 전국인민해방군과 기타 인민 무장역량을 통일 관할하고 지휘한다고 규정하고 있다.

이러한 규정에 기초하여 군대는 사회주의 국가정권의 수립 이후에 법률과 제도 차원에서 국가정권체계로 편입되었다. 그러나 이는 당의 군대에 대한 영도에 영향을 미치지 못하였다. 「공동강령」 제21조에서는 "인민해방군과 인민공안부대는 관병 일치, 군민 일치의 원칙에 근거하여 정치업무제도를 건립하고 혁명정신과 애국정신으로 부대의 지휘관과 전투원을 교육한다."라고 규정하고 있다. 이러한 원칙에 대한 제도와 정신의 강조는 간접적으로 당의 군대에 대한 영도 역할을 강조한 것

---

23    毛澤東, "八連頌", 『毛澤東軍事文集(第六卷)』(北京: 軍事科學出版社, 中央文獻出版社, 1993), p.395.

이다. 왜냐하면 이러한 원칙과 제도, 정신은 당이 군대를 건설하고 영도하는 과정에서 핵심 요소로 작용하기 때문이다. 당시 군사위원회의 주석은 마오쩌둥이었다. 그는 동시에 중국공산당 중앙위원회의 주석이었으며 중화인민공화국 인민정부의 주석이었다. 이는 군대의 국가성과 정당성 간의 유기적 통일을 체현한 것이다. 그리고 이러한 통일의 기초는 군대의 인민성이다. 비록 국가정권의 건설 과정에서 군사영도제도와 관련된 여러 변화를 겪었지만, 현행 1982년 헌법은 여전히 이러한 정신과 원칙을 확인해주고 있다. 따라서 당의 총서기는 중앙군사위원회의 주석을 겸하는 동시에 국가주석과 전국인민대표대회에서 선출하는 중앙군사위원회의 주석을 겸하고 있다.

1975년과 1978년의 헌법이 중화인민공화국의 무장 역량은 중국공산당 중앙위원회의 주석이 통수한다고 직접적으로 규정한 것과 달리, 1982년 헌법은 군사제도를 국가정권의 일부분으로 간주하고 중국의 국가정권의 내재적 논리에서 출발하여 군사제도를 규정하고 있다. 그것은 군대를 영도하는 당의 중앙군사위원회는 국가정권제도 가운데 하나의 권력조직이 되고 헌법과 국가정권의 규범을 받아들인다는 것이다. 따라서 1982년 헌법은 1954년, 1975년, 1978년 헌법과 달리 '중앙군사위원회'라는 절(節)을 신설하였다. 1982년 헌법은 군사제도에 대해 다음과 같이 명확하게 규정하였다.

첫째, 중화인민공화국 중앙군사위원회는 무장 역량을 영도한다. 둘째, 중앙군사위원회는 주석책임제를 시행한다. 셋째, 중앙군사위원회의 주석은 전국인민대표대회에서 선출하고 위원회의 구성원은 주석 제청으로 전국인민대표대회에서 심의 결정한다. 넷째, 중앙군사위원회의 매 임기는 전국인민대표대회의 매 임기와 동일하다. 중앙군사위원회의 주석은 전국인민대표대회와 전국인민대표대회 상무위원회에 대해 책임을

진다. 이처럼 헌법에서는 군대를 국가정권의 체계 안에 두어서 인민의
감독을 받게 하였다. 또한 헌법은 전국인민대표대회가 중앙군사위원회
의 주석과 중앙군사위원회의 기타 구성원의 파면권을 갖도록 규정하고
있다.

실제로 전국인민대표대회의 제도 운행에 기초해서 형성된 중앙군
사위원회와 당의 계통이 형성한 중앙위원회는 일체이다. 기능과 구성
인원이 완전히 같다.[24] 이러한 통일성은 다른 각도에서 설명이 가능하
다. 즉, 집권하에서 당의 군대에 대한 절대영도는 당의 영도체제 위에서
만들어져야 할 뿐만 아니라 반드시 국가정권체제의 위에서 만들어져야
한다. 국가정권체제의 위에서 만들어지는 것은 당이 반드시 헌법과 법
률에 의거하여 활동한다는 원칙이다. 이러한 영도는 자연스럽게 인민의
의지를 존중하고 인민의 감독을 받는다. 따라서 1982년 헌법은 국가정
권의 성격과 중국 군대의 성격의 기초 위에서 중국 군사제도를 비교적
좋게 안배하고 있다. 그리고 이로부터 제도적으로 '당의 군대, 인민의
군대, 사회주의 국가의 군대'라는 삼자통일을 실현하고 있다. 이는 집권
조건하에서 당이 군대를 영도하고 군대는 국가와 인민에 복무하며 당이
영도하는 군대를 보장함으로써 인민 군대의 본질을 유지하는 제도적 기
초와 헌법을 보장하였다.


## V. 정치공작체계

중국의 현대군대는 혁명으로부터 일어났고 정당으로부터 만들어졌다.

---

24    李保忠, 『中外軍事制度比較』(北京: 商務印書館, 2003), p.69.

쑨원과 중국공산당원들은 당이 건립한 군대가 당의 목표를 위해서 충분히 분투하고 군사훈련을 강화하는 동시에 정치훈련을 강화해야 한다고 인식하였다. 이를 위해서 국공합작으로 건립한 황포군관학교에 정치부를 설치하고 군관학교 학생들에 대한 정치훈련을 책임지는 동시에 정치훈련반을 설립함으로써 군대 내에서 당 대표와 정치선전원을 양성하였다. 저우언라이(周恩來)는 황포군관학교 정치부 조직의 창건자였다. 그는 정치부를 통해 진정한 혁명군을 육성하기 위해서 레닌이 적군(赤軍)을 건설한 경험을 황포군관학교 안으로 끌어들이기 위해 노력하였다.[25] 1926년 당시에 황포군관학교의 정치주임 교관을 맡고 있던 윈다이잉(惲代英)은 "군대 내의 정치공작방법"이라는 연설을 하였다. 그는 "군대 내 정치공작의 목적은 첫째, 무력과 인민의 결합이고, 둘째, 무력을 인민의 무력으로 만드는 것이다."[26]라고 말하였다. 중국공산당의 측면에서, 군대의 정치공작은 당이 군대를 영도하고 훈련시키는 체계이며 군대의 혁명성과 인민성의 체현을 제고하는 것이다. 이는 정치훈련으로 혁명 군대와 이전의 군대가 본질적으로 구별되게 한다.

중국공산당은 독립적으로 인민무장을 조직하자마자 군대 내에서 정치공작체계를 건립하여 당의 군대에 대한 효과적인 영도와 군대의 혁명화 건설을 실현하였다. 징강산(井岡山) 투쟁에서 마오쩌둥은 군대 정치공작의 적극적인 탐색과 실천을 시작하였다. 그리고 중국 군대 건설에 대해 결정적인 영향을 준 '연대에 지부를 건설한다'는 군대 정치공작의 조직체계를 만들어냈다. 혁명 무장을 건설하고 혁명의 진전을 위해서 1929년에 공농홍군(工農紅軍)은 구톈회의(古田會議)를 소집하였다.

25    廣東革命歷史博物館編,『黃埔軍校史料(1924-1927)』(廣州: 廣東人民出版社, 1982), pp.178-238.
26    惲代英, "軍隊中政治工作的方法",『惲代英文集(下卷)』(北京: 人民出版社, 1984), p.845.

마오쩌둥은 회의를 위해 「중국공산당 홍군 제4군 제9차 대표대회 결의안」을 작성하였다. 「결의안」은 당의 군대에 대한 영도를 명확히 한 동시에 군대 내 당의 공작과 정치공작을 전면적으로 계획하고 명확히 하였다. 1930년에 이 정신에 근거하여 「중국 공농홍군 정치공작 잠행조례 초안」이 반포되었다. 구톈회의의 결의안과 이 조례에 기초하여 당이 건립한 군대는 군사계통과 정치계통이 내재적으로 통일된 군대가 되었다.[27] 이로써 진정으로 당 영도의 인민군대가 되었다. 이후 군대의 건설 과정에서 당은 각 역사 시기에 시대의 요구에 근거하여 구톈회의에서 확정한 기본 원칙의 기초 위에서 실제로 상응하는 군대 정치공작조례를 반포하였다. 현 군대의 공작을 지도하는 정치공작조례는 2003년 12월에 반포된 「중국인민해방군 정치공작조례」이다. 이 조례에서는 "중국인민해방군의 정치공작은 중국공산당의 군대 내의 사상공작과 조직공작이고 군대의 전투력을 구성하는 중요한 요소이다. 그리고 당의 군대에 대한 절대영도와 군대의 직무이행을 실현하는 근본적인 보장이며 중국인민해방군의 생명선이다."라는 점을 명확히 지적하고 있다. 이 조례에 근거하여 군대 정치공작체계를 아래와 같이 전개하고 있다.

첫째, 군대 정치공작의 조직체계. 이 조직체계는 주로 당의 군대에서의 조직체계로 체현된다. 왜냐하면 군대 정치공작의 주체는 군대 내의 당 조직이기 때문이다. 조례에 근거하여 연대 이상의 부대와 이에 상응하는 단위(이하 연대급 이상 단위)는 당의 위원회를 설립한다. 영(營)과 영에 상응하는 단위는 당의 기층위원회를 설립한다. 연(連)과 연에 상응하는 단위는 당의 지부를 설립한다. 당의 각급 위원회(지부)는 각각 이 단위의 통일영도와 단결의 핵심이다. 당위원회(지부)의 통일된

---

27   毛澤東, "中國共産黨紅軍第四軍第九次代表大會決議案", 『毛澤東軍事文集(第一卷)』(北京: 軍事科學出版社, 中央文獻出版社, 1993), pp.86-125.

집체 영도하의 수장 분업 책임제는 당의 군대 영도에 대한 근본 제도이
다. 성군구(省軍區, 衛戍區, 警備區), 군분구(軍分區, 警備區), 현(縣, 市, 區)
의 인민무장부대와 예비역 부대는 군대 계통과 지방 당 위원회의 이중
영도제도를 시행한다. 성군구, 군분구, 현의 인민무장부대는 군대 계통
의 수직적인 영도와 예속관계를 유지한다. 그리고 동급 당 지방위원회
군사공작부의 영도를 받는다. 예비역 부대인 사단, 여단, 연대는 군대
계통의 수직 영도와 예속관계를 견지하고 동급 혹은 상급 당 지방위원
회의 영도를 받는다. 이와함께 총정치부(總政治部)를 설립한다. 연대급
이상의 단위에 정치위원과 정치기관을 설립하고 영에는 정치교도원(敎
導員)을 설립하며 연에는 정치지도원을 설립한다. 위의 부대에 상응하
는 단위의 정치간부와 정치기관의 설립은 중앙군사위원회 혹은 중앙군
사위원회의 권한을 위임받은 단위가 결정한다.

　둘째, 군대 정치공작의 기본 원칙. 이 원칙의 한 측면은 군대 성격
의 규정성에서 오고, 다른 한 측면은 군대 건설의 내재적 요구에서 온
다. 따라서 깊고 두터운 이론적 기초와 역사 전통을 가지고 있다. 원칙
가운데 적지 않은 내용은 건군 시기에서부터 지금까지 견지되어온 것이
다. 이러한 원칙은 이미 중국 군대의 군혼, 전통, 문화가 되었다. 조례에
근거한 군대 정치공작의 기본 원칙은 다음과 같다. "당의 군대에 대한
절대영도를 견지한다. 인민군대의 성격과 취지를 견지한다. 과학적 이
론을 이용한 부대의 무장을 견지한다. 사상정치건설을 군대의 각종 건
설의 우선순위에 놓는 것을 견지한다. 군대의 현대화 건설이라는 중심
을 둘러싸고 업무를 전개할 것을 견지한다. 관병(官兵)의 전면적인 발전
촉진을 견지한다. 관병 일치와 군민 일치, 적군 와해를 견지한다. 정치
민주, 경제민주, 군사민주의 확대 및 발전을 견지한다. 의법치군(依法治
軍)과 종엄치군(從嚴治軍)의 관철을 견지한다. 우수한 전통의 계승과 혁

신 발전의 통일을 견지한다."

셋째, 군대 정치공작의 기본 임무. 군대 정치공작의 기본 사명은 군대가 당과 국가에 전면적으로 이바지하고 인민의 근본 이익을 충실히 보호하고 보장하는 것이다. 따라서 군대 정치공작은 당을 중심으로 업무가 전개되어야 하며 군대 건설을 둘러싸고 전개되어야 한다. 2003년의 조례에서는 군대 정치공작의 기본 임무를 구체적으로 규정하였다. 즉, "국가의 개혁개방과 전면적 소강사회의 건설에 이바지하고, 사회주의 현대화의 건설을 추진하며, 중국특색의 군사변혁과 군대의 혁명화, 현대화, 정규화 건설에 이바지하고, 정치적·사상적·조직적으로 당의 군대에 대한 절대영도와 인민군대의 성격을 보장하며 이상을 갖고 도덕을 갖추며 문화를 구비하고 기율을 갖춘 군인을 양성하는 것을 목표로 하는 군대의 사회주의 정신문명 건설을 보장하고, 군대 내부의 단결과 군정과 군민의 단결을 보장하며, 군대 전투력의 제고와 각종 임무의 완성을 보장한다."

넷째, 군대 정치공작의 기본 내용. 조례에서는 "중국인민해방군 정치공작의 주요 내용은 중국인민해방군의 성격, 취지, 기능, 정치공작의 기본 임무에 근거하여 확정한다."라고 명확하게 지적하고 있다. "구체적인 내용은 20여 가지에 달한다. 구체적으로 (1) 사상정치교육, (2) 당 조직 건설, (3) 간부대오 건설, (4) 공산주의청년단 건설과 청년 업무, (5) 민주제도 건설, (6) 기율검사와 행정감찰 업무, (7) 보위(保衛) 업무, (8) 군사심판, 검찰과 사법행정 업무, (9) 과학문화교육, (10) 군사선전 업무, (11) 문예체육 업무, (12) 대중 업무, (13) 연락 업무, (14) 군인 표창, 복리와 우대 지원, (15) 일상적인 사상 업무, (16) 군사훈련 중 정치공작, (17) 집행 임무 중 정치공작, (18) 전시 정치공작, (19) 예비역 부대, 민병 정치공작, (20) 정치공작 연구 등이다. 이러한 20여 가지 업무 내용을 통해 다음과 같은 사실을 알 수 있다. 군대 정치공작은 실제로 당의 군대에 대한 절대영도를 둘러싸고 전개된다는 점이다. 따라서 공작의 내용은 군대의 체제 내와 조직 내에 한정되지 않고 모든 군대의 건설과 발전으로 확장되고, 군사계통과 관련된 생산, 생활, 발전의 영역으로 확장된다. 따라서 군대 정치공작의 다른 측면은 군대 건설과 관리 업무이다. 이는 당의 군대에 대한 영도의 체현과 보장이며 군대 건설과 발전의 기초와 동력이다.

　장기간의 군대 정치공작의 실천은 군대 정치공작의 유효성이 주로 세 가지 방면에서 온다는 것을 드러내 보이고 있다. 첫째는 영도이고, 둘째는 제도이며, 셋째는 민주이다. 군대 정치공작제도가 명확하고 공고하다는 조건하에서 당의 영도와 군내 내의 민주는 곧 군대 정치공작의 효과를 결정한다. 당의 영도 능력이 군대 정치공작을 결정하는 유효성은 다른 의미가 있는 것이 아니다. 군대 내부의 민주적 분위기와 군대 정치공작의 유효성 간의 관계는 군대 정치공작의 내재적 규정성이 결정한 것이다. 실제로 군대 정치공작을 실천하는 최초 출발점은 전통적 군대를 현대적 군대로 바꾸려고 시도하는 것이다. 이러한 변화 중에 군대 내부의 민주 실행은 가장 효과적인 방법이다. 마오쩌둥은 징강산 투쟁의 경험을 총결하면서 "홍군의 물질생활이 빈약하고 전투가 빈번해도 여전히 해체되지 않는 이유는 당의 역할 외에 군대 내의 민주주의가 시행되기 때문이다. 상관은 사병을 때리지 않고 관병을 평등하게 대우하며 사병도 회의시간에 자유롭게 말할 수 있고 번거로운 예절을 폐지하고 경제 상황을 공개한다.""마찬가지로 사병도 어제는 적군으로 용감하지 않았지만 오늘은 홍군에서 매우 용감하다. 이는 민주주의의 영향이다. 홍군은 마치 화로와 같아서 포로들이 와서 융해된다. 중국 인민에게 민주주의가 필요할 뿐만 아니라 군대에도 민주주의가 필요하다."[28]라고 말하였다. 구텐회의에서 마오쩌둥은 군대는 반드시 일정한 민주를 갖고 있어야 한다고 재차 강조하였다. 그러나 군대는 극단적인 민주화를 할 수 없다. 만약 그렇다면 자유는 틀림없이 군대와 당을 제멋대로 파괴할 것이다.[29] 당의 군대에 대한 정치공작, 군대 내부의 민주건설은 시작하자마자 함께 결합된다. 군대 정치공작은 군대 민주의 원칙을 내포하고 있다. 따라서 군대 정치공작은 필연적으로 여러 방면에서 군대 민주의 원칙으로 체현되고 실천된다. 이런 의미에서 당의 군대에 대한 영도는 집중(集中)과 민주를 수호하기 위한 것이다. 따라서 조직적으로 집중 지도하면서 민주생활을 엄중히 실시하는 것은 당이 영도하는 군대가 정치적으로 통일성, 기율성, 전투력을 근본적으로 유지하도록 보장한다.

28    毛澤東, "井岡山的鬪爭", 『毛澤東選集(第一卷)』(北京: 人民出版社, 1991), p.65.
29    毛澤東, "關於糾正黨內的錯誤思想", 『毛澤東選集(第一卷)』(北京: 人民出版社, 1991), pp.88-89.

# 제3부  거버넌스

# 제8장

# 헌법과 법치

전통국가와 현대국가는 주권과 인권을 기초로 하여 국가가 세워졌는지에 따라 구분된다. 주권과 인권이 일치하는 부분은 국가 권력이 인민으로부터 구현되는 인민의 의지라는 점이다. 그러나 이와 동시에 상호 충돌하는 측면도 있다. 주권의 절대성과 인민권리의 신성성 간에는 긴장이 존재한다. 주권의 절대성은 인민권리의 신성성에서 나왔음에도 불구하고 오히려 실천하는 가운데 인민권리의 신성성을 위협할 수 있으며, 현대국가의 현대적 속성과 위배될 수도 있다. 권력은 인민으로부터 나오며 인민을 보장하기도 한다. 이에 현대국가는 헌법을 통해 자신을 규정하고 보장하는 것을 모색한다. 이를 통해 주권의 절대성과 인민권리의 신성성이 국가조직, 제도, 질서체계 속에서 균형을 이루게 된다. 헌법 제정은 현대국가 형성의 첫 번째 단계로, 이를 기반으로 국가의 제도와 조직 그리고 행동 등을 추동하는 법치의 기반을 마련할 수 있게 된다. 이러한 두 가지 측면의 유기적 연동이 현대국가의 조직체계와 제도체계 그리고 거버넌스체계를 지탱한다. 그런 까닭에 헌법과 법률은 현대국가 거버넌스의 근본과 기초를 이룬다.


## I. 헌법과 혁명

중국은 전통적 고대국가에서 현대국가로 이행하는 과정에서 두 가지 기본 문제에 직면하였다. 하나는 구제도를 대체할 신제도를 어떻게 선택하는가였으며, 다른 하나는 신제도를 통해 어떻게 기존의 국가제도를 유지하는가였다. 전자는 중국 근대화 역사운동의 가장 중요한 관문이었다. 현대제도의 확립을 위한 신제도의 선택과 확립 방식은 사상운동과 정치운동 그리고 입헌운동에 따라 결정되었다. 중국의 국가전환과 민주 발전은 사상문화의 변화와 정치혁명뿐만 아니라 입헌운동의 과정을 통해서도 장악되었다. 사상문화와 정치혁명은 "낡은 것을 타파하는 것"을 중시하며, 입헌운동은 "제도수립"과 "형성"을 중시한다. 따라서 입헌운동은 어떠한 제도를 선택해 민주를 실현할 것인가를 고려해야 할 뿐만 아니라 이러한 제도로부터 어떻게 기존의 국가제도를 보장하고 국가의 변혁 중에 유지할 수 있을지를 고려해야 한다.

　현대적 의미에서 중국의 입헌적 실천은 신구제도의 대체에서 시작된 것이 아니라 구제도의 개혁으로부터 시작되었다. 청말의 제도 개혁과 중국 역사상의 개혁은 다르다. 중국의 기존 논리로부터 조정하고 완성해나간 것이라는 점을 고려한 것이 아니라 중국의 기존 가치와 원칙 그리고 정신이 국가제도로부터 발현되게 하여 어떻게 중국의 매우 오래된 제도가 현대화의 논리 속에서 전환되고 지속될 수 있는지를 고려해야 했다. 중국의 오랜 전통 제도에서 이것은 생사가 걸린 개혁이었다. 이러한 개혁은 현대정치의 핵심요소를 오래된 체제에 주입할 것을 요구하는데, 이러한 핵심요소는 민주다. 민주의 본질은 인민이 국가정권을 장악하고 국가정권은 인민의 권리를 보장하고 서비스하는 것을 보장하는 것이다. 따라서 개혁은 중국의 "한 집안의 천하" 구조를 바꿔 "천하를 공유[天下爲公]"하는 것을 실현하고 권력이 공공이익에 서비스하게 할 뿐만 아니라 "신민정치(臣民政治)"를 "공민정치(公民政治)"가 되도록 하여 권리가 정치의 기초를 이루도록 해야 한다. 의심할 여지없이 전복적 성격의 개혁은 그 근본 의지가 국가권력 자체로부터 나오는 것이 아니라 사회와 민중으로부터 나오는 것이다. 그렇기 때문에 이러한 제도 개혁과 제도개혁 후의 제도건설과 발전은 국가정권의 단일 역량이 결정하는 것이 아니라 국가와 사회가 공동으로 결정하는 것이며, 이 과정에서 사회는 기초적이고 근본적인 역할을 맡는다. 이러한 의미에서 마르크스는 현대 국가제도에 대해 국가와 사회의 규약이며 이러한 규약의 내용은 헌법을 통해 나타난다고 하였다. 따라서 헌법의 소재 여부가 현대 국가제도와 전통 국가제도를 구별하는 가장 기본적 지표인 것이다. 중국의 오랜 제도는 현대를 향해 현대화의 발전논리에 순응해서 자연스럽게 현대적 의의를 갖고 있는 입헌 실천에서부터 시작해야 한다.

중국의 개혁적 입헌 실천은 무술변법(戊戌變法)에서 발단하여 전개되지도 못하고 실패하였다. 그러나 대세를 거스르기는 어려웠으며, 백방으로 원하지 않았다 할지라도 청나라는 무술변법이 끝나고 얼마 지나지 않아 부득이하게 '신정(新政)'을 시행하게 되었다. 1908년 9월에 청나라는 『흠정헌법대강』을 공포하였다. 이 헌법대강은 법률상 '신민(臣民)'의 부분적 권리를 승인한 것 이외에도 전체적으로 헌법의 형식에 있어서 기존의 오래된 제도 원칙을 넘어서지 못하였다. 이러한 개혁은 명확히 사회가 기대하던 것은 아니었다. 2년 여 뒤에 사회의 압력에 쫓기어 매우 위태로운 왕조를 구하기 위해, 청나라는 1911년 11월에 『헌법 중대신조 19조』를 공포하였다. 이를 통해 황권과 황족의 권력에 대하여 준대한 제한을 하고 사회의 권리를 확대하였다. 하지만 이미 너무 늦어서, 3개월 후에 청나라는 철저히 전복되었으며 천 년 제도는 종결되었다. 이는 제도개혁의 실패로도 볼 수 있고 성공으로도 볼 수 있다. 실패의 측면에서 보면, 중국의 천 년 제도는 제도개혁을 통해 현대 제도로 승화되는 것이 어렵다는 것을 의미한다. 반면에 성공의 측면에서 보면, 제도개혁을 통한 중국의 천 년 제도의 중심축 타파, 즉 1905년에 과거 제도를 폐지한 후에 천 년 제도는 신해혁명의 총성 속에서 무너지고 철저히 와해되었다는 것을 의미한다.

천 년 제도가 와해됨에 따라 입헌 조직체계는 뒤이어 도래한 정치혁명과 국가건설의 핵심주제가 되었다. 중국의 정치무대에 오른 모든 역량은 자신의 헌법주장과 헌법본문에 근거하여 전개한 입헌운동의 시도에 따라 자연스럽게 중국 정치생활의 중요한 내용이 되었다. 이러한 과정 속에서 통과된 헌법은『중화민국 임시약법(中華民國臨時約法)』(1912년 3월),『중화민국 헌법 초안(中華民國憲法草案)』[천단헌초(天壇憲草), 1913년 10월],『중화 민주헌법 초안(中華民主憲法草案)』[오오헌초(五五憲草), 1936년 5월 5일],『중화민국헌법(中華民國憲法)』(1946년 12월),『공동강령(共同綱領)』(1949년 9월),『중화인민공화국 헌법(中華人民共和國憲法)』(1954년 9월)이다. 역사적 차원에서 이러한 헌법은 동시에 두 가지의 중대한 역사적 사명을 견뎌냈다. 하나는 새로운 정권을 형성하는 것이었으며, 다른 하나는 새로운 국가를 조직하는 것이었다. 그러므로 각각의 헌법은 다른 계급의 이익과 정치주장 그리고 중국 발전에 대하여 근본적으로 각자를 대표하게 되었다. 첫째는 쑨원의 삼민주의, 건국방략과 오권(행정권, 입법권, 사법권, 고시권, 감찰권)의 헌법사상을 핵심으로 하는 헌법주장과 입헌 실천이다. 두 번째는 장제스를 대표로 하는 국민당의 헌법주장과 입헌 실천이다. 세 번째는 중국공산당을 대표로 하는 헌법주장과 입헌 실천이다. 중국 근대 민주혁명의 논리로 봤을 때, 세 가지 헌법주장과 입헌 실천은 일정한 역사적 연관성이 있을 뿐만 아니라 헌법 내용에 있어서 전후의 계승성이 존재한다. 대표적으로 공화민주의 문제 및 단일제 국가구조의 문제가 그것이다. 그렇지만 중국공산당의 헌법주장과 입헌 실천 그리고 국민당의 그것은 완전히 다른데, 후자는 신해혁명 후의 중국 정치혁명에 근원한다. 반대로 전자는 혁명 근거지의 공농정권(工農政權)의 건설 실천에 근원한다. 그러나 쑨원의 신삼민주의 또한 러시아를 본보기로 삼을 것을 강조하고 "러시아와의 연대, 공산당과의 연대, 노동자와 농민 원조"를 주장하였기 때문에 쑨원의 사상에 기반하여 제시된 헌법주장과 입헌 실천의 일부는 중국공산당에 의해 받아들여지기도 하였다. 마오쩌둥은 1940년 『신민주주의론』에서 "러시아와의 연대, 공산당과의 연대와 노동자와 농민 원조 등 3대 정책의 삼민주의, 혁명의 삼민주의, 신삼민주의, 참삼민주의(眞三民主義)가 신민주주의의 삼민주의이고 구삼민주의의 발전은 쑨원의 큰 공로이며, 중국혁명이 사회주의 세계혁명의 일부분이 된 시대에 형성된 것"임을 명확히 제시하였다. 중국공산당은 이러한 삼민주의만을 "지금 중국의 필수"라 부르고, "철저히 실현하고 분투하기를 원한다." 라고 선포하였다. 이러한 삼민주의만이 민주혁명 단계에 있는 중국공산당의 정강, 즉 그 최저 강령과 기본적으로 같다.[1]

그러므로 중국공산당의 헌법주장과 입헌 실천은 비록 혁명 근거지의 실천에서 근원한다 하더라도 쑨원의 "신삼민주의"를 "철저히 실현하고 분투하기를 원하는", 동시에 "지금 중국의 필수"로 여겨지기 때문

---

1    毛澤東, "新民主主義論", 『毛澤東選集(第二卷)』(北京: 人民出版社, 1991), pp.692-693.

에, 혁명 근거지의 입헌 실천은 사회주의 국가의 육성과 건설, 준비의 실천을 위한 것이고 쑨원이 영도하는 민주혁명을 철저히 인도하고 신민주주의 국가의 실천을 일으키는 것이다. 중국공산당은 혁명 근거지의 입헌 실천 과정에서 소비에트정권, "삼삼제(三三制)" 정권, 해방구 정권의 수립을 경험하였고, 『중화소비에트공화국 헌법 대강(中華蘇維埃共和國憲法大綱)』, 『산간닝변구 헌법 원칙(陝甘寧邊區憲法原則)』을 공포하였다. 이 헌법주장과 입헌 실천은 중국공산당이 최종적으로 신정권, 신국가, 신사회를 건설할 수 있는 견실한 이론 기반과 제도 준비를 제공하였다. 따라서 항일전쟁이 끝난 후에 중국공산당은 혁명 근거지의 정권 수립과 입헌 실천을 모든 국가정권의 수립에 운용할 능력을 가지고 있었다. 또한 국민당과의 투쟁 중에 정치적으로 주도하여 승리하였다. "연합정부" 수립의 이론과 정치주장, 1946년에 구(舊)정협에서 통과된 『평화건국강령(和平建國綱領)』에서 중국공산당은 비교적 성숙하고 전면적인 입헌 주장과 제헌 능력을 충분히 보여주었다.

이 과정에서 반드시 짚고 넘어가야 할 점은 중국공산당의 헌법주장과 입헌 실천이 간단한 헌법원리와 헌정 모델에서 출발하는 것이 아니라 중국혁명의 충분한 요구와 실천에 기반해야 한다는 것이다. 비록 『중화소비에트공화국 헌법 대강』에 모방성이 강하게 나타나, 당시 러시아소비에트 정권 건설의 이론 원칙과 구체적 제도를 적지않게 따르고 있지만,[2] 중국공산당이 중국혁명의 길을 찾음에 따라 그들이 미래에 설립하고자 하는 국가는 "공농공화국"이 아니라 "인민공화국"이라는 것이 명확해졌다. 뿐만 아니라 중국공산당이 설립하고자 하는 국가는 부르주아계급독재가 아니고 소련식 프롤레타리아독재도 아니며 반식민지

---

2    王永祥, 『中國現代憲政運動史』(北京: 人民出版社, 1996), pp.206-211.

반봉건이라는 중국사회의 성격에 적합한 "인민민주독재"로, 중국의 헌법주장과 입헌 실천은 자신의 주체성과 중국혁명의 진전과 실천에 견고하게 서로 결합되어 있다. 1940년에 마오쩌둥은 옌안에서 열린, 각계 인민대표가 참가한 헌정촉진회 성립 대회에서 이러한 사상 및 주장을 확고히 하였다. "예로부터 세계에서 헌정은 영국, 프랑스, 미국, 소련에서 혁명이 성공하고 민주적 현실이 있은 후에 근본적으로 중요한 법령을 공포하여 그러한 현실을 승인하였는데, 이것이 헌법이다. 그러나 중국은 그렇지 않았다. 중국에서는 혁명이 아직 성공하지 못하여 변경지역 등에 아직 민주정치가 현실적으로 존재하지 않는다. 현재 중국의 현실은 반식민지 반봉건의 정치로, 설령 훌륭한 헌법을 공포할지라도 필연적으로 봉건세력에 의해 차단되고 수구분자에 의해 방해를 받아 순조롭게 실행하는 것이 불가능하다. 따라서 현재의 헌정운동은 아직 획득하지 못한 민주를 쟁취하는 것이지 이미 민주화된 현실을 인정하는 것이 아니다. 이것은 하나의 대투쟁이며 결코 쉽고 편한 일이 아니다." 따라서 "진정한 헌정은 결코 쉽게 손에 넣을 수 있는 것이 아니라 고달픈 투쟁을 거쳐야만 획득할 수 있는 것이다."[3]

이와 같이 중국이 오늘날 시행하고 있는『중화인민공화국 헌법』은 간단한 개국 입헌의 산물이 아니라 중국혁명의 산물로, 자연적으로 두 가지 사명을 갖고 있다. 첫째는 헌법의 방식으로 혁명과 건설이 얻은 성과를 인정하고 공고히 하는 것이며, 둘째는 모든 국가발전의 역사 방향을 견고하게 장악하고 시종일관 중국 사회발전이 추구하는 목표를 향해 전진하는 것이다. 이 때문에『중화인민공화국 헌법』의 "서언"에서는 일반적이지 않은 기능과 사명을 명시하고 있다. 그것은 첫째, 현대 중국이

---

3   毛澤東, "新民主主義的憲政",『毛澤東選集(第二卷)』(北京: 人民出版社, 1991), p.736.

어디서 와서 어디로 가는지에 대한 설명이고, 둘째, 중국공산당의 사명의 근원과 분투 목표 그리고 영도 책임에 대한 설명이며, 셋째, 중국은 왜 사회주의를 시행하고 어떤 사회주의를 시행하는지에 대한 설명이다.


## II. 헌법과 국가

헌법은 국가의 근본적인 법령으로, 현대국가의 기초다. 국가는 하나의 정치공동체로, 헌법의 사명은 이를 유지하고 규범화하는 것이다. 헌법은 합법적 기초를 갖고 있을 뿐만 아니라 합리적 조직방식과 제도체계를 갖고 있다. 따라서 "헌법의 원칙상 국가를 조성하는 정치체제와 헌법은 서로 연계되어 있는 것이다."[4] 정치체제는 주로 국가권력의 조직 및 운용과 관련되어 있는 제도를 마련한 것이며, 헌법은 국가권력의 배치 이외에도 공민의 권리를 보장해야 한다. 이러한 두 가지 측면에서 제도의 통일이 국가의 정치체계를 구성한다. 그러므로 엄밀한 의미에서 헌법은 하나의 정치체계의 확정을 통해 국가를 조직한다.

　　정치체계는 인민의 권리와 국가권력 그리고 그 상호관계에 대한 제도를 마련한 것이다. 현대정치에서 이러한 제도 정립은 국가 의지의 일방적인 결과가 아니라 사회와 국가의 상호작용의 산물로, 그 중에서 인민의 의지가 결정적인 역할을 한다. 그렇기 때문에 정치체계가 가장 먼저 접하는 것은 어떻게 제도 정립을 잘하는가의 문제가 아니라 어떻게 인민의 의지와 사회의 발전이 서로 부합하도록 하는가의 문제이다. 이는 헌법이 정치체계를 통해 국가를 조직할 때 먼저 분명히 해야 하는 것

4    亨利·範·馬爾賽文, 格爾·範·德·唐著, 陳雲生譯, 『成文憲法的比較硏究』(北京: 華夏出版社, 1987), p.53.

이 정치체계의 구성과 기능이 아닌 정치체계 내에 포함된 정치체계의 기원, 가치와 사명, 국가 조성 간의 내적 관계를 명확하게 모색하는 것이기 때문이다. 따라서 헌법은 기계적으로 국가조직과 운용에 필요한 기본적 정치체계의 구조와 기능을 규정하는 것이 아니다. 현대국가를 구성하는 모든 정치요소가 반드시 하나의 유기체를 구성하고, 이로부터 조직된 국가가 특정 형태를 부여함과 동시에 영혼을 부여하게 된다. 중국 헌법은 개인, 인민, 사회, 정당, 국가로 구성된 정치체계를 통해 국가를 조직하는 것으로, 그 중에서 가장 특징적인 것은 인민과 정당이다. 왜냐하면 중화인민공화국은 중국공산당이 인민을 영도하여 건립한 국가로 인민이 국가권력을 장악한 인민민주를 실행하기 때문이다. 중국 헌법의 서문에서는 그 역사성과 이론성, 제도성에 대해 설명하고 있으며, 이로부터 당의 영도와 인민민주가 중국 헌법의 핵심원칙과 그 실천의 정치적 전제임을 밝히고 있다.

　현행 중국의 정치체계 내에는 국가와 사회 간의 관계 외에 당과 인민 간의 관계도 있다. 사회주의 사회의 내재적 요구에서 출발하든지 공화민주가 중국을 유지시키는 전체적 전환과 내재적 통일에서 출발하든지, 당과 인민의 관계는 더욱 근본적이고 결정적이다. 이는 당과 인민의 관계를 잘 조정하는 것으로부터 국가의 인민성과 통일성에 대해 정치적으로 효과적으로 보장할 수 있기 때문이다. 그러나 공민권리(시민권리)로부터 출발해 공민권리체계와 국가권력체계를 만듦으로써 현대문명의 산물이 된 성문헌법은 그 주요 내용에 공민권리의 기본 규정과 국가 및 국가가 소유한 모든 권력조직에 대한 구체적 규정을 포함한 반면, 당과 인민의 관계까지 직접적으로 언급되지 않았다. 이러한 상황에서 중국 헌법은 창조적으로 당의 영도 및 당과 인민 간의 관계를 헌법의 서문에서 언급함으로써 헌법적으로 규정하고 보장했다. 즉, 중국은 이원적 구조의 정치체계에 대해 명백하게 헌법적 지위를 보장하였다. 중국 헌법 규정의 국가제도체계에 대해서는 다음 장에서 보다 구체적으로 분석하고자 한다. 여기에서는 주로 당의 영도체계를 분석한다.

중국의 헌법 제정과 당과 인민의 관계를 규범화하는 정치적 기초는 인민민주다. 중국정치에서, 특히 헌법 구조에서 당과 인민의 관계는 중국공산당의 정치논리와 역사논리에서 출발하는 것이 아니라 인민민주의 내재적 요구와 그에 상응하는 제도 정립으로부터 출발하는 것으로, 그 관건은 당의 영도와 인민이 주인이 되는 관계를 잘 규정하는 데 있다. 이 때문에 헌법은 이러한 규정의 실현에 필요한 공동의 실천 기반을 찾아야 했는데, 그것이 통일전선이었다. 당의 영도 차원에서 통일전선은 영도 지위와 영도 능력의 중요한 법보를 확립하고 공고화하며 증강시키는 것이다. 또한 인민민주의 차원에서 통일전선은 각 계급연합을 실현해 주인이 되는 중요한 정치적 기초와 정치기제를 실천하는 것이다. 이에 신중국의 개국 이래로 『공동강령』 내의 5대 헌법 판본 및 1982년 헌법의 역대 개정본의 모든 서문에서는 통일전선을 강조하고 있으며, 단지 역사적 시기에 따라 강조하고 중요시하는 관점과 방식만이 다를 뿐이다.

먼저 『공동강령』에서는 인민민주독재 정권을 "인민민주 통일전선의 정권"으로 보고, 인민민주가 공산당 영도의 각 계급연합이 주인이 되는 민주임을 강조하는 한편, 이러한 연합으로 나타나고 구체화된 중국인민정치협상회의를 직접적인 인민민주 통일전선의 조직형식으로 보았다. 『공동강령』에서는 중국인민정치협상회의에 대해 전국 인민의 의지를 대표하여 중화인민공화국의 성립을 선언하였으며 인민 자신의 중앙정부를 조직하였음을 명확히 표시하고 있다. 따라서 당의 영도와 인민민주 그리고 국가조직은 통일전선 및 그 조직형식을 이루는 중국인민정치협상회의의 도움을 빌려 전면적 통일을 이루고 이로부터 국가가 당의 영도와 인민민주의 유기적 통일 속에서 이에 상응하는 정치적 기초와 응당한 합법성을 보장받을 수 있도록 하였다. 한편으로 당의 영도가 추구하는 공인계급은 통일전선에서 영도 지위를 갖고 있으며 신중국의 사회주의 성격을 보장한다. 그리고 인민민주가 추구하는 인민의지는 국가사무에서 결정적인 작용을 하고 신중국의 국가 인민성과 민주성을 보장한다. 『공동강령』 서문에서는 이에 대해 "중국인민정치협상회의는 신민주주의, 즉 인민민주주의를 중화인민공화국 건국의 정치기초로 삼는다는 데 일제히 동의한다. 이하의 공동강령을 제정하고 인민정치협상회의에 참가하는 각 단위와 각급 인민정부 그리고 전국 인민은 모두 공통적으로 이를 준수한다. 중국공산당도 반드시 이러한 국가 건립과 헌법 수립에서 정한 기본 요구를 준수해야 한다."라고 강조하고 있다.

그리하여 1954년 헌법을 개정한 1982년 헌법 및 '문화대혁명'과 밀접한 관련이 있는 1975년 헌법과 1978년 헌법은 비록 통일전선을 강조하고 있지만, 중국은 당의 영도로부터 통일전선, 즉 이러한 법보가 없을 수 없다는 시각에서 통일전선을 장악하였으며 통일전선과 인민민주 간의 관계가 약화될 때까지 상당 부분 간접적으로 변하였다. 1954년 헌법은 단지 당이 인민을 영도해 각종 위대한 투쟁을 진행한다는 시각에서 통일전선의 현실성과 필요성을 강조하였다. 그리고 1982년 헌법은 사회주의 건설과 국가통일 유지의 시각에서 통일전선의 중요성을 강조하고 당의 영도를 통일전선 속에서 나타냈다.

그러나 2004년에 개정된 헌법의 서문에는 중대한 변화가 있었다. 통일전선의 조직형식과 제도형태로서 "중국공산당 영도의 다당합작과 정치협상제도"를 헌법 서문에 명시하고 그것의 "장기적 존재와 발전"을 강조한 것이다. 이러한 개정은 중국의 정당제도를 헌법 서문에 명시하기는 하였지만 실질적으로 당의 영도와 인민의 주인됨을 통일하기 위해 필요한 헌법적 제도 기반을 제공한 것이자, 당과 인민의 관계를 인민민주의 내재 논리와 제도 정립으로 되돌린 것으로 볼 수 있다. 게다가 중국공산당 영도의 다당합작과 정치협상제도는 실질적으로 당 영도제도의 구성부분이다.

건국 이후 헌법의 본문에 보면, 당의 영도는 당내 권력구조와 운용 체계를 구현하는 것이 아니라 당이 인민과 국가 그리고 사회의 역사실천과 현실분투를 영도해 구현하는 것으로, 세 가지 차원에서 모색해나가는 것으로 나타난다. 첫째는 당 영도의 역사성이며, 둘째는 당 영도의 국가정치체제, 셋째는 당 영도의 국가발전이다. 이러한 세 가지 차원은 각각 당이 영도하는 계급과 정치기반 및 당 영도의 현실 임무와 역사적 사명 등 당 영도의 역사적 필연성과 합리성을 해결한다. 상당히 오랜 시간 동안 당의 영도는 당의 역사적 성과와 국가발전에서 더욱 강조되고 구현되었지만 당의 영도와 국가형태, 정치제제 간의 정치적·제도적 관계 정립에 있어서는 의식 있는 설계와 개발이 결여되어 있었다. 이러한 부족은 필연적으로 중국 헌법의 서문이 해결해야 하는 '당의 영도'를 진정한 국가정치체계상 확립시킬 방법이 없음을 실천적으로 증명하게 한다. 헌법은 정치체계상 과학적이고 합리적으로 '당의 영도'를 확립시킬 방법이 없는 반면, 당의 영도 자체에 영향을 미치고 모든 국가정치체계를 완전히 갖추도록 하는 데 영향을 미치는 동시에, 당의 영도 및 인민민주의 유기적 통일과 발전에도 영향을 미친다. 이에 대해 2004년 헌법 개정안의 노력과 그것이 가져온 실제적 정치 효용은 전반적인 근거를 제시하였다. 실천적으로 "중국공산당 영도의 다당합작과 정치협상제도는 장기간 존재하고 발전해왔다."는 점을 헌법 서문에 명시한 이후에 통일전선과 다당합작 그리고 정치협상은 중국에서 역사상 유례없이 중

요해졌고, 이로부터 '협상민주'는 매우 빠르게 인민민주를 실천하는 중
요한 형식이 되었다.

종합하자면, 사회주의 국가의 정치체계는 당의 영도 없이는 불가능
하며 당의 영도는 인민민주와 유기적으로 통일해야만 사회주의 국가의
정치체계에서 확립될 수 있다. 중국의 헌법은 당의 영도체계와 국가제
도체계를 동시에 규범화해야 국가의 조직과 운영 그리고 발전 측면에서
전면적이고 실제적인 규범과 보장을 받을 수 있다. 중국 헌법 서문은 이
러한 면에서 탐색하고 노력하여 점진적으로 더 성숙해지고 있다.


## III. 헌법과 민주

현대정치논리에서 헌법은 인민의 의지에 기반을 둔 결단에 의해 형성
된 것으로, 인민 공동의 의지를 나타낸 것이자 각자가 반드시 준수해
야 하는 공동의 의지이다. 이 때문에 인간이 형성한 보편적 공통 인식
은 "헌법은 현대민주의 전제이고 기초로, 헌법이 없으면 민주도 존재하
지 않는다."는 것이다. 그렇지만 이것이 헌법이 있으면 민주도 있다는
것을 의미하지는 않는다. 왜냐하면 민주의 생성은 헌법의 근본적인 보
장을 필요로 하는 것 이외에도 제도의 완비와 인민의 실천 그리고 노력
을 필요로 하기 때문이다. 당연히 그 중에서 헌법이 기초이며, 그것은
제도적 틀과 완벽한 방향을 규정하고 사람의 권리와 실천의 경로를 규
정한다. 좋은 헌법은 민주 성장의 학교이며, 헌법을 통해 좋은 제도와
좋은 인민을 육성할 수 있다. 여기에서 관건은 헌법이 진정으로 민주의
학교가 될 수 있는가의 여부이다.

중국에서 법률 문건과 당과 정부의 문건 등은 헌법이 국가의 근본

적 법령임을 강조하고 있다. 그러나 구체적으로 정치실천은 헌법이 갖고 있는 '근본성'을 장악하기에는 비교적 모호하며 이론의 견고성과 행동의 단호성이 부족하다. 이러한 모호성은 세 가지 측면에서 구현된다. 첫째, 헌법이 민주의 성과인가 아니면 민주가 헌법의 성과인가와 관련되어 있으며, 둘째, 인민이 주인 되는 것이 헌법의 요구인가 아니면 정치의 요구인가와 관련되어 있고, 셋째, 당의 영도가 헌법에 기반하는 것인가 아니면 헌법보다 높이 있는가와 관련되어 있다. 이러한 모호성이 나타난 중요한 원인은 오랜 기간 동안 당의 영도와 인민민주 그리고 헌법의 근본성을 분리한 결과 당의 영도 혹은 인민민주의 중요성을 강조하는 한편, 헌법의 근본적 지위와 역할을 무시했기 때문이다. 실제로 이러한 분리가 '문화대혁명'으로부터 각종 정치적·사회적 문제를 초래하였고 '문화대혁명' 또한 이러한 분리를 극단으로 밀어냈음을 보여주고 있다. 이러한 분리 속에서 당의 영도와 인민민주 그리고 헌법의 근본성은 엄청난 훼손을 입었고, 최종적으로 당과 국가 그리고 사회는 전면적인 무정부 상태에 빠지게 되었다. '문화대혁명'의 교훈을 통해 중국공산당은 이러한 분리를 해소하는 핵심이 정치상으로나 제도상으로 헌법의 근본적 지위와 역할을 확보하는 것이라는 점을 충분히 의식하고 있었다. 중국공산당은 '문화대혁명'이 끝난 이후에 「건국 이래 당의 약간의 역사문제에 관한 결정」을 통해 그때의 고통을 되새겨보듯이 "반드시 인민민주독재를 공고히 하고 국가의 헌법과 법률을 완벽하게 하여 어떤 사람도 반드시 엄격하게 준수하는 침범할 수 없는 역량이 되도록 한다. 또한 사회주의 법제가 인민권리를 보호하고 생산질서, 공작질서, 생활질서를 보장하며 범죄행위를 제재하고 적들의 파괴활동을 타격하는 강력한 무기가 되도록 하였다."라고 언급하였다. 즉, '문화대혁명'과 유사한 혼란스런 국면이 어떤 범위 내에서도 결코 재현되지 않도록 하였다.

중국의 민주발전은 분명히 헌법 규범과 분리될 수 없으며, 헌법은 중국의 민주발전을 추동해야 하고 반드시 인민이 주인인 정치실천과 긴밀하게 연계하여 이것과 중국의 국가형태가 밀접한 관련을 맺도록 해야 한다. 중국의 국가형태는 인민민주이며, 마오쩌둥의 말을 인용하자면, "각 혁명계급의 연합독재"이다. 이러한 국가형태는 정치에 대해 세 가지 내재적 요구를 갖고 있다. 첫째는 각 계급연합이 '인민' 집합체 형성을 실현하는 것이며, 둘째는 인민의 의지는 국가통치의 기초라는 점, 셋째는 '인민' 집합체의 수중에서 국가권력을 장악하여 법률상 인민이 주인임을 보장하는 것이다. 이러한 국가형태는 인민이 국가정치생활에 있어서 주체적 지위가 있음을 결정하였다. 민주의 논리 가운데 인민의 주체성은 인민의 의지에 의해 형성된 헌법에 기반하여 자연적으로 그 근본적 지위와 역할을 획득하는 것으로, 인민의 주체성과 헌법의 근본성은 변증법적으로 통일되어 있다. 바꾸어 말하면, 헌법의 근본적 지위와 역할은 인민의 주체성을 제도적으로 보장한다. 그러나 구체적 실천에서 헌법은 인민이 주인임을 실천하는 것을 보장하고 추진함에 있어 헌법 자체에만 의지해서 실현할 수 있는 것이 아니라 헌법에 대한 인민의 지지와 인정, 존중을 필요로 한다. 왜냐하면 중국의 정치논리 중에 인민이 주인임을 실현하는 것은 당 영도의 사명이자 사회주의 국가의 합법성의 가장 기본적 근원이며 정치상 절대적 지위를 갖고 있는 중국정치의 '절대적 규율'이기 때문이다. 일단 인민이 주인 됨을 실천하는 가운데 헌법 관념이 결여되고 헌법의 규범과 규정을 무시하면 완전히 자신의 지위와 논리에 의거하여 스스로를 강조하고 자신의 생각대로 이행하게 된다. 이러한 결과 중 하나는 인민이 주인이라는 점을 완전히 자신의 의지에 따라 독단적으로 행하고, 헌법을 한쪽에 방치하여 있어도 되고 없어도 되는 것으로 변하게 하는 것이다. 이와 같이 인민이 주인인 민주의 운영은 자연스럽게 매우 쉽게 극단으로 치닫게 된다. 그러한 역사의 결과 중 하나가 '문화대혁명'이었다.

헌법은 인민민주의 기초이며 보장이지만 인민이 주인 됨을 헌법의 규범에 효과적으로 포함시켜야 한다. 실제로 헌법의 보장을 받을 수 있는 것은 헌법 자체에 있는 것이 아니라 인민민주 자체가 헌법에 대해 효과적으로 이행하는지 여부에 달려 있다. 이로부터 인민민주는 헌법을 자기 의지의 표현으로 삼고, 헌법의 권위 및 그 시행을 인민이 주인이라는 근본적 실현 형식으로 간주해야 한다. 중국공산당은 60여 년 동안의 국가건설 역사의 경험과 교훈을 종결할 때 이러한 도리에 대해 명백하게 밝혔다. "신중국 성립 이래 60여 년 동안, 헌법제도의 발전과정을 거슬러 올라가보면, 헌법이 국가의 미래, 인민의 운명이 아주 밀접하게 관련되어 있음을 알 수 있다. 헌법의 권위를 수호하는 것이 당과 인민의 공동 의지의 권위를 지키는 것이다. 헌법의 존엄성을 보위하는 것은 당과 인민의 공동 의지의 존엄성을 지키는 것이다. 헌법의 이행을 보장하는 것은 인민의 근본이익의 실현을 보장하는 것이다. 우리가 헌법을 존중하고 효과적으로 이행해야만 인민이 주인임을 보장받고 당과 국가사업이 순조롭게 발전한다. 이와 반대로 만약 헌법이 무시당하고 약화되고 심지어 훼손된다면, 인민의 권리와 자유는 보장받을 방법이 없고 당과 국가사업은 좌절될 것이다. 이러한 장기간 실천 과정에서 얻은 귀중한 시사점을 반드시 더욱 소중히 여겨야 한다. 우리는 더욱 자발적으로 헌법원칙을 엄수하고 헌법정신을 선양하며 헌법사명을 이해해야 한다." "헌법의 생명은 시행하는 데 있으며, 헌법의 권위 또한 시행하는 데 있다."[5]

---

5    習近平, 『習近平談治國理政』(北京: 外文出版社, 2014), p.137.

　　중국과 같은 후발 현대화 국가에서 인민이 헌법의 주인이라는 사실을 실현하고자 한다면, 매우 강한 주체의식과 주체적 실천이 필요하다. 그리고 이 과정은 인민이 주도하고 참여하는 민주의 전면적 발전에 달려 있는 동시에 헌법이 규정하는 민주제도의 효율적인 운영에 달려 있다. 이 양자는 상호 보완적이며, 인민의 자주적 지위와 자유 발전이 내재적 동력이다. 사회주의 시장경제의 확립과 발전은 의심할 여지 없이 이러한 동력을 대대적으로 불러일으켰고, 인민이 보편적으로 반드시 법률 수단을 사용해 자신의 자주와 자유를 보장해야 한다고 의식하였을 때, 헌법과 법률에 대한 요구가 자연적으로 더욱 절박해지고 전면화된다. 1995년에 중국이 사회주의 시장경제 건설의 임무와 목표를 제시한 지 3년이 지난 뒤, 중국공산당은 역사적으로 집정방식을 변화시키고 의법치국(依法治國)을 시행하는 한편, 사회주의 법치국가를 건설하겠다는 전략목표를 제시하였다. 그리고 이로부터 모든 사람들은 시장경제가 불러일으킨 헌법과 법치가 형성한 내재적 요구에 대해 자주의식을 느낄 수 있었다. 하지만 세계 각국의 정치발전 과정을 보면, 시장경제가 일으킨 각종 자주적 역량이 완전히 자유롭고 무질서한 상태에서 민주와 법치를 추진한 것이 아님을 알 수 있다. 반대로 반드시 특정한 통합역량 혹은 통합기제를 발휘하여 이러한 자주적 역량이 질서 있고 목적이 있는 민주법치의 발전을 추진할 수 있도록 보장했다. 헌팅턴은 『사회 변화 중의 정치질서(Political Order in Changing Societies)』의 마지막 부분에서 '조직의 필요성'을 제시하였다. "조직은 정치권력의 길로 통하지만 정치안정의 기반이다. 따라서 정치자유의 선결조건이다. 현대화를 진행한 많은 국가들에 존재하는 권력과 권위의 빈 공간은 잠시 대중이 열렬히 지지하는 특수한 기질을 가진 영도자 혹은 군사역량으로 메울 수 있다. 그러나 장기적으로는 정치조직에 의지할 수밖에 없다. 기

존의 상층 집단이 현존하는 정치체계를 통해 대중을 조직해 상호경쟁을
하든지, 다른 정치적 견해를 가진 상층 집단이 대중을 조직해 현존하는
정치체계를 전복시켜야 한다. 현대화가 진행되는 세계에서 누군가 정치
를 조직하면, 그 누군가가 미래를 통제하게 된다."[6]라고 말하였다. 헌팅
턴은 정당조직의 역할을 통해 현대화에 대한 의의를 강조하였으며 이
를 똑같이 헌법 실천에 활용하였다. 헌법 실천과 민주화 발전의 관점에
서 현대화는 그것의 기초이자 전제일 뿐만 아니라 동력이자 보장이다.
그러므로 추상적 의미에서 조직 및 현대정치의 효율적 조직화는 국가건
설, 민주발전 및 헌법 실천에 필수적인 정치기초이다. 중국의 국가형태
는 각 계급 역량이 모여서 완성된 인민 집합체 위에 확고하게 만들어졌
다. 그것은 정치조직에 대해 더욱 내재적이며 절박한 요구를 지니고 있
다. 필요 없는 조직에 인민민주가 있을 수 없고 헌법 실천이 자연스럽고
효율적으로 전개될 수 없다. 중국에서 이러한 조직은 중국공산당의 영
도에 의해 집중적으로 구현된다.

중국의 국가건설과 정치발전 중 공산당 영도의 필요성은 단순히 중
국혁명과 국가전환의 논리에서 만들어진 것이 아니라 실제로 중국 인민
민주의 건설과 발전 가운데서 만들어지고 중국이 헌법 실천과 법치국가
건설을 추진하는 과정에서 만들어진 것임을 알 수 있다. 당의 영도가 생
성한 조직역량 및 정치생활과 관련된 조직이 있어야만 집합체로 존재하
는 인민은 합당한 주체성을 효과적으로 발휘한다. 그리고 이로부터 헌
법의 시행이 목적적이고 의식적으로 인민이 주인 되는 것을 실현할 수
있도록 한다.

집정 조건하에서 당의 영도핵심은 각각의 사회역량을 하나의 인민

---

6    塞繆爾·P·亨廷頓, 張岱雲等譯, 『變動社會的政治秩序』(上海: 上海譯文出版社, 1989),
     p.496.

집합체로 응집해 인민 전체가 국가권력을 장악하는 것을 보장함으로써 공동의 행복을 만드는 것으로 나타난다. 이러한 응집은 두 가지 경로를 통해 실현된다. 첫째는 당의 조직 동원과 인민의 응집이며, 둘째는 당이 인민의 의지를 응집해 국가의 건강한 발전을 영도하는 것이다. 당 영도의 실현방식은 단순히 영도권 혹은 집정권의 장악을 통해 이뤄지는 것이 아니라 민중과 사회의 효과적인 응집과 정확한 영도를 통해 실현되는 것이며, 장악한 영도권 혹은 집정권은 국가정치체계에서 확립되는 것이 아니라 광범위한 계급 기반과 인민의 인정과 지지 그리고 경제와 사회의 효과적 발전 위에서 확립되는 것이다. 당의 영도는 일종의 영도 및 집정의 상태가 아니라 일종의 사회발전과 국가건설이 필요로 하는 조직화, 규범화, 과학화의 과정을 지속하는 것이다. 뿐만 아니라 정치권력의 구조적 조정이 아니라 중국의 국가조직과 운영의 내재적 기제를 말한다. 이것은 그 실현방식을 결정하고 중국 사회와 국가를 벗어날 수 없다는 것을 의미한다. 반대로 반드시 사회와 국가와 긴밀한 관계를 형성하고 그 기능과 사명을 실현하는 것은 인민의 의지를 벗어날 수 없으며, 사회발전의 요구와 모든 국가정치체계의 내재적 구조와 운행원리를 벗어날 수도 없다. 그렇기 때문에 당이 인민을 영도해 헌법을 제정하고 반드시 헌법과 법률의 범위 안에서 활동하는 것은 일관적일 수밖에 없다. 당의 영도와 인민의 주인 됨 그리고 의법치국 삼자는 유기적으로 통일되어 내재적 합리성과 현실의 필요성을 갖고 있다. 이 때문에 중국공산당의 영도와 집정은 다음과 같은 정치신조를 견지한다. "당은 인민의 헌법과 법률 제정을 영도하고, 당 자신은 반드시 헌법과 법률의 범위 안에서 활동하며, 당은 진정으로 입법, 법 집행 보장, 선도적 법 준수를 영도한다."[7] 이러한 정치신조의 가치와 실천을 지탱하는 데에는 두 가지 전제가 있다. 첫째, 당은 반드시 당장에 근거해 종엄치당(從嚴治黨)을 해

야 하며, 둘째, 당은 반드시 헌법에 근거에 치국이정(治國理政)을 해야
한다 이러한 정치신조와 실제의 정치기초가 있기 때문에 당과 인민, 헌
법 또한 이론적으로 그리고 실천적으로 통일되어 헌법의 실천이 인민민
주를 보장하는 동시에 인민이 주인 됨을 실현하는 방식이 되었다.

## IV. 헌법의 정치원칙

간단히 말해서, 헌법은 인간의 권리와 국가권력을 위해 근본적으로 마
련된 것으로, 권리의 신성성을 보장해야 할 뿐만 아니라 권력의 유효성
또한 보장해야 한다. 즉, 권리의 공평성을 보장해야만 할 뿐만 아니라
권력의 통제 가능성도 보장해야 한다. 따라서 권리와 권력은 일종의 상
호 보완성을 창조하는 긍정적 관계를 만든다. 그러나 다른 사회에서 역
사, 사회, 문화의 차이 및 발전목표의 차이에 기반한 헌법이 정립한 인
간의 권리와 국가권력의 관계에 근거한 원칙은 자연적으로 다르다. 그
리고 이로부터 각각의 국가는 각기 다른 국가조직 방식과 제도형태 그
리고 운영원리와 발전 방향을 형성한다. 어떤 국가의 헌법도 추상적 원
칙의 산물이 아니며, 현대문명의 발전과정에서 특정 국가와 사회에서
근본적으로 장악된 산물이다. 그리고 이러한 원칙은 헌법의 구체적인
정치원칙이 된다. 헌법은 일정한 정치원칙의 영도 아래 형성된다. 따라
서 확정된 헌법은 이러한 정치원칙을 따라야 할 뿐만 아니라 이러한 정
치원칙을 보장하고 유지해야 한다. 그 중에서 특정 정치원칙 하나가 동
요하게 되면 헌법의 토대가 흔들리게 되고, 나아가 국가권력과 모든 정

---

7    習近平, 『習近平談治國理政』(北京: 外文出版社, 2014), p.142.

치공동체를 위협하기에 이른다. 따라서 성숙한 현대화 국가로 나아가기 위해서는 헌법의 기본 정치원칙을 지켜내야 한다. 중화인민공화국 건립과 발전과정 중에 형성된 각종 헌법 본문을 체계적으로 고찰하면, 중국 헌법의 정치원칙은 다음과 같다는 사실을 알 수 있다.

첫째, 인민이 주인이다. 이는 중국 국가형태의 원칙을 결정하는 것일 뿐만 아니라 정치체제의 원칙을 결정하는 것이며, 중국 현대국가와 현대정치 원칙의 출발점이자 근본적 정치원칙이다. 이는 세 가지 측면을 포함한다. 첫 번째로 인민주권이다. 즉, 국가의 권력은 인민으로부터 나오며 인민의 의지는 국가의 근본 의지이다. 두 번째로 인민이 책임지고 결정하는 것이다. 즉, 국가권력은 인민으로부터 나올 뿐만 아니라 연합한 인민의 수중에 완전히 장악된다. 세 번째는 인민이 근본이라는 것이다. 즉, 국가의 일체 행위에는 사람이 근본을 이루며 국민이 근본을 이룬다. 사람을 근본으로 인권을 보장하고 국민을 근본으로 국민 이익을 보장해 국민을 위한 권력을 사용하고 국민을 위한 이익을 모색한다.

둘째, 사회주의이다. 사회주의는 중국이 추구하는 새로운 사회발전 형태일 뿐만 아니라 중국의 국가형태이자 국가제도 형태다. 사회발전 형태로서, 명확한 중국의 사회발전은 자본주의 사회보다 더 높은 사회형태를 추구하는데, 그 본질적인 특징은 사회주의 공유제를 시행하고 사람을 착취하는 제도를 소멸하며 각자 능력을 다해 일하고 노동에 따라 분배받는 원칙을 시행하는 것이다. 국가형태로서, 사회주의에서는 선진적인 생산력의 발전 방향을 추구하는 공인계급이 영도역량을 대표하고 이를 통해 국가를 건설하는 각 계급연합의 인민이 국가정권을 장악하고 주인이 된다. 그렇기 때문에 공인계급의 영도 지위와 역할을 구현하는 당의 영도는 사회주의 국가형태의 내재적 요구이다. 국가제도 형태로서, 명확한 사회주의 경제제도의 기초는 생산수단의 사회주의 공유제이다. 사회주의 정치제도의 기초는 국가의 일체 권력이 인민에게 속한다는 것이고, 인민이 국가권력을 행사하는 기관은 전국인민대표대회와 지방 각급 인민대표대회이다. 인민은 법률규정에 근거해 각종 경로와 형식에 따라 국가사무를 관리하고 경제와 문화 사업을 관리하며 사회사무를 관리한다. 인민대표대회제도는 국가의 근본적 정치제도이고, 공산당 영도의 다당합작과 정치협상은 국가의 기본적 정치제도이다.

셋째, 민주집중제이다. 국가기구 시행의 원칙으로, 민주집중제는 처음부터 중화인민공화국의 헌법 본문에 기재되었다. 현행 헌법 제3조에 "중화인민공화국의 국가기구는 민주집중제의 원칙을 시행한다."라고 명확히 쓰여 있다. 현재 헌법 본문 및 역대 헌법 개정본에 이르기까지 헌법이 설명하는 바는 세 가지 측면을 포함하고 있다. 첫 번째는 인민민주 운영의 과정 측면이다. 저우언라이는 『공동강령』에 대해 "인민이 대표를 선거하고 인민대표대회를 개최하며 인민정부를 선거하여 인민정부가 인민대표대회의 폐회에 이르기까지 국가정권을 행사하는 모든 과정은 국가정권을 행사하는 민주집중의 과정이다."[8]라고 하였다. 따라서 현행 헌법 제3조 제2항에 "전국인민대표대회와 지방 각급 인민대표대회는 민주선거로 이루어지며 인민이 책임을 지고 인민의 감독을 받는다."라고 명확히 쓰여 있다. 두 번째는 국가정권의 조직적 측면이다. 1954년에 류샤오치(劉少奇)는 「중화인민공화국의 헌법 초안에 대한 보고」에서 제시하기를 "우리는 인민대표대회제도를 통해 국가권력을 통일하고 집중적으로 행사한다. 이것이 우리의 민주집중제에 대한 설명이다."라고 하였다.[9] 따라서 1954년 헌법 제2조에 "전국인민대표대회,

8    周恩來, "人民政協共同綱領草案的特點", 『周恩來選集(上)』(北京: 人民出版社, 1997), p.369.
9    劉少奇, "關於中華人民共和國憲法草案的報告(1954.09.15)", 『劉少奇選集(下)』(北京: 人民出版社, 1985), pp.157-158.

지방 각급 인민대표대회와 기타 국가기관은 일률적으로 민주집중제를 시행한다."라고 하였다. 민주집중제 하에서 인민대표대회를 통해 인민이 국가권력을 집중적으로 장악하고 행사한다. 그로부터 만들어진 일부 양원(一府兩院, 인민정부, 인민법원과 인민검찰원)은 인민대표대회의 의지에 따라 국가의 행정권력과 사법권력을 행사한다. 그렇기 때문에 인민대표대회의 감독을 받아야 한다. 이러한 국가정권의 조직형식은 비록 입법, 행정, 사법의 3대 권력직능을 가지고 있다고 할지라도 내재적 논리는 삼권분립에 기반하는 것이 아니라 인민이 국가권력을 집중적으로 장악하고 운영하는 민주집중제에 기반한다. 현행 헌법 제3조 제3항에 "국가행정기관, 재판기관, 검찰기관은 모두 인민대표대회가 만들고, 책임을 지며 감독한다."라고 규정되어 있다. 세 번째로는 국가조직의 구조적 측면이다. 이러한 측면에서 민주집중제는 단일제를 시행하는 국가구조를 구현하고, 중앙집중적인 통일영도를 견지한다는 전제 아래 중앙과 지방 간의 적극성을 충분히 발휘해낸다. 현행 헌법 제3조 제4항은 "중앙과 지방 국가기구의 직권 구분은 중앙의 통일 영도에 따라 지방의 능동성 및 적극성의 원칙을 충분히 발휘한다"고 규정하고 있다.

넷째, 민족평등이다. 중국은 통일된 다민족국가로, 전통에서 현대로 향하는 상징 중 하나는 국가가 민족평등정책을 시행하는 것이다. 1949년 건국이 근거로 하는『공동강령』전문 조항에는 '민족정책'으로 세 가지를 강조한다. 첫 번째는 각 민족이 일률적으로 평등하다는 것이고, 두 번째는 민족의 지역자치를 시행하는 것이며, 세 번째는 각 민족이 군대와 공안업무에 참여할 권리가 있다는 것이다. 민족평등에 대한 강조는 서문과 총강 그리고 헌법 각각의 구체적인 부분을 관통하고 있다. 중화민족이라는 대가족 가운데 한족은 주체 민족이며 매우 큰 비율을 차지하고 있다. 이에 민족평등은 주로 소수민족의 생존과 권익을 보호하는 데서 출발한다. 현행 헌법 제4조의 규정에 보면, 민족평등에 기초하여 보호하는 것은 소수민족이 갖고 있는 합법적 공민권과 발전권, 자치권, 문화권이다. 그 중에서 민족의 지역자치에 대해 현행 헌법 제4조 제3항에서는 "각 소수민족이 집단 거주하는 지역은 지역자치를 시행하고 자치기관을 설립하며 자치권을 행사한다. 각 민족자치지역은 중화인민공화국이 분리할 수 없는 곳이다."라고 규정한다.

다섯째, 공유제이다. 공유제는 사회주의 사회의 내재적 규정성으로, 이로부터 전환된 국가와 사회관계는 국가직능의 범위, 사회재산에 대한 조직 및 관리방식과 직접적으로 연계되어 있다. 구체적 요구는 다음과 같다. 첫째, 국유경제의 주도적 지위와 역할을 강조한다. 둘째, 토지의 비사유화를 강조한다. 도시의 토지는 국가소유로 귀속시키고 농촌의 토지는 집체소유로 귀속시킨다. 셋째, 자연자원은 집체소유로 귀속시키고, 그 외에는 국가소유로 귀속시킨다. 넷째, 사회주의 공유제는 사람이 사람을 착취하는 제도를 없애는 것으로, 각자가 능력을 다해 일하고 노동에 따라 분배받는 원칙을 시행하며 인민이 발전의 성과를 함께 누린다. 다섯째, 국가는 경제발전을 추진하고 공동 서비스를 만들며 문화 사업을 발전시키고 국가안전을 보호하는 책임주체이며, 사회는 반드시 국가가 이행하는 그 직무를 지지하고 잘 호응해야 한다. 공유제 원칙은 인민이 주인이 되기 위해 반드시 제공되어야 하는 경제기초인 동시에 국가 주도의 발전 형태와 거버넌스 형태를 만들기 위해 그에 상응하는 경제기초를 제공하는 것이다.

1949년 이래 중화인민공화국의 건설과 헌법 실천의 차원에서 볼 때, 상술한 다섯 가지 정치원칙은 꾸준히 견지되어오고 있다. 이러한 원칙들은 각각의 발전단계에 따라 새로운 함축적 의미와 표현형식을 갖고 있다. 그러나 모든 국가조직의 운영과 발전을 지탱하는 헌법의 다섯 가지 정치원칙은 절대로 동요될 수 없다. 중화인민공화국의 헌법은 이로부터 확립되었고, 다섯 가지 원칙의 견지와 보장을 통해 공고화되고 완벽하게 될 수 있었다.

## V. 헌법과 법치

비록 중국이 현대국가를 위해 현대정치를 선택한 것이 내재적인 행위가 아니라 하더라도, 이는 강한 자주성을 갖고 있다. 이러한 자주성은 한편으로는 현대국가와 현대정치에 대한 적극적 반응과 광범위한 학습 그리고 능동적 채택으로 나타났고, 다른 한편으로는 완전한 답습과 모방이 없도록 하였으며, 국가발전이 처한 시대와 직면한 도전에 따라 현대국가건설과 민주정치발전이라는 의제를 자주적으로 설정하였다. 따라서 중국은 정치발전의 단계성과 시효성을 중시하고 정치건설과 변혁의 현실성과 개방성을 강조하였다. 쑨원이 제시한 군정, 훈정, 헌정의 3단계 정치발전 의제와 오권헌법(五權憲法, 행정권, 입법권, 사법권, 고시권, 감찰권)은 이와 같은 자주성을 구현하였다. 중국공산당이 제시한 인민민주와 민족의 지역자치, 의법치국, 사회주의 법치국가건설은 이와 같은 자주성을 충분히 구현한 것으로 볼 수 있다.

　헌법은 법치의 기초이지만 법치가 진정으로 확립되기 위해서는 헌법과 함께 형성된 완전한 국가 법률체계에 기반해야 할 뿐만 아니라 이에 상응하는 입법, 사법, 법 집행 제도 및 이에 따라 형성된 법치국가와 법치정부 그리고 법치사회가 필요하다. 이러한 의미에서 현대국가의 형성 과정 중에 입헌과 헌법의 공포는 중요한 일이며, 법에 의거해 국가를 다스리는 법치는 또 다른 중요한 일이다. 전자는 단지 후자의 필요조건이다. 신중국의 발전에는 법치의 개념이 없었다. 이에 1954년 헌법 규정에 응당한 권위와 영향을 만들 방법이 없었다. 뿐만 아니라 현실의 정치운동이 형성한 정치적 탐색은 매우 빨리 그리고 완전하게 헌법의 권위와 지위를 무시하는 결과를 낳았다. 전형적인 사례는 사회주의의 원칙을 강조하기 위해 공·농·상·학·병 일체의 공사체제를 직접 이용하여 헌법이 규정하는 생산조직 방식과 기본적인 사회자치체계를 대체했다. 이와 같이 법을 무시한 정치행위 방식은 '문화대혁명'을 초래했다. 따라서 '문화대혁명'이 끝난 후에 덩샤오핑은 '문화대혁명'의 최대 교훈은 법치를 시행하지 않은 것이며 '문화대혁명'의 재발을 피할 수 있는 관건 역시 법치를 시행하는 것이라고 생각하였다. 이에 "반드시 민주의 제도화, 법률화를 통해 이러한 제도와 법률이 지도자의 변화 때문에 바뀌지 않도록 해야 하며, 지도자의 생각과 주의력의 변화 때문에 바뀌지 않도록 해야 한다."라고 하였다.[10]

중국의 법치건설은 이러한 정치적 배경과 정신적 핵심으로부터 출발한다. 중국공산당 제15차 전국대표대회에서 처음으로 사회주의 법치를 시행해야 한다고 명확히 제시하였을 때, 덩샤오핑은 '문화대혁명'의 교훈에 대한 최종 결론에서 "의법치국을 통해 많은 인민대중이 당의 영도 아래 헌법과 법률 규정에 따라 각종 경로와 형식을 통해 국가업무를 관리하고 경제 및 문화 사업을 관리하며 사회업무를 관리하고 국가의 각종 업무가 법에 의해 진행되는 것을 보장하며, 사회주의 민주의 제도화, 법률화를 점진적으로 실현해나가야 한다. 다만 이러한 제도와 법률이 지도자의 변화 때문에 바뀌지 않도록 하며 지도자의 생각과 주의력

---

10    鄧小平, "解放思想, 實事求是, 團結一致向前看", 『鄧小平文選(第二卷)』(北京: 人民出版社, 1994), p.146.

의 변화 때문에 바뀌지 않도록 해야 한다."는 점을 주장하였다.[11] 이를 통해 볼 때, 중국이 법치를 향해 가는 것은 헌법 때문이 아니라 헌법 파괴를 경험하고 법치가 이뤄지지 않아 발생한 역사적 상처 이후에 형성된 정치적 각성 때문이다. 바꾸어 말하면, 중국이 법치를 개척하는 것은 완전히 헌법의 근본성과 권위성에만 기초하는 것이 아니라 천 년의 인치(人治) 전통 및 인치가 가져온 '문화대혁명'이라는 역사적 상처와 국가위기에서 비롯된 것이다.

개혁개방은 중국이 법치를 향해 가도록 추진한 중요한 역사적 동력이며, 법치는 의법치국과 사회주의 법치국가건설의 기초 아래 확립한 중요한 요소이다. 중국은 이에 기반하여 사회주의 시장경제를 채택하였다. 시장경제는 법치의 요구에 의해 최종적으로 중국공산당이 천 년의 전통적 국가통치 방식을 바꾸도록 하였고 전면적으로 법치국가 건설의 발전궤도에 오르게 하였다. 즉, 인치에서 법치를 향해 가도록 한 것이다. 중국이 법치를 확립한 직접적 동인은 헌법 자체에서 온 것이 아니라 인치에 대한 반성과 부정에서 비롯된 것이기 때문에, 법치의 최초 사명은 헌법을 실현시키는 것이 아니라 인치의 전통을 최대한 해소하는 것이었다. 그리고 이것은 헌법의 실천과 법치건설이 상당히 오랜 시간 동안 두 갈래의 평행선을 이루도록 하였다. 법치건설은 실제로 국가거버넌스에서 헌법의 지위와 역할을 제고하지 못하였으며, 헌법의 개정과 선전교육 또한 직접적으로 법치건설의 수준을 높이지 못하였다. 1997년 15차 당대회에서 "의법치국을 통한 사회주의 법치국가의 건설"이라는 전략목표를 제시한 이후, 사회주의 법률체계 구축이 전면적으로 시행되면서 헌법 실천과 법치 실천이 점점 융합되고 상호 촉진하기 시작

---

11  15차 보고 참조: "高擧鄧小平理論偉大旗幟, 把建設有中國特色社會主義事業全面推向二十一世紀."

하였다. 2012년 당시에 1982년 헌법 공포 30주년을 축하하는 회의에서 시진핑(習近平)은 헌법과 법치의 내재적 관계를 체계적으로 논하였다. "의법치국은 당이 인민을 영도해 국가를 지배하는 기본 방략으로, 법치는 치국이정의 기본 방식이다. 법치가 국가거버넌스와 사회관리에서 그 역할을 더욱 중요하게 발휘해야 하고, 의법치국을 전면적으로 추진해 사회주의 법치국가를 더 빨리 건설해야 한다. 이러한 목표와 요구의 실현은 반드시 헌법의 시행을 전면적으로 관철함으로써 이룰 수 있다. 헌법의 생명은 시행에 있으며, 헌법의 권위 또한 시행에 있다. 우리는 헌법의 시행 업무를 꾸준히 잘 붙잡도록 해야 하고 헌법 시행을 전면적으로 관철해 새로운 수준으로 제고해야 한다."[12]

헌법의 시행은 헌법 실천의 근본이자 법치 건설의 근본이다. 중국의 정치논리 가운데 중국의 국가건설 실천은 당이 인민을 영도해 추진되는 것으로, 헌법 또한 당이 인민을 영도해 제정한 것이다. 그러므로 당의 영도와 헌법의 관계를 명확히 하는 것이 헌법의 실천을 직접적으로 결정한다. '문화대혁명'이 추진한 당 일원화 영도는 당의 영도가 헌법을 능가해 당의 영도와 헌법 시행의 관계를 어지럽히도록 하였다. 이러한 국면을 바로잡기 위해서 중국공산당은 민주법제 건설을 추진한다는 기초 아래 1995년 15차 당대회에서 전통적 국가통치 방략의 변화를 제시함으로써 의법치국의 시행과 사회주의 법치국가건설의 사명을 맡게 되었다. 이는 틀림없이 당의 치국이정의 중대 전환으로, 중국의 오랜 역사에서 보자면 이는 수 천 년의 인치정치가 끝나고 정식으로 법치정치의 신시대가 열렸음을 의미한다. 중국공산당의 영도와 집권 역사에서 보자면, 이는 중국공산당이 혁명당에서 집권당으로 전환한 것으로,

---

12    習近平, 『習近平談治國理政』(北京: 外文出版社, 2014), p.138.

이것과 상응해 모두가 따르는 영도와 집권논리도 혁명의 논리에서 집권의 논리로 전환되었다. 당이 인민을 영도해 헌법을 제정하는 것은 확실하지만 당은 반드시 헌법에 근거해 치국이정을 해야 하고 반드시 헌법과 법률의 범위 내에서 활동해야 한다.

중국은 1982년에 신헌법을 공포하고, 1995년 의법치국 계획을 추진하며 사회주의 법률체계의 구축을 시작하였다. 21세기에 들어와 사회주의 법률체계가 초보적으로 완성됨에 따라, 중국공산당은 2014년에 「의법치국의 전면 추진에서 나타나는 몇몇 중대한 문제에 관한 결정」을 통해 "법치중국의 건설은 반드시 의법치국, 의법집정(依法執政), 의법행정의 공동추진을 견지하고 법치국가, 법치정부, 법치사회의 일체화 건설을 견지한다"는 전략목표와 임무를 명시하였다. 이를 위해 1995년에 사회주의 법률체계구축을 시작하고 거의 20년 뒤인 2014년에 사회주의 법치체계구축을 완성하였다. 이것은 의심할 바 없이 중국의 헌법 실천과 법치건설의 대약진을 의미한다. 즉 법률체계의 구성에서 법치체계의 구성으로 비약적으로 발전하였고, 당의 영도, 의법치국, 인민이 주인 됨의 유기적 통일이 강조되었으며, 입법과 법의 집행 및 사법의 조화로운 건설, 법치국가, 법치정부, 법치사회의 일체화 건설이 강조되었다. 중국공산당은 당의 영도를 기반으로 헌법 실천, 법치건설 등 중요 사항을 유기적으로 통일하고, 의법치국 계획을 실제적으로 실현시키며 사회주의 법치체계가 반드시 당규(黨規) 체계의 건설과 완성을 포함해야 한다고 명시하였다." 또한 "당규와 당 기율은 국가 법률에 엄격"하다는 것을 당이 사회주의 법치체계건설을 지지하고 추진하는 기본 정치적 전제로 삼았다. 이것은 의심할 바 없이 당이 사회주의 법치국가건설을 영도하는 중대한 창조이며, 당의 영도와 인민민주 그리고 의법치국 삼자의 유기적 통일을 실현하기 위해 가장 중요하고 제일 효과적인 정치적 보장과 법치의 기반을 제공하였다.

개혁개방 30여 년 이래 헌법 개정에서 의법치국 계획을 제시하기까지, 그리고 사회주의 법률체계구축에서 사회주의 법치체계구축에 이르기까지, 중국은 현대화 발전의 추진을 위해 지속적으로 노력함과 동시에 자신의 민주와 법치건설의 길을 탐색하고 깊이 파고들며 전면화하는 데 계속 노력하고 있다. 중국의 법치건설은 매우 먼 길을 가야 한다. 하지만 객관적으로 봤을 때, 중국은 법치건설을 추진하려는 실천과 노력을 계획하고 전개해왔으며, 확고한 결심과 강력한 전략적 능력을 발휘하면서 자신의 발전 노선과 제도를 만드는 것에 대한 자신감을 충분히 구현해냈다.

# 제9장

# 제도와 발전

2천여 년 전에 고대 그리스의 사상가 아리스토텔레스는 『정치학』에서 "정치적인 학술 논의는 반드시 각기 다른 공민단체가 각각의 정치체제에 적합한지를 고려해야 한다. 최고의 정치체제란 일반적으로 현존 도시국가(폴리스)가 실현할 수 있는 것이 아니며 우수한 입법가와 진실한 정치가가 한마음으로 기대하는 절대적으로 훌륭한 정치체제도 아니다. 자국의 실현 조건을 고려해 그것에 상응하는 최고로 좋은 정치체제를 모색하는 것이다."[1]라고 서술했다. 이를 통해 볼 때, 아리스토텔레스는 정치제도 형성의 기본 원칙에 대해 현실적인 차원에서 국정에 적합한 정치체제를 형성해야 한다고 일러준 것이다. 2백여 년 전에 미국의 건국자는 미국의 헌법과 제도를 만들 때 중요한 문제를 제기하였다. "인류사회는 진정으로 심사숙고해 자유롭게 선택할 수 있는 훌륭한 정부를 세울 수 있는 것인가, 아니면 영원히 필연적으로 좋은 기회와 강력

---

1    亞裏士多德著, 吳壽彭譯, 『政治學』(北京: 商務印書館, 1965), p.176.

한 힘에 의지해 정치조직을 결정할 것인가."[2] 미국은 전자를 택하였다.
그리고 그 기저에 있는 정신적 토대는 세계 각국이 심사숙고하여 자주
적으로 선택하고 자국에 적합한 정치제도를 세우는 것이었다. 20여 년
전에 덩샤오핑은 국가정치체제를 결정짓는 세 가지 기준을 확립하였다.
"첫째, 국가의 정치적 국면이 안정적인지를 봐야 하며, 둘째, 인민의 단
결이 증진되고 인민의 생활이 개선될 수 있는지를 봐야 하며, 셋째, 생
산력이 지속적으로 발전할 수 있는지를 살펴봐야 한다."[3] 세 가지 기준
의 핵심은 정치제도가 국가의 진보와 발전을 촉진하는 데 유용하고 유
효한지를 살피는 것이다. 제도에 대한 사고는 인류발전의 시작과 끝을
관통하고 있어서 다른 시대와 국가마다 그 답 또한 다를 수 있다. 그러
나 그 정신은 일치한다. 즉, 한 국가의 진보와 발전에는 합리적 제도가
필요하다는 것이다. 합리적 제도는 반드시 국가가 자주적으로 제도를
선택한다는 것에 근거해야 하며, 선택한 제도는 견실한 현실 기초를 갖
고 있는 데 기반해야 한다. 현실 제도는 반드시 국가의 진보와 발전을
촉진하는 능력을 갖고 있는 데 기반하고 있다. 합리적 제도는 그에 상응
하는 제도적 자신감을 형성할 수 있고, 나아가 가치 설정에 근거하는 것
이 아니라 제도와 발전이 장기간 상호작용하는 가운데 내부의 협조와
통일을 실현하는 것에 근거한다. 이 장에서는 이러한 차원에서 중국의
제도형성에 대한 자신감의 정치 논리를 논해보고자 한다.

---

2    漢密爾頓等著, 程逢如等譯, 『聯邦黨人文集』(北京: 商務印書館, 1980), p.3.
3    鄧小平, "怎樣評價一個國家的政治體制", 『鄧小平文選(第三卷)』(北京: 人民出版社, 2001),
     p.213.

# I. 자주적 제도 구축

중국이 전통에서 현대로 진입하는 과정은 혁명적 전환으로, 전면적 제도 교체를 진행하고 완전히 새로운 제도를 통해 구제도 해체 이후의 중국사회를 재통합하는 것으로 나타났다. 따라서 국가건설은 처음부터 끝까지 제도건설을 따라가야 하며, 제도건설 과정 중에 제도선택과 제도설계는 국가건설을 직접적으로 결정하게 된다. 이러한 과정에서 중국이 처음부터 끝까지 견지하고 인민에게 광범위하게 인정받은 신념은 민주공화가 중국의 제도선택과 설계의 합법적 기초라는 것이다. 이로부터 중국은 제도적 자신감을 갖게 되었다. 민주를 굳게 믿는 것은 중국의 필연적 선택이며 중국이 민주를 실행해야만 현대화가 실현된다. 중국공산당의 혁명 영도와 국가 건설의 과정에서 이러한 제도적 자신감은 먼저 중국의 국정에서 시작해 자주적 위치와 설계 그리고 중국의 현대적 민주제도의 형성을 실현하였다. 이러한 실천 과정은 중국공산당이 국가정권건설 중에 간단한 모방과 개념화의 실천을 스스로 포기한 것에서 시작해서 인민공화국의 길로 나아가자는 주장이 공농공화국(工農共和國)을 대체하는 것으로 구체화되었다. 중국공산당 최초의 국가정권건설의 실천은 장시(江西) 루이진(瑞金)의 공농혁명 근거지에서 시작되었다. 당시에 러시아혁명의 경험을 모방해 소비에트 공농정권건설의 실천을 진행하고 미래에 '공농공화국'을 건립해야 한다는 주장을 하였다. 그러나 지극히 힘들고 고생스러웠던 2만 7천 리의 대장정을 경험한 후에 중국공산당이 자신의 사명과 중화민족의 항일구국운동이 융합되며, 1935년 12월에 샨베이(陜北)에 도착한 중공중앙은 국가건설의 방향을 결정하는 중대한 정치적 선택을 하였다. 그것은 '공농공화국'을 건설하자는 주장을 '인민공화국'을 건설하자는 주장으로 바꾸고 이러한 변화가 중국

사회의 계급상황에 더욱 적합하다는 점을 강조함으로써 중국공산당이
더 큰 범위에서 인민의 역량을 모아 항일전쟁과 국가건설을 수행하도
록 하였던 것이다.[4] 이로부터 '인민공화국'은 중국공산당이 중국에서 현
대민주국가를 형성하는 기본적 정치주장이 되었고, 중국공산당은 인민
을 영도해 새로운 사회와 국가를 건설하는 자주성과 자신감을 정립하
였다. 1940년에 마오쩌둥은 인민공화국의 국가체제와 정치체제를 설계
할 때 중국의 반식민지, 반봉건의 사회성격이 중국의 국가체제와 정치
체제를 결정하였음을 명시하고, 부르주아계급의 공화국, 소련이 실천한
프롤레타리아독재의 공화국 모델을 채택할 수 없으며 반드시 각 혁명계
급의 연합독재 공화국을 실현한다고 하였다. 자신의 확실한 위치와 합
리적 국가건설 설계가 있었기 때문에, 중국공산당은 그 후에도 '삼삼제'
및 민족지역자치의 창조적 실천을 이치에 맞게 진행하였다. 또한 인류
사회 발전의 법칙을 끊임없이 탐색하고, 사회주의 발전의 법칙 및 중국
혁명과 건설의 법칙 가운데 중국의 현대민주제도를 자주적으로 설계하
고 구축할 수 있는 지혜와 역량을 제고했다.

　　중국의 제도적 자신감은 중국의 국정에 부합하는 인민민주제도체
계를 만들었을 뿐만 아니라 중국의 민주건설과 국가발전을 긴밀하게 연
계시킴으로써 민주가 중국 현대화 발전의 전제이자 전통적 정치와 철
저히 작별하기 위한 관건임을 강조하였다. 1945년에 마오쩌둥은 민주
인사 황옌페이(黃炎培)와의 대화에서 황옌페이의 우려와 달리 중국은
이미 국가와 사회가 걱정하는 역사의 주기율을 벗어날 수 있는 지배방
법을 찾았으며, 그것은 바로 민주라고 말하였다. 마오쩌둥은 중국이 이
미 새로운 길을 찾았고 이러한 주기율을 벗어날 수 있다고 제시하였다.

---

4　毛澤東, "論反對日本帝國主義的策略", 『毛澤東選集(第一卷)』(北京: 人民出版社, 1991),
　　p.158.

"새로운 길은 민주이며, 인민이 정부를 감독해야만 정부가 해이해지지 않는다. 인민이 책임을 져야만 집정자가 죽었다고 정사가 폐지되는 일이 없다."[5] 마오쩌둥의 답안은 정확하다. 그러나 민주문제에 있어서 마오쩌둥은 단지 인민의 감독과 책임의 역량을 봤을 뿐 이러한 감독과 책임의 상시화는 보지 못하였다. 이는 제도화 방법을 통해 완성해야 하는 것이지 정기적인 인민운동을 통해 실현되는 것이 아니다. 따라서 이후의 실천에서 마오쩌둥이 더욱 대중의 '대명대방(大鳴大放, 중국 정풍운동의 슬로건으로 누구나 다 자신의 견해를 자유롭게 밝힐 수 있도록 한 것)'식의 민주를 통해 인민감독을 '실천'한 것은 결국 '문화대혁명'의 혼란을 조성하게 되었다. '문화대혁명'이 끝난 후에 덩샤오핑은 한편으로 철저히 '대명대방'식의 대민주를 종결짓고 다른 한편으로 개개인의 권익을 존중하고 적극성을 불러일으키는 한편, 개개인의 자유를 보장하는 민주제도와 민주생활의 건설을 전면적으로 의제에 올려 민주가 개혁개방의 전제이며 민주 없이는 사회주의의 현대화가 없음을 강조하였다. '문화대혁명'의 교훈에 대한 깊은 반성을 기반으로, 덩샤오핑은 중국의 현대화와 민주화 건설을 지도하는 근본 원칙, 즉 제도문제를 근본적이고 전반적이며 안정적이고 장기적인 성격을 갖는 문제로 인식해야 한다고 하였다. 이에 대해 덩샤오핑은 "'문화대혁명'의 교훈은 지극히 깊다. 개인에게 책임이 없다는 것이 아니라 영도제도와 조직제도 문제가 더욱 근본적이고 전반적이며 안정적이고 장기적인 것임을 말하는 것이다. 이러한 제도문제는 당과 국가가 색깔을 바꿀 수 있는지 없는지, 전체 당이 반드시 고도로 중요시하도록 할 수 있는지 없는지와 관계되어 있다."[6]라고 말하였다. 그런 까닭에 덩샤오핑은 민주건설의 방향을 명확하게

---

5    黃方毅, 『黃炎培與毛澤東周期率對話: 憶父文集』(北京: 人民出版社, 2012), pp.56-58 참고.
6    鄧小平, "党和国家领导制度的改革", 『鄧小平文選(第二卷)』(北京: 人民出版社, 1994), p.333.

하였다. 그것은 "인민민주를 보장하기 위해서는 반드시 법제를 강화해야 한다. 반드시 민주의 제도화와 법률화를 통해 이러한 제도와 법률이 지도자의 교체로 인해 바뀌거나 지도자의 생각과 주의력의 변화 때문에 바뀌지 않도록 해야 한다."는 것이다.[7] 이로써 중국의 민주건설은 제도화, 법제화의 시대로 진입하게 되었고, 민주와 법치의 상호 촉진과 유기적 통일은 중국공산당에 내재한 제도적 자신감을 강화시킴으로써 강대한 정치적·실천적 기반을 제공하였다.

중국은 사회주의 국가이며, 형성된 모든 제도는 현대 인류문명의 기반 아래 전개된 것이다. 동시에 중국은 사회주의 원칙의 실천을 도모하고 중국특색 사회주의의 건설과 발전을 추진해왔다. 따라서 중국공산당이 진행한 모든 제도건설은 반드시 중국 사회주의 건설이 형성한 내재적 규정성을 구현해야 한다. 그러나 이러한 내재적 규정성과 서구 민주의 국가제도 건설에 관한 규정성에는 본질적 차이가 있다. 따라서 중국공산당 및 중국 인민이 지키는 제도적 자신감은 불가피하게 서구 민주의 도전에 직면해 있다. 이러한 상황에서 중국공산당은 중국의 제도를 위한 세 가지 기본 원칙을 정하였다. 첫째, 당의 영도를 견지하고 서구의 다당제를 실시하지 않는다, 둘째, 인민대표대회 제도를 견지하고 서구의 삼권분립을 실시하지 않는다, 셋째, 공유제를 주체로 하는 기본 경제제도를 견지하고 사유제를 실시하지 않는다. 분명한 사실은, 세계화 시대에 전 세계에서 역할을 하기 위해 중국은 이 세 가지 기본 원칙을 견지해야 할 뿐만 아니라 당의 영도, 인민대표대회 제도 및 공유제의 합리성과 효율성을 충분히 발휘해야만 한다. 그렇기 때문에 개혁개방 30여 년의 실천 속에서, 중국공산당은 경제체제와 정치체제의 개혁을

7    鄧小平, "解放思想, 實事求是, 團結一致向前看", 『鄧小平文選(第二卷)』(北京: 人民出版社, 1994), p.146.

통한 제도 완성을 위해 노력해 왔다. 이에 중국은 그간 이러한 개혁과 중국의 발전 및 안정을 유기적으로 결합해내려고 노력하여 모든 체제의 변화와 발전이라는 결과를 낳았다. 이로부터 보장되고 합리적인 가치를 추구할 수 있게 되었을 뿐만 아니라 어떻게 창조적이고 발전적인 시각에서 상응하는 제도를 완성하고 제고할지, 어떻게 제도변혁과 제도혁신의 효과를 추구할지에 더욱 관심을 갖고, 제도의 유효성을 끊임없이 제고함으로써 제도의 합법성을 증대하는 제도건설과 발전의 길로 점점 나아갈 수 있었다.[8]

위의 논리를 종합해보면, 중국의 제도적 자신감은 제도 구축의 자주성과 제도성격의 민주성 그리고 제도작동의 유효성에서 나온다. 제도적 자신감의 배후에는 이론의 견고성과 발전의 유효성이 있으며, 그 현실적 토대에는 모든 사회가 제도의 합리성과 유효성에 대해 형성한 기본적 공감대가 깔려 있다. 이론과 실천은 제도에 대한 공감대는 제도가 창출한 효과와 사회와 민중의 기본적 추구가 구체적으로 내재된 기반 위에 세워진다는 사실을 증명한다.[9] 물론 이러한 과정에서 중국공산당은 이미 정한 제도의 견지와 유지에 매우 중요한 역할을 하였다. 소련의 교훈은 중국공산당을 일깨웠으며 자신의 제도형성에 대한 모호함과 주저함이 국가에 치명적 타격을 줄 수 있다는 점을 알게 했다. 그러나 반드시 지적할 점은 중국공산당이 이미 정한 제도에 대한 견지와 유지는 정권 유지에서 출발하는 것이 아니라 제도의 완성 및 강화에서 출발하는 것으로, 개혁을 통해 제도 자체를 완벽하게 완성하고 강화·발전시킬 수 있다는 것이다. 그런 까닭에 중국공산당은 항상 하나의 기본 원칙을

---

8    林尚立, "在有效性中累積合法性, 中國政治發展的路徑選擇", 『復旦學報·社會科學版』, 2009, 第2期, pp.46-54.

9    林尚立, "現代國家認同建構的政治邏輯", 『中國社會科學』, 2013, 第8期, p.22.

유지한다. 그것은 사회주의 국가건설과 발전이 필요로 하는 영도제도와 근본제도 그리고 기본제도는 절대 동요되지 않지만 제도를 완벽하게 완성하는 데 필요한 체제개혁은 반드시 제도건설과 완성의 모든 과정을 관통한다는 것이다. 이것은 중국공산당이 가진 제도적 자신감을 나타내며, 맹목적인 자아도취가 아니라 효과적인 제도 건설과 발전으로부터 기인한다.

## II. 제도정신의 통일

모든 제도는 가치적 이성과 도구적 이성을 포함하고 있으며 제도의 건설과 완성은 반드시 이 양자의 조화와 통일을 중심으로 전개된다. 각각의 정치공동체가 유지되고 발전하기 위해서는 정치, 경제, 사회, 군사, 문화 등과 관련된 각종 제도에 의지해야 하고, 각각의 구체적 제도가 자신의 특정한 가치추구와 도구적 사명을 가지고 있어야 한다. 그러나 정치공동체는 존재와 발전을 지탱하는 데 필요한 제도가 형성한 통일된 요구에 대해 흔들려서는 안 된다. 왜냐하면 이런 것만이 정치공동체가 그 내재적이며 진정한 일체화를 유지할 수 있도록 하기 때문이다. 그리고 이러한 통일된 요구는 국가제도에 내재되어 있는 제도정신으로부터 나온다.

한 국가의 제도정신은 특정 정치철학의 정신적 표현일 뿐만 아니라 민족정신문화의 집중적인 구현에 근원한다. 그것은 한 국가의 제도선택을 결정하는 동시에 선택된 제도에 의해 결정된다. 그렇기 때문에 실제로 사람과 제도, 민족과 국가가 상호작용한 결과이며, 정치공동체를 구성하는 사람들의 국가와 제도에 대한 가장 본질적 요구가 응집되어 있다. 이러한 요구는 분명히 민족의 성장에 따라 응집되고 점차 성숙되어 간다. 각각의 민족과 사회는 특정한 시공간 속에서 자신의 생존과 발전에 적합한 정치공동체를 조직하여 길고 긴 역사과정 속에서 매우 복잡한 분화의 조합을 경험한다. 정치공동체의 재구축은 이를 조성한 인민과 민족의 운명과 미래를 재차 장악하고 선택하기 위한 방안이다. 그렇기 때문에 내적 정신문화로부터 결정될 뿐만 아니라 국가와 민주의 미래 발전에 대한 이상과 기대로부터 결정된다. 천 년 역사의 중국이 현대 국가를 건설하는 과정에 들어서며, 중화민족은 완전히 새로운 제도 구축을 통해 스스로를 재조직하고 조정하는 과정을 실현하고자 하였다. 중국에 있어서 현대제도는 비록 외부에서 온 것이지만 현대제도의 선택과 형성은 자각적이고 자주적으로 실천되었다. 이러한 과정 속에서 중국인은 현대제도의 정신과 중화민족의 정신 그리고 현대사회와 현대국가에 대한 내적 요구를 유기적으로 통일시켜 완전히 새롭게 형성한 중국 현대제도에 인민성이라는 자신의 정신적 특성을 부여하였다. 인민성에 내포된 정신의 원칙은 두 가지이다. 첫째, 인민은 국가의 주인이며, 인민이 제도를 결정하는 것이지 제도가 인민을 결정하는 것이 아니라는 것이다. 그렇기 때문에 제도적 권력은 인민으로부터 나오며, 동시에 제도운영의 권력은 전체 인민의 손에 장악되어 있다. 둘째, 제도운영은 사람을 근본으로 하는[以人爲本] 것과 민을 근본으로 하는[以民爲本] 것의 유기적 통일에 근거하며, 근본 사명은 인민의 단결과 행복, 발전을 이루는 데 있다.

인민성이라는 정신적 특성은 중국제도가 현대제도의 모든 특성을 포용하게 하였을 뿐만 아니라 사회주의 사회의 내적 규정성을 견딜 수 있도록 하였다. 동시에 중국의 제도건설과 운영 및 발전에 있어서 반드시 인민의 이익이 최고가 되도록 하였다. 인민의 주체적 지위가 보장된다는

전제하에 인민의 이익에 대한 현실적 추구는 자연스럽게 두 가지 중대한
이익에 초점을 맞춘다. 하나는 인민의 단결을 통해 국가를 완선시키는 것
이고, 다른 하나는 사회의 발전을 통해 인민의 복지를 실현하는 것이다.
현대화 국가에 있어서 이 두 가지 이익은 인민과 사회발전의 최대 추구일
뿐만 아니라 국가건설과 발전의 최대 추구이기도 하다. 신중국 건설과 발
전의 실천은 인민성이라는 제도정신을 중국제도의 완성에 선명한 특징
으로 부여하였다. 단순히 교본과 모델에서 출발한 것이 아니라 인민복지
의 향상과 국가제도의 공고화라는 근본 원칙을 중심으로 중국의 국정과
현실적 수요에 근거하여 체제를 개혁하고 창조혁신하며 국가제도를 완
성한 것이다.

　　사회주의 국가인 중국의 헌법은 사회주의 제도가 중화인민공화국
의 근본 제도임을 규정한다. 이러한 근본 제도는 국가권력이 주로 어디
에서 오고, 누구의 소유이며, 누구를 위해 일하고, 목적이 무엇이며 어
떻게 배치해야 하는지를 규정한다. 이것은 국가성격과 발전 방향을 결
정짓는 제도적 조정이다. 이러한 제도적 조정에 필요한 체제와 기제가
제도의 운영과 공고화 그리고 완성에 이바지할 수 있는지를 봐야 한다.
따라서 덩샤오핑이 제시한 정치체제를 평가하는 세 가지 기준은 굉장히
실질적이다. 즉, 국가의 안정, 생산의 발전, 백성의 행복을 가져올 수 있
는지를 봐야 한다. 주지하다시피 중국은 제도문제에 있어서 원칙과 현
실을 통일함으로써 사회주의 제도의 공고화와 인민의 근본이익 보장에
초점을 맞추었다. 이로부터 개혁개방 과정에서 체제의 변혁과 창조혁신
은 항상 실사구시의 태도를 견지하고 자신을 위주로 자신을 사용하는
[以我爲主, 爲我所用] 것을 강조하였다. 중국의 문제를 해결하고 중국의
발전이 필요로 하는 제도문명에 만족하며 근본적 속성을 묻지 않아야
만, 비로소 이를 참고로 학습할 수 있으며 중국의 체제 변혁과 혁신 가

운데 창조적으로 운영할 수 있다. 이러한 실용적 태도는 중국의 제도건설과 체제변혁이 인류제도문명의 성과를 자원으로 하고 중국의 실제 요구를 출발점으로 삼아 인민의 근본 이익에 대한 추구를 귀속점으로 견지할 수 있도록 한다.

개혁개방 과정에서 중국이 세계로부터 얻은 최대 자원 중 하나는 세계 각국이 만들어낸 현대제도문명이며, 그 중에서 최대의 제도자원은 현대시장경제체제다. 시장경제체제의 도입은 중국의 경제운영방식과 사회운영방식, 심지어 정치운영방식을 전방위적으로 변화시켰고, 중국 사회의 활력과 창조력을 촉발하였으며, 이로부터 중국 발전의 기적을 만들었다. 중국의 정치, 경제, 사회, 문화 등 각 방면의 체제변혁은 시장경제체제의 확립과 직접적인 관계가 있다. 그러나 그 원인은 시장경제가 중국의 기존 제도의 근본적 속성을 흔든 데에 있는 것이 아니라 중국이 시작부터 시장경제와 사회주의 제도를 서로 결합한 데 있다. 그렇기 때문에 중국은 시장경제를 통해 제도체제를 재건한 것이 아니라 반대로 시장경제가 갖고 있는 효과를 이용해 중국의 기존 제도체계의 성과와 기초를 증강시키고 그 구조와 기능을 완성시킨 것이다. 중국은 시장경제 때문에 자기 제도의 본질적 규정성을 바꾼 것이 아니라 시장경제가 필요로 하는 체제변혁에 대하여 오히려 적극적으로 호응한 것이다. 먼저, 1992년에 중국은 전면적으로 사회주의 시장경제체제의 건설을 추진하기 시작하였다. 이후 1995년에 치국방략의 변화를 제시하고 의법치국의 시행과 사회주의 법치국가건설을 제시하였다. 다음으로 2013년에 처음으로 자원배치에 있어 시장이 결정적 역할을 한다는 사실을 명확히 하고 이로부터 전면적 심화개혁을 시작하였다. 2014년에 당의 18차 4중전회에서는 의법치국의 전면적 추진과 국가거버넌스 능력 그리고 거버넌스체계의 현대화 실현을 요구하였다. 이 두 차례의 대변혁과 대발전 속에서 시장경제체제의 건설과 발전은 의심할 바 없이 결정적 역할을 하였다. 그렇게 추진한 체제변혁과 제도 완성은 전면적이고 근본적인 것이었다. 이러한 상호작용을 통해 알 수 있는 것은 중국이 제도의 혁신과 완성을 추진하는 과정에서의 사상과 태도가 실용적이고 개방적이라는 것이며, 그것의 발판은 항상 제도의 공고화, 인민의 근본이익 추구였다. 따라서 체제개혁과 혁신은 발전을 만들고 보장하며 이를 완성하는 것을 근본으로 하여 창조적으로 발전함과 동시에 제도의 효과를 공고화한다.

요컨대, 중국이 폐쇄에서 개방으로, 계획에서 시장으로, 인치에서 법치로 가는 것을 경험한 혁명적 체제변화와 혁신은 중국 제도의 사회주의 성격을 바꾸기는커녕 기존의 사회주의 제도를 진일보하게 공고화하고 발전시켜왔다. 그리고 그 핵심은 중국의 개혁개방과 체제개혁이 항상 중국의 제도정신, 즉 인민의 이익을 최고로 한다는 원칙을 지켰다는 것이다. 나아가 이는 중국 제도의 자기완성과 발전이 항상 본질적 규정성을 둘러싸고 전개되는 결과를 이끌었다. 동시에 이러한 원칙을 유지하며 발전한 체제변화와 혁신은 강력한 실용성을 갖고 있으며, 항상 중국 제도의 규정성과 현실발전의 요구로부터 출발해 실천을 진행해왔다. 중국공산당과 중국 인민의 중국특색 사회주의 제도에 대한 자신감은 상당 부분 이러한 성공적 제도건설의 실천에 기인한다.


## III. 변혁과 발전

중국사회발전을 지도하는 사상이론의 기초는 마르크스-레닌주의이다. 이 사상의 핵심은 역사적 유물론의 세계관과 방법론이다. 마르크스주의는 생산력과 생산관계, 경제적 토대와 정치 상부구조 간의 변증법적 운동이 사회발전을 추진하는 내적 동력이라고 인식한다. 이러한 변증법적 운동과정에서 생산력의 발전 및 경제적 토대 건설의 촉진을 둘러싸고 전개되는 생산관계와 정치 상부구조의 변혁과 혁신은 경제와 사회의 지속적인 발전을 만들고 촉진하는 관건이다. 이러한 세계관과 방법론은 중국공산당이 혁명을 이끌고 건설하는 데 활용되는 이론과 주장을 만들었을 뿐만 아니라 중국공산당의 지속적인 체제개혁과 실천을 지탱하였다. 혁명적 방식으로 사회적 진보를 추진하는 것에서 개혁적 방식으로 사회발전을 추진하는 것으로 전환하는 것은 그 배후의 세계관과 방법론이 아니라 무엇에 대한 사회주의인지, 어떻게 사회주의를 건설할지, 어떤 당을 건설하고 어떻게 당을 건설할지에서 기인하며, 어떤 발전을 하고 어떻게 발전할지 등과 같은 중대한 이론과 실질적 문제를 실현하기 위한 탐색과 대답이다.[10] 중국의 체제개혁은 개혁을 위한 개혁이 아니라 이와 같은 중대한 이론과 실질적 문제의 해결과 대답을 위한 개혁으로, 탐험적인 동시에 건설적이고 발전적이다. 그리고 우리는 이로부터 중국 체제개혁의 분명한 특성을 추출해낼 수 있다. 그것은 발전과 긴밀히 결합하여 발전을 중심으로 체제변화를 진행하는 한편 효과적인 체제변화를 통해 발전을 만든다는 것이다.

개혁개방 이래 중국의 체제개혁은 3대 핵심 사명을 두고 전개되었다. 첫째는 해방과 생산력의 발전, 둘째는 지속적 과학발전의 실현, 셋째는 국가거버넌스 능력과 거버넌스체계의 현대화이다. 중국의 국가건설과 발전의 관점에서 이러한 3대 핵심 사명이 제시한 임무와 도전은

---

10    17차 당대회 보고 참조. "중국특색 사회주의의 위대한 기치를 높이 들고 전면적 소강사회 건설의 새로운 승리를 쟁취하기 위해서 분투하자(高擧中國特色社會主義偉大旗幟爲奪取全面建設小康社會新勝利而奮鬥)."

한 단계 올라간 것으로 볼 수 있다. 이에 상응하여 체제개혁 또한 더욱 심화되고 체계화·전면화되는 것을 필요로 하였다. 3대 핵심 사명은 출발점이 있으나 종착점이 없는 사명으로 중국의 개혁을 점차 앞으로 나아가도록 하였다. 이것이 직면한 임무와 도전은 더욱 막중해져서 오늘날까지 중국의 개혁은 반드시 상술한 3대 핵심 사명을 유지하고 있기 때문에 개혁 초기에 단지 해방과 생산력의 발전에 집중하던 전략으로 개혁을 진행하던 것과는 완전히 다르다. 이는 중국의 체제개혁 과정에서 지속적인 동력과 끊임없이 축적되는 에너지가 필요하다는 것을 의미한다. 중국의 발전은 지속 가능해야 한다. 원하는 것을 달성하기 위해서는 끊임없이 변화해야 하며, 개혁을 지속하고 에너지를 축적하려면 합리적인 개혁체계를 만들어야 한다.

중국이 개혁개방을 한 지 30여 년이 지난 오늘날까지 개혁의 깃발을 높이 들고 더욱 전면적이고 심화된 개혁을 추진할 수 있는 이유는 개혁을 추진하는 데 끊임없이 새로운 국면을 만들고 발전시키는 동시에 중국의 지속 가능한 발전을 보장하는 개혁동력체계를 만들었기 때문이다. 이러한 역동적인 체계의 형성으로 중국은 점차 일종의 "개혁으로 개혁을 촉진하는" 것을 개발할 수 있었고 개혁이 오랜 기간 지속된 국가건설 실천의 발전모델이 되도록 하였다. 개혁개방 이후의 실천과 이론에 대해 종합하면, 중국의 지속 가능한 발전을 보장하는 개혁동력체계는 주로 아래에 제시한 메커니즘에 의해 형성된다.

첫째, 사람을 근본으로 하고, 백성을 위해 이익을 모색하며, 민중이 추구하는 활력을 지속적이며 끊임없이 촉발하고 보호한다. 중국의 통치전통이든 중국 사회주의 사회의 성격이든 간에 인민을 국가의 근본으로 생각한다. 따라서 인민의 상태는 국가의 상태를 결정하고, 인민에게 활력이 있어야만 국가에도 활력이 있는 것이다. 개혁으로 말하자면, 인민의 발전에 대한 추구는 국가개혁을 추진하는 가장 기본이자 근본적인 동력이다. 그리고 인민의 발전 추구에 대한 직접적 동인은 자신의 이익과 발전에 대한 관심이다. 덩샤오핑은 이것에 기초하여 개혁을 시작했다. 1978년 말에 중국을 촉진시킨 동력은 '혁명정신'과 '혁명이익'의 문제에 기원하는데, 덩샤오핑은 혁명화 주장을 통해 사람들이 개혁발전을 추진하는 데 있어서 혁명이익의 추구에 대한 역할을 중시해야 한다고 강조하였다. 덩샤오핑은 "많이 일하면 많이 얻는다는 것을 말하지 않고, 물질적 이익을 중요하게 여기지 않는 것은 소수의 모범적인 자에게는 가능하지만 대중에게 확대하는 것은 불가능하며, 일정 시간에는 가능하지만 장기간에는 불가능하다. 혁명정신은 매우 진귀한 것으로, 혁명정신이 없으면 혁명행동이 존재하지 않는다. 그러나 혁명은 물질적 이익의 기초 아래 일어나는 것으로, 만약 단지 희생정신만을 이야기하고 물질이익을 말하지 않는다면 그것은 관념론일 뿐이다."[11]라고 언급하였다. 덩샤오핑이 생각하기에 물질적 이익에 대한 추구를 혁명행동으로 바꿀 수 있는 첫 번째 주체는 정부와 기업이 아니라 노동자와 농민인 각각의 개인이다. 그렇기 때문에 "반드시 각각의 노동자와 농민 모두 생산에 대해 책임을 지고 방법을 생각해야 한다."[12] 반드시 지적할 점은 중국공산당이 민중의 물질적 이익에 대해 관심을 가지는 이유가 사람이 이기적이고 이익을 추구한다는 가치판단에 기초한 것이 아니라 "사람은 스스로 전면적인 발전을 추구한다."는 역사적 유물론의 명제에 기초한 것이다. 이러한 가치 추세는 개혁의 심화가 보다 명확해짐에 따라 2007년 17차 당대회에 이르러 중국공산당이 "사람을 근본으로 한다."

---

11    鄧小平, "解放思想, 實事求是, 團結一致向前看", 『鄧小平文選(第二卷)』(北京: 人民出版社, 1994), p.146.
12    상동.

는 점을 과학적 발전의 핵심으로 삼고 인민을 위한 이익추구를 당 집권의 기본적 사명임을 강조하는 것으로 나타났다. 이렇게 인간의 자유 추구를 통해 전면적으로 발전하는 사회주의 원칙이 자연스럽게 중국의 국가건설과 사회발전의 내적 메커니즘으로 바뀌었고, 이로부터 인민의 발전 요구를 지속적으로 충족시키는 개혁과 발전이 당의 통치 및 국가발전의 합법성을 가지게 되었다.

둘째, 사상해방과 인류문명의 성과를 흡수하고 전 사회의 학습과 혁신의 동력을 불러일으킨다. 중국의 개혁과 발전의 기본 발판은 백성을 힘으로 여기고, 백성을 위해 이익을 추구하는 것이다. 여기서 백성의 힘을 불러일으키는 것이 관건이며, 구체적으로는 인민의 적극성과 창조성을 불러일으키는 것이다. 이러한 촉발 작용은 사람들의 물질적 이익을 긍정하는 합법성 이외에 사람들에게 대담하게 생각하고 용감하게 행동하도록 하는 자유로운 사고와 혁신의 공간을 제공한다. 그런 까닭에 중국공산당은 사상해방을 개혁과 발전을 추구하는 기본 동력으로 삼았고, 사상해방에 필수적인 민주를 개혁개방의 전제와 기초로 삼았다. 덩샤오핑은 중국의 개혁을 추진할 때 분명히 다음과 같이 제시하였다. "당 내부와 인민대중 가운데 기꺼이 문제를 생각하는 사람이 많으면 우리의 사업에 매우 유리하다. 혁명과 건설을 하는 과정에 사고하고 탐색하며 혁신하는 용감한 개척자들이 있어야 한다. 이러한 개척자들이 없다면 우리는 빈곤하고 낙후한 상황을 벗어날 방법이 없으며, 국제적 선진 수준을 넘어서는 것을 논할 수도 없다. 우리는 각급 당위원회와 각각의 당지부가 당원과 대중이 사고하고 탐색하며 창조적으로 혁신할 수 있도록 격려하고 지지하며, 대중이 사상해방과 연구를 촉진하기를 희망한다."[13]

---

13    상동, p.143.

셋째, 당의 선진성을 추구하고 권력에 기초하여 형성된 각종 이익의 공고화를 끊임없이 타파함으로써 당과 국가의 지속적인 활력을 장기적으로 보장한다. 개혁은 인민의 외침과 실천, 그리고 추진을 필요로 하는 동시에, 집권자의 자각과 영도도 필요로 한다. 개혁이 일단 후자를 잃게 되면 정체되는 것이 아니라 혁명이 폭발한다. 따라서 집권자의 자각과 용기, 그리고 영도는 개혁에 있어서 더욱 핵심적인 역할을 한다. 중국은 중국공산당을 영도 핵심으로 하여 조직 및 운영되는 국가이다. '야당'이 없는 중국공산당은 항상 '국가건설과 인민행복의 창조'를 자신의 최대 이익으로 삼고 있으며, 서구의 집권당처럼 '야당'의 이익과 구별되는 자신의 이익을 갖고 있지 않다. 중국공산당의 개혁에는 이익과 관련된 자체적인 유리천장이 없음에도 불구하고 스스로 추진할 수 없는 문제를 개혁한다. 반대로 항상 창조발전과 인민의 이익 추구를 만족시키는 것을 당 영도의 사명과 당의 생존노선으로 여겼다. 중국공산당은 추상적이지 않고 구체적이었다. 당의 집권은 일부 당 간부를 통해 진행되었기 때문에 몇몇 간부가 모종의 이익 공고화를 형성하는 것을 피하기 어려웠고, 이 때문에 자신의 이익을 건드리는 개혁에는 소극적으로 응대하였다. 그렇기 때문에 중국공산당은 당의 취지 및 영도와 집권능력의 제고에서 출발해 당의 선진성 추구를 당의 장기집권의 근본적 요구로 삼고 끊임없이 이론을 혁신함과 동시에 당의 대오를 끊임없이 최적화하고 당이 항상 시대의 전면에 설 수 있도록 함으로써 영도핵심의 지위를 유지할 수 있었으며, 혁신의 활력을 끊임없이 증대하고 개척할 수 있었다. 당은 한 측면에서는 전면적인 대중노선의 실천을 통해 대중 속에 몸을 두고 대중을 응집하여 대중의 지혜를 흡수하고 감독을 받았으며, 다른 측면에서는 종엄치당을 통해 당의 선진성과 전투력을 유지함과 동시에 당의 내적 활력을 유지하였다. 장기간 흥성하고 쇠락하지 않는 생명

력을 유지하기 위해 중국공산당은 영도간부의 임기제와 정년제 그리고
기도가도 되고 대준도 될 수 있는 제두의 시행을 견지하고, 엄격하게 당
장과 당규를 집행하며, 당의 기율을 엄숙히 하고, 당장과 당규에 근거한
당 관리를 모든 국가의 법치체계건설에 포함했다. 또한 당 조직을 개방
해 사회주의를 건설하는 각종 긍정적인 역량의 입당을 수용할 뿐만 아
니라 당내, 당외의 각종 감독을 받았다.

넷째, 시장의 역할을 발휘하고 각계의 합리적 이익 제기를 법에 의
거해 보장하며 공평한 시장과 정의로운 사회를 만든다. 중국 개혁개방
의 중대한 성과 중 하나는 사회주의 시장경제를 추진한 것으로, 시장메
커니즘이 경제건설과 사회발전에 역할을 했을 뿐만 아니라 시장이 자
원배분에 결정적 역할을 하도록 하였다. 반드시 짚고 넘어가야 할 부분
은 중국이 수립하려 한 사회주의 시장경제체제는 폐쇄적이지 않고 처
음부터 개방적이었으며, 그것의 건설과 발전 과정이 항상 국제시장체계
와 규칙에 유기적으로 상호작용한다는 점이다. 이와 같은 이유로 중국
은 1990년대 후반에 적극적으로 WTO에 가입하였으며 스스로 WTO의
규칙을 이용해 국내의 경제체제개혁을 추진하였다. 또한 이러한 이유로
18차 당대회 이후 중국은 상하이 등에 자유무역구역을 조성하는 등 더
욱 심오한 경제체제개혁을 추진하려 노력하였으며, 중국의 경제체제가
더 큰 개방성을 갖도록 했을 뿐만 아니라 국제적 규칙에 부합하도록 하
여 전 세계의 경제무역 구조에서 주도권을 추구할 수 있었다. 유구한 역
사를 가진 중국에 대해 말하든 중국이 실천한 사회주의 건설사업에 대
해 말하든, 시장경제를 추진하면서 시장이 자원배분에 결정적 역할을
하도록 한 것은 혁명적 변혁 행동이며, 이것은 중국사회의 권력구조와
운영방식을 깊이 변화시켰고, 조직구조와 제도적 배치, 운영방식에 있
어서 전면적으로 현대화로 들어서게 하였다. 시장경제체제가 필연적으

로 요구한 것은 시장주체의 다원화와 공정성, 법률적 정의와 독립적 사법 그리고 인권보장 등이며, 중국은 시장 및 사회역량의 성장을 위해 체제 분위기와 법률 보장, 그리고 경제기반을 제공하였고 이로부터 개혁의 심화와 국가거버넌스체계의 완성을 위해 끊임없는 동력의 원천을 제공하였다.

다섯째, 세계화 발전에 융합함으로써 중국은 국제규범의 실천과 완성에 주도적으로 참여하였고, 이로부터 평화와 협력 그리고 발전을 촉진하는 중요한 역량이 되었다. 개방은 중국개혁의 관건으로, 중국의 발전은 국제적 자원과 지지를 획득하도록 하였고, 중국의 발전 역시 세계 평화와 협력, 발전에 효과적으로 보답하였다. 중국이 세계 제2의 경제 대국이 됨에 따라, 중국의 경제역량 및 그것이 만든 광활한 시장은 중국이 점점 전 세계의 경제구조에 영향을 미치는 경제주체가 되도록 하였다. 뿐만 아니라 중국의 '일대일로' 전략의 전면적 추진에 따라 중국경제발전과 세계경제발전은 더욱 깊이 있게 연계되었다. 이러한 연계 속에서 중국은 진지하게 세계규범을 실천하였고, 적극적이고 주도적으로 세계규범의 완성에 참여해 더욱 합리적인 세계경제와 사회발전의 질서와 체제를 만들기 위해 노력하였다. 중국은 국가 개방에서 전 세계의 국제적 활동에 주도적으로 참여하는 것에 이르기까지 세계의 존재방식과 행위방식에 있어서 고립적이고 임의적인 것이 아니라 세계의 발전에 순응하고 국제규범의 요구에 호응해왔다. 이 때문에 중국은 자신의 발전 요구로부터 출발해 체제변혁을 진행하려 하였으며, 국제사회에 참여하기 위해 체제의 자체 개혁과 완성을 끊임없이 진행해야 하였다. 자유무역구의 실험을 통해 정부관리체제의 변혁을 추진한 것이 이러한 노력의 실천이다. 이러한 의미에서 볼 때, 위풍당당한 세계발전의 조류는 체제변혁을 실현하기 위한 중국의 동력을 끊임없이 촉진했다.

상술한 다섯 가지 동력의 메커니즘이 형성한 중국의 체제개혁 동력
체계는 중국개혁의 중요한 성과이다. 중국의 체제개혁 과정에서 자신을
위해 오래 지속되는 동력체계를 만들 수 있었던 원인은 국가의 부분적
이익에서 출발한 것이 아니라 전체 국가발전과 장구한 이익에서 출발
했기 때문이다. 즉, 문제를 해결하기 위한 문제에서 출발한 것이 아니라
발전 중에 문제해결의 원칙을 견지한 것이기 때문에 발전이 개혁에서
가장 중요한 부분이 되었다. 따라서 중국의 체제개혁은 언제나 당의 기
본 노선이 확정한 방향에서 전개되었으며, 중국 발전의 백년 전략 규획
을 나침반으로 삼아 포지셔닝되고 설계되었다. 당연히 이 모든 것이 중
국의 체제개혁이 순풍에 돛을 올린 것을 의미하지는 않으며, 중국의 체
제개혁이 반드시 계속해서 운용될 수 있다는 것을 의미하지도 않는다.
사실은 체제개혁의 실천 역시 고달픔, 어려움, 위험, 장애가 충만한 것
으로, 중국의 체제개혁이 오늘날까지 지속될 수 있었던 가장 주요한 핵
심은 중국공산당과 중국인민의 노력과 견지이다. 중국의 체제개혁은 이
와 같은 핵심적 역량을 기반으로 지속되어야 한다. 이 세상에 사람의 힘
이 없이 추진되는 제도는 존재하지 않으며, 아무리 좋은 제도도 좋은 영
도력과 추진력이 없다면 한 장의 공수표에 불과하다.


## IV. 합법성과 유효성

현대화된 제도체계 없이 현대화 국가가 있을 수 없다. 현대국가의 형
성 과정은 본질적으로 현대제도체계의 형성과 성장의 과정이다. 현대화
와 민주화를 추구하는 현대국가에서 현대제도체계를 형성하는 기본적
출발점은 단지 두 가지뿐이다. 하나는 사람과 사회의 발전을 위해 합리

적 제도를 제공하는 것이며, 다른 하나는 일정한 지역에 독립적이고 자주적인 정치공동체를 세우기 위한 합리적 제도를 제공하는 것이다. 전자는 사람의 발전에서부터 시작되고, 후자는 국가형성에서부터 시작된다. 이는 사회가 현대국가건설을 위해 진행한 제도설계와 구축을 결정하는 동시에, 사람의 현대적 발전과 현대국가건설이라는 두 가지 기본 요구를 고려해야 한다. 현대화와 민주화의 큰 흐름 속에서, 이러한 고려는 제도 구축의 주체가 인류사회의 발전 법칙 및 자국의 현대화 발전 법칙을 장악하고 전개한 것에 기반한다. 따라서 그렇게 설계되고 선택된 제도는 인류사회 발전의 기본 가치에 부합해야 하는 동시에 현대국가를 형성하려는 자국의 내적 기대와 요구에 부합해야 한다. 그리고 이와 같은 이유로 현대제도 구축의 기저에는 명확한 가치규정과 사명에 대한 요구가 있어야 한다. 이러한 가치규정과 사명은 현대국가의 형성을 결정하는 데 구체적 제도설계와 선택을 요구함과 동시에 확립된 제도의 합법성을 결정한다. 이러한 합법성은 각각의 제도가 갖추어야 할 가치규범의 합법성이며, 이는 한 국가제도체계에 내재된 합법성을 확립하고 획득할 수 있는 결정적 역량이다. 그리고 한 국가의 제도체계는 명확한 가치규범의 합법성을 가지며, 이로부터 내적 규정성을 가진 유기적 체계가 된다. 또한 국가가 가치와 제도, 조직이 유기적으로 융합된 정치유기체가 되도록 한다. 현대국가와 현대제도의 생성원리는 현대제도가 공고화될 수 있는 가장 중요한 전제, 즉 내재된 가치 합법성의 기초를 지키는 것을 결정하였다. 다만 이 과정에서 자신에 대한 의심과 동요가 있다면 기존 제도의 공고화에 직접적으로 영향을 미치며 근본적으로 현대국가의 근원을 흔들 수 있다.

중국이 현대제도건설과 국가건설을 진행하는 과정에서 중국공산당은 중심 역량이다. 중국공산당은 의회의 민주적인 운영을 기반으로 생긴 정당이 아니라 영도혁명을 책임지고 신사회, 신국가 건설에 기초하여 생긴 정당이다. 이에 중국공산당은 본질적으로 두 가지 역사적 사명을 지고 있다. 하나는 전체 민중을 하나의 유기적 집합체로 응집하는 것이다. 즉, 인민은 인민이 주인이 되는 것을 실현한다. 다른 하나는 국가의 내적 통일을 유지하는 것으로, 국가 전체의 전환과 발전을 유지하는 것이다. 이것은 시대적 요구이자 중국 현대화 발전의 내적 요구로, 중국공산당의 역사적 책임과 시대적 사명을 정하는 동시에 중국공산당이 영도하는 중국 현대제도체계 속에서 근본적 지위를 확립하였다. 중국 현대제도 형성의 핵심 역량을 이루는 중국공산당은 중국 현대제도건설을 추진하는 과정에서 사회주의 사회건설의 내적 요구에 기초하여 중국 현대제도의 사회주의 본질적 속성과 당 영도의 규정성을 부여하였으며, 이로부터 중국특색 사회주의 제도체계를 형성해냈다.

중국특색 사회주의 제도체계의 형성과 발전 역사를 보면, 중국공산당은 항상 인류문명 발전의 법칙, 사회주의의 건설법칙, 중국사회의 자체발전법칙이라는 삼자 간의 유기적 통일을 기반으로 제도 구축을 진행하였고, 이로부터 확립된 중국특색 사회주의 제도의 가치규정과 사명을 지켰다. 이 때문에 중국공산당은 다음과 같은 변함없는 제도 구축의 원칙을 만들었다. 첫째, 현대화 원칙으로, 이것에 기초하여 중국공산당은 신해혁명이 개척한 민주공화제가 중국이 현대제도를 형성하는 기본적 근거라고 여겼다. 둘째, 인민이 주인이라는 원칙으로, 이것에 기초하여 중국공산당은 '삼권분립'을 반대하고 인민 전체가 국가권력을 장악하는 것과, 효과적으로 입법과 행정, 사법을 감독하는 인민대표대회 제도를 보장한다고 견지하였다. 셋째, 국가통일 수호의 원칙으로, 이것에 기초하여 중국공산당은 단일제와 민족지역자치 제도의 유기적 통일을 통해 다민족국가의 내적 통일과 조화를 보장하였다. 넷째, 효과적 발전과 창조의 원칙으로, 이것에 기초하여 중국공산당은 비현실적 민주를 말하지 않고 사회진보와 인민의 행복을 만들 수 있는 실질적인 민주제도 건설을 견지하였다. 그리하여 인민민주의 광범위한 참여를 끌어들이고 국가의 과학적 결정을 최적화할 수 있는 협상민주를 중국 민주운영의 기본형식으로 삼았다. 다섯째, 법치화 원칙으로, 이에 기초하여 중국공산당은 제도를 강조하면서 국가거버넌스의 근본으로 민주의 전면적 제도화를 실현하며 특징 의지의 지배를 받지 않고 사회주의 법치국가를 이루도록 하였다. 여섯째, 자주실천의 원칙으로, 이것에 기초하여 중국공산당이 형성한 제도체계는 간단한 개념과 가치 혹은 외부의 특정 모델에서부터 출발한 것이 아니라 자주적 실천과 탐색에 기초하여 국가에 필요한 적합성과 유효성을 보장하였다. 이 여섯 가지 원칙은 단번에 형성된 것이 아니라 중국공산당의 장기간의 탐색과 실천의 성과로, 성공적 경험의 성과와 좌절 그리고 교훈에 대한 반성으로부터 나온 것이다. 상술한 여섯 가지 원칙에 기초하여 중국공산당은 분명한 중국특색과 현대화를 가진 사회주의 제도체계를 만들었다. 중국발전의 기적은 이러한 제도체계가 중국사회에 적합할 뿐만 아니라 중국사회의 진보와 발전을 효과적으로 보장하고 추진한다는 것을 분명하게 보여준다.

신중국의 성립 이후에 중국 경제와 사회발전이 경험한 개혁 전후의 두 과정으로부터 알 수 있는 것은 중국공산당이 중국제도에 대한 가치 합법성을 고수함으로써 실제로 상부구조의 영역에서 경제적 토대의 영역으로 바뀌는 변화 과정을 경험하였다는 점이다. 개혁개방 이후에 중국공산당은 가치 측면에서 다시 사회주의 제도의 의미를 지킬 것을 강조하지 않고 중국식 사회주의 제도의 특색과 우월성을 강조함으로써 생산력의 발전을 촉진할 수 있고 인민의 행복과 국가의 부강을 만들 수 있다는 것을 보여주었다. 1980년에 덩샤오핑은 사회주의 제도의 우월성을 충분히 발휘하는 과정에서 중요한 것은 사회주의 제도가 경제에서 "사회생산력을 신속히 발전시키고 인민이 물질문화생활을 개선"하는 것이라고 언급하였다. 그리고 정치에서 "충분히 인민민주를 발휘하고 전체 인민이 진정으로 각종 효과적 형식을 통한 국가관리를 향유하도록 보장하는 것, 특히 기층 지방정권과 각종 기업·사업의 권리를 관리하고 각종 공민권리를 향유하는 것이다."[14]라고 언급하였다. 이로 인해 중국 공산당은 더욱 전면적이고 구체적으로 제도 가치의 합법성을 고수하는 것과 이를 위한 제도를 추진하여 경제발전과 사회진보 및 인민이 주인 이 되는 유효성을 보다 긴밀히 결합하였다. 뿐만 아니라 합법성을 지켜 냄으로써 중국특색 사회주의가 효과적으로 발전하고, 제도의 창조발전 으로 형성된 유효성을 통해 제도의 합법성을 공고화하는 국가건설의 새 로운 국면을 형성하였다.

중국공산당은 인민을 중심으로 하는 정당이다. 따라서 그것이 추구 하는 제도의 유효성은 단순히 경제성장이 아니라 경제성장이 가져온 인 민의 공동 부유와 행복이다. 구체적으로 말하면, 중국공산당은 전 국민 이 함께 발전을 촉진하고 함께 번영을 공유하며 함께 국가를 다스리는 소강사회의 건설을 제도개혁과 국가건설의 기본 목표로 여긴다. 이렇게 중국공산당은 끊임없는 실천과 제도의 유효성 제고를 통해 제도의 가 치 합법성을 공고화하는 동시에 제도적 합법성이 피할 수 없는 다른 하 나의 차원을 열었다. 그것은 제도에 대한 사람들의 확실한 공감대와 지 지다. 이러한 차원의 제도적 합법성은 사람들이 제도가 만든 경험적 사 실을 판단 근거로 삼도록 만들었다. 가치 합법성과 비교해 이는 사실적 합법성에 속하는 것이다. 제도의 공고화 차원에서 가치 합법성과 사실

---

14    鄧小平, "黨和國家領導制度的改革", 『鄧小平文選(第二卷)』(北京: 人民出版社, 1994), p.322.

적 합법성은 두 가지 다른 측면에 포함되는 것으로, 직접적인 상관관계는 없지만 하나라도 없어서는 안 되는 관계이다. 그리고 그것들의 유기적 통일을 촉진하는 중요한 매개는 제도적 유효성이다. 만약 제도적 유효성이 사실적 합법성을 만드는 것과 동시에 가치의 합법성을 심화한다면, 제도의 공고화와 완성에 가장 견실한 기초가 된다. 이러한 점을 다해야지만 국가건설 주도와 발전의 핵심역량이 항상 강대하고 정확한 영도력을 유지할 수 있고, 선을 지켜낼 수 있을 뿐만 아니라 발전을 위해 무한한 공간을 개척할 수 있게 된다. 혁명과 건설의 성패를 거쳐 단련된 중국공산당은 이러한 측면에서 대단한 사명감과 지혜 그리고 능력을 표현해냈다.

　개혁개방 초기에 중국공산당은 중국개혁과 발전을 영도하기 위한 기본 사상노선을 명확히 하였다. "1개의 중심, 2개의 기본점"이 그것이다. 구체적으로 이는 경제건설을 중심으로 하고 4항의 기본 원칙을 견지하는 것으로, 개혁개방을 견지하는 한편 중국이 장기적으로 이러한 기본 사상노선이 흔들리지 않게 견지할 것을 강조한다. 중국 개혁개방의 성공적 실천은 이러한 기본 사상노선이 정확하고 효과적이었다는 점을 충분히 증명한다. 이러한 기본 노선의 기초 위에 중국은 중국특색 사회주의의 이론을 형성하고 중국특색 사회주의 발전의 길을 걸었으며, 중국 사회주의 제도체계를 전면적으로 공고화하였다. 주지하다시피 당 영도의 중국제도에 대한 공고화와 완성은 당의 핵심역량 및 그 조직기초가 제도를 위해 필요한 버팀목을 제공하였기 때문에 가능하였던 것은 아니다. 더욱 중요한 것은 당이 영도하여 장악한 사상노선 및 이의 효과적인 실천으로부터 중국특색 사회주의 제도체계의 가치 합법성과 제도 유효성 그리고 합법성 간의 동태적 조정과 내적 통일을 해결하였으며, 모든 제도가 대개혁, 대개방, 대발전 속에서 동요치 않는 것뿐만 아니라 더욱 전면적으로 완성되고 공고화하는 것을 보장하였다. 이것은 중국의 제도에 대한 자신감이 진정한 원천과 기초로, 그 배후의 핵심은 중국공산당의 중국발전에 대한 효과적 영도이다.

세계 각국의 성공적인 발전 경험은 다음과 같은 기본적인 사실을 증명한다. 국가와 인민이 운영하는 제도에 대한 자신감은 국가가 성장하고 공고화할 수 있는 가장 기본적인 정신적 기초이자 정치적 기초로, 국가의 응집력과 경쟁력을 직접적으로 결정하고 나아가 국가 운명의 흥망성쇠를 결정한다. 중국공산당은 신중국을 건설하기 위해 노력한 그날부터 시작해 인민 속에서 신사회, 신국가에 대한 자신감을 만드는 데 노력하였으며, 그런 까닭에 각양각색의 실천과 노력을 경험하였다. 우회로를 지나 위기와 좌절을 만나보고 최종적으로 무엇이 사회주의인지와 낙후한 국가는 어떻게 사회주의를 건설하는지를 명확히 하였고, 이러한 근본 문제의 기초 위에서 제도와 발전이 변증법적으로 통일되었다. 즉, 현대화 발전을 제도화의 기초 위에 확립하고, 제도화를 효율적인 창조발전의 기초 위에 확립한 것이다. 이로부터 제도와 발전은 상호 촉진을 형성하고 상호 제고된 중국특색 사회주의 발전 형태를 만들었다. 제도가 만들어낸 효과적 발전은 제도적 자신감의 기초이고, 발전이 추진한 제도완성은 제도적 자신감의 보장이다. 이러한 과정에서 중국공산당이 명확하게 만든 당의 영도와 인민이 주인이 되는 것 그리고 의법치국이 유기적으로 통일된 중국 민주정치 건설의 길은 중국의 제도적 자신감으로 무장한 기본 정치원칙을 확립함과 동시에 중국의 제도적 자신감을 위한 세 가지 중요한 기반을 제공하였다. 그것은 당의 영도능력과 인민민주의 수준 그리고 의법치국의 수준이다. 이러한 세 가지 기반이 제공하는 역량은 중국의 전체 발전과 함께 중국의 제도적 자신감의 강도(强度)를 결정하고 있다.

제10장

# 조직과 거버넌스

인간은 사회적 동물이며, 사회생활에서 필연적으로 조직을 형성한다. 그리고 조직은 인간들의 사회생활을 위한 기반을 지탱하고 유지한다. 이러한 인간과 사회 사이에는 두 가지 조직개체가 있다. 첫째는 생명의 탄생과 형성에 근거한 조직개체, 즉 가족이며, 둘째는 사회의 생산, 왕래, 형성에 근거한 조직개체, 즉 조직이다. 이로부터 인간들은 생산과 생활에서 조직을 구성하였다. 그것은 인간, 가족, 조직, 사회, 국가다. 이들 가운데 가장 작고 핵심적인 것은 인간이며 가장 크고 외부에 있는 것은 국가다. 이러한 조직화 가운데 조직은 가장 중요한 개체이며 개인과 가족을 결정짓는 동시에 사회와 국가를 지탱하고 있다. 중국의 전통사회는 종법사회로, 인간의 생산과 생활은 가족을 단위로 하고 촌락을 주요 공간으로 하여 전개되었다. 그런 까닭에 가족조직은 개인과 사회 및 개인과 국가의 관계를 연결하는 핵심개체이며, 국가 역시 "가족이 모여 이루는" 정치공동체이다. 량수밍(梁漱溟)은 이러한 이유로 중국 전통사회의 최대 결함을 단체생활이 없었다는 것으로 생각하였다.

그러나 현대로 진입한 이후에 가족사회의 해체 및 현대적인 생산방식과 생활방식이 출현함에 따라 조직은 가족을 대체해 현대 중국사회의 핵심 개체가 되었고 대다수의 사회구성원이 각종 단위조직에 흡수되면서 중국사회는 가족사회로부터 단위사회로 진입하게 되었다. 그러나 개혁개방 이후, 특히 사회주의 시장경제가 전면적으로 전개된 이후에 사회에서의 존재는 단위의 일원으로 여겨지는 공동체의 존재에서 사회의 일원으로 여겨지는 독립개체의 존재로 변화하기 시작하였으며 단위조직은 해체되기 시작해 적지 않은 단위조직이 소멸되어갔다. 이러한 상황에서 시장경제의 생산과 자주사회의 교류 속에서 형성된 각종 사회조직은 개인을 통합하고 사회와 국가를 지탱하는 핵심적인 매개체가 되었다. 따라서 2000년 이후 중국의 국가거버넌스는 전면적으로 각종 사회조직의 건설을 중시하기 시작하였고, 사회건설과 사회거버넌스의 기능을 부여하였을 뿐만 아니라 민주실천과 사회서비스의 기능 또한 부여하였다.

하나의 공동체로서 오늘날의 중국은 당의 체계, 국가체계, 사회체계, 시장체계를 기반으로 확립되었으며, 중국에 실존하는 조직은 개체의 생산생활에 대한 요구뿐만 아니라 위의 네 가지 체계가 자신을 유지하고 자신의 기능을 발휘해야 한다는 요구로부터 생겨났다. 따라서 이로부터 형성된 각종 조직은 인간들의 생산과 교류에 대한 요구를 만족시켜야 할 뿐만 아니라 네 가지 체계가 공통으로 책임지는 거버넌스 기능을 실현해야 한다는 요구 또한 만족시켜야 한다. 이것은 단지 사회조직에 관심을 갖는 것이 아니라 중국의 조직과 거버넌스의 관계에 대한 고찰을 결정하고 반드시 정치조직 및 기업과 사업단위가 구현하는 각종 경제생산조직과 공공서비스조직에 관심을 가져야 한다는 것을 의미한다.

## I. 당의 기층조직

사회주의 중국은 당이 인민을 영도해 세워졌다. 당이 인민을 영도하여 혁명을 하고 국가를 건설하는 과정에서 중요한 조직 수단은 당의 기층조직이다. 건당(建黨), 건군(建軍), 나아가 건국(建國)은 중국공산당이 인민혁명을 이끌고 국가를 건설하는 기본적 행동 목표로, 혁명의 승리 이후에 이 세 가지 행동 및 그 과정은 완전히 통일되어 치당, 치군, 치국의 삼자가 유기적으로 통일되었다. 전체 혁명과정에서 보면, 건당과 건군의 통일은 당이 혁명과 건설을 진행하는 데 있어서 가장 중요한 의제이자 근본적 보장이었다. 쑨원 역시 이와 같은 통일의 중요성을 강조하였으며, 당은 당을 위해 주의를 가지고 분투하는 군대가 있어야만 최종적으로 정권을 획득해 국가를 건립한다고 생각하였다. 그러나 이러한 통일이 실제로 실현되는 문제에 있어서 쑨원의 국민당은 최종적으로 이를 해결하지 못하였다. 대혁명의 실패 이후에 마오쩌둥은 건당과 건군을 통일하는 한편 군대를 장악하여 이를 지휘해야 하고 반드시 군대 깊숙이 침투해야 한다는 것을 충분히 깨달았다. 이로부터 마오쩌둥은 유명한 '산완개편(三灣改編)'에서 창조적으로 당의 지부를 부대와 연결해 건립해냈다. 이러한 실천은 당과 군대의 내적 관계를 안정시켰을 뿐만 아니라 조직적으로 당의 군대에 대한 영도를 보장하였으며 이로써 당이 정권을 획득한 후에 "지부를 연결해 건립한다."는 방침을 사회를 조직하고 국가를 통치하는 기본 원칙으로 삼게 되었다.

　　조직건설의 방략으로서 '지부 연결' 방침은 가장 말단의 기층에 당의 조직을 설립함으로써 당의 영도를 보장하고 실현하는 것을 강조한다. 당의 영도 계획과 원칙으로서 '지부 연결' 방침이 갖고 있는 정치적 효율성은 다음과 같은 점에서 근본적이다. 첫째, 조직상 당의 군대에 대한 절대적 영도를 보장한다. 둘째, 당은 대중과 긴밀히 연계하고 대중을 응집하며 영도와 집권을 위해서 견실한 계급기초와 사회기초를 다질 수 있다. 셋째, 당은 아래에서 위로 군대와 국가를 영도하는 영도체계를 형성한다. 중국공산당이 기타 정당과 다른 중요한 점은 영도체계가 위에서 아래로 확대된 것이 아니라 아래에서 위로 성장하였다는 것이다. 구체적으로 중국공산당은 엘리트 역량 혹은 권력 역량을 집중시킴으로써 영도체계를 형성한 것이 아니라 대중 역량과 사회기층의 역량을 집중시킴으로써 영도체계와 영도능력을 지탱한 것이다. 따라서 중국공산당의 입장에서 엘리트 역량을 모으는 것이 물론 필요하지만 가장 중요하고 근본적인 것은 대중 역량을 모으는 것이다. 그 밖에 당내 민주집중제는 당의 기층조직이 당의 지방조직과 중앙조직을 만드는 기초임을 요구한다.[1] 따라서 중국공산당의 입장에서 기층조직은 그 뿌리이자 근원이며, 이로부터 "기초가 튼튼하지 않으면 천지가 진동한다."는 말이 나왔다.

'지부 연결' 방침은 당의 조직을 군대 계통에 설립한 것으로, 사실상 불완전하다는 것을 의미한다. 이는 중국공산당이 영도하는 초기 군대가 정규 군대가 아니라 각종 역량의 집합체였기 때문이다. 마오쩌둥은 『징강산의 투쟁』에서 군대의 출신성분을 분석하였다. "홍군 출신의 일부는 노동자와 농민이며 일부는 유민 프롤레타리아 출신이다. 유민 출신이 너무 많은 것은 당연히 좋지 못하다. 그러나 매일 전투가 있기 때문에 사상자 또한 많고, 유민 분자는 전투력을 가지고 있으나 유민을 찾아 보충하기는 쉽지 않다. 이러한 상황에서는 정치 훈련을 강화하는 방법만이 있을 뿐이다."[2] 즉, '지부 연결' 방침은 실제로 일종의 건군모

---

1 　中共中央黨校黨的建設原理教研室編, 『中國共產黨基層組織建設』(北京: 中國方正出版社, 2011), pp.3-4.

2 　毛澤東, "井岡山的鬥爭", 『毛澤東選集(第一卷)』(北京: 人民出版社, 1991), p.63.

델로, 당의 조직을 핵심으로 당의 정치기능과 조직기능을 통해 군대를
만들고 형상화한 것이다. 군대는 당의 조직을 핵심으로 해서 형성하고
형상화한 것으로, 고도의 기율을 가진 당의 조직원칙과 운영방식은 직
접적으로 중국 군대의 조직형태와 운영논리를 만들어냈다. 중국공산당
이 영도하는 무장투쟁의 승리와 그에 따른 신민주주의혁명의 성공은 이
러한 조직방식이 효과가 있고 실현 가능하며 최종목표에 도달할 수 있
음을 충분히 증명하고 있다.

그러므로 혁명이 승리한 이후에 중국공산당이 어떻게 반식민지, 반
봉건사회를 전면적으로 다시 개조하여 새로운 사회와 국가를 건립할지
에 관한 문제에 직면하였을 때, 매우 자연스럽게 건군의 방식과 그 행동
논리 또한 사회개조와 사회주의 국가건설에 도입했다. 즉, 당의 조직을
사회 각각의 영역에 설립하여 그것을 통해 사회를 전면 개조하고 사회
전체가 당의 기층조직을 핵심으로 전면적 조정과 개조, 조합을 진행하
도록 한 것이다. 그런 까닭에 신중국의 성립 이후에, 기존의 당 조직을
정돈하여 구성원의 순결성을 유지하는 한편 당원이 없는 각 영역과 지
역에서 당원을 발전시키고 당지부를 세우며 나아가 당지부와 당원의 역
할에 의지하여 관련 영역과 지역을 개조하고 전면적으로 사회개조를 추
진한 것이다. 1951년 7월 24일에 산시성 위원회(陝西省委)가 공포한「당
의 기층조직 정리와 새로운 당원 확대에 관한 계획」에서 노해방구(중화
인민공화국 설립 이전 공산당에 의해 통치되던 지역)의 당원 비율이 기타
지역보다 더욱 높은 상황에 근거하여 노해방구는 잠시 새로운 당원의
확대를 멈춘다고 하였다. 그리고 공장, 기업, 학교 및 토지개혁을 완성
한 새로운 지역의 농촌은 당원의 조건을 갖춘 사람의 입당을 받아들여
야 한다고 하였다. 공장과 광산에서 당원으로 확대할 대상은 먼저 적극
적이며 근무 연한이 비교적 긴 노동자 그리고 기술노동자와 숙련노동자

였다. 다음으로는 보통 노동자와 일반 직원이었다. 한편으로 2년 동안 당 조직이 없거나 단지 개별 당원만 있는 공장과 광산에서, 특히 50인 이상의 근로자가 있는 공장과 광산에 당 조직을 점차 확대해나감으로써 당원 수가 노동자의 5% 혹은 10%를 차지하도록 노력하였다. 이러한 목표에 도달한 공장과 광산에 당원 수를 노동자의 10% 또는 20%까지 확대하기로 하였으며, 정부기관과 고등학교 이상의 교육기관에서는 계획적으로 새로운 당원을 받아들이기로 하였다. 이미 토지개혁을 완성한 농촌은 당원의 조건을 갖춘 자의 입당을 받아들이기로 하였다. 이러한 계획을 통해 농촌에서는 연 2회 새로운 당원을 받고, 공장과 기관, 학교 등은 연 3~4회에 걸쳐 새로운 당원을 받기로 하였다.[3] 당시의 당원 확대는 당원 수의 증가와 확대를 위해서뿐만 아니라 당원과 당 조직의 전방위적 구성과 확대를 실현하기 위해서였고, 그 목적은 당 조직을 핵심으로 하는 사회와 국가조직체계를 만드는 것이었다.

오늘날 중국에서 당 조직의 건설 원칙은 단위 원칙과 지역 원칙, 즉 생산(작업) 단위와 지역에 따라 당의 기층조직을 설립하고 당 조직으로 하여금 각 사회기층조직 속에 자리잡게 하는 것이었다. 이처럼 당의 기층조직은 조직 역량과 영도 역량으로서 각종 직업, 도시·농촌, 당·정·군 각 부문에 배치되었다. 이것은 당의 영도체계이자 당의 업무체계이며, 국가의 각 체계이자 각 기구의 조직핵심인 동시에 국가의 각 체계와 각 기구를 운용하는 주체역량이다. 개혁개방 이후에 중국 사회구조와 사회조직 방식에는 상당한 변화가 발생하였다. 전통적 단위조직이 느슨해짐에 따라 유동 인원이 증가하는 한편 각각의 새로운 사회조직과 경제조직이 대량으로 생겨났다. 이러한 변화에 적응하기 위해 당은 기층

---

3    張明楚編 , 『中國共産黨基層組織建設史』(福州: 福建人民出版社, 2008), pp.211-212.

조직의 설립을 통해 당의 집정 기반과 집정 능력을 공고화함으로써 공백을 없애고 유동 당원의 관리를 강화하는 당 건설 행동을 시작하였다. 이렇게 보면 "공백"을 없애는 것은 단지 당 조직을 전면적으로 설립하여 원래의 형식과 우위를 유지하며 집정 기반을 공고화하는 것을 강조하기 위함이다. 그러나 근본적으로 봤을 때, 여전히 당의 사회에 대한 효과적인 거버넌스 능력을 보장해야 할 필요가 있다. 이는 당의 기층조직들이 조직과 당원의 관리 외에 이에 상응하는 거버넌스 기능을 필요로 하기 때문이다. 중국공산당은 방대한 조직네트워크 및 그것이 형성한 거버넌스체계를 통해 초대형 사회를 조화롭게 하고 조정하며 관리한다. 그렇기 때문에 당의 기층조직체계 전체 및 그 상응하는 거버넌스 기능이 필요한 것이다.

당의 기층조직 설립원칙으로부터 당의 기층조직을 여섯 가지 유형으로 정리할 수 있다.

첫째, 가도(街道), 향(鄉), 진(鎭)의 당 기층위원회와 촌의 당지부로, 이것들은 해당 지역에서 영도핵심지위를 가지고 있으며 해당 지역의 업무를 영도하고 행정조직과 경제조직 그리고 대중자치조직이 충분히 직권을 행사하도록 지지하고 보장한다.

둘째, 국유기업 내의 당 기층조직으로, 정치적 핵심 역할을 발휘하고 기업의 생산경영과 관련된 업무를 전개한다. 당과 국가의 방침과 정책이 해당 기업에서 관철되고 집행되도록 감독한다. 공장장(사장)이 법에 따라 직권을 행사하도록 하고, 공장장(사장)책임제를 견지·완성하며, 전적으로 노동자에 의지하여 노동자대표대회의 전개를 지지하고, 기업의 중대한 문제에 대한 결정에 참여하며, 정치사상공작과 공회, 공청단(共靑團) 등의 대중조직을 영도한다.

셋째, 학교 내의 당 조직으로, 정치적 영도 지위를 가지고 있다. 학교는 당위원회의 학교장책임제를 시행하고, 당위원회는 학교의 정치영 두핵심으로서 학교의 개혁 및 발전을 중심으로 덕육(德育. 정치사상과 도덕에 대한 교육과 배양)업무를 강화 및 진행하고, 학교가 당의 학교운 영 방침과 방향을 집행하도록 보장하며, 중대한 문제에 대해 토론을 진 행하고 결정하는 동시에 행정 영도자가 충분히 자신의 직권을 행사하도 록 보장한다.

넷째, 각급 당과 국가기관 내의 당 기층조직으로, 이들의 감독지위 를 보장한다. 행정책임자가 임무를 완성하고 업무를 진행하는 데 협조 하고, 행정책임자를 포함한 내부의 각 당원들에 대해 감독한다. 해당 단 위의 업무공작을 영도하는 것이 아니라 그것을 긴밀히 결합해 정치사상 공작을 잘해야 한다.

다섯째, 인민해방군 내의 기층 당 조직으로, 영도 지위를 가지고 있 다. 군대의 기본 건설단위로 정치사상공작의 구체적 조직자이자 실시자 이고, 당의 군대에 대한 절대적 영도의 조직법칙과 보장을 실현한다.

여섯째, 새로운 경제조직과 사회조직 내의 기층조직으로, 지위를 보장한다.


## II. 당파와 인민정치협상회의

중국에서 중국공산당 이외에 중요한 정치조직은 민주당파와 인민정치 협상회의다. 중국공산당과 마찬가지로 민주당파 역시 중국의 혁명 역 사에서 형성되었다. 즉, "항일반장(抗日反蔣)투쟁 중에 형성된 민족자산 계급 및 지식인을 중심으로 구성된"[4] 당파조직은 특정 의미에서 보자면 사회 각계의 진보인사가 국가독립을 위해 신중국을 건립하고 조직한 당

파다. 신중국의 건립과정에서 민주당파는 중국공산당의 영도 아래 중국
공산당과 함께 건국대계를 상의하고 『공동강령』을 논의하였다. 신중국
의 건립은 민주당파의 역사적 사명 또한 실현한 것이다. 그러나 중국공
산당은 신생 국가의 건설과 발전을 효과적으로 영도하기 위해, 건국에
공동으로 참여한 민주당파를 남겨놓아야 한다는 것을 여전히 견지하였
으며, 민주당파가 중국공산당과 함께 '장기 공존, 상호 감독'의 정치형세
와 중국특색의 정당제도를 형성하여 당의 영도와 인민민주의 실천을 보
장하도록 함으로써 양호한 정치생태가 존재하도록 만들었다. 이후에 중
국공산당은 민주당파를 남겨두었고, 중국공산당과 민주당파 및 각계 사
회인사가 국사를 함께 의논하는 조직 플랫폼이 자연스럽게 이어져왔다.
이것이 인민정치협상회의다.

　　신중국을 건립할 때, 중국공산당은 인민정치협상회의를 통일전선
조직으로 명확하게 정하였다. 저우언라이는 이 정치논단에 대해 명확하
게 서술하였다. "중국인민정치협상회의는 노동계급, 농민계급, 도시소
자산계급, 민족자산계급과 일체의 애국민주인사를 포함하는 하나의 통
일전선조직이다. 이렇게 하나의 조직이 된 이상 한 번의 회의만 하고 끝
낼 수는 없으며 반드시 장기적으로 존재해야 한다.[5] 중국인민정치협상
회의는 장기적인 조직이다. 이 점에 모두가 찬성할 것이라 믿는다." 중
국공산당과 민주당파가 대표하는 사회 각계의 협력은 인민정치협상회
의 조직을 만들었다. 그리고 이 조직은 당의 통일전선과 중화인민공화
국의 건립 및 사회 각 계급 역량의 단결과 연합으로부터 독특한 가치와
역할을 만들어냈으며, 신중국의 건설과 발전에 필수불가결한 '장기적'
정치조직이 되었다.

---

4　　毛澤東, "論十大關系", 『毛澤東選集(第五卷)』(北京: 人民出版社, 1977), pp.278-279.
5　　周恩来, "关于人民政协的几个问题", 『周恩来统一战线文选』(北京: 人民出版社, 1984), p.136.

민주당파는 비록 엘리트 조직이지만, 그럼에도 불구하고 특정 사회 계층과 집단을 대표하고 이들과 결합하였다. 그러므로 계층 혹은 사회 집단의 관점에서 사회를 조직하는 기능을 갖고 있었던 것으로 볼 수 있다. 저우언라이는 이에 대해 "중국의 민주당파는 중국의 토양에서 자라난 것이다." "각 당파는 모두 자신의 역사를 가지고 있고 각각의 측면에서 대중을 대표하고 있다." 따라서 "민주당파는 인민민주 통일전선에서 상당히 중요한 역할을 한다."[6]라고 명확하게 언급하였다. 여기에서 저우언라이는 민주당파 조직 자체의 사회에 대한 역할을 강조하였다. "신중국이 세운 신사회는 당의 기층조직을 핵심으로 하여 전면적으로 조직화된 사회일 뿐만 아니라 각각의 계급, 계층, 집단도 전면적으로 조직화한 사회이다. 우리 인민민주독재 국가의 현 단계는 4개 민주계급의 연맹으로, 노동자계급은 어떤 지방에서도 기타 계급의 사람을 맞닥뜨릴 수 있는데 문제는 단지 조직이 있느냐와 없느냐뿐이다. 사실은 조직이 있는 것이 조직이 없는 것보다 더욱 낫다. 우리는 이미 노동자[工], 농민[農], 부녀자[婦]와 청년[靑]을 조직화하였다. 마찬가지로 상층의 정치활동분자를 조직화하는 것도 필요하다. 조직화하는 것은 장점이 많고 그들이 학습하는 데 편리하며 그들이 각 계급의 의견을 우리에게 반영하는 데 편리하다. 그들도 정치에서 우리와 더 잘 협력하고 호응한다. 어떤 일은 그들이 가서 하는 것이 우리가 하는 것보다 더 효과적이고 국제적으로도 영향을 미친다."[7] 여기서 저우언라이는 계급, 계층, 사회집단으로부터 사회를 조직하는 중요성을 강조하였는데, 그 중에서 중요한

6    周恩來, "發揮人民民主統一戰線積極作用的幾個問題, 處理好人民民主統一戰線中的四個關係", 『周恩來統一戰線文選』(北京: 人民出版社, 1984), pp.160-177.
7    周恩來, "發揮人民民主統一戰線積極作用的幾個問題", 『周恩來統一戰線文選』(北京: 人民出版社, 1984), p.172.

것은 이러한 조직이 중국공산당이 통일전선을 통해 조직화한 각각의 계층과 사회집단의 인사를 중국공산당의 주위로 단결하는 것을 보장할 수 있어야 한다는 점이다.

종합적으로 분석해보면, 중국사회를 조직한 체계는 실제로는 하나의 종횡구조로 이루어져 있다. 여기서 횡적 구조는 당의 각 계급, 각 기층조직 및 이것이 형성한 네트워크를 통해 구성한 것이며, 종적 구조는 당파조직 및 노동자, 청년, 부녀자 등의 인민단체를 통해 완성한 것이다. 횡적 구조의 집합은 광범위하고 보편적으로 존재하는 당의 기층조직상에서 확립되고, 종적 구조의 집합은 당의 통일전선 및 그 조직의 플랫폼인 '인민정치협상회의'에서 확립된다. 실천적인 관점에서 중국사회의 발전에서 종적 구조의 조직체계가 만든 거버넌스 요구가 날로 증가하고 있다.

횡적 구조의 집합은 기층사회 집합을 기반으로 점차 상승해나간다. 따라서 횡적 집합에 있어서 기층사회의 집합은 매우 중요한 것으로, 이러한 측면에서 당의 기층조직 네트워크의 건설이 결정적 역할을 한다는 데에는 의심할 바가 없다. 종적 구조의 집합은 주로 직업적 갈림길 혹은 사회적 역할의 갈림길 때문에 형성된 각기 다른 사회집단의 집합이다. 근대 중국사회의 전환과정 중에 중국 민주당파는 주로 종적 계급연맹 혹은 특정한 사회집단의 연합을 기반으로 만들어졌다. 그러므로 정치연맹의 성격을 갖고 있다. 이러한 민주당파와 공산당은 함께 국민당의 통치에 반대하고 민주공화의 신중국 건립을 지향하였다. 따라서 민주당파는 중국공산당과 공동의 정치기반과 분투 목표를 갖고 있다. 중국공산당은 이러한 당파들과의 단결과 연합을 통해 각계 인민을 전체적으로 응집하고 각 진보역량을 단결시켜 중화인민공화국을 건립하였다. 신중국 건립 이후에 중국공산당은 민주당파를 보존하는 동시에 민주당파와 연계하였던 사회역량 간의 내적 관계 또한 유지하였다. 그리고 이로부터 민주당파는 공산당을 도움으로써 중국사회가 횡적 구조의 집합을 진행하는 데 대한 중요한 조직 매체와 거버넌스를 실현하였다.

현재 8개 당파는 다른 계층과 사회집단을 각각 한곳에 모았다. 중국국민당혁명위원회(이하 민혁)는 중국국민당과 관계 있는 인사, 즉 민혁과 역사적·사회적으로 관련된 인사, 대만의 각계와 연계된 인사, 사회와 법제 전문인사 및 기타 인사를 대상으로 하며, 대표적으로 중·상층 인사와 중·고급 지식인을 중요하게 받아들인다. 중국민주동맹(이하 민맹)은 주로 문화교육 및 과학기술 업무에 종사하는 중·고급 지식인으로 구성된다. 중국민주건국회(이하 민건)는 주로 경제계 인사로 구성된다. 중국민주촉진회(이하 민진)는 교육·문화·출판 업무에 종사하는 중·고급 지식인을 위주로 한다. 중국농공민주당(이하 농공)은 의료·위생, 인구자원과 생태환경 영역의 중·고급 지식인을 위주로 하고 관련 업계 인사를 더한다. 중국치공당(이하 치공)은 귀국 교포와 해외 동포의 본국 거주 가족 가운데 중상층 인사와 기타 해외와 관계된 대표적 인사로 구성한다. 구삼학사(이하 구삼)는 과학기술계의 중·고급 지식인을 위주로 한다. 대만민주자치동맹(이하 대맹)은 대만의 인사로 구성된 사회주의 노동자, 사회주의 사업 건설자와 사회주의 애국자를 지지하는 정치연맹이다. 이를 통해 볼 때, 민주당파가 연락하고 조직하는 것은 실제로 사회 엘리트로, 그 핵심주체는 지식인과 각계의 우수 엘리트이다. 그러나 이러한 당파는 결국 역사적 산물이었고, 이들과 연결된 대상 및 집단은 중국사회의 모든 계층과 집단 구조를 포함할 수 없다. 그러나 중국공산당과 각 민주당파는 건국 협상 중에 구성한 인민정치협상회의(이하 정협)가 곧 직접적으로 이러한 측면의 부족함을 보완한다고 생각하였다. 왜냐하면 정협 위원은 중국공산당 및 각 민주당파 출신 이외에 각

업계별의 대표인사들을 매우 큰 부분으로 포함하고 있기 때문이다.

정협 위원은 처음에 당파, 인민단체와 각 업계의 대표인사로 구성되었고, 정협회의는 모든 사회 각 방면 역량의 대표가 국사를 공동논의하고 공동상의하는 제도 공간이었다. 1949년 6월 15일에 신정치협상회의준비회 제1차 전체회의에서 통과된 「신정치협상회의를 참가하는 단위 및 대표 정원에 대한 규정」에서는 제1기 정협에 참가하는 단위가 45개로 각 민주당파, 인민단체, 무당파 인사를 포함하며, 노동자, 농민, 인민해방군, 부녀자, 청년, 학생, 문예계, 언론계, 상공업계, 자연과학계 등의 대표자를 포함하는 것으로 확정하였다. 신중국의 건립 이후, 인민대표대회제도를 시행한 후에 통일전선의 조직문제에 맞추어 중공중앙은 1953년에 전국통전공작회의(全國統戰工作會議)를 개최하고 「전국통전공작회의, 인민대표대회제 시행 후 통일전선조직문제에 관한 의견」을 비준 및 하달하였다. 그리고 전국인민대표대회를 개최한 후에 정협이 전국인민대표대회의 직권을 더 이상 대행하지 않고 독립적 통일전선조직으로 계속 존재한다고 명확히 밝혔다. 이 「의견」은 전국통일전선조직에 참가하는 단위를 다음의 몇 가지 유형으로 제시하였다. "첫째는 당파이다. 즉, 중국공산당과 각 민주당파이다. 둘째는 인민단체로 중화전국총공회, 중화전국민주부녀연합회, 중화전국민주청년연합회, 중화전국합작사연합총사, 중화전국공상연합, 중국인민구제총회, 중국이슬람교협회, 중국불교협회, 기독교혁신준비위원회 등이다. 셋째는 농민, 넷째는 소수민족, 다섯째는 교육, 문예, 자연과학, 언론출판, 사회과학, 자유직업, 의료, 체육계, 여섯째는 화교, 일곱째는 특별초청이다." 1954년에 정협 제2기 전국위원회의 참가단위에 변화가 생겼다. 즉, 지역 대표, 군대 대표는 인민대표대회제도에 있기 때문에 더 이상 정협의 참가단위가 되지 않았고, 정협 전국위원회는 당파, 단체, 업계별, 특별초청의

4개 부문으로 바뀌어 구성되었다. 즉, 중공, 민혁, 민맹, 민건, 무당파, 민진, 농공, 키공, 구산, 대맹, 청년단, 공회, 농민, 부연, 청연, 합작사, 공산연, 문연, 자연과학단체, 사회과학단체, 교육계, 언론출판계, 의약위생계, 대외평화우호단체, 사회구제복지단체, 소수민족, 화교, 종교계 등 총 28개 단위와 특별초청인사로 구성한 것이다. 이후 각 기의 전국위원회에 유형별로 약간의 변화가 있었다. 어떤 유형은 계층의 소실 때문에 취소되고 어떤 유형은 새로 설립되었다. 예를 들어, 5기 1차 회의에서 '합작사'를 취소하고 체육계를 포함했다. 6, 7기 정협에서는 '중화전국대만동포연의회'와 '홍콩·마카오동포계' 두 유형을 포함하였다. 8기 전국정협에서는 '경제계'를 증설하고 동시에 '사회복리계'를 '사회복리와 사회보장계'로 바꾸었으며, '홍콩·마카오동포계'를 '홍콩동포계'와 '마카오동포계'로 나누었다. 현재 전국정협은 34개 유형으로 조직되어, 중국공산당, 중국국민당혁명위원회, 중국민주동맹, 중국민주건국회, 중국민주촉진회, 중국농공민주당, 중국치공당, 구삼학사, 대만민주자치동맹, 무당파인사, 중국공산주의청년단, 중화전국총공회, 중화전국부녀연합회, 중화전국청년연합회, 중화전국공상업연합회, 중국과학기술협회, 중화전국대만동포연의회, 중화전국귀국화교연합회, 문화예술계, 과학기술계, 사회과학계, 경제계, 농업계, 교육계, 체육계, 언론출판계, 의약위생계, 대외우호계, 사회복리와 사회보장계, 소수민족, 종교계, 특별초청홍콩인사, 특별초청마카오인사, 특별초청인사를 포함한다. 지방정협 구성원의 유형별 설치는 기본적으로 전국정협의 형태를 참조한다.

정협 구성원의 유형별 구조 및 그것의 역사 변화에서 알 수 있는 것은 정협 구성원의 유형별 설립이 한편으로 각 유형에서 중요한 사회조직과 정치조직을 정협이라는 플랫폼 안으로 끌어들이면서 다른 한편으로 가능한 한 각 사회역량을 기존의 것이든 새로 생긴 것이든 정협의 플랫폼에서 통합하고 참정과 의정의 공간을 부여함으로써 기본 제도에서 인민이 주인임을 실현하고 보장하였다는 점이다. 정협은 권력기구가 아니다. 게다가 과거에 민주법치가 완전하기 못하였기 때문에 중국의 정치생활에서 정협기구 및 그 위원의 상징적 의의는 오랫동안 실질적 역할보다 강하였다. 그러나 협상민주가 중국 민주의 중요 형식으로 명확해짐에 따라 협상을 강조하는 것은 당과 정부의 전제와 과정으로서 정협이 갖고 있는 실질적 작용으로 점차 나타나고 있는데, 대표적인 것은 다음의 두 가지이다. 첫째는 그 이익이 매우 강한 영향력을 나타내고 있다는 점이며, 둘째는 맡고 있는 사명과 갖고 있는 직능이 국가정치과정의 작용과 영향에 대해 직접적이고 전면적이며 깊이 있는 국가권력을 갖지 않지만 오히려 정치권위를 가진 기구와 역량은 존재한다는 점이다. 이러한 변화는 민주당파와 정협이 인민민주의 가치, 제도, 조직구조의 중요한 구성부분일 뿐만 아니라 직접적으로 중국의 국가거버넌스체계의 주요 구성부분이 되어 특수하고 대체할 수 없는 역할을 발휘하는 결과를 가져왔다.


## III. 사회조직

근대 이후에 중국혁명은 현대화의 논리에서 시작하든 사회주의혁명과 건설논리에서 시작하든 간에 필연적으로 기존의 국가체계와 사회조직을 철저하게 타파하는 것을 내적 사명과 현실 임무로 여겼다. 그리고 이것은 혁명 후에 건립한 중국 현대국가체계와 사회체계 그리고 중국 전통의 국가와 사회 간에 직접적인 역사 계승성이 부족하게 만들었다. 다만 이것이 현대 중국 이전에 장기간 형성된 국가와 사회의 구성 및 그 기저에 있는 역사와 문화가 새롭게 건립한 국가와 사회에 대해 어떠한 영향도 미치지 못하였다는 것을 의미하는 것은 아니다. 그 중에서 중요한 사례가 사회조직이다.

량수밍(梁漱溟)은 『중국문화요의』에서 량치차오가 중국 전통사회는 가족을 단위로 조직된 것이라는 부분에 대해 동의하였다. 이와 동시에 서구사회와의 비교를 통해 중국은 집단생활이 결핍된 국가라는 점을 제시하였다. 이 두 가지 판단은 상호 간에 연결된 것이다. 가족의 번성은 각각의 개체가 독립적인 사회개체로 존재하기 어렵다는 것을 의미하고, 집단생활은 오히려 개체를 단위로 형성하려는 목적을 갖는 조직집합체로 볼 수 있다. 이와 동시에 가족은 생산과 생활의 조직주체를 이루며 전체적으로 사회생산과 생활의 조직에 대한 내적 요구를 충족한다. 그리하여 비가족과 비국가의 사회조직은 성장과 발전의 내적 동력을 잃게 된다. 따라서 설령 현대화 발전단계에 도달하였다 하더라도 사회조직은 중국에서 효과적으로 발전하기 어려웠다. 실제로 신중국의 성립 이전에 반식민지 반봉건 상태에 있던 중국에 현대정당 및 다양한 사회조직이 출현하였다. 그러나 이러한 사회조직은 근대 중국의 국가와 사회 전환에서 결정적인 역할을 하지 못하였다. 이 때문에 중국공산당은 신국가와 신사회를 건립하는 과정에서 전면적으로 전통 중국이 남긴 각종 봉건조직을 제거함과 동시에 근대국가의 전환기에 자생한 각종 사회조직을 제거함으로써 당의 기층조직을 기반으로 사회주의 국가와 사회체계를 형성하였다. 이러한 체계 형성 과정에서 당 조직은 기본적으로 중국 전통사회에서 기원하고 근대국가의 전환기에 형성된 각종 조직체계를 전면적으로 통합하였고, 당의 영도를 핵심으로 당 조직을 네트워크로 하고 정부조직을 줄기로 하는 국가조직과 법리체계를 형성하였다. 이 과정에서 당과 국가 밖에 있는 사회조직 역량은 기본적으로 독립적 지위와 자주적 발전 공간을 상실하였다. 따라서 개혁개방 이전의 중국의 국가와 사회거버넌스체계는 주로 당의 조직과 당이 영도하는 정부조직 및 당의 외곽조직을 이루는 각종 인민대중단체를 통해 실현되었다.

지적해야 할 점은 신중국의 국가체계 및 국가거버넌스체계의 시작부터 사회단체가 국가조직의 단위 중 하나이고 동시에 국가거버넌스의 단위 중 하나임을 인정하였다는 것이다. 『공동강령』이든 『5·4헌법』이든 사회조직을 '인민단체'의 명의로 포함하였다. '인민단체'를 이용해 사회조직을 개괄한 이유는 두 가지이다. 첫째, 개념의 지속성을 존중하기 위해서이다. 국민당 정부가 일찍이 '인민단체'를 이용해 사회조직을 개괄하였기 때문에 법률상 범주가 확정되었다. 국민당 정부는 1942년 2월에 통과된 『인민단체법』에서 '인민단체'를 세 가지로 나누었다. 그것은 직업단체, 사회단체, 정치단체다. 둘째, 국가의 인민성을 강조하기 위해서이다. 실제로 『인민단체법』은 '인민단체'가 공산주의를 주장해서는 안 된다고 규정한다. 그러나 새로운 정권은 이 때문에 이러한 개념을 부정하거나 방치하지 않았는데, 이 중요한 원인 중 하나는 마오쩌둥이 『인민민주독재를 논하다』에서 신생국가에 선명한 인민성을 명확히 부여해준 것이다. "우리의 현재 임무는 인민의 국가기관, 즉 주로 인민의 군대, 경찰, 법정을 강화함으로써 국방을 공고히 하고 인민이익을 보호하는 것이다." 따라서 중국공산당은 인민공화국의 틀 안에서 이 개념을 계속 사용하고 직접 그 선명한 정치성을 부여하였다. 『공동강령』과 『5·4헌법』에서 '인민단체'는 비록 사회조직을 대표하지만 더 이상 일반적인 사회조직이 아닌 법률적 지위와 정치적 지위를 갖고 있는 사회조직이다. 인민단체의 정치적 지위는 통일전선의 구성부분으로 구체화하고 각 민주당파와 동등한 지위를 가지며, 나아가 정협 구성원의 유형별 구조체계의 일부분을 이룬다. 이러한 정치적 지위는 법률적 지위를 직접적으로 결정하고 국가거버넌스 가운데 인민과 조직을 대표해 국가거버넌스에 참여하고 국가거버넌스이 조직기구를 감독하며, 헌법규정의 권리와 의무를 갖는다. '인민단체'는 기타 각 유형의 조직을 선택·개조·통합하는 플랫폼이자 사회조직의 유일한 합법적 조직형태로, 기타 범주의 사회조직은 독립적 발전 지위와 공간을 얻기 어렵다. 그러나 인간 사회의 속성은 본질적으로 자기 조직을 확립하려는 내적 요구를 가지기 때문에, 국가의 규정이 얼마나 구체적인지, 확정된 경계가 얼마나 분명한지를 막론하고 인간들은 온갖 방법을 다해 각종 조직과 제도의 틈 속에서 자신에게 필요한 조직을 발전시킬 수 있다. 따라서 실천 과정에서 '인민단체'는 더욱 광범위하게 기타 범주의 사회조직을 포용하기 위해 점차 공식적인 지위로 확대해간다. 그러나 법률적 지위의 유사 개념이 명확하지 않다. 예를 들면, '인민대중단체' 혹은 '대중단체'는 다소 모호한 개념을 이용하여 인민대중의 실천 과정에서 성장한 새로운 단체와 조직을 묶인한다.

개혁개방 이전의 중국은 사회조직의 국가 내 지위와 역할을 정당화하고 정치화하여 당의 통일전선과 사회공작체계에 직접 포함하였다. 이에 사람들은 이러한 인민단체를 직접적으로 당의 외곽조직으로 본다. 다른 한편으로는 끊임없이 사회조직을 당 조직과 단위조직으로 대체하였다. '문화대혁명'이 최극단일 때, '인민단체' 자체도 생존 공간을 거의 잃게 되었다. 1975년, 1978년 헌법에는 근본적으로 '인민단체'라는 개념은 물론, 심지어 '단체'라는 개념조차 없었다.

개혁개방은 중국에서 사회조직이 발전하는 전환점이었다. 먼저, 1982년 헌법에서는 인민단체의 헌법상 지위를 회복시켰을 뿐만 아니라 인민단체 외에 '사회단체'를 제시하고 이를 주개념으로 발전시켜 국가기관과 무장역량, 정당, 기업, 사업조직과 병렬적인 법정국가조직단위 중 하나로 만들었다. 이에 상응하여 '인민단체'는 '사회단체' 중의 한 유형으로 존재하게 되었다. 1982년 헌법에 근거하여 '인민단체'는 당이 통일전선을 세우고 통일전선공작을 추진하고 건설하여 연락하는 사회단체라는 것으로, 정협의 중요한 구성 부분이다. 그것은 주로 공인연합회[工會], 중국공산주의청년단[共青團], 중화전국부녀연합회[婦聯], 중국과학기술협회[科協], 중국작가협회[作協], 중화전국귀국화교연합회[僑聯], 중화전국대만동포연의회[台聯], 중국문학예술계연합회[文聯], 공상업연합회[工商聯], 중국사회과학회연합회[社科聯]를 포함한다. 1982년 헌법 서문에서는 이와 같은 맥락에서 '사회단체'를 나열하였다. "전국각 민족인민, 모든 국가기관과 무장역량, 각 정당과 각 사회단체, 각 기업사업조직은 모두 반드시 헌법을 근본으로 하는 활동준칙, 아울러 헌법 존엄의 보호와 헌법 실시를 보장하는 직책을 가지고 있다." 이에 기반하여 '사회단체'는 국가기관, 무장역량, 정당, 기업, 사업조직 이외의 단체조직의 총칭이다. 따라서 '사회단체'는 당의 영도와 국가거버넌스의 필요에 따라 건립되고 연계한 단체와 조직을 포함하는 한편, 사회대중이 자신의 의지와 필요에 의하여 법에 따라 만든 각종 사회조직을 포함한다. 1982년 헌법의 변화는 사회조직이 중국에서 전면적으로 발전하는 데 근본적인 법률 공간을 제공하였다.

그러나 1982년 헌법이 지칭한 '사회단체'의 본래 뜻은 여전히 당과 국가가 형성한 각종 단체와 조직으로, 이러한 개념을 빌려 '인민단체'가 전문화를 지향하도록 도모하였다. 그러므로 개혁개방 후에 사회대중이 자발적으로 만든 단체와 조직은 처음에 '사회단체'라고 이름을 붙이지 않고 '민간조직'이라고 이름을 붙임으로써 공식적으로 확립된 단체 및 조직과 구별하였다. 그러나 사회에서, 특히 학술계에서는 '민간조직'과 '사회조직'이 종종 혼용되었는데, 그 배후의 직접적인 동기는 '민간

조직'에 적절한 사회적 지위를 주는 것을 도모하는 것이었다. 이러한 혼
란은 오랜 기간 동안 복잡하게 얽여 있었던 당과 정부가 '민간조직' 혹
은 '사회조직'의 발전문제를 어떻게 직시하느냐의 문제와 직접적인 관
계가 있다. 1987년 13차 보고는 정치체제개혁에서 출발하였는데, 당시
당 보고에서 처음으로 사회단체와 사회조직을 논의에 올렸다. 그러나
개혁전략의 조정 등의 문제 때문에 사회주의시장경제를 시행한 후에 열
린 1997년 15차 당대회에서는 '사회단체'를 제시하지 않았으며 '사회조
직' 또는 '민간조직'이라는 단어조차 언급하지 않았다. 2002년 16차 당
대회에서는 비록 '사회조직'을 논의에 올리지 않았지만 '사회단체' 또는
'사회중계조직'이라는 두 개념을 사용하였으며, 그것의 실질적 역할과
가치를 중시하기 시작하였다. 2007년 17차 당대회에서 중국의 국가건
설은 전통적 정치·경제·문화 건설의 삼위일체 구조에 사회건설을 추
가해 '사위일체' 구조로 격상하였다. 따라서 17차 보고에서는 처음으로
사회건설 중에 사회조직의 중요한 역할을 전면적으로 긍정하였으며, 그
것의 건설과 발전이 기층 자치민주에 유리할 뿐만 아니라 사회거버넌스
에도 유리하다는 것을 강조하였다. 이로부터 '민간조직'은 사회조직으
로 철저히 규범화되었고, 전체 국가조직과 거버넌스체계에 전체적으로
포함되었다.

　　1997년 15차 당대회에서는 비록 '사회단체'를 논의에 올리지 않았
지만, 1998년에 국무원이 공포하여 새로 개정한 「사회단체등기관리조
례」에서 처음으로 '사회단체'에 대한 범주를 정하였다. 특히 '사회단체'
는 중국 국민이 자발적으로 조직한 것으로 회원 공동의 뜻을 실현하기
위해 장정에 근거하여 활동을 전개하는 비영리성 사회조직을 가리킨다.
이것은 1989년에 국무원이 공포한 「사회단체등기관리조례」와 비교하
여 중대한 변화를 담고 있다. 사회단체가 국민이 자발적으로 성립한 조

직이라는 것을 분명히 하였으며, 다른 한편으로 더 이상 단순히 사회단체를 통제한다는 시각에서 이 조례를 확정하지 않았다. 실제로 1989년의 조례는 전면적으로 개정한 1950년의 「사회단체등기관리조례」를 바탕으로 형성된 것으로, 이 두 조례는 기본적으로 여전히 사회단체를 엄격하게 관리한다는 시각에서 출발한다. 비록 1998년에 실시된, 이 조례에 대한 개정은 사회단체 관리에 대한 강조에서 완전히 벗어나지 못했지만, '사회단체'가 가진 국민의 자발성과 사회성에 대한 인정 그리고 실제로 국민의 결사자유가 가진 합법적 권리 및 사회단체가 사회 내에서 존재하고 발전할 권리를 충분히 승인하였다. 그 후에 중국의 사회조직은 커다란 발전을 하였고, 17차 당대회에서 사회건설을 제시함과 동시에 사회조직의 사회건설 내의 지위와 역할을 전면적으로 긍정하였다.

현재의 사회단체와 비교해보면, 사회조직은 이미 외연이 가장 큰 개념으로 향상되어 사회조직관리를 책임지는 민정부문 가운데 세 가지 유형, 즉 사회단체, 기금회, 민간 비기업단위를 포괄하고 있다. 2014년 말의 통계에 따르면, 현재 사회조직은 전국에 60만 6천 개가 있고, 682만 3천 명이 사회조직에 종사하고 있다. 그 중에 사회단체는 전국에 31만 개가 있다. 이 단체들은 상공서비스, 과학기술연구, 교육, 위생, 사회서비스, 문화체육, 생태환경, 법률사무, 종교, 농업 및 농촌발전, 국제 및 기타 섭외조직 등과 관련되어 있고, 전국에 4,117개의 기금회, 29만 2천 개의 민간 비기업단위가 있다.[8]

---

8    中國民政部, http://www.mca.gov.cn/article/sj/tjgb/201506/201506008324399.shtml.

## IV. 기업·사업단위

기업·사업단위는 세계 각국에 존재하는 현대국가조직이자 생산과 생활을 관리하는 기본 조직 단위로, 국가와 사회거버넌스의 중요한 요소다. 이것 자체가 가진 직접적인 사회서비스와 관리직능 이외에 기업·사업단위는 자신이 맡은 사회적 책임에서 출발하여 직·간접적으로 국가와 사회거버넌스에 참여하였다. 중국의 기업·사업단위 또한 예외가 아니다. 그러나 말 그대로 다른 국가 내부의 기업·사업단위가 다른 방식으로 국가와 사회거버넌스에 참여할 수 있는 것과 같이 중국 역시 자신만의 방식이 있다. 중국의 독특한 방식은 상당 부분에서 중국의 기업·사업단위 배후의 단위체제 및 그것이 형성한 전통에서 기인한다.

사회주의 사회를 건설하려는 내적 요구에 근거하여 신중국은 이러한 논리에 따라 신사회를 형성하였다. 즉, 그것은 개인은 원칙적으로 일정한 단위조직에 들어가고, 단위조직은 원칙적으로 당의 조직을 핵심으로 하며, 사람들에게 생산 직책을 제공함과 동시에 기본적인 생활보장을 제공한다는 것이다. 기업·사업단위 배후의 단위체제는 이로부터 형성된 것이며, 확립된 경제기초는 국가소유제와 집체소유제 및 이를 지탱하는 계획경제다. 그리고 확립된 정치적 기반은 당의 영도체제 및 계획경제에 기반하여 형성된 정부행정이 주도하는 체제다. 따라서 개혁 전의 계획경제체제하에서 기업·사업단위는 하나의 특정한 기능을 가진 단위조직인 동시에 사회조직과 사회서비스 그리고 사회관리를 직접적으로 맡고 있는 조직이다. 비록 기업·사업단위가 주로 도시에 있지만 농촌의 합법화 운동 이후, 특히 인민공사제도의 성립 이후에 농촌코뮌과 대대체제(大隊體制) 역시 일정 정도 농촌을 단위화하였다. 이는 공사체제가 하나의 생산조직체제이자 동시에 농촌 기층사회와 기층정권조

직체제이기 때문이다.[9] 개혁 전에 중국사회의 단위화는 전면적이었으며
단위조직 및 단위체제는 자연스럽게 중국 사회조직과 거버넌스의 기본
형태를 이루고 있었다.

단위체제 아래에서는 기업단위 조직이든지 사업단위 조직이든 아
니면 농촌의 공사체제하의 대대(大隊) 혹은 생산대(生産隊)든 각 개인의
생산, 생활, 사상, 심지어 가정과 가정 관계를 완전히 관리하고 개인의
응집을 집체화함과 동시에 개인에 대한 비교적 완전한 서비스와 관리를
실현하였다. 이러한 단위체제는 계획경제시대의 산물이다. 하지만 농촌
코뮌체제가 종결됨에 따라 중국은 계획경제에서 완전히 시장경제로 나
아갔으며 단위체제도 이에 따라 쇠퇴하였다. 그러나 단위체제와 공유제
그리고 당의 영도 사이에 존재하는 내적 일치성은 여전히 이어져 내려
와서 오늘날 기업·사업단위에 이르기까지 여전히 국가와 사회거버넌스
가운데 비교적 특수한 작용을 하고 있다.

개혁개방은 다방면에서 개혁 전의 단위체제에 충격을 가하였다. 먼
저 농촌코뮌의 해체가 있는데, 이에 따라 농민은 다시 생산자주권을 얻
었고 도시로 몰려들었으며 노동 시장이 만들어짐과 동시에 비단위제의
비공유제 경제조직이 배양되었다. 둘째로, 기업의 소유제 개조 및 현대
기업제도의 설립에 따라 기업은 전체적으로 기업의 본성으로 회귀하였
으며 기업과 노동자 관계 역시 계약제로 나아갔고 노동자의 사회보장은
점차 기업에서 떨어져나가 사회와 정부에 맡겨졌다. 셋째로, 기업 개혁
에 따라 전개된 사업단위 개혁 역시 점차 사업단위가 정부성 조직에서
사회공익성 조직으로 나아가도록 하였고 그 내적 기능이 날로 사회화되
어갔다. 사업단위는 사회의 공익목적을 위해 국가기관이 개최하거나 기

9    張樂天, 『告別理想, 人民公社制度硏究』(上海, 上海人民出版社, 2012).

타 조직이 국유자산을 이용해 주최하는 것으로, 교육, 과학기술, 문화, 위생 등의 환동에 종사하는 사회서비스조직이다. 마지막으로, 기업·사업단위의 운영과 발전은 정부지도를 주로 하는 것에서 정부지도와 시장규칙이 상호 결합하는 방식으로 나아갔고, 시장화 및 사회화가 더욱 선명해졌다. 단위체제의 쇠퇴에 따라 기존의 단위조직은 더 이상 전통적 반사회 단위가 아니라 날로 단위조직의 성격이 결정하는 내적 기능으로 회귀하여 시장화, 사회화의 기능성 단위조직이 되었다. 따라서 사회에 대한 조직과 거버넌스의 작용은 단위체제처럼 만능적이지 않으나 더욱 전문적이고 기능적이다.

설령 이처럼 거대한 변화가 발생하였을지라도 중국의 기업·사업단위에 대해 국가와 사회거버넌스가 갖고 있는 독특한 역할을 보아야 한다. 그 중에 중요한 두 가지가 있다. 첫째는 중국은 사회주의 국가로 공유제를 주체로 하여 사회주의 경제제도를 시행하고 기업·사업단위가 어떻게 이러한 국가의 정치와 경제제도에 서비스하든지 간에 그 기초와 운영을 보장한다는 것이다. 둘째는 중국은 중국공산당을 영도핵심으로 하는 국가로 당의 영도가 사회조직과 국가거버넌스의 기초이며 원칙이고 당의 기업·사업단위에서의 영도 지위가 중국의 기업·사업단위(기업 중에서 국유기업을 위주로)를 결정한다는 것이다. 즉, 국가의 경제생활과 사회생활의 조직과 운영을 중요하게 받쳐주는 동시에 당의 영도를 보장하고 당과 국가 그리고 사회가 국가와 사회거버넌스 과정 중에 유기적으로 상호작용하는 주요 조직과 기제를 실현하도록 촉진한다. 만약 이러한 기업·사업단위가 없다면 당의 기업·사업단위에 대한 영도도 없고 중국 정치체제의 공고화와 발전에 필요한 경제 및 정치 기반의 보장과 강화도 어렵다. 그렇기 때문에 중국공산당은 어떻게 중국의 경제, 정치, 사회체제를 변혁하든지 항상 당의 기업·사업단위에 대한 영도를 견지하고 강화하는 것을 강조하였다. 이로부터 중국은 독특한 개혁과 발전을 이루게 되었다. 즉, 거시적으로 점점 시장경제발전을 추진하는 한편 법치국가건설의 강화를 강조하고 이를 분명하게 추진하였다. 기업·사업단위의 시장화, 사회화, 현대화 개혁을 강화할수록, 당의 기업·사업단위 가운데 영도 지위와 역할 강화를 강조할수록 체제기제는 혁신을 위해 노력한다. 여기서 국유기업의 당 건설과 고등교육기관의 당 건설을 예로 설명하면 다음과 같다.

2015년 8월에 열린 제18차 3중전회의 전면적 심화개혁에 관한 요구 아래, 중공중앙과 국무원은 「국유기업개혁 심화에 대한 지도의견」을 공포하였다. 여기에서 국유기업에 대한 개혁으로 다섯 가지 원칙을 제시하였다. 그것은 기본 경제제도의 견지와 완성, 사회주의시장경제의 개혁 방향의 견지, 당의 국유기업에 대한 영도의 견지, 적극적이며 타당한 총괄 추진의 견지다. 이러한 다섯 가지 원칙 중에 사회주의시장경제의 개혁 방향은 국유기업의 전면적 시장 진출을 요구하고, 시장의 기본 발전을 따르며, 진정으로 법에 따른 자주경영과 자부영휴(自負盈虧, 손익을 자기가 책임지다), 자담풍험(自擔風險, 스스로 위험을 책임지다), 자아약속(自我約束, 의식적으로 자신을 통제하다), 자아발전의 독립적 시장 주체가 되는 것을 견지하였다. 그러나 이와 동시에 당의 국유기업에 대한 영도의 견지를 요구하는 과정에서, 「의견」에서는 "이것은 국유기업의 개혁을 심화하는 데 반드시 지켜야 하는 정치방향, 정치원칙이다. 전면적 종엄치당 방침을 관철하고, 기업의 당 조직이 정치적으로 핵심적인 역할을 충분히 발휘하며, 기업의 집단영도 건설을 강화하고, 기층의 당 건설 사업을 혁신하며, 당풍염정(黨風廉政, 당의 기풍과 청렴한 정치)의 건설을 깊이 전개하고, 성심성의껏 노동자계급에 대한 의지를 견지하며, 노동자의 합법적 권익을 보호해야 한다. 국유기업의 개혁 발전을 위해 힘있는 정치보장, 조직보장, 인재지원을 강화해야 한다."라고 제시하였다. 당의 국유기업에 대한 영두는 국유기업의 시장주체 지위에 영향을 주지 않지만, 국유기업에 대한 영도체제와 발전방향 그리고 조직의 성격은 여전히 결정적으로 작용했고, 국유기업이 진정한 시장주체가 되도록 함과 동시에 중국 경제제도에 대한 공고화와 버팀목 역할을 유지하였다. 그리고 이로부터 중국의 국가제도체계의 공고화와 운영이 효과적으로 보장되었다. 국유기업의 당 건설에 대한 고도의 중요성을 고려해 중공중앙은 즉시 그해 전문적 의견을 발표하였다. 「국유기업 개혁 심화에서 당의 영도를 견지하고 당의 건설을 강화하는 것에 대한 약간의 의견」을 통해, 국유기업의 당 건설과 국유기업의 개혁·발전 사이의 심층관계를 명확히 하였다. 「의견」에는 "당 건설과 국유기업 개혁을 동시에 도모하고, 당 조직의 영도 핵심작용, 당위원회의 정치 핵심작용, 기층 당조직의 전투작용과 당원의 선봉 모범작용을 충분히 발휘한다. 당 간부의 원칙을 견지하고, 국유기업의 영도인원을 엄격하게 선발하는 것에서부터 현대 기업제도가 요구하고 시장경쟁에 필요한 선발과 기용의 메커니즘을 확립한다. 국유기업의 당 건설 공작책임제를 엄격히 시행하여 당풍염정 건설을 위한 주체책임과 감독책임을 철저히 이행한다. 당의 영도 강화와 회사관리를 완벽하게 통일시켜 국유기업 당 조직의 회사 법인관리 구조에서의 법정지위를 명확히 한다. 국유기업 영도자의 엄격한 교육관리를 견지하고, 국유기업 영도자, 특히 주로 영도 이행 직권의 감독을 강화한다." 등의 내용이 포함되어 있다.

중국의 발전에 커다란 영향을 준 또 다른 중요한 단위조직은 대학이다. 중국의 조직체계 가운데 대학은 사업단위에 속하는데, 당과 정부 차원에서 고등교육기관은 국가건설과 발전의 전략적 플랫폼이며 과학연구 및 정치자문과 교육, 문화전승에서 중요한 역할을 발휘하고 있다. 이러한 사업단위에 관한 영도체제는 원칙상 당위원회의 영도 아래 교장책임제를 견지하고 당의 고등교육기관 업무에 대한 영도를 강조한다. 2014년 10월에 중공중앙판공청은 「보통고등학교 당위원회 영도 아래 교장책임제 견지와 완성에 관한 실시의견」을 배포하고 첫머리에 요지를 밝히면서 다음과 같이 강조하였다. "당위원회의 영도 아래 교장책임제는 중국공산당의 국가가 행하는 보통고등학교 영도에 대한 근본적 제도이고, 고등학교가 사회주의를 견지하는 학교 운영 방향의 중요한 보장이며, 반드시 조금도 동요하지 않고 장기적으로 견지하고 끊임없이 완성해야 한다." 「의견」에서는 당위원회가 학교업무를 통일적으로 영도하고 학교장이 학교행정업무를 주관하며 건전한 당위원회와 행정의 사 결정제도를 통해 당위원회와 행정관계를 배분·조정하여 당위원회의 영도 및 교장책임의 중국 대학제도 형성을 요구한다는 점을 밝히고 있다. 당위원회의 통일영도에 관하여 「의견」은 고등학교 당위원회는 학교의 영도핵심이고, 당장 등에서 규정하는 각 항의 직책을 이행하고 학교의 발전방향을 장악해 학교의 중대 문제를 결정하며, 중대 결의의 집행을 감독하고, 교장이 법에 따라 독립적으로 책임 있게 직권을 행사하도록 지지하며, 인재양성을 중심으로 각 항의 임무 완성을 보장한다는 것 또한 언급하고 있다. 그리고 이로부터 당위원회의 통일영도에 관한 10개 항의 임무 및 교장이 주최하는 학교행정업무에 관한 10개 항의 임무를 명확히 규정하였다. 당위원회의 영도 아래 교장책임제를 효과적으로 시행하기 위해 그것을 고교 내부관리의 근본 제도가 되도록 하였다. 2010년에 중국의 고등교육기관은 중국특색의 현대대학제도를 건설하기 위해 대학장정 건설 공작을 전면적으로 시작하였고, 약 5년간의 노력을 통해 2015년 6월에 교육부는 112개의 중국 중점대학의 장정을 심사비준하는 것을 완료하였다. 이 장정들은 당위원회의 영도 아래 교장

책임제를 대학의 근본 제도로 삼았다. 그리고 당위원회의 영도 아래 교장책임제는 전면적으로 각 대학의 법률로 규정된 근본 제도가 되었다.

위의 두 가지 사례의 공통점은 당의 단위조직에 대한 영도를 강화해야 한다는 점을 강조하고 이러한 영도의 제도화, 규범화, 과학화를 실현하려고 노력한다는 것이다. 이는 기업·사업단위의 건설에 직접적으로 초점을 맞추고 있지만, 이로부터 발생한 실질적 효과는 기업·사업단위에 국한된 것만은 아니다. 왜냐하면 근본적으로 이러한 강조는 기업·사업단위 자체의 조직과 운영에 대해 말하는 것일 뿐만 아니라 사회주의 사업과 국가의 장기적인 평안함을 보장하기 때문이다. 기업·사업단위에 대한 제도 설계는 기업·사업단위에서 실행하지만 출발점과 귀결점 모두 모든 국가와 사회의 건설과 발전 위에 놓인다. 이러한 시각에서 중국의 기업·사업단위는 지금까지 여전히 국가와 사회거버넌스의 중요한 요소이며 당과 정부가 반드시 장악하고 효과적으로 영도해야 하는 중요한 역량이다. 이것이 중국의 정권건설과 국가거버넌스의 독특한 점이자 중요한 점이다.

# 제11장

# 문화와 가치

국가는 인류의 위대한 작품으로 인류 실천의 산물이자 인류문화의 산물이다. 국가의 전환과 발전은 필연적으로 문화의 전환과 발전에 따른다. 세계 역사를 통해 봤을 때, 성공한 현대국가의 형성은 필연적으로 중요한 문화혁명 및 혁명 후의 문화건설을 포함하고 있다. 근대 이후에 중국 혁명과 현대국가의 형성은 정치혁명과 사회혁명 그리고 문화혁명이 상호 격동하는 가운데 전개된 것으로, 그 중에서 문화혁명은 지위와 역할에 있어서 정치혁명과 사회혁명에 추호도 손색이 없다. 중국의 사회 성격과 문화 형태, 혁명 논리는 중국 문화혁명과 문화건설의 취향과 지위, 기능, 방식을 결정한다. 문화는 인간의 생산과 생활의 필연적 산물이며, 국가는 인간의 생산과 생활을 조직하는 주요한 소재이다. 이는 국가와 사회 사이에서 시시각각 변화하고 과거, 현재, 미래 사이에서 변화하며, 물질생산, 정신생산, 제도생산 사이에서 변화하는 동시에 개인, 사회, 국가의 현재와 미래를 결정하고 있다. 현대국가건설 과정에서 문화건설이 진행되어야 할 뿐만 아니라, 더욱 중요한 것은 문화건설을 통해 개인, 사회, 국가가 직면한 생존과 발전의 기본 문제를 해결해야 한다는 것이다. 그렇기 때문에 문화건설 가운데 이데올로기의 문제와 핵심가치는 자연스럽게 두드러질 수밖에 없으며, 이로부터 문화건설은 국가건설과 국가거버넌스에 있어서 핵심문제가 된다.

## I. 문화국가와 국가문화

인간에게 생산하고 생활하는 곳이 있어야만 문화가 자연스럽게 만들어질 수 있다. 문화는 특정 공동체 내에 존재하고 있으며 모든 국가는 자신의 문화를 형성하고 발전시킬 수 있지만, 모든 국가가 문화국가라고 불리는 것은 아니다. 중국은 문화국가의 대표적 전형이다. 미국의 저명한 중국학 전문가 존 페어뱅크(John Fairbank)는 전통 중국이 "국가, 사회, 문화 삼자의 특히 비범한 통일체로," "서구의 많은 중국 연구자들은 일찍이 '중국'의 모든 실체 혹은 '중국문화'를 연구 대상으로 삼기"에 이르렀다고 말하였다.[1] 이는 서구인의 시각에서 전통국가로서의 중국이라는 존재가 큰 수준에서 하나의 문화체로 여겨지고 문화는 전체 국가와 사회를 포용하는 한편 국가와 사회는 문화체로서 세상 사람들에게 나타날 수 있음을 충분히 표명하고 있는 것이라 할 수 있다. 문화인류학자가 보기에 중국은 문화의 통합과 형성에 기반한 국가로 정치의 통합과 형성에 기반한 국가와 같지 않다.[2] 비교정치학의 시각에서 중국과 같은 이러한 문화국가는 전통적 종교국가와 다르고 현대의 민족국가와도 다르다.

---

1    費正清, 劉樽棋譯, 『偉大的中國革命』(北京: 世界知識出版社, 2001), p.9, p.12.
2    菲利克斯·格羅斯, 王建娥, 魏強譯, 『公民與國家: 民族·部族與族屬身份』(北京: 新華出版社, 2003), p.28.

전통적 종교국가와 비교하여 봤을 때, 중국은 종교역량을 통해 국가를 통합한 것이 아니라 매우 강한 사회적 기초와 현실적 통합성을 갖고 있는 문화체계로 국가를 통합한 것이다. 이 과정에서 중국은 강대한 한자체계를 형성하고 있었으며, 개인, 가정, 사회, 국가를 관통하고 천지인이 전면적으로 통하는 유가사상체계를 형성하고 있었다. 이러한 문화체계는 사회심리체계 그리고 민주정치체계와 하나로 융합되어 국가제도와 권력체계의 힘을 빌려 인간과 사회에 대한 강대한 통합력을 이루고 이로부터 사람들의 생산과 생활, 사회의 운영과 발전, 국가의 조직과 거버넌스를 부여했다. 요컨대 모든 것에 문화적 의의를 부여했다. 위잉스(餘英時)는 종교적 성격을 갖고 있지 않은 중국문화가 이렇게 강대한 통합력을 갖고 있는 이유 중 가장 근본적인 이유에 대해, 중국인의 "가치 추구의 근원적 노력은 안을 향하는 것이지 밖을 향하거나 위를 향하는 것이 아니며, 하느님(上帝)이 올 것이라는 '계시'를 기다리는 것도 아니다. 이러한 정신은 종교, 도덕, 사회 등 각 방면뿐만 아니라 예술과 문학 영역도 똑같이 지배하고 있다."고 밝혔다. 이 또한 중국이 "인문정신"을 갖고 구체적으로 실현하고 있음을 보여준다.[3] 이를 통해 볼 때, 중국은 서구사회가 경험한 종교국가 및 현존하는 그 밖의 종교국가와 완전히 다르다. 종교국가에서 현실세계는 인간이 만든 것이 아니라 하늘의 신이 만든 것이다. 모르는 것이 없고 없는 곳이 없는 하느님은 현실에 존재하는 모든 것의 근거이며, 현세의 모든 가치와 의의는 모두 하느님이 부여한 것이다. 일단 현대화에 들어서면, 문화국가와 종교국가 간의 차이는 매우 빠르게 국가건립 논리의 차이로 전환된다. 즉, 종교국가는 세속화의 과정을 겪을 수 있지만 종교는 여전히 문화의 깊은

---

3    餘英時, 『文化傳統與文化重建』(北京: 生活·讀書·新知三聯書店, 2004), pp.451-452.

단계에서 지탱되고 존재한다. 따라서 그 문화의 주체구조는 여전히 효과적으로 연장될 수 있다. 그러나 초자연적 역량이 결핍된 문화국가의 경우에 이에 동반하여 발생한 사회, 국가 및 관련 제도가 현대화 과정 중에 붕괴됨에 따라 국가에 대한 통합역량 또한 소멸될 수밖에 없다. 이러한 상황 속에서 그 모든 역량은 역사와 문화 그리고 민족정신의 관성으로부터 오게 되며, 천 년 민족의 천지에 남아 있는 풍속의 뿌리와 문화의 분위기로부터 나오게 된다.

다른 한편으로 현대 민족국가와 비교해보자면, 문화국가는 민족국가의 그것처럼 주체집단을 단위로 형성한 것이 아니라 역사가 형성한 문화공동체를 단위로 형성된다. 뿐만 아니라 단일성의 차원에서 중국과 같은 문화국가는 민족국가를 구성하는 집단과 대조적으로 다원성을 내재하고 있다. 따라서 이 과정에서 국가권력과 제도체계 이외에 역사와 문화를 기반으로 형성된 내부의 통합역량이 더욱 필요하다. 그러나 문제는 이러한 문화국가가 현대국가의 형성 과정 중에 직면하는 문화적 도전이 상당히 심각하다는 것이다. 왜냐하면 다원적 집단을 일체화된 문화전통체계로 유지하는 것은 현대화 과정 중에 겪게 되는 세속화의 문제가 아닌 점진적 쇠퇴의 문제에 봉착하기 때문이다. 따라서 더욱 중요한 문제는 역사가 형성한 문화국가의 특성이 국가가 필요로 하는 최종적 통합체계에서 여전히 문화적 통합을 떠날 수 없음을 결정한다는 점이다. 문화국가의 현대국가건설은 새로운 제도체계의 형성을 필요로 할 뿐만 아니라 이에 상응하는 새로운 문화체계의 형성을 필요로 한다. 이러한 새로운 문화체계는 문화전통 자체의 승계와 재생이 만들어낸 것이며, 반대로 반드시 국가가 모든 문화공동체를 유지하고 발전시키는 것에서부터 출발한다. 문화재건, 특히 기존 문화전통의 창조적 전환은 현대제도체계의 가치와 이데올로기, 문화전통의 융합과 재생을 더욱 지탱해준다. 전통적 종교국가가 현대국가로 나아가는 과정에서 종교개혁과 종교세속화로의 발전이 필요한 것과 같이 전통적 문화국가가 현대국가로 나아가는 것 또한 필연적으로 국가문화의 재건을 필요로 한다. 이러한 국가문화의 재건은 종교개혁과 같다. 따라서 현대국가가 필요로 하는 사상과 문화적 전제조건을 구성하는 동시에 현대국가로 효과적으로 성장하기 위해 필요한 사상과 문화적 기초를 보장해야 한다.

　　중국의 전통국가에서 현대국가로의 전환은 서구의 자본과 폭력적 충격이 일으킨 것이며 서구 현대문명이 가져온 문화위기가 일으킨 것이다. 아편전쟁 이후에 위기에 처한 국가를 구하기 위해 청말의 정부와 사회는 서구의 제도와 문화를 시험적으로 받아들이기 시작하였고, 이 과정에서 서구의 제도와 문화가 정치변혁과 결합되었다. 비록 "중체서용(中體西用, 중국의 전통을 근본으로 하고 서구의 기술을 받아들임)"의 입장은 보수적이었다 하더라도 현대문화로의 진입을 위해 중국은 창문을 열었다. 이것은 신해혁명 이후의 신문화운동을 위한 중요한 기반이 되었다. 신해혁명은 의심할 바 없는 정치혁명이지만, 거기서 시작된 민주공화는 중국에게 있어서 정치적 의의는 물론, 문화적 의의를 지니며 신문화운동의 핵심가치 중 하나가 되었다. 신해혁명 이전의 정치혁명이나 신해혁명에서 출발한 정치혁명의 변혁 과정에서 어떠한 중국 천 년의 문화전통 문제에 직면하였는가 하는 질문에서 벗어날 수 없다. 량치차오의 의견에 따르면, 5·4신문화운동의 전면적 폭발은 기대치를 벗어나 실망스러운 무질서에 빠지게 된 신해혁명 이후의 역사 과정과 관련이 있다. 그러므로 5·4신문화운동은 제도혁명 후에 더욱 노골적인 민족정신과 국민심리의 혁명을 힘써 도모하였고 "완전한 인격의 각성"을 강조했다.[4] 이로부터 왜 5·4신문화운동이 '서구화'를 추구하고 '전통'을 부정하는 급진적 방식으로 전개되었는지를 해석할 수 있을 것이다. 중국혁명의 내적 논리와 과정의 측면에서 5·4신문화운동은 의심할 바 없이 문화혁명에 대한 의의와 가치를 지니고 있지만, 국가 현대화로의 전환이 직면한 문화재건과 사회발전의 측면에서 말하자면, 그것은 오히려 중국의 현대화 발전과 문화건설을 반전통적 궤도로 끌어올린 것이다. 이러한 급진적 문화혁명은 마치 현대화 발전을 위한 길을 연 것처럼 보이나, 사실은 현대화 발전을 곤경에 처하도록 한 것이다. 이는 현대화 발전이 본질적으로 전통을 초월해야 하는 것이지 포기하거나 전통을 부정하는 것이 아니며 실질적 과정은 기존의 역사논리 가운데 전개되는 것으로 역사와 문화전통의 관계가 단절될 수 없기 때문이다. "사실상 어떤 민족도 문화전통을 완전히 버리고 다시 시작할 수 없다. 문화전통의 기반을 떠나서 변화와 새로움을 추구한 결과는 필연적으로 비극을 초래한다."[5] 중국의 경우에 향후 문화건설이 마주하는 각종 위기 및 그것이 가져오는 중국 현대화 발전에 대한 부정적 영향이 이러한 점을 충분히 설명하고 있다.

중국 근대 이후에 변혁과 혁명이 형성한 정치와 문화가 상호 격동하는 국면에서 신해혁명 이후의 국가건설은 처음부터 문화혁명과 문화건설을 국가건설의 규획에 포함되며 국가건설을 위한 전제와 기초로 받아들였다. 쑨원은 1917년부터 1919년까지 쓴 『건국방략』에서 중국인의 인식론[知行觀]을 바꾸는 "심리건설"을 국가건설의 전제로 삼고 중국인이 전통적 "지이행난(知易行難, 도리를 알기는 쉬우나 실행하기는 어렵다)"에서 나가 "행이지난(行易知難, 일을 하기는 쉽지만 그 이치를 알기는 어렵다)"의 행동철학을 확립해야만 중국이 효과적으로 현대국가건설의

---

4    梁啓超, "五十年中國進化槪論", 吳嘉勳, 李華興編, 『梁啓超選集』(上海, 上海人民出版社, 1984), p.834.

5    餘英時, 『文化傳統與文化重建』(北京: 生活·讀書·新知三聯書店, 2004), p.429.

위대한 실천을 시작할 수 있다고 보았다. 1940년에 마오쩌둥은 처음으로 미래의 국가건설 구상에 대해 체계적으로 논하였으며, 당시 신민주주의 국가는 반드시 신민주주의 정치, 경제, 문화의 3대 건설 기초하에서 확립되어야 한다고 강조하였다. 그는 "신민주주의 문화"는 "민족의 과학적 대중의 문화, 즉 인민대중의 반제국주의·반봉건 문화"이며 "중화민족의 신문화"라고 하였다. 또한 "신민주주의의 정치, 신민주주의의 경제, 신민주주의의 문화가 상호 결합한 것이 신민주주의 공화국이며, 이것이 명실상부한 중화민국, 우리가 조성해야 하는 신중국인 것이다."[6]라는 견해를 밝혔다. 5·4신문화운동의 문화주장과 비교해보면, 국가건설에서 출발하여 형성된 문화주장은 중서문화의 대립을 초월하였고, 국가 건립과 발전은 국민에 대한 내적 요구의 시작으로부터 문화건설을 구성하였다. 그렇기 때문에 중국 근대의 문화혁명은 두 가지 논리로 점점 분화되었다. 하나는 현대화와 민주화가 문화 전환에 대한 요구로 형성된 문화혁명과 건설의 논리라는 것이며, 다른 하나는 사회제도의 선택과 국가건설이 문화 재건에 대한 요구로 형성된 문화혁명과 건설의 논리라는 것이다. 전자는 인간의 독립적이고 자주적인 요구를 만족시켜 발전하는 현대화 문화에서 출발하며, 그 현실운동은 인간의 주체적 자각과 현대화 문화의 형성을 의미한다. 그리고 후자는 국가 형성에 필요한, 이데올로기 기능을 갖고 있는 국가의 신문화에서 출발하며, 그 현실운동은 인간의 사회주의 개조와 사회주의 문화의 건설을 의미한다. 이 양자 간에는 가치적 긴장감이 존재하고 있을 뿐만 아니라 문화형태적 긴장감도 존재하고 있다. 서로 다른 문화혁명과 건설에 관한 논리에서 초래된 긴장감은 중국 국가건설 실천의 모든 과정을 관철하고 있

---

6    毛澤東, "新民主主義論", 『毛澤東選集(第二卷)』(北京: 人民出版社, 1991), p.709.

으며, 현대국가의 건설을 전개해가는 구체적 과정에 직접적인 영향을 미치고 있다. 뿐만 아니라 국가 현대문화 건설이 가치 선택과 형태 구성 그리고 행동방식에도 직접적으로 영향을 미치고 있다.

중국이 현대에 들어선 이후에 문화혁명과 건설의 두 가지 논리는 상호 간에 복잡하게 얽혀왔으며, 그렇게 형성된 두 가지 역량은 곳곳에서 빈번하게 나타났다. 전체적으로 봤을 때, 국가가 안정적 정권을 갖게 되면 문화혁명과 건설에 대한 주도적 지위를 가진다. 신중국 건립 이후에 중국이 이와 같았을 뿐만 아니라 신중국 건립 전의 국민당의 통치시기에도 그러하였다. 국가의 문화혁명과 건설에 대한 주도적 지위의 실현은 두 가지 차원에서 전개된다. 첫째는 국가가 문화건설을 추진하는 것이다. 예를 들어, 학교를 창설하여 문화교육과 전파를 추진하고, 문화보급을 수행하여 국민의 소양을 제고하며, 문화 프로젝트를 확립하여 문화에 대한 시대적 이미지를 형상화한다. 이와 함께 문화교류를 확대하여 문화를 보호·확대한다. 둘째는 국가가 문화발전의 방향을 장악하는 것이다. 예를 들어, 문화의 사명과 기능을 명확히 하여 사회의 핵심가치를 추출하고 문화교육과 보급체계를 세우며 다른 문화 간의 관계를 조정하고 이데올로기의 주체지위를 공고화하는 것이다. 이렇게 문화를 기초로 하는 중국에서 국가 주도의 문화건설은 중국사회의 내적 요구이자 중국이 현대국가를 형성하는 과정에서 반드시 동반되어야 하는 것이다. 그리고 이러한 문화건설은 역사와 전통적 연원뿐만 아니라 사회제도적 규정성을 담고 있어야 한다. 그러나 현대화는 반드시 인간의 독립과 사회 자주를 현실의 기초로 삼아야 하며, 여기에서 형성된 문화혁명의 논리 또한 강대한 발전 욕구를 내포하고 있어야 한다. 이로부터 국가주도의 문화건설은 반드시 사회발전이 만든 문화의 창조역량이 충분히 균형을 이루도록 해야 하고 문화발전과 힘을 합쳐야 한다. 실천 과정을 통해 볼 때, 만약 두 가지 논리와 두 가지 역량이 균형과 조화를 이룰 방법이 없다면, 극단적 일탈을 막론하고 그 결과는 반드시 양쪽이 함께 망하게 된다. 그렇기 때문에 이는 전체적으로 국가문화의 건설과 발전에 영향을 미칠 수밖에 없다. 이러한 측면에서 '문화대혁명'은 가장 준엄하고 모진 교훈을 주고 있다.


## II. 주의와 이데올로기 그리고 가치

현대화는 인류사회의 발전이 형성한 필연적 운동으로, 파급되는 곳에 구조적 전환이 발생할 수 있으며 새로운 구조로 이전의 구조를 대체하게 된다. 이러한 전환이 곧 혁명이다. 사회를 유지하고 승계하기 위해서는 필연적으로 국가를 이루게 된다. 국가의 사명은 공공권력을 통해 인간과 자원을 특정한 질서의 범위 안에서 조합하고 인간의 생존과 발전을 보장하는 공동체를 형성하는 것이다. 인간과 자원을 특정 질서 안에서 조합한 조직체계, 가치체계와 제도체계는 국가의 생존과 발전의 내적 구조를 지탱한다. 현대화는 인간의 본질적인 변화와 형성에 기반한 역사운동이며, 이르는 곳마다 필연적으로 신구 구조의 대체, 즉 혁명을 일으킨다. 그러나 이러한 대체가 수월한 것은 아니며, 혁명의 과정에서 종종 폭력이 발생하게 된다. 폭력은 이전의 구조를 타파할 수 있지만 최종적으로 새로운 구조를 확립할 수 있는 것은 아니다. 그러므로 어떤 새로운 구조가 최종적으로 확립되기 위한 관건은 배후의 권력이 아니라 인민대중의 새로운 구조에 대한 동의와 지지이다. 실제로 국가가 스스로 정한 구조를 구성하고 유지하려는 것은 두 가지 기본 역량을 벗어날 수 없다. 하나는 강제성이고 다른 하나는 공감대이다. 강제성은 국가권력으로부터 나오며, 공감대는 대중으로부터 나온다. 그렇기 때문에 국가의 현대화 전환에서 신구 구조의 대체가 진행되어야 할 때 두 가지 추진 역량이 필요하다. 첫째는 폭력으로 기존의 강력한 체계를 파괴하는 것이며, 둘째는 주의로 기존에 동일시한 체계를 변화시키는 것이다. 주의를 기반으로 형성된 혁명운동이 가장 직접적으로 나타난 것이 문화혁명이다. 그러나 일단 국가의 전면적 전환과 정권체계의 전면적 대체로 심화되면 매우 빠르게 정치혁명 속으로 녹아들어 정치혁명의 근본적 역량이 된다. 중국과 외국 모두 예외일 수 없다. 이는 신구 구조를 대체하는 혁명의 실현이 반드시 광범위한 사회동원을 이루어 전 사회적 혁명 역량을 형성하기 때문이다. 나아가 문화혁명이 민중의 혁명 열정을 일깨울 뿐만 아니라 민중의 혁명 역량을 응집하도록 요구하기 때문이다. 문화혁명이 일으킨 진정한 정치혁명의 열기가 정치혁명과 합쳐져 나아갈 때, 문화혁명의 사명은 필연적으로 민중을 깨우치는 것에서부터 민중을 응집시키고 동원하는 혁명적 열정으로 전환된다. 이에 호응하여 문화혁명은 신속하게 혁명의 주의에 의해 주도된다. 즉, 민중 응집, 혁명 지도, 미래 계획, 가치 재건에 이용되는 사상이론과 정치주장에 의해 주도되는 것이다.

어떤 혁명도 민중의 역량을 벗어날 수 없다. 그리고 민중의 역량에 대한 의존 정도는 혁명 중의 군대의 성격과 역량을 결정한다. 군대의 역량이 혁명의 주도적 역량이 되면, 혁명은 군대의 강력한 우세에 의존할 뿐 민간의 참여와 응집에 의지하지 않는다. 반대로 군대가 혁명을 주도하는 대세가 되지 못할 경우에 혁명의 승패는 민간의 참여와 응집에 의해 직접적으로 결정된다. 쑨원은 "건국의 방법에는 두 가지가 있는데, 첫째는 군대의 역량이고, 둘째는 주의의 역량이다."라고 생각하였다.[7] 위안스카이(袁世凱)의 군인통치 실패는 중국이 군대의 역량에 의지하여 군인통치가 이룩한 건국의 길을 철저히 종결하고 반드시 새로운 길을 개척해야 한다는 것을 의미한다. 필연적으로 대체할 수 있는 것은 민중의 역량을 동원하여 혁명세력을 형성하고 민주공화정권을 세우는 것이다. 그런 까닭에 쑨원은 러시아혁명의 경험을 통해 국민당을 개조하고 국공합작을 추진하여 혁명당을 건립하였으며, 이를 통해 두 가지 방법의 유기적 통일을 도모하였다. 그가 말하길 "우리 당의 이번 개조는 소비에트 러시아를 모범으로 하여 근본적 혁명의 성공을 시도하고 당원이 군대와 협동해 분투하도록 바꾸는 것이다. 러시아는 그 때문에 열강의 침략에 저항할 수 있었고, 그때 마침 러시아혁명이 처음으로 성공해 러시아 당원은 결국 승리할 수 있었다. 그 원인은 당원이 주의를 통해 분투했기 때문이다."[8] 쑨원이 혁명의 성공 여부가 혁명당에 있다고 규정하였을 때, 중국 역시 당이 건국을 영도하고 국가를 통치하는 혁명과 국가건설의 길을 걸었다. 쑨원이 생각하기에, 이 길이 최종적으로 성공을 향해 나아갈 수 있는 관건은 당이 효과적으로 주의를 통해 대중을 동원하고 통합할 수 있는지 그리고 전체 민중과 혁명당이 일치하여 당이 영도하는 군대와 협동해나갈 수 있는지였다. 그는 "당으로 국가를 통치하는[以黨治國] 것은 당원이 모두 관료가 되어야 한다는 것이 아니다. 우리 당의 주의가 실행되고 전 국민이 모두 우리 당의 주의를 준수해야만 중국이 통치할 수 있는 것이다. 간단히 말하자면, 당으로 국가를 통치하는 것은 우리 당의 당원을 이용해 국가를 통치하는 것이 아니라 우리 당의 주의를 통해 국가를 통치하는 것이다. 여러분은 이를 매우 명확하게 판별해야 한다."라고 강조하였다. 따라서 "어떻게 당원으로 승리할 수

---

7    孫中山, "黨義戰勝與黨員奮鬥(1923年12月9日)", 『孫中山選集』(北京: 人民出版社, 2011), p.573.

8    상동, p.571.

있는가? 무릇 당원이면 책임을 져야 한다. 사람마다 모두 당을 위해 분투하고 당의 주의를 위해 선전해야 한다. 한 명의 당원이 노력하여 우리 당의 주의를 선전하면 수천 수백 명을 감화시킬 수 있다. 그 수천 수백 명도 역시 당의 주의를 위해 노력하여 선전하면 다시 수십만, 수백만 명을 감화시킬 수 있다. 이와 같이 나아가면 우리 당의 주의는 자연스럽게 전 중국 인민에게 보편화될 수 있다. 이러한 분투는 '주의로 정복하는 것'이라고 할 만하다. 주의로 정복하는 것은 인민의 심열성복(心悅誠服, 기쁘게 받아들이다)이며, 소위 '마음을 얻은 자가 백성을 얻고, 백성을 얻은 자가 나라를 얻는다'는 도리이다."[9] "전국 인민의 마음이 모두 우리 당에 의해 통일을 이루었을 때, 우리 당은 자연스럽게 전국을 통일하여 삼민주의를 시행하고 구미를 능가하는 진정한 민국을 건설할 수 있다."[10]라고 언급하였다. 이를 통해 볼 때, '주의로 정복하는 것'은 주의로 건국하고 나아가 주의로 국가를 통치하는 것이 당이 국가를 세우고 통치하는 기본 방법이라는 사실을 의미한다. 주의가 없는 기초와 역량 속에서 당이 군대를 영도할 수 없을 뿐만 아니라 더욱이 민중을 동원할 수 없으며, 당 또한 자연스럽게 신사회와 신국가를 건설하는 영도핵심이자 근본적 기둥이 될 수 없다.

따라서 혁명당이 중국의 국가전환과 국가건설의 핵심역량이 됨에 따라 당의 주의는 자연스럽게 국가문화건설의 핵심적 주제로 부상한다. 왜냐하면 전 사회와 전체 민중 속에 당의 주의를 확립해야만 전체 민중이 전통사상의 속박에서 벗어나 혁명의 새로운 사상과 목표, 노선을 인

---

9    孫中山, "人民心力爲革命成功的基礎(1923年11月25日)", 『孫中山選集』(北京: 人民出版社, 2011), pp.561-562.

10   孫中山, "在廣州中國國民黨懇親大會的演說(1923年10月15日)", 『孫中山選集』(北京: 人民出版社, 2011), p.547.

정하고, 이를 통해야만 혁명과 건설이 최종적 승리를 거둘 수 있기 때문이다. 따라서 당의 주의를 선전하는 것이 혁명운동과 국가문화건설의 근본적 방식이다. 쑨원이 말하길 "주의는 실행할 수 있은 연후에야 진정한 성공을 거둘 수 있다. 이는 오로지 선전의 힘에 의지한다. 군대가 총포로 선전하는 혁명과 당원이 주의로 선전하는 혁명은 같지만 그 성공은 같지 않다. 혁명의 성공은 살인에 의지할 수 있는 것이 아니고, 오로지 사람을 구하는 것에 의지해야만 한다. 사람을 구한다는 것은 반드시 전 국민이 자구(自救)할 수 있어야 한다는 것이고, 전 국민이 자구한다는 것은 반드시 다수의 사람이 인생의 도리를 분명히 알아야 한다는 것이다."[11]라고 말하였다. 이렇게 쑨원은 중국에서 당의 국가건설 및 국가통치라는 현대국가건설 모델을 개척함과 동시에 "혁명당-주의-선전-대중동원과 교육"이라는 혁명동원과 국가문화건설의 문화선전 행동모델을 만들어냈다. 이 두 모델은 후에 러시아혁명을 본보기로 하는 중국공산당에 의해 계승되어 최종적으로 효과적으로 발휘되었다. 중국공산당이 영도한 신민주주의혁명의 승리와 성공은 이 두 모델이 중국에 적합하고 유효하다는 점을 증명하였다.

쑨원과 달리 중국공산당은 주의의 선전과 신문화건설을 유기적으로 결합해냈다. 마르크스주의를 이용해 중국의 신문화를 만드는 동시에 신문화건설을 통해 마르크스주의를 더욱 선전해나갔다. 마오쩌둥은 이로부터 출발해 신민주주의 문화건설을 계획한 혁명문화를 인민대중에 대한 혁명의 유력한 무기로 보았다. 혁명문화는 혁명 이전에 혁명의 사상적 준비이며, 혁명 중에는 혁명의 총전선(總戰線)에서 반드시 필요하고 중요한 전선(戰線)이다. 그리고 혁명의 문화사업자는 이러한 문화전

---

11    孫中山, "黨義戰勝與黨員奮鬥(1923年12月9日)", 『孫中山選集』(北京: 人民出版社, 2011), p.574.

선상의 각급 지휘관이다. "혁명의 이론 없이 혁명의 운동이 있을 수 없다."는 표현을 통해 혁명의 문화운동이 혁명의 실천운동에 어떤 중요성을 가지고 있음을 알 수 있다. 이러한 문화운동과 실천운동에는 모두 대중이 있어야 한다.[12] 이러한 혁명의 이론은 마르크스주의로, 이는 중국의 민족적 특징, 사회실천과 유기적으로 결합해야 한다. 그리고 이렇게 해야만 진정으로 선전할 수 있고 대중을 동원할 수 있다. 이 때문에 마오쩌둥은 중국공산당이 지금까지의 사상이론의 구축원칙을 견지해야 한다고 말하였다. "반드시 마르크스주의의 보편적 진리와 중국혁명의 구체적 실천을 적절하게 통일시켜야 한다. 다시 말해 민족의 특성과 서로 결합해 일정한 민족적 형태가 나타나야 비로소 용도가 생기고, 이를 결코 주관적이고 공식적으로 응용할 수 없다. 형식적 마르크스주의자는 마르크스주의와 중국혁명에 대해 가볍게 접근하는바, 중국의 혁명대오 가운데 그들의 자리는 없다."[13] 이로부터 마오쩌둥은 주의와 이론이 어떻게 혁명동원과 선전에서 유효성을 제고할지를 해결함과 동시에 주의와 이론이 국가문화건설에서 갖는 핵심지위를 안정시켰다. 왜냐하면 마오쩌둥이 대표인 중국공산당은 레닌의 기본 이론을 인정하기 때문이다. 즉, 마르크스주의 사상이론의 기초 아래 혁명과 건설의 실천이 있어야만 "진정한 무산계급의 문화를 발전시킬 수 있다."[14]라고 생각한 것이다.

진정한 혁명당은 정권을 쟁취할 뿐만 아니라 더욱 중요하게는 혁명을 통해 신사회, 신국가를 건설한다. 혁명당이 높이 든 주의는 사회개조와 국가건설의 이론과 이상일 뿐만 아니라 마음의 지혜를 일깨우고 인간의 새로운 인생관과 세계관을 형상화하는 것으로, 하나라도 부족해서

---

12    毛澤東, "新民主主義論", 『毛澤東選集(第二卷)』(北京: 人民出版社, 1991), p.708.
13    毛澤東, "新民主主義論", 『毛澤東選集(第二卷)』(北京: 人民出版社, 1991), p.707.
14    列寧, "論無産階級文化", 『列寧選集(第四卷)』(北京: 人民出版社, 1964), p.362.

는 안 된다. 그렇지 않으면 사회 대중을 동원할 수도, 천지개벽의 혁명을 일으킬 수도 없다. 이렇게 혁명 후의 국가건설 중에 혁명당이 국가정권을 장악함에 따라 혁명에 성공한 혁명당의 주의는 당연하게도 신제도의 형성, 신발전의 지도사상 및 이론적 기반이 된다. 요컨대, 혁명당이 국가발전을 영도하는 이데올로기가 된 것이다. 마오쩌둥은 신중국의 건립 후 얼마 지나지 않아 이 점을 명확히 하였다. "우리 사업을 영도하는 핵심역량은 중국공산당이고 우리 사상을 지도하는 이론적 기초는 마르크스-레닌주의다."[15] "인민민주독재의 국가제도와 법률은 마르크스-레닌주의를 영도로 하는 사회주의 이데올로기로, 상부구조는 우리나라의 사회주의 개조의 승리와 사회주의 노동조직의 건립에 긍정적인 역할을 하였다. 그것은 사회주의의 경제기초, 즉 사회주의의 생산관계에 부합한다."[16] 이데올로기는 혁명당이 주의를 높이 들어 간단히 변화하여 나올 수 있는 것이 아니다. 왜냐하면 이데올로기는 존재할 수 있어야 작용하는 것으로 반드시 현실적 경제기초와 발전 중인 국가제도가 서로 맞아야 한다. 즉, 반드시 현실 발전의 실체적 요구와 맞아야 한다. 이는 특정 주의가 발전한 국가의 이데올로기를 결정하기 때문이자, 주의의 산물인 동시에 관념상의 발전 현실이 종합적으로 반영된 것이기 때문이다. 마오쩌둥의 말을 빌리면, 마르크스주의는 중국 건설 그리고 실천의 발전이 유기적으로 결합된 산물로, 비록 자체적으로 정신적 핵심과 이론적 기초를 가지고 있지만 관념과 사상, 이론체계가 끊임없이 풍부하게 발전한다. 중국의 발전 과정에서 당의 효과적인 영도가 국가이데올

---

15    毛澤東, "爲建設一個偉大的社會主義國家而奮鬥", 『毛澤東選集(第五卷)』(北京: 人民出版社, 1977), p.133.

16    毛澤東, "關於正確處理人民內部矛盾的問題", 『毛澤東選集(第五卷)』(北京: 人民出版社, 1977), pp.374-375.

로기 확립에 주도적인 역할을 했다는 사실은 이미 증명되었다. 이데올로기의 경직화와 교조화 그리고 오류는 직접적으로 국가의 건설과 발전에 위해하다. '문화대혁명'의 중요한 교훈과 개혁개방의 성공은 중국공산당의 사상 이데올로기의 과학성을 더욱 단련시키며 시대와 함께 발전하도록 하였다. 2000년에 들어와서 중국공산당 16대는 이러한 과학성이 당과 국가의 운명을 결정하는 것으로 보았다. "시대와 더불어 발전하는 것은 당의 모든 이론과 사업이 시대성을 나타내고 규율성을 장악하며 창조성이 풍부해야 한다는 의미이다. 시대와 더불어 발전할 수 있는지 여부가 당과 국가의 미래를 결정한다." "이래야만 당의 사상이론은 전 당과 전 인민을 인도하고 격려하여 중국특색 사회주의 사업을 끊임없이 전진하도록 할 수 있다. 실천적 기초하의 이론혁신이 사회발전과 변혁을 선도한다. 이론혁신을 통해 제도혁신, 과학기술혁신, 문화혁신 및 기타 여러 방면의 혁신을 추진하여 실천 중에 끊임없이 전진 탐색하고 영원히 자만하지 않는 것, 이것이 우리가 장기간 견지해야 하는 치당치국(治黨治國)의 길이다."[17]

당의 이론과 사업 그리고 이데올로기 건설이 시대와 더불어 발전하기 위한 동력은 사상해방 및 이로부터 발생된 전 사회의 혁신을 위한 활력이다. 개혁개방 이후의 실천은 사상해방이 실제적으로 두 가지 측면을 포함하고 있음을 보여준다. 첫 번째 측면은 이론 교조를 돌파하는 것으로, 마르크스주의 이론은 반드시 중국 발전의 실천과 유기적으로 결합해야 한다고 강조하며, 중국의 실천과 발전을 지도하고 추동하는 데 이용할 수 있는 중국화된 마르크스주의를 발전시킨다. 두 번째 측면은 지도사상에 대한 통일성이 사회관념 및 사조의 다양성과 유기적으로 통

---

17    江澤民, "全面建設小康社會, 開創中國特色社會主義事業新局面", 『十六大報告』.

일되는 것으로, 인민대중이 인류의 선진사상과 문화를 적극적으로 학습하고 흡수하는 것을 장려한다. 실천하는 가운데 과감히 이론혁신, 관념혁신, 실천혁신을 이루고 백화제방(百花齊放)과 백가쟁명(百家爭鳴)을 장려한다. 사상해방은 중국의 개혁개방과 민주정치의 발전을 전면적으로 추동하였다. 1990년대에 들어와 사상해방과 민주정치 그리고 시장경제가 유기적으로 통일되며 중국사회의 독립과 자주를 전면적으로 촉진시켰고, 이로부터 중국의 정당과 국가 그리고 사회가 혼합 일체화된 구조로 변했다. 또한 당의 영도를 핵심으로 하는 당, 국가, 사회 각자가 상대적으로 자주적이고 상호 결정하며 상부상조하는 새로운 권력구조 모델이 형성되었다. 이러한 구조모델에서는 당의 영도이든 국가권력이든 사회에 대한 역할이 일방적 행동에 국한될 수 없고 반드시 사회기초를 갖추고 이뤄지며 사회역량을 그 중의 관건적 기제로 받아들일 수 있다. 그리고 그 가운데 경제 영역의 시장기제, 민주정치 영역의 협상민주, 국가거버넌스 영역의 법치체계, 이데올로기 영역의 사회주의 핵심가치체계를 포함하게 된다. 따라서 사회주의 핵심가치체계의 건설이 제시된 것은 개혁개방 이후에 중국의 발전형태와 권력형태 그리고 거버넌스형태가 전면적으로 변화하며 나타난 필연적 산물이자, 국가가 사회의 자주독립을 승인하고 보호하는 동시에 자주독립적 사회의 효과적 통치를 유지하는 필연적 요구이다.

사회주의 핵심가치의 근본은 당 영도의 이데올로기이다. 그러나 그것이 필요한 옥토와 따뜻한 햇볕, 비와 이슬은 인류문명과 중화문화, 중국특색 사회주의가 형성한 정신과 사상, 문화에 있다. 따라서 사회주의 핵심가치체계를 구축하고 효과적으로 역할을 할 수 있을 때 이데올로기의 기능을 풍부하게 발전시킴과 동시에 국가 이데올로기의 건설과 문화건설이 중국사회의 현실과 역사 그리고 전통 속으로 돌아가 중국 문화

전통의 현대적 가치를 환기시키고, 핵심가치 건설의 기초 아래 이데올로기 건선과 국가문화 건설의 유기적 통일을 실현할 수 있다.

사회주의 핵심가치의 건설이 국가건설의 의제에 오른 기간은 길지 않다. 그리고 그것이 내포하는 역사적 의의와 시대적 가치는 짐작하기 어렵다. 먼저, 이것은 국가전환과 국가건설이 형성한 주의와 이데올로기 그리고 핵심가치를 상징하며, 비교적 뚜렷하게 각자의 역사 공간과 제도 공간에 맞게 차별적 기능과 유기적 구조 그리고 질서정연한 상호작용을 하며 중국 현대국가의 사상과 이데올로기체계를 형성하였다. 다음으로, 이것은 중국의 문화건설이 인류문명과 세계문화, 중국의 문화전통과 문화정신, 사회주의 사상과 문화체계의 세 가지 큰 측면에서 유기적으로 융합된 기초하에 전개되어 문화의 현대화를 추구할 뿐만 아니라 문화의 중국화를 추구한다는 사실을 보여준다. 마지막으로, 이것은 공민교육이 전면적으로 인간의 사회적 속성과 문화적 속성 그리고 제도적 속성으로 돌아옴으로써 사회주의 제도가 공민의 요구에 입각할 뿐만 아니라 중국의 사회, 역사, 문화 또한 공민에 대한 형상화에 입각했다는 사실을 보여준다. 또한 현대제도와 가치가 공민의 요구에 입각할 뿐만 아니라 중국의 정신과 가치 또한 공민의 자양분이라는 사실에 입각했다는 사실도 보여준다. 따라서 중국 공민의 전면적 발전을 위해서 가장 광활한 문화자원과 사상적 기초를 제공해야 할 필요가 있다.


## III. 인식론과 민족정신

인간의 자주와 해방은 현대화 발전의 역사적 전제이며 사회적 기초다. 현대 역사의 전개에 따라 인류가 만들어낸 세계정신은 중요한 혁명을 경험하였는데, 이는 인간과 세계의 전면적 이성화이다. 인간의 이성화는 인간이 자신의 발전과 실현에 기초하여 자신을 장악하는 것으로 나타나고, 세계의 이성화는 인간이 인류사회 발전의 내적 법칙에 기초하여 세계 및 그 발전을 장악하는 것으로 나타난다. 현대화 발전 그리고 인류정신의 혁명은 상생하는 것이며, 인류의 현대 역사를 상호 간에 격동시켜왔다. 이와 같은 문명의 성장과정에 대한 엥겔스의 분석은 매우 인상 깊다. "프랑스혁명에서 인간을 계몽한 위대한 인물들은 그 자체로 매우 혁명적이다. 그들은 어떤 외부의 권위도 인정하지 않았고, 이러한 권위가 어떤 것이든 관계하지 않았다. 종교, 자연관, 사회, 국가제도 모두에서 가장 냉혹한 비판을 받았다. 모든 것은 반드시 이성의 법정 앞에서 자신의 존재를 위해 변호하거나 존재하는 권리를 방치해야 하였다. 사유하고 있는 지성이 모든 것을 판단하는 유일한 척도가 되었다. 당시 헤겔이 말한 것은 세계가 거꾸로 서는 시대 (…) 과거 모든 사회형식과 국가형식, 전통관념에서 현재까지 세계가 따르는 것은 고정관념이다. 과거의 모든 것은 연민하고 경멸할 만하다. 다만 현재 따뜻한 햇빛이 비춰줄 뿐이다. 지금부터 미신, 불의, 특권, 억압은 반드시 영원한 진리를 위해, 영원한 정의를 위해 그리고 자연적 평등과 빼앗을 수 없는 인권에 기초한 바를 위해 대치되어야 한다."[18] 서구의 현대사회는 이러한 정신의 전환과정 중에 형성되어왔다. 5천 년의 역사를 가진 중국도 현대사회와 현대국가를 형성하는 과정에서 이러한 정신의 혁명적 전환과정을 겪었다. 이러한 과정에서 중국인이 재건한 것은 자신의 인생관과 세계관이며, 중화민족은 이로부터 정신적·사상적으로 환골탈태하였다. 당연히 이 과정에는 고통과 아픔이 가득하였으며 엄청난 대가와 노력이

---

18    恩格斯, "反杜林論", 『馬克思恩格斯選集(第三卷)』(北京: 人民出版社, 1995), pp.355-356.

뒤따랐다.

　전통 세계에서 중화문명은 하나이 독립적 체계일 뿐만 아니라 하나의 성숙한 체계로, 자연스럽게 성숙한 사유체계를 갖고 있으며 그 이론과 철학의 기반은 유교·도교·불교의 복합이다. 중국인은 천지자연과 사회인생을 사고하고 장악하였다. 현실에 대한 관심은 최후에 대한 관심을 넘어서기 때문에 풍부한 생활철학과 나라를 다스리고 안정시키는 철학이 발달하였고, 사물의 이치와 세간의 도에 대한 장악과 인지가 그 안에 뒤섞이면서 독립적 지식과 분석체계를 형성하지 못하였다. 여기에 서구의 사유와 근본적인 차이가 있다. 이러한 차이는 중국의 전통 사유가 현대화를 배양할 수 없을 뿐만 아니라 반드시 현대화의 과정 중에 더욱 개조되어야 하는 이유와 논거가 되었다. 신해혁명 후의 신문화운동은 중국인의 사유와 가치관을 개조하는 것을 시도한 문화혁명이다. 이 운동은 '과학'과 '민주'의 양대 깃발 아래에서 전개되었으며, 전면적으로 중국의 인생관과 역사관 그리고 세계관을 자세히 살펴보았다. 비록 이러한 운동이 매우 빠르게 더욱 긴박한 '민족구국운동' 속으로 용해되었을지라도, 여전히 근본적으로 중국인의 사상과 정신세계를 재건하는 노정을 시작한 것이다. 이는 그 이후에 전개된 역대 국가건설의 실천 모두가 사상건설을 중요 지점으로 삼았기 때문이다.

　신해혁명 후에 국가건설에 대한 첫 실천은 쑨원이 설계하고 영도하였다. 그의 '건국방략'은 '심리건설'을 돌파구로 삼았다. "국가는 국민으로 구성되고, 사람은 자신의 사상의식에 지배를 받는다. 국가의 정치는 곧 민중의 심리와 사상을 반영하는바, 건국의 근본은 민중의 심리에 있다."[19] 그가 보기에 신해혁명 후에 국가건설은 끊임없이 좌절당하였다.

---

19　孫中山, "建國方略(1917-1919)", 『孫中山選集』(北京: 人民出版社, 2011), p.184.

한 가지 일도 성사되지 못한 데에는 각종 원인이 있겠지만, 관건은 모든 민족과 사회의 '사상오류'이다. '사상오류'가 있다면 국가건설도 어떻게 말해볼 도리가 없다. 쑨원이 봤을 때, 이러한 '사상오류'는 단순히 관념과 주장의 오류가 아니라 모든 민족의 사유방식 및 그것이 결정하는 행동방식의 잘못이다. "사상오류는 무엇 때문인가? 즉, '도리를 이해하는 것은 어렵지 않지만 실제로 행하는 것은 어렵기 때문'이다. 이 말은 푸위에(傅說)가 우딩(武丁)에 대해 한 이야기에서 시작된 것으로, 수천 년 동안 중국인의 마음속에 깊이 파고들었기 때문에[20] 이미 견고하여 깰수 없게 되었다. 따라서 나의 건설계획은 일일이 다 이 말로부터 단념되었다."[21] "무릇 중국의 근대가 오랫동안 쇠퇴해 죽음을 기다리는 것과 같은 이유는 '도리를 이해하는 것은 어렵지 않지만 실제로 행하는 것은 어렵다'는 일설이 잘못되었기 때문이다. 이러한 잘못된 일설이 학자들의 마음속에 자리 잡았고, 학자들은 이를 대중에 전했다. '이해하기는 쉬우나 행하기는 어렵다(知易行難)'는 것을 '이해하기는 어려우나 행하기는 쉽다(知難行易)'로 고쳐야 한다. 나는 이를 강조한다. 중국의 만사가 부패한 이유는 사상이 잘못되었기 때문이다. 따라서 중국인은 사상적으로 거대한 개혁이 필요하다. 내가 강조한 바대로 한다면 어떤 일이든 완수할 수 있다.[22] 그 이유는 '행함으로써 이해할 수 있고, 이해할 수 있기 때문에 행할 수 있는 것'이기 때문이다." 이는 인류의 지식과 문명이 진보하는 이치일 뿐만 아니라 현대과학과 국가건설의 이치이다. "인식에서 행동으로, 행동에서 인식으로 상호 전환하는 것을 끊임없이 반복하면 인간의 지식은 끊임없이 진화하고 발전하며, 이를 통해 인류 문

---

20    孫中山, "建國方略(1917-1919)", 『孫中山選集』(北京: 人民出版社, 2011), p.121.
21    상동, pp.166-167.
22    孫中山, "宣傳造成群力(1923.12.30.)", 『孫中山選集』(北京: 人民出版社, 2011), p.591.

명도 끊임없이 발전해 나갈 수 있다"[23] 따라서 쑨원은 만약 모든 국민의 심리구조와 행위방식이 "이해하기는 어려우나 행하기는 쉽다"는 인식으로 전환될 수 있다면 중국의 민족심리와 정신구조는 행동을 중시하고 용감히 개척하는 적극적 창조와 진취적 방향으로 바뀔 수 있으며, 따라서 '삼민주의'와 '건국방략'을 효과적으로 시행하고 실천하여 중국의 현대국가건설을 추진할 수 있다고 생각하였다. 그렇지만 쑨원의 국가건설에 대한 실천은 결국 성공을 거두지 못하였다. 문제는 '심리건설'과 모든 '건국방략'상에서 나온 것이 아니라 당시에 국가건설을 영도한 국민당 조직의 무능력과 정치부패에서 나왔기 때문이다.

그리하여 중국은 제2차 국가건설에 대한 노력을 진행하였는데, 그 영도역량은 중국공산당이었다. 중국의 신사회, 신국가 건설 방안은 마르크스주의 이론과 중국의 사회발전 간에 유기적 결합으로 형성된 것이다. 그러므로 중국혁명과 건설을 추진하는 관건은 마르크스주의의 지도지위를 확립하고 견지하는 것뿐만 아니라 그것과 중국의 사회발전을 유기적으로 결합해내는 창조적 탐색과 실천을 진행하는 것이었다. 혁명의 실천과 탐색을 통해 중국공산당은 반드시 전 당이 새로운 세계관과 방법론을 확립해야 한다는 점을 분명하게 인식하였다. 1941년에 마오쩌둥은 옌안에서 전체 당 범위의 마르크스-레닌주의 교육운동, 즉 옌안정풍운동을 호소하고 전개하였다. 그 핵심적 사명은 마르크스-레닌주의의 기본 원리와 중국혁명의 실질적 상호 결합을 어떻게 해결할 수 있는가였다. 마오쩌둥이 생각하기에 문제해결의 답은 마르크스주의 자체에 있었다. 이는 마르크스주의가 "사람들을 간곡하게 타이르는 하나의 기본 원칙은 이론과 실제의 통일"이기 때문이다.[24] 이러한 원칙에서 어긋

---

23    孫中山, "建國方略(1917-1919)", 『孫中山選集』(北京: 人民出版社, 2011), p.168.
24    毛澤東, "改造我們的學習", 『毛澤東選集(第三卷)』(北京: 人民出版社, 1991), p.798.

나면, 이론은 필연적으로 실제를 벗어나게 된다. 이는 교조주의, 교과서주의에 빠지는 것이 아니라 주관주의에 빠지기 때문이다. 이로부터 마오쩌둥은 중국공산당이 반드시 객관적 세계를 개조하는 과정에서, "자신의 주관적 세계와 인식능력 그리고 주관적 세계와 객관적 세계의 관계를 개조"해야 한다고 생각하였다. 이렇게 해야만 "세계와 중국의 암흑면을 통째로 뒤집어 미증유의 광명세계가 되도록 전환"시킬 수 있기 때문이다. 마오쩌둥이 제시한 주관적 세계를 개조하는 절차와 방법은 "실천을 통해 진리를 발견하고 실증하며 발전시키는 것이다. 능동적으로 감성적 인식에서 이성적 인식으로 발전시키며 이성적 인식으로부터 혁명실천을 지도하고, 주관적 세계와 객관적 세계를 개조한다. 실천, 인식, 재실천, 재인식을 무한하게 끊임없이 반복하면 그 내용은 더욱 높은 수준에 들어서게 된다. 이것이 변증법적 유물론의 전체 인식론이며 지행통일관(知行統一觀)이다."[25] 이것이 마오쩌둥이 저술한 『실천론』에서 제시한 답이다. 이 저술의 부제는 "인식과 실천의 관계—지(知)와 행(行)의 관계를 논하다"이다. 마오쩌둥과 쑨원은 똑같이 지와 행의 관계에 관심을 갖고 지행관계를 잘 만들어나가는 것이 혁명과 건설의 성공을 보장하는 관건이라고 간주하였다. 다른 점은 마오쩌둥이 더욱 핵심적인 현대 인식론적 측면에서 이러한 문제를 파악한 것이다. 따라서 그는 사람들의 지와 행에 대한 전통관념을 간단하게 변화시켜야 한다는 것이 아니라 역사적 유물주의와 변증법적 유물주의를 기본으로 하는 과학적 인식론을 만들어야 한다고 하였다. 이러한 신인식론의 형성은 마르크스주의를 중국사회와 중화문명 속에 확립시키기 위한 중요한 철학적 기초와 사상적 기초를 다졌을 뿐만 아니라 신중국이 과학적 국가건

---

25    毛澤東, "實踐論", 『毛澤東選集(第一卷)』(北京: 人民出版社, 1991), pp.296-297.

설 전략을 세우도록 완전히 새로운 세계관과 방법론을 제공하였다. 중국의 정신과 사회의 면모는 이러한 신인식론의 확립과 운용 때문에 "온통 새롭게 되었다."

마오쩌둥을 핵심으로 하는 중국공산당은 『실천론』의 정신에 기반하여 중국의 국정에 적합한 혁명의 길을 탐색하였고 신민주주의혁명을 성공적으로 완수해 사회주의 신중국을 세웠다. 그러나 무엇이 사회주의인지 그리고 어떻게 중국에서 사회주의를 건설할지의 문제에 있어서 마르크스주의의 기본 이론을 벗어났을 뿐만 아니라 중국 사회발전의 실제를 벗어났기 때문에 전략과 방략상에서 오류가 나타났고, 그 결과는 사회주의 현대화 건설의 좌절을 초래했다. 이로 인해 국가와 인민은 '문화대혁명'의 큰 재난을 겪게 되었다. '문화대혁명'이 끝난 후인 1978년에 중국은 제3차 국가건설의 시기를 맞이하였으며, 총 설계사는 덩샤오핑이었다. 덩샤오핑이 생각하기에 국가의 진보와 발전은 결정적으로 인민의 적극성과 주체성 그리고 창조성에 있었다. 인민을 충분히 동원하고 개혁과 발전의 대격식을 만드는 데 있어서의 관건은 전면적 사상해방, 각종 사상의 속박을 타파하는 것이다. 이를 위해서 그는 "진리표준"에 대한 토론의 도움을 빌어 "실천이 진리를 검사하는 유일한 표준"이라는 판단을 명확히 하고 모든 이론은 실천적 검증을 통해야 하고 실천이 진정한 앎을 창조하는 유일한 경로라는 것을 강조하였다. 그는 "하나의 정당, 하나의 국가, 하나의 민족 등 모든 것이 만약 책에서 출발해 사상이 경직되고 미신이 성행하게 되면 그것은 전진할 수 없고 그것의 생명력도 멈추게 되어 당이 망하고 국가가 망할 것이다. 이것은 마오쩌둥 동지가 정풍운동 속에서 반복하여 강조하였던 것이다. 사상이 해방되고 실사구시(實事求是)가 견지되는 등 모든 것이 실제에서 출발하여 이론과 연계되어야만 우리의 사회주의 현대화 건설이 순조롭게 진행될 수 있으며 우리 당의 마르크스-레닌주의, 마오쩌둥 사상의 이론도 순조롭게 발전한다."고 제시하였다.[26] 그런 까닭에 그는 '실사구시'를 중국의 개혁개방과 현대화 건설의 사상원칙과 정신의 핵심으로 여겼다. "실사구시는 무산계급 세계관의 기초이며 마르크스주의의 사상적 기초이다. 과거에 우리가 혁명을 하면서 얻은 모든 승리는 실사구시에 의지한 것이다. 현재 우리가 실현해야 하는 4대 현대화도 똑같이 실사구시에 의지해야 한다. 중앙, 성위원회, 지방위원회, 현위원회, 공사 당위원회, 즉 공장, 기관, 학교, 상점, 생산대조차도 실사구시를 해야 하고 사상해방을 해야 하며 머리를 써서 문제를 생각하고 일 처리를 해야 한다."[27] 그리고 그 후의 개혁개방은 '실사구시'가 갖고 있는 무한한 가치와 역량을 충분히 증명하였다. 17차 당대회에서는 근 30년의 개혁이 이룩한 성과를 종결할 때 "개혁개방 이후에 우리가 성과와 진보를 이룩할 수 있었던 근본 원인은 '중국특색 사회주의의 길을 개척하고 중국특색 사회주의의 이론체계를 형성하였다는 것이다.' 중국특색 사회주의의 길이 정확하고 중국의 발전진보를 일으킬 수 있었던 핵심은 우리가 과학적 사회주의의 기본 원칙을 견지하고 우리나라의 실제와 시대적 특색에 근거하여 선명한 중국특색을 부여하였다는 데 있다."라고 제시하였다.

신해혁명 이후의 중국 국가건설의 실천과 지행관계의 과학적 처리는 줄곧 중국 발전의 사상적 기초와 행동의 전제로 구성되어 추진되어 왔다. 지와 행은 현대철학체계에서 인식론의 문제에 속한다. 이는 중국의 문화체계 가운데 인생관과 세계관의 핵심이며, 중국의 사상과 문화의 형성 그리고 발전에 대하여 근본적 의미를 갖고 있다. 장다이녠(張岱

---

26  鄧小平, "解放思想, 實事求是, 團結一致向前看", 『鄧小平文選(第二卷)』(北京: 人民出版社, 1994), p.143.

27  상동.

年)은 "중국철학은 인생을 가장 중시한다. 그러나 사람을 알려고[知人] 사유하면 하늘을 알지 못할 수 없고, 따라서 우주에 이른다."라고 언급하였다.[28] 그러나 지의 문제에 있어서 중국의 각 사상가들은 "지와 행은 밀접한 관계가 있고, 이것은 실제로 중국철학의 기본 경향"이라고 여겼다.[29] 따라서 지행관은 중국문화와 민족정신 속에 주입된 정신적 기본요소이며, 이로부터 중국 사회와 국가가 형성되었고, 중국 전통정신과 문화가 확립되었다. 전통사회가 현대화로 진입할 때 민족정신과 문화의 창조적 개조를 같이 경험한다. 중국의 전통문화도 이러한 과정을 겪을 필요가 있다. 앞서 분석한 이러한 과정에 문화혁명의 이중논리가 동시에 작용하였다. 상대적으로, 국가건설이 형성한 문화혁명의 논리는 더욱 근본적이고 직접적인 역할을 맡았다. 그것은 국가가 문화혁명 속에서 강대한 이데올로기와 정치적 주도력을 갖는 것이 아니라 국가가 문화혁명과 국가건설을 효과적이고 유기적으로 통일시키는 것으로 드러난다. 중국은 국가건설의 요구에서 출발해 중국 민중사상의 현대성을 파악하고 중국문화와 민족정신의 현대적 전환을 자신의 철학과 정신의 범위 안에서 전개하며 천 년의 문화와 민족정신의 본체를 벗어나지 않았다. 이것은 중화민족이 전면적으로 다시 굴기할 수 있는 핵심의 근원이다. 즉, 오늘날 모든 국가사상과 행동원칙을 지탱해주는 '실사구시'의 관점에서 보면, 마르크스주의 이론은 중국의 실천적 산물인 반면, 중국의 지행관념은 자아발전과 탐색의 산물이다. "중국의 전통철학이 제창한 조화와 전체, 직관, 관계 그리고 실용을 중시하는 것을 특색으로 하는 사유방식은 명대 말까지 의심을 받기 시작해 명청 교체기에 재고찰을 통해 청대에 일변"하면서 일종의 유물주의 학술사조가 생기게 하였

---

28    張岱年, 『中國哲學大綱』(北京: 中國社會科學出版社, 1982), p.495.
29    상동, p.477.

다. "이러한 유물주의가 보기에 이(理)와 기(氣)는 모두 실재하고, 이(理)가 기(氣)에 깃들어 있다. 사물은 체계의 질서를 아는데, 이는 마음에 있는 것이 아니라 물질에 있다. 그러므로 이것을 추구하는 도는 오로지 사물에 대한 관찰과 분석을 통한 것이다. 이러한 인식은 일종의 직관주의를 완전히 부정하는 사유방식을 만들었다. 즉, '실사구시'를 말한다."[30] 이로써 국가전환의 과정에서 문화혁명이 형성한 이데올로기의 선택은 중국의 국가전환과 건설의 요구를 고려하였으며, 중국 발전의 실제와 유기적 결합을 강조했다는 사실을 알 수 있다. 따라서 객관적으로 이데올로기의 형성과 중국문화의 현대화 전환이 유기적으로 통일되게 하였으며, 그 발판을 중국문화의 내적 요인의 구조적 개조, 즉 지행구조의 현대적 전환에 의하여 세우게 되었다. 비록 인간의 자주에 기초한 것과 사회 독립이 형성한 문화혁명의 경로가 달라 상호 간에 필연적으로 모종의 긴장관계가 존재할지라도, 천 년 전통국가의 현대화 전환에서 보자면 이러한 문화혁명은 전체적으로 문화전환의 전체성과 유효성을 보장하였다. 문화를 가지고 있다는 것은 현대화 전환뿐만 아니라 국가의 건설과 발전을 효과적으로 지탱한다. 중국의 문화혁명은 두 가지 문화혁명의 논리 가운데 문화급진주의를 통해 얻은 것이 진보와 발전이 아님을 밝히고 있다.


## IV. 사상교육과 공민 만들기

정치학 범주에서 '사상교육'과 '교육'은 두 가지 개념이다. 교육은 인간

---

30    張岱年·程宜山, 『中國文化論爭』(北京: 中國人民大學出版社, 2006), p.191.

의 발전과 집단의 연속에서 출발한 것으로, 지식의 전파와 정신의 형상
회에 관심을 갖는다. 사상교육은 정권과 제도의 창출에 대한 민중의 공
감대로부터 출발한 것으로, 신념, 가치, 정체성에 관심을 갖는다. 모든
국가와 정권이 교육을 중시할 수 있는 것은 아니지만, 거의 모든 국가
와 정권은 사상교육으로부터 떨어질 수 없다. 왜냐하면 그것은 국가 일
체화와 정권 공고화의 전제이자 기초이기 때문이다. 사상교육은 교육에
포함될 수 있고, 일종의 통치방식과 수단으로 민중과 사회에 직접적으
로 작용한다. 중국 전통사회는 고도로 교육을 중시하는 사회였으며, 제
도화된 관리전형체계를 통해 지식교육과 사상교육을 하나로 융합하였
고, 이로부터 중국 전통국가 통치체계의 장기간 존속을 위해 효과적인
사상과 문화를 제공하였다.

추상적 의미에서 사상교육의 사명은 일정한 제도체계하에 국가제
도에 적응하고 동일시하는 사회구성원을 양성하거나 제도를 공고화하
는 사회기초로서 제도와 정권의 권위를 증강시키는 것이다. 이것은 인
류가 국가를 설립한 이후 지속적으로 따르는 고금의 일반적 법칙이며,
서구의 플라톤과 아리스토텔레스뿐만 아니라 동방의 공자, 노자도 각자
의 입장에서 출발해 사상교화와 정권 공고화의 관계를 연구하였다. 따
라서 사상교육은 일종의 정치적 문제로 볼 수 있다. 정치문제로서의 사
상교육 기제는 선전과 교화이며, 그 자원은 문화와 종교, 이데올로기이
다. 중국은 종교국가가 아니다. 따라서 사상교육에서 문화와 이데올로
기가 매우 중요하다. 전통국가 통치체계가 유가사상을 핵심으로 하는
이데올로기를 선택함에 따라 중국 전통사회는 문화전통과 유가사상이
상호 간에 만들어낸 구조를 형성하였다. 이러한 구조하에서 문화와 이
데올로기는 점차 융합되어갔다. 이로부터 중국은 전통국가에서 현대국
가로 들어서는 과정에서 필연적으로 문화 재건과 이데올로기 재건의 문

제에 직면하였다. 그러나 현대화의 배경하에 문화 재건의 주체와 논리에는 국가주체와 국가논리 이외에 사회주체와 사회논리도 포함되어 있다. 따라서 국가정권의 필요로부터 형성된 이데올로기의 재건은 사회역량으로부터 나온 문화 정체성과 문화적 지탱 문제를 어떻게 이겨낼지의 문제를 불가피하게 겪어야 한다. 이렇게 현대국가건설의 과정 속에서 이데올로기의 구성과 문화 재건 과정에 존재하는 국가와 사회 간의 긴장관계는 이데올로기의 형성과 문화발전 간의 긴장관계로 변화한다. 이러한 긴장관계를 잘 처리하려면 매우 훌륭한 이데올로기 형성 전략이 필요할 뿐만 아니라 매우 훌륭한 문화발전 전략도 필요하다. 실천이 보여주듯이 신생국가의 정권이 정권과 제도를 공고화하고자 이데올로기 재건을 진행할 때, 이데올로기의 형성은 주도적 지위에 위치할 수 있으며 문화건설을 이데올로기 건설의 범주에 넣기도 한다. 이러한 방법이 비록 이데올로기의 형성과 문화 재건 간의 긴장을 효과적으로 제거할 수 있을지라도, 장기적 안목에서 보면 이데올로기가 사상교육에서 문화 지탱의 기반과 공간을 확보하는 것을 약화시켰다. 중국 현대국가건설은 이러한 과정을 경험하였고 비교적 독특한 사상교육과 공민 만들기 체계를 형성하였다.

중국이 공민 만들기에 사용하는 사상교육에는 주로 양대 체계가 있다. 첫째는 선전체계이고, 둘째는 교육체계이다. 선전체계는 선전공작체계를 핵심으로 하여 당내의 선전교육공작체계와 매체의 전파체계를 통해 완성된다. 교육체계는 초등학교에서부터 대학교의 국민교육체계 및 학교 내부의 정치이론 수업과 전문적 사상정치공작체계를 통해 완성된다. 당의 영도는 항상 당의 교육사업에 대한 영도를 포함하고 있고, 당위원회는 각 분야 및 각급 학교의 영도핵심으로 사상공작의 임무를 맡고 있다. 따라서 학교교육에서 공민을 만드는 선전체계와 교육체계는 상호 융합되어 있으며, 선전체계는 학교교육체계의 도움을 받아 더욱 큰 효과를 발휘한다. 보다시피 공민 만들기에서 선전이 일으키는 역할은 광범위하고 지속적이며 철저하다. 그 실제 효용은 한편으로 선전 자체가 갖고 있는 권력과 관계가 있고, 다른 한편으로는 선전이 갖고 있는 영향력과 관계가 있다.

이 두 가지 체계는 건국 후에 만들어진 것이 아니다. 당이 군대를 만들고 근거지를 개척하였을 때 이 두 가지 체계를 건립하고 발전시키기 시작하였으며, 당이 인민과 군대를 영도해 혁명의 승리를 얻는 데 중요한 체계와 공작 방식으로 보았다. 따라서 중국공산당은 신사회와 신국가의 건설을 계획하는 과정 속에서 항상 사상문화건설을 국가건설의 중요한 내용으로 삼고, 그것을 정치·경제건설과 동등하게 중시했다. 신중국의 『공동강령』을 만들어 신중국의 문화교육과 공민 만들기 정책과 방향을 전문적으로 명확하게 하였다. 중화인민공화국의 문화교육은 신민주주의, 즉 민족적·학문적·대중적 문화교육이다. 인민정부의 문화교육사업은 인민의 문화 수준 제고와 국가건설을 위한 인재 양성이 임무이다. 또한 봉건적·매판적·파시스트주의적 사상을 숙청하며 인민을 위해 봉사하는 사상을 주요 임무로 발전시켜야 하였다. 조국 사랑, 인민 사랑, 노동 사랑, 과학 사랑, 공공재물 사랑을 중화인민공화국의 전체 국민의 공통된 덕목으로 제창해야 하였다. 따라서 신중국의 건립 후에 전통사회혹은 국민당이 만든 선전교육체계를 전면적으로 타파하는 과정에서 중국공산당은 매우 빠르게 자신의 선전체계와 교육체계를 세웠다.

건국에서 현재까지 공민을 만드는 데 사용한 선전체계와 교육체계는 정권을 공고화하는 이데올로기의 형성, 전체 민중의 사회주의 사상으로의 개조, 사회주의 사업의 후계자 양성, 공민의 핵심 가치관의 형성을 둘러싸고 전개되었다. 각 시기의 핵심 임무는 달랐지만, 기본적으로 해당 기간에 국가건설과 발전이 직면한 사업의 중심에 딱 맞았다. 모든 역사적 발전 과정에서 보면, 당과 국가의 민중에 대한 선전과 교육은 점점 당 중심에서 국가 중심으로 변화하였다. 가장 명확한 점은 공민 만들기가 사회주의 제도의 공고화로부터 출발하는 것에서 점차 국가건설과 거버넌스로부터 출발하는 것으로 바뀌었다는 것이다. 사회주의 후계자의 양성이라는 관점에서 공민을 만들지 않고, 국가의 공민으로서 반드시 가져야 할 정체성, 신념, 가치로부터 출발해 공민을 만든다. 이로부터 사회주의 핵심가치가 공민을 만드는 선전과 교육의 핵심내용으로 업그레이드 되었다. 그렇지만 선전과 교육이 공민 만들기에서 원래 추구하던 목표를 의미하는 것은 아니며 오늘날 완전히 대체될 수 있다. 왜냐하면 사회주의의 핵심가치는 국가, 사회, 개인의 세 가지 측면을 포함하기 때문이다. 국가 측면의 핵심가치는 부강, 민주, 문명, 조화이며, 사회 측면의 핵심가치는 자유, 평등, 공정, 법치이고, 개인 측면의 핵심가치는 애국, 경업(敬業, 자신이 맡은 일에 책임을 다하다), 성실[誠信], 친절[友善]이다. 이러한 세 가지 측면의 핵심가치는 모두 직접적으로 국가정권과 사회주의 제도의 공고화 그리고 사회주의 후계자의 양성에 이바지한다. 사회주의의 핵심가치를 둘러싸고 전개된 선전과 교육은 더욱 직접적으로 국가와 공민의 관계로부터 출발하기 때문에 상대적으로 좀 더 우월해야 하며 동시에 공민과 함께 성장한다는 실질적 요구에도 가까워져야 한다. 이러한 변화가 만든 직접적인 효과는 국가의 핵심가치와 이데올로기의 형성 중에 국가가 자신의 역량에 의지하는 것 이외에도 사회와의 효과적 상호작용을 통해 사회운동과 발전 논리를 기반으로 전개된 문화건설의 역량까지 힘을 빌릴 수 있다는 점이다.

　　사상교육과 공민 만들기는 본질적으로 국가행위이며, 그 배후에는 국가의지 및 국가제도의 공민에 대한 규범이 있다. 그러나 사상교육과 공민 만들기를 막론하고 그 대상에는 먼저 자연인이 있다. 즉, 특정한 사회, 역사, 문화 속에서 생존하고 발전한 자연인의 관념과 사상의 원판은 그가 속한 민족 혹은 사회의 문화적 근본 요소와 문화전통이다. 사상교육과 공민 만들기로부터 어느 정도 이러한 문화적 근본 요소와 문화전통을 비추어볼 수 있다. 즉 표현 형식과 사업 방식을 직접적으로 결정하고 있으며, 영향력과 삼투력을 결정하게 된다. 이러한 측면에서 전통 중국이 형성한 "수제치평(修齊治平, 수신, 제가, 치국, 평천하)"과 "안으로는 성인의 재덕(才德)이 있고 밖으로는 왕도를 시행한다[內聖外王]."는 인생 성장과 수련의 패턴은 국가 이데올로기와 민중이 축적한 문화적 근본 요소와 문화전통을 효과적으로 통일시켜 각 개인의 생활과 인생에 공통적으로 스며 들어간다. 그러나 문제는 중국의 현대화 과정에서 문화전통을 초월하거나 정치혁명 및 사회혁명을 통해 전통문화를 타파하려고 시도하고, 더 나아가 문화전통을 조작하려는 과정이다. 이로부터 현대적 사상교육과 공민 만들기는 민중의 문화적 근본 요소와 문화전통이 모호화·취약화된 기초 위에서 전개되었고 효과적인 문화 분위기의 호응과 문화역량의 지지를 받기 어려웠다. 이에 사상교육과 공민 만들기는 끊임없이 자신의 역량과 영향력의 확대를 통해 합당한 효과를 냈다. 이러한 확대는 비록 일정한 효용이 있었지만 그것이 가져오는 부작용 또한 컸고, 가장 직접적인 결과는 교육자로부터 선전교육에 대한 반대심리와 배척정서를 받은 것이었다.

객관적으로 봤을 때, 중국은 사회주의 현대국가를 건설하는 과정에서 사상교육과 공민 만들기를 매우 중시하였다. 일정한 시간 동안 선전과 사상교육은 효과적인 사상주입을 실현하기 위해 개인사상과 정신 만들기에서 문화전통의 역할과 영향을 직접적으로 부정하였다. 실천을 통해 봤을 때 그 효과는 정반대가 되었고, 그것이 애초의 목적에 도달하

지 못하였을 뿐만 아니라 사상교육과 공민 만들기가 의존하는 문화자원
이 약화되기까지 하였다. 오늘날 나날이 독립적으로 변모하는 자주 개체
에 직면해 사상교육과 공민 만들기는 점점 각각의 사회개체의 생활과 성
장이 가진 문화 배경과 문화 기초에 의존하게 되었다. 따라서 역사의 발
전 또한 원래의 기점으로 돌아갔다. 즉, 사상교육과 공민 만들기는 반드
시 중국 민중의 정신적 문화전통 및 그것이 형성한 문화자원을 재차 회복
해 자양분을 공급해야 한다. 이러한 역사적 윤회를 전개하기 위해 시진핑
이 발표한 체계적 논술을 인용해 볼 필요가 있다.

　"사회주의의 핵심 가치관을 배양하고 선양하는 것은 반드시 중화
의 우수한 전통문화에 입각해야 한다. 견고한 핵심 가치관은 그 고유한
근본을 가지고 있다. 전통을 포기하고 근본을 잃어버리는 것은 자신의
정신적 명맥을 절단하는 것이나 다름없다. 사상적 학식이 넓고 심오한
중화의 우수한 전통문화는 우리가 세계문화의 격동 속에서 입지를 굳힌
근원이다. 중화문화는 역사가 유구하여 중화민족의 가장 심층의 정신적
추구를 장기간 축적하고 있고, 중화민족의 독특한 정신적 상징을 대표
하고 있으며, 중화민족의 끊임없는 성장과 번성, 장대한 발전을 위해 풍
성한 자양분을 제공하였다. 중화전통의 미덕은 중화문화의 정수이며 풍
부한 사상도덕 자원을 포함하고 있다. 본연을 잊지 않아야만 미래를 개
척할 수 있고, 계승을 잘해야만 혁신을 더 잘할 수 있다. 역사문화에 관
한, 특히 선조들이 전승해 내려온 가치 이념과 도덕규범이라는 옛 문화
유산을 오늘의 현실에 맞게 받아들이고 옛것에서 가치 없는 것은 버리
고 좋은 것을 찾아내 새로운 방향으로 발전시키는 것을 견지하며, 감별
하여 상황에 대처하고, 선별적으로 계승하며, 중화민족이 만든 모든 정
신적 재산을 문화인으로서, 교양인으로서 노력해 사용해야 한다. 중화
민족의 우수한 전통문화의 역사적 연원, 발전 맥락, 기본적으로 나아갈

길을 분명하게 말해야 하고, 중화문화의 독특한 창조성, 가치이념, 선명한 특색, 증강하는 문화적 자신감, 가치관의 자신감을 분명하게 말해야 한다. 중화민족의 우수한 전통문화의 사상적 정화와 도덕적 정수를 진지하게 흡수하여야 하고, 애국주의를 핵심으로 하는 민족정신과 개혁과 혁신을 핵심으로 하는 시대정신을 강력하게 확대 발전시켜야 하며, 중화민족의 우수한 전통문화에서 인애(仁愛)를 말하고 민본을 중시하며 성실함을 지키고 정의를 숭상하며 화합을 중시하고 대동(大同)을 추구하는 시대적 가치를 철저하게 찾아내고 명백히 밝혀내야 한다. 또한 중화민족의 우수한 전통문화가 사회주의의 핵심 가치관을 함양하는 중요한 원천이 되도록 해야 한다. 계승과 창조적 발전의 관계를 잘 처리해야만 중점적으로 창조적 전환과 혁신적 발전을 잘할 수 있다."[31]

## V. 문화전통의 현대적 전환

독립적으로 자신의 문명체계를 형성한 5천 년 역사의 중화민족과 중국 사회의 문화발전 방향 문제는 중국 발전의 난제가 될 사안이 아니다. 그렇지만 반대로 중국의 정치·경제·사회 발전과 비교해보면 중국의 문화발전의 방향은 더욱 확실성을 갖고 있지 않다. 2010년 이후에 중국이 표방한 노선에 대한 자신감, 이론적 자신감, 제도적 자신감은 중국의 정치·경제·사회 발전이 갖고 있는 규정적 작용은 중국의 문화발전이 가진 작용보다 더욱 강력하였다. 이러한 발전 상태는 일종의 거꾸로 매달린 것과 같다. 왜냐하면 문화발전의 방향이 일단 모호하거나 흔들리면

---

31    2014년 2월 24일 중공중앙정치국 제13차 집체학습 때 시진핑의 담화에서.

사람과 민족의 정신을 안정시키기 어렵고, 나아가 국가 정체성과 사회 심리구조상 기존의 제도, 진로, 이론을 공고화하기 어렵다. 짐작할 수 있는 것은 노선, 이론, 제도가 이미 정해진 상태에서 미래에 중국의 정치건설과 정치발전이 직면하는 도전은 보다 거대한 차원에서 문화 형성으로부터 나타나기 때문이다. 이를 통해 볼 때, 오늘에 이르기까지 발전해왔더라도 중국은 여전히 오랜 시간 속에서 형성된 문화국가의 특성을 벗어나지 못하였다. 즉, 인간의 기본 내적 구조는 종교적 형상화에서 나온 것이 아니라 문화적 형상화에서 나온 것이다. 그리고 인간을 만드는 내적 구조의 문화는 국가의 문화적 선택과 문화적 도전을 떠날 수 없다.

반드시 지적해야 할 점은 중국 전통사회가 진행한 문화국가 만들기가 두 가지 역량의 협력을 통해 완성되었다는 것이다. 첫째는 사회 역량이고, 둘째는 국가 역량이다. 중국의 전통국가는 사회논리에 기초하여 확립되고 형성된 것이기 때문에 이 두 가지 역량이 문화 만들기와 가치 형성에서 비교적 강력한 내적 규합성을 갖고 있으며, 실천 속에서 일종의 상호 승인, 상호 지탱, 상호 공고화하는 협력을 이룬다. 그러나 현대에 들어서 전통국가체계의 해체에 따라 이러한 구조가 와해되었고, 사회 역량은 여전히 남아 있었지만 전통국가의 역량은 완전히 상실되었다. 이것을 대체해 나온 것이 현대국가 역량이다. 그러나 현대국가 역량은 시작하자마자 옛 사회구조의 개조와 사회혁명의 추진을 사명으로 하였다. 따라서 현대화 과정에서 국가문화가 필요로 하는 문화 만들기의 주체가 국가와 사회로 바뀌는 혁명적 변화가 발생하였다. 이러한 변화 속에서 전통에서의 탈피는 국가와 사회의 공통 선택이 되었지만, 전통에서 벗어난 후에 어떤 신문화를 선택할지 그리고 어떻게 신문화와 전통문화의 관계를 처리할지에 대해 국가와 사회는 완전히 다르게 생각하고, 이를 추구하였다. 이렇듯 전통사회가 문화국가를 만드는 이원일체의 구조는 완전히 이원분할의 구조에 빠져서 이들 간의 긴장과 충돌이 중국의 정치건설과 발전을 계속 좌우하고 있다. 이는 중국이 반드시 이러한 긴장과 충돌을 제거하는 것에서부터 시작하여 정형화된 국가문화 체계를 형성해야 한다는 것을 의미한다.

앞서 제시한 바와 같이, 현대화는 중국이 일으킨 문화혁명의 시작과 함께 두 가지 논리를 형성하였다. 하나는 현대화에 대한 사회의 직접적인 반응을 기반으로 형성된 것으로, 반드시 인간의 자주와 해방의 실현에서부터 출발해 중국의 현대문화를 재건할 것을 강조한다. 다른 하나는 문화에 대한 현대국가건설의 요구를 기반으로 형성된 것으로, 중국 현대문화의 형성은 반드시 중국 현대정치와 사회발전의 요구에 맞아야 한다는 것을 강조한다. 전자의 주체는 사회이며, 후자의 주체는 국가다. 한편 이들이 문화혁명을 추진하고 건설하는 과정에서 두 가지 공통점을 갖고 있었다. 첫째는 전통을 초월하려고 도모하는 것이며, 둘째는 현대문명으로부터 새로운 문화자원을 찾으려고 도모하는 것이다. 그러나 현대문화자원을 찾는 출발점에 차이가 존재하였기 때문에 그들이 공통으로 새로운 문화자원을 찾는 과정 속에서 각자의 논리와 서로 다른 추세가 형성되었다. 다른 측면에서 신문화자원에 대한 다른 선택조차 직접적으로 그들 각자의 전통문화에 대한 태도에 영향을 주었고, 그렇기 때문에 중국문화의 현대적 전환과 형성에 있어서 다른 의도와 추세를 초래하였다. 이들 간의 차이와 긴장은 비록 특정한 시공간에서 중국문화의 현대적 전환을 추진하는 역량이 되었지만, 오랜 시간 동안 계속 이렇게 나아간다면 최종적으로 중국문화의 현대적 전환의 속박이 될 수 있다. 그런 까닭에 중국의 현대국가건설 과정에서 국가는 이러한 차이와 긴장을 없애려고 노력해야 한다. 비록 과거의 실천에서 국가는 일찍부터 갖고 있는 우위를 통해 그 차이와 긴장을 제한하였지만 진정으로 문제를 해결하지는 못하였다. 왜냐하면 국가가 형성한 문화는 사람과 민족정신을 안정시키는 역량이 되어야만 하기 때문이다. 즉, 그 근원은 국가에 있지 않고 사회와 각 사람의 마음속에 있다는 것이다.

객관적으로 30여 년의 개혁개방이 가져온 인류문명에 대한 재인식과 무엇이 사회주의이고 낙후한 국가인지 그리고 어떻게 사회주의를 건설할지에 대한 재탐색을 통해 국가의 문화추세와 문화건설이 점차 교조화의 울타리에서 벗어났고, 현대 인류문명의 발전법칙과 더욱 일치되었으며, 현대 인류문명의 성과를 더욱 적극적으로 받아들였고, 현대 인류문명의 핵심가치를 더욱 존중하였다. 이것은 국가문화의 재건과 정형화에서 국가와 사회 간의 긴장이 완화되도록 그리고 그 차이가 축소되도록 결정하였다. 그러나 국가와 사회 각각의 문화입장과 문화추세 그리고 문화수요는 횡으로 연결되거나 중첩된 상태에 도달할 수 없다. 왜냐하면 사회주의 국가의 입장에서, 중국 국가문화의 건설추세와 발전논리는 여전히 자신의 확정된 위치와 선택을 가지고 있기 때문이다. 현대화 과정에서 문화전환과 문화건설은 국가와 사회의 긴장을 나타내는 현대화 발전의 필연적이며 보편적 현상이다. 따라서 현대화 과정에서 국가문화의 재건과 건설은 전면적으로 그들 간의 긴장과 차이를 제거하는 데에 있는 것이 아니라 이러한 긴장과 차이를 공통의 문화적 관심의 기초 위에 확립하는 데에 있다. 이러한 공통의 문화적 관심은 국가와 사회가 함께 누리는 역사와 문화 속으로 돌아갈 수밖에 없다. 이것이 국가와 사회가 초월할 수 있지만 단절할 수 없는 문화전통이다. 중국이라는 문화국가에 있어서는 더욱 그렇다. 시진핑은 중국의 국가와 사회가 함께 누려온 5천 년의 문화전통이 소프트 파워로 발전할 수 있는 토대가 된다는 점을 계속 강조해오고 있다. "국가문화의 소프트 파워를 제고하고 중화문화의 독특한 매력을 드러내도록 노력해야 한다. 5천여 년의 문명 발전 과정 중에 중화민족은 사상 학식이 넓고 심오하며 찬란한 문화를 만들었고, 중화민족의 가장 기본적인 문화 요소가 현대문화와 서로 적응하고 현대사회와 서로 조화를 이루도록 해야 한다. 또한 사람들이 기쁘게 반기고 광범위한 참여 방식으로 확대하여, 시공간과 국가를 초월하며 영원한 매력이 풍부하고 당대의 가치를 갖고 있는 문화정신을 선양해야 한다. 아울러 우수한 전통문화를 계승하고 시대정신과 자국의 정세에 입각해 이를 선양하며 세계를 향해 현대 중국문화의 혁신 성과를 전파해야 한다."[32]

모든 민족은 자신의 발전 역사 속에서 자신의 가치를 구현하고, 자신의 신념을 수호하며, 자신의 혈통을 계승하고, 자신의 정체성을 형상화하는 문화전통을 나타낸다. 민족이 형성한 국가와 정치공동체는 문화전통의 산물이자 수호자이다. 따라서 민족의 입장에서 형성된 국가는 제도체계의 버팀목을 필요로 할 뿐만 아니라 문화체계의 버팀목도 필요로 하며 제도와 문화의 내적 협조와 통일이 달성되도록 힘써 노력하였다. 이는 현대화가 가져오는 국가전환을 결정하였다. 즉, 전통국가에서 현대국가로의 전환은 필연적으로 제도전환과 문화전환의 문제에 직면하고, 이 문제는 앞서 제기한 정치혁명과 사회혁명, 문화혁명의 문제로 귀결되었다. 이러한 과정에서 제도전환은 더욱더 근본성과 철저함을 구비하였고, 문화전환은 제도전환을 도와야 했으며 제도전환을 위해 필요한 관념과 심리, 가치적 기반을 제공하였다. 따라서 문화전환은 더욱더 제도전환에 따라 결정되었다. 제도전환은 이미 정해진 제도적 성격에 의해 결정되었을 뿐만 아니라 현대화 발전이 제시하는 발전목표와 선택 그리고 사회발전의 역사형태에 따라 결정되었다. 지금까지 현대화의 실천이 보여준 것은 내생적 현대화와 그 후에 발생한 외생적 현대화의 선명한 차이이다. 전자는 기존 제도의 자체전환과 변혁을 통해 완성된 것이며, 후자는 전체 제도의 대체를 통해 실현된 것이다. 이것은 서구를 대표로 하는 내생적 현대화 국가의 현대문화 재건을 결정하였으며, 문화전통의 자체전환과 변혁을 통해 완성된 것이다. 그 과정에서 중대한 문화 단절은 나타날 수 없다. 그러나 후에 발생한 비서구국가의 외생적 현대문화 재건은 종종 현대적 관념과 가치 그리고 정신에 기반해 자신의 문화전통을 씻어내며 형성되었고, 그 과정에서 불가피하게 문화 자체의 역사적 연속성이 단절되거나 타파되는 과정이 출현하기도 하였다. 사람들은 이러한 과정을 통해 전통문화를 무너뜨리고자 하였다. 그리고 이로부터 전통문화가 현대화 발전에 가져올 수 있는 구속작용을 없애는 것과 동시에 민족발전을 지탱하고 현대문화와 연결되며 서로 상응할 수 있는 문화전통을 골라냈다. 따라서 중국과 같은 문화국가의 현대화 발전은 필연적으로 반(反)전통문화의 과정을 겪게 된다. 그러나 만약 이러한 과정이 문화전통의 추출과 현대적 전환으로 효과적으로 이행될 수 없다면, 그 현대화 과정은 필연적으로 반(反)전통, 반(反)문화의 과정으로 변하여 최종적으로 현대화 발전에 엄청난 왜곡과 실패를 초래한다.

현대로 들어서는 과정에서 중국문화의 현대적 전환에 관한 토론은 16세기 말에 시작되어[33] 아편전쟁이 발발한 후에 정점에 이르렀고, 전통국가체계의 위기와 해체에 따라 전통문화를 반대하는 신문화운동으로 점차 변화하였다. 뒤이어 일어난 반제국주의 반봉건의 혁명운동 속에서, 그리고 신중국 건립 후의 사회주의혁명운동 속에서 봉건문화로 규정된 전통문화는 더욱 철저히 부정되었다. 이러한 과정에서 적지 않

---

33    張岱年, 程宜山, 『中國文化論爭』(北京: 中國人民出版社, 2009), pp.255-256.

은 사람들이 전통문화에 대한 반대가 문화전통의 전면적 부정으로 변화할 수 없다고 의시하였지만, 이러한 역사과정을 바로잡기에는 무력할 뿐이었다. 전통문화에 대한 비판과 부정은 현대화 발전을 추진하는 것에 대한 긍정적인 문화적 의미를 가지고 있다. 그러나 이러한 비판과 부정은 근본적으로 민족과 국가가 존속하는 문화전통에 의지하는 것에 충격을 가했을 때 현대화 발전에 대한 긍정적 의미를 잃었다. 오히려 현대화 발전에서 응당한 문화 지탱과 사회 기초를 잃게 하였다. 왜냐하면 현대화의 주체는 사람이어서 사람의 정서적 안정은 천성적으로 문화전통의 자양분과 위안을 떠날 수 없기 때문이다. 현대화가 심화될수록 중국인은 현대화 과정 중에 나타난 이러한 문화적 딜레마를 더욱 느끼게 되었다.

개혁개방 30여 년이 지난 지금, 중국특색 사회주의의 성공에 따라 중국은 국가의 문화역량을 전면적으로 인식하였다. 그리고 이는 국가의 진보와 사회안정 그리고 인민의 행복을 만든 중요한 자원일 뿐만 아니라 중화민족이 세계에서 전면적으로 굴기한 중요한 소프트 파워다. 이에 대해 시진핑은 다음과 같이 강조하였다. "중국 전통문화, 외부의 문화에 대해 옛 문화유산을 오늘의 현실에 맞게 받아들이고, 서구 문화 중에서 유익한 것을 받아들이며, 잡물을 버리고 정수를 취하고, 가짜를 버리고 진짜를 남기며, 과학적 지양을 통해 그것을 자신을 위해 사용한다. 중국특색 사회주의는 중화문화의 옥토에 뿌리를 내리고 있고 중국 인민의 염원을 반영하며 중국과 시대의 발전과 진보에 대한 요구에 적응하고, 깊고 두터운 역사적 연원과 광범위한 현실적 기초를 갖고 있다고 '분명하게 말한다'. 중화문화는 중화민족의 가장 깊은 정신적 추구가 장기간 쌓여 있는 것으로, 중화민족이 끊임없이 성장하고 번성하며 장대하게 발전하는 데 필요한 풍성한 자양분이라고 '분명하게 말한다'. 중화민족은 유구한 역사의 중화문화를 만들었고 중화문화의 새로운 휘황찬란한 빛을 만들어낼 수 있다. 중화의 우수한 전통문화는 중화민족의 뛰어난 장점이며 우리의 가장 깊고 두꺼운 문화 소프트파워임을 '분명하게 말한다'.[34] 여기에서 강조하는 세 가지 "분명하게 말함"은 문화전통에 필요한 깊은 자기반성의 과정이자, 반성하는 가운데 중국 현대화 발전의 문화자원과 문화결정 역량을 추구하는 과정이다. 세 가지 "분명하게 말함"이라는 명제의 공통적 지향은 하나로, 중국특색 사회주의 현대화의 성공은 중국문화전통의 결정적 역할을 떠날 수 없고 중국문화전통의 현대적 전환은 근본적으로 중화민족의 부흥과 번영을 결정한다는 것이다. 따라서 오늘날의 중국은 반드시 일정 수준에서 심도 있게 중국문화전통을 장악하고 전환해야 하며, 중국이 강대국으로 나아가는 데 필요한 능력과 실력을 직접적으로 결정해야 한다. 중화민족의 위대한 부흥의 뿌리는 중국문화전통 속에 여전히 견고하게 묶여 있다.

　우수한 전통문화의 계승과 선양 그리고 중국문화전통의 지속과 발전은 중국 현대화 과정에서 국가문화 재건의 중요한 기초이다. 이러한 기초 아래, 문화건설을 실천하는 과정에서의 국가역량과 사회역량, 국가논리와 사회논리는 연결과 융합 그리고 상호 추동과 상호 촉진의 발전적 국면을 형성할 수 있다. 이러한 국면의 출현은 문화건설에 힘이 될 뿐만 아니라 국가의 안정과 사회의 조화에 이익이 된다. 국가와 사회의 관념, 가치, 정체성에 있어서 상호 소통, 상호 인식, 상호 신뢰는 국가번영의 기초이며 국가의 질서가 장기간 안정되고 태평스러울 수 있는 근본이다. 이로부터 중국은 100년의 현대화 노력을 경험한 끝에 마침내 국가문화를 재건하는 전략 경로와 토대를 찾았다. 나아가 중국의 발전

---

34　시진핑, 2013년 8월 전국선전사상공작회의(全國宣傳思想工作會議)에서의 담화.

에 합당한 문화적 자각과 문화적 자신감은 장차 점진적으로 확립되고
공고화될 것이다

# 제4부 발전

# 제12장

# 정치건설

개혁개방 이래 중국은 전면적인 현대화에 진입하면서 인류의 현대화 발전논리에 호응하였고, 사람들은 선진국이 된 중국의 미래를 기대할 수 있게 되었다. 이런 배경에서 우리가 중국에 대해 사고할 때 종종 의식적으로나 무의식적으로 선진국의 경험이나 모델을 바탕으로 중국을 바라보고 계획한다. 심지어는 중국의 발전과정에서 중요한 요소를 놓치거나 보고도 못 본 척하기도 한다. 예컨대, 중국정치를 연구하는 사람들은 습관적으로 당의 건설문제를 정치건설문제와 별개로 보거나 심지어는 중국정치연구의 기본문제로 보지 않는다. 따라서 당 건설에 관한 연구는 줄곧 중국정치연구의 주류로 편입되지 못하였고, 장기적으로는 당사연구의 범주에 국한되곤 하였다. 최근 들어 이러한 상황이 변화하고 있으나, 기본적인 상황과 생각은 변하지 않았다. 이러한 상황이 초래된 이유는 다양한데, 그 중 하나는 적지 않은 사람들이 중국의 정치논리로부터 중국공산당과 공산당의 건설을 이해하지 않는다는 점이다. 이로 인해 중국의 발전에서 당 건설이 중요한 정치적 역할을 한다는 점을 제대로 인식하지 못하였다. 이런 점을 극복하기 위해 이 장에서는 정치학적으로 당 건설이 중국의 발전과정에서 중요한 정치적 역할을 하였다는 점을 살펴보고, 나아가 정치건설의 중국모델을 제시하고자 한다.

## I. 정치건설과 국가성장

정치건설은 중국적 개념이지만 현대화의 필연적 요구이기도 하다.[1] 현대화는 실제로 인류의 생산과 생활의 재건 및 이로부터 형성된 역사발전운동이다. 이러한 중대한 역사 도약의 핵심동력은 인간의 전면적 발전과정에서 나타나는 혁명적 변화, 즉 공동체의 일원인 인간에서 독립적 개체인 인간으로의 변화로부터 비롯된다. 인간의 존재상태가 질적으로 변하게 되면 그들로 이루어진 사회조직 또한 변하게 마련이다. 독일의 저명한 사회학자 페르디난트 퇴니스(Ferdinand Tönnies)는 '공동체'와 '사회'라는 개념을 사용하여 사회를 둘로 구분하였다. 그는 공동사회를 "일종의 활동적인 유기체"로, 이익사회를 "일종의 기계적 결합과 인공적 산물"로 표현하였다.[2] 자연적으로 형성된 '공동체'와 달리 인위적으로 형성된 현대 '사회'는 인간의 사상과 의지의 산물이며 자주적인 개체가 자유롭게 결합된 것이다. 그러므로 현대화 건설은 실제로 정치, 경제, 사회, 문화 체계의 재건이며, 개체를 단위로 한 자주적인 인간과 사회의 발전이다. 이러한 재건을 '국가건설'이라고 한다.

---

1    서구의 학술 개념에서 중국의 '정치건설' 개념과 유사한 함의를 가지고 있는 용어가 국가건설(state-building)이다. 이 책에서 말하는 국가건설은 정치건설을 비롯하여, 경제건설, 사회건설, 문화건설을 두루 포함하고 있다. 그러나 이 모든 영역에서의 건설은 모두 반드시 3대 체계를 구축해야 한다. 즉, 가치체계, 조직체계 그리고 제도체계이다.

2    裴迪南·滕尼斯, 林榮遠譯, 『共同體與社會』(北京: 商務印書館, 1999), p.54.

마르크스는 이러한 역사운동을 다음과 같은 논리로 개괄하였다. 인간은 현대사회를 자주적으로 만든다. 현대사회는 반드시 그것에 상응하는 현대국가를 건설하게 된다. 현대국가의 건설은 반드시 현대적 경제, 사회, 정치, 문화 시스템을 건설하며, 민주, 시장, 법치의 원칙하에서 그러한 시스템을 안정적인 유기적 통일체로 만든다.[3] 그러므로 현대국가의 건설은 현대화 발전의 필연이며 반드시 정치건설을 포함한다. 현대국가는 인간의 자주적 발전과 사회적 평등을 인정하고 보장하는 것을 전제로 하기 때문에, 그 정치건설의 내적 경향은 개체의 자유와 사회적 평등을 보장하는 민주정치를 초래한다. 이렇게 사람들은 자연스럽게 정치건설을 정치민주화의 과정으로 이해하게 되며, '정치민주화'를 통해 현대국가건설에서의 정치건설을 표현한다.[4]

현대국가를 건설하기 위해서는 우선 국가의 전환이 이루어져야 한다. 먼저 전통에서 현대로 전환되어야 한다. 그다음에 국가제도를 정립해, 현대적인 민주제도를 건설해야 한다. 마지막으로 국가제도를 공고히 해야 한다. 안정적이며 건전한 헌정체계가 필요하다. 이것이 국가건설의 사명을 지닌 정치건설을 규정한다. 비록 민주화를 추구할지라도 실제에 있어서 민주건설을 초월하기 위해서는 다음의 몇 가지 구체적 문제들을 해결해야 한다. 첫째, 정치제도화의 문제이다. 전통국가에서 현대국가로 진입하였다는 징표 중 하나는 전통적 정치제도 시스템을 없애고 새로운 정치제도 시스템을 구축한 것이다. 즉, 정치제도화의 문제는 새로운 정치제도 시스템의 확립과 공고화의 문제이다. 거기에는 제도 자체의 확립이 포함될 뿐만 아니라 제도 이면의 가치 확립이 포함된

3    林尚立, "建構民主的政治邏輯: 從馬克思的民主論出發", 『學術界』, 2011, p.5.
4    미국 학자인 헌팅턴은 이러한 정치적 사유 속에서 두 권의 저명한 저서인 『사회변천 속에서의 정치질서』와 『제3의 물결 ─ 20세기 후기의 민주화 물결』을 저술하였다.

다. 베버의 이론을 빌리자면, 새로운 정치제도는 도구적 합리성과 가치 합리성을 완성한다. 이런 의미에서 헌팅턴은 "제도화란 조직과 절차가 가치관과 안정성을 획득하는 일종의 과정"이라고 언급한다.[5] 분명 이러한 제도화는 모든 정치제도에 있어서 제도 자체의 민주형태와는 무관하다. 서구의 전형적인 민주제도 또한 그것이 확립되기 위해서 이러한 과정을 거쳐야 했다.

둘째, 정치안정의 문제이다. 국가건설의 논리에서 정치안정에는 실제로 수평적 안정과 수직적 안정이 있다. 수평적 안정은 국가구조의 내적 협력의 문제이며, 그 기초는 주권의 정체성, 일체화된 구조, 시민사회이다. 수직적 안정은 국가정권의 공고성 및 통치의 유효성이다. 그 기초는 정권의 합법성과 유효성, 국가와 사회의 협조 및 효과적인 정치발전이다. 국가전환과 건설에서 정치안정은 전략적 안정과 제도적 안정 모두를 의미하지만, 결국은 제도적인 안정을 이루는 것이 중요하다. 전략적 정치안정은 위기에 대응한 산물이며 일시적인 것이기 때문에 제도적 정치안정만이 국가건설의 내적 요구에 해당한다. 왜냐하면 그것이야말로 안정적 정치구조를 일상화할 수 있기 때문이다.

셋째, 정부능력의 문제이다. 현대화는 인간과 사회의 전면적 발전을 가져왔다. 이러한 발전에 대해서는 정부를 떠나 이야기할 수 없다. 개체의 관점에서 현대화는 개체의 자주성과 독립성을 부여하였지만, 그와 동시에 개체가 자연 속에서 스스로 생존할 수 있는 조건과 능력을 약화시켰다. 따라서 개체는 정부에 대한 내적 의존성을 갖게 되었다. 사회의 관점에서 시장이 여러 측면에서 정부를 대체하였지만, 질서와 국가 일체화에 대한 시장의 내적 요구는 오히려 정부의 효율적 행위를 필요

---

5    塞繆爾·P·亨廷頓, 王冠華等譯, 『變化社會中的政治秩序』(上海: 上海人民出版社, 2008), p.10.

로 하게 되었다. 따라서 현대화로부터 정부가 개체와 사회를 모두 효과
적으로 발전시킬 수 있는 거버넌스 시스템이 가능해졌다. 이러한 거버
넌스 시스템의 힘은 정부의 강제력에서 비롯되는 것이 아니라 정부가
소유한 능력에서부터 비롯된다. 강제력은 그 능력의 구성요소에 지나지
않는다. 왕샤오광(王紹光)과 후안강(胡鞍鋼)은 정부의 능력을 여덟 가지
측면에서 개괄한다. 그것은 강제력, 흡수력, 침투력, 감독능력, 통합력,
재분배능력, 수용력, 조정능력이다.[6]

넷째, 정치민주의 문제이다. 현대국가가 전통국가와 근본적으로 다
른 점은 개체의 자주성과 인간 그리고 사회발전의 촉진을 사명으로 여
긴다는 것이다. 그러므로 정치민주는 개체의 자유와 사회적 평등의 조
화를 추구해야 한다. 정치민주는 개인의 발전과 사회의 진보 간의 조화
를 말한다. 이러한 조화를 실현하는 효과적인 제도가 민주제도이다. 민
주제도는 정책결정과 거버넌스에 민중이 충분히 참여하도록 함으로써
스스로 합법적 이익을 보호하도록 하는 제도로, 세 가지 시스템으로 구
성되어 있다. 첫째는 권리시스템이며, 둘째는 권력제약시스템이고, 셋
째는 정치참여시스템이다. 입헌을 통해 이러한 시스템을 확립하는 것
이 정치민주의 첫걸음이다. 그러나 실천 속에서 이러한 세 가지 시스템
의 유기적 통일을 이루기 위해서는 장기적으로 국가와 사회가 상호작
용할 필요가 있다. 상호작용이 제도화·법치화되어야만 이러한 세 가지
시스템에 의해 뒷받침되는 정치민주가 공고해질 수 있다. 그렇지 않다
면 정치민주는 곧 위기에 처하고 말 것이다.[7]

---

6    다음을 참조할 것. 王紹光·胡鞍鋼, 『中國國家能力報告』(瀋陽: 遼寧人民出版社, 1993).
7    미국의 정치학자 존 린츠(Juan J. Linz)는 민주가 공고화되기 위해서는 반드시 다섯 가지
     기초적 조건이 갖추어져야 한다고 생각하였다. 즉, 시민사회가 발전할 수 있는 조건, 인간
     존중의 정치사회, 자유롭고 자주적인 공동체생활, 민주국가를 위해 일하는 국가관료 시
     스템, 제도화된 경제사회가 존재해야 한다. 胡安·J·林茨·阿爾弗萊德·斯泰潘著, 孫龍等譯,

　　종합하자면, 정치건설은 현대정치공동체의 구성, 헌정민주시스템의 구성, 현대정부의 거버넌스체계의 구성, 시민사회의 구성 등 네 가지 측면을 둘러싸고 전개된다. 현대국가는 이 네 가지 측면을 중심으로 점차 성장한다. 그 최종적 구조는 위로는 정치공동체, 아래로는 시민사회로 이루어져 있으며, 헌정민주시스템과 정부의 거버넌스체계가 중간에서 시민사회의 토대를 이루고 현대정치공동체를 지탱한다.

## II. 정치건설의 권력공간

정치건설은 반드시 특정한 권력공간 속에서 전개된다. 그 사명은 권력을 합리적으로 배치함으로써 안정적이고 질서 있는 권력구조와 정치시스템을 구축하는 것이다. 이리하여 인간의 생존과 발전을 위해 필요한 질서와 보장을 추구한다. 권력은 인간 간의 상호작용 속에서 형성된다. 사람들이 사회를 구성해야만 필연적으로 복잡한 권력관계가 형성된다. 이로 인해 특정한 권력공간이 형성되며, 그 내적 구조는 권력관계에 의해 결정된다. 인류의 발전사는 사회제도의 전환과 사회형태의 발전 뒤에 반드시 이러한 권력관계의 변화가 있음을 보여준다. 저명한 미래학자인 앨빈 토플러(Alvin Toffler)는 권력전이의 시각에서 인류문명과 진보발전의 과정 및 논리를 고찰하였다.[8] 실제로 유럽 근대 이후의 역사를 고찰하면 유럽이 현대로 전환된 전제와 기초가 권력관계 및 권력구조의 심각한 변화라는 것을 알게 된다. 이러한 변화에는 인간과 신의

---

『民主轉型與鞏固的問題, 南歐·南美和後共産主義歐洲』(杭州: 浙江人民出版社, 2008), p.7.

8　다음을 참조할 것. 阿爾溫·托夫勒, 朱志焱等譯, 『第三次浪潮』(北京: 生活·讀書·新知三聯書店, 1983).

관계를 포함한 권력관계의 전도(顚倒)와 사회와 국가권력의 관계의 전도가 포함된다.[9]

　　현대화에 필요한 정치건설은 당연히 현대의 권력관계에서 형성된 권력공간에서 전개된다. 현대화는 인류의 사회발전에 있어서 필연적이며, 서구에서 시작된 것이기는 하지만 서구만의 것은 아니다. 그러므로 선행 주자는 후발 주자에 의해 모범으로 여겨지는바, 서구는 자신의 역사와 사회현실에서 형성된 실천으로부터 현대화의 '고전'이 되었다. 여기에는 권력관계에 대한 구성이 포함된다. 근본적으로 권력관계란 인간의 생산, 생활, 교류를 통해 생겨난 자연적 산물이며, 이에 관한 이론적 추상은 내재적 법칙에 대한 이해에서 비롯된다. 근대 이래로 서구 학자들은 서구사회의 현대적 전환의 내적 논리와 현실상황에 근거하여 현대 정치건설의 권력공간을 국가와 사회라는 이원적 구조로 추상화하였다. 이러한 구조모델을 뒷받침하는 이론으로는 사회계약론, 시민사회이론, 사회혁명이론 등이 있다. 그 공통 논리는 인간의 해방으로 현대사회가 만들어졌고, 현대사회가 현대국가를 세웠으며, 현대국가는 현대사회를 보장하고자 하고, 이로부터 민주는 현대사회와 현대국가의 필연적 결과라는 것이다. 따라서 현대의 정치건설은 국가와 사회로 구성된 이원적 구조라는 권력구조 속에서 전개된다.

　　마르크스는 다음과 같이 생각하였다. "국가제도란 단지 정치국가와 비정치국가 간의 타협일 뿐이다. 따라서 그것 자체는 반드시 두 가지의 본질적으로 상이한 권력 사이에서 체결되는 일종의 계약이다."[10] 이

---

9　스위스의 저명한 역사학자 야코프 부르크하르트(Jacob Burckhardt)는 인류역사 속에서 여섯 가지 상호 제약적 관계를 고찰하여 우리에게 풍부한 시사점을 제시하였다. 다음을 참조할 것. 雅各布·布克哈特, 金壽福譯, 『世界歷史沉思錄』(北京: 北京大學出版社, 2007), pp.76-152.

10　馬克思, "黑格爾法哲學批判", 『馬克思恩格斯全集(第三卷)』(北京: 人民出版社, 2002), p.73.

러한 이원적 구조 속에서 인민은 국가권력을 제약하는 힘을 얻는다. 이것이 전통적 고대국가와 본질적으로 다른 점이다. 왜냐하면 "고대국가에서는 정치국가가 국가의 내용을 구성하며 그 밖의 영역은 포함하지 않기 때문이다. 그러나 현대국가는 정치국가와 비정치국가의 상호적응이다."[11] 바꾸어 말하면, 고대국가에서 국가정권은 국가 그 자체이다. 국가가 곧 국가정권이다. 그러나 현대국가에는 국가정권 이외에 자주적 인민의 힘과 그로 인해 형성된 현대사회가 존재한다. 따라서 이 공간 속에서의 정치건설은 당연히 정부와 인민, 국가와 사회의 '협력'과 '계약'에 기초해야 한다.

마르크스적 역사관에 의하면, 이러한 이원적 구조는 국가생활과 사회생활이 일체화되었던 전통적인 이원적 구조에 대한 반동이다. 그러나 이것이 최종적인 것은 아니다. 마르크스는 이러한 이원적 구조가 반드시 사회에 귀속되어야 하며, 그 정치형태가 '사회주의'라고 생각하였다.[12] 그러므로 마르크스가 보기에, 이러한 이원적 구조는 단지 인류사회의 발전과정 속에서 나타난 권력구조 형태의 하나이다. 그것은 민주를 배태할 수도, 독재를 초래할 수도 있다. 왜냐하면 사회로부터 추상화된 국가는 비단뱀처럼 사회를 단단하게 옥죌 수 있기 때문이다.[13] 이것은 이원적 구조가 현대의 민주가 성장하는 기본적 권력공간이기는 하지만, 반드시 현대민주의 성장을 보장하는 공간은 아니라는 것을 의미한다. 바꾸어 말하면, 현대민주를 건설하기 위해서는 이러한 권력공간을 기초로 해야 하지만 이러한 권력공간에 국한되어야만 한다는 것은 아니라는 것이다. 중국의 현대화는 자신이 찾은 실천에 근거하여 이원적 권

11 馬克思, "黑格爾法哲學批判", 『馬克思恩格斯全集(第三卷)』(北京: 人民出版社, 2002), p.41.
12 馬克思, "法蘭西內戰", 『馬克思恩格斯選集(第三卷)』(北京: 人民出版社, 1995), pp.104-105.
13 馬克思, "法蘭西內戰", 『馬克思恩格斯選集(第三卷)』(北京: 人民出版社, 1995), p.91.

력공간을 기초로 하여 삼원적 구조의 권력공간을 구축하였다.

중국 전통제국의 권력공간은 실제로 이원적 구조였다. 하나는 가족 공동체로 이루어진 촌락사회를 기반으로 하며, 다른 하나는 황권과 관료로 이루어진 국가공간을 기반으로 한다. "황권은 현(縣)으로 내려가지 않는다."는 통치의 원칙과, 국법은 가법(家法)을 따른다는 정치원칙은[14] 촌락사회와 관료국가가 상대적으로 독립적이면서도 상호 의존적이도록 만들었다. 그러나 마르크스의 말로 표현하자면, 이러한 이원적 구조는 '현실적 이원론'이다. 현대사회에서 추상화된 이원론을 기반으로 형성된 이원적 구조와는 완전히 다르다. 현대의 이원적 구조는 개인의 생활이 국가생활로부터 추상화되어 자주적으로 형성된 사회를 기반으로 한다. 따라서 전통제국이 해체된 후에 제국이 남긴 사회는 본질적으로 현대사회가 아닐뿐더러 형태상으로도 완전한 사회라고 할 수 없다. 제국이 붕괴된 후에 사회는 사분오열되었다. 이로부터 우리는 중국이 현대화로 들어섰던 최초의 형태를 제국적 규모, 붕괴된 권위, 분열된 사회, 와해된 신념, 빈약한 실체 등으로 묘사한다. 분명히 이러한 현대화는 내생적 요구에 의해서가 아니라 외부의 힘에 의해 이루어진 것이다. 따라서 반드시 있어야 하는 사회적 기초가 결여되어 있었으며 유효한 주도적 역량 또한 결여되어 있었다. 이에 전통중국의 현대화로의 전환은 결국 현대화에 의해 무너졌으며, 전통제국은 여러 개의 소국들로 분열되었고, 현대화의 노력들이 각각 산발적으로 진행되어 적자만이 생존하게 되었다.

현대화의 역사적 조류가 근대중국에 가한 충격으로 인해 거대한 중국은 위험한 지경에 이르게 되었다. 왜냐하면 역사적 조류가 비록 중국

---

14    瞿同祖, 『中國法律與中國社會』(北京: 中華書局, 1981), p.25.

을 민주화와 현대화의 둔치로 밀어내기는 하였지만 중국에 현대사회를 가져다주지도, 효율적 국가를 가져다주지도 않았기 때문이다. 사회가 무력하고 국가 또한 무력한 상황에서, 중국은 거대한 규모의 몸집을 유지해야 했으며, 그것을 현대화 발전의 길로 이끌고 나아가야 했다. 이를 위해 제3의 힘이 필요하였다. 그것이 정당이다.

근대중국은 뒤늦게야 의회를 만들고 정당을 갖게 되었다. 그러나 국가와 민족의 위기를 구하기 위한 제3의 역량인 정당은 처음부터 민주를 실현하기 위해서가 아니라 새로운 사회와 국가를 건설하기 위해 만들어진 것이었다. 그러므로 그것은 현실사회에 기초하였지만, 그 사명은 오히려 사회의 현실규범을 초월하여 새로운 사회와 국가를 건설하는 데 있었다. 이를 위해 정당은 사회의 중심이 되어 효과적으로 사회를 동원, 조직, 주도하여 전 사회와 민족의 대표가 되었다. 이를 토대로 정당은 현대국가를 담당하는 역량이 되었다. 이러한 역량이 되기 위해서는 그 특수한 역사적 사명을 수행할 수 있는 능력을 갖추고 있어야 했다. 그러므로 군대를 자신의 지도하에 두어 그 사명을 수행하는 힘으로 삼은 것이다. 가장 처음에 이러한 제3의 역량을 중국 현대화 건설에 도입한 이가 쑨원이었지만, 결국 이러한 모델을 가지고 성공을 한 것은 중국 공산당이었다.

반드시 지적해야 할 점은 결국 이 제3의 역량이 국가와 사회의 두 가지 역량을 부정하는 것은 아니라는 것이다. 오히려 그것은 현대국가와 현대사회라는 두 역량을 충분히 발전시키고자 한다. 그렇지 않다면 민주화와 현대화가 중국의 필연적 선택이 된 역사적 상황에서 마땅히 있어야 하는 합법성의 기초를 잃게 된다. 국가와 사회 건설을 담당하는 역량으로서, 정당은 사회와 국가에 대해 상대적 자주성을 갖고 있다. 그러나 또한 사회를 대표하고 이끌기도 한다. 정당은 국가제도의 범위 내에서 국가를 통솔하고 결정한다.

그리하여 중국의 현대화 발전은 객관적으로 삼원적 구조의 권력공간을 형성하였다. 그러나 이러한 권력공간은 현대화와 민주화라는 가치와 기능을 갖추고 있어야 하고, 그 배후에는 반드시 없어서는 안 될 두 가지의 추상화 과정이 존재해야 한다. 첫째, 개인의 생활이 국가의 생활로부터 추상화되어 독립적인 존재가 되어야 한다. 둘째, 국가정권이 소수의 통치로부터 추상화되어 전 인민의 역량이 됨으로써 인민민주를 실천해야 한다. 전자는 현대화의 기초이고, 후자는 정당의 인민민주의 기초이다. 이 두 가지의 추상화를 기초로 형성된 삼원적 구조는 상호결정적, 상호작용적 구조이다. 이로부터 이러한 삼원적 구조의 현실적 기초가 중국의 역사와 사회라는 사실을 알 수 있다. 그러나 그것을 뒷받침하는 내적 논리는 인민민주이다. 즉, 국가권력은 인민으로부터 나오며 전체 인민이 국가권력을 소유한다. 바꿔 말하자면, 인민민주에서는 정당, 국가, 사회가 공동으로 삼원적 구조의 권력공간에 대한 합법성의 기초를 구성한다.

이론적으로뿐만 아니라 실천적으로도 이원적 구조의 권력공간이 존재하지 않는다면 삼원적 구조의 권력공간을 형성할 수 없다. 그러므로 전자는 후자의 기초이며, 후자의 성장과 발전을 결정한다. 그러나 중국이 인민민주를 추구함으로써 중국 현대화와 민주화 발전이 삼원적 구조의 권력공간을 이원적 구조의 권력공간으로 환원할 수 없게 하거나 이원적 구조의 권력공간을 삼원적 구조의 권력공간으로 대체할 수 없게 되었다. 왜냐하면 이원적 구조의 권력공간 속에서는 국가권력이 인민으로부터 나오기는 하지만 인민은 전체로서 국가권력을 대면하지 못하기 때문이다. 오히려 개체로서 국가권력을 대면하게 된다. 그러므로 인민의 일을 직접 그리고 효과적으로 국가의 일로 승격시키지 못하고 국가의 일은 종종 힘 있는 세력의 이익과 요구에 따라 결정되게 된다. 그러나 삼원적 구조의 권력공간에서 개체는 국가에 대해 전체 인민이 이익을 대표하는 정당을 통해 전체로서의 힘을 구성한다. 그리하여 국가에 대해 전체로서 인민의 일을 국가의 일로 직접 승격시킬 수 있게 된다. 왜냐하면 이러한 삼원권력구조를 유지하는 관건이 정당에 있기 때문이다. 그리고 정당 또한 이러한 삼원적 권력구조를 보호해야만 영도와 집정의 합법성의 기초를 얻을 수 있다.

이러한 삼원적 구조의 권력공간에서 인민은 개체적 존재이면서, 전체적 존재이기도 하다. 왜냐하면 인민은 정치참여의 주체이면서 국가거버넌스의 주체이기 때문이다. 이것은 국가가 각 개인의 이익을 보장하여야 하고 전체 인민의 국가여야 함을 의미한다. 이는 상대적 자주성으로 통치에 대한 소수의 자주성을 구현하는 것이 아니라, 국가권력이 어떠한 소수집단에 귀속되지 않는다는 것을 의미한다. 이것은 삼원적 구조하에서의 국가와 사회의 관계가 이원적 구조하에서의 국가와 사회의 관계와 전혀 다르지 않다는 것을 의미한다. 이러한 차이로 인해 진정한 의의를 가지고 있는 핵심역량은 현대 국가와 사회 건설의 사명을 안고 있는 정당인 것이다.

전체 인민의 이익을 대표하고 인민이 주인이 되는 것을 사명으로 삼는 정당은 인민민주의 사회와 국가를 실천하는 동시에 이러한 사회와 국가의 결정에 따른다. 즉, 이러한 정당은 반드시 전체 인민의 근본적 이익을 사명으로 삼아야 하고 국가권력이 전체 인민의 수중에 놓이도록 보장해야 한다. 그러므로 이러한 삼원적 구조의 권력공간 속에서 정당의 권력은 그것이 소유한 실질적 영도에 기초하여 형성된다. 그리고 실질적 영도의 기초는 강제에 의해 생겨나는 것이 아니라 인민의 인정과 지지로부터 생겨난다. 그러므로 권력은 강제력이 아니라 호소력, 영향력, 응집력의 유기적 통일체이다. 정당은 인민의 권력과 국가의 공공권력과는 완전히 다르지만, 인민과 국가가 그들이 가지고 있는 권력을 효과적으로 행사하는 데서 없어서는 안 될 역량인 것이다.

## III. 당 건설과 정치건설

삼원적 구조의 권력공간에서 정치건설은 권력주체의 상호작용과 함께 전개된다. 각 권력주체는 정치건설의 주체이면서 대상이다. 정치건설은 인민민주의 발전과 당의 건설을 필요로 한다. 중국의 정치논리에서 당은 정치건설의 영도적 역량으로, 어느 정도 정치건설의 의제와 방향을 결정한다. 이러한 결정적 역할은 한편으로는 당이 인민의 의지를 대표한다는 사실에서 비롯되며, 다른 한편으로는 당 자신의 건설과 발전으로부터 비롯된다. 그러므로 당의 건설을 중국의 정치건설에서 간과한다면 당과 정치건설의 밀접한 관계를 간과한 것으로, 현명하지도 과학적이지도 않은 생각이다. 당의 건설과 중국의 정치건설 간의 밀접한 관계는 전적으로 정치건설에 대한 당의 영도에서 기인하는 것이 아니라 중국공산당과 사회 및 국가와의 밀접한 관계에서 기인한다. 그것은 당이 인민이 국가를 세우고 관리하도록 영도해온 장기적 실천에 기초한다.

세계의 어떤 정당에서도 당의 건설은 처음부터 끝까지 당의 발전과 함께 이루어진다. 중국공산당이 정권을 장악하여 사회주의를 목표로 삼고 인민민주를 근본으로 삼아 현대국가건설을 시작하기 전부터 당 건설은 이미 시작되었다. 1939년에 마오쩌둥은 중국공산당 18년의 성장사를 결산하면서 중국공산당이 중국혁명에서 적에게 승리한 세 가지 비결 중 하나가 당 건설이라고 말한 바 있다. 중국공산당의 성장과정이 당의 건설과정이다. "우리는 오늘 우리 당을 어떻게 건설해야 하는가? 어떻게 해야 '전국적 범위의, 광대한 대중성을 지닌, 사상적·정치적·조직적으로 완전히 견고한 볼셰비키화된 중국공산당'을 건설할 수 있겠는가? 이러한 문제는 우리 당의 역사를 살펴보면 곧 알 수 있다."[15]

중국공산당의 성격과 사명으로 인해 당의 건설은 처음부터 의회정치와 선거정치를 통해 형성된 정당의 당 건설과는 달랐다. 그 차이는 두 가지이다. 첫째, 중국공산당은 당의 건설이 당의 생명이며 이것이야말로 근본적으로 당의 생기와 활력이 영원하도록 보장한다고 생각한다. 이것은 중국공산당이 혁명당이었다는 사실과 직접적인 관계가 있다. 혁명당은 혁명을 이끌어야 하고 정권을 탈취해야 할 뿐만 아니라 자신의 주의와 주장을 내세워 대중을 동원하고 혁명역량을 결집시켜야 한다. 그리고 자신의 주의와 주장을 내세워 군대를 이끌고 군대의 전투력을 강화해야 한다. 자신의 조직을 가지고 임무를 실천하고 사회를 결집시키며, 자신의 조직을 사용하여 군대를 조직하고 군대의 전투력을 확보해야 한다. 둘째, 중국공산당은 성립하자마자 곧 당의 건설과 군대의 건설 그리고 그 후의 정권건설을 유기적으로 결합시켰다. "지부를 연결해 건립한다"는 실천원칙에 따라 중국공산당은 정당의 힘을 통해 현대적 군대를 건설하고 유지하였으며 "당이 총을 지휘한다"는 치당과 치군의 업무시스템을 형성하였다. 혁명에 근거한 정권건설에 기초하여 중국공산당은 한편으로는 당의 민주집중제 원칙을 청사진으로 하는 국가정권건설을 시작하였고 민주집중제의 정치체제 원칙과 모델을 발전시켜 나갔다. 다른 한편으로는 통일전선의 기초 위에서 당 외부의 민주인사들과 협력과 정치협상을 시작하였으며, 마지막으로 이러한 협력으로 만

---

15    毛澤東, "〈共產黨人〉發刊詞", 『毛澤東選集(第二卷)』(北京: 人民出版社, 1991), pp.613-614.

들어낸 인민민주통일전선의 기초 위에서 중화인민공화국을 건설하였다. 이리하여 현대민주적 의미를 지니면서도 중국특색의 중국공산당이 영도하는 다당협력과 정치협상제도를 갖게 되었다.

이로써 알 수 있듯이, 중국공산당의 건설과정은 당이 성장한 과정이면서 중화인민공화국의 군대와 정권이 태어나고 자라난 과정이기도 하다. 마오쩌둥은 그렇게 만들어진 당, 통일전선, 무장투쟁 삼자의 통일을 중국공산당이 혁명에서 승리하도록 한 비법이라고 보았다. 당의 건설과 국가의 건설, 그리고 군대의 건설은 서로 통일적으로 이루어졌으며, 신중국이 성립한 이후에도 사라지지 않고 오히려 심화되고 전면적으로 이루어졌으며 지금까지도 계속되고 있다.

반드시 지적해야 점은 중국공산당의 건설이 조직건설이든 사상건설과 정치건설이든 모두 인민대중을 자신의 힘의 원천으로 여긴다는 점이다. 그리고 이로부터 중국공산당은 대중노선을 당의 생명선으로 확립하였다. 이러한 입당(入黨)사상과 건당(建黨)전략하에 중국공산당은 당 조직이 대중 속에 확실하게 뿌리내리도록 하여 대중을 동원하고 대중에게 선전하며 대중을 조직하는 핵심적 메커니즘으로 만들었다. 신중국의 성립 이후에 당 조직 또한 순조롭게 새로운 사회와 국가가 필요로 하는 가장 기본적이며 핵심적인 조직이 되었고, 이것을 기초로 사회의 모든 개인들이 단위조직을 받아들이도록 하였으며, 모든 단위조직에서 당 조직이 사회조직과 통일적 형태가 되도록 하였다. 당 조직은 이렇듯 사회생활의 모든 부문에 침투하였고 사회 메커니즘의 세포핵이 되었다. 이로부터 중국은 보다 더 당의 건설과정을 당이 사회를 조직하는 힘으로 볼 수 있게 되었으며 신형사회의 구조를 지닌 사회통합 과정을 창출할 수 있게 되었다. 이러한 과정은 한편으로는 당의 기초와 역량을 보장하고, 다른 한편으로는 사회에 대한 당의 응집력과 통합력을 보장한다.

당의 건설 과정에서 만들어진 당과 군대, 당과 국가정권, 당과 전체 사회 간의 관계는 실제로 이미 하나의 상호 공생적 관계가 되었다. 이러한 관계가 중국 특유의 삼원적 구조의 권력공간을 탄생시키고 발전시킨 것이다. 이러한 관계 유형은 정치건설 자체가 당 건설을 포함하도록 하였으며 정치건설의 기타 영역의 건설 또한 항상 당 건설에서 벗어나지 않도록 하였다. 효과적이고 적극적인 당 건설이 없다면 기존의 권력 양태와 정치형태를 바꾸기 어렵다. 개혁개방 이전에 당의 일원화된 지도 하에서는 당 건설이 실제로 기본적으로 정치건설의 모든 방면을 대체하였다.[16] 개혁개방 이후에 당정의 분리, 시장경제, 의법치국, 사회건설 등의 개혁과 건설이 이루어지면서 당, 국가, 사회가 각자의 운행과 발전 공간을 갖게 되었다. 하지만 여전히 상호 공생적 관계 속에서 그들 간의 내적 관계가 만들어졌다. 그러므로 현재 비록 당 건설이 정치건설의 다른 측면들을 대체할 수는 없더라도 정치건설에 대한 당의 영도와 결정적 역할은 변함이 없다. 그렇기 때문에 덩샤오핑이 1980년에 발표한 「당과 국가의 영도제도 개혁에 대하여」라는 글은 여전히 중국 정치건설을 지도할 때 중요한 고전이 되고 있다.

당과 중화인민공화국의 역사를 보면, 중국공산당이 정치건설을 국가발전전략으로 삼은 시기는 개혁개방 이후이며 이는 근 20여 년의 정치체제개혁을 겪은 이후에 이루어진 것이다. 2002년에 당의 16대에서는 제1차 '정치체제개혁'의 개념을 기초로 '정치건설'을 제기하였다. 당의 17대에서는 정치건설, 경제건설, 사회건설, 문화건설이 공동으로 국가발전을 추동하는 4대 건설이 제기되었다. 그 내적 동인은 한편으로는 정치체제개혁에 대한 요구로부터 비롯되었으며, 다른 한편으로는 현대

---

16 鄧小平, "黨和國家領導制度的改革", 『鄧小平文選(第二卷)』(北京: 人民出版社, 1983), pp.328-329.

정치건설에 대한 사회주의 시장경제체제의 요구로부터 비롯된 것이다. 당의 보고에 따르면, 정치건설은 실제로 두 가지 측면을 포함하고 있다. 첫째는 사회주의 민주정치의 건설이고, 둘째는 당의 건설이다. 사회주의 민주정치의 건설은 주로 국가정치제도의 개선, 공민 정치참여의 심화, 정부 관리능력의 강화, 의법치국 수준의 제고 및 전개를 중심으로 이루어진다. 당의 건설은 조직과 사상, 사업 작풍의 건설 이외에 주로 당의 영도방식과 집정방식의 전개를 중심으로 이루어진다. 그 중에는 당내민주가 포함되어 있다. 건설의 구체적 내용으로 보면, 당의 건설은 사회주의 민주정치의 건설의 모든 측면을 포함한다. 우리는 여기서 당의 17대 보고에 기록된 당의 건설에 대한 논술을 인용하고자 한다.

"당내 민주의 건설을 적극적으로 추진하고, 당의 단결과 통일을 증진하고자 노력한다. 당내 민주는 당의 창조적 힘을 높이고 당의 단결과 통일을 공고화하는 중요한 수단이다. 당내 민주를 확대함으로써 인민민주를 실현하고, 당내 조화를 강화함으로써 사회적 화합을 촉진한다. 당원의 주체적 지위를 존중하고, 당원의 민주적 권리를 보장하며, 당무의 공개를 추진하고, 당내의 민주적 토론환경을 조성한다. 당의 대표대회제도를 개선하고, 당의 대표대회 책임기한제를 실행하며, 일련의 현(시, 구)을 선택하여 당대표대회 상임제를 시범 시행한다. 당의 지방 각급의 전체위원회, 상임위원회 업무 메커니즘을 개선하고, 중대한 문제에 대해 전체위원회가 정책결정을 하도록 한다. 민주집중제를 엄격히 실행하고, 집단영도와 개인분업책임을 상호 결합하는 제도를 정립하며, 개인 혹은 소수의 전횡을 반대하고 방지한다. 지방 당위원회는 중대 문제와 중요 간부를 임용하는 표결제를 토론하여 결정한다. 중앙정치국은 중앙위원회 전체회의에 대해, 지방 각급의 당 상임위원회는 위원회 전체회의에 대해 정기적으로 보고하고 감독을 받아들이는 제도를 만든다. 당내 선거제도를 개혁하고, 후보자 추천제도와 선거방식을 개선한다. 기층 당 조직의 지도자들이 당원과 대중에 의해 공개적으로 추천되는 방식과 상급 당 조직이 추천하는 방식을 상호 결합하는 방법을 확대 추진하고, 점진적으로 기층 당 조직의 지도자를 직접선거로 선출하도록 하며, 당내 기층민주를 여러 형식으로 확대한다. 전 당의 동지들은 확고하게 당의 통일집중을 유지해야 하고, 당의 정치기율을 스스로 지키도록 해야 하며, 당 중앙과 같은 입장을 가져야 하고, 확고하게 중앙의 권위를 지키도록 해야 하며, 정부의 법령(法令)이 잘 이루어지도록 실질적으로 노력해야 한다."

"간부인사제도의 개혁을 계속해서 심화시키고, 수준 높은 간부그룹과 인재그룹을 구성하고자 노력한다. 당이 간부를 관리한다는 원칙을 견지하고, 민주, 공개, 경쟁, 최적화 및 우수한 인재의 선택을 견지함으로써 간부 선발·임용의 과학적 메커니즘을 형성한다. 간부 임용 추천제도를 규범화하고, 과학발전관과 정확한 정치적 업적관을 구현하며, 공개선발, 경쟁임용, 경쟁선거를 개선한다. 간부업무의 민주화를 확대하고, 민주적 추천, 평가의 과학성과 진실성을 늘린다. 간부선발 임용업무의 전 과정에 대한 감독을 강화한다. 지도간부의 직무임기, 회피, 교류제도를 건전하게 하고, 공무원제도를 개선한다. 간부의 이중관리체제를 완비한다. 국유기업과 기업의 인사제도 개혁을 추진하고 국유기업의 특성에 맞는 간부인원관리방법으로 개선해나간다."

위의 두 글에서는 당 건설과 정치건설 간에 존재하는 두 가지 측면의 직접적 상응관계를 분명하게 볼 수 있다. 하나는 체제와 조직의 상응관계로, 이것은 당내의 영도와 정책결정시스템과 국가정권시스템에서의 정책결정시스템의 상응관계와 같다. 다른 하나는 영도와 간부의 상응관계로, 이것은 당내의 간부선발승진제도와 국가공무원 내의 선발승진제도의 상응관계와 같다. 이러한 상응관계 속에서 정치건설에 대한 당 건설의 주도적 역할을 볼 수 있을 뿐만 아니라 동시에 당 건설에 대한 정치건설의 견인작용을 볼 수 있다. 비록 중국공산당이 당내 민주를 확대함으로써 인민민주를 실현하겠다고 하지만, 동시에 인민민주제도와 그 실천이 현재 당내 민주의 건설이 반드시 직면해야 하는 전략에 의존한다는 것을 알아야 한다. 그러므로 중국의 민주적 정치건설이 당의 건설과 별개일 수 없는 것처럼, 당 건설 또한 민주적 정치건설과 별개일 수 없다. 그렇지 않다면 당 건설은 합법적이고 합리적인 제도적 기초와 행동시스템을 상실하게 될 것이다.

종합적으로 분석하자면, 당 건설과 정치건설의 관계는 다음과 같이 요약할 수 있다. 정치건설은 당 건설을 포함하며, 당 건설은 정치건설을 결정한다. 이러한 관계는 당 건설이 정치건설적 가치를 갖도록 하고, 같은 방식으로 정치건설이 당 건설의 의의를 갖도록 한다. 이러한 관계는 중국의 정치건설 경로와 환경을 단일한 것이 아니라 다원적으로 만들었으며, 법에 따라 개혁이 진행되도록 하였고, 당에 의해서 그러한 개혁이 진행될 수 있도록 하였다. 국가제도의 무대에서 개혁이 진행될 뿐만 아니라 당 조직의 공간 내에서도 개혁이 진행될 수 있다. 이러한 다원적 경로와 환경은 중국 정치건설의 전략구성과 책략 선택에 여러 공간을 제공하였으며, 정치적으로 아주 민감한 정치개혁과 정치건설이 비교적 안정적인 상태에서 전개되고 진행될 수 있도록 하였다. 중국의 정치건설에 있어서 지속적으로 안정적인 정치생활은 당연히 결국 민주적 제도화와 제도화된 민주에 의한 것일 수밖에 없다.

## IV. 인민민주의 공고화

현대민주는 어떤 형태로든 정당의 역할과 분리될 수 없다. 그 근본적인 이유는 현대민주에는 자연스러운 내적 긴장, 즉 강한 정부와 자유로운 개인 간의 긴장이 있기 때문이다. 이러한 긴장은 사실 현대인의 생존을 위한 것이다. 즉, 현대민주의 전제조건인 인간의 자유는 점차 전통적생존시스템(자연과 전통적 공동체)을 벗어나 도시를 주요 공간으로 하는 생존시스템을 전제로 하는데, 이렇듯 강한 자유에 수반된 것은 오히려 도시의 취약한 생존환경인 것이다. 사람들은 단지 시장에서 자신의노동력을 팔아야만 생존할 수 있게 되었다. 이로 인해 강한 자유를 갖고있던 개인은 정부에 의존하여 가장 기본적인 생존과 생활을 보장받게되었다. 이러한 의존은 직접적으로는 개인 및 사회에 대한 정부의 통제와 관리역할을 강화시켰고 개인의 자유를 객관적으로는 정부권력의 위협에 놓이도록 하였다. 이로부터 정부가 특정 행위를 하는 동시에 강제적 권력을 사용하지 못하는 것이 현대민주의 내적 사명이 되었다.

민주의 원칙하에서 이러한 사명을 실현하기 위한 관건은 정부가 최대한 인민의 수중에 있도록 하는 것이다. 이를 위해 현대민주는 보통선거제도를 만들어냈으며, 보통선거에서 승리한 정치세력이 국가권력을장악한다고 규정했다. 서구국가의 현대정당은 이러한 정치적 온실 속에서 전면적으로 성장할 수 있었고, 그것이 국가와 사회 속에 자리 잡았으며, 사회적 이익을 대표하는 동시에 정부 거버넌스를 대리하기도 한다. 그리하여 어느 정도 국가와 사회, 정부와 개인 간의 긴장의 균형을 맞춘다. 이로부터 현대민주가 현대정당을 만들어냈고 그것에 의존하고 있으며, 각국의 정당구조 및 정당제도는 각국 민주의 운행과 발전에 직접적인 영향을 미친다는 사실을 알 수 있다.

잠시 논외로 할 것은 정당 혹은 정당제도가 일국의 민주제도를 결정하는지, 아니면 일국의 민주제도가 정당 및 정당제도를 결정하는지의 문제이다. 그나마 인정할 수 있는 부분은 정당과 민주제도를 결정하는 힘이 공동적이라는 것이며, 이는 바로 사회의 역사와 현실이다. 먼저 발달한 서구의 여러 현대국가들이 형성한 정치형태는 구조적인 운용방식에서 그 형태가 제각각이다. 이것은 한 나라의 정치가 그 나라의 역사와 현실사회구조의 산물이라는 것을 보여준다.[17] 이런 논리는 중국사회에서도 같은 방식으로 연역될 수 있다. 근대중국으로 나아가면서 위안스카이의 군인정권이나 민국 초기의 의회정치, 그리고 장제스의 독재정치처럼 실제로 현대정치가 여러 가지 정치형태로 출현하였다. 결국 역사와 현실의 발전요구가 함께 작용하여 사회주의를 지향하는 중국의 현대정치건설로서 인민민주를 추구하게 되었다. '인민민주'와 보통선거는 서구의 선진적 현대화국가의 대의민주와 본질적으로는 다르다. 그것은 인민이 국가권력의 원천일 뿐만 아니라 국가권력을 소유한 세력이며 인민이 주인이고 '인민이 다스리는' 민주를 실현하려고 한다는 점을 강조한다. 그 기본적 가치는 사람을 발전의 근본으로 여기고 사람을 중심으로 발전한다는 것이며, 인민이 국가의 근본이고 국가는 인민을 위해 봉사한다는 것이고, 인민이 주인이고 함께 인민국가를 건설한다는 것이다. 이러한 정치구조 속에서 대의제는 '스스로 대표한다'는 원칙에 기초한다. 즉, 인민의 모든 집단은 자신에 상응하는 대표를 통해 국가권력을 장악하고 행사한다. 이것은 '위탁대리'의 원칙이 아니다. 즉, 인민은 권력을 직업적 정치대리인에게 위탁하여 그들에게 국가를 관리하도록 하는 것이 아니다. 이러한 두 가지 대의제 형태가 만들어낸 정치효과 또한

---

17　塞繆爾·P·亨廷頓, 『導致變化的變化, 現代化, 發展和政治』[西裏爾·E·布萊克編, 楊豫·陳祖洲譯, 『比較現代化』(上海: 上海譯文出版社, 1996), pp.37-91. 재인용].

완전히 다르다. '스스로 대표한다'는 원칙에 따라 형성된 대의제에서 국가권력은 여전히 사회 각계의 세력들에 의해 공동으로 장악된다. 따라서 대의제하에서는 전체 인민이 국가권력을 공동으로 장악하고 통합적으로 국가권력을 운행한다. '위탁대리'의 원칙으로 이루어진 대의제에서 국가권력은 사람들이 선출한 직업적 정치대리인의 수중에 있게 된다. 따라서 불가피하게 일부의 사람들이 국가권력을 장악하여 통치하는 정치형국을 형성하게 되고, 국가와 사회 또한 이로 인해 점차 일부 사람들이 그 밖의 사람들을 통치하는 분열되고 대립적인 정치에 빠지게 된다. 이로써 인민민주의 최대 의의는, 일부 사람들이 국가권력을 장악해 나머지 사람들을 통치함으로써, 이들이 서로 분열하고 대립하는 상황에 빠지지 않도록 한다는 점에 있다. 중국이라는 큰 규모의 단일제 국가에게 이것은 의심할 여지 없이 중요한 의미를 갖는다. 왜냐하면 그것은 단일제 국가가 다원적 구조와 다원적 이익의 균형을 이루는 중요한 정치적 기초를 형성하도록 하기 때문이다. 즉, 사회의 각 세력들이 연합하여 공동으로 국가정권을 장악하고 통합적으로 운행하며 평등한 협상 공치(共治)를 할 수 있다.

분명한 점은 인민민주가 인민 내부 세력의 다양한 구성에 기초해서 형성된 것이지만, 그 출발점은 다원 분산이 아니라 다원 연합과 단결이라는 점이다. 중국공산당의 정치적 실천에서 인민민주는 "각 혁명계급의 연합 전정(專政)"의 신민주주의 정치발전에서 유래한 것이다.[18] 왜냐하면 인민세력의 연합과 단결은 인민민주의 전제조건이기 때문이다. 바꾸어 말하면, 인민세력이 구성한 유기적 총체는 인민민주의 전제조건이기 때문이다. 중국에서 이것을 전제로 한 실현방식은 인민이 선진

---

18    毛澤東, "新民主主義論", 『毛澤東選集(第二卷)』(北京: 人民出版社, 1991), p.677.

적 계급역량 및 그 선봉대 조직을 통하여, 즉 중국공산당을 통하여 유기적 총체로 연합하고 공동으로 국가정권을 장악하며 통합적으로 국가권력을 운행하는 것이다. 이러한 시각에서, 당의 영도는 인민민주의 내적 요구이다. 당이 효과적으로 영도하는지의 여부가 인민민주 발전의 관건이다. 이것은 중국정치의 내재적 기본 원칙이며, 이러한 원칙에 의하면 어떤 시각에서 보더라도 중국의 현실정치와 경제, 사회발전의 관건 모두 당에 있다. 중국공산당은 국가를 세웠고 자신의 전부를 나라와 사회 시스템 속에 투입하여 주도적 세력이 되었다. 현대화의 성장과 국가제도의 성숙에 따라 국가와 시장 그리고 사회가 갈수록 독립적이고 자주적으로 운행되는 공간과 효과적 법률을 보장받고 있다. 이는 서구의 대의민주제가 서구의 현대정당과 떼려야 뗄 수 없는 것과 같다.[19] 중국 현대정치제도의 뿌리와 작동 논리 또한 중국공산당을 떠나서 이야기할 수 없다. 그러므로 당의 영도제도건설 내의 당의 건설문제는 국가정치건설과 정치발전의 전반적 문제이다. 이런 점에서 중국과 서구의 선진국은 다르지 않다. 유서 깊고 성숙한 서구 국가들은 모두 오랜 기간 동안 기존의 정당구조와 정당제도를 유지해왔고 그것을 보다 우수하고 건전하게 만들고자 노력해왔다.

전반적인 중국발전 및 중국공산당의 지배하에서 중국공산당의 건설은 장기적으로 세 가지 전략적 문제에 직면할 것이다.

첫째, 당과 인민의 문제이다. 앞서 이미 분석하였듯이, 이러한 관계는 전반적 관계이다. 이것은 당의 사회기초와 지도능력 간의 관계일 뿐만 아니라 인민민주 발전의 전제 및 조건과도 관계가 있다. 당과 인민의 관계의 핵심은 당에 대한 인민의 인정과 신뢰이다. 인민의 인정과 신뢰

---

19　艾倫·韋爾著, 謝峰譯, 『政黨與政黨制度』(北京: 北京大學出版社, 2011), pp.111-130.

가 있다면, 당은 지도력, 호소력, 응집력을 갖게 된다. 인정과 신뢰의 행동적 기초는 당이 사상, 행동, 조직에 있어서 인민대중과 밀접한 관계를 쌓음으로써 만들어진다. 이를 위해서 당은 대중노선을 충분히 발휘할 필요가 있다. 그러나 현대정치의 조건에서 대중노선만으로는 충분하지 않다. 또한 당은 인정과 신뢰의 정치적 기초, 즉 영도와 집정의 합법성, 합리성, 유효성을 만들기 위해 노력해야 한다. 집정의 합법성의 근본은 당의 가치, 조직, 제도가 충분히 사회의 공통된 인식을 기초로 확립되어야 한다는 데 있다. 집정의 합리성의 근본은 당의 영도와 조직체계가 개방성과 자기개선 능력을 갖추어야 한다는 데 있다. 집정의 유효성의 근본은 당의 전략과 행동이 충분히 경제와 사회의 유효한 발전과 진보를 수반해야 한다는 데 있다. 이로써 당과 인민이 협력하는 관계를 만드는 것은 당의 영도와 집정의 전반적 문제로 당의 구체적 업무로부터 시작하며 반드시 당과 국가 사무의 전반으로부터 파악해야 한다는 사실을 알 수 있다.

둘째, 당과 국가의 문제이다. 이 문제의 핵심은 당과 국가의 영도제도이다. 중국의 정치 시스템에서 당의 영도 시스템은 명시적으로 제도화를 통해 국가권력운영 시스템과 서로 결합된다. 또 다른 특징은 당의 영도 시스템이 중앙에서 기층으로 확대되며 국가의 각급 정권 및 기층 자치에 상응하게 된다는 점이다. 이로 인해 중국의 정치 시스템은 실제로 "헌법지상, 일원영도, 이중구조"의 구조를 갖게 되었다. 그 중에서 '헌법지상'과 '일원영도' 간의 관계는 실제로 인민과 당의 관계이다. 왜냐하면 정치학적 의미에서 헌법은 인민의지의 산물, 즉 공의(公意)로 나타난 것이기 때문이다. 헌법의 규범으로 당의 영도가 합법적으로 확립되고 작용할 수 있다. 그러므로 당과 인민의 관계라는 내적 논리를 따라야만 '헌법지상'과 '일원영도' 간의 관계가 합리적으로 구성될 수 있고 의법치국의 원칙에 부합하면서도 인민민주의 원칙에 부합하게 된다. '이중구조'는 실제로 당의 영도 시스템과 국가정권 시스템 간의 관계를 말한다. '헌법지상'과 '일원영도' 간의 정치논리에 근거하여 당의 영도 시스템이 국가정권 시스템을 대신할 수는 없다. 국가정권 시스템은 당의 영도하에 법에 따라 움직인다. 이러한 결합은 당의 영도 시스템이 국가정권 시스템의 복사품이나 연장이라는 것이 아니라, 당이 반드시 국가정권 시스템의 법률논리와 운영규범을 따라야 당의 영도를 보장받고 당의 집정능력을 제고시키는 영도 시스템을 만들 수 있다는 것을 의미한다. 여기에는 당내 민주 시스템과 인민민주 시스템 간의 관계, 당의 정책결정 시스템과 국가의 입법·행정 시스템 간의 관계, 당의 간부 시스템과 국가의 공무원 시스템 간의 관계, 당의 통일전술 시스템과 국가의 정치협상 시스템 간의 관계, 당의 상임위원회 시스템과 국가의 행정책임제 시스템 간의 관계 등이 포함된다.

셋째, 당과 당파의 문제이다. 중국의 정당제도는 중국공산당이 영도하는 다당합작과 정치협상제도이다. 이것은 일당제나 다당제와 달리 인민민주를 기초로 한다. 이러한 정당제도의 제도적 배치구조는 중국공산당의 영도, 다당파의 합작, 사회 각계의 협상이며, 그 배후의 정치논리는 영도, 합작, 협상의 유기적 통일이다. 영도는 합작과 협상의 기초 위에서 확립된다. 합작은 효과적 지도와 광범위한 협상을 기초로 이루어지며, 협상은 효과적 지도와 합작을 이끌어내는 효과적 민주형식이다. 이러한 제도하에서 당의 영도와 다당파의 합작, 당의 집정과 다당파의 참정이 주축이 되고, 그 근본은 당과 당파의 관계이다. 개혁개방 이래로 중국공산당은 민주당파의 건설과 발전을 적극적으로 추진해왔으며 중국공산당이 영도하는 다당합작과 정치협상제도를 개선해왔다. 그리고 협상은 중국민주의 중요한 형식이라는 점을 분명히 하였다. 그러나 정당제도의 건설이든 국가의 전면적 정치건설이든 이러한 노력은 보다 더 심화될 필요가 있다. 그 방향은 주로 두 가지이다. 첫째, 민주당파의 건설과 발전을 강화하여 다당합작과 정치협상의 수준을 높인다. 둘째, 정당제도의 제도화 환경을 강화한다. 즉, 인민정치협상회의 제도를 건설하고 그것이 충분히 작동하도록 하여 건전한 협상민주제도를 만든다.

종합적으로 보면, 당의 사명 및 영도와 인민민주 간의 내적 관계로부터 당의 건설은 자신의 건설논리와 인민민주의 발전논리와 결합되게 되었다. 인민민주의 발전전략에서 당의 건설을 보면 당의 건설 수준을 충분히 높일 수 있고, 당의 건설이 인민민주 건설과 발전에 기여하도록 하여 진정으로 인민민주의 정치적 기초를 공고화하고 발전시킬 수 있다.

# 제13장

# 인민민주

현대세계에서 민주화와 현대화가 인류역사운동의 기본적 조류라는 점에 논쟁의 여지가 없으며, 그 조류에 따라 많은 국가들이 순조롭게 현대화로의 전환을 필연적으로 선택하게 되었다. 그러나 조류에 따른 국가들의 발전이 모두 순조롭게 이루어지지는 않았다. 어떤 경우에 일부 국가는 여러 번 물에 잠기거나 붕괴되고 와해되었다. 일부 국가는 물에 빠진 후에 해안으로 돌아오거나 거센 민주화의 조류 속에서 다른 곳에서 쉬기도 하고 다시는 앞으로 나아가지 못하기도 하였다. 어떤 국가는 좌절하였고, 비민주화라는 오류를 범하였으며, 민주화를 행하였던 국가들은 국가와 사회 간에 문제가 발생하기도 하였다.

이렇듯 민주화가 좌절되고 심지어는 위기에 처하게 된 주요 원인은 세 가지로 나누어볼 수 있다. 첫째, 조류의 사정을 제대로 파악하지 못하였기 때문이다. 즉, 민주화 조류의 본질과 법칙을 이해하지 못하였기 때문이다. 둘째, 물의 속성을 알지 못하였기 때문이다. 즉, 행한 자 스스로가 마땅히 갖추어야 할 민주화의 기초와 조건을 갖추고 있지 않았기 때문이다. 셋째, 조류의 힘을 파악하지 못하였기 때문이다. 행한 자가 자신의 발전과 민주화의 조류를 유기적으로 결합시키지도, 서로의 힘을 빌리지도 못하면서 위로 뜰 수 없었다. 이를 통해 민주화의 추진과 민주화의 실천은 별개라는 사실을 알 수 있다. 전자는 근본적인 것이지만, 한 국가가 민주화를 달성할지 여부는 후자에 의해 결정된다.

민주화의 실천은 사람들의 신념 및 이상과 관계가 있지만, 사람들의 열정과 결심에 따라서가 아니라 민주화의 전략에 의해 결정된다. 민주화의 조건과 기초가 있는지의 여부는 문제의 관건이 아니다. 왜냐하면 사물은 모두 발전적이고 무에서 유로 발전하기 때문이다. 관건은 없는 것에서 있는 것을, 적은 것에서 많은 것을, 가까운 것에서 먼 것을 만들어낼 수 있는 능력이다. 이러한 능력은 자신에 대한 이해뿐만 아니라 세계조류에 대한 이해로부터 생겨난다. 합리적이며 효과적인 민주화의 전략은 이러한 이해 속에서 태어나고 형성된다.

근대 이래로 중국에서 민주화는 하나의 선택, 탐색, 실천, 발전이라는 우여곡절을 겪었다. 멀리는 아편전쟁이 있고, 가깝게는 중화인민공화국 성립이 있으며, 더 가깝게는 개혁개방이 있다. 이것들은 내적인 역사적 연속성을 갖고 있으며 점진적으로 진행되어왔다. 먼 역사에서부터 가까운 역사에 이르기까지 개혁개방 이래 중국의 민주화 발전은 민주화의 기본법칙에 부합하게 되었으며, 중국의 국가건설과 사회발전의 내적 요구인 민주화의 길에도 부합할 수 있게 되었고, 중국의 발전을 효과적으로 추동하고 중국의 민주화 과정에서 민주화 전략을 촉진할 수 있게 되었다. 그 실천형태는 복합민주이다. 이 장에서는 복합민주에서 출발하여 중국발전의 민주적 기초와 민주화 전략을 고찰해보고자 한다.

## I. 민주발전의 이중논리

민주를 어떻게 정의하든 간에 기본적인 입장은 인민의 통치이다. 형식은 인민이 국가생활에서 국가권력을 장악하고 자신의 일을 결정하는 것이다. 만일 국가라는 범주가 아니라면 인민의 통치에는 어떠한 실질적 의미도 없을 것이다. 왜냐하면 자결(自決)은 사람의 생존 및 발전의 자연적 법칙이기 때문이다. 인민의 통치가 의미를 갖는 이유는 지금까지 사람들이 국가라는 정치공동체 속에서 생활하고 있으며, 인민의 통치는 인민이 국가 속에서 통치지위를 실현하는 것이기 때문이다.

국가는 인류가 자신의 어려움을 해결하기 위해 만들어낸 위대한 정치적 작품이다. 인류 자신의 현실적 어려움은 다음과 같다. 모든 사람들은 스스로 주인이 되고, 자유인이 되기를 원하지만 자원의 유한성과 인간 욕구의 무한성 간의 긴장으로부터 사람은 최대한의 자유를 얻고자 노력한다. 따라서 반드시 외부세력의 힘을 빌려 사회 속에서 자유가 최대한 실현되는 질서 있는 구조 및 안전한 조건을 만들어야 한다. 그리하여 인민은 국가를 만들었다. 이로 인해 국가는 사회에서 비롯되었지만 사회보다 상위에 있고 사회세력들과 함께 작용하게 되었다. 사람은 유한한 자원이라는 조건 속에서 최대한의 자유를 얻기 위해 국가라는 중개자를 만들어냈다. 따라서 마르크스는 국가제도를 "인간의 자유의 산물"이라고 말했다.[1] 국가는 충돌을 막음으로써 자유를 보장한다. 그러므로 모든 개인들에게 자유는 무엇보다도 일종의 외적 힘이다. 그다음으로 자유는 일종의 제약적 힘이다. 사회에 있어서 국가는 하나의 "허구적 공동체"[2]이지만, 사회의 질서와 안정은 국가의 효과적 역할과 불가

---

[1]    馬克思, "黑格爾法哲學批判", 『馬克思恩格斯全集(第一卷)』(北京: 人民出版社, 1956), p.281.
[2]    馬克思·恩格斯, "德意志意識形態(節選)", 『馬克思恩格斯選集(第一卷)』(北京: 人民出版社,

분의 관계이다. 이것은 개체의 자유와 발전뿐만 아니라 사회의 질서와 안정이 국가와 떨어질 수 없도록 만든다. 바꾸어 말하면, 국가의 행위는 개인과 사회를 결정한다.

인류가 국가를 만든 목적은 스스로를 구속하기 위해서가 아니라 스스로의 발전을 위해서이다. 개인에 대한 국가의 제약은 사람의 자유로운 존재와 발전을 제약하기 위해서가 아니라 모든 개인이 사회 속에서 최대한의 자유와 발전을 얻도록 하기 위한 것이다. 사람들은 국가가 이러한 목적을 실현시켜줄 수 있는 힘이며 국가는 사회를 초월하는 동시에 사회에 의해 지배된다고 믿는다. 즉, 인민에 의해 지배되어 사회질서를 만들고 사회발전을 촉진시키는 힘인 동시에 인민의 근본 의지에 따라 국가가 마땅히 해야 하는 역할을 한다고 생각한다. 이를 위해 사람들은 국가를 만들었고, 국가에 사회를 다스리는 힘을 부여하는 동시에 국가를 자신의 수중에 놓고자 노력한다. 인류의 정치제도는 이러한 논리에 따라 만들어지고 발전해왔다. 그것은 사람들이 국가권력을 통제하는 제도적 장치와 국가가 인민의 권리를 보장하도록 하는 제도적 장치의 유기적 통일이다. 이러한 의미에서 마르크스는 민주제가 "모든 국가제도의 실질"이라고 생각하였다.[3] 이런 논리에 따르면, 군주전제는 민주제의 대응물이 아니라 민주제가 결여된 국가제도이다.

이를 통해 볼 때, 인민의 통치가 구현된 민주는 인민이 국가권력을 장악하는 것으로 실현될 뿐만 아니라 인민에 의해 장악된 국가권력이 인간과 사회의 발전을 충분히 이끌어내는 것으로 실현된다. 비록 민주적 발전에 있어서 전자가 결정적이지만, 민주가 최종적으로 실현되고 공고화되는 것은 후자에 달려 있다. 전자가 결정적 의미를 갖기 때문에,

1995), p.84.

3    馬克思, "黑格爾法哲學批判", 『馬克思恩格斯全集(第一卷)』(北京: 人民出版社, 1956), p.281.

사람들은 습관적으로 민주가 실현된다면 인간과 사회의 발전도 보장되며 그것이 순조롭게 현실화될 것이라고 생각한다. 그러나 사실은 그렇지 않다. 인민이 국가권력을 장악하는 것과 인민이 장악한 국가권력이 인간과 사회의 발전을 이루는 것은 별개이다. 왜냐하면 인민이 장악한 국가권력이 인간과 사회의 발전을 이룩하는 것은 국가권력의 성격에 달려 있을 뿐만 아니라 국가권력이 발휘하는 기본 조건과 구조형태, 조직 수준 및 기능 정도에 달려 있기 때문이다.

　이를 통해 우리는 논리적으로 다음과 같은 초보적 결론을 도출할 수 있다. 인민의 통치가 구현된 민주는 국가라는 범주 내에서만 그 가치와 의미를 가질 수 있다. 국가라는 범주 내에서 실천된 민주는 인민이 장악한 국가권력의 정도와 방식에 달려 있고, 인민이 장악한 국가권력의 조건과 능력은 민주의 근본 사명─인간의 자유의 발전과 사회의 전면적 진보의 창출─을 실천하고 이행할 수 있는지에 달려 있다.

　그러므로 사회의 민주 건설과 민주의 발전 또한 반드시 인민과 그들이 조직한 사회 그리고 국가와의 상호작용 속에서 전개된다. 그 가운데 가장 기본적인 논리는 다음과 같다. 민주는 국가에 대한 인민의 통제에서 비롯된다. 이러한 통제를 통해 진정으로 민주의 근본적 사명을 이룰 수 있어야 한다. 즉, 그러한 통제는 국가의 적극적 반응, 효과적 대응과 분리되어서는 안 된다. 민주적 발전은 민주에 대한 인민의 추구와 실천을 필요로 하며, 민주적 과정 속에서 국가의 발전과 완성을 필요로 한다. 구체적인 민주의 실천이든 장기적인 민주화 과정이든, 이러한 쌍방향의 운동과 떨어질 수 없다. 찰스 틸리(Charles Tilly)는 전 세계에서 과거 몇 백 년간에 국가 차원에서 발생한 민주화와 비민주화의 과정을 고찰·분석·연구한 것에 기초하여 정치적 민주를 분석하기 위한 기본적 시각을 도출해냈다. "국가와 공민 간의 관계가 광범위하고 평등하며 보호적이고 상호제약적인 협상이라는 특징을 드러낸다면, 우리는 그 정도에 따라 민주적이라고 한다." 이러한 견해에 기초하여, 틸리는 국가행위와 공민이 표출한 요구가 일치하는 정도로 민주를 측정하고 평가하였다. 이에 대해 그는 더 나아가 다음과 같이 설명하였다. "국가행위와 공민이 표현한 요구가 일치하는지를 판단하는 것은 반드시 다음의 네 가지를 필요로 한다. 공민이 표출한 요구에서 만족스러운 범위가 어느 정도인가? 그들의 요구가 국가행위로 전환되는 것에 대해 서로 다른 공민 집단들은 평등하다고 느끼는가? 그러한 요구들은 어느 정도로 국가의 정치적 보호를 받고 있는가? 이러한 전환과정에서 어느 정도로 쌍방(공민과 국가)이 참여하는가?"[4] 여기에서 틸리는 민주가 최종적으로 어떤 형태로 나타나든지 간에 그것의 가장 근본적인 기초는 공민의 민주적 요구와 국가의 민주적 대응 간의 내적 일치라고 생각하였다. 이러한 일치의 출발점은 당연히 공민 혹은 사회이며, 그 결정권은 주로 국가에 있다. 국가는 공민과 사회민주의 요구와 희망에 적극적으로 대응해야 할 뿐만 아니라 반드시 최대한 공민과 사회가 제기한 민주적 요구를 실현하는 기초와 능력을 가지고 있어야 한다. 비록 틸리는 이러한 기초와 능력이 어떻게 형성되는지 고려하지 않았지만, 일단 국가가 이러한 일치성을 유지하거나 촉진하지 못한다면 국가와 사회의 발전은 민주화를 향해 나아갈 수 없고 그와 반대로 비민주화로 향해 갈 것이라고 생각하였다.

민주화의 관점에서 비민주화는 민주화의 쇠퇴이며 실패이다. 현존하는 민주는 국가가 인간과 사회의 발전을 이루는 기초와 능력을 대폭축소시켰다. 이러한 배경하에서 현재의 민주는 형식적으로 민주라고 할

---

4 查爾斯·蒂利, 『民主』(上海: 上海世紀出版集團, 2009), p.12.

수 있지만, 본질적으로는 민주의 근본 사명을 이행하는 능력을 상실하였다. 그러므로 진정으로 민주화를 시작하여 효과적으로 민주화를 추진하고 민주화의 과정 중에 비민주화의 위험을 피하고자 한다면, 사회의 자유로운 주체의 육성, 민중의 민주 염원 및 민주화의 역사적 운동만으로는 부족하고, 국가가 민주화의 과정에서 효과적으로 진보하고 발전해야 하며 이렇게 사회진보를 만들어내는 과정 속에서 전면적으로 국가건설의 수준을 제고시켜야 한다. 그리고 이로부터 국가가 민주화를 실천하고 발전시키며 창출하는 기초와 능력을 갖도록 해야 한다.

그럼에도 불구하고 한 국가의 민주적 실천과 성숙은 개체의 자유와 사회의 자주적 발전이라는 내적 논리의 결합 이외에도 국가건설과 국가발전이라는 내적 논리의 결합을 필요로 한다. 이것은 어떠한 현실적 기초와 발전적 배경을 가진 민주적 실천과 민주화 과정이라도 이 두 가지 논리적 기초 위에서 형성된다는 것을 의미하며, 그 배후에는 인민과 국가의 의지, 사회세력과 국가세력의 충돌과 집합이 있다. 이를 통해 볼 때, 모든 민주는 내적 복합성을 갖고 있다. 구체적으로 그것은 개체의 자유로운 발전과 국가건설의 복합을 추구하는 것이며, 사회의 자주와 국가발전의 결합을 추구하는 것이다.

개체의 자유와 사회의 자주에 있어서 민주적 가치는 자유를 지향한다. 국가건설과 국가발전에 있어서 민주적 가치는 발전을 지향한다. 질서에 대한 국가의 적극적 건설은 반드시 발전에 대한 추구 속에서 서비스의 발전을 포함하고 있다. 그러므로 건강하고 효과적인 민주의 발전은 반드시 자유와 발전을 실현하는 공생적 통일을 전제로 해야 한다. 자유는 비록 발전의 동력과 전제이지만, 자유가 발전과 똑같을 수는 없다. 마찬가지로 발전은 자유의 기초이지만, 반드시 자유를 가져오는 것은 아니다. 이 둘의 관계를 관통시키는 유일한 방법은 자유와 발전을 실현

하는 공생과 통일이며, 그 관건은 국가이다. 구체적으로, 국가가 어떻게
민주적 복합성을 드러내어 하나의 효과적인 민주화 전략을 창출하고 민
주주의의 구체적 실천으로 사회에 충분히 자주적이고 자유로운 공간을
마련할 수 있는지, 또한 국가건설과 국가발전의 업적과 성과를 충분히
보장할 수 있는지이다.

## II. 인민민주의 실천형태

중국의 민주화는 인민민주의 추진을 둘러싸고 전개된다. 현대의 민주
는 현대 민족국가건설에 상응하여 형성된 것이며, 이는 현대 민족국가
의 "일종의 불가피한 필연성"이다.[5] 그러나 모든 사회는 현대국가로 향
하는 역사적 기점과 발전 경로에서 차이를 보이며, 그것은 현대민주 건
설의 논리와 과정에 직접 영향을 미친다. 중국은 인민민주를 선택하였
는데, 이것은 단순히 일종의 이론이나 관념의 산물이 아니다. 반대로 이
것은 역사적 합력(合力)의 결과이다. 이러한 역사적 합력에는 최소한 세
가지가 포함된다. 첫째, 제국시대로부터 현대국가로 발전한 중국의 역
사는 민주의 발전이 현대국가건설을 충분히 수용할 수 있고 현대국가건
설에 이바지할 것을 요구하였다. 둘째, 반식민지를 탈피하고 국가독립
을 실현한 중국의 역사는 민주의 발전이 민족의 독립과 인민의 해방을
가져오기를 요구하였다. 셋째, 인민이 자유와 평등을 추구한 중국의 역
사는 민주의 발전이 자유로운 개체와 평등한 사회, 법치사회를 가져오
기를 요구하였다. 이러한 역사적 합력은 인민민주가 중국에서 출현하도

---

5    恩格斯, "家庭, 私有制和國家的起源", 『馬克思恩格斯選集(第四卷)』(北京: 人民出版社,
     1995), p.173.

록 도왔고, 동시에 인민민주에 독특한 역사적 사명과 실천형태를 부여
하였다.

　마오쩌둥은 건국 전야에 「인민민주독재를 논한다」라는 글에서 인
민민주의 역사적 기초와 정치적 특성에 대해 분명하게 표현하였다.
"1924년에 쑨원이 직접 이끈 국민당 제1차 전국대표대회에서는 저명한
선언 하나를 통과시켰다. '근세 각국의 민권제도라는 것은 종종 자산계
급의 전유를 위한 것으로 평민을 억압하는 도구가 되었다. 국민당의 민
권주의는 일반 평민이 공유하는 것이며 소수인이 사유하는 것이 아니
다.' 누가 누구를 이끌 것인지의 문제 이외에 일반적 정치강령에 있어
서, 여기서 말한 민권주의는 우리가 말한 인민민주주의 혹은 신민주주
의에 부합하는 것이다. 일반 평민이 공유하도록 하고 자산계급의 사유
를 허용하지 않는 국가제도에 노동자계급의 영도를 더하면, 이것이 인
민민주독재의 국가제도인 것이다."[6] 마오쩌둥은 인민민주를 두 가지 역
사적 기초 위에 세웠다. 하나는 근대 이래 세계의 현대화와 민주화의 사
조이며, 다른 하나는 쑨원이 연 중국민주혁명의 역사적 실천이다. 그러
므로 중국공산당이 최종적으로 확립한 인민민주는 세계 민주화의 조류
에 부합할 뿐만 아니라 중국의 현대화 및 민주화의 역사적 논리에 부합
한다. 이와 동시에 마오쩌둥은 중국 인민민주의 두 가지 정치적 특성을
분명히 하였다. 첫째는 자산계급 민주의 복사품이 아니라 사회주의 민주
를 지향하는 것이다. 따라서 소수인이 소유한 민주가 아니라 반대로 일
반 평민이 공유하는 민주이다. 둘째는 중국공산당이 영도하는 민주이다.

　인민민주가 중국에서 확립되고 발전한 역사적 기초는 정치적 특성
에 합리적 근거를 마련해주었다. 인민민주를 중국의 역사적 합력과 역

---

6　毛澤東, "論人民民主專政", 『毛澤東選集(第四卷)』(北京: 人民出版社, 1991), pp.1477-
　　1478.

사적 기초의 차원에서 보면 인민민주의 정치적 특성이 인민민주의 내적 본질에서 비롯되었음을 발견하는 것은 어렵지 않다. 즉, 개체의 자유를 실현하기 위한 것일 뿐만 아니라 인민의 통치를 실현하기 위한 것이다. 여기서 인민의 통치는 가치적으로 구현되어야 할 뿐만 아니라 보다 중요하게는 제도적으로 구현되어야 한다. 또한 그것은 개체의 자유의 전제와 기초가 되어야 한다.

인민민주의 본질적 속성은 민주 자체의 규정성에 자리 잡고 있으며 동시에 중국의 현대화 발전의 역사적 규정성에 자리 잡고 있다. 중국의 현대화는 내생적인 것이 아니다. 세계의 현대화 조류가 중화의 전통제국체계에 충격을 가한 이래, 중화민족은 '국가와 민족의 생존(救亡圖存)'을 위해 현대화의 발전노선을 걷게 되었다. 따라서 중국의 현대화 발전은 처음부터 세 가지에 대한 강한 기대감을 갖고 있었다. 첫째는 문명전환, 즉 전통에서 현대로의 전환의 실현이다. 둘째는 국가건설의 추진, 새로운 제도의 건설, 새로운 발전의 추구이다. 셋째는 자본주의를 극복하여 인민이 행복한 사회를 만드는 것이다. 중국의 전통적 사회구조 및 제국 해체 이후의 사회현실에서 중국사회는 어떠한 하나의 계급세력에 의해 단독으로 현대화 발전을 주도할 수 없게 되었다.[7] 이것은 중국의 현대화 발전이 이러한 기대에 부응하도록 노력한다는 것

---

7    중국전통사회의 계급분화와 서구사회의 그것은 완전히 다르다. 량수밍(梁漱溟)이 보기에 중국전통사회는 "집중되고 고착된" 계급 구분이 없었고, 그 분화는 주로 "직업 분화", 즉 사농공상(士農工商)으로 나타났다[梁漱溟, "中國文化要義", 『梁漱溟全集(第三卷)』(齊南: 山東人民出版社, 1990), pp.139-157 참고]. 첸무(錢穆)가 생각하기에 중국전통사회는 "평이하고 느슨하며 무조직적이고 무세력적인 사회"이며, "세습귀족도 없고 상공업의 대자본이나 대기업 또한 출현하지 않았으며, 전 사회가 비교적 평등한 길을 갈 수 있었다." [錢穆, 『國史新論』(北京: 生活·讀書·新知三聯書店, 2001), p.32]. 이러한 사회구조로 인해 제국체제가 해체된 후에 중국에는 사회전환의 사명을 담당할 계급역량이 결여되었던 것이다.

을 의미한다. 주요 임무는 광대한 민중을 어떻게 연합시켜 사회의 진정한 근본 세력으로 만드는가이다. 민주는 당연히 최선의 선택이지만, 이러한 사명하에 그 의미는 개체를 해방시키는 것뿐만 아니라 보다 중요하게 전체를 응집시키는 데 있다. 왜냐하면 제국체제의 해체 후에 중국은 거의 무정부상태에 처하게 되었고 국가는 붕괴되고 와해되는 위기에 직면하게 되었기 때문이다. 이러한 현실로부터 민주공화는 개체와 사회의 해방이 아니라 국가질서의 재건에서 실천적 실마리를 찾게 된 것이다. 그리고 이러한 재건이 독재로 빠지게 되는 위험을 피하기 위해서는 오직 가장 광대한 인민이 국가건설의 동력과 목적이 되어야 했다. 중국공산당은 이러한 선택을 하였고, 실제로 쑨원이 이끈 국민당 또한 같은 선택을 하였다. 마오쩌둥은 1945년에 발표한 「연합정부를 논하다」에서 중국공산당이 중국을 위해 분투하는 최소강령은 쑨원의 신삼민주의에 대한 계승이라고 명확하게 표현하였다. "중국공산당원에 대한 우리 당의 최소강령을 위한 분투와 쑨원의 혁명 삼민주의, 즉 신삼민주의를 위한 분투는 기본적으로(모든 점에서는 그런 것은 아니지만) 한 가지 일이지 두 가지 일이 아니다. 이로부터 중국공산당원이 혁명 삼민주의의 충성스럽고 가장 철저한 실현자라는 점은 과거와 현재에 이미 증명되었고 앞으로도 증명될 것이다."[8] 마오쩌둥이 여기서 강조한 계승성과 일치성은 투쟁전략의 필요성이 아니라 그 자체를 의미한다. 왜냐하면 혁명이 좌절된 후에 쑨원 또한 중국혁명과 건설이 성공하려면 4억 동포의 동원과 응집이 없이는 안 된다는 것을 인식하였기 때문이다.[9]

쑨원이 이끌었던 국민당이나 중국공산당은 사회와 국가의 재건과

---

8    毛澤東, "論聯合政府", 『毛澤東選集(第三卷)』(北京: 人民出版社, 1991), p.1061.
9    孫中山, "要靠黨員成功, 不專靠軍隊成功", 『孫中山選集(下卷)』(北京: 人民出版社, 1956), pp.474-483.

정에서 다음과 같은 가장 기본적인 전략모델을 형성하게 되었다. 정당이 인민을 결집시키고, 인민의 역량을 통해 현대국가를 건설한다. 이를 위해 민주공화의 주요 사명은 인민에게 지위를 부여하고 인민이 국가의 주인이 되도록 하는 것이다. 그러나 '인민'이란 무엇인가? 이론적으로 봤을 때, 이것은 추상적 개념이다. 이것은 일반적 의미의 사람, 혹은 광범위하게 사회의 개체나 대중적 군체를 의미한다. 이 때문에 적지 않은 사상가들이나 이론가들이 '인민민주'는 하나의 허구적 개념이라고 생각한다. 왜냐하면 그 주체가 불분명하고 허구적이기 때문이다. 미국 학자 로버트 달(Robert Dahl)과 같은 사람들은 인민민주와 관계된 '인민통치'의 사상을 일종의 어두운 음영이론(shadow theory)이라고 생각한다.[10] 그러나 중국의 역사와 현실조건으로 인해 중국혁명과 건설은 허구인 것처럼 보이지만, 이는 중국혁명 건설의 논리 그리고 합법성의 기초와 직접 관련되어 있는 '인민민주' 혹은 '인민의 통치' 위에서 이루어지는 것이다. 쑨원이 이끌었던 국민당이나 중국공산당 모두 그 실재화를 위해 노력한 것이다.

국공 양당의 상관이론과 진술에 대한 비교연구를 통해 발견할 수 있는 것은 현대중국의 민주공화건설과 현대국가건설에서 '인민'은 세 가지 기본적 속성을 갖는다는 것이다. 첫째, 인민은 하나의 집합체이며 전 인민의 집합체로 볼 수 있다.[11] 또한 그것은 계급적 집합체로 볼 수 있다. 둘째, 인민은 평민 혹은 노동자가 주체인 사회 대다수를 말한다. 이런 의미에서 그것은 평민을 억압하거나 사회발전의 조류에 대항하는 세력들을 적으로 여긴다. 후자가 인민의 적이 되는 것이다. 셋째, 인민은 유기체이며, 정당은 그 유기체의 핵심역량을 구성한다. 그러므로 인

---

10   羅伯特 A.達爾, 曹海軍·佟德志譯, 『民主及其批評者』(長春: 吉林人民出版社, 2006), p.3.
11   凱爾森, 沈宗靈譯, 『法與國家的一般理論』(北京: 中國大百科全書出版社, 1996), p.260.

민은 정당의 영도에 기초하여 결집해서 단결되고 통일된 정치적 세력이다. 이에 기초하여 '인민민주'에 의해 형성된 통치는 당연히 전체적 힘으로서 존재하는 인민이 장악한 정권에 의한 통치가 된다. 그리고 이러한 통치의 역사적 사명과 현실적 목적은 평민 혹은 노동자가 주인이 되는 것이며, 모든 개인의 정치적 평등을 실현시키는 것을 기초로 모든 개인의 경제적·사회적 평등을 최대한 실현하는 것이다. 요약하자면, 인민 전체가 정권을 장악하는 인민의 통치는 인간과 사회의 전면적 발전을 창출해낸다.

그러므로 인민은 국가발전의 동력이며, 국가의 주인이다. 따라서 인민민주는 인민이 전체로서 국가권력을 장악하는 것이자 인민이 통치하는 민주를 실현하는 것이다. 여기서 '전체'에 대한 강조는 부분에 대한 부정이나 개체에 대한 간과를 의미하는 것이 아니다. 이는 인민민주가 계급과 계급통치에 대항하는 인민의 분열을 기초로 한 다수에 대한 소수의 통치가 아니라 인민이 결집하여 유기적 전체로서 전체 인민의 근본 이익을 목표로 하는 인민통치를 실현하는 것임을 강조하는 것이다. 이러한 결집은 각 세력의 연합을 통해 전체 인민의 영도적 정당으로 결집되어 실현된다. 이러한 영도성은 분명히 그 사회와 인민이 가진 연합성을 기초로 하여 만들어진다. 이러한 영도적 정당은 일단 자신의 역량으로 만들어진 연합과 결집을 통해 집정당이 되는데, 결국은 정당에 대한 연합과 결집이 아니라 정당을 통해 국가로 연합하고 결집되는 것이다. 즉, 국가를 지지하고 운행하는 하나의 역량으로 존재하며, 따라서 이러한 유기적 전체는 인민 자신의 유기적 전체가 된다.

여기서 인민민주가 일단 구체적으로 실천되면 세 가지 차원에서 전개되는데, 그중 하나라도 없어서는 안 된다. 첫째, 인민은 전체로서 국가정권을 장악하며 주인으로서의 권리를 이행한다. 둘째, 인민을 결집시킨 정당은 민주적 실천을 통해 인민을 연합하고 결집한다. 동시에 전체 인민을 동원하고 조직하며 인민이 주인 됨을 실행한다. 셋째, 인민이 만든 단위의 개체와 단체로서 민주적 권리를 실천하기 위해 민주를 실행한다. 이 세 가지 차원에 포함된 주체는 실제로 복합적 주체이다. 첫째는 인민으로, 전체로서 존재하는 인민에 속하면서도 그 인민이 속한 개체 및 단체에 속하기도 한다. 둘째, 정당으로, 인민이 유기적 전체로서 결집하여 존재하도록 한다. 인민이 직접 전개하는 민주를 통해 인민 전체가 국가권력을 장악하고 통치하는 민주를 실현한다. 정당을 통한 민주는 인민의 공동의지와 근본 이익이 국가발전을 주도하도록 하여 인민이 주인이 되는 민주를 실현한다. 실천 속의 인민민주는 인민과 정당에서 출발하여 전개된 민주적 실천의 유기적 복합과 구별된다. 그 배후에는 실천 주체의 복합, 즉 인민과 정당의 복합이 있다. 이들이 최종적으로 지향하는 바는 동일하다. 권력을 전체 인민의 수중에 두고, 인민이 주인이 되며, 인민의 근본 이익을 위해 봉사하며, 인간과 사회의 전면적 발전을 창출하는 것이다.[12]


## III. 국가발전과 민주능력

어떤 사회에서도 민주발전이 앞으로만 가는 것은 아니다. 모두 그 기초적 추동작용과 주체의 인양작용을 필요로 한다. 한 연구에 따르면, 비록 경제성장 자체가 정치민주의 운명을 결정하지는 못하더라도 대부분의 경우에 민주발전과 상관관계가 있다. 이와 동시에 민주주체인 공민의

---

12    林尙立, "復合民主, 人民民主的實踐形態", 陳明明主編, 『轉型危機與國家治理』(上海: 上海人民出版社, 2011), pp.1-41.

생활수준과 교육 정도는 민주의 개선과 공고화에 상당한 역할을 한다.[13] 이론적으로 이러한 기초와 조건은 반드시 국가와 개인 그리고 정부와 사회의 공동작용의 결과이다. 그러므로 민주발전이 필요로 하는 기초와 조건은 개인과 사회의 노력과 불가분의 관계에 있으며 국가의 역할과도 떨어질 수 없다. 일정한 조건하에서 국가의 역할은 결정적이다. 현실 속에서 국가는 경제와 사회의 발전을 촉진하고 공민의 생활수준과 교육수준을 개선하지만, 이로부터 민주의 발전을 위해 노력하는 것이 아니라 전쟁 전의 일본 및 석유생산국들처럼 전제정권을 공고화하기 위해 이를 활용할 수도 있다. 공민의 소질과 능력은 의미와 가치가 있지만, 반드시 민주의 자양분이라고 할 수는 없다. 반대로 극단적 상황에서 그것은 심지어 민주의 생성과 발전을 저해할 수도 있다. 그러므로 그것이 반드시 민주를 초래하지는 않는다. 간단한 논리로 우리는 다음과 같은 결론을 도출해낼 수 있다. 민주발전의 과정에서 국가 역할의 관건은 민주발전에 도움이 되는 기초와 조건을 얼마나 만들어내는가가 아니라 그것이 만들어낸 모든 것을 민주발전의 진정한 동력과 자원으로 전환시킬 수 있는 능력이 있는가, 그리하여 민주건설과 발전을 효과적으로 추진할 수 있는가이다. 이것이 이 책에서 말하는 "국가가 민주를 공급할 수 있는 능력"이다. 이것은 세 가지 측면으로 구성된다. 첫째, 국가가 민주적인 과정을 구축하는 능력이다. 둘째, 국가가 스스로를 이성화하는 능력이다. 셋째, 국가가 발전을 촉진하는 능력이다. 국가에 있어서 이러한 능력은 종합적이며, 모두 정치, 경제, 사회의 현대화 발전에 필요하다. 이와 동시에 이 세 가지 능력은 민주적 동력으로 전환되어야 하며, 반드시 동시에 작용해야 하고, 어떤 하나의 역량도 나머지 두 가지 역량의

---

13　西摩·馬丁·利普塞特·宋慶仁·約翰·查爾斯·托裏斯, "對民主政治的社會條件的比較分析", 中國社會科學雜志社編, 『民主的再思考』(北京: 社會科學文獻出版社, 2000), pp.72-110.

도움 없이 민주라는 선(善)을 이룰 수 없다.

민주화의 조류 속에서 국가가 민주를 발전시키고자 하는가와 국가가 민주를 발전시킬 능력이 있는가는 별개의 문제라는 것을 알 수 있다. 이 장의 제1절에서 강조한 민주의 복합성은 효과적인 민주발전을 위한 내적 요구가 있다는 것이며, 그것은 국가 자신에 대한 것이다. 즉, "국가가 민주라는 선을 공급하는 능력"에 대한 요구이다. 민주적 복합성의 차원에서 보면, 민주의 성장은 개체의 자유로운 발전과 국가건설의 복합을 추구하는 것이며 사회적 자주와 국가발전의 복합을 추구하는 것이다. 그러므로 "국가가 민주라는 선을 공급하는 능력"은 근본적으로 국가가 민주발전과 국가건설을 유기적으로 결합하여 이루어지는 것이다. 결합이 제대로 이루어지면 국가건설로부터 민주가 발전할 수 있고 동시에 민주화로부터 국가건설이 심화될 수 있다. 이러한 결합의 관건은 국가가 자국의 실제적 민주주의 건설의 전략적 의제에 부합하는가이다.

구체적으로는 민주적 가치목표의 선택, 민주건설의 노선 선택, 민주발전의 행동원칙, 민주발전의 의제 설정이다. 민주적 가치목표의 선택은 민주 자체의 가치에 대한 선택이 아니라 어떠한 목표와 상태에 따라 민주적 가치를 선택할 것인가에 대한 것이다. 이러한 가치목표는 분명히 추상적이 아니라 구체적인 국정(國情)과 민정(民情)에 직접적으로 상응하는 것이며, 국가발전의 전략과 목표에도 상응한다.

민주화의 경로를 선택하는 것은 그 관건이 민주화의 관문을 선택하는 것이 아니라 민주건설의 의존경로를 선택하는 것이다. 왜냐하면 근본적으로 민주의 건설은 단독으로 진행되는 것이 아니라 반드시 의존적 기초와 동력에 따라야 하기 때문이다. 아무리 좋은 제도설계라도 필요한 경제적·사회적 기초가 없고 상응하는 사회구조와 문화정신이 없다면, 민주는 사상누각에 불과하다.

민주발전의 행동원칙은 실제로 민주의 탄력적 공간에 대한 확보 및 민주성과가 누적된 행동원칙의 설정이다. 민주의 발전은 커다란 탄력적 공간을 갖는다. 만약 이러한 탄력적 공간을 정립하거나 확보하지 못한 다면, 민주는 발전하지 못하고 위기에 처하게 된다. 이러한 탄력적 공간의 크기는 민주의 실제 수준 및 그것이 발전한 현실사회와 정치조건에 달려 있다.

이 밖에 고려해야 할 것은 민주의 성장이 하나의 부단한 축적의 과정이라는 것이다. 어떻게 민주발전의 안정성을 유지할 것인가와 동시에 축적성도 고려해야 한다. 민주의 성장을 축적시키는 관건은 국가가 때에 맞게 민주의 발전을 사회진보와 국가발전의 자원으로 전환시킬 수 있는가이다. 즉, 민주적 효율성을 추구하는 것이다.

민주발전의 의제 설정은 민주발전의 진행계획, 단계 설정 그리고 단계적 목표 설정에 대한 총체적 설계이다. 민주발전의 전략적 의제는 비록 설정한 것이 민주의 발전 그 자체이지만 실제로는 민주발전과 국가건설을 어떻게 서로 촉진시키고 함께 발전시킬 수 있는지에 대한 전체적 계획과 설정이다. 이러한 전략적 의제는 민주발전의 전략적 의제인 동시에 국가건설의 전략적 의제이기도 하다. 그러므로 이것은 곧 "국가가 민주라는 선을 공급"하는 것의 중요한 구성요소이다.

인민민주의 실천형태는 복합민주이며, 중국공산당은 인민민주의 추동자이면서 구체적 실천자이다. 중국공산당은 영도세력이면서 집정세력이기도 하다. 따라서 국가건설의 영도자이면서 행위자이기도 하다. 이것은 중국이라는 "국가가 민주라는 선을 공급할 수 있는 능력"이 있음을 의미한다. 근본적으로 그것은 중국공산당에 달려 있다. 문제의 관건은 당과 국가체제가 공존하는 조건 속에서 중국공산당이 "국가가 민주라는 선을 공급하는 능력"을 제고시키는 것을 국가건설의 차원에서

뿐만 아니라 중국공산당의 건설 차원에서도 고려해야 한다는 점이다. 어떤 의미에서는 당의 건설이 보다 더 결정적 의미를 갖는다. 또한 이것은 왜 중국공산당이 당내 민주로서 인민민주의 전략을 가져오고자 하는지에 대한 중요한 이유이기도 하다. 동일하게 중국의 정치논리에서 "국가가 민주라는 선을 공급하는 능력"은 결국 정당을 주체로 한 능력으로 전환된다. 정당을 주체로 형성된 "국가가 민주라는 선을 공급하는 능력"에는 위에서 분석한 세 가지 능력 이외에도 반드시 정당의 자기건설과 발전능력을 더해야 한다. 분명 정당의 이러한 능력은 "국가가 민주라는 선을 공급하는 능력"을 구축하는 것이든 정당이 직접 인민민주를 실천하는 것에서 보든 매우 핵심적이고 중요하다.

　　이로부터 다음과 같은 기본적인 결론을 내릴 수 있다. 중국의 민주적 실천과 발전에서 정당의 발전과 그것이 마땅히 가지고 있어야 하는 능력은 중국의 인민민주의 발전과정과 효과 그리고 최종적 승패에 결정적 영향을 미친다. 이것은 일반 국가의 민주 발전과는 완전히 다르다. 인민민주의 정당에 대한 요구 및 "국가가 민주라는 선을 공급하는 능력"의 정당에 대한 요구의 관점에서 보면, 정당 발전의 핵심은 정당의 영도적 운영의 제도화를 실현하는 것이다. 당의 영도는 인민민주의 전제이며 집정당의 전제이기도 하다. 따라서 당 영도의 제도화 정도는 인민민주와 관련이 있을 뿐만 아니라 당의 집정과 국가운행과도 관련이 있다. 그리하여 국가민주화의 과정 전체에 영향을 준다.

　　당 영도의 제도화에는 세 가지 차원이 포함된다. 첫째, 당의 영도권력 구성의 제도화이다. 이것의 원칙은 민주집중제이다. 그 수직적 권력의 구성은 당 자신의 영도 시스템의 집중과 통일을 해결해준다. 그 수평적 권력의 구성은 당의 집단영도와 민주정책결정 시스템을 형성하고 개선한다. 둘째, 당의 영도권력 운영의 제도화이다. 이에는 구체적으로 세 가지 차원이 포함된다. 하나는 국가적 차원으로, 당의 권력 운영의 제도적 메커니즘과 국가제도 메커니즘의 유기적 연계를 통해, 당의 권력 운영이 당내 기율의 구속을 받으면서도 국가제도와 법규범의 구속을 받도록 하는 것이다. 다른 하나는 정당제도의 차원으로, 제도건설과 규범화를 통해 당의 영도와 다당협력 그리고 다방면의 참여정치협상의 유기적 통일을 이루는 것이다. 나머지 하나는 당내 정치생활의 차원으로, 당내 민주를 견지하고 집정당의 기율과 제도규범을 엄격하게 하며 당원의 기본권을 존중하여 당내 권력이 당장(黨章)에 따라 운행되고 운영이 표준화되도록 하는 것이다. 셋째, 당의 영도권력 감독의 제도화이다. 이러한 감독에는 세 가지 차원이 있다. 하나는 인민의 차원으로, 가장 중요한 것은 당의 대중사업을 제도화하는 것이다. 일상적·제도적으로 인민대중의 감독을 받는 것이다. 다른 하나는 국가의 차원으로, 가장 중요한 것은 전면적으로 법치국가를 건설하여 헌법과 법률이 당 집정의 무대와 집정과정에서의 당 영도권력의 운행을 규범화하는 것이다. 나머지 하나는 당의 차원으로, 가장 중요한 것은 당원의 권리를 존중하고 당내 민주를 실행하여 당원과 당대표 그리고 당대표대회 및 거기서 구성된 전체위원회가 당의 영도행위를 제약하는 핵심역량이 되도록 하는 것이다.

  분명한 점은 당 영도의 제도화의 근본적 사명이 단순히 당의 영도지위와 영도자원을 고착시키는 것이 아니라 최대한 당의 영도와 집정의 유기적 결합을 촉진하여 당의 영도가 국가제도의 효율적인 운용을 위한 중요한 정치적 기초가 되도록 하는 동시에 국가제도의 운행과 개선을 돕고 다시 당 영도의 제도화의 발전을 촉진하는 것이다. 그렇게 되면 당 영도의 제도화로 인한 효과는 배가 되고 당의 영도능력과 집정 수준을 제고시킬 수 있을 뿐만 아니라, 국가제도화의 발전을 촉진시키고 국가의 합리적 능력과 수준을 제고시킬 수 있게 된다.

## IV. 복합민주와 인민민주

중국에서 인민민주의 발전은 중국의 민주화뿐만 아니라 중국특색 사회주의 실천 전반과 관계되어 있다. 이는 후진타오(胡錦濤)가 중공중앙회의 보고에서 말한 바와 같다. "인민민주는 사회주의의 생명이다."[14] 인민민주는 현대민주의 발전에서 비롯되었지만, 또한 현대민주를 극복하고자 한다. 인민민주는 사회주의에 뿌리내린 요구이며, 또한 중국의 현대국가건설을 지지한다. 따라서 인민민주는 중국의 건설과 발전에서 민주발전의 일반적 법칙을 충분히 존중해야 하고 동시에 인민민주의 건설과 발전의 내적 규정성을 충분히 중시해야 한다. 상대적으로 인민민주의 이론과 실천에 대한 사람들의 관심은 주로 민주발전의 일반적 법칙에서 비롯되어서, 인민민주의 건설과 발전의 내적 규정성이 인민민주의 이론과 실천에 중대한 영향을 준다는 것을 간과하기도 한다.

중국에서 인민민주의 출발점은 인민이다. 즉, 인민이 주인이 되는 것으로, 이는 두 가지 측면을 포함한다. 첫째, 전체로서 존재하는 인민이 국가권력을 장악하고 인민이 국가업무를 결정한다. 둘째, 인민의 한 일원으로서의 개체는 자유권을 향유하고 국가영역에서 전면적 발전을 한다. 전자는 국가권력의 귀속을 의미하고, 후자는 공민권리의 실현을 의미한다. 일반적 민주 이론에서는 상당히 모호한 논리로 공민권리의 실현문제와 국가권력의 귀속문제를 이야기하면서 권력이 인민의 수

---

14    胡錦濤, "高擧中國特色社會主義偉大旗幟, 爲奪取全面建設小康社會新勝利而奮鬥", 『十七大以來重要文獻選編(上)』(北京: 中央文獻出版社, 2009).

중에 귀속된다고 한다. 인민 중 누구의 손에 귀속되는지는 따지지 않는다. 사실 권력이 인민의 수중에 있다는 것은 두 가지 상황에 해당한다. 첫째는 전체 인민의 수중에 있는 것이고, 둘째는 일부 소수의 소유가 되는 것이다. 사회주의의 원칙 및 중국 국가건설의 내적 논리에 따른 국가권력의 귀속은 인민으로부터 나와서 일부의 수중에 들어가는 귀속일 수 없고 반드시 인민으로부터 나와 인민에게 들어가는 귀속이어야 한다. 국가권력이 인민의 수중에 귀속될 수 있도록 하기 위해, 인민민주의 실천은 반드시 쌍방향으로 전개되어야 한다. 즉, 공민권리의 실현 문제를 해결하여 인민민주로 나아가는 동시에 국가권력이 전체 인민에게 귀속되도록 하여 인민민주를 보장해야 한다. 이렇게 인민민주가 실천되고 발전되도록 하여 개체의 독립과 자주, 그리고 전면적 발전을 최대한 가능하게 하는 동시에 인민의 전체로서의 존재, 즉 인민의 단결과 통일을 유지하여 국가권력이 최대한 전체 인민의 수중에 있도록 하며 일부 소수의 사람들에 의해 장악되지 않도록 한다. 이를 통해 볼 때, 인민민주의 발전의 전제이자 사명은 인민의 전체로서의 존재를 공고화하고 발전시키는 것이다. 이는 일반적 민주에서는 고려할 필요가 없고 고려할 수도 없는 문제이다.

　　현대민주는 반드시 현대화와 함께 태어난다. 현대화 발전의 중요한 제도적 기초는 시장경제이다. 시장경제의 발달과 성장은 개인, 사회, 국가라는 삼자 간의 관계에 중대한 영향을 미치며, 현대화가 개체의 자주적 발전, 사회의 다원적 분화, 국가의 일체화라는 세 가지 차원과 연계되어 발전되도록 한다. 이러한 세 가지 차원의 연계는 현대민주화 발전의 동력이며 현대민주발전의 규범적 힘이다. 인민민주는 중국현대화의 성장과정에서 확립되고 발전되었으며, 이는 현대민주의 범주를 벗어날 수 없다. 개혁개방 이래의 전환과 발전이 인민민주를 충분히 보여주었다. 사회주의 시장경제의 기초 위에서 중국의 민주화는 이미 민주화 발전법칙의 궤도에 부합하게 되었고 충분한 발전을 이루었다. 이리하여 인민민주의 발전을 추진하는 과정에서 전체로서의 인민의 존재를 공고화하고 발전시키는 것이 민주적 과정과 결과가 되었다. 단지 이러한 과정과 결과는 사회적 개인의 민주 실천 및 그로 인해 형성된 전체적 효과가 아닌 개인과 사회 각 세력 그리고 중국공산당이 국가와 상호작용하는 과정이며 핵심역량인 중국공산당의 영도의 결과이다.

중국공산당은 당과 개인, 사회 각 세력 및 국가의 상호작용 속에서 전체로서의 인민의 존재를 공고화하고 발전시켜야 하며, 인민이 주인이 되도록 해야 하고, 반드시 인민민주의 기본 정신과 원칙으로부터 출발하여 인민민주와 개인, 인민민주와 사회 각 세력, 인민민주와 국가, 인민민주와 정당의 관계를 잘 처리해야 한다. 이로부터 인민민주 발전의 기본 전략과 행동원칙을 구성해야 한다. 다음으로 앞서 분석한 인민민주와 정당의 관계 외의 세 가지 관계를 분석하고자 한다.

첫째, 인민민주와 사회적 개체의 관계이다. 전체로서 존재하는 인민은 개체로 구성된 것이다. 법률과 경제에서 독립적이고 자주적인 지위를 갖는 개체는 하나의 유기적 전체로 모일 수 있다. 관건은 이 유기적 전체 속에서 자유와 평등 그리고 발전을 획득할 수 있는지이다. 이 세 가지는 사회적 개체가 갈망하는 영구적이고 무한한 자원인 동시에 정당과 국가가 부단히 공급하고 균형을 이루고자 하는 공공재이다. 분명 이러한 공급과 수요의 관계는 상대적 만족에서 균형을 이룰 수밖에 없고 절대적 만족을 이룰 수는 없다. 상대적 만족은 공급을 최대한 구현하는 동시에 자유와 평등 그리고 발전의 관계를 최대한 조절하는 것이다. 공급이든 균형이든 그 시작은 분명 인간의 자유로운 발전이고, 인간의 자유로운 발전은 걱정 없는 삶과 무한한 발전이다. 걱정 없는 삶은 생존과 생활과 관련이 있다. 무한한 발전은 선택과 창조와 관련이 있다. 여기서부터 출발한 자유는 추상적 자유가 아니라 인간과 사회의 포괄적 발전을 실현하기 위한 자유이다. 따라서 개체의 자유와 사회적 평등 그리고 인간의 포괄적 발전을 유기적으로 결합시켜야 한다.

중국공산당의 이인위본(以人爲本)의 집정 이념과 조화사회의 건설이라는 집정 실천은 자유와 평등 그리고 발전을 이루기 위해 필요한 기초를 마련하였지만, 현대중국발전의 조건에서 전체로서의 인민의 존재를 공고화하고 발전시키기 위해 자유와 평등 그리고 발전의 핵심이 평등이라는 것, 구체적으로는 공평과 정의라는 것을 분명히 알아야 한다. 인간이라는 존재는 사회적 존재이며, 그 발전은 사회 속에서 실현된다. 그러므로 공평과 정의는 자유의 전제이며 보장이다. 이러한 권리를 실현하도록 하는 것이 기초이지만, 발전한 뒤에 공평과 정의를 추구하지 못한다면 발전이 공평과 정의를 파괴하는 힘이 될 수 있으며 인간의 자유로운 발전을 위협한다. 이런 의미에서 중국공산당은 인민에 의한 발전, 인민을 위한 발전, 인민이 함께 누리는 발전을 발전의 원칙으로 삼고 있다.[15] 인민민주의 건설과 발전에 대한 중요한 전략적 의미는 반드시 실천 속에서 정책, 제도, 신념으로 전환되는 것이다.

둘째, 인민민주와 사회 각 세력의 관계이다. 중국은 다민족국가이다. 중화인민공화국은 노동자계급을 영도로 하여 다계급 연합을 기반으로 확립되었다. 사회주의 시장경제의 작용하에서 사회구조, 사회조직 형태, 사회이익구조 또한 상당한 변화를 겪었으며 다원화된 발전 경향이 나타났다. 이러한 현실로 인해 중국공산당은 전체로서의 인민의 존재를 공고히 발전시키고자 하였으며 사회 각 세력의 힘을 단결시키고자

---

15    胡錦濤, "高擧中國特色社會主義偉大旗幟, 爲奪取全面建設小康社會新勝利而奮鬥", 『十七大以來重要文獻選編(上)』(北京: 中央文獻出版社, 2009).

하였다. 이러한 단결은 유기적 단결로, 사회생활의 차원뿐만 아니라 정치생활의 차원에도 존재한다. 사회생활의 차원에서 단결은 사회적 개체와 사회조직 간의 화목과 조화로 나타난다. 정치생활의 차원에서 단결은 각 권력주체의 공존과 협력으로 나타난다. 이러한 두 가지 차원은 불가분의 관계이며 상호 교차적이고 상호 영향을 주며 상호 촉진할 수 있다. 중국의 혁명과 건설에서 볼 수 있듯이, 중국공산당은 능력과 조건을 가지고 이러한 단결을 이루어냈고 그것을 통해 혁명과 건설이라는 기적을 이루었다.

오늘날 인민민주의 건설과 발전을 추진하는 과정에서 중국공산당은 이러한 단결을 보다 더 공고히 발전시켜야 한다. 이를 위해 중국공산당은 세 가지 측면에서 노력해야 한다. 우선, 당의 대중노선을 통해 보다 전면적으로 당과 인민대중의 관계를 긴밀하게 해야 한다. 어떤 정당도 인민을 떠나 인민의 단결을 이룰 수 없다. 새로운 상황에서 중국공산당은 전통을 발양하고 창조적으로 당의 대중노선을 활용하여 보다 더 자주적이고 다양하며 개방적인 사회 속에서 당-대중 간의 관계, 간부-대중 간의 관계를 융합하고 당에 대한 인민의 신뢰와 인정을 강화하며 당의 단결을 제고하고 인민의 능력과 수준을 결집시켜야 한다. 다음으로, 당의 통일전선 및 그에 따라 결정된 중국공산당이 영도하는 다당협력과 정치협상제도 그리고 인민정치협상회의 조직을 통해 공농(工農)연맹을 기초로 하는 정치대연합과 대단결을 이루어야 한다. 여기에는 당파 간의 관계, 민족 간의 관계, 사회 각계 간의 관계, 사회 각 계층 간 관계의 연합과 단결이 포함된다. 이러한 단결의 정치적 기초는 통일전선이고, 제도적 기초는 중국공산당이 영도하는 다당협력과 정치협상제도이다. 따라서 그 내적 메커니즘은 민주이며, 그 사명은 인민이 주인이라는 것을 보장하고 실현하는 것이다. 마지막으로, 협상을 통해 인민 내부의 민주와 단결을 이루는 것이다. 이것은 주로 두 가지로 구현된다. 하나는, 협상을 통해 인민대중을 광범위하게 받아들여 국가사무의 결정과 관리에 참여하도록 하고 당과 정부의 공공정책 및 집행이 인민의 뜻을 충분히 존중하고 만족시키도록 한다. 다른 하나는, 협상을 통해 인민 내부의 모순을 조정하고 해결하여 인민의 단결과 전 사회의 안정을 촉진한다.

셋째, 인민민주와 국가의 관계이다. 국가는 사람들이 생존하고 생활하며 생산하는 가장 기본적인 공동체인 동시에 인민이 민주를 실천하는 가장 기본적인 무대이기도 하다. 따라서 국가건설의 좋고 나쁨은 모든 사람의 발전과 직접적으로 관계되며 민주적 실천의 발전과도 관계된다. 앞서 분석하였듯이, 현대화 과정에서 국가건설은 민주의 발전과 별개일 수 없다. 이와 동시에 민주의 성장 또한 국가의 역할을 벗어날 수 없다. 따라서 "국가가 민주라는 선을 공급하는 능력"은 민주발전에든 국가건설에든 아주 중요하다. 전체로서의 인민의 존재를 공고화하고 발전시키는 측면에서 보면, 이러한 능력은 국가가 민주의 건설과 경제 및 사회의 발전을 유기적으로 결합시키고 상호 촉진적인 관계를 만들어내는 데에서 시작된다. 중국의 발전 경험이 보여주듯이, 중국공산당은 적극적이고 현실적인 태도로 중국의 민주화를 열심히 추진해왔다. 민주의 역사적 필연성과 현실적 중요성을 강조하였고, 민주발전의 점진성과 민주실천의 유효성을 강조해왔다. 이로 인해 형성된 인민민주 발전전략은 인민민주의 발전 속에서 국가건설의 정치적 자원을 찾고자 노력하였고, 동시에 현대화 건설과 국가발전에 있어서 민주성장의 현실적 토대를 만들고자 노력하였다. 이러한 전략 속에서 민주와 발전은 서로의 목적과 수단이 되었다.

국가가 일단 비교적 강하게 민주라는 선을 공급하는 능력을 갖게 되면, 민주화 과정에서 사회의 다원적 분화와 국가의 일체화 건설 간의 관계를 조화시키고 균형을 갖추는 능력을 갖게 된다. 사회적 분화를 받아들이고 다원주의를 조화시킨다는 전제하에서 국가의 일체화 건설 노선은 제도화 건설 및 이 과정에서 형성된 통합이다. 이러한 일체화 건설 하에서 공민으로서 존재하는 국가의 모든 개인은 국가 시스템과 그로 인해 형성된 국가의 정체성에 효과적으로 통합될 수 있다. 이렇게 민주화와 제도화에 기초한 통합과 인정이야말로 중국공산당이 국가건설과 발전을 통해 인민의 정체성을 발전시키고자 하는 중요한 토대이며 보장이다.

위의 세 가지 관계에 대한 분석을 포함하여, 복합민주의 실천에 기초한 인민민주의 발전은 반드시 다음의 네 가지 기본 전략과 행동원칙을 따른다. 첫째는 모든 사람에게 공평과 정의를 제공하는 것이다. 둘째는 사회에 조화와 단결을 제공하는 것이다. 셋째는 국가에 민주와 발전을 제공하는 것이다. 넷째는 정당에 친민(親民)과 제도화를 가져오는 것이다.

민주적 발전은 민주에 대한 인민의 추구와 실천을 필요로 할 뿐만 아니라 그 과정에서 국가의 발전과 개선을 필요로 한다. 그러므로 사람들은 물론 보편적인 의미로 민주에 대해 요구할 수 있지만, 민주발전의 전략구축과 행동계획에 있어서 구체적인 국가에서의 민주의 의미와 그 발전의 내재적 논리를 충분히 생각해야 한다. 전통에서 현대로 전환하는 과정에서 중국은 자국의 국정과 발전논리에 따랐다. 그러므로 중국의 민주 건설과 발전전략 또한 완전히 민주 발전의 일반모델에 따른 것이 아니라 중국발전의 사회성격과 발전논리 그리고 목표지향과 충분히 결합하였고, 따라서 인민과 정당 그리고 국가의 유기적 상호작용을 기초로 인민민주 건설과 발전을 주체로 하는 민주화 발전전략을 세웠다.

이론과 실천에서 볼 수 있듯이, 민주의 건설과 발전은 그것에 대한 국가의 적극적 대응과 효과적 추진과 깊은 관계가 있다. 그러므로 적극적인 민주 건설과 발전전략은 종종 민주의 발전과 국가건설을 유기적으로 결합시키고 상호 촉진하며 공동발전시키는 유형을 만든다. 중국의 인민민주의 실천과 발전에서 이러한 결합은 중국공산당의 영도적 역할과 밀접한 관계가 있다. 당의 영도는 한편으로는 국가권력이 전체적으로 인민의 수중에 있도록 하여 인민이 주인이 되어 실천의 복합적 주체가 되도록 보장한다. 즉, 인민과 그 핵심역량인 정당의 유기적 통일을 보장한다. 다른 한편으로, 집정의 실천을 통해 국가건설이 민주의 발전에 효과적으로 대처하고 수용하도록 하며 민주의 발전을 위해 필요한 자원과 보장을 제공하도록 한다. 그러므로 중국의 인민민주의 건설과 발전은 사회의 진보와 국가의 발전을 필요로 할 뿐만 아니라 정당의 건설과 발전도 필요로 한다. 사회주의 시장경제의 건설과 발전은 중국을 전면적으로 현대화하도록 하였으며, 적극적으로 세계화에 참여하도록 하였다. 이러한 발전유형과 시대적 조건에 따라 중국의 인민민주의 건설과 발전으로 형성된 인민과 정당 그리고 국가라는 삼자 간의 상호적 정치논리 속에서, 중국공산당의 건설은 중국의 인민민주에 대해 보다 더 총체적 가치와 결정적 의미를 지니게 되었다. 당의 건설은 인민민주의 발전을 촉진하고, 인민민주의 발전은 전면적인 국가건설을 이끌었다. 여기에 중국의 민주발전과 국가건설의 유기적 통일 논리가 있다.

# 제14장

# 권력감독

현대정치와 전통정치의 가장 큰 차이는 다음과 같다. 국가권력은 인민으로부터 나오고, 인민이 국가권력을 구속하는 근본적 힘이다. 이것은 현대정치에서 국가권력에 대한 구속이 신성화된 힘에 의해 외적으로 실현되는 것이 아니라 현실적 조직과 제도구성에 따라 완성된다는 것을 의미한다. 국가권력이 인민으로부터 나온다는 것은 현대민주정치의 현실적 사회기초와 가치원칙으로 자리 잡았을 뿐만 아니라 현대민주정치의 내적 규정성으로 확립되었다. 즉, 반드시 국가권력에 대한 감독과 구속을 통해 인간의 기본적 권리를 보장하게 된 것이다. 지금까지 서구 학자들은 줄곧 권력감독의 측면에서 현대정치가 반드시 '삼권분립'과 '다당정치'의 기초 위에서 확립되어야 한다고 생각하였다. 이러한 기초를 떠나서는 민주가 불가능하고 국가권력이 전제주의로 나아간다고 생각했다. 이로 인해 서구 학자들은 중국적 민주에 대해 의구심을 가질 뿐만 아니라 중국적 제도, 특히 중국공산당의 영도를 의심한다. 그리고 이런 모든 의구심은 하나로 귀결된다. 중국공산당은 일당의 영도로, 권력의 정기적 교체와 자기구속을 실현할 수 없고, 따라서 결국은 전제주의의 포괄적 부패로 나아갈 것이라고 의심한다. 사실 이러한 의심은 일종의 정치적 편견에서 나온 정치적 거품에 불과하다. 중국공산당은 이미 간부의 직무종신제를 전면적으로 종결시키고 권력의 정기적 교체를 실현하여 이러한 의심스러운 거품의 핵심, 즉 중국공산당이 자기감독을 실현할 수 있는가라는 점을 간파하였다. 중국공산당이 일단 이 문제를 해결하게 되면, 중국적 제도에 대한 자신감 혹은 중국적 민주에 대한 자신감, 즉 인민민주가 갖는 정치적 우세에 대한 자신감이 큰 폭으로 상승할 것이다.


## I. 권력부패의 예방

중국공산당은 중화인민공화정치 체계의 건설자이며 집정자이고, 반부패를 중심으로 정치 시스템을 유지하는 반부패체계를 점차 세워나갔다. 중국공산당의 반부패는 국가정권을 장악하기 이전부터 시작되었다. 혁명기에 중국공산당은 당 조직의 강화, 당 권위의 공고화, 당 이미지의 보호로부터 출발하여, 당의 장정(章程)과 기율을 통해 당내의 어떠한 형식의 부패행위에도 반대해왔다. 중국공산당은 자신의 군대를 세우고 영도하는 과정에서 당의 기율과 군대의 기율을 유기적으로 결합하여 정권과 군대 내부의 각종 부패행위를 모두 반대해왔다. 신중국 건설 이후에 중국공산당은 부패를 처단하고 예방하는 것을 처음부터 중국공산당의 장기집권의 근본으로 삼아왔다. 신중국의 성립 전야에 마오쩌둥은 전당에 경고하였다. 승리 이후에 "당내의 자만하는 분위기, 공신임을 자처하는 분위기, 멈추어 진보하지 않으려는 분위기, 향락을 추구하고 고

생스런 생활을 다시 하고 싶어 하지 않는 분위기가 생겨날 수 있다. 승리 때문에 인민은 우리에게 감사해 한다. 자산계급도 아첨하며 우리 부대의 의지박약한 자들을 사로잡을 수 있다. 이런 몇몇 공산당원이 있을 수는 있다. 그들은 일찍이 총을 든 적들에게 정복당한 적이 없으며 적들 앞에서 부끄럽지 않은 영웅들이다. 그러나 그들은 공격을 이겨내지 못하고 패배하게 될 것이다. 우리는 반드시 이러한 상황을 예방해야 한다."[1] 만일 우리가 이러한 문제에 주의하지 않는다면, "우리는 정권을 유지할 수도 자리 잡을 수도 없고, 실패할 것이다."[2] 그러므로 신중국의 건설 이후에 중국공산당은 부패의 처단과 예방, 당의 영도 보호, 신생정권의 공고화 그리고 사회주의혁명의 추진과 건설을 전면적으로 결합시켰다.

이로 인해 중국공산당이 국가정권을 장악한 이후, 부패 처단과 예방은 단순한 정당의 행위에서 국가 행위로 변하였다. 한편으로 이것은 신생국가정권 및 신생사회 모두에서 정당을 핵심으로 하는 건설과 직접적인 관계가 있다. 그러므로 이러한 국가와 사회의 건설 속에서 당 간부와 당 조직의 순수성을 유지하는 것이야말로 사회를 안정시키고 정권을 공고히 하는 근본이다. 다른 한편으로 당과 신생국가가 인민을 영도하여 사회주의혁명을 추진하고 사회주의 사회를 건설하는 것과 관계가 있다. 중국에서 사회주의혁명과 건설을 영도하고 추진하는 것은 국가가 아니라 당이다. 당은 하나의 조직 시스템이며, 국가는 하나의 제도 시스템이다. 그러므로 부패의 처단과 예방에 있어서 당의 행위와 국가의 행위는 완전히 다른 논리에 따라 이루어진다. 전자는 조직의 기율과 당의

---

1    毛澤東, "在中國共産黨第七屆中央委員會第二次會議上的報告(1949年3月5日)", 『毛澤東選集 (第四卷)』(北京: 人民出版社, 1991), p.1438.
2    상동.

이데올로기에서 출발하며, 후자는 법률과 제도에서 출발한다. 그러므로 신중국의 건설 이후에 부패의 처단과 예방의 출발점은 국가제도적 측면에서의 건설과 발전에 있는 것이 아니라 정당과 사회의 두 차원에서 진행되어왔다. 당 차원에서 이러한 노력은 조직건설과 사상건설 그리고 작풍건설에 집중되어 있었다. 이를 위해 부패의 처단과 예방 그리고 혁명 후의 당의 건설이 유기적으로 결합되었다. 사회적 차원에서 경제와 사회의 사회주의적 개조가 심화됨에 따라 수많은 노동자들은 국가의 주인이 되었으며, 국가권력을 수호하는 순수성은 일종의 계급적 사명이 되었다. 따라서 사회적 차원에서 부패의 처단과 예방이 광대한 대중참여의 정치운동과 결합되었고, 계급투쟁에서 형성된 대중역량이 권력부패가 발생하고 만연하는 것을 막았다. 당의 조직이 사회동원의 주체이자 정치운동의 주도적 역량이 되면서 부패의 처단 및 예방과 관련하여 이 두 차원은 실제 하나로 나타났다. 당의 건설이 정치운동으로 나타나고, 정치운동에서 당의 건설이 나타난다. 이것들은 부패의 처단과 예방에서 함께 주도적 역할을 한다.

'문화대혁명' 이전에는 전체 사회의 발전이 '계급투쟁'의 논리에 따라 전개되었기 때문에 당의 부패에 대한 처단과 예방은 각종 정치운동의 형식을 띠었고 계급투쟁의 의미를 가질 수밖에 없었으며, 부패분자는 계급의 적으로 여겨졌다. 이 과정에서 당의 조직과 기율이 작용한 것이 아니라 당의 이데올로기 및 그로부터 동원된 사회대중이 작용하였다. 이러한 정치운동은 비록 비교적 효과적으로 특정한 성격의 부패를 막을 수 있었지만, 그 극단적 형식은 당과 국가정권의 정상적 운용에 충격을 가하였다. '문화대혁명'의 폭풍 같은 계급투쟁이 끝난 이후에 정당의 행위로서의 부패의 처단과 예방은 더 이상 정치운동의 형식으로 전개되지 않았고 당의 제도적 구속과 기율을 통해 이루어지게 되었다. 이것은 질적 변화로, 당이 더 이상 정치투쟁의 시각에서가 아니라 인간과 제도의 시각에서 부패를 바라보고 처리하게 되었음을 의미한다. 1978년 12월에 당의 11회 3중전회에서는 당의 기율검사위원회를 재건하기로 결정하였다. 이에 따라 중국공산당은 당내에서 전면적으로 부패를 처단하고 예방하는 조직체계, 제도체계, 업무체계, 인원체계를 구축하게 되었다.

'문화대혁명' 이후에 중국이 정치운동의 시대에서 개혁개방과 경제건설의 시대로 진입하면서 전 사회의 기본적 권력구조에 커다란 변화가 생겼다. 당과 정부가 분리되면서 정부는 합당한 법률적 지위와 거버넌스 기능을 가지게 되었다. 정부와 기업이 분리되면서 기업은 자주적 경제주체가 되었다. 정부와 사회가 분리되면서 사회에 각종 독립적인 이익단체가 생겨나기 시작하였다. 권력구조와 경제체제 그리고 사회생활 방식의 전환과 변화가 부패를 초래하던 생태환경을 철저히 변화시킨 한편 여러 가지 새로운 부패들이 생겨나고 만연하기 시작하였다. 국가와 사회가 더 이상 당 조직과 당 체제 내에서 통치되지 않는 상황에서 정당행위로 부패를 예방하고 제약하는 것으로는 부족하였으며, 이에 따라 국가행위와 사회행위에 부패의 처단과 예방을 호소하는 것이 요구될 수밖에 없었다. 이로부터 1987년 6월에 감찰부가 정식으로 설립되었고, 국가행정시스템의 내부에도 부패를 방지하고 처단하는 조직체계 및 제도체계가 성립되었다. 실제로 개혁개방 이후에 민주법치건설이 추진되면서 국가사법 시스템이 전면적으로 회복됨에 따라 국가의 부패 예방 및 처벌 시스템이 점차 발전되기 시작하였고, 부패에 대해 직접 감찰하는 시스템이 성립되었다. 이것은 국가가 이런 방면에서 보다 자각적인 의식과 전략을 갖고 있었음을 의미한다. 따라서 감찰부가 정식으로 세워진 지 2년 뒤인 1989년에 행정소송법이 정식으로 반포되었고, 이

에 따라 중국은 전면적으로 행정법 제정을 시작하였다. 이후에 국가배
상법(1994), 행정처벌법(1997), 행정감찰법(1997), 행정재심법(1999),
행정허가법(2003), 공무원법(2005), 정부정보공개조례(2007), 2010년
에 수정된 중화인민공화국 행정감찰법 등을 반포하였다. 이러한 법률의
반포는 부패를 방지하고 처벌하기 위한 국가행위 시스템의 형성에 비교
적 안정적인 법적·제도적 기초를 제공하였다. 사회행위는 반드시 국가
행위에 수반하여 나타난다. 왜냐하면 부패를 예방하고 처벌하는 국가행
위는 이러한 기본적 정치원칙, 즉 국가의 공적 권력은 인민으로부터 나
오고 반드시 인민의 권익을 보호해야 하며 인민의 감독을 받는다는 원
칙에서 출발하기 때문이다. 한편으로 이러한 원칙은 만약 부패를 방지
하고 처벌하는 사회적 동기와 행위가 존재하지 않는다면 사회행위와 국
가행위는 실제로 효과를 발휘하기 어렵다는 것을 의미한다. 논리적으로
봤을 때, 부패를 예방하고 처벌할 때 사회행위는 국가행위에서 파생되
는 것이 아니다. 왜냐하면 권력은 사회에서 비롯되며 사회는 당연히 권
력의 운행을 감독하고 권력의 부패를 방지하는 권리와 의무를 지니기
때문이다. 이런 의미에서 국가행위는 사회행위로부터 형성된다. 국가행
위의 강약은 사회행위의 강약에 따라 어느 정도 결정된다. 그리고 사회
행위의 강약은 사회의 발달 정도와 사회와 국가, 정당의 관계에 의해 직
접적으로 결정된다. 그러므로 국가행위의 출현은 국가가 자신의 조직과
제도 그리고 가치체계의 건전화와 개선을 통해 부패를 예방하고 처벌하
기 시작함을 의미하는 동시에, 국가가 사회를 제약하는 역량으로 인정
하고 법률과 제도로 그것을 보장하기 시작하였음을 의미한다. 실천에서
볼 수 있듯이, 시장경제의 발전과 사회적 자주성의 성장은 사회행위의
힘과 범위 그리고 효과를 부단히 증가시켰고, 사회는 부패를 예방하는
한편 처벌하는 국가와 정당 이외에 어느 정도 자주성을 가진 중요한 역

량이 되었다.

그러나 반드시 지적해야 할 점은 중국에서 부패를 예방하고 처벌하는 모든 시스템이 국가행위와 사회행위로 생겨난 중심의 변화로 인해 만들어진 것이 아니라는 것이다. 즉, 모든 시스템은 여전히 정당을 중심으로 전개되고 있고, 단지 전략, 책략, 메커니즘상으로 제도, 법률, 민주 및 각종 권리보호행동의 가치와 의의가 강조됨으로써 국가성과 사회성이 구현될 뿐이다. 1993년 1월에 중앙기율위원회와 감찰기관이 협력하여 일을 하게 되었다. 이러한 업무 메커니즘의 출현은 당이 반부패의 중심이라는 점을 충분히 보여주는 것이다. 16대 이후에 중국공산당은 당의 집정능력을 제고하고 집정적 지위를 공고화하는 것으로부터 출발하여 부패 예방 및 처벌 체계를 전면적으로 건설하고자 「건전한 부패 방지와 처벌시스템의 건립 실시강요」(2005)와 「2008~2012년 건전한 부패 예방과 처벌체계의 업무계획」(2008)을 순서대로 반포하였다. 이 중요한 두 문건은 정당을 핵심으로 하는 중국의 부패 방지 및 처벌 시스템을 정립하였다. 2014년 18대 4중전회에서 통과된 「중공중앙의 의법치국의 전면 추진에 관한 중대 문제에 대한 결정」으로부터 전략과 제도상으로 부패 예방 및 처벌에서 국가행위와 정당행위의 조화로운 통일이 이루어졌다. 당의 「결정」에서는 "반부패 국가입법, 부패방지 및 처벌시스템의 개선을 보다 빠르게 추진하고, 감히 부패를 저지르지도, 부패를 저지를 수도, 부패를 저지르고 싶지도 않게 하는 효과적 메커니즘을 형성하며, 부패현상을 단호하게 억제하고 예방한다. 횡령·뇌물 범죄를 처벌하는 법률제도를 개선하고, 뇌물범죄의 대상을 재물에서 재물과 기타 재산성 이익으로 확대한다."는 점을 강조하였다. 이와 동시에 「결정」에서는 부패예방과 청렴사업을 전반적으로 선도하는 역할을 명확히 하였다. "당풍(黨風)과 염정(廉政)의 건설과 반부패투쟁을 심도 있게 전개하고, 당품과 염정의 건설에 대한 당위원회의 주체적 책임과 기율위 감독의 책임을 엄격하게 구현하며, 어떠한 부패행위와 부패분자에 대해서도 반드시 기율과 법에 의해 단호하게 처벌하고 결코 봐주지 않는다." 당의 행위와 국가행위가 제도적·법적으로 결합되도록 하기 위해,「결정」에서는 분명하게 당내 법규와 국가 법률의 결합과 협조를 강화할 것을 제기하는 동시에 반드시 국가 법률보다 당의 규율과 기율로 엄격한 법치를 건설하자는 주장을 견지하였다. "당내 법규와 국가 법률의 결합과 협조를 중시하고, 당내 법규의 집행력을 제고시키며, 당내 법규를 운용하여 당이 당을 관리하고, 종엄치당(從嚴治黨)을 실제화하며, 당원과 간부가 국가 법률과 법규를 지키도록 촉진한다. 당의 규율과 기율이 국가 법률보다 엄격해야 하고, 당의 각급 조직과 광대한 당원과 간부가 국가 법률을 모범적으로 준수해야 할 뿐만 아니라, 당의 규율과 기율에 따라 더 높은 수준으로 엄격하게 자신에게 요구하고, 이상과 신념을 견지하며, 당의 종지(宗旨)를 실천하고, 법을 위배거나 기율을 어지럽히는 행위와 단호하게 싸운다. 당의 규율과 기율을 위배하는 행위에 대해 반드시 엄정하게 처리하고, 징후적·경향적 문제들을 일찌감치 작을 때부터 반드시 바로잡아서 작은 잘못이 큰 잘못이 되지 않도록, 기율과 법을 위배하는 일이 없도록 방지한다." 당내 법규와 국가 법률의 연계와 협조를 진정으로 이룩하기 위한 가장 중요한 임무는 당의 기율과 국가 법률의 한계를 명확히 밝히는 것이다. 당의 기율을 통해 종엄치당하고 부패에 반대하며 염정을 창도하면서 당의 기율과 규칙을 전면에 내세우지만, 당의 기율은 국법의 규정을 간섭하지 않고 국법의 처리는 국가사법 시스템에 속한다. 2016년 1월 1일에 실행되기 시작한「중국공산당 청렴결백 자율 준칙」과「중국공산당 기율 처분조례」는 '기율과 법률의 분리'의 원칙에 따라 제정되었으며, 의법치국하에서 당의 부패 반대와 청렴창도체계 및 사회주의 법치국가의 건설을 전면적으로 강화하여 장기적 안목을 가지고 새로운 길을 개척하기 위한 것이다.

종합하자면, 중국의 부패 예방과 처벌 시스템의 형성과 발전은 중국정치 시스템의 형성과 발전과 긴밀한 관계가 있다. 이 과정에서 정당은 줄곧 반부패 시스템의 중심 역량이었다. 이것은 한편으로 당이 국가를 건설한 역사 및 정당국가의 현실과 밀접한 관련이 있으며, 다른 한편으로는 당이 간부를 관할하는 시스템과 밀접한 관련이 있다. 이러한 특징으로 인해 중국의 부패 예방과 처벌 시스템은 그것만의 가치기반, 제도 시스템, 행동논리를 갖게 되었다.


## II. 권력작동의 감독

모든 권력부패는 세 가지 요인에서 비롯된다. 첫째는 인적 요소, 둘째는 권력적 요소, 셋째는 인간과 권력이 결합된 요소이다. 인적 요소는 인간의 세계관과 인생관 그리고 도덕관에 따라 결정된다. 권력적 요소는 권력의 배치와 구조에 따라 결정된다. 인간과 권력이 결합된 요소는 권력작동의 규범과 감독에 따라 결정된다. 그러므로 중국공산당이 만들고 개선하고자 하는 부패 예방과 처벌 시스템은 교육과 제도 그리고 감독을 중시하는 체계로, 교육으로 인적 요소를 해결하고 제도로 권력적 요소를 해결하며 감독으로 인간과 권력의 결합적 요소를 해결하고자 한다. 이 중 교육은 기초이며, 제도는 보장이고, 감독은 관건이다. 삼자는 유기적으로 통일되어 있으며 하나라도 빠져서는 안 된다.

현대민주정치는 인간의 권리 보호를 출발점으로 하는데, 인간의 권리를 위협하는 힘이 권력이다. 그러므로 권력에 대한 제약과 감독은 현대민주정치의 핵심이다. 현대민주정치의 논리에서 보면, 권력에 대한 제약과 감독의 관건은 권력을 인민의 감독하에 둘 수 있는가, 제도의 틀 속에서 제약할 수 있는가이다. 전자는 권력을 투명하게 하는 것이며, 후 자는 권력을 통제하는 것이다. 이런 의미에서 민주와 법치는 권력의 제 약을 실현할 수 있는 기초이다. 권력의 감독과 제약에 있어서 민주의 근 본은 권력의 원천인 인민이 언제나 권력을 감독할 수 있는 권리와 능력 을 갖는 것이지, '삼권분립'과 '다당정치'를 실행하는 것이 아니다. '삼 권분립'은 단지 권력을 감독하는 제도적 장치일 뿐이다. 그러나 그 구 체적 효력은 민주의 실제 발전수준에 달려 있다. 그렇지 않다면 선진국 의 역사에서 왜 권력이 심하게 부패하였던 시기가 있었는지를 설명할 수 없을 것이다. '삼권분립'과 '다당정치'가 아닌 권력감독의 근본을 돌 아보아야 한다. 권력의 소유자, 즉 인민으로 하여금 권력을 감독하도록 해야 한다. 인민의 의지로 만든 헌법규범의 권력, 즉 제도규범의 권력에 기초해야 한다. 이런 의미에서 인민민주는 강력한 권력감독의 능력을 갖고 있다.

국가와 공공생활의 관점에서 권력의 내적 사명은 질서를 창출하고 발전을 추진하는 것이다. 그러므로 권력의 감독과 제약은 권력기능의 발휘를 제한하는 것이 아니라 권력이 합법적이고 효과적으로 발휘되도 록 보장하는 것이다. 합법적 근본은 권력이 법에 따라 조직되고 작동되 는 것이다. 효과적 근본은 권력에 그것이 합당한 기능을 충분히 발휘하 여 경제발전과 사회발전의 긍정적 에너지를 산출하는 것이다. 이에 의 해 실제로 존재하는 권력감독은 두 가지로 구분된다. 첫째는 예방적 권 력감독으로, 권력질서의 부패를 예방하기 위해 권력을 감독하는 것이 다. 둘째는 처벌적 권력감독으로, 주로 부패의 처벌과 제거를 통해 권력 을 보호하고 보장하는 것이다. 실제로 보면, 어떠한 형식의 권력부패라도 그것이 초래한 정치적·경제적·사회적 효과는 때로 엄청나다. 그러므로 예방적 권력감독이 처벌적 권력감독보다 더 중요하고 보다 근본적이다. 또한 이것은 모든 국가에서 권력감독 시스템을 구축할 때 모두 예방적 감독에서부터 시작하는 중요한 이유이기도 하다. 예방적 권력감독 시스템을 수립해야만 처벌적 권력감독 시스템 또한 보다 더 좋은 효과적인 제도적·가치적 기반을 가질 수 있다.

　국가와 사회를 효과적으로 운행하고 발전하도록 하는 권력체계는 어떠한 국가에서도 각종 형식의 권력이 유기적으로 결합하여 구성된다. 각 권력에 대해 처벌적 권력감독의 최종적 메커니즘과 수단은 같다. 그러나 예방적 권력감독은 각 권력의 성격과 능력 및 발생된 부패의 위험 정도에 따라 각기 다르고 다양한 특징을 보여준다. 그러므로 상대적으로 예방적 권력감독을 구축하면, 그 작용이 효과적으로 발휘된다. 다만 이 과정에서 어려운 점은 과학적 제도와 절차를 수립하여 모든 권력감독시스템이 효과적이 되도록 하는 것이다. 뿐만 아니라 효과적 조직과 통합으로 권력감독이 합력을 발휘할 수 있도록 보장하여 각종 권력이 피드백되는 제도와 감독의 '새장' 안에 들어올 수 있도록 하는 것이다.

　반드시 지적해야 할 점은 권력부패가 권력 자체에서 비롯되는 것이 아니라 권력을 실행하는 사람에게서 비롯된다는 것이며, 제도의 불완전은 권력을 가진 자를 부패하게 만드는 외부 요인일 뿐 가장 근본적인 것은 권력을 가진 자 자신이라는 것이다. 그러므로 예방적 권력감독의 뿌리는 권력을 가진 자에 대한 감독에 있고, 이를 제대로 확립할 수만 있다면 예방적 권력감독이 진정으로 확립될 수 있다. 2016년 1월 1일에 실행되기 시작한 「중국공산당 청렴결백 자율준칙」과 「중국공산당 기율처분조례」는 이러한 이념에서 출발한 것이다. 「조례」에서는 그 사명이 "규율에 따라 당을 다스리고 덕에 따라 당을 통치한다는 원칙을 견지

하고 그것을 상호 결합하여, 당의 기율이라는 매를 가지고 내거티브 리
스트를 작성하고 규범을 세우는 것을 중점으로 여긴다는 것을 당장의
규정으로 작성하여, 당 조직과 당원이 건드리지 말아야 하는 마지노선
을 세우는 것"이라는 점, "기율과 규칙을 전면에 내세우고" "종엄치당
의 요구를 포괄적으로 관철하며" "당장과 기타 당내 법규의 권위성, 엄
숙성을 성실히 보호하고, 당의 노선, 방침, 정책, 결의와 국가 법률과 법
규의 철저한 집행을 보장하며, 당풍·염정과 반부패투쟁을 확대·심화한
다"는 점을 명확히 하였다.[3]

　　중국공산당은 인민을 이끌어 국가를 건설하고 인민민주를 실천하
는 과정에서 인민이 국가의 주인이라는 것에 기초하여 정치적·법적으
로 국가와 사회에서의 인민의 주체적 지위를 강화하고, 그로써 인민이
당과 국가권력을 감독하는 근본 역량이 되도록 한다. 다른 한편으로는
당의 영도와 의법치국에 기초하여 당의 영도, 집정 및 국가권력의 운행
을 둘러싸고 포괄적으로 권력감독 시스템을 구축한다. 구체적으로 그
주요 내용은 다음과 같다. 1. 당내 감독, 2. 인민대표대회의 감독, 3. 당
파와 정협의 정치감독, 4. 정부 전문기관의 감독, 5. 사법감독, 6. 사회
감독. 모든 권력감독에는 구체적인 감독 대상·내용·형식·책임이 있
다. 보다 중요한 것은 모든 권력감독 자체가 비교적 체계적인 감독이라
는 것이다. 사회감독에는 인민대중이 비판, 건의, 고소, 고발의 형식으
로 감독하는 것, 인민참여 형식의 감독, 당무와 정무의 공개로 이루어진
감독, 매체와 여론의 감독 등이 모두 포함된다. 그리고 이 여섯 가지 권
력감독이 중국권력 시스템의 폭과 깊이를 구성한다. 만일 이러한 권력
감독이 모두 자리를 잡고 효과적으로 운행된다면, 이러한 권력감독체계

---

3    『中國共産黨廉潔自律准則, 中國共産黨紀律處分條例』(北京: 中國方正出版社, 2015), p.7.

에 기초하여 형성된 권력제약은 상당히 전면적이고 효과적으로 이루어질 것이다. 이를 위해 실천에서 모든 권력감독체계가 유기화되고 유효화되도록 해야 한다. 유기화란 모든 감독체계의 합력을 만들고 이를 통해 구체적 권력감독에 합당한 능력을 강화하는 것이다. 유효화란 당의 영도, 집정 및 국가운행을 포괄하는 권력이 전체이든 개체이든 모두 효과적인 규범과 구속을 받을 수 있도록 하는 것이고 유효하게 작용되도록 하여 부패를 막는 것이다.

중국의 정치 시스템에서 예방적 권력감독체계의 유기화와 유효화를 실현하는 주요 방법은 세 가지이다. 첫째, 당의 영도에 의해 이루어진 통합이다. 둘째, 인민의 주인의식에서 이루어진 추진력이다. 셋째, 의법치국에 의해 이루어진 구속이다. 이 중에서 당의 영도에 의해 이루어진 통합이 핵심역할을 한다. 그러나 당의 영도가 모든 감독체계를 통합하여 하나의 유기적 정치체제를 충분히 만들어냄으로써 중국 특유의 체계화된 권력감독을 형성하기 위해서는 당 자신도 권력의 범위 안에 두어야 한다. 이는 당의 영도 또한 인민민주와 의법치국으로부터 벗어날 수 없기 때문이다. 진정한 인민민주와 의법치국이 없이는 당의 영도에 의해 이루어진 권력감독체계의 유기적 통합 또한 근거를 상실하고 보장될 수 없다.

예방적 권력감독체계에 당의 영도에 의한 통합이 필요한 이유는 그것이 정치적·조직적으로 중국공산당 그리고 국가체계와 사회체계의 핵심에 있는 것과 직접적인 관계가 있기 때문이다. 이러한 정치적 지위는 당이 예방적 권력감독체계를 통합시키는 사명을 갖도록 하며 충분한 정치자원과 조직자원으로 통합을 실현할 수 있도록 만든다. 다른 한편으로 중국공산당에 효과적으로 예방적 권력감독체계를 통합하는 책임을 주고 그렇게 할 수 있는 사명을 주기만 하면, 중국공산당은 진정으로 자신의 영도와 집정을 포괄적 감독 내에 위치시키고 효과적으로 자체감독을 실현하게 될 것이다. 이것이 중국의 정치논리이며, 여기에 중국공산당이 일당영도 상황에서 자체감독을 해결하는 문제의 핵심과 비밀이 숨어 있다.

예방적 권력감독과 처벌적 권력감독은 동전의 양면으로, 둘 중 하나도 없어서는 안 된다. 그러므로 권력감독의 체계화는 비록 예방적 권력감독체계를 주로 주장하지만, 반드시 처벌적 권력감독체계를 포함하고 있어야 한다. 여러 해 동안의 노력을 통해 중국은 예방적 권력감독체계뿐만 아니라 처벌적 권력감독체계도 구비하게 되었다. 당은 자신의 역량을 통해 이 두 가지 권력감독체계의 유기화와 유효화를 실현해야 한다. 권력감독의 형태와 효과를 체계화해야 중국공산당과 그것이 영도하는 국가정권이 자기구속과 자기감독 능력을 완전히 갖추게 될 것이다.


## III. 권력감독의 체계화

중국공산당은 집정당이며, 당의 권력을 스스로 감독한다. 이러한 자체적인 감독은 당원과 당 간부에 대한 당 조직의 감독을 통해 실현되며, 다른 한편으로는 반드시 당의 집정 시스템 속에서 현대화된 권력감독을 통해 보장된다. 구체적으로 당이 어떻게 효과적으로 집정 시스템 속에서 각종 감독자원을 통합하는가, 자신의 집정과정 내의 권력행위에 대해 전면적으로 예방적 감독을 실시하는가, 그로써 당 간부와 당 조직이 권력사용을 규범화하고 법에 따라 집정하도록 하는가를 말한다. 그러므로 권력감독의 체계화는 일정한 메커니즘을 통해 당의 집정 시스템 내의 각종 권력감독을 유기적으로 조직하여 기능적으로 상호 협조하고 절차적으로 상호 연계하며 업무적으로 상호 협력하고 법 집행에서 상호 감독하도록 하여 각 부문에는 능력을, 각 계통에는 합력을 갖도록 하여, 감독이 효과적으로 이루어지는 권력감독을 형성하는 것이다. 다시 말해, 권력감독의 체계화는 각종 권력감독의 통합을 권력감독으로 만드는 것이 아니라, 각종 권력감독이 그 힘을 효과적으로 발휘하고 각각의 능력을 강화시켜 일종의 유기적 연합과 협력을 형성하는 것이다. 각자 운용되고 산만하게 연계된 권력감독과 비교하면 체계화된 권력감독은 폭과 깊이가 있고 힘이 있으며, 합리적 메커니즘과 규범화된 운영이 가능하다면 커다란 감독 효과를 낼 수 있다.

이론적으로 봤을 때, 체계화된 권력감독이 효과적이라는 것은 예방적 권력감독의 기능을 최대한 발휘하고 전체적으로 각종 권력부패를 예방하는 능력을 높여 각종 권력부문에서 권력부패를 일으키는 위험을 최대한 줄인다는 것이다. 이러한 효과는 분명 모든 정치체계가 추구하는 바이지만, 모든 정치체계가 권력감독을 체계화하는 것은 아니다. 왜냐하면 권력감독의 체계화를 위해서는 두 가지 전제조건이 필요하기 때문이다. 첫째는 안정적이고 권위 있는 통합적 역량이며, 둘째는 법에 의해 형성된 공동의 정치책임이다. '삼권분립'과 '다당정치'하에서는 각종 권력감독의 주체가 공동의 법적 책임을 가지고 있지만 공동의 정치적 책임을 갖지는 않으며, 더욱이 공동으로 통합된 권위적 역량이라는 점을 인정하지는 않는다. 그러므로 이러한 정치 시스템하에서는 권력감독의 중심이 처벌적 권력감독에 있게 된다. 즉 처벌적 권력감독을 강화하는 것에서 출발하여 예방적 권력감독의 효과를 창출한다.

중국공산당은 중국의 영도핵심과 집정역량이며, 당내의 권력감독은 중국의 부패를 반대하고 청렴한 정치를 제창하는 전반적인 상황과 관련되어 있다. 이에 따라 중국의 권력감독체계는 당을 핵심으로 이루어졌으며, 당의 영도는 각종 권력감독 세력에 대해 본연의 통합력을 갖는다. 동시에 각종 권력감독의 주체 및 이로부터 형성된 전문분야 또한 당의 영도하에 전개된다. 그러므로 이러한 본연의 통합력은 그에 상응하는 통합된 메커니즘과 무대를 갖게 된다. 당내 권력감독의 권위적 기구는 기율위원회이다. 이 조직 구조는 상대적으로 독립적이며 책임감 있는 체계에 따라 규범화된다. 따라서 기율위원회를 중심으로 각종 권력감독 부문이 협조하고 연합함으로써 체계화된 권력감독이 순조롭게 이루어지는 것이다. 결론적으로, 이렇게 당의 영도를 강화하는 것을 출발점으로 하고, 당의 권력감독을 중심축으로 하며, 당의 조직과 업무시스템을 무대로 하여, 당내 권력감독과 국가 권력감독의 유기적 협력과 연합을 이룩하고 권력감독의 체계화를 실현한다. 또한 이것은 조직적이며 체제적인 기초를 가질 뿐만 아니라 정치적·법적으로 보상되고 당규와 국법에도 부합하게 된다.

그러나 반드시 지적해야 할 점은 권력감독의 체계화를 이루기 위해서는 부단히 노력하고 개선해야 하며 반드시 다음의 몇 가지 기본 원칙을 강화해야 한다.

첫째, 당장과 국법에 따라야 한다는 원칙이다. 권력감독의 체계화는 서로 다른 영역과 서로 다른 부문 간의 효과적인 협력과 연합을 통한 권력감독으로 이루어진다. 어떤 것은 당내 감독이고, 어떤 것은 행정권력 감독이다. 이러한 권력감독이 연합하여 권력감독을 체계화하기 위한 우선적 전제는 각종 권력감독이 마땅히 가지고 있어야 하는 합법성과 유효성을 보장하는 것이다. 이를 위해 권력감독의 체계화는 각종 관련 당의 장정과 국가 법률의 기초 위에서 존중되고 보장되어야 한다.

둘째, 당위원회(당 조직)의 보장 원칙이다. 권력감독의 체계화는 당의 영도를 전제로 하고, 기율위원회를 중심축으로 이루어지며, 당의 영도와 기율위원회의 총괄이 그 기본적 특징이다. 그러므로 이러한 체계는 합력과 효력 또한 만들어내야 하는데, 관건은 당이다. 그것은 구체적으로 당위원회 혹은 당 조직 간에 고도의 정치적 통일과 엄격한 기율적 규범을 형성하는 것이다. 이렇게 되어야만 권력감독의 체계화의 허점이나 괴리가 생기지 않으며, 무결점의 권력감독의 체계화가 이루어지게 된다.

셋째, 전방(靠前, 프로세스의 선두 부문 혹은 상부에서 시행하는)감독의 원칙이다. 권력감독체계의 진정한 가치는 수평적 권력감독의 연합을 실현하는 것일 뿐만 아니라 전방의 수직적 권력감독을 실현하는 것이다. 수평적 권력감독만 추구하고 전방의 수직적 권력감독을 간과한다면, 권력감독의 체계화가 추구하는 예방적 권력감독의 효과는 반드시 크게 줄어들 것이다. 전방감독의 핵심적 사명은 제도와 조직, 체제와 절차, 관념과 행동에서의 편차와 결점을 제거하고 보완하여 권력감독의 깊이와 효과를 제고하는 것이다. 이를 위해 권력감독의 체계화는 협조와 협력의 체계를 만들어야 할 뿐 아니라 나아가 결점을 찾아내고 잘못을 시정하는 체계를 효과적으로 만들어야 한다. 권력감독의 체계화를 통해 결점을 찾고 잘못을 시정하는 능력을 갖춘다면, 그에 따른 합력과 효력 또한 진정으로 구현될 것이고 그것이 존재하는 기초 또한 효과적으로 다져질 것이다.

넷째, 메커니즘화의 원칙이다. 메커니즘화는 필요한 메커니즘을 통해 권력감독의 체계화가 형식에서 실질로 나아갈 수 있도록 한다. 구체적으로 이 원칙은 권력감독의 연석회의를 일반적인 회의에서 공동으로 참여하고 향유하며 운행하는 회의가 되도록 한다. 일련의 전문조직, 전문업무의 메커니즘을 공동으로 만들어 연석회의를 지원함으로써 연석회의가 '연락'회의의 차원이 아닌, 진정으로 협동하고 협력하며 실질적으로 효용성을 갖는 권력감독 업무의 큰 무대가 될 수 있도록 한다.

권력감독의 체계화는 선명한 중국적 특색을 가지며, 중국제도의 우수성을 구체적으로 구현하고, 권력감독의 합력을 만들어내는 동시에 당과 국가의 효과적인 자체감독을 위한 효과적인 업무 무대와 메커니즘을 제공한다. 그러므로 체계화된 권력감독은 중국 권력감독의 발전방향을 보여주며, 그것이 가지고 있는 잠재력과 발전공간은 크고, 심화시킬 만한 가치가 있다.


## IV. 인민대중의 감독

중국에서는 인민민주이든 국가건설이든 모두 당의 영도를 전제로 한다. 이것은 중국발전의 영도력이 중국공산당에 달려 있다는 것을 의미한다. 세계 각국의 발전 경험이 증명하듯이, 한 국가의 영도자가 영도력을 가지고 있는지가 그 국가의 안정과 발전에 직접적인 영향을 미친다.[4] 정치학의 관점에서 영도력은 그 영도의 합법성과 유효성이 유기적으로 통일되어 구현되는 것이다. 합법성은 영도자가 사회 대중에 의해 받아들여지는 정도에 따라 구현된다. 유효성은 합법성의 토대로, 양자는 상호 보완적이다. 중국의 정치논리에서 당의 영도문제는 중국공산당과 관련되어 있을 뿐만 아니라 전체 국가의 건설 및 발전과도 관계가 있다. 그러므로 중국공산당은 이러한 건설을 상당히 중요시한다. 16대 4중전회에서는 집정당의 건설에 있어서 당의 영도력 건설을 집정능력 건설에서

---

4    미국의 저명한 정치학자 헌팅턴은 강대 정당의 정치적 안정에 대한 중요한 역할을 고찰하여 이 점을 잘 설명하였다. 다음을 참조할 것. 塞繆爾·P·亨廷頓, 『變化社會中的政治秩序』 (上海: 上海人民出版社, 2008), pp.332-382.

집중적으로 구현하고자 다음과 같이 분명하게 지적하였다. 집정능력의
건설은 "중국 사회주의 사업의 흥망성쇠와 관련이 있으며 중화민족의
앞날 및 운명과도 관련이 있고 당의 생존 및 국가의 장기적 안정과도 관
련이 있는 중대한 전략적 과제이다. 이런 과제를 끊임없이 해결하려고
해야만 우리 당은 세계정세가 심각하게 변화하는 역사발전 과정에서 시
대의 선두가 될 수 있으며, 국내외의 각종 위험과 고난에 직면한 역사발
전 과정에서 전 인민의 기둥이 될 수 있고, 중국특색 사회주의를 건설하
는 역사발전 과정에서 강한 영도핵심이 될 수 있다."[5] 전회에서는 당의
집정능력에 대해 명확하게 규정하였다. "당의 집정능력은 당이 정확한
이론, 노선, 방침, 정책과 책략을 제기하고 운용하며, 헌법과 법률의 제
정과 실시를 영도하고, 과학적 영도제도와 영도방식을 채택하며, 인민
이 법에 따라 국가를 관리하고 사회사업, 경제사업, 문화사업을 동원 및
조직하도록 하고, 효과적으로 당, 국가, 군대를 통치하며, 사회주의 현
대화 국가의 본령을 건설하는 것이다." 이러한 규정에서 알 수 있듯이,
집정능력을 실현하는 영도능력은 실제로 인재, 전략, 제도, 조직과 운행
등에 의해 구성된 일련의 영도체계이다. 영도체계의 기초와 질에 따라
당의 영도능력과 집정능력이 직접 결정된다.

　　어떤 조건하에서도 영도체계의 건설과 개선은 단독으로 이루어질
수 없고, 반드시 처한 환경과 영도의 대상 그리고 영도의 사명과 결합
되어 이루어져야 한다. 그러므로 중국공산당이 오늘날까지 발전하면서
줄곧 견지해온 영도체계의 건설전략과 별개일 수 없다. 중국공산당은
부단히 영도체계를 최적화하는 동시에 도의적 · 정치적 · 사회적으로 가
장 많은 지지를 얻는 전략노선을 찾았다. 그것이 대중노선이다. 대중노

---

5　　『中共中央關於加強黨的執政能力建設的決定』(北京: 人民出版社, 2004), p.2.

선은 인민의 주체적 지위와 인민의 지혜 그리고 인민의 힘에 대한 충분한 긍정에 기초하여 이루어지며, 인민민주와 내적 계합성(契合性)을 갖는다. 대중노선을 통해 중국공산당은 자신의 영도체계를 개선하는 동시에 당과 인민의 관계를 친밀하게 하고 그로써 당의 영도와 집정의 합법적 기초를 강화한다. 그러므로 중국공산당은 대중노선을 당의 생명선이라고 생각하며, 그것이 "당의 사상·정치·조직 노선의 근본 사업노선을 실현"[6]하는 것이라고 생각한다. 그리하여 중국공산당은 국정운영을 하고 사회발전을 추진할 때, 대중노선을 통해 당의 영도체계를 개선하고자 노력하며 인민대중을 주체로 하는 인민감독체계를 형성하고자 한다. 아울러 중국공산당은 당의 영도적 지위를 다지는 동시에 중국사회의 진보와 발전을 영도하는 당의 능력을 전면적으로 제고시키고자 한다.

첫째, 대중노선에 기초하여 당 영도의 합법적 기초를 공고화하며 제고한다. 인민은 정당의 현실적 기초이다. 뿐만 아니라 인민은 역사발전의 추동세력이기도 하다. 중국공산당의 사명은 인민이 국가의 주인이 되도록 하는 것이며 인민민주국가를 건설하는 것이다. 이를 위해 중국공산당은 "인민을 위한 서비스"를 당의 근본 신조로 삼고 인민민주를 사회주의의 생명이라고 여긴다. 대중을 믿고 대중에 의지하며 대중과 연계하고 대중에 복무하는 것을 핵심이념으로 하는 대중노선은 이러한 세계관에 의해 형성된 것이다. 이것은 당의 신조를 구체적으로 실천하는 것일 뿐만 아니라 당이 인민을 영도하여 인민민주를 실천하도록 하는 효과적 방법이기도 하다. 그러므로 대중노선은 당 영도의 합법적 기초를 공고화하고 제고시키는 데 있어서 다중적 효과를 가지고 있다. 중국공산당은 항상 모든 당에 경고한다. "역사와 현실이 보여주듯이, 정

---

6    江澤民, "推進黨的建設新的偉大工程", 『江澤民文選(第一卷)』(北京: 人民出版社, 2006), p.407.

권도 좋고 정당도 좋지만 그 전도와 운명은 결국 인심의 향배에 달려 있으므로, 가장 광대한 대중의 지지를 얻지 못한다면 반드시 무너진다."[7] "공산당의 기본 1조는 가장 광대한 혁명 대중에게 달려 있다."[8]

둘째, 대중노선에 기초하여 당의 규율에 대한 장악과 과학적 정책결정 능력을 제고시킨다. 중국공산당의 사상노선은 두 가지 측면을 포함하고 있다. 대중노선과 실사구시이다. 중국공산당의 인식론 체계에서 전자는 진정한 지식이 어디에서 오는가의 문제를 말해준다. 후자는 무엇을 사용하여 진정한 지식을 검증하는가의 문제를 말해준다. 중국공산당은 진정한 지식은 대중노선에서 오며, 진정한 지식을 검증하는 기준은 대중의 실천에 있으며, 실천이야말로 진리를 검증하는 유일한 기준이라는 점을 확고하게 믿는다. 대중노선이 분명 당의 사상노선에서 가장 근본이고, 그것이 없다면 실사구시도 이루어질 수 없다. 마오쩌둥은 1943년에 발표한 「영도방법에 대한 몇 가지 문제」에서 전 공산당은 반드시 마르크스주의 인식론에서 비롯하여 대중노선의 참뜻을 명확하게 알아야 한다고 밝혔다. 그가 말하기를 "우리 당의 모든 실제 사업에서 정확한 영도라면 반드시 대중에게서 나와서 대중 속으로 가야 한다. 다시 말하자면, 대중의 의견(분산된 무계통적 의견)을 집중시키고(연구를 통해 체계적 의견으로 집중시키고), 대중 속에서 선전하고 설명하여 대중의 의견으로 전환시키며, 대중이 견지하도록 하고, 행동으로 표출하도록 하며, 대중의 행동 속에서 이 의견이 정확한지를 검증한다. 그 이후에 다시 대중 속에서 집중시켜, 견지하도록 한다. 이렇게 무한반복하면,

---

7　　江澤民, "關於改進黨的作風(2000年10月11日)", 『論"三個代表"』(北京: 中央文獻出版社, 2011), p.72.

8　　毛澤東, "共產黨基本的一條就是直接依靠廣大人民群眾", 『建國以來毛澤東文稿(第十二冊)』(北京: 中央文獻出版社, 1998), p.581.

조금씩 더 정확해지고 생동감을 얻게 되며, 풍부해진다. 이것이 마르크스주의 인식론이다."⁹ 이러한 인식론은 중국공산당이 모든 것을 장악하고 정확한 노선과 방침 그리고 정책을 제정하는 기초가 되었다. 1961년에 덩샤오핑 또한 이러한 시각에서 대중노선을 정립하였다. "당의 정확한 노선과 정책은 대중에게서 나온다. 이것은 대중의 요구를 반영한 것이고, 대중의 실제에 맞춘 것이며, 이것이 실사구시이고, 이로써 대중이 충분히 받아들일 수 있게 되고, 대중을 동원할 수 있으며, 동시에 거꾸로 대중을 영도하는 것이다. 이것을 대중노선이라고 부른다."¹⁰ 반드시 지적해야 할 점은 대중노선에 기초하여 구축된 인식론이 마르크스주의를 이데올로기로 하는 중국공산당이 혁명과 건설의 실천 과정에서 교조주의를 철저하게 벗어나 마르크스주의와 중국의 실제를 상호 결합시켜 중국특색 사회주의로 나아가도록 하여 빠른 속도의 현대화라는 기적을 이루었다는 것이다.

셋째, 대중노선에 기초하여 공민의 참여를 확대하여 인민민주를 확대 추진한다. 인민민주는 사회주의의 생명이고, 인민이 인민민주를 실천하도록 영도하는 것이 당의 영도와 집정의 내적 사명이다. 그러므로 공민의 참여를 확대하고 대중의 의견을 광범위하게 수용하며 시의적절하게 효과적 정책으로 전환하는 것이 당의 영도와 집정능력의 구체적 구현이다. 이런 점에서 대중노선은 긍정적인 작용을 한다. 실천적 차원에서 대중노선이 형성한 공민참여는 주로 정책결정자가 대중 속으로 들어가 형성된다. 1964년에 마오쩌둥은 「마르크스주의 인식론과 변증법을 공부한다」에서 "인민대중 속에서 지식을 배우고 정책을 제정해야 하

---

9    毛澤東, "關於領導方法的若幹問題", 『毛澤東選集(第三卷)』(北京: 人民出版社, 1991), p.899.

10    鄧小平, "提倡深入細致的工作", 『鄧小平文選(第一卷)』(北京: 人民出版社, 1994), p.288.

며, 그런 연후에 다시 인민대중을 교육해야 한다. 교사가 되려면 먼저 학생이 되어야 한다. 어떤 교사도 학생이 아니었던 적이 없다. 교사가 된 후에도 인민대중을 배워야 하고 학생의 상황을 이해해야 한다."[11]라고 지적하였다. 이러한 공민참여는 분명히 권력주체와 정치과정이 대중 속으로 확장되어 형성되며, 공민이 주도적으로 직접 정치과정에 개입하여 의견을 형성하는 참여와는 다르다. 왕샤오광(王紹光)은 이러한 참여를 "역방향 참여모델"로 개괄하면서 그것의 네 가지 특성을 제시하였다. 첫째, 영도간부는 대중 속에 깊이 들어가 대중과 하나가 되어야 한다. 둘째, 영도간부는 대중의 관점을 가지고 대중이 생각하는 대로 생각하고 대중이 걱정하는 것을 걱정하며 대중의 이익을 충분히 고려해야 한다. 셋째, 영도간부는 충분한 조사연구를 통해 인민의 사정과 뜻을 진실로 이해해야 한다. 넷째, 영도간부는 적극적으로 인민의 지혜를 수용하여 실제에 적합한 정책과 방법을 얻고자 해야 한다.[12] 분명 이러한 "역방향 참여모델"은 인민민주의 발전을 직접적으로 촉진하는 역할을 하며 무엇보다도 인민이 주인이 되는 것을 보장한다. 다음으로, 그것은 공공정책의 결정이 인민의 참여, 인민의 이익, 인민의 지혜를 토대로 확립되어 민주적 성과를 성취하록 한다. 마지막으로, 그것은 관료주의가 자라나는 것을 막고 극복하는 억제작용을 한다.

넷째, 대중노선에 기초한 당의 영도는 영속적인 생기와 활력을 갖는다. 권력과 지위는 자연스럽게 부식된다. 장기적으로 권력과 지위를 가졌던 어떠한 영도세력도 이러한 부식작용을 어떻게 하면 효과적으로

---

11  毛澤東, "學習馬克思主義的認識論和辯證法", 『毛澤東文集(第八卷)』(北京: 人民出版社, 1999), p.324.

12  王紹光, "公眾決策參與機制, 一個分析框架", 譚君久主編, 『中國式民主的政治學觀察』(西安: 西北大學出版社, 2010), pp.1-18.

막아서 그 사상과 몸 그리고 행동이 영원히 생기와 활력을 갖도록 할 것
인가라는 도전에 직면하였다. 마오쩌둥은 민주인사 황옌페이(黃炎培)
와 만났을 때 민주는 이러한 도전에 대응하는 가장 좋은 방법이라고 이
야기하였다. 이러한 민주적 방법의 구체적 실천형식은 당의 업무 속에
서 시종일관 대중노선을 따르는 것이다. 한편으로는 당의 간부와 조직
이 대중 속으로 깊이 들어가 대중의 소리를 듣고 대중을 위해 일하며 대
중의 이익을 도모해야 한다. 다른 한편으로는 당의 간부와 영도를 감독
하도록 적극적으로 대중을 동원하여 당의 선진성과 당원과 간부의 순
수성을 최대한 유지해야 한다. 그러므로 중국공산당은 다음과 같이 분
명하게 생각한다. "정당이 만약 인민대중과 혈육관계를 유지할 수 없다
면, 그리고 인민대중의 지지와 옹호를 얻을 수 없다면, 생명력은 물론이
고 선진성도 잃어버리게 될 것이다. 우리 당의 뿌리는 인민이며 혈맥도
인민이고 힘도 인민이다. 당이 인민대중과 혈육관계를 가지는 것이 우
리 당이 어디서나 승리할 수 있는 비법이며 우리 당이 선진성을 계속해
서 유지할 수 있는 비법이다."[13]

　　당의 생명선인 대중노선은 중국공산당의 영도능력의 강약 및 그 영
도사업의 성패를 결정짓는다. 그러나 서로 다른 역사적 시기마다 사회
구조와 사회사상 그리고 사회발전이 직면한 문제들은 모두 큰 변화를
겪었다. 그리하여 대중노선의 구체적 실현과 실천은 새로운 도전과 문
제에 직면하게 된다. 대중노선에 의해 당이 영도체계를 건설하는 것이
영도력의 비법이지만, 중국공산당은 이 비법의 위력을 어떻게 써서 실
제로 효과를 낼 것인가에 대해서 실천 속에서 부단히 탐색하고 창출해
내야 한다.

---

13　　胡錦濤, "在慶祝中國共産黨成立八十五周年暨總結保持共産黨員先進性教育活動大會上的講話
　　　(2006年6月30)", 『十六大以來重要文獻選編(下)』(北京: 中央文獻出版社, 2008), p.535.

# 제15장

# 협상민주

중국 정치체계에서 협상민주는 홀로 존재하는 것이 아니다. 협상민주는 중국 근대 이래 공화민주의 전통과 인민민주의 실천에 부합하였으며, 중국공산당의 통일전선 및 대중노선과 함께 영광과 치욕을 같이 하였다. 즉, 중국공산당이 영도하는 다당합작과 정치협상제도의 운영과 더불어 중국 기층의 민주적 실천과 유기적으로 통일되었다. 이것은 중국의 국가건설과 정치발전에서 협상민주가 인민민주의 실천형식의 하나이며, 동시에 당의 영도 및 국가건설과 사회발전의 중요한 무대와 기제가 되도록 하였다. 따라서 협상민주가 중국에서 수행한 기능은 협상민주 자체를 뛰어넘어 당과 국가 그리고 사회의 제도적 역량의 토대가 되었다. 민주운용 형식의 관점에서 중국 인민민주의 두 가지 중요한 방식인 협상민주와 선거민주는 동등한 가치와 의미를 지닌다. 하지만 민주운용의 관점에서, 즉 민주가 국가거버넌스와 사회진보를 창출한다는 관점에서 보자면, 협상민주는 중국의 발전에 대해 전반성과 근본성을 지닌다. 이것은 두 가지 민주형식 중 어느 것이 뛰어나고 어느 것이 열등

한가를 말하는 것이 아니라, 두 가지 민주형식이 중국의 정치형태와 얼마나 부합하는가를 말한다.

## I. 협상민주와 민주공화

서구 선진국이든 개발도상국이든, 그 나라들이 운용하는 현대정치와 전통적 정치에는 큰 차이가 있다. 그 원인은 양자의 논리적 출발점이 완전히 다르다는 것에 기인한다. 현대정치는 인간 개체의 독립적 존재를 논리적 출발점으로 하는 반면, 전통정치는 인간의 공동체에 대한 귀속을 전제로 한다. 바꿔 말하자면, 현대정치는 인간의 개체 독립을 역사적으로 전제하며 전통정치는 인간의 공동체적 존재를 역사적으로 전제한다. 그러나 각국의 실천이 보여주듯이, 공동의 논리적 출발점에서 출발한 현대정치는 실제로 운행되는 방식이 국가마다 다르다. 한편으로는 각국 정치제도의 구성 및 내적 구조의 차이를 보여주고, 다른 한편으로는 전체 정치체계를 운용하는 문화적 취향의 차이를 보여준다. 이 두 가지 차이는 서로 겉과 속이 된다. 이 두 가지 차이를 만들어내는 원인은 각 나라의 역사와 문화에 있다. 모든 국가의 현대화는 자국의 역사와 현실에서 출발하며, 그 주체는 모두 사회와 역사 그리고 문화가 만들어낸 민족과 민중이다. 현대화 및 그로부터 이루어진 현대정치는 새로운 논리적 출발점에서 출발할 수 있지만 역사와 사회가 만들어낸 사회구조와 문화전통을 벗어날 수는 없다. 즉, 역사와 현실의 규정성을 벗어날 수 없는 것이다. 실천이 보여주듯이, 현대화가 얼마나 진행되든 그 뿌리는 역사와 전통이 만들어낸 문화혁명 속에 있으며, 이 혈맥의 뿌리를 잃게 되면 현대화는 단지 형식일 뿐 영혼은 사라지게 된다. 조류를 따라 흘러가다

보면 자신의 고향을 잃게 된다. 현대화는 이와 같고 현대화가 만든 현대
정치건설과 발전 또한 이와 같다.

현대에 대한 전통의 형상화는 문화를 통해 실현된다. 헌팅턴은 『문
화의 중요작용』에서 대니얼 패트릭 모이니핸(Daniel Patrick Moyni-
han)의 두 마디가 인간 세상에서의 문화의 작용을 가장 잘 서술하였다
고 언급한다. "보수의 진리는 이런 것이다. 사회의 성공을 결정짓는 것
은 정치가 아니라 문화이다. 반면 진보의 진리는 이런 것이다. 정치가
문화를 바꿀 수 있으며 문화의 침체를 막을 수 있다."[1] 헌팅턴은 여기서
출발하여 문화가 어떻게 사회진보를 촉진하는지를 연구하였다. 이 연구
는 문화와 정치가 사회진보에 대해 긍정적인 방향으로 결정적인 작용을
하는지의 여부를 보여준다. 이로부터 알 수 있는 것은 현대화 과정에서
한 국가와 사회의 진보는 그 문화의 작용과 떨어질 수 없고 그 정치의
작용을 벗어날 수 없다는 것이다. 문화는 새로운 정치를 지지해야만 역
할을 발휘할 수 있고, 정치도 문화의 정신과 부합해야만 역할을 발휘할
수 있다. 따라서 국가의 성장에 필요한 실제 정치도 반드시 현대정치와
문화전통이 함께 만든 것이다. 위치도 다르고 문화도 다르면, 그 정치형
태도 당연히 다를 수밖에 없다. 중국의 공생정치는 이런 과정 속에서 점
진적으로 형성된 것이며, 현대정치정신에 부합하고, 중국문화전통에도
부합한다.

민주공화는 중국현대정치의 길을 열었다. 공공의 이익과 질서에 대
한 민주공화의 관심은 중국전통의 천하위공(天下爲公) 이념에 부합한
다. 이로부터 민주공화로 인해 2천여 년의 정치문명사를 가진 중국은
현대정치 시대로 나아가는 동시에 제국의 토지와 인민을 보호하였고 통

---

1    塞繆爾·亨廷頓·勞倫斯·哈裏森主編, 程克雄譯, 『文化的重要作用』(北京: 新華出版社, 2002),
    p.3.

합적인 혁명적 전환을 이룩하였다. 중국의 전통적 정치이념인 '천하위 공'에서의 천하는 외적인 것이지만 나라를 근본으로 한다. 동시에 천하 는 내적이며, 마음을 근본으로 한다. 그러므로 개인이든 민족이든 위업 을 성취하려면 반드시 무한히 포용적인 마음을 가져야 한다. 이러한 의 미에서, 정심성의(正心誠意)하고 격물치지(格物致知)하며 수신제가치국 평천하해야 한다. 맹자는 이런 논리를 "천하의 근본은 나라에 있고, 나 라의 근본은 가정에 있으며, 가정의 근본은 자신에게 있다."²고 하는 "천하국가"로 개괄하였다. 중국 인민을 영도하여 중화인민공화국을 건 설한 마오쩌둥은 이것이 중국인이 깨달아야 하는 "천하국가의 도리"여 야 한다고 생각하였다.³

중국의 천하국가의 도리에서는 다음과 같이 강조한다. "천지의 성 품[性] 가운데, 인간이 가장 귀하다."⁴ "백성이 나라의 근본이므로, 근 본이 단단해야 나라가 편안하다."⁵ 그러므로 중국의 전통정치는 사람 을 전제로 하고, 백성을 근본으로 한다. 그러나 이때의 '사람'은 서구의 현대정치에서 전제로 하는 '사람'과는 다르다. 그것은 개체로서 독립적 인 존재가 아니며, 사람과 사람이 함께 존재한다. 독립적인 개인을 논리 적 기점으로 하는 서구의 현대정치는 "자유, 평등, 박애"의 정치적 가치 들로부터 발전되어왔으며, 그중 자유를 핵심으로 한다. 그러나 사람과 사람의 공존을 논리의 출발점으로 하는 중국의 고대정치는 "인, 의, 예, 지, 신"의 정치적 가치로부터 발전되었다. 따라서 중국이 만들어낸 고 전정치는 군체(群體)가 존재하는 공동체의 사람을 전제로 하는 서구의

---

2    『孟子·離婁上』, "天下之本在國, 國之本在家, 家之本在身".
3    毛澤東, "論反對日本帝國主義的策略", 『毛澤東選集(第一卷)』(北京: 人民出版社, 1991), p.155.
4    『孝經·聖治』, "天地之性, 人爲貴".
5    『尚書·五子之歌』, "民爲邦本, 本固邦寧".

고전정치와 다르며 독립적 개인의 존재를 전제로 하는 서구의 현대정치와도 다르다. 그것은 이 둘 사이에 있으며, 한편으로는 고전성을 띠고 다른 한편으로는 현대성을 띤 정치이다. 고전성은 인간과 인간의 공존으로 실현되고, 현대성은 인간과 인간의 공존과 개체와 개체의 상호의존적 공존으로 구현된다. 만일 서구의 고전정치가 군체를 조직하는 공동체적 존재의 '군체정치'라면, 서구의 현대정치는 개체의 자유를 실현하는 '개체정치'이다. 중국의 고전정치는 인간 사이의 조화와 공존을 해결하는 '양인정치(兩人政治)'이다. 중국의 공생정치는 이로부터 비롯된 것이다.

'양인정치'의 핵심가치는 '인(仁)'이다. 공자가 말하기를 인이란 "사람을 사랑하는 것"[6]이다. 그러나 "사람을 사랑하는 것"의 핵심은 "자신이 서고 싶으면 다른 사람을 세우고, 자신이 이르고 싶으면 다른 사람을 이르게 한다."[7]는 것, "자신이 하고 싶지 않은 일은 다른 사람에게 시키지 않는"[8] 것이다. 그러므로 "인을 행하는 것은 자신으로부터 말미암는다."[9] 첫째는 극기복례(克己復禮)이며, 둘째는 천하에 다섯 가지를 행하는 것이다. 즉, "공손[恭], 관대[寬], 신뢰[信], 민첩[敏], 은혜[惠]이다. 공손하면 모욕당하지 않고, 관대하면 사람을 얻으며, 신뢰하면 사람들이 신임하고, 민첩하면 공을 세우며, 은혜로우면 사람을 부릴 수 있다."[10] 이렇게 인애가 있으면 사람과 사람이 함께할 수 있을 뿐만 아니라 서로 촉진할 수 있고, 이로써 그것을 널리 확대하면, 사회의 조화와 천하대동이 이루어진다. 이것이 중국인이 이상적으로 여기는 바이

6　『論語·顏淵』.
7　『論語·雍也』, "己欲立而立人, 己欲達而達人".
8　『論語·顏淵』.
9　『論語·顏淵』, "爲仁由己".
10　『論語·陽貨』, "恭·寬·信·敏·惠. 恭則不侮, 寬則得衆, 信則人任焉, 敏則有功, 惠則足以使人".

다. "각자 그 아름다움을 아름답다고 하고 다른 사람의 아름다움도 아름답게 여기며, 아름다움과 아름다움이 더불어 함께하니, 천하대동이다."[11] 여기서 알 수 있듯이, '인'을 핵심가치로 하는 '양인정치'는 개인에서 출발하지만 타인에게까지 미치고, 이로써 자신을 성취하게 된다. 내가 그에게 이렇게 하면 그도 나에게 이렇게 하니, 나는 사람들을 위한 사람이고 사람들도 나를 위한 사람이 된다. 이렇게 나와 타자를 결합하고, 개체와 사회가 융합된다. 이렇게 자신에게서 출발하지만 또한 자신을 초월하는 정치는, 비록 고대사회에서 싹 텄지만 현대성을 갖추었고 현대민주정치의 실천에서 비범한 의미를 갖게 된다. 중국의 민주정치의 실천이 보여주듯이, '개체정치'가 만들어낸 정치작동의 형태는 경쟁정치이고, '양인정치'가 만들어낸 정치작동의 형태는 공생정치로, 천지인(天地人)이 공생공존하여 인류를 성취한다. 너와 나, 그리고 그가 공존공생하면서 개인을 성취한다. 마찬가지로, 국가와 국가가 공존공생하면서 천하를 성취한다.

중국의 문화전통에 기초하여 형성된 공생정치와 근대 이후에 중국이 실천한 민주공화가 갖고 있는 내적 함의는 상호 부합된다. 가치의 공유를 민주공화의 가치지향의 기초로 삼고, 천하위공을 민주공화의 현실적 실천의 기초로 삼았다. 비록 반제국주의·반봉건의 혁명 속에서 민주공화를 확립하였지만, 민주공화를 확립하였다고 해서 중국의 실천이 중국의 문화전통의 영향으로부터 완전히 벗어날 수 있다는 것을 의미하지는 않는다. 근대 이래의 중국정치건설과 정치발전이 보여주듯이, 민주공화는 중국의 발전이 구체화되고 심화될수록 더욱 쉽게 중국의 문화전통과 공감하고 공진하였으며, 중국의 문화전통의 현대적 가치와 의의

---

11    "各美其美, 美人之美, 美美與共, 天下大同".

를 상기시켰다. 중국의 문화전통은 중국에서 민주공화의 적용성과 유효성을 강화했다. 이는 모이니핸이 제시한 원리에 따라 이렇게 말할 수 있다. 민주공화는 중국의 문화전통이 가라앉지 않도록 해준다. 이와 동시에 중국의 문화전통은 중국의 현대정치가 사회진보를 만드는 역량이 될 수 있도록 해준다. 중국의 문화전통과 현대정치가 이러한 화학적 반응을 만들어내도록 하는 매개체는 협상민주이다.

그러므로 협상민주는 중국 문화전통과 현대의 공화민주가 결합된 산물이며, 동시에 공화민주를 중국문화전통의 토양 위에서 현대의 공생정치를 촉진시킬 수 있는 역량으로 키웠다. 앞서 언급한 바와 같이, 협상민주는 중국에서 일종의 민주형식이면서 당과 국가 그리고 사회가 조화, 공생, 공존하도록 하는 중요한 무대이며 메커니즘이다. 협상민주의 실천은 협상민주 자체뿐만 아니라, 더 중요하게 협상민주를 통해 애국통일전선, 대중노선, 민주집중제, 다당합작 및 기층민주를 실현하는 것이다. 그러므로 협상민주의 건설과 발전은 당의 차원에서 다당합작의 긴밀한 관계를 구축하고 영욕을 함께하는 공생구도를 만들어낼 수 있다. 국가 차원에서는 각 민족 각 계급의 대단결, 대발전의 공생구도를 만들어낼 수 있고, 사회 차원에서는 인간과 인간의 조화로운 공생, 전면적 발전의 공생구도를 만들어낼 수 있다. 이뿐만 아니라 협상민주는 당, 국가 그리고 사회의 삼자관계를 조절하여 당과 인민, 정부와 사회의 일체적 공생 국면을 만들어낼 수 있다.

만일 '인정(仁政)'이 만드는 것이 중국전통의 공생정치라고 한다면, 협상민주가 만드는 것은 중국 현대의 공생정치이다. 중국 문화전통의 정신과 가치를 빌린 중국 협상민주의 실천은 중국 인민민주의 발전에 공헌할 수 있을 뿐만 아니라 현대인류 정치문명의 발전, 즉 현대민주에서 공생정치의 이데올로기를 창출하는 데 공헌할 수 있다.

## II. 협상민주와 당의 영도

마르크스주의 국가이론에 의하면, 국가는 계급충돌과 계급투쟁의 산물로 계급통치의 도구가 된다. 그러므로 국가가 있다면 반드시 통치계급이 있게 된다. 계급통치는 인류문명사에서 보편적으로 존재하지만, 인류발전에서 이화(異化)되었다. 인류의 해방은 계급통치의 이러한 이화과정에서 벗어나는 것이고, 따라서 계급통치를 소멸시키고 국가소멸을 촉진하는 것이 자아해방을 추구하는 인류의 내적 사명이다. 사회주의사회는 인류가 계급사회에서 공산주의사회로 나아가는 과도적 단계의 사회형태이다. 그러므로 경제와 사회의 거대한 발전을 통해 점차 계급통치를 소멸시킨다. 이를 위해 사회주의사회는 사회로 하여금 생산물을 장악하도록 하는 동시에 국가의 모든 권력을 전체 인민에게 부여하여 사회와 인민이 국가에 의해 이루어지던 통제와 노예상태로부터 벗어나도록 한다. 그러므로 상대적으로 사회주의 민주혁명은 개체의 해방을 추구할 뿐만 아니라 전 인류의 해방을 추구한다. 그리고 개체의 자유를 추구할 뿐만 아니라 자유로운 인류를 추구한다. 즉, 개체의 자유로부터 자유로운 개체로 발전하여 인류가 자유인의 연합체가 되도록 한다. 근대 이래의 사회주의혁명의 실천은 이러한 이론적 논리에 따라 전개된 것이며, 중국도 예외는 아니다. 사회주의 국가가 혁명과 건설 중 구축한 영도제도는 이러한 논리와 혁명의 실천이 결합된 구체적 산물이다.

사회주의혁명과 건설은 그 역사적 사명을 띠고 반드시 그것이 태어나면서부터 가지고 있었던 두 가지 역사적 임무를 중심으로 전개된다. 첫째는 노동인민의 해방으로, 모든 사람이 노동인민이 되도록 하여 하나의 계급이 또 다른 계급을 통치하는 기반을 제거함으로써 진정으로 인민이 주인이 되도록 하는 것이다. 둘째는 생산력을 전면적으로 발전시켜 인간이 또 다른 인간에게 의존하는 상황에서 벗어나도록 하고, 인간이 점차 사물에 대한 의존에서 벗어나서 인류가 철저하게 해방되도록 하는 것이다. 이로부터 사회주의사회에서는 전체 인민이 국가권력을 장악하지만, 다른 한편으로 자신의 발전을 초월하며 더 높은 목표를 추구하는 사회는 아닌 것으로 볼 수 있다. 이것은 사회주의 국가의 국가권력이 하나의 계급에만 국한된 것이 아니라는 의미이다. 동시에 국가발전은 이러한 형태에 국한된 것이 아니라 끝없는 미래, 즉 공산주의를 향한 것이다. 자연법과 사회계약론이 자본주의의 국가형태를 결정한 것처럼, 마르크스의 과학적 사회주의 이론은 사회주의의 국가형태를 결정짓는다. 이 둘의 가장 큰 차이는 사회주의의 국가형태가 국가제도뿐만 아니라 영도제도를 확립한 것이다. 실제로 인류문명이 지금까지 발전해오기까지 어떠한 현실의 정치적 존재도 모두 특정한 이론적 전제에 따라 형성되었다. 고대에도 그러하였고 현대에도 마찬가지이다. 이러한 이론적 전제가 현실정치의 구조와 발전의 내적 논리를 결정지을 뿐만 아니라 현실정치의 작동과 발전의 합법성 기초를 규정한다.

　　과학적 사회주의 이론이 보여주듯이, 사회주의 국가건설이 영도제도의 건설을 필요로 하는 이유는 공산당의 존재 때문이 아니라 사회주의 국가가 전체 인민이 주인이 되는 것을 실현하고자 하기 때문이다. 부단히 자신을 초월하여 새로운 사회로 나아가기 위해서는 반드시 전체 인민을 응집시킴으로써 국가와 사회가 더욱 상위 형태로 사회발전을 할 수 있는 역량이 선행되어야 한다. 선진적 생산력을 대표하는 공산당은 이로부터 전체 인민을 미래로 이끄는 권력을 부여받았으며, 영도권을 통해 사회주의 국가와 제도를 건설하고 사회주의 국가의 발전을 전면적으로 추진해왔다. 분명 이러한 영도권은 국가제도의 산물일 뿐만 아니라 공산당이 인민을 이끌어 신형 국가와 국가제도를 건립하는 권력의 기초이다. 그러므로 그것은 국가제도 내에 있는 것이 아니라 국가제도의 밖에 있다. 그 조직과 운영은 국가제도의 구조에 따르는 것이 아니라 국가제도에 맞게 스스로 형성된 것이다. 이것이 영도제도이다. 이를 통해 볼 때, 영도제도는 본질적으로 사회주의 국가와 공산당, 인민, 국가의 관계에 대한 것이다.

현대국가도 마찬가지로, 사회주의 국가와 자본주의 국가는 역사적 사명과 국가형태가 완전히 다르다. 집정당도 마찬가지로, 사회주의 국가의 집정당과 자본주의 국가의 집정당은 성격과 사명이 완전히 다르다. 이러한 차이로 인해 사회주의 정치체계와 자본주의 정치체계는 완전히 다르다. 가장 전형적인 표현은 사회주의가 헌법에 따라 형성되는 국가제도체계일 뿐만 아니라 사회주의의 사명에 따라 형성된 공산당 영도의 제도체계라는 것이다. 인류의 정치문명사에서 이것은 완전히 새로운 정치체계이다. 상당히 오랜 기간 동안 사회주의 국가는 줄곧 어떻게 이러한 두 가지 제도체계의 관계를 조절한 것인가를 고민하였다. 그리고 이 과정에서 당정관계의 성공을 경험하기도 하였고 실패의 교훈을 얻기도 하였다. 중국의 '문화대혁명' 및 1990년대의 소련과 동유럽의 급변이 그것을 보여준다. 사회주의 국가에서는 당정관계를 잘 처리하는 것이 매우 중요하다. 중국의 경험과 교훈을 종합해보면, 당정관계를 처리하는 관건은 당이다. 구체적으로는 당의 영도제도이다.

당의 영도제도는 당원과 인민 그리고 국가에 대한 당 영도의 유기적 통일로, 당무와 인민사무 그리고 국가사무를 포괄한다. 따라서 당의 영도제도는 당의 관리를 기초로 하고 인민을 응집시키며, 국가사업발전의 영도를 근본으로 한다. 당의 영도수준은 영도제도의 합리화와 과학화의 정도에 달려 있으며, 당의 영도제도의 효과적 작동은 당 영도의 합법성과 선진성에 달려 있다. 종합하자면, 당의 영도제도의 실현과 개선은 세 가지 기본요소에 달려 있다. 첫째는 당 영도의 합법성, 둘째는 당 영도제도의 합리성, 셋째는 영도제도와 국가제도의 상호 협력이다. 이론과 실천이 보여주듯이, 이 세 가지 기본요소를 형성하고 개선함에 있어서 협상민주는 없어서는 안 될 기제이다.

당 영도의 합법성의 관점에서 협상민주는 한편으로 당의 영도와 인민민주의 효과적 실천이 유기적으로 결합되도록 하여 당의 영도가 민주집중제와 대중노선의 기초 위에서 확립되도록 하고, 당의 영도에 대한 인민의 참여를 보장하며, 당의 영도에 대한 인민의 광범위하고 전면적인 감독을 보장한다. 다른 한편으로 협상민주는 당의 영도가 다당합작과 정치협상제도의 기초 위에서 확립되도록 하여 기존의 중국특색을 갖고 현대민주가 요구하는 정당제도에 부합할 수 있도록 한다. 이런 점에서 협상민주는 당 영도의 합법성에 대해 가치기초와 사회자원, 제도적 경로와 행동 공간을 제공한다.

당 영도제도의 합리성의 관점에서 협상민주는 민주집중제를 통해 효과적으로 당의 집체영도체제를 개선하고 당내 민주를 제고하며 당내 제약을 강화하고 영도권위의 중요한 제도적 형식을 증가시킬 수 있다. 협상민주는 대중노선을 통해 효과적으로 당과 인민 그리고 당과 사회의 관계를 개선하고, 당의 권력운행 방식과 과정을 바꾸어 체제적 실용성과 절차적 합리성, 운용의 효율성을 갖춘 당 영도와 사회서비스제도의 구조와 업무체계를 형성한다. 나아가 협상민주는 다당합작과 정치협상제도를 통해 당 영도에서의 정치감독의 제도체계, 당 영도에서의 과학적 정책결정의 제도체계, 당과 각 사회역량이 협력하는 제도체계를 최적화한다.

영도제도와 국가제도의 상호 협력의 관점에서 협상민주는 우선 당의 영도제도와 국가제도 간에 제도화의 거리를 형성하도록 한다. 예를 들면, 정치협상을 통해 당의 의지를 국가의지로 바꾸고, 당의 의지가 국가의 직접적인 지령이 되지 않도록 하며, 반드시 협상과정이 있도록 한다. 그다음에 협상민주는 당의 영도에 대한 감독을 통해 당의 영도제도가 반드시 헌법과 법률의 틀 아래에서 작동하도록 하여 당의 영도제도와 국가제도의 상호 협력이 필요한 법률적 기초와 보장을 받도록 한다.

결론적으로 영도제도는 사회주의 제도의 내재적 요구로, 영도제도의 질은 사회주의 제도의 운행의 효과를 직접 결정하고, 심지어는 성패를 결정하기도 한다. 인민민주의 조건하에서 당 영도제도의 효과적 방식을 공고화하고 최적화함으로써 협상민주는 발전하고 개선된다. 이를 위해 협상민주는 당이 그 영도를 실현하는 중요한 민주형식이 되는 동시에 당과 인민, 당과 국가 간의 제도적 관계를 잘 처리하는 중요한 민주기제가 된다.


## III. 협상민주와 국가통합

중국은 2천여 년의 대일통의 역사를 가지고 있지만, 현대국가를 건설할 당시의 사회는 모래알 같았다. 이것은 한편으로는 제국의 해체와 관계가 있고, 다른 한편으로는 중국전통의 농경사회구조와 관계가 있다. 이에 모래알 같은 사회를 유기적 통합체로 만드는 것이 중국 현대국가건설이 갖게 된 사명과 임무였다. 민주공화는 중국의 성립과 중국의 국가건설이 직면한 이러한 사명과 임무와 내적 관계가 있다.

쑨원은 중국 현대국가건설을 구상하고 실천할 때 흩어진 모래알 같은 중국사회를 단결시키는 것을 우선적인 임무로 삼았다. 그는 민권의 첫걸음은 인민을 단결시키는 것이라고 생각하였다. 당무의 근본은 혁명주의로 4억 동포들을 단결시켜 대단체로 만드는 것이다. 그리고 민권의 주요한 사명은 중화민족의 대단결이었다.[12] 중국사회의 전면적 '집단화'는 쑨원의 민주혁명과 국가건설사상의 핵심내용이었으며, 그 임무는 중국공산당에 맡겨졌다. 중국공산당은 신민주주의혁명을 주도하였지만, 공산당이 직면하였던 사회현실은 변하지 않았고 그들의 역사적 사명은 쑨원이 영도하던 구민주주의혁명보다 더 심각하고 힘들었다. 이에 중국공산당은 계급혁명과 민족혁명의 유기적 결합을 매우 중시하였으며, 전 민족의 단결을 강조하는 한편 각 계급의 연합 또한 강조하였다. 중국공산당은 통일전선이라는 방식을 통하여 창조적으로 전 민족의 단결과 각 계급의 연합을 추진하는 과정에서 공산당 및 그들이 대표하는 선진계급이 국가의 영도적 핵심이 되도록 하여 핵심적 민중과 민족의 단결구조 및 연합적 단결체제를 건설하도록 하였다.

중국의 현대국가로의 전환과정을 살펴보면, 중화민족이 대전환의 과정에서 전통제국체제처럼 붕괴하지 않은 중요한 이유 중 하나는 쑨원이 이끌었던 국민당을 포함하여 중국공산당 내의 혁명당이 시기적절하게 민중을 단결시키고 사회를 응집시키는 한편 민족단결을 보호하는 사명을 떠맡아서 그것을 혁명의 기초와 임무로 삼았기 때문이다. 그러므로 중화의 대지 위에서 비록 민중과 민족이 천여 년의 공동생활을 해왔지만, 전통제국에서 현대국가로 국가형태가 전환됨에 따라 현대화 과정과 현대국가체계 내에서 그 응집성과 단결성을 유지해야 했으며 이를 위해서 더 많은 노력을 해왔다. 그와 동시에 현대화 발전에 따른 민주화·시장화·지구화가 천여 년간 유지해온 사회구조를 심각하게 변화시킴에 따라 사회구조의 전환과 사회분화가 병행되어 일어날 수 있었

---

12    孫中山, "三民主義, 民權主義", 『孫中山選集(下卷)』(北京: 人民出版社, 1956), p.690.

다. 이 모든 것은 현대국가의 문턱을 넘어서고자 하는 중국이 경제와 사회의 현대화를 포함하는 국가전환 과정에서 사회의 일체성과 민주적 응집성을 유지해야지만 성숙한 현대화 국가의 정립에 필요한 사회적 기초를 건설할 수 있다는 것을 의미한다. 이를 위해 중국공산당은 민주와 과학이라는 깃발뿐만 아니라 단결과 발전이라는 깃발을 높이 들고 단결이 없다면 안정과 발전도 없다는 것을 강조하였다. 마찬가지로 발전이 없다면, 무엇보다도 공동의 발전이 없다면 단결의 기초도 없다는 것을 강조하였다.

중국공산당의 집정체계에서 단결은 공허한 개념이 아닌 실제적인 사업임무와 사업체계이며, 그것이 포괄하는 범위는 광범위하다. 구체적으로 계급연합, 민족단결, 인민단결, 군민단결, 당파협력 등이 그에 해당되며, 이러한 단결을 만들어내고 추동하는 길은 당의 영도, 통일전선, 인민민주제도, 민족정책, 공공정책, 공평정의 등이다. 그리고 이 과정에서 서로 다른 유형의 단결, 서로 다른 무대, 노선, 방식을 만든다. 그러나 전체 인민과 전체 중화민족, 그리고 전체 사회와 국가로 보면, 진정으로 정치학적 의미의 단결을 실현하기 위해서는 정치공동체 내에서 모든 사람이 평등하고 조화로운 생활을 하고, 공동체 내의 타인들이 공동체를 자신을 전면 발전시킬 수 있는 전제로 생각해야 하며, 반드시 합리적 제도 및 이 제도에 대한 공동의 인정이라는 기초 위에서 단결을 확립해야 한다.

현대정치에서 단결의 첫 번째 전제조건은 제도적 합리성이다. 왜냐하면 현대정치에서 개체의 권리는 물론이고 단체의 이익도 결국은 자원을 배분하고 사회를 통합시키는 제도체계에 의해 결정되기 때문이다. 이것이 현대사회와 전통사회의 근본적 차이이다. 현대화가 조직사회를 추동하는 상황에서 제도는 공동체의 통일과 협력을 결합시키는 근본이고, 최종적으로는 주권과 헌법이 절대적 권위를 갖는 것으로 나타난다. 한편 제도적 합리성의 편차는 사회의 충돌이나 사회 거버넌스가 효력을 잃는 상황이 초래될 수 있게도 한다. 중국의 제도체계는 당의 영도제도체계와 국가제도체계의 유기적 통일이며, 중국의 민주정치는 당의 영도, 인민이 주인이라는 의식과 의법치국의 유기적 통일이다. 이것이 중국제도의 합리성을 결정짓고, 당의 영도제도와 국가제도의 공존공생 문제를 해결하는 동시에 당의 영도제도와 국가제도의 전면적 법률화와 제도화 문제를 해결한다. 이런 점에서 중국정치체계에서 비롯되는 동시에 현대민주의 요구에 부합하는 협상민주가 독특한 우위를 갖는다. 따라서 협상민주가 당의 영도제도의 합리성은 물론 국가제도의 합리성을 제고시킬 수 있다고 볼 수 있다. 그리고 협상민주가 꾸준한 민주실천 속에서 제도적 합리성을 실천시켜왔기 때문에 단결이 가져오는 효과는 현재적이며 미래적일 수 있다.

　　현대정치에서 단결의 두 번째 전제조건은 국가정체성이다. 현대국가는 제도를 통해 건설되고 제도는 모든 사람의 권리체계와 발전 가능성을 구성하기 때문에 사람들은 제도를 통해 국가를 인정한다. 사람들이 인정하는 제도의 기본적 근거는 제도가 그 사회 및 정치적 존재에 대한 조직으로 현대국가 속에서 구체적으로 실제로 존재한다는 것을 인정하는 것이다. 고대국가에서는 사람들이 국가로부터 자신을 이해하였다면, 현대국가에서는 사람들이 자신으로부터 국가와 국가에 대한 정체성을 이해한다. 사람들이 기본적으로 국가에 대한 비슷한 정체성을 가져야만 국가공동체 내에서 적극적 단결을 실현할 수 있게 된다.[13] 현대의 애국주의는 이렇게 만들어진다. 현대국가의 정체성 형성논리는 국가에

---

13　林尚立, "現代國家認同建構的政治邏輯", 『中國社會科學』, 2013年, 第8期.

대해 사람들이 인정하게 만드는 것이지 국가의 강제력으로 이루어지는 것이 아니다. 이것은 개체와 국가의 적극적 상호작용으로 이루어진다. 국가에 대해서도 충분히 표현할 수 있는 동시에 국가도 개체의 존재와 가치를 충분히 존중할 수 있는 적극적 상호작용의 가장 효과적 형식 가운데 하나는 공민참여 및 그로부터 승화되어 형성된 제도적 협상민주이다. 이러한 관점에서 보면 협상민주는 국가정체성을 형성하는 효과적인 방법으로, 단결을 촉진하기 위한 사회심리와 정치정신의 자원을 제공한다.

현대정치에서 단결의 세 번째 전제조건은 이해관계의 조화와 보완이다. 누구나 자신의 이익을 추구하며, 사람이 많으면 많을수록 그만한 이익이 존재한다. 시장화는 이익의 개인화를 촉진할 뿐만 아니라 이익구조의 전반적인 분화를 촉진하여 계층적 혹은 집단적 이익의 충돌을 초래한다. 이익의 분화와 충돌은 의심의 여지 없이 사회적 연대를 부식시키고 와해시키는 가장 큰 요인이다. 이러한 분화와 충돌을 없애기 위해서는 제도와 정책의 합리성 이외에 이익주체 간의 소통과 대화 그리고 다른 이익들 간의 협조와 소통이 필요하다. 이를 위해 제도적인 민주무대가 필요하다. 그중 협상민주는 의심의 여지 없이 가장 유효한 무대이자 기제이다. 실제로 협상민주는 사회세력들 간의 이익관계를 조절하고 균형을 맞출 수 있을 뿐만 아니라 정부와 사회 간의 이익관계도 조절한다. 이를 통해 볼 때, 광범위하고 다층적인 제도적 협상은 이익의 충돌을 해소하고 사회의 조화를 촉진하며 사회연대를 증대시키는 중요한 무대이자 기제이다.

연대창출의 차원에서 협상민주는 국가발전에 필요한 연대의 모든 측면에서 운용될 수 있다. 당연히 그 속에는 계급연합과 계층연합, 민족연대와 인민연대 등이 포함되어 있다. 그러나 이것이 사회연대의 창출에 있어서 협상민주가 아닌 곳이 없고 모든 것을 처리한다는 의미는 절대 아니다. 협상민주가 이러한 측면에서 갖는 효능은 의심의 여지가 없지만, 그것이 발휘하는 효과적 역할은 자신의 완결성 이외에 관련 체제와 정책 그리고 관념의 과학성과 유효성에 따라 결정된다. 예를 들면, 민주당파의 건강한 발전이 없다면 정치협상은 진정한 당파협력과 계급과 계층의 단결을 이루기 어렵다. 마찬가지로 민족구역자치제도가 효과적으로 운행되지 않는다면 정치협상과 그 배후의 통일전선만으로 중화민족의 대단결을 추구하는 것이 힘은 두 배로 들지만 성과는 절반에 불과할 것이다.

## IV. 협상민주와 국가거버넌스

국가는 제도체계를 통해 주권과 영토 그리고 인민을 유기적으로 결합시킨 정치공동체이다. 그 실제적 기초는 인민과 그들이 생활하는 영토공간으로 구성된 사회공동체이다. 그러므로 사회공동체와 더불어 사회를 주도하고 대표하는 주권이 국가이다. 국가의 사명은 그 주권의 관할 범위 내에서 질서 있는 공공생활을 창출하고 인간과 사회의 공동발전을 보장하는 것이다. 이러한 사명 있는 행동과 과정을 완성하는 것이 국가거버넌스이다. 사람들은 국가거버넌스를 국가가 일정한 제도체계에 기초하여 그것이 장악한 공공권력과 공공권력을 운행하는 정부를 통해 사회에 대한 거버넌스를 실현하는 과정이라고 생각한다. 이리하여 국가거버넌스는 사회에 대한 국가의 거버넌스가 되었다. 그러나 이러한 생각은 단편적이다. 인류는 먼저 사회를 구성하고 난 후에 국가를 구성하였으며, 사회가 국가를 세운 주체였다. 사회가 국가를 세운 목적은 국가로 자신을 대체하려고 한 것이 아니라 국가가 사회로부터 비롯되었지만 사회의 공적 힘보다 더 상위에서 사회생산과 생활의 질서를 보호함으로써 사람들이 안정된 공동체 속에서 생활할 수 있기를 바랐기 때문이다. 이로 인해 사회에 대한 국가의 거버넌스가 국가거버넌스의 일부분이 되었으며, 국가거버넌스에는 사회생산과 생활 자체가 형성한 거버넌스 구조와 질서체계가 포함되었다. 그러므로 국가거버넌스는 본질적으로 국가를 관리하는 것이며, 그 임무는 국가라는 정치공동체가 질서를 공급하고 발전의 기초와 능력을 창출하는 것이다. 사회는 국가의 또 다른 일면이며, 국가와 사회는 상호 의존적인 특성을 갖고 있다. 이로부터 국가라는 정치공동체가 효과적인 거버넌스, 즉 언제나 질서를 공급하고 발전을 창출하는 기초와 능력을 갖기 위해서는 국가의 힘도 필요하지만 사회의 힘도 필요하다. 현대사회에서 국가의 힘은 헌법의지와 정부권력을 통해 구현된다. 그리고 사회의 힘은 국가로부터 독립적인 시장과 사회의 기제, 조직을 통해 구현된다. 비록 국가거버넌스 속에서 국가의 힘이 주도적 역할을 하지만, 그것은 사회세력과의 유기적 협력을 통해서만이 효과적으로 구현될 수 있다. 이런 점에서 현대국가의 거버넌스는 일원적 힘으로 완성될 수 없고 다원적 힘의 협력과 공치로 완성될 수 있다. 이것은 국가 내부의 공치 수준과 질이 국가거버넌스와 발전에 대해 결정적으로 작용함을 말해준다.

고대국가이든 현대국가이든 국가의 거버넌스 구조와 체계는 모두 하나의 복잡한 형성과정을 거친다. 왜냐하면 그것은 국가제도 자체의 건전함과 완결성에 의존할 뿐만 아니라 사회의 발전과 성숙에도 의존하고, 나아가 국가와 사회의 합리적 관계의 확립과 정립에도 의존하기 때문이다. 그러므로 현대국가로 말하자면, 그 국가의 거버넌스가 성숙하려면 반드시 국가건설의 과정을 겪어야 한다. 각국의 실천을 살펴보면,

모든 국가건설은 국가제도 자체의 전면적 개선과정인 동시에 국가와 각 사회거버넌스 세력이 제도화된 관계를 형성하여 국가거버넌스체계의 형성과정을 전면적으로 풍부하게 한다. 선진국에서 형성된 국가거버넌스체계 속에서 국가권력은 어떠한 주도적 지위를 차지하는가를 불문하고 국가권력이 천하를 독점하는 형세를 형성하는 것이 아닌 국가권력과 각 경제·사회·문화세력이 국가를 공동으로 다스리는 형세를 형성해야 한다.

　중국은 인민이 주인인 국가를 실현하고 싶었지만 낙후된 국가가 어떻게 사회주의를 건설할지 이해하지 못했기 때문에 효율적으로 인민이 주인인 국가거버넌스체계로 전환하지 못하였다. 오히려 그 반대로 국가거버넌스체계가 전반적으로 왜곡된 전능정치를 초래하게 되었다. 개혁개방으로 권력이 고도로 집중된 국면이 타파되었고, 현대적인 동시에 중국의 발전에 필요한 권력구조체계에 중요한 제도적 기초, 즉 사회주의 시장경제가 제공되었다. 권력구조의 조정이 중국 개혁개방의 활력을 크게 키운 동시에 성공적 개혁개방이 중국의 활력적 권력구조를 구성하고 발전적 질서와 활력을 보장하였다. 개혁개방이 추동한 변혁과 발전과정의 차원에서 보면, 개혁개방에 기초하여 성장한 새로운 세력에는 지방정부, 기업, 개인, 시장, 사회 그리고 각종 민간조직이 있다. 이들 신세력들과 기존의 당과 국가권력체계는 서로 함께 새로운 권력구조를 형성한다. 그것은 당, 정부, 시장, 사회, 개인이라는 다섯 측면에서 구성된 권력구조이다. 이러한 권력구조 속에서 개인, 사회, 시장은 상대적으로 자주성을 지닌 거버넌스 주체이면서 당과 국가권력의 근본적 근원과 서비스 대상이다. 개인과 사회 그리고 시장 세력의 증대에 따라 정부의 직능체계 또한 변화하기 시작하였다. 전능형 정부로부터 유한형 정부로의 전환 그리고 생산성 있는 경제형 정부로부터 보장성 있는 서비스형

정부로의 전환이 그것이다. 직능의 전환에 수반하여 반드시 정부의 직능체계의 재배치가 이루어지며, 그 효과 중 하나는 중앙과 지방 간의 직능관계 그리고 권력관계 및 작동관계의 변화이다. 공공서비스를 제공할 때 지방정부는 갈수록 중앙정부에 의존하게 되었다. 새로운 권력이든 새로운 정부의 기능이든 관계없이 오늘날 중국의 거버넌스는 다원적 거버넌스 주체가 다각적으로 참여하는 공동 거버넌스의 국면이 형성되었다. 이러한 국면은 개혁개방이 만들어낸 발전이자 거버넌스 구조가 일상화되어 현대화로 진행된 구체적 형태라고 볼 수 있다.

객관적으로 권력을 분산시키고 다원적 거버넌스 주체를 형성하는 것은 쉽다. 그것은 주로 국가의 분권과 시장경제체제의 메커니즘에 달려 있다. 그러나 다원적 거버넌스 주체가 협력공치하여 각 거버넌스 주체가 경제와 사회 발전의 긍정적 힘이 되기 위해서는 헌법규범과 제도의 권위가 필요하고 거버넌스체계의 현대화도 필요하다. 왜냐하면 그것은 하나의 과정과 합리적 메커니즘을 필요로 하기 때문이다. 다원공치의 본질은 당 혹은 국가조직이 영도하는 각 거버넌스 세력이 각자의 장점을 발휘하며 각자의 운행법칙을 존중하고 국가의 헌법과 제도의 틀 속에서 공동으로 국가와 사회의 공공사무를 거버넌스하는 것이다. 그러므로 그것은 각 거버넌스 주체를 평등하게 대우할 것을 요구하는 동시에 각 거버넌스 주체가 국가거버넌스에 충분히 참여하여 국가거버넌스의 중요한 역량이 될 것을 요구한다. 이러한 상황을 만들기 위해 의식적으로 관련 거버넌스 역량을 배양하고 개발하는 것 이외에도 각종 거버넌스 역량의 상호작용과 협력을 위해 실천의 무대와 성장의 공간을 제공하는 것이 중요하다. 이러한 시각에서 보면, 협상민주는 중국 민주발전의 요구일 뿐만 아니라 중국과 같은 대형국가의 효과적인 거버넌스를 위한 요구이다. 따라서 중국의 건설과 발전에 있어서 그것의 책임은 무겁고 갈 길은 멀다.

　협상민주는 중국건설과 발전에서 전반적이고 장기적인 의미를 갖는다. 그것은 중국특색 민주정치에 구체적 형태를 부여했다. 공생정치와 공치구조가 그것인데, 이것들은 동시에 중국사회가 장기적으로 발전하는 데 필요한 통합적 구조를 부여했다. 그리고 수직적으로는 중앙과 지방을, 수평적으로는 당, 국가, 시장, 사회, 개체를 통합시켰다. 객관적으로 협상민주는 중국의 전면적 발전에서 막 시작되었고, 비록 혁명과 건국의 실천과 시련을 거쳤지만 현대화의 논리하에서 그 운용은 비교적 미숙하고 초라하다. 또한 그 완성과 발전에서 수많은 주관적·객관적 조건의 한계에 직면해 있다. 그러므로 위에서 분석한 기능은 비록 현실적 기초를 가지고 있지만 이론적인 차원에서 이해되어 형성된 것이 적지 않다. 중국의 협상민주가 갖고 있는 이러한 기능과 중국특색의 현대정치의 형성, 운행, 발전이 갖고 있는 고도의 내재적 계합성으로 인해, 중국에서 협상민주의 발전은 이미 민주건설 자체를 초월하였으며, 민주건설 속에서 중국특색 사회주의 정치체계의 전략무대와 핵심경로를 전면적으로 완성하고 개선했다. 이에 협상민주는 보다 전면적으로 그리고 장기적으로 설계되고 추진되어야 한다.

# 제16장

# 국가거버넌스

5천여 년의 중국의 유구한 역사를 보면, 중국사회는 선진(先秦) 봉건 시기, 진나라 이후의 중앙집권 전제 시기 그리고 신해혁명 이후의 민주공화 시기 등 세 가지 정치형태를 경험하였다. 각 형태로 인해 만들어진 새로운 구조, 거버넌스 그리고 질서는 모두 중화문명의 진보와 발전에 새로운 기초와 동력을 제공하였다. 첫 번째와 두 번째 정치형태는 중국이 스스로 역사발전을 한 결과로 내생적 산물이며, 역사·사회·문화의 강한 내재적 연관성을 갖고 있다. 그러나 세 번째 형태, 즉 지금의 정치형태는 실제로 인류의 현대화 역사운동이 중국사회에 충격을 가한 결과로, 비록 역사적 필연성을 갖고 있지만 내생적인 전환의 산물은 아니다. 지금의 정치형태와 중국의 기존 역사·사회·문화의 연관성은 선천적인 것이 아니라 후천적인 구성과 창조를 필요로 하였다. 수많은 개발도상국의 현대정치형태 또한 중국과 같은 상황에 처해 있다. 실천이 보여주듯이, 개발도상국이 현대화로의 전환 과정에서 얼마나 효과적으로 현대정치형태를 구축하는지가 그 국가의 미래와 운명을 결정한다. 오늘날 중국의 발전 수준과 형세로 보면, 비록 중국이 이러한 문제에 대응하고 해결하는 데에서 우여곡절을 겪었지만 전반적으로는 성공적인 것으로 볼 수 있다. 그중의 핵심은 독립적이고 자주적으로 자신의 현대정치 형태를 구축한 것이다. 바꾸어 말하자면, 현대의 민주공화는 비록 내생적인 것은 아니지만 중국이 자주적으로 수립하였다. 이러한 자주적 수립으로부터 중국은 중국특색의 민주정치 발전노선을 걸을 수 있었으며, 자신의 이론과 제도체계 그리고 발전노선을 형성할 수 있었다. 따라서 중국이 오늘날 제기한 국가거버넌스체계와 거버넌스 능력의 현대화는 반드시 중국발전의 정치논리와 현대문명의 요구의 유기적 결합에 기초해야 하는 것이다.

## I. 국가거버넌스 제도

중화인민공화국은 중국공산당이 혁명으로 정권을 획득한 이후에 수립한 사회주의 신중국으로, 전통중국이나 신해혁명 이후의 현대국가건설의 시각에서 보면 모두 새로운 사회와 국가이다. 그리고 그 영도세력은 농촌혁명을 근거로 걸어온 중국공산당이다. 당과 군대의 무게중심이 농촌에서 도시로 옮겨감으로써 중국공산당은 도시를 관리하고 건설하는 법을 배워야 했다.[1] 따라서 중화인민공화국은 탄생했을 때부터 사회주의 제도와 거버넌스체계를 수립해야 하는 임무를 갖게 되었다. 그러나 중국은 이론과 전략상 어떻게 사회주의를 건설해야 하는가 하는 기본적인 문제를 근본적으로 해결하지 않았기 때문에, 사회주의 개조를 겪은

---

[1]  毛澤東, "在中國共産黨第七屆中央委員會第二次全體會議上的報告", 『毛澤東選集(第四卷)』(北京: 人民出版社, 1991), p.1427.

후 사회주의 제도체계는 수립하였지만 효과적인 사회주의의 국가거버
넌스체계를 만들어내지는 못하였다. 1978년 말에 덩샤오핑은 개혁개방
을 시작한 이후 다음과 같이 당시의 중국을 묘사하였다. "현재의 문제
는 법률이 완벽하지 않고 많은 법률이 제정되지 않은 것이다. 종종 영도
자가 하는 말을 '법'으로 생각하고, 그가 하는 말에 찬성하지 않으면 '위
법'으로 여기며, 그가 말을 바꾸면 '법'도 따라서 바꾼다. 그러므로 힘을
합쳐 형법, 민법, 소송법과 기타 각종 필요한 법률을 제정해야 한다. 예
를 들면, 공장법, 인민공사법, 삼림법, 초원법, 환경보호법, 노동법, 외
국인투자법 등이다. 반드시 민주절차와 토론을 거치고, 검찰기관과 사
법기관을 강화하며 법에 따라 행하고, 법이 있으면 반드시 그에 따르며,
법 집행을 반드시 엄격히 하고, 법을 어기면 반드시 추궁한다. 국가와
기업, 기업과 기업, 기업과 개인 등의 관계 또한 법률의 형식으로 확정
해야 한다. 그들 간의 모순도 적지 않게 법률을 통해 해결해야 한다. 현
재 입법 작업량이 많고 인력도 충분하지 않다. 따라서 법률조문이 다소
엉성하므로, 점진적으로 완벽하게 만들어야 한다. 어떤 법규는 먼저 시
범적으로 행하고, 그러고 난 후에 최종적으로 제고하며, 전국에 통용되
는 법률로 제정해야 한다. 법률을 수정하고 보충하며, 하나의 조항을 성
숙하게 하려면 그 하나의 조항을 수정하고 보충해야 하며, 전체의 완성
을 기다릴 필요가 없다. 결론적으로, 없는 것보다는 낫고 느린 것보다는
빠른 것이 낫다."[2] 이를 통해 볼 때, 개혁 초기의 중국에는 정권의 제도
체계를 지지하는 것 이외에는 법률이 없었고, 기본적 국가거버넌스체계
도 마찬가지였다. 모든 것을 지도간부의 개인적 의지와 그 수중에 있는
권력에 의존하였다. 이러한 거버넌스는 인치(人治)라고 하더라도 수준

---

2    鄧小平, "解放思想, 實事求是, 團結一致向前看(1978年12月13日)", 『鄧小平文選(第二卷)』
     (北京: 人民出版社, 1994), pp.146-147.

이 낮은 인치이다. 이를 위해 중국은 개혁개방을 통해 정비와 거버넌스 그리고 개혁을 시작하였다. 거버넌스의 정비가 개혁을 추동하고, 개혁이 거버넌스의 정비를 위한 거버넌스 자원을 제공하였다.

개혁 이전의 중국이 이러한 지경에 빠진 것은 사회주의 현대화의 좌절 말고도 '문화대혁명'과 직접적인 관계가 있다. 문화대혁명 시기 헌법과 법률은 효력을 잃었고, 제도는 통제력을 잃었으며, 조직 질서는 상당부분 상실되었고, 윤리도덕은 규범력을 잃게 되었다. 단지 당의 방대해진 정치권력을 통해서만 자원이 심각하게 부족한 사회를 특정한 질서공간으로 만들었다.[3] 개혁개방 초기의 중국의 발전은 강한 통제상황에서 벗어난 사회의 활력에 자주적 공간을 제공하는 과정인 동시에 국가의 헌법법률체계, 제도체계, 조직체계, 도덕규범을 활성화하고 완성하는 과정이었다. 개혁개방과 중국발전에 대해 말하자면, 이 두 가지 과정은 동시에 전개되었을 뿐만 아니라 상호 적응해야 했다. 3천여 년의 발전 속에서, 이 두 가지 과정의 상호작용은 네 가지 발전 경험을 형성하였다.

첫째, 헌법을 수정하고, 정부의 권력을 되찾으며, 사회의 권력을 해방시키고, 일상을 회복하였다. 개혁 전에 신중국이 건설한 국가제도체계는 현대화의 좌절로 인해 그에 상응하는 경제적 토대를 형성하지 못하였다. 그 결과 제도 전반이 당의 일원화된 지도하에서 권력의 고도집중으로 왜곡되었다. 개혁개방은 당의 고도의 권력집중과 왜곡된 국가제도체계의 타파와 일상화를 기초로 전개되었다. 1975년, 1978년 헌법을 버리고 1954년 헌법을 기초로 헌법을 전면 수정하여 1982년 헌법이 만들어졌다. 이와 동시에 당정의 분리를 통해 당이 정치를 대표하는 상황

---

3    林尚立, 『當代中國政治形態研究』(天津: 天津人民出版社, 2000).

을 없애고 국가제도체계가 마땅히 갖추어야 할 헌법적 지위를 획득하였
을 뿐만 아니라 그에 상응하는 정치적 지위를 획득하였다. 정부는 이로
부터 헌법과 법률에서 정한 권력을 갖게 되었으며 자주적으로 운영되기
시작하였다. 개혁과 발전의 주체는 인민이다. 그러므로 사회에 권력을
이양하고 인민을 분발하게 하는 주동성과 창조성은 개혁개방의 핵심이
었다. 당이 권력을 정부에 돌려준 것은 사회로의 권력이양을 전제로 한
것이다. 끊임없이 활약하는 사회가 정부가 질서를 구축해주기를 바랄
때에만 정부의 권력과 서비스가 실제 가치와 의미를 갖게 된다. 이러한
발전과 여정이 가져온 현실적 효과로부터 국가는 근본적인 헌법을 갖게
되었으며, 헌법이 규정한 제도가 회복되어 운행되게 되었고, 정부가 경
제와 사회의 발전을 관리하는 주체가 되었으며, 당과 국가 그리고 사회
가 일원화된 구조로부터 유기적인 입체구조로 전환되어 각자 상대적 자
주성을 갖게 되었다.

둘째, 간부를 재조직하고, 종신제를 타파하며, 행정이 책임을 지고,
기구를 감축하였다. 제도운행이나 실제 거버넌스에서 제도와 권력의 조
정 말고도 간부의 선발이 중요하다. 마오쩌둥의 말을 빌리자면 "정치노
선이 확정된 후 간부는 결정적 요소이다."[4] 그러므로 개혁개방 이후에
간부부대의 조직은 결정적인 것이 되었다. 이를 위해 덩샤오핑은 두 가
지 건설을 추진하였다. 하나는 간부의 연령을 낮추고 전문화하는 것이
었으며, 다른 하나는 간부종신제를 없애고 임기제와 퇴직제를 실시하는
것이었다. 이 두 가지 건설은 개혁개방의 신국면을 열었을 뿐만 아니라
동시에 천여 년의 역사적 전통을 지닌 지도간부 종신제를 종결시켰다.
이것은 국가권력의 교체와 거버넌스의 전문화를 위해 간부기초와 제도

---

4    毛澤東, "中國共產黨在民族戰爭中的地位", 『毛澤東選集(第二卷)』(北京: 人民出版社, 1991),
     p.526.

보장을 제공하였다. 이와 동시에 행정수장 책임제의 확립은 정부와 각
종 조직의 운행을 위한 가장 기본적인 관리 주체와 책임체계를 명확히
하였다. 사회에 권력을 이양하고 정부 거버넌스의 과학성과 효능을 제
고하며 주기적으로 정부기구의 개혁을 추진하기 위해 정부직능의 전환
과 직능체계의 최적화를 정부기구 개혁의 축으로 삼았다. 이러한 개혁
의 노력들이 가져온 현실적 효과는 간부종신제를 철저히 종결하고 국가
의 조직과 운영이 전문화되기 시작하였으며 정부의 직능, 기구 그리고
절차의 재건을 전면적으로 시작하는 것이었다.

셋째, 시장경제, 법치국가, 국제사회로의 유입과 법에 따른 집정을
하였다. 사회주의 시장경제체제의 확립으로 개혁은 진정으로 혁명적인
변혁이 되었다. 이것이 만들어낸 연동효과는 중국발전의 기초와 전반에
영향을 미쳤다. 우선, 인간의 사회적 존재를 공동체의 단위라는 존재로
부터 개체적 사회인이라는 존재로 전환되기 시작하였다. 그리하여 사회
의 구성방식과 개체, 사회, 국가 간의 권력구조 및 권력관계를 변화시켰
고, 민중과 사회가 국가와 정부의 근본역량을 결정짓게 되었다. 그리고
중국의 거버넌스 계획 및 전략의 혁명적 변혁을 추진하였고, 전통적 거
버넌스에서 현대적 의법치국으로 전면적으로 나아가게 되었다. 사회주
의 법치국가를 건설하면서 사회주의 법률체계와 법치체계를 구축하고
완성하기 위해서 노력하였다. 또한 시장경제의 세계화는 중국의 개방을
끊임없이 확대하고, 중국을 전면적으로 세계경제체제로 진입하게 하여
세계경제운행에 참여하게 하는 동시에 시장경제운행의 규칙과 점차 발
맞추도록 하였다. 그리고 WTO와 같은 국제기구 및 그에 상응하는 국
제규범은 중국의 개혁과 거버넌스 기제를 추동하기 시작하였다. 결국
경제체제 및 사회체제의 심각한 변화와 더불어 중국공산당은 자각적 혁
명으로부터 집정당으로 전환하기 시작하였으며, 그 이론과 실천 논리도

그에 상응하여 혁명당의 논리로부터 집정당의 논리로 전환되었고, 집정당은 헌법과 법률의 범위 내에서 활동하게 되었다. 이러한 발전 과정으로부터 중국의 내재적 권력구조와 운행방식이 전면적으로 변화하였으며, 인민과 사회가 결정적인 역량이 되었다. 법치가 국가거버넌스의 근본형식이 되었으며, 의법치국과 의법집정이 당을 혁명당에서 집정당으로 변모하게 만들었다. 이로부터 당의 영도와 의법치국 그리고 인민이 주인이라는 것이 유기적으로 통일되어 중국의 국가거버넌스의 근본 소명이 되었다.

넷째, 사회를 건설하고 거버넌스 능력과 법치체계 그리고 거버넌스 체계를 정립하였다. 시장경제의 발전은 개체의 자주적 발전을 위한 충분한 시장적 기초와 법률적 보장을 제공하였다. 자주적 개체의 효과적 발전은 시장을 필요로 할 뿐만 아니라 사회를 떠날 수 없다. 사회조직과 자치의 질은 시장경제와 개체발전의 중요한 결정적 요소이다. 다른 한편으로 자주적 개체는 시장경제에서 자유로운 발전을 할 수 있지만 그 안에서 가장 근본적인 보장을 받을 수는 없다. 따라서 자주적 개체는 자유를 획득하는 동시에 오히려 가장 기초적인 생존보장을 상실하게 된다. 모든 자주적 개체가 시장경제의 위기 시에도 가장 기본적인 생존권을 보장받도록 하기 위해, 정부는 반드시 사회의 역량을 빌려 정부가 책임지는 사회보장체계를 세워야 하고, 이로부터 시장경제 위기에 대처해야 개체의 생존과 사회운행이 가져오는 파괴적 충격에도 개체와 사회의 기본적 안전을 보장할 수 있다. 이를 위해 중국은 사회주의 시장경제체제를 건설한 지 오래지 않아 주도적으로 사회건설을 시작하였다. 첫째, 사회를 성숙시킴으로써 자체적 조직, 관리 및 서비스 능력을 갖도록 하였다. 둘째, 사회에 일련의 사회보장체계를 제공하기 위해 사회보호 네트워크와 틀을 구축하였다. 시장경제의 발전과 사회건설의 상호작용을 제대로 일으키려면, 반드시 정부와 시장 그리고 사회가 공동 협력하는 거버넌스체계를 세워야 한다. 또한 당과 정부가 부단히 시장과 사회역량을 통합하여 거버넌스 능력을 만들 수 있도록 해야 한다. 실제로 오늘날 거버넌스 능력과 거버넌스체계에 대한 중국의 요구는 중국사회의 큰 규모, 그리고 다원화로 인한 차이와 관련이 있으며, 지구화, 네트워크화, 정보화와 더불어 중국의 사회조직 방식과 국가거버넌스 방식에 상당한 혁명을 초래한 것과 관련이 있다. 이렇게 복잡하고 다변적이며 다원적인 사회건설에 대응하고 다면적 협력의 거버넌스체계를 건설하기 위해서는 반드시 헌법지상, 과학적 입법, 효과적 법 집행, 공평한 사법, 법에 따른 행정을 갖춘 사회주의 법치체계를 구축하여 모든 국가의 거버넌스 형식규범이 실제로 행해지도록 해야 한다.

위에서 언급한 네 가지 발전 경험은 전후로 연계되어 상호 심화되고 구체화되면서 발전해왔으며, 현재까지도 전개되고 있다. 이러한 네 가지 발전 경험을 통해 볼 때, 중국은 개혁개방부터 지금까지 헌법과 제도를 회복하고, 권력구조를 조정하며, 시장과 사회를 배양하고, 법률체계를 바로잡으며, 의법치국을 시행하고, 글로벌 경제와 사회체계운영의 발전과정에 전면적으로 참여하였다. 비록 이런 과정이 중국의 경제와 사회의 거대한 발전을 만들어냈지만, 발전된 경제와 사회를 위해 보다 심도 깊고 전면적인 조직, 제도, 절차, 기제, 결과를 제공하기 위한 것은 아니었다. 결과적으로 전면적인 협조와 지속적인 발전 도중에 도전에 직면하였으며, 부패예방, 권력의 규범화, 권리의 보호, 민생복지에서 곤란에 처하기도 하였다. 이러한 국면이 극복되거나 초월되지 않는다면 중국의 발전은 난관에 봉착하게 될 것이고, 사람들이 걱정하던 '중진국 함정'에 처하게 되어 공든 탑이 무너지게 될 것이다. 이러한 함정에서 벗어나 지속적으로 발전하기 위해서는 반드시 사회주의 제도의 우

월성을 전면적으로 고무시키고, 중국공산당의 거버넌스 능력을 제고시
켜야 하며, 반드시 모든 방면의 세력을 통합시켜야 각종 복잡한 문제에
대해 효과적인 국가 거버넌스체계를 발휘할 수 있게 된다.


## II. 국가거버넌스 제도논리

오늘날 중국에서 중국의 전반적인 정세를 결정하고 중국발전의 제도적
기초를 만드는 것은 중국특색 사회주의 제도이다. 중국의 현대국가로의
이행과정을 보면, 중국특색 사회주의 제도는 중국의 발전에 있어서 인
류문명의 발전법칙, 사회주의 사회의 발전법칙, 그리고 중국사회 발전
의 법칙 간의 유기적 통일 위에서 확립되었다. 이런 시각에서 보면, 중
국특색 사회주의 제도는 중국의 발전목표와 사명 그리고 형태에 대해
강한 결정성과 규범성을 가지고 있다. 분명 중국특색 사회주의 제도는
개념 혹은 이론이 아니라 실제적인 제도규범이며 그 내재적 논리를 가
지고 있다. 이것은 국가거버넌스체계와 능력의 현대화가 중국특색 사회
주의 제도를 공고화하고 완성시킬 책임을 가지고 있으며 그 내재적 우
수성과 특징을 발휘해야 한다는 것, 즉 반드시 중국특색 사회주의 제도
의 내재적 논리를 충분히 따라야 한다는 것을 말해준다. 중국특색 사회
주의 제도의 내재적 논리는 다음의 여덟 가지 범주에 따라 구성된다. 그
것은 국가거버넌스체계의 현대화 발전의 방향과 내재적 사명의 기본 가
치와 제도기초를 결정한다.

　　첫째는 공유와 비공유이다. 소유제는 국가자원의 귀속방식, 분배구
조, 생산형태를 결정하므로, 당연히 국가제도의 근본이다. 과학사회주
의를 추구하는 중국은 소유제의 개혁을 기점으로 사회주의 제도를 건설

하였고, 장기적 탐색과 실천을 거치면서 최종적으로 형성된 기본적 경제제도는 공유제를 주체로 하며, 각종 소유제가 결합하여 경제의 공동발전을 추구한다. 이러한 제도 속에서 공유제는 주체이며 전제이고 기초이다. 그러나 동시에 반드시 비공유를 포함해야 하며, 비공유와 함께 발전해야 한다. 실천 속에서 공유제를 우선 선택한 이유는 계획경제의 운행방식에서 비공유를 제한해야 했기 때문이다. 비공유가 사회주의 초급단계의 발전적 요구에 적합하지 않았기 때문에 개혁개방 이래 공유제의 구조와 구도를 조정하며 사회주의 시장경제를 운영하기 시작하였고, 비공유 경제를 발전시키기 위해 그에 상응하는 공간을 만들어냈다. 중국의 발전에 대해서뿐만 아니라 인류의 근대 이후의 경제운용과 국가건설에 대해서도, 이러한 변화는 의심의 여지 없이 혁명적이었다. 왜냐하면 세계 각국의 시장경제는 모두 사유제를 주로 하여 운용되는 소유제에 기초하고 있기 때문이다. 그러므로 중국도 반드시 시장경제의 규칙을 탐색하고 실천하며 따라야 하지만 그 형태는 서구 선진국의 시장경제조직 및 운행방식과는 다르다.

둘째는 당과 국가이다. 현대화는 반드시 국가제도의 재건, 즉 현대국가건설을 동반해야 한다. 현대 국가제도의 운행은 정당을 주인공으로 하지 않을 수 없다.[5] 그러므로 현대 국가제도의 건설과정에서 어떠한 국가도 한편으로는 경제영역 속에서 공유와 비공유의 관계를 제대로 처리해야 하며, 다른 한편으로는 반드시 정치영역 속에서 정당과 국가의 관계를 제대로 처리해야 한다. 이 두 가지 측면은 겉과 속의 관계이다. 사

---

5    이탈리아 사상가 안토니오 그람시(Antonio Gramsci)는 정당이 현대국가에서 갖는 지위와 역할에 대해 다음과 같이 비유한 바 있다. "만일 현대에 『군주론』을 쓴다면, 그 주요 인물은 영웅적인 개인이 아니라 어떤 정당일 것이다." 安東尼奧·葛蘭西, 葆煦譯, 『獄中劄記』(北京: 人民出版社, 1983), p.121.

유제를 추구하는 국가에서는 재산을 장악한 힘 있는 집단이 현대국가를 건설하고, 힘 있는 집단이 국가제도를 구성하고 운영하기 위해 정당을 조직하는 국가건설 논리를 형성한다. 그 안에서 국가는 정당의 기초와 전제를 만들어낸다. 그러나 공유제를 추구하는 국가에서는 재산을 장악하지 못한 혁명계급이 혁명을 통해 사유제를 전복시키고 공유제를 구축하여 현대국가를 건설하고, 혁명계급이 정당을 조직하여 혁명을 진행하고 혁명 후에 국가를 건설함으로써 국가발전을 선도하는 국가건설 논리를 형성한다. 그러므로 당은 무엇보다도 전 사회를 선도하여 현대 국가제도를 건설하는 영도역량인 동시에 국가제도의 집정능력을 실행한다. 이것은 국가제도 내에 포섭될 뿐만 아니라 국가제도를 운영하는 역량으로 존재하는 서구의 정당과는 완전히 다르다. 그러므로 중국은 일반 국가에는 없는 당의 영도제도와 국가제도가 공존하는 정치체계를 형성하였다. 그 근본은 헌법에서 세워졌지만, 그 전제는 헌법이 보장하는 당의 영도이다. 이를 위해 중국이 반드시 추구해야 하는 것은 당의 영도, 의법치국 그리고 인민이 주인이라는 의식의 삼자가 유기적으로 통일된 국가거버넌스체계이지, 일반 국가제도에서 결정된 국가거버넌스체계가 아니다.

　셋째는 근본제도와 기본제도이다. 중국은 인민민주를 실행하는 국가이며, 인민이 국가권력을 만드는 동시에 국가권력을 운영한다. 즉, 인민이 주인이다. 왜냐하면 중국은 '삼권분립'과 '다당정치'에 따라 실천되는 민주가 아니라 인민의 주체적 역할을 충분히 발휘하게 하여 실천되는 민주다. 그 제도적 장치는 근본제도와 기본제도의 유기적 통일이다. 근본제도는 인민대표대회 제도로, 전체로서 인민에게 국가를 조직하고 관리하며 국가운영을 감독하는 권력을 보장하여 국가권력의 조직과 운영의 토대와 규범을 마련한다. 기본제도는 공산당 영도의 다당협력과 정치협상 제도로, 인민이 포함된 각 이익주체들이 자주적으로 각자의 이익을 표현하고 정치 방침을 함께 논의하며 당과 국가를 감독하고 당파와 각계의 협력을 촉진하며 인민의 단결을 보장함으로써 당의 영도 및 국가발전의 기본방향의 기초와 규범을 마련하도록 한다. 근본제도는 인민의 주체적 역할을 발휘하게 함으로써 국가권력과 제도의 운영이 인민민주 위에서 확립되도록 하며, 기본제도는 인민의 주체적 역할을 통해 당의 영도 및 그 집정이 인민민주 위에서 확립되도록 한다. 이 두 제도를 통해 당의 영도제도와 국가제도는 인민민주 위에서 확립될 수 있으며, 제도적으로 공산당 영도의 국가운영이 현대민주제도가 갖추어야 하는 기본 원칙과 합리적 구조를 갖도록 해준다. 이는 중국이 자신 있게 기존의 두 제도체계를 운영하고 완성시켜 국가거버넌스체계의 현대화 발전을 실현할 수 있음을 의미한다.

넷째는 민주와 집중이다. 이는 중국공산당의 조직원칙인 동시에 중국 국가제도의 조직원칙이기도 하다. 적지 않은 사람들이 이 둘을 대립적인 범주라고 생각하고 서로 포용적이며 통일적인 범주라고 보지 않는다. 즉 당 조직, 국가조직과 같은 구체적 공동체의 조직과 발전의 범주로 인식하지만, 실제로는 충분히 유기적 통일을 이룸으로써 더 큰 역할을 한다는 것을 금방 알 수 있다. 실제로 특정 공동체의 존속과 발전에서도 민주와 집중이라는 두 가지 경향이 모두 필요하다. 단지 '집중'이라는 개념을 사용하지 않고 주권과 일체화, 법의 권위 등 다른 개념을 사용하여 표현할 뿐이다. 중국의 정치논리에서 민주는 인민주권과 기층자치 그리고 각종 이익의 존중과 적극성을 강조하며, 집중은 행정, 법률 그리고 기율상의 집중 통일을 강조한다. 따라서 민주와 집중은 하나의 종횡적 협조와 거버넌스 구조를 형성하며 상호 지지 및 상호 보완한다. 기율조직으로서의 당내와 법제조직으로서의 국가에서 민주와 집중 간의 조건관계는 다르다. 당내에서 집중은 민주의 전제조건이다. 국가 내부에서 민주는 집중의 전제조건이다. 동시에 존재하는 당의 영도체계와 국가제도체계에 대해 말하자면, 민주집중제인 당의 영도제도와 국가제도의 차이가 오히려 기능과 효율에서 영도제도와 국가제도의 상호 보완관계를 형성하였다. 중국의 국가거버넌스체계는 이러한 상호 보완관계를 충분히 계발하여 민주집중제가 고효율의 효과적인 거버넌스체계의 중요 정치자원과 제도자원을 만들어내게 하였다.

다섯째는 시장과 정부이다. 국가전환과 현대화 발전의 관점에서 보면, 서구 국가의 논리는 시장주도로 시장이 점진적으로 정부를 포용해간다. 그러나 중국의 논리는 정부 주도로 정부가 점진적으로 시장을 포용해간다. 그리고 이것과 소유제구조 및 사회제도는 서로 다르게 직접적인 관계를 갖고 있다. 중국의 사회주의 시장경제가 오늘날까지 발전해오면서 시장과 정부의 상호 인정이 각자 불가결한 반쪽으로 상호보완적인 관계를 형성해왔다는 점은 서구 국가와 같다. 중국공산당 18차 3중전회에서 제기된 '자원배분 속에서의 시장의 결정적 작용에 관한 결정'에서 시장과 정부의 이러한 관계가 정립되었다. 그러나 중국의 사회제도는 정부와 시장의 평형관계가 시장경제의 법칙을 충분히 따를 수 있지만 그 가치지향과 실현형식은 서구적일 수 없다고 결정하였다. 그렇지 않다면 당과 정부의 거버넌스가 합법성의 위기에 처할 수 있다. 왜냐하면 일단 정부가 인민을 근본으로 하는 기본을 보장하고 전체 상황을 통괄하는 능력을 상실하게 된다면, 시장의 위험이 시장 자체를 위협할 수 있을 뿐만 아니라 사회와 국가를 위협할 수도 있기 때문이다. 이런 시각에서 보면, 중국이 추진하고 있는 사회주의 시장경제는 일반적인 시장경제가 아니다. 그 '사회주의'라는 규정성은 정치적 꼬리표가 아니라 중국 시장경제의 가치와 제도의 규정성에 대한 것이며, 그 목적은 시장경제가 중국특색 사회주의와 서로 조응할 수 있도록 하는 것이다. 이는 전후 독일이 시장경제와 국가가 서로 조응하여 "효과적 시장경제"를 추진하였던 것과 같다.[6] 그러므로 정부와 사회의 관계를 균형 있게 하면서 국가거버넌스체계의 현대화를 이룰 때 자원배분에서 시장의 결정적 역할을 충분히 존중해야 하는 동시에 반드시 사회주의 제도의 내재적 요구를 고려해야 한다.

여섯째는 법치와 덕치이다. 중국의 전통적 제도는 덕치의 기초 위에서 전통제국과 중국 문화전통을 길러냈다. 그러나 중국이 건설해야 하는 현대국가는 법치의 기초 위에서 사회주의 민주정치와 법치체계를 길러내고 법치국가, 법치정부, 법치사회를 건설하는 것이며, 이것은 이미 국가발전의 전략이 되었다. 이러한 변화는 중국이 고대정치문명에서 현대정치문명으로 도약하도록 하였다. 그러나 이러한 변화의 구체적 역사과정으로 보면, 덕치의 정치전통을 부정하는 것을 첫 번째 역사행동으로 삼았으며 그 결과 법치의 현대적 합리성을 강조하고 법치와 덕치를 대립시킴으로써 덕치가 법치에 가까워지지 못하도록 하였다. 국가권력 운영의 제도준칙으로서 덕치가 법치로 대체되는 것은 현대발전의 필연적 요구이고 국가거버넌스체계의 현대화의 근본적 보장이다. 그러나 다른 한편으로 도덕이 거버넌스에 중요한 작용을 한다는 점을 부정한다면 법치는 효과적인 발전을 하기 어렵다. 왜냐하면 법치 자체의 가치 기초로 보거나 실제 운행으로 봤을 때 도덕이 만들어낸 거버넌스 역량은 법치의 자원이며 토대이기 때문이다. 중국과 같은 유구한 덕치 전통을 가진 국가에서는 이러한 효과가 더 클 수 있다. 당연히 법치국가체계 속에서 강조한 덕치는 덕치를 법치와 같은 수준으로 끌어올려 국가권력

---

6    烏爾裏希·羅爾主編, 顧俊禮等譯, 『德國經濟, 管理與市場』(北京: 中國社會科學出版社, 1995), pp.7-22.

운영의 제도준칙으로 삼는 것이 아니라 도덕자원과 그 작용기제를 법치체계의 중요한 구성요소로 삼아 그 속에서 덕이 '치'로 존재하도록 하는 것이다. 또한 '법'으로 존재하는 것이 아니라 그것이 만들어낸 거버넌스 효과를 통해 덕이 법치를 보좌하는 것이다. 중국의 국가정세 혹은 법치의 법철학 논리의 측면에서 중국의 법치는 건강한 발전과 효과적 작용을 해야만 반드시 현대적 의미의 '덕치'의 기초를 갖게 될 것이다. 이런 의미에서 중국 국가거버넌스체계의 건설은 반드시 가치체계의 구축에 충실해야 하고 중화민족의 피 속에 기본적인 도덕적 가치작용이 융화되는 것을 중시해야 한다.

일곱째는 단일제와 민족구역자치이다. 국가거버넌스는 한편으로 국가의 권력구조와 그에 상응하는 제도에, 다른 한편으로는 국가조직구조의 형식에 달려 있다. 중국이 실행하고 있는 국가구조의 형식은 단일제이며, 그 핵심원칙은 국가의 행정권력이 중앙정부에 집중되고 지방정부는 중앙정부의 권력과 직능을 나눠 가지며 지방이 중앙의 정책을 집행할 때 지방의 업무를 책임지고 관리하는 것이다. 현대의 대국 중에서 중국만이 단일제를 실행하고 있는데, 그 이유는 한편으로 중국이 수천 년 동안 형성해온 대일통 국가조직형태와 관련이 있으며 다른 한편으로는 단일제 국가구조와 더불어 중화전통제국이 성공적으로 현대국가의 발전 궤도로 진입하였다는 것과 관계가 있다. 비록 단일제 국가구조가 중앙의 행정집권을 강조하고 지방정부는 반드시 중앙의 권력과 정책조정에 따라야 한다는 것을 강조하지만, 이것은 지방분권의 필요성에 조금도 영향을 주지 않는다. 왜냐하면 대국의 거버넌스로 보면, 적극적 지방분권은 오히려 중앙행정이 효과적 영도를 실현할 수 있는 전제조건이며 기초이기 때문이다. 동시에 당의 영도체계가 내포하고 있는 지방 당위원회에 대한 당 중앙의 강력한 정치적 구속 또한 지방분권이 조금도 정치적 위기를 겪지 않도록 한다. 그러나 중국은 다민족 국가이므로, 단일제 국가구조가 철저히 집행되기 위해서는 반드시 행정권력의 집중통일과 민족지구의 특수성 간의 관계를 충분히 고려해야 한다. 이를 위해 중국은 민족집결지에서 민족구역자치를 실행하고 있으며, 소수민족 집결지구에 거주하는 소수민족을 위주로 지역행정을 관리하여 소수민족의 권익을 보호하고 지역의 발전을 촉진하는 것을 강조한다. 동시에 중앙정부는 책임감을 갖고 적극적으로 소수민족지구의 문화와 발전을 돕고 보장한다. 이로써 알 수 있는 것은 중국의 단일제 국가구조가 요구하는 국가거버넌스체계는 단순한 중앙집권이 아니라 중앙집권과 지방분권의 유기적 균형이며 중앙집권은 발전 전체를 통괄하고 지방분권은 지방자치를 고무하는 것이라는 점이다. 이를 위해 국가거버넌스체계는 그에 상응하는 체제와 기제를 창출해야 한다.

여덟째는 협상과 자치이다. 중국의 인민민주는 민주성을 강조하면서도 공화성을 강조한다. 민주성은 인민이 주인이라는 것을 강조하고, 공화성은 천하위공을 강조한다. 이는 국가거버넌스가 따르는 인민의 의지가 권위성을 가질 뿐만 아니라 최대한의 공약성을 가져야 함을 의미한다. 그러므로 중국의 인민민주는 내생적으로 협상민주를 만들어냈고, 그 제일의 정치형태는 인민정치협상회의이다. 인민민주의 실천이 심화됨에 따라 협상민주는 경제와 사회 영역으로 점차 확대되었으며 선거민주와 함께 중국 민주실천의 양대 기본형식이 되었다. 중국의 민주발전으로 말하자면, 협상민주는 민주의 도구가 아니라 가치, 제도, 절차가 유기적으로 통일된 민주형태이다. 왜냐하면 그 운행과 발전은 국가거버넌스체계의 현대화를 지향하는 기초와 기제를 직접 결정하기 때문이다. 인민민주의 실천 속에서 민주성과 공화성의 유기적 통일이 만들어내는 또 하나의 중요한 민주 형식은 기층대중의 자치이다. 기층대중의 자치는 기층정권의 자치가 아니라 기층민중의 자치이다. 그러므로 중요한 것은 기층민중이 기층정권이 가지고 있는 결정권을 구현하는 것이 아니라 기층민중이 자신의 일에 관한 자기 관리, 자기 서비스, 자기 교육의 권리를 구현하는 것이다. 기층대중의 자치는 헌법적 지위를 갖지만 권력체계 내에 있지는 않다. 그러나 기층 거버넌스를 실천하는 과정에서 기층대중의 자치가 기층정권에 의해 통합되기도 하며 권력체계의 실제 말단이 되기도 한다. 이것은 기층정권의 건설에 불리할 뿐만 아니라 기층대중의 자치의 발전에도 불리하다. 이론과 실천이 보여주듯이, 협상 민주이든 기층대중의 자치이든 국가거버넌스의 현대화에 대해 모두 풍부한 정치적·제도적 자원을 발굴하거나 계발한다.

앞서 분석한 것을 종합해보면, 국가거버넌스체계와 거버넌스 능력의 현대화는 현대국가건설의 필연적 내용과 사명이라고 할 수 있지만, 그 구체적 실천은 각국 사회의 성격과 제도적 요구와 충분히 결합해야 한다. 어떤 국가도 국가제도가 완전히 확립되어 있다는 전제하에서만이 국가거버넌스체계의 현대화 건설을 진행한다. 같은 이치로, 국가거버넌스체계의 현대화는 국가제도 자체의 논리에 기초하여 진행된 체제와 기제의 계발과 완성으로, 제도·체제·기제의 세 가지 측면이 연계되어 통일된 국가거버넌스체계를 형성한다. 중국특색 사회주의의 이론과 제도·경로가 중국의 국가거버넌스체계의 현대화를 결정하며, 밖을 배우고 참고해야 할 뿐만 아니라 안을 탐구하고 계발해야 한다. 후자는 기초로, 후자의 노력이 없다면 모든 참고 또한 무용지물이 되어 성공할 수 없다.

## III. 국가거버넌스와 국가제도의 성장

현대지식체계에서 '제도' 개념과 '문화' 개념은 똑같이 복잡하다. 그러나 인간이 문화의 산물이기에 문화를 떠날 수 없는 것처럼, 제도의 산물이기도 하므로 제도를 떠날 수도 없다. 제도는 현대국가와 사회발전에 있어서 불가결한 구성요소이다. 그러므로 현대국가건설과 발전은 제도의 확립·성장·공고·완성에 집약적으로 구현된다. 가장 보편적 의미로 제도는 인간이 질서를 구축하고 거버넌스를 창출하는 과정에서 점진적으로 형성되고 풍부해졌다. 어떠한 제도의 성장도 거버넌스 효과의 발휘에 의존하며, 어떠한 제도도 천하를 다 떠맡을 수 없다. 그러므로 구체적 제도의 거버넌스 효과가 발휘되어야 하며, 기타 제도의 완성과 그 거버넌스 기능의 발휘에 반드시 의존해야 한다. 여기서 국가거버넌스와 제도의 성장 간에는 실제로 상호보완적인 관계가 있다는 사실을 알 수 있다. 제도체계가 없이는 거버넌스를 이야기할 수 없다. 그리고 거버넌스의 실천 없이는 제도체계가 성장할 수 없다.

제도로 말하자면, 어떠한 국가 혹은 사회제도도 스스로 체계를 형성하지만, 어떠한 국가 혹은 사회의 제도체계를 결정하는 역량은 현실의 생산과 생산관계이다. 마르크스는 생산과 생산관계를 결정하는 제도의 총합을 사회제도라고 불렀다. 마르크스의 분석에 따르면, "인간의 생산력 발전이 일정한 상황에서 일정한 교환과 소비 형식이 생길 수 있다. 생산과 교환 그리고 소비의 발전 단계에서 이에 상응하는 사회제도와 가정, 등급 혹은 계급조직이 생겨날 수 있다. 한마디로 상응하는 시민사회가 생겨난다. 일정한 시민사회가 있다는 것은 시민사회의 정식 표현인 상응하는 정치국가가 있다는 것이다."[7] 여기에서 사회제도는 인간의 생산활동과 교환활동의 산물인 동시에 이러한 경제와 사회의 기초 위에서 국가정치제도의 역량을 확립하는 것을 결정한다. 마르크스는 그 속에서의 변증법적 관계를 보여주었다. "사람들은 자신이 생활하는 사회생산 속에서 발생하는 일정하고 필연적인 자신의 의지에 의해 전이되지 않는 관계, 즉 물질적 생산력의 일정한 발전단계에 적합한 생산관계를 발생시킨다. 이러한 생산관계의 총화는 사회의 경제구조를 구성한다. 즉, 법률이 있는 정치적 상부구조 위에 일정한 사회 이데올로기와 그에 상응하는 현실적 기초를 갖게 된다. 물질생활의 생산방식은 사회생활, 정치생활, 정신생활의 전 과정을 구속한다."[8] 그러므로 마르크스는 물질생산과 생산방식을 구현하는 사회제도의 선택이 국가의 전체 제도형태를 결정한다고 생각하였다. 자본주의 제도와 사회주의 제도 간의 모든 차이는 사회제도의 선택의 차이에서 비롯된다. 보다 구체적으로 말하자면, 사회제도가 반영된 소유제의 차이에서 비롯된다. 전자는 사유제를 위주로 하며, 후자는 공유제를 위주로 한다. 중국특색 사회주의 제도는 공유제를 주체로 확립된 사회제도이다. 중국의 기존 정치제도는 이러한 사회제도의 기초 위에서 확립되었다. 그러므로 국가거버넌스의 측면에서 중국특색 사회주의 제도의 공고화와 완성은 이러한 사회제도에 의해 결정된 국가제도체계의 공고화와 완성이다. 중국의 제도적 자신감은 이러한 사회제도와 그에 의해 결정된 국가제도체계에 대한 자신감이다. 이에 상응하여 중국의 국가거버넌스체계는 이러한 사회제도와 그에 의해 결정된 국가제도체계에의 전면적 전개이며 운행이다. 국가거버넌스와 국가제도체계에 내재하는 변증법적 관계로 말하자면, 국

---

7    馬克思, "馬克思致帕·瓦·安年科夫(1846年12月28日)", 『馬克思恩格斯選集(第四卷)』(北京: 人民出版社, 1995), p.532.

8    馬克思, "〈政治經濟學批判〉序言", 『馬克思恩格斯選集(第二卷)』(北京: 人民出版社, 1995), p.32.

가제도체계하에서 그것의 공고화와 완성은 국가거버넌스체계의 완성과 효과적 운영에 달려 있다.

국가제도체계와 국가거버넌스체계는 각기 다른 영역으로, 상호의 존적이다. 국가건설의 논리로 말하자면, 국가제도체계의 구축은 국가건설의 첫 번째 역사적 행동이며 국가거버넌스체계의 완성은 두 번째 역사적 행동이다. 전자는 근본적이고, 후자는 결정적이다. 국가제도의 공고화에 성공한 국가는 국가건설의 두 번째 역사적 행동을 성공시키기 수월하다. 즉, 국가거버넌스체계 건설의 성공에 유익하다. 국가제도체계와 국가거버넌스체계 간의 층차성은 두 가지 차원으로 이해된다. 첫째, 사명과 위상 차원에서 이해하자면, 사회제도와 그것에 의해 결정된 국가제도체계에 결정적인 것은 사회생산방식, 국가조직형태, 국가의 권력구조 및 운영방식이다. 국가거버넌스체계는 곧 사회제도와 그것에 의해 결정된 국가제도체계가 사명, 운영 기능을 이행하고 사회진보와 국가발전을 추진하여 배양된 체제와 기제이다. 따라서 국가제도체계에서 국가거버넌스체계는 상대적으로 두 번째 측면의 제도적 장치와 운영이다. 둘째, 기능과 형태 차원에서 이해하자면, 사회제도와 그것에 의해 결정된 국가제도체계는 국가를 조직하고 제도를 구축하며 인간과 자연, 인간과 국가, 인간과 사회 및 인간과 인간의 기본관계의 조화를 중심으로 전개되고 국가제도체계의 내재적 조화와 통일을 구현한다. 그러나 국가거버넌스체계는 권력의 운영, 질서의 구축, 거버넌스의 창출을 중심으로 전개되며, 각 거버넌스 주체의 협력과 공치를 구현한다. 국가거버넌스체계가 현대국가건설에서 차지하는 시공간적 위치로 볼때, 국가제도체계 전체를 뒷받침하고 국가제도체계의 성장을 추동하는 핵심은 두 가지이다. 하나는 거버넌스 주체의 자아성장과 완성이며, 다른 하나는 거버넌스에 필요한 기초제도의 충실과 완성이다. 이 두 가지 측면은 상호 보완적이다.

　기초제도란 국가의 근본적 혹은 기본적 제도체계하에서 경제와 사회의 효과적 거버넌스에 필수적인 체제와 기제를 말한다. 이러한 기초제도는 근본제도 혹은 기본제도의 운영의 기초이며 그 운영을 보장한다. 기초제도는 중국 경제제도의 운영에 필요한 재산권제도, 금융제도, 기업제도, 감독제도 등과 인민대표대회 제도의 시행에 필요한 선거제도, 입법제도, 예산제도, 질의응답제도, 그리고 다당협력과 정치협상의 시행에 필요한 협상제도, 감독제도, 제안제도 등, 단일제 국가의 정부행정 시행에 필요한 세금제도, 공공재정제도, 공무원제도, 정부구매제도, 교육제도, 사회복리제도 등, 문화건설과 발전에 필요한 신문제도, 지식재산권제도, 문화시장관리제도 등, 생태건설에 필요한 환경보호제도, 동식물보호제도, 에너지제도 등이 포함된다. 이 밖에도 당의 영도를 공고화하고 실현하는 데 필요한 민주집중제, 간부제도, 반부패청렴제도 등이 있다. 제도의 시행은 거버넌스 주체와 떨어질 수 없다. 그러므로 기초제도의 건설 및 성장에 수반되는 것은 각 거버넌스 주체의 능력과 소질의 전면적 제고이다. 후자가 없다면 기초제도의 건설과 성장은 원천이 없는 물로 오래 가기 힘들 것이다. 이런 시각에서 보면, 국가거버넌스의 건설이 국가제도의 성장을 추동하는 긍정적인 행위가 되어야 하고, 반드시 국가의 기초제도 건설을 전면적으로 추진하는 것을 돌파구로 삼아야 하며, 기초제도의 건설을 통해 거버넌스 주체의 완성과 거버넌스 구조의 최적화를 추구해야 한다. 이는 국가거버넌스체계의 현대화의 내재적 요구에 부합하며, 중국 국가건설의 내재적 논리에도 부합한다.

　기초제도의 건설은 심도 있는 체제 개혁을 요구하고 적극적 체제혁신을 필요로 한다. 체제 개혁과 혁신은 기초제도 건설의 기본 노선이다. 오늘날 중국은 세계적인 시장경제국가로 향해가고 있고, 그 경제와

사회생활의 조직 및 운행은 시장경제에서 결정적인 역할을 한다. 그러
므로 기초제도의 건설은 중국특색 사회주의 제도의 규정성을 존중한다
는 전제하에, 다른 국가를 참고하고 배워서 현대국가를 운행하고 각종
관련 체제와 기제를 적극적으로 탐색해야 한다. 이를 통해 중국의 국가
거버넌스체계를 가장 선진적이고 효과적인 체제와 기제로 만들어야 한
다. 그러나 지적해야 할 점은 기초제도의 건설을 통해 진정으로 효과적
인 국가거버넌스체계를 이루려면 반드시 국가가 법치의 기초를 확립해
야 한다는 것이다. 이렇게 해서 제도완성의 과정과 국가거버넌스의 건
설 과정이 유기적으로 통일되어야 한다. 이렇게 해야 국가 법치체계의
최종적 확립을 보장할 수 있고, 국가거버넌스체계 건설의 통일성, 규범
성, 권위성을 보장할 수 있다. 이런 측면에서 보면, 기초제도 건설의 성
패는 상당한 정도로 현대국가건설의 최종적 성패를 결정짓는다. 적지
않은 개발도상국에서 민주가 오랜 기간 동안 낮은 수준의 발전 상태에
머무르게 된 이유는 기초제도를 세우지 못한 것과 많은 관계가 있다. 초
대형 규모의 중국사회가 이러한 곤경으로부터 벗어나기 위해서는 반드
시 기초제도를 전면적으로 건설하고 그것이 효과적으로 작용하도록 해
야 한다.

현대화 발전은 반드시 국가의 현대적 전환을 수반해야 한다. 현대
국가건설은 현대화 발전의 전제이고 기초이며 그 자체가 주요 내용이기
도 하다. 세계의 모든 국가의 현대화 발전과 마찬가지로, 중국의 현대국
가건설 또한 제도선택으로부터 시작되었다. 이론과 경험이 증명하듯이,
제도선택의 좋고 나쁨이 현대국가의 건설 및 성장과 직접적인 관계가
있다. 여기서 좋고 나쁨의 기준은 세 가지이다. 첫째는 현대성의 유무,
둘째는 적응성의 유무, 셋째는 효과성의 유무이다. 선택된 제도는 국가
의 성장을 규정하고, 국가의 성장은 그 제도의 완성과 공고화를 촉진한

다. 따라서 국가건설은 제도선택 이후에 국가성장의 발전단계로 진입한
다. 국가성장은 한편으로는 새로운 제도 공간에서 고무된 발전을 구현
한다. 다른 한편으로는 새로운 제도를 위한 질서를 보장하며 발전이 질
서 있게 전개되고 합리적으로 시행되도록 한다. 그러므로 국가의 성장
과정에서 선택된 제도는 반드시 효과적으로 국가거버넌스체계를 생성
하여 정치, 경제, 사회, 문화, 생태 등 각 방면의 질서 있는 발전과 합리
적 운행이 이루어지도록 해야 한다. 오늘날 중국에서 전개된 전면적 개
혁심화라는 역사단계는 국가거버넌스체계의 건설과 발전의 단계이다.
이것은 제도에 대한 자신감을 기초로, 중화민족의 위대한 부흥을 사명
으로 하고 위로는 중국특색 사회주의 제도를 다지고 아래로는 중국의
전면적 진보와 발전을 창출한다. 국가거버넌스체계의 이러한 위치는 중
국발전의 요구에 부합하며, 현대국가건설의 기본적 논리에 부합한다.
이로써 국가거버넌스체계의 현대화는 중화민족의 위대한 부흥에 직접
적인 영향을 준다는 사실을 알 수 있다.

국가거버넌스체계의 현대화는 반드시 기존 국가제도의 틀 속에서
전개되고, 기존 국가제도의 내재적 논리에 따라야 하며, 기존 국가제도
를 충실히 하고 완성해야 한다. 그러므로 국가제도체계와 국가거버넌스
체계는 분할된 양면이 아니라 유기적으로 통일된 양면이다. 국가거버
넌스체계의 현대화 발전이 일단 기존의 국가제도체계를 벗어나면 성공
할 수 없을 뿐만 아니라 오히려 국가건설과 현대화 발전의 실패를 초래
할 수 있다. 오늘날 중국에서 제도에 대한 자신감은 국가거버넌스체계
의 현대화를 위한 전제이자 기초이며, 중화민족의 위대한 부흥의 추구
는 국가거버넌스체계의 현대화를 위한 동력이자 사명이다. 즉, 이것은
중국의 국가거버넌스체계의 현대화를 위한 기본 행동논리이다.